现代档案管理与创新探究

主编 赵 杰 冯 艳 王爱华

吉林科学技术出版社

图书在版编目（CIP）数据

现代档案管理与创新探究 / 赵杰，冯艳，王爱华主编. -- 长春：吉林科学技术出版社，2021.5
ISBN 978-7-5578-8072-9

Ⅰ．①现… Ⅱ．①赵… ②冯… ③王… Ⅲ．①档案管理—研究 Ⅳ．①G271

中国版本图书馆CIP数据核字(2021)第099179号

现代档案管理与创新探究

主　　编	赵　杰　冯　艳　王爱华
出 版 人	宛　霞
责任编辑	练闽琼
封面设计	王　茜
制　　版	北京澳湘博图文设计有限公司
幅面尺寸	185mm×260mm
开　　本	16
字　　数	707 千字
印　　张	27.625
印　　数	1-1500 册
版　　次	2021年5月第1版
印　　次	2022年5月第2次印刷

出　　版	吉林科学技术出版社
发　　行	吉林科学技术出版社
地　　址	长春市福祉大路5788号
邮　　编	130118
发行部电话/传真	0431-81629529 81629530 81629531
	81629532 81629533 81629534
储运部电话	0431-86059116
编辑部电话	0431-81629518
印　　刷	保定市铭泰达印刷有限公司

书　　号	ISBN 978-7-5578-8072-9
定　　价	75.00元

前　言

　　档案资料是一项宝贵的资源,起初是源于史家的笔录,他们客观地记录了那个时期所发生的政治方面、军事方面、科学方面、经济方面、自然方面、学说理论等相关事实的真相和一些理论方面的体系。一直到现在,仍旧延续着这方面的理念。也就是说,作为一种文字方面的资料,它必须是真实的,具有权威性的特点,这些方面的特点也就决定了它是其他资源所无法替代的。在实际的操作过程中,需要保证相关档案资料的完整性及资源体系方面的全面性。在查阅利用档案的过程中,它的每一个对象都是独立的个体,因而需要满足每一位档案查阅者的要求。

　　档案管理工作是用科学的理论和方法管理档案,提供档案,为各级党政机关、社会组织和个人服务的工作。档案管理工作的基本任务是收集齐全、妥善保管、整理加工和开发利用各种门类和载体的档案,不仅为档案形成者的各项管理工作服务,而且应承担起记录历史、传承文化的社会重任。

　　人类社会信息化的进程以及我国不断推进的政治经济体制改革都深刻地影响着档案事业和档案学的发展,在档案工作实践中层出不穷的新事物、新问题强烈地呼唤着理论的关注与回应,造就了我国档案学术研究前所未有的繁荣局面。随着档案学研究领域的开拓与多学科化,研究内容的丰富与深化,研究方法的娴熟与多样化,我国档案学术研究的气氛日益活跃,一代学人正在茁壮成长。如果把档案学比作学术之林中的一棵大树的话,令人欣喜的是,它不仅在传统档案学理论的变革和完善之处新花绽放,在充满时代气息的档案信息化、电子文件等新领域中也是枝繁叶茂、硕果满枝头。

　　档案工作的现代化是以现代管理科学为指导,应用现代化的管理方法和手段,充分运用先进的科学技术和设备,对档案管理的传统方法和形式进行改革,积极采用先进的管理技术与设备,提升档案管理水平,实行系统、全面的管理,重视人的因素,充分发挥档案管理人员的主动性、积极性和创造性,使档案工作逐步实行系统化、定量化、信息化、智力化,以完成档案管理的总目标。加强档案管理现代化问题的研究和探索,加快档案管理现代化的进程,现已成为各级档案部门面临的现实而紧迫的重要任务,也是档案事业适应时代和社会发展的必然选择,是提高档案信息服务水平的必由之路。

　　档案信息化建设的发展,将导致传统档案工作程序、管理方法等方面发生革命性的变革,档案文化与现代信息技术的高度融合势在必行。在此基础上建立的数字化档案馆,将按信息处理的要求,充分利用现代信息技术,对传统的档案收集、流程整理、方式和方法进行重新构建。档案信息管理不再是传统手工档案的"模拟系统",而是以现代信息技术为依托,与现代社会、经济和技术环境相适应的创新体系。

　　总体来说本书共有十四章。第一章为现代档案及其管理工作概述,主要对其起源发展、概念、分类、工作性质和内容,以及工作的基本要求和意义等进行阐述。第二章论述的为现代档案的文化价值及其实现。第三、四章分别对档案管理的现代化和基本工作内容进行论述。第五、六章则是对目标管理和信息技术管理在现代档案工作中的应用进行分析,通过实例论证现代科学管理手段在档案管理中的突出作用。第七章是对现代科技档案管理的论述,主要包括现代科技档案概述、现代科技档案的功能和成果、现代科技档案管理工作的环境、流程及系统分析三个部分。第八、九、十章则是对现代档案服务的论述,分别分析了现代档案社会化服务及其价值取向、新媒体环境下现代档案的创新服务,以及大数据环境下的现代档案创新管理与服务等内容。第十一、十二章是对档案管理应用最为普遍的两种类型——现代人事档案管理和现代企业档案管理信息化及其创新的详细阐述。最后两章则对我国档案管理体制以及大数据时代档案管理模式的新发进行研究分析。

　　本书参考和借鉴了一些知名学者和专家的观点及论著,在此向他们表示深深的感谢。另外,由于掌握的资料有限,难免会有所疏漏,真诚地希望得到各位读者和专家们的批评指正,以待进一步修改,使之更加完善。

编者

2021 年 1 月

目　录

第一章 现代档案及其管理工作概论

　　档案管理学是研究档案管理工作的基本原理、原则、技术和方法的学科,是一门理论性与实践性相结合的应用学科。在考察档案的科学管理时,需要对档案的相关基本概念有所了解。研究档案的起源与发展、档案的分类、档案工作的内容与性质、档案工作的基本要求与意义等问题,对初步认识档案管理有重要意义。

第一节 档案的起源与发展

一、档案的起源

　　探讨档案起源包括两个方面的问题:一要追溯档案是由什么相关事物演变而来的,二要考察早的档案是在什么条件下、什么时候形成的。在档案形成之前,已经出现了实物记事和图画记事,这是原始的、简陋的记录形式,具备一定的档案因素,可称之为"萌芽状态的档案"。大约在五、六千年前,当人类发明了文字,并用文字记言记事的时候,档案才最终形成了。档案的起源包括档案的萌芽和档案的最终形成两个阶段。

(一)实物和图画记事——萌芽阶段

　　在原始社会的漫长时期中,人类是靠语言传达信息的,是凭大脑记忆事物的。然而,靠语言传递信息,由于受时空的限制,不能传达到远处;凭大脑记忆存贮信息,不能持久,时间长了就会忘却。为了弥补这种欠缺,人类经过长期摸索,发明了实物记事和图画记事两种办法。实物记事又有结绳记事、刻木记事、系珠记事等。结绳记事,是在绳子上打成不同式样的结子,用结子大小、多少、位置上下以及涂上不同的颜色,代表不同的意思。刻木记事,是在木棒、木条、木板上刻上各种线条、花纹,代表不同意思。系珠记事,是将贝壳穿在绳子上,用贝壳颜色的不同代表不同意思。图画记事,是把事物形象,如人、鸟、太阳等,刻画在树皮、骨头、兽皮、岩石上,以事物形象代表事物本身。

　　图画记事比实物记事前进了一步,对文字的产生起着直接的诱导作用,把记事的图画逐步加以简化、整理,使其代表语言符号,有了读音,就形成了文字。而实物记事则与文字的形成没有直接关系。实物记事和图画记事,在一定程度上起着记录、备忘和信守作用,因此,有一种观点认为:实物和图画记事都是最早的档案。但是,应当明确的是,这种记录物都不是语言的符号,只能唤起人们对一定事物的回忆,而不能表达抽象的、比较完整的思想和语义,因此还不是真正的档案,而是"萌芽状态的档案"。

(二)文字记录档案出现——形成阶段

档案产生的前提条件是文字的发明。恩格斯在《家庭、私有制和国家的起源》一书中说:"从铁矿的冶炼开始,并由于文字的发明及其应用于文献记录而过渡到文明时代。"档案是文献记录的一种,而且是最早的第一代文献。档案的产生,处于原始公社后期向奴隶制社会过渡这个历史阶段,是与文字记录出现密切相关的,档案是文明时代的产物。在原始社会末期,已经出现了私有财产,出现了阶级,出现了体力劳动和脑力劳动的分工,人类的生活复杂了,交往范围也扩大了,社会需要用精确、详细地记录事物和思想的工具来代替实物记事和图画记事,于是文字就应运产生了。

同时,由于体力劳动和脑力劳动的分工,也有可能使一部分人对记事的图画进行系统的整理加工,从而形成了文字。人类几种古老的文字,如古代埃及的圣书字、古代苏美尔人的楔形字、古代中国的象形字,都是在整理记事图画的基础上创造出来的。有了文字,必然有文字记录,必然产生文书,把文字记录和文书保存下来就形成了档案。当奴隶制国家机关出现之后,其所形成的文书就比较正规、系统了,因此保存下来的档案也就比较正规、系统了,文书与档案成了国家活动的一种工具。

迄今为止,世界上已经发现的最古老的档案有石刻档案、泥板档案、纸草档案、甲骨档案等,这批档案是人类宝贵的文化财富,是研究古代史的珍贵史料。把档案与书籍的历史作一比较,就可以得出结论,档案比书籍古老。我国现存的第一部古书是《尚书》,为春秋时孔子所编定的。而《尚书》实际上是古代档案文件汇编,所辑录的是夏、商、周时期的文件,如典、谟、训、诰、誓、命之类。这证明在《尚书》成书之前就有档案了。

孔子是第一个提到"文献"概念的学者(见《论语·八佾篇》),而孔子所说的文献,实际上就是夏、商、周时期的占卜记录、史官记录、官府文书,也就是今天我们所说的档案,只不过当时还未出现"档案"一词而已。唐代学者刘知几说过:"夫为史之道,其流有二。何者?书事记言,出自当时之简,勒成删定,归于后来之笔。"(《史通·史官建置》)。清代学者章学诚也说过:"三代以上,记注有成法而撰述无定名;三代以下,撰述有定名而记注无成法。"(《文史通义·书教上》)。刘、章二氏的见解相符,都认为先有档案,后有史书。刘氏所谓"书事记言,出自当时之简",其中"简"就是档案;章氏所谓"三代以上记注有成法",其中的"记注",也就是档案。

中国史学史研究专家金毓黻认为"史之初职,专掌官文书及起文书草","古人于官文书外,别无所谓典籍","古人于档案外无史"(《中国史学史》)。由此可见,在夏、商、周三代,当时的文字记录是档案,而不是书籍。在春秋战国时代,书籍出现了,如四书五经、诸子著述等。在书籍产生之前,档案曾经作为单一的古老文献形式,承担着记录和传递知识的任务;书籍产生之后,档案与书籍共同承担着记录和传递知识的任务。档案与书籍的功用,齐有千秋,如鸟之有双翼,车之有两轮,相辅相成,两者并传于世,丰富了我国文献宝库,发展了社会文明。

二、档案载体与名称的发展演变

中华民族历史悠久、勤劳智慧,创造了光辉灿烂的人类文明。中华民族在创造文明进程中形成的年代久远、数量浩瀚、内容丰富、价值珍贵的档案资源实为世所罕见。档案载体多姿多彩,从甲骨、金石、简牍、缣帛到纸墨文书,经历了长期的发展演变。随着社会的不断进步,档案载体也在继续发展。

（一）甲骨档案

甲骨档案主要是指把人类的社会活动契刻在龟甲、兽骨上而形成的数量庞大、内容丰富的商周时期的档案。商代的甲骨档案距今已有 3300 多年,其总量在 15 万片以上。殷商时期,帝王们崇尚迷信,无论打仗、出巡、祭祀、狩猎、畜牧、农耕,还是发生了灾害、疾病,都要在神庙用龟甲或兽骨占卜吉凶。然后,将占卜的时间、占卜人的姓名、所问事项以及事后结果,都刻在甲骨上,并且集中存放在宗庙内保存起来,这就是甲骨档案。甲骨档案主要集中于商代,现在所保存的甲骨文,多为盘庚迁殷至纣亡的 273 年间的遗迹。甲骨档案记载了商代的政治、军事、经济、社会生活等方面的情况,是我国最珍贵的古代文字档案,也是研究商代历史的珍贵史料。

（二）金石档案

金文是铸刻在金属鼎彝器上的一种铭文,也称钟鼎文,一般是指冶铸在青铜器上的文字。古人称铜为金,故又常称钟鼎文为金文。随着社会的进步和文明的发展,甲骨档案逐渐退出了历史舞台。西周时期,青铜器手工业大力发展,不仅冶炼技术极其高明,而且分布也很广泛,为金文的发展提供了坚实的物质技术条件。据不完全统计,已出土的周代青铜器达 5000 多件。由于周代奴隶制的发展和疆域的拓展,国家权力的加强,分封和征战,以及科学文化活动等社会实践,使周代的许多青铜铭文具有档案的性质。钟鼎彝器中作为记事和凭信的金文,在档案学上称为金文档案。周代金文档案内容相当广泛,包括祀典、册命、赏赐、志功征伐、诉讼和契约等各个方面的事迹。石刻档案是随着金属工具的使用及其他社会背景而产生的。

秦汉以后,随着铁器时代以及秦汉统一帝国活动的发展,石刻档案进入盛行阶段,数量增多,内容丰富,既有帝王出巡、狩猎、宣扬功德、生产活动、社会重要事件的记述,也有颁发政令、规定法纪的文告等。采用石刻形式发布文告,传知的范围既广大,又有利于长久流传,故而直到明清、民国时期仍有所见。现在人们所称的金石档案,还包括诸如铁券、金册等一些金属载体形式的档案,多是王朝对有功臣官和有关首领人物的册封。我国有关的档案馆和博物馆还保存有古代"铁券"和"金册"等实物。如清政府颁发给五世达赖和十一世达赖的金册,至今仍光彩夺目。这些都是当时的贵重文书,现在成为稀世的古代档案和文物珍品。

（三）简牍档案

金石档案虽坚固耐久,但载体笨重,制造费工,且不便传递,所以,商周至东晋时期,特别是从周代到汉代的 1000 余年间,多用竹片和木片撰写文书与保存档案。竹片称"简"、木片称"牍",把若干竹片或木片编在一起叫"策"(册,古时策与册二字相通)通常称作"简策""简牍""简书"。20世纪 30 年代在西北居延(今内蒙古自治区境内)汉代烽燧遗址中发现 1 万余枚汉简,称为"居延汉简"。1996 年 10 月,在湖南长沙发现了三国孙吴纪年简牍 14 万余枚,超过中国历年出土简牍数量的总和。这批吴简详细地记录了当时人们的社会生活和经济关系等内容,对于研究中国古代史,特别是三国时期的政治制度、社会关系、经济关系及赋税制度等具有非同寻常的意义。因此,长沙吴简的出土被一些学者称作是继殷墟甲骨、居延汉简、敦煌遗书和清朝大内档案之后我国近代史料的第五大发现。

（四）缣帛档案

随着生产力的发展，秦汉之后的简牍仍然大量使用的同时，一些重要文件用丝织品缣帛书写的逐渐多了起来。缣帛作为文书和档案的载体材料，比起竹木简牍显然更为进化。使用简牍上奏章，竟有多达 3000 片的情况。秦始皇处理公文也有"日读一担"的记载。一天要看 100 斤文件，其不便之处可想而知。帛为丝织品的总称，缣是双丝的细绢，以比较精制的丝绸为书文和存档的材料，既轻便柔软，剪裁又灵活，传递和保管起来比较方便。现存的缣帛档案有从长沙楚墓中出土的帛书，属于战国时代的古文书。汉墓中发现有较多的帛书，其中有我国迄今所见的最早的舆图档案，也是世界上迄今已发现的最早的地图。

（五）纸质档案

缣帛档案固然有其当时历史条件下的优点，但缣帛价值昂贵，无法推广使用。随着社会经济、政治、文化的不断发展，勤劳智慧的中华民族早在汉代已发明了造纸术，使文字、档案和其他文献载体、记录方式逐渐地发生了空前的大变革，对人类文明做出了巨大贡献。我国虽然在东汉时期就发明了纸张，但纸完全代替竹木、缣帛而成为官府公文用纸是在魏晋南北朝时期。到了唐、宋，用纸更为普遍，加之印刷术的出现，纸张被广泛应用于书写文书。我国现存最古老的纸质档案，是西晋文字家陆机（261—303 年）所写的"平复贴"，而且也是世界上现存历史最久的纸质档案。

（六）音像档案

音像档案是随着现代科学技术的进步产生的，也被称为声像档案或视听档案，可分为视觉、听觉、视听综合等不同形式，包括照片、唱片、影片、录音带、录像带等。与纸质档案相比，音像档案具有更强的直观性。如照片档案记录了可视形象，录音带可以再现语言和音乐，影片、录像带能录制人物、事件、环境和气氛等。它们成为当时社会活动真实、可靠的可视、可听记录。但除照片档案外，大多音像档案不能直接阅读，需要借助相应设备才能读取。社会实践活动的丰富和科技手段的提高，使音像档案的数量越来越多，作用也越来越大。音像档案的载体有磁性材料、感光材料或其他合成材料，成分复杂、质地脆弱。因为音像档案载体比纸张更易受光、热、温度、污染物等环境的影响而导致音像信息的失真、减弱甚至消失，所以对音像档案的保管条件、管理方法和管理要求都与纸质档案有所不同，需要专门的技术、设备、装具或专用库房。

（七）电子文件（电子档案）

电子文件是伴随计算机技术的发展而产生的一种新型文件关于电子文件的定义，目前尚无统一的标准说法。我国档案行业标准《档案工作基本术语》的定义为："电子文件是以代码形式记录于磁带、磁盘、光盘等载体，依赖计算机系统存取并可在通信网络上传输的文件。"在电子环境中，文件和档案的界限不像纸质文件与档案那么清楚，而且目前电子文件的法律效力尚未得到全面的认可，电子文件尚未取得与"档案"一样的法律地位。但是档案馆又不能等这些问题都解决了再来接收电子文件，因此，姑且把作为"档案"接收和保管的电子文件称为"具有档案性质的电子文件"。

电子文件具有与传统纸质文件完全不同的特征。其特征主要包括：信息存储的高密度性；信息的非人工识读性；系统的依赖性；信息与特定载体之间的可分离性；多种信息媒体的集成性；信息的可操作性。这些特征决定了对电子文件必须采用与以往不同的管理方法。随着计算机网络系统的发展，电子文件在人类社会的应用领域、应用范围日益广泛，数量日益增加，它给档案管理工作、档案学研究提出了全方位挑战。

三、档案的发展

档案伴随着人类社会发展而发展。纵观人类社会发展史，每一社会形态都不断产生档案，随着社会的发展变化，档案的数量、种类、内容和形式都在不断地发展变化。

（一）档案的发展阶段

从上面档案命名的缘起等可以初步体会到档案的发展是相当长远的，由于对这方面的研究不多，其具体发展的阶段如何，还是比较模糊的。我们初步分析可以概略分为四个阶段：

1. 在纸张发明以前的原始记录

承载这些记录的物质材料是多样化的，有甲骨、竹简、木牍、缣帛、金石、韦编等。一般复制份数很少，多记录国家大事如征战、历律、天文或朝代交替等类事迹。这时档案工作与历史记载分不清。

2. 纸张问世之后，"档""史"逐步分离

在汉朝纸张问世以后，"档""史"工作才逐步分开。只有原始的一份贵重文书是档案。而史学活动则还步向教学、宣传方向推广。到了这个阶段的后期，由于纸张的普及，作为档案的文书主要是纸质的。

3. 清朝出现分级式档案

分级式的档案从记载上看，是由清朝开始的。当初地方式档案工作与地方性历史记载也分不清。省有通志，县有县志，甚至大家族各有家谱等，但省、县成立档案馆的还不很多。不过除国家成立总的档案机构以外，各地分别成立档案机构，形成系统的趋势是肯定有的。

4. 中华人民共和国成立后出现新型档案馆

中华人民共和国成立以后，中国第一个新型的国家档案馆是在 1959 年建成。地方上大都有省、市、县档案馆等机构，形成了全国档案馆网。此外，还有各种专业性行政档案就是各个国民经济部门的部、委级档案以及各专业单位的档案。如人事单位的人事档案，医务部门的医疗档案，林业部门的专业档案等都是这种性质的档案。

（二）档案发展中呈现出的规律

1. 档案在不断积累和不断淘汰的过程中发展

一方面随着人类社会实践活动的持续发展，档案的积累数量日益增多，另一方面，由于受人

的因素和自然因素的影响,档案也在不断地被淘汰。有的属于正常淘汰,有的属于非正常淘汰。认识这一规律的意义在于:有计划地实行档案的正常积累和正常淘汰,控制档案的非正常积累和非正常淘汰。档案数量与日俱增,其价值大小不同,没有必要把所有档案都保存下来。我国唐代就规定了"三年一拣除"的档案鉴定制度。因此,通过鉴定工作,销毁已经丧失保存价值的档案,属于正常淘汰。

特别是现代社会,文件的数量正以惊人的速度增长着,人们常用"文山""文海"等词句形容其多。据苏联 70 年代统计,机关、团体、企业中年均产生的文件达 1000 亿件,可组成 10 亿个案卷,排架长度相当于 1 万公里。美国联邦政府 1970 年产生的文件排架达 100 公里。属于英国公共档案馆接收范围的文件年均产生量已达 160 公里排架长度。在不断产生的大量文件中,作为历史文化财富由国家档案馆保存为档案的仅是其中一部分,大部分文件都将逐步被淘汰。火灾、水灾、地震和战争对档案造成的破坏是不分档案价值大小的,属于非正常淘汰。因此,要采取预防措施,控制其非正常淘汰。档案的物质形态是从微观变化到宏观变化的过程,即由渐变到突变的消亡过程,因此在档案保护中要树立防微杜渐,以防为主,以治为辅,尽量延长档案原件寿命的指导思想。从战略上考虑,档案原件总有一天要消亡的,因此要把档案制成缩微品,或者把档案编成汇编出版,通过不断复制或翻印的办法,使档案记载的知识信息长远流传。

2.档案随社会分工的细化而逐渐丰富

随着社会分工愈来愈细,导致档案形成领域不断扩大,各种门类档案不断增多,内容愈来愈丰富。在现代社会中,由于各种大型企业的建立和发展,科学技术的新发展,国家机器的进一步严密,因此,所形成的档案门类非常复杂。仅以科技档案这一大门类为例;就包括许多具体门类的档案,如工业技术档案、农业技术档案、基建档案、设备档案、仪器档案、勘探档案、测绘档案、水文档案、天文档案、海洋档案、气象档案、地震档案、环保档案等。由于档案门类复杂化,引起了档案管理方式的发展变化,只靠传统的管理方式已经不够了,必须研究各种门类档案的特殊管理方式。

3.档案载体因科技发展而变化

随着人类科学技术进步,档案载体形式和记录手段不断地变化,其向轻便、价廉、功能强的方向发展。档案载体形式,由泥板、纸草、甲骨、金石、竹木、缣帛、羊皮发展到纸张,由纸张又发展到胶片、胶卷、磁带、磁盘等。现代档案主要是纸质档案、照片档案、录音档案、录像档案、影片档案、缩微档案和机读档案。现代档案馆除收藏纸质档案外,还必须重视收藏声像档案和机读档案。目前纸质档案的数量仍占主导地位,它的价值不容忽视。但从发展观点来看,声像档案和机读档案所占的比例将迅速增长,它们在存贮和传播知识方面的作用将会充分显示出来。

当代档案积累的重要特征是数量浩瀚,种类繁多,内容丰富,形式多样,历史悠久,价值珍贵,是过去任何时代都不能比拟的。

第二节 档案的概念与分类

一、档案的概念

关于"档案是什么"这一问题,最简洁、最直接的回答就是档案的定义。那么,档案的定义是什么?怎么给档案下定义?怎么理解档案的定义?下面将对此作出具体表述。

(一)档案定义的多样性及两种基本类型

1.档案定义多样性的原因

首先,档案定义的多样性是由档案本身的复杂性决定的。在现代社会中档案是一种普遍存在的事物。不论是企业还是事业单位,也不论是政府机关还是社会基本组成细胞的家庭,档案都以不同的方式和不同的内容存在着。这种存在的广泛性和内容的多样性,使得档案成为一种相当复杂的事物。对于这种复杂事物,我们很难给出唯一的定义。

其次,我们在讨论档案定义时,必须考虑定义的条件和范畴。当我们给出不同的定义条件和要求时,会得出不同的定义。

第三,人类的认识水平处于不断提高的过程中。在这个过程中,会有各种各样的定义产生。因此,我们可以在不同的书籍、文件、标准中看到多种多样的档案定义。

2.两种基本的档案定义类型

(1)发生型定义

发生型定义是用被定义事物所反映的发生或形成过程中的情况作为种差的定义。档案发生型定义,就是对档案的形成过程、用途、保存场所等方面作出直观描述,又称为具体概念性定义。有时,当人们以某种操作性目的给档案下定义的时候,也会采用这种定义类型。这类定义首先产生在人们对档案的认识还不够深入的阶段。在 20 世纪 80 年代以前,它是国际档案界主要的档案定义类型。

发生型档案定义多以"文件""文书""文件和文献的总和""文件材料"等作为属概念。其各种种差条件比较具体、直观,如"办理完毕""值得永久保存"等。在这里,我们简要介绍几种典型的发生型档案定义:

1922 年,希拉里·詹金逊在他所著的《档案管理手册》一书中关于档案定义的论述为:档案是"某一管理或行政事务(无论公开的还是不公开的)进行过程中所拟就或者所使用,构成该一事务过程组成部分,事后为该一事务之负责人或其合法继承者自行保管,以备不时查考的各种文件"。

1938 年,我国何鲁成在他的著作《档案管理与整理》中,认为"档案者乃已办理完毕归档后汇集编制留待参考之文书"。

德国档案学者阿道夫·布伦内克在 1953 年出版的文集《档案学:欧洲档案工作的理论与历

史》中这样论述档案的定义："档案是某一自然人或法人在其法律性或事务性活动中产生的，并作为以往活动的查考资料和证据存放在特定场所以备永久保存的文件和文献的总和。"

1956 年，T. R. 谢伦伯格（美国）在《现代档案——原则与技术》一书中给档案下的定义为："档案是经过鉴定值得永久保存以供查考和研究之用，业已藏入或者已选出准备藏入某一档案机构的任何公私机构的文件。"

1970 年出版的由法国档案管理局和法国档案工作者协会合作编著的《档案学手册——法国公共档案理论与实践》一书中，对档案定义作了这样的表述："档案是任何一个行政机关、任何自然人或法人，在其活动过程中形成的必然联系在一起的、任何性质的、有永久保存价值的文件。"

1979 年颁布的《法兰西共和国档案法》对这个定义进行了修改，修改后的档案定义为："档案是文件的组合，不论这些文件是什么日期、形式和载体材料，是任何自然人或法人，任何官方的或私人的部门或机构在自身活动中产生或收到的。"

1977 年，国际档案理事会组建了档案术语词典编辑工作组，研究档案学中的一些基本概念的定义问题。1984 年，《档案术语词典》出版，档案定义是这样表述的："档案是由形成者或其职能的继承者为自己利用，或由适当的档案馆因其档案价值而保存的经过挑选或未经挑选的非现行文件。"

（2）抽象型定义

所谓抽象概括型定义，就是运用哲学抽象的方法得出的定义。抽象，就是从众多的事物中抽取出共同的、本质性的特征，而舍弃其非本质的特征。共同特征是指那些能把一类事物与他类事物区分开来的特征，这些具有区分作用的特征又称本质特征。因此，抽取事物的共同特征就是抽取事物的本质特征，舍弃非本质的特征。

抽象的概念是由具体概念依其"共性"而产生的，把具体概念的诸多个性排除，集中描述其共性，就会产生一个抽象性的概念。档案的抽象概括型定义是运用抽象概念下定义的方法来揭示档案的本质，这类定义的出现标志着档案学界对档案定义的研究从现象深入到了本质层面，这个跨越是基于档案事业的发展和学界对档案的本质认识的深化。它必然性地出现在发生型定义之后，但很快成为目前档案学界主流的定义类型。这类定义的主要特点是以抽象概括性事物——"信息""记录""历史记录""原始记录""书面符号记录"等作为属概念。在这里，我们简要介绍几种典型的抽象型档案定义。

1986 年，由陈兆祦、和宝荣主编的《档案管理学基础》把档案的定义表述为："档案是机关、组织和个人在社会活动中形成的，作为历史记录保存起来以备查考的文字、图像、声音及其他各种方式和载体的文件。"这一定义提出了"历史记录"这一档案的本质属性，属于抽象概括型的档案定义，但它的表述与发生型定义颇为相似，可见在当时发生型定义还是具有一定影响力的，档案界正处于由发生型定义到抽象概括型定义的过渡时期。

1996 年，《档案管理学基础》将档案定义修改为："档案是机关、组织和个人在社会生活中直接形成的，保存备查的文字、图表、音像及其他各种方式和载体的历史记录。"

2005 年，由陈兆祦、和宝荣、王英玮主编的《档案管理学基础》将档案的定义再次修改为："档案是社会组织或个人在社会活动中直接形成，保存备查的各种形式和载体的数据、信息和知识的记录。"

1988 年，吴宝康、丁永奎主编的《档案学概论》给档案下的定义为："档案是国家机构、社会组织和个人在社会活动中形成的、保存备查的文字、图表、声音及其他各种形式的原始记录。"

1996 年修订的《中华人民共和国档案法》第二条规定,档案是指"过去和现在的国家机构、社会组织以及个人从事政治、军事、经济、科学、技术、文化、宗教等活动直接形成的对国家和社会有保存价值的各种文字、图表、声像等不同形式的历史记录"。

2006 年,冯惠玲、张辑哲主编的《档案学概论》将档案定义为"档案是社会组织或个人在以往的社会实践活动中直接形成的具有清晰、确定的原始记录作用的固化信息",并简要概括为"档案是清晰、确定的原始记录性信息"。

3.两种定义的简单比较

上述两种定义方法的差别是明显的,具体有以下几点:

第一,抽象型定义的外延大,内涵小;发生型定义的外延小,内涵大。

第二,抽象型定义具有较强的理论性,有利于对档案本质的揭示与理解;发生型定义具有较强的实践性,有利于我们在实践中识别档案。

第三,抽象型定义所使用的语言较为抽象,不易理解;发生型定义所使用的语言较为具体、直观,易于理解。

第四,从认识层次而言,抽象思维是人类思维达到高级阶段产生的一种能力。因此,抽象型定义的产生要晚于发生型定义的产生。

当然,在我们所看到的部分档案定义中,以上两种类型档案定义的特点并不十分清晰,特别是种差的描述区别并不明显。那么,如何区别它们呢? 我们主要以属概念的属性作为判断标准:属概念为抽象概括性事物的,如"信息""原始记录"等,我们称之为抽象型定义;属概念为具体事物的,如"文件""文书"等,我们称之为发生型定义。

(二)档案的定义

本书采取的是《中华人民共和国档案法》中对档案所下的定义:"过去和现在的国家机构、社会组织以及个人从事政治、军事、经济、科学、技术、文化、宗教等活动直接形成的对国家和社会有保存价值的各种文字、图表、声像等不同形式的历史记录。"这一定义主要包含三个方面的基本含义:

1.档案产生于组织和个人的社会活动

具体说,档案是在各机关、团体、企事业单位工作中以及个人活动中产生的。它包括两个方面:一是国家机关和社会组织的档案;二是著名人物、家庭和家族的档案。例如,某个单位履行其职能,完成了一系列工作任务,产生了大量文件,其中有价值的就转化为档案。所以,档案总是产生于一定的组织和个人,离不开特定的社会活动。档案是人类社会活动的记录,人类的社会活动是丰富多彩、极其广泛的,这就决定了档案的内容也是极为广阔、包罗万象的。它直接记录了人们在各个领域、各个学科、各个方面的实践活动。

2.档案由文件转化而来

文件是记录和反映人们社会活动的文字、图表、声像等材料的总称。人们在社会活动中,为了相互交往、上传下达和记录事务,总要产生和使用许多文件。由于工作的持续进行和事业发展的客观需要,人们又自然要把日后仍需查考的文件有意识地保存下来,这样就成为档案。所以,档案是由文件转化而来的。文件转化为档案是有条件的,不是所有文件都有可能或需要成为档案,文件转化为档案一般需要具备下述三个条件:

(1)必须是办理完毕的文件

所谓办理完毕的文件,是指文件的处理程序和文件办理的事情已经完毕。当然,"办理完毕"也是相对的。文件处理程序和文件办理的事情,一般情况下是同时完成的。但有时文件处理程序结束了,而文件办理的事情还没有结束,这些文件还具有现行效用,这样的文件也可以转化为档案。

(2)必须是具有一定查考利用价值的文件

组织和个人在各种社会活动中形成大量的文件,处理完毕的文件由于功能上发生了变化,分化为两部分,一部分没有再利用的价值而被淘汰;一部分因仍有查考利用价值而留下来成为档案。从这个意义上讲,文件是档案的基础,档案是文件的精华。

(3)必须是按照一定的程序和条理保存起来的文件

文件不能自动地转化为档案,文件是逐年逐月逐份逐件地产生的,人们要把这些文件经过挑选和集中,按照一定的特点和规律组合起来,才能成为档案。一般的档案,都是由文件经过立卷归档程序转为案卷保存起来的。了解档案与文件的相互关系,有助于我们在工作中注意文件的形成和积累以提高文件质量,做好立卷归档工作,真正使档案成为文件的精华。

3.档案是历史的原始记录

档案不同于一般的历史遗物,它是以具体内容反映其形成的组织或人物特定活动的历史记录物,具有很强的记录性。因此,档案具有很高的查考价值。档案不同于一般的信息资料,它不是为了日后转化为档案而事后编写或随意收集的材料,它是形成其组织或个人在当时当地直接使用的原始文件转化来的,因而具有原始性。档案注重原本原稿,多为孤本,它是人们活动的自然产物。档案集原始性和记录性于一体。

(三)档案与相邻事物辨析

图书、文物、资料都具有知识性、信息性,与档案有相似之处,相互间存在一定联系,但在形成规律和性质上与档案有不同的内涵。为便于掌握档案概念,加深对档案性质的了解,有必要分析档案与相邻事物的共同性与差异性。

1.档案与图书

档案与图书都是人们认识和改造主客观世界的记录,共同具有知识性、信息性,是储存知识、传播知识、传递信息的工具,是人类智慧的结晶,二者源于实践又反过来为实践服务。但二者也有一定区别:

(1)来源不同。档案是来源于人们实践活动的直接的原始记录,是历史记忆,往往是孤本,具有资源的不可再生性;图书以供人们阅读为目的,可以是印刷品、复制品,没有原始记录性要求,可以反复印刷或复制。

(2)价值作用不同。档案是由在人们实践活动中所形成的原始记录直接转化而来的,是历史的真迹;而图书则是人们在事后为了开展社会教育、传播知识的需要编写的,不具有原始性。因此,档案除具有图书的储存和传播知识的功能外,还有特殊的原始凭证作用。

(3)信息存在的方式不同。档案是原始的、第一手材料，所记载的信息具有内容丰富但分散保存、价值巨大但隐性存在的特点，需要通过研究、编辑、开发，变分散为集中、变隐性为显性。而图书信息则不同，它是在利用大量档案文献的基础上，经作者研究、编著而成的，内容集中、系统，价值显性。

档案和图书的区别不是绝对的，在一定条件下可以相互转化。档案经过研究、编辑、出版，从而转化为图书；而图书随同原稿保存起来，就是档案。

2. 档案与文物

档案与文物都是人类社会发展、进步的产物，也是人类社会文明发展的标志。二者都是人类实践活动的历史记录，绝大多数文物还有一定的知识性、信息性。由于二者存在着共同的特性，有时候会产生既是档案又属文物的情况。一般来说，有明确、清晰的历史记录的，就是档案，如载有文字的青铜器、石碑、甲骨、竹简木牍等；而没有文字的青铜器等历史遗物，属于文物而不是档案。

文物和档案虽然有交叉，有时甚至难以区分，但还是可以发现二者的区别：

(1)文物与档案产生的主观意志不同。文物产生之初是人们为了生产、战争或日常生活的需要，如生产农具、战争武器、盛装物品的器皿等，是无意识形成的，并非为了供日后考古研究才产生的。而档案则是人们在文件处理完毕、完成现行使命后，认为还有使用价值，于是进行了有意识的整理和保存。

(2)信息内容的要求不同。档案信息侧重于原始性和记录性的统一，要求其提供明确的、清晰的信息，能说明某一历史事实。没有文字、符号等清晰信息内容的，不能算作档案。而文物则侧重于事物的本原性，不强求有明确、清晰的历史记录。文物以实物证实历史，而档案以文字等记录符号记述历史。

(3)实存形态不同。文物是有文化价值的历史遗留物，其形态主要是过去人们直接使用的实用性物品，如器皿、衣服、建筑等。而档案的实存形态主要是文件。档案价值往往从文件之间的联系上去衡量；而文物则是对单个事物的认识和判断。

3. 档案与资料

资料是与档案最接近、关系最密切的事物。由于二者记录方式、载体形态相同，加上从逻辑上讲二者的外延有大量重合，两个概念很容易混淆，人们常常误将档案称为资料，如"工程资料""会议资料"等。但仔细分析二者的内涵，还是有区别的，我们应根据档案与资料的不同特点，做好档案工作和资料工作：

(1)来源不同。档案是本单位履行职能活动中直接形成的文件转化而来的，具有直接性、固定性；资料则是通过购置、复制、交换得到的或自行编制形成的，是间接的、不确定的。

(2)价值不同。档案是原始的历史记录，具有凭证价值，而资料则是为了工作查考之需搜集来的第二手材料，只有参考作用而无凭证价值。

(3)保管要求不同。档案是原始的历史记录，是不可再生的、唯一的资源，具有重要的保存、保密价值。因此，国家规定了有关归档移交和安全保管等法律监管要求。资料则是可以自行处置的，国家没有明确的强制性规定，由各单位自行管理。

档案与资料在一定条件下是可以转化的，资料被用于工程建设、科学研究等活动，成为活动历史记录的一部分,就有可能转化为该单位的档案加以保存;档案经过编辑加工,可以编印成大事记、专题概要、基础数字汇集等各种参考资料,也可以进行复制,这样就转化为资料。

二、档案的分类

我国的档案数量庞大,内容丰富,是中华民族各族人民征服自然、改造自然伟大实践的原始记录,是炎黄子孙的历史记忆,也是中国人民长期从事生产建设、科学文化活动的经验凝结。面对这些内容丰富而又珍贵的档案宝藏,如何进行科学管理,如何开发档案信息资源,服务于社会主义现代化建设,这是当代档案工作者肩负的历史重任。档案分类在解决档案的科学管理与档案信息资源的开发利用中占有比较突出的地位。

(一)档案分类的含义

档案分类是根据档案内容和形式的异同,分门别类地、系统地组织与揭示档案材料或信息的一种方法。它将彼此属性相同的档案材料或信息分别集中在一起,把彼此相异的档案材料或信息分开,成为有条理的系统,以满足特定的需要。

档案分类可以区分为广义和狭义。广义的档案分类,一是国家全部档案的分类,通常多称为档案种类的划分;二是档案实体分类;三是档案信息分类。狭义的档案分类是特指上述某一种分类。

国家全部档案的分类,是指对我国领土范围内从古至今形成的,各种载体形式、制作方法的全部档案材料的分类。它既包括归国家管理的档案材料,也包括归集体和个人管理的档案材料。国家全部档案分类是对我国现有全部档案材料进行最高层次的种类划分,用从不同角度帮助人们具体地、形象地认识国家全部档案的面貌和特色,其作用主要是有助于国家对档案和档案工作的宏观管理。这对全国各级各类档案馆的设置,对档案馆网的组织以及对档案实体分类和档案信息分类具有一定的指导作用。

档案实体分类就是依据一定的标准,按照档案的来源、时间、内容和形式特征的异同点,对实实在在的档案进行有层次的区分,并构成一定的体系。它按照档案的本来形态,将内容作为一个整体来分类。档案实体分类能体现档案的形成规律与特点,最大限度地保持档案之间的历史联系,把以件(卷)(盒)等档案组成的实体单位置于不同类别之中,确定档案的物理位置,然后依此顺序编制文件或案卷目录,使之系统化、固定化,实现了档案从分散到集中,从无序到有序,以整齐的排架分类,为档案实体的科学管理奠定基础。

档案信息分类是指以档案所记述的信息为对象进行分门别类,也称为档案目录信息的检索分类或简称档案检索分类。它将档案的载体形式与内容相分离,使后者脱离其前者的外壳而独立,从而失去了原有的物质形态而仅存其信息内容分类。档案信息分类在实际工作中主要表现为对每份文件或案卷进行分类标引,组织分类目录或索引,建立目录中心,完善检索体系,以便深入开发档案信息,实现资源共享。

(二)档案种类的划分

档案分类方法很多,常见的分类有如下几种:

1. 按形成时间分

按我国档案形成的不同历史时期,可以分为两大类:中华人民共和国成立前的历史档案和中华人民共和国成立后的现行档案。

(1)中华人民共和国成立前的历史档案

历代王朝时期的档案。我国历代王朝在国家内政外交管理过程中,形成了不少档案。由于受当时社会生产力水平的限制,档案保管条件较差,加上社会动荡,留存下来的档案不多,特别是元代以前的档案,保留下来的很少。相对保存完好的是明、清时期的档案。目前,明、清两朝形成的档案主要保存在中国第一历史档案馆和辽宁省档案馆,台湾的故宫博物院也保存了一部分。元代以前档案主要保存在国内外的博物馆等机构。辽宁省档案馆保存有 6 件唐朝公文档案,西藏自治区档案馆保存有部分元代档案。

民国档案。是指 1949 年 10 月 1 日中华人民共和国成立之前国民政府各个时期形成的档案。包括中华民国以及北洋军阀和日伪政权统治时期的机关、军队、企业事业单位、其他组织及著名人物形成的档案。相对于历代王朝档案,这一时期的档案留存下来的较多一些,但完整性、系统性还是比较欠缺。中华民国中央政府档案主要保存在位于南京的中国第二历史档案馆和位于台北的台湾国史馆,其他主要保存在各级地方国家综合档案馆。

革命历史档案。是指 1919 年"五四"运动到 1949 年 10 月 1 日中华人民共和国成立以前整个新民主主义革命时期,中国共产党及其领导下的人民政权、军队、企业事业单位、其他革命组织及革命活动家形成的档案。这些档案记录和反映了中国共产党领导全国各族人民进行艰苦卓绝的革命斗争,推翻三座大山,缔造新中国的历史。由于战争期间颠沛流离,留存下来的档案较少,但十分珍贵。目前这部分档案中的中央机关档案主要保存在中央档案馆,其他革命历史档案保存在各级地方国家综合档案馆。

(2)新中国成立后的现行(当代)档案

是指 1949 年 10 月 1 日新中国成立以来,各级国家机关、团体、企业事业单位及其他组织形成的档案,包括各级各类档案馆保管的档案。这部分档案记录和反映了我国社会主义革命和建设的历史,特别是记录和反映了改革开放和社会主义现代化建设,建设中国特色社会主义的伟大实践,是我国国家管理的档案中数量最多、内容最丰富、保存最完整的档案。

2. 按形成领域分

(1)文书档案

是反映党务、行政管理等活动的档案。党的建设和经济、文化、社会管理以及机关单位内的党群事务、行政管理、财务管理、专门业务管理等档案,都属于文书档案。文书档案具有来源复杂、涉及面广、内容丰富、形式规范等特点。

(2)科学技术档案

是反映科学技术研究、生产、基本建设等活动的档案。这类档案表现形式丰富多样,有文字、图纸、表格、计算材料、照片、影片、录像和录音等。常规的科技档案包括科研档案、生产技术档案、基本建设档案、产品档案、设备档案等,具有成套性、专业性、多样性、通用性等特点。

(3)专业档案

是反映专门活动领域的档案。这类档案体现了一些单位或部门从事专门活动、履行专业职能的历史面貌。专业档案具有专业性强、文件格式统一、程序规范等特点,有其独特的管理方法和要求。

3.按所有权性质分

(1)公共档案

是国家机构或其他公共组织在公务活动中形成的为国家所有的档案。公共档案的形成、管理、利用等各项工作,受法律调整,接受法律监督。属于同级国家档案馆进馆范围的公共档案,一律由本单位档案机构归档保存,在一定年限后,需移交同级国家档案馆集中保管。公民有权利依照规定利用公共档案。

(2)私人档案

是私人或私人组织在实践活动中形成的、为私人所有的档案。如各种动产、不动产、债权债务协议票据,家用电器设备安装使用说明书、维保单,个人信札日记、文稿笔记、影像记录、电子文件,私人组织档案等。这些档案对私人组织运行、对公民个人或家庭生活都起着积极作用。私人档案在不危及国家、集体、他人利益的前提下,所有者可以自行处置。

4.按载体形态分

(1)纸质档案

自汉以来,我国形成了大量以纸张为记录载体的档案,也是目前我国档案馆(室)保存的档案中的主要载体形态。随着科学技术的发展,产生了新型档案载体材料,如胶片、磁盘、光盘等。但由于纸张具有阅读与使用方便、稳定性好、安全可靠、易于体现档案原始记录性等特点,在现有技术条件下仍是形成档案的主要载体。随着办公自动化、电子政务、电子商务的发展,很多单位产生了电子文件,但按照国家规定,纸质档案仍在"双轨制"环境下大量存在。

(2)非纸质档案

又称特种载体档案,有古代纸张发明以前的甲骨档案、金石档案、简牍档案、缣帛档案等,也有胶片、磁盘、光盘等新型载体材料,还有印石、锦旗、金属物等各种实物形态档案。国外早期档案常用的有纸草、泥板、羊皮纸等载体材料。

5.按记录表述方式分

按档案记录的表述方式分,有文字、图表、声音、图像等类型档案不同表述方式的档案,对其有不同的保管要求。

上述档案种类的划分方法,各具一定的特点,尚在研讨之中。档案种类的划分是明确概念全部外延的逻辑方法,是将属概念分为所包含的种概念,从而使属概念的外延明确起来。档案种类的划分是在形式逻辑与实用性原则的指导下,由人们依据实践的需要而决定的。当某种划分失去时效时,它是可以改变的。档案划分具有临时性、不稳定性的特点。档案种类的划分可以用档案的任何一种属性或特征作为划分标准,其目的是从不同角度、不同侧面加深对档案概念的认识,随机性比较大,不必强求划一。只要这种划分有利于对档案的科学管理就应承认其合理性。

第三节　档案工作的基本内容与性质

一、档案工作的基本内容

档案工作就是用科学的原则和方法管理档案,为党和国家各项工作服务的工作。从广义上说,档案工作等同于档案事业,它包括档案业务管理、档案行政管理、档案信息化建设、档案教育、档案科学研究、档案出版与宣传、档案外事等;从狭义上说,档案工作是指档案业务管理工作。本书所说的档案工作是指其宏观概念。

(一)档案业务管理

档案业务管理是以库藏档案为主要对象所进行的管理活动,带有业务性、微观性的特点。它是整个档案工作的基础,或理解为狭义的档案工作。

1.档案实体管理

档案实体是指档案材料本身,它是由档案内容和载体两部分构成的。对档案实体的管理主要包括以下内容:

(1)档案的保管

由于自然和社会的各种原因,档案总是处于潜在的渐进性的自毁过程中,档案的保管工作就是研究和掌握档案损毁的规律。根据所得的规律,采取相应的措施,减少和防止档案的损毁,最大限度地延长档案的寿命,维护档案的内容安全和实体安全,满足长远利用的需要。

(2)档案的统计

利用统计学原理,建立档案统计指标体系,对档案和档案管理的状态进行数量观察和分析研究,揭示出档案管理工作活动的规律,为档案部门的日常管理和行政决策提供依据。

2.档案信息资源开发

档案系统是信息系统的一个重要组成部分,档案材料中蕴涵着丰富的信息资源。档案信息资源的开发,就是将档案材料中所隐含的、静态的信息采用专业方法和现代化技术,经过发掘、采集、加工、存储、传输,转换成直接的、动态的信息的过程。它是档案信息提供利用的条件。

(1)档案信息检索系统的建立

档案信息检索系统是指根据特定的档案信息需求建立起来的一种有关档案信息搜集、加工、存储和检索的程序化系统,其主要目的是为人们提供查找档案信息的检索途径。广义的档案信息检索系统包括档案信息的存储系统和档案信息的查找系统两部分,狭义的档案信息检索系统只包括档案信息的查找系统。

档案信息的存储系统。档案信息的存储系统指按照一定的方法,将档案原件的内容和形式特征转换成一条条简短的记录档案原件特征的条目,并且按照一定的规则,将这些条目组织起来形成系统化、有序化的档案信息集合。档案信息的存储主要包括档案信息的著录和档案信息的标引等形式。档案著录是指对档案内容和形式特征等进行分析、选择和记录的过程。档案著录的一般方法可视档案的实际情况采取文件级著录或者案卷级著录等形式。我国制定的《档案著录规则》《中国档案分类法》和《中国档案主题词表》,为著录工作提供了标准依据档案标引是指对文件或案卷的内容进行分析,从自然语言转换成规范化的检索语言的过程,即对内容分析结果赋予检索标识的过程。其中,基于文件或案卷以分类号标识的过程,称为分类标引;基于文件或案卷以主题词标引的过程,称为主题标引。

档案信息的查找系统。档案信息的查找系统,也就是狭义的档案信息检索系统。它是按照一定的特征将存储档案信息的条目和检索标识按一定的规则编排组织起来,用以查找档案信息的系统。任何具有档案检出功能的工具和设施均可称为档案信息查找系统。因此,档案信息查找系统是附有检索标识的某一范围档案条目的集合。按照揭示档案信息的方式划分,档案信息查找系统可分为目录、索引和指南。

(2)档案信息的编辑与研究

档案信息的编辑与研究是档案工作人员以馆(室)藏档案为基础所进行的编辑与加工,开发档案信息,主动地向社会各方面提供内容集中而且系统的档案信息资源,是档案信息资源开发的重要组成部分。按照编研方法的不同可以分为两种:

档案文献汇编。档案文献汇编有两种方式,即档案文件汇编和档案文摘汇编。档案文件汇编是指按照一定的作者、专题、时间或文种等特征把档案材料选编成册,在一定范围内使用或公开出版。如重要文件汇编、政策法令汇编等,属于一次文献的范畴。档案文摘汇编是以简练的文字概括揭示档案文件的主要内容信息,是一种档案二次文献。其特点是:篇幅小、信息密度高、忠于原文、快速灵活。

档案参考资料。档案参考资料是按照一定的选题,根据档案内容编写的书面材料。它不拘泥于保持档案的原文结构、标点符号等原始信息,而是对档案中的素材、数据加以提炼、浓缩,重新编写而成。它给利用者提供的是较为集中、系统的"素材"(即三次文献),或帮助他们找到所需档案的线索。档案参考资料的种类很多,名称不一,用途广泛,如大事记、组织机构沿革、统计数据汇集和专题概要等。

3.档案信息提供服务

对档案进行一系列的管理活动,其最终目的是为了发挥档案的作用。档案的作用是在提供服务的过程中得以实现的。为了满足社会实际利用档案的需要,要通过各种方式向用户提供档案材料,档案部门应根据本单位的实际情况和利用者的不同需求采取相应的服务方式。

(1)阅览服务

阅览服务,是指档案部门开辟阅览室,针对利用者的调卷需求,提供档案就地利用的服务方式。目前采用的阅览方法,主要包括闭架阅览和开架阅览两种形式。为了实现良好的阅览效果,阅览室应该创造适合于利用者查阅档案的必要条件,如环境清静、明亮,配备必要的检索工具或检索设备,配置相关专业工具书及阅览桌等。

(2)出借服务

出借服务,是指档案部门按照相关制度,允许利用者在办理一定的审批手续后,将档案带回工作场所利用一段时间,并按时归还的服务方式。档案出借提高了利用效果,但在一定程度上使档案人员难以对档案进行有效的控制。因此,需要强化档案的安全保障措施,履行严格的出借手续来约束档案管理者和利用者的出借行为,保证档案被安全有效地利用。

（3）复制供应

复制供应,是指档案部门根据利用者的需求提供档案复制本的服务方式。随着技术的进步,档案复制手段不断丰富,包括静电复印件、缩微胶卷及电子文本等形式。档案部门通过单份和全套复制的方式有效地满足了较多利用者利用档案的需求,同时也延长了档案寿命。

（4）咨询服务

咨询服务,是指档案部门以档案信息为依据,通过个别解答问题的方式向利用者提供档案、档案专业知识、档案检索途径的服务方式。作为档案部门为利用者提供服务的一种方式,其内容主要包括档案信息咨询、档案利用咨询和档案业务咨询。它在利用者和档案信息之间搭建了一座桥梁,有效地起到了向社会宣传档案的作用,扩大了档案的影响。

（5）交流服务

广义上,所有的档案工作都在进行档案信息交流,如提供档案原件或陈列档案文件等。但真正意义上的档案信息交流服务是指档案部门以档案信息产品作为交流媒介,以推介或交换的方式促进档案信息的社会传播,充分实现其价值的主动服务方式。受到传统档案服务思想的制约,档案信息交流是档案服务的薄弱环节。强化档案信息交流不仅适应信息时代的客观要求,同时也带动档案业务建设,提升档案的价值。

（6）档案证明

档案证明,是指档案部门根据机关、团体或个人的询问和申请,为了证实某种事实在档案部门保存的档案内有无记载和如何记载而摘抄的书面证明材料。制发档案证明是满足各方面利用档案来说明一定事实的一种手段,如为公安、司法审理案件和个人提供有关工龄、学历等方面的证明材料等,是档案部门提供档案为国家机关和个人服务的重要方式。

（7）档案展览

档案展览,是指档案部门根据一定的主题,以展出档案原件或复制品的形式,系统地介绍和揭示有关档案内容和成分的一种具体利用方式。它是一项具有政治性、思想性和科学性的工作,服务面广泛,其所展出的档案材料比较系统、集中,内容丰富。档案展览形式多样,包括长期展览和短期展览、专题展览和综合展览等。

（二）档案行政管理及其他工作

档案事业管理是以档案的宏观管理活动为主要内容的管理工作,因而也称为宏观管理。其主要内容包括:

1.档案行政工作

档案行政工作是以各级国家档案行政机构为主体,以国家各项事业的需要为目标,以档案法律法规为准则,对全国以及地方档案工作进行统筹规划、组织协调、统一制度、监督指导的活动。档案行政管理的目的是不断调节档案事业系统的内部关系和外部关系,促进档案事业的发展,为国民经济和社会发展服务。

档案行政工作的主要内容是:以档案行政部门为组织协调中心,培训和提高档案工作人员的行政能力和水平,依法行政,通过调查研究和加强管理,完成规划制定、制度统一、行政监督、组织协调、业务指导和咨询服务的任务,提高档案行政效率,从而促进档案事业整体水平的提高。

2. 档案业务机构建设

档案工作的业务机构建设主要是指档案馆工作和档案室工作。档案馆接收和统一管理具有永久价值的档案材料，积极开发档案信息资源，为整个社会提供档案服务。档案馆在干部力量、人员素质、管理手段、库房建筑、物资设备、技术方法等方面要优于档案室。档案室接收和管理本机构形成的档案材料，主要为本机构提供服务，并监督和指导业务部门、文书处理部门进行文件材料的立卷归档。档案室是档案事业系统中数量最多、最基层的组织机构。

3. 档案教育工作

档案教育是档案事业的重要组成部分。档案事业建设需要发展档案教育，培养档案专业人才。从宏观上看，我国档案教育体系一般包括高等教育、中等教育、在职继续教育和社会教育四个部分。其中，档案高等教育是我国档案教育的核心部分。

我国档案教育始于20世纪30年代。1934年，私立武昌文华图书馆专科学校设立档案管理特种教习，标志着我国档案教育的开始。我国档案教育在40年代有了发展。1946年3月，殷钟麒等人在重庆创办了一所私立崇实档案函授学校（后改名为崇实档案学校）。新中国成立初期，我国档案教育处于早期酝酿阶段。1952年11月，中国人民大学设立档案专修班，标志着新中国档案及教育事业的正式创立。20世纪80年代后，我国档案教育进入了一个大规模、实质性发展的阶段。目前，我国已基本形成一个多层次、多渠道的较为合理的全国档案教育网络体系。

4. 档案科学技术研究工作

档案科学技术研究工作简称档案科研，是指对档案和档案工作采用调查、观察、实验、比较、分析、综合等方法进行探讨，寻求其本质和发展的规律性，把感性认识材料上升为理性认识的一项创造性劳动。它是国家档案事业的重要组成部分，也是建设和发展档案事业的重要条件。档案科学技术研究工作的目的是为了获得有关理论和技术方法的研究成果，促进档案工作在科学的基础上不断进步。

我国档案科研工作，按其研究对象的性质划分，主要包括档案学理论研究和档案管理应用技术研究两个方面。理论研究包括档案本质与价值、档案工作基本矛盾和发展规律、档案管理与文献编纂的一般理论、档案工作史和档案学史的研究等，其成果主要是论文、专著和教科书；应用技术研究有档案管理原则与技术、档案文献编纂与公布、档案保护技术、档案工作标准化和管理现代化的研究等，其成果主要是法规文件、标准文件、新技术工艺方法、新设计、新材料、新产品和业务技术参考材料。

5. 档案宣传工作

档案宣传是向人们传播档案、档案工作有关信息、思想，从而影响人们行为的过程。具体而言，就是向广大档案工作者宣传党和国家有关档案工作的法规与政策，对其进行教育，向社会宣传档案和档案工作，以增强社会档案意识的一种舆论引导和宣传性质的工作。

档案宣传工作的目的是通过宣传动员、教育和激励档案工作者，使他们积极投身于档案事业的建设和发展之中。同时，通过宣传扩大档案工作的社会影响，增强社会的档案意识，使社会各方面均能关心、重视和支持档案事业，使档案事业能与其他社会事业协调发展，并有效地服务于社会主义现代化建设事业。

档案宣传可通过口头宣传、大众传播媒介、档案陈列展览、档案专业报刊和档案网站等形式对档案、档案工作、档案人员等内容进行宣传。档案宣传是我国档案事业管理的一项重要内容。中华人民共和国国家档案局在成立伊始就主办了《档案工作》杂志,并多次组织中央级档案馆举办档案展览。1987 年《中华人民共和国档案法》颁布后,国家档案局设立了宣传处,在全国档案宣传工作会议上确定了"立足档案,面向社会,振奋档案人员精神,增强社会档案意识,为发展中国档案事业服务"的方针,从而推动了全国各级档案部门的宣传工作。

6. 档案国际合作与交流工作

参与档案国际合作与交流工作,是我国社会主义档案事业的一个重要组成部分,是发展我国档案事业的外部条件。其主要形式有:

(1)参加国际档案理事会组织的活动

国际档案理事会,是国际性的档案专业组织,1950 年 8 月成立,总部设在法国巴黎。我国国家档案局从 1980 年起正式加入国际档案理事会,为该会甲类会员之一。

(2)国家间建立双边的档案合作关系

在互惠对等的基础上,与一些国家建立双边档案工作合作关系,是发展中外档案界友好往来、交流档案工作经验、在有关项目上进行合作的重要形式。通过双边合作关系系统学习与研究档案工作领域中先进技术的应用,对促进我国档案工作现代化有着重要且深远的意义。

(3)开展国际档案学术交流活动

开展国际档案学术交流活动,建立与国外档案学术团体、高等院校、档案馆等机构的国际联系,是发展档案事业的一个重要方面。这对促进我国档案工作和档案事业的发展,与国际接轨以及促进经验交流起着至关重要的作用。

(三)档案信息化建设

档案信息化建设是伴随着人类社会信息化进程的发展而产生的一项档案工作的新内容。它既包含业务管理的内容,也包含事业管理的内容,故将其列为档案工作的第三项内容范畴。

档案信息化是以计算机技术、网络技术、信息技术为手段,以现代管理学为理念,以服务于全社会为宗旨而开展的一项涉及多学科知识交叉应用的新型工作模式。其核心和目标是发展档案业务,提高档案的现代化管理水平,挖掘档案的社会价值,提高全民族的文化素养,造福于后代。

档案信息化建设的内容相当丰富。研究制定和推广电子文件归档和电子档案管理的制度、标准和方法,接收电子文件进馆,加快实现档案的数字化进程,推进档案服务的数字化和网络化,加强人才队伍建设等都是档案信息化工作的主要内容。其中,档案信息数字化、档案网站建设和数字档案馆建设占有突出地位。

1. 档案信息数字化

档案信息数字化是指利用数据库技术、数据压缩技术、高速扫描技术等技术手段,将纸质文件、声像文件等传统介质文件和已归档保存的电子档案系统组织成具有有序结构的档案信息库。一般来说,档案信息数字化的内容有两个不同层次:一是档案目录信息的数字化。其目标是建立档案目录数据库。二是档案全文信息的数字化。档案全文信息的数字化可以采用扫描录入的方式将档案全文按原貌逐页存储为图像文件并为其编制目录索引,或是经光学字符技术(OCR)识别后采用文本格式存储档案内容,辅之以全文检索数据库两种不同方式。

2.档案网站建设

档案网站是档案机构在公共信息服务网站上建立的站点,它一般是以主页方式提供相关档案服务和开展档案宣传。档案网站建设是档案信息化建设的重要步骤,是档案部门联系社会的重要窗口。档案网站的功能有服务功能、宣传功能、交流功能。

档案网站一般应提供以下信息内容:一是档案工作信息,包括国内外档案工作动态信息、档案政策与法规信息、档案教育与科研信息等。二是档案机构信息,包括档案馆(室)以及管理机构的基本职能、部门设置、例行服务、联系方法和发展规划等信息。三是档案资源信息,包括馆藏数字化档案目录信息和档案全文信息、特色档案图片资料等。四是档案利用服务信息,包括档案机构的服务对象、服务方式、服务内容、服务政策等。五是地方特色文化信息,包括地方志常识、风土人情、旅游景点介绍等。

3.数字档案馆建设

数字档案馆是利用电子网络远程获取档案文件信息的一种方式,它强调的是在数字化档案馆环境下用户开发利用档案信息资源的便利。数字档案馆不是一种物理存在的实体,而是利用网络技术,将分布于不同档案机构的数字化档案信息资源以网络化方式互相联结,及时提供利用,实现档案信息资源共享,其实质是形成一个有序的信息空间和资源共享的信息环境。

数字档案馆的主要特点是:在存在方式上,是一种无形的信息组织与利用环境;在运行方式上,采取存取档案信息的网络化;在功能定位上,以存取为中心。

档案信息化工作需要在国家档案行政管理部门的统一规划和组织下进行,在档案管理活动中,全面应用现代信息技术对档案信息资源进行处置管理和提供利用服务,从而实现档案管理模式从以档案实体保管为重点向多种形式的数字化档案管理的转变。

二、档案的性质

档案是宝贵的不可再生资源,是人类智慧的结晶,对记录历史、服务于各项工作有着极为重要的作用。档案工作是通过管理和提供档案利用,直接为社会各项活动服务的工作,是维护党和国家历史真实面貌的重要事业。其性质可概括为管理性、服务性、政治性和文化性。

(一)档案工作的管理性

档案工作是具有独特管理对象、范围和方法的科学的管理性工作。档案工作的管理性表现在三个方面:

1.档案工作是专门管理档案的特殊业务

档案工作不生产物质财富,更不直接从事政务管理和决策,以档案为管理对象,通过提供档案利用工作充分发挥档案的功能,给各项工作的开展提供依据,减少工作的随意性,为各项管理和决策工作服务。

2.档案工作是单位管理活动的重要组成部分

档案工作不是孤立的,它是各项社会管理系统中不可缺少的组成部分,是单位管理工作的有机组成部分。档案是管理活动的产物,是管理工作的工具和手段,收集、管理和提供档案利用是单位的一项重要工作任务。完成任务,履行职责,借鉴过去工作的经验教训,提高管理水平和工作效益都离不开档案和档案工作。档案工作是单位的一项基础性的工作,是管理不可或缺的环节。档案工作的好坏,是衡量一个单位管理水平高低的重要标志。

档案工作的管理对象是档案,服务对象是档案利用者,所要解决的基本矛盾是档案的分散、零乱、质杂、量大、孤本等状况与管理活动利用档案要求集中、系统、优质、专指、广泛之间的矛盾。管理活动对档案需求的满足程度取决于档案工作水平的不断提高,档案工作水平则要适应不断增长的管理活动需求。二者处在从不适应到适应的不断矛盾过程中,从而推动档案管理工作向前发展。档案管理的发展是通过由非独立系统到独立系统、由简单管理到复杂管理、由经验管理到科学管理、由手工管理到计算机管理、由封闭系统到开放系统而实现的。

3.档案工作是一项科学性、技术性很强的管理工作

档案工作不是对档案的简单管理,而是采取科学的理论原则和技术方法管理档案。档案工作的每一个业务环节,都必须遵循档案形成、管理、利用的规律与特点,运用科学规范的管理方法和科技手段来组织开展,使档案工作科学而有序地进行,既符合单位档案工作的实际,又体现档案管理基础理论和形式逻辑原则,理论与实践相结合,有所发展,有所创新。档案人员具备自然科学、社会科学、思维科学的知识和专门业务技能,才能做好各个环节的业务工作。否则,档案工作将处于混乱无序的状态之中。

(二)档案工作的服务性

档案工作是在科学管理档案的基础上,提供档案信息为各项工作服务,满足社会对档案的利用需要。服务性是发挥档案工作重要作用的基本属性,是档案工作赖以存在和发展的基本因素和前提条件。档案可以为资政决策服务,为人们解决疑难问题提供帮助,为工作中了解情况、总结经验、研究问题提供参考。服务是档案工作的生命,服务是衡量档案工作的重要标志。只有努力做好档案信息资源开发利用工作,实现档案的价值,才能充分发挥档案信息资源的基础性、公益性、战略性功能,使档案工作具有生机与活力。

服务意识是档案工作者必备的职业素养。要树立全新的服务观念,提高服务质量,加强档案业务建设,既服务于日常需要,又服务于工作大局,促使档案的延伸人类记忆、文化存贮、社会教育、文化传播、资政决策、知识产生和社会调解等作用得到充分的体现和发挥,为构建社会主义和谐社会贡献力量。

(三)档案工作的政治性

档案工作的服务方向、管理对象及实质决定了其具有政治性。

1.档案工作总是为一定的政治服务

在社会历史的各个阶段,档案工作必然为一定的经济、政治、文化服务,否则就不会存在,也

难以发展。这个服务方向是档案工作政治性的集中表现。

档案工作是国家上层建筑的一个重要组成部分,档案工作的发展与国家的政治环境有着密切的联系。一般而言,国家的政治环境宽松、开明,方针政策科学、正确,档案事业就兴旺发达;反之,档案事业的发展就会停滞甚至出现倒退。

2. 档案工作是机要性工作

档案内容可能涉及国家的政治、军事、经济和技术秘密,涉及单位和个人利益或隐私,关系到国家利益和民族利益,必须严格按照《中华人民共和国保密法》做好保密工作。任何违反国家保密规定,泄漏国家秘密,使国家利益遭受损失的行为,都将依法受到惩治。

由于档案的内容关系到国家的政治利益和经济利益,所以,中外任何国家对档案管理都有一定的保密要求,一部分档案不对外开放,而有的档案则要在规定期满后才开放。

3. 档案工作是维护国家、社会历史真实面貌的政治需要

档案记述了党和政府的方针政策以及人们进行工作的思想意图、成功的经验和失败的教训,记录着经济社会的发展历史,反映了一定历史阶段的社会政治、经济和文化状况,承载着人类文明的优秀成果,客观地维护着历史真实面貌,服务于现实经济社会发展需要。因此,必须维护档案的真实性,保持档案的原貌,不允许任意篡改或修正。

档案是历史的见证,反映一定的历史事实,人们了解和研究历史主要依靠档案。做好档案工作,实际上就是维护了历史的真实面貌。档案工作的任务就是在统一管理国家档案的原则下,按照档案工作制度,收集和科学管理档案,确保档案的完整和安全,使档案再现当时的历史面貌,从而保障单位历史的延续和发展,维护国家、社会历史的真实面貌。

(四)档案工作的文化性

档案是重要的文化资源,是社会文化的组成部分,对传承人类文明发挥着载体作用。它真实记录人类的发明创造,积累人类文明的优秀成果,推动人类文明的创新和发展,具有文化性的特点。档案文化作为社会主义文化建设的一个重要方面,有着悠久的历史,是宝贵的历史文化遗产,是人类文明发展的记忆器和助推器,将在社会文化建设中发挥不可替代的作用。

档案工作肩负着保存档案这一历史文化遗产的任务,具有利用档案发展科学文化的作用。科学文化事业的发展需要档案服务。开展科学文化事业和学术研究离不开系统、可靠的档案史料,特别是史学研究和编史修志,如果没有以档案为支撑,就根本无法进行下去。通过档案,延续了人类的记忆,人们可以探寻历史发展的轨迹,了解世界各民族所创造的辉煌成就,继承传统文化精华,推动人类社会不断向前发展。

第四节　档案工作的基本要求与意义

档案工作的内容十分丰富,它们既有相同的基本要求,又因工作内容的不同而制定出各不相同的基本要求和意义,下面选取几项具体的档案工作内容,对其意义与基本要求进行针对性阐述。

一、档案保管工作的基本要求与意义

(一)档案保管工作的基本要求

1.注重日常管理工作

为了保持档案库房管理的稳定、有序,应注重建立健全管理规则和制度,加强日常管理。在库房管理中要做到:归档和接收的案卷及时入库;调阅完毕的案卷及时复位,定期进行案卷的清点和检查,发现问题及时处理。只要持之以恒地坚持严格的日常管理,就能保证库房内档案处于良好状态。

2.预防为主,防治结合

在档案保管工作中,保护档案实体安全的方法概括起来主要有两类:一是如何预防档案实体损坏的方法;二是当环境不适宜档案保管要求时或当档案实体受到损坏后如何处置的方法。在归档或接收的档案中,实体处于"健康"状态的档案占绝大多数。因此,在档案保管工作中,积极"预防"档案受到各种不良因素的破坏是主动治本的方法。我们应该采取各种措施,确保这些档案的长期安全。同时,还应该通过加强日常管理和检查,及时发现档案实体出现的"病变"情况,以便迅速地采取各种治理措施,阻断或消除破坏档案的有害因素,修复被损害的档案,使其"恢复健康"。预防为主,防治结合,才能全面保证档案实体的安全。

3.重点与一般兼顾

由于档案的价值不同,保管期限长短不一,所以,在管理过程中,我们应该掌握突出重点、兼顾一般的原则。对于单位的核心档案、重要立档单位的档案、需要长久保存的档案,应该加以重点保护,尽量延长档案的寿命。同时,对于一般性、短期保存的档案也要提供符合要求的保管条件,确保其在保管期限内的安全和使其便于利用。

4.管理与技术相结合

档案保管工作要有效开展,管理和技术二者缺一不可,二者从不同层面上维护着档案的安全和完整。管理和技术在应对威胁档案安全的不同风险因素中,各自发挥着不可替代的作用。比如:由于人为因素对档案造成破坏的,需要靠管理制度来约束,单纯的技术是难以发挥作用的;而对于不可控的自然因素对档案带来的破坏,必须利用先进的技术来应对。因此,片面强调管理,或者片面强调技术都是不科学的。同时,无论是管理还是技术,都不是一成不变的。管理的理念、方式需要不断科学化、合理化,技术手段需要不断现代化,以确保管理和技术成为档案保管工作科学发展的双翼。

5.不同的档案,区分保管

在档案保管中,不能采取"一刀切"的模式来管理全部档案。为了实现对档案的合理保管,对于不同价值的档案,应区别对待。在保管工作中,所谓不同的档案,主要是从档案的保存价值、保管期限以及载体等方面加以区分的。《中华人民共和国档案法实施办法》中规定"各级国家档案馆馆藏的永久保管档案分一、二、三级管理,分级的具体标准和管理办法由国家档案局制定","根据档案的不同等级,采取有效措施,加以保护和管理",在《照片档案管理规范》(GB/T11821—2002)等标准中,对不同保管期限的档案,其保管条件也略有差异。区分保管不同价值、不同保管期限的档案,有助于实现档案保管工作稳定有序的开展。尤其是随着社会科学技术的飞速发展,不同载体的档案大量产生,不同载体记录信息的结构、原理不同,其保管要求也各不相同。因此,不同载体的档案,也应区分保管。

(二)档案保管工作的意义

档案保管工作质量的高低,对档案管理水平具有重大的影响,甚至在一定的条件(如涉及档案存毁安全问题)下具有决定性的影响。档案保管得好,就为整个档案工作的进行提供了物质对象,提供了一个最起码、最基本的前提。反之,如果档案保管工作做得不好,或者不能有效地延长档案的寿命,甚至损毁殆尽,那就会使整个档案工作丧失最起码、最基本的物质条件。工作对象一旦丧失,整个档案工作也就随之失去其存在和进行的基础。若档案保管得杂乱无章,失密泄密,也会影响整个档案工作的秩序。

二、档案检索工作的意义

(一)桥梁作用

档案的数量随着时间的推移而日益庞大,内容也日益繁杂,涉及社会实践活动的各个方面,对于利用者来说犹如档案之海,如果不借助于科学的方法和手段,便无法从中获取所需的档案。档案检索工具在档案和利用者的特定需要之间架设了一道"桥梁",沟通了两者的借需关系,利用者借助检索工具便可以较为迅速准确地获取所需档案。也有人将这种桥梁作用比喻为"打开信息宝库的钥匙",使用它才可以开启档案信息宝库之门,满足特定的需求。

(二)交流作用

档案检索工具中存储了大量的档案信息,它不仅可以提供查询,还可以成为档案馆(室)与利用者、档案馆(室)之间的交流工具。利用者借助它可以了解档案的分布、内容、价值等信息,档案馆(室)借助它可以互相了解馆藏情况、互通有无,提高服务质量。

(三)管理作用

档案检索工具记录了档案的主要内容和形式特征,集中、浓缩地揭示了馆藏情况,档案工作人员可以通过检索工具概要了解馆藏档案的内容、形式、数量等情况,为档案管理业务活动提供一定的依据,尤其是馆藏性检索工具反映档案实体顺序,在库房管理、档案数量统计等管理活动中直接发挥作用。各种检索工具还是档案工作人员查找档案、提供咨询、开展档案编研工作的必要手段。

上述三个方面的作用是就档案检索工具的整体而言的,某一种检索工具可侧重于其中一个或两个方面。

三、档案编研工作的基本要求与意义

（一）档案编研工作的基本要求

档案编研工作是一项政治性、科学性很强的工作,需要有高度的政治责任心和实事求是的科学态度,严肃认真,一丝不苟。具体要求包括以下内容:

1. 政治方向正确

古往今来,档案编研工作总是带有一定的政治倾向。现在的档案编研工作要体现为社会主义现代化建设事业服务的宗旨,坚持辩证唯物主义和历史唯物主义的思想方法,维护党和人民的根本利益,符合党和国家的方针、政策、法律,注意保守党和国家的机密。

2. 史料真实

编研过程中选用的档案史料必须正确、客观地反映历史事实,这是检验编研成果质量和能否经得起历史考验的关键所在。档案编研工作必须对档案材料进行认真的核实考证,去伪存真。切忌不加考证地盲目使用档案史料,造成以讹传讹和鱼目混珠。

3. 内容充实

档案编研成果能否受到社会各界的欢迎和重视,主要取决于它是否有丰富充实的内容,能否完整地反映有关事物的发生、发展、变化和终结的全部过程。因此就需要将与题目有关的档案材料收集齐全,尽量选用并组成能反映题目内涵的完整材料。

4. 体例系统

体例上的系统,是指将档案材料按其内在联系,组成一个有机整体。在内容上条理分明,上下联系,合乎逻辑;在编排体例上科学地划分章节或分类,结构严谨,形成体系。

（二）档案编研工作的意义

1. 档案编研工作是档案馆（室）主动地、系统地、广泛地提供利用服务的一种方式

档案工作人员把具有研究价值和实用价值的档案信息编辑加工后,推荐、分发给有关利用者使用或公开出版,使馆外利用、异地利用成为可能,这有利于更加广泛地发挥档案在各项事业中的作用,对于实现档案信息资源共享也是十分有益的。

2. 开展档案编研工作是提高档案馆（室）工作水平的一个重要途径

档案馆（室）搞好档案的收集、整理、编目等基础工作是开展编研工作的前提;而在档案编研过程中大量调阅档案,又可对档案馆（室）的基础工作起到全面检验的作用。档案编研工作要求档案工作人员具有较高的知识水平,可以促进档案干部队伍素质的提高。档案编研工作向社会各界和本机关提供了系统的档案信息服务,有助于扩大档案工作影响,赢得社会各界对档案工作的重视和支持。

3. 开展档案编研工作是保护档案原件和长远流传档案史料的一种措施

档案编研成果不仅有积累史料、传播文化的作用,而且可以代替档案原件提供利用价值,从而保护了档案原件使之延长自然寿命。将档案文献汇编出版,分存于各处,即使原件遭到损毁,档案的内容也可长久流传。

四、档案利用工作的基本要求与意义

(一)档案利用工作的基本要求

档案利用工作的基本要求是档案馆(室)应当为档案的利用创造条件,简化手续,提供方便,主动开展档案的利用活动,及时掌握档案的利用效果,加大宣传力度。具体要求包括以下几点:①档案工作者要不断提高自身的素质,主动、及时开展档案利用工作。②不断完善档案服务方式和手段。③掌握本单位、本地区近期的重点工作、重大活动,据此开展档案利用工作。④加强档案的宣传力度,增强全社会的档案意识,促进利用工作进行。

(二)档案利用工作的意义

档案利用工作的意义,主要表现在以下四个方面:①档案利用工作是发挥档案作用、实现档案价值的主渠道,是档案工作为社会主义现代化建设服务的直接手段。②档案利用工作是档案工作联系社会的一个窗口。③推动档案基础业务建设,提高档案工作水平。④促进档案工作人员业务进修学习,提高档案干部队伍素质和工作能力。

五、档案统计工作的基本要求与意义

(一)档案统计工作的要求

档案统计工作是档案部门的一项严肃科学任务,为了做好档案统计工作,发挥档案统计工作的作用,在进行统计时必须做到准确、及时和科学。

1. 及时性

统计工作的目的是为了解决档案工作中的实际问题,及时了解有关情况。如果统计工作拖沓,必然会贻误良机,从而影响档案工作。为此应该建立档案统计制度,使档案统计纳入档案部门的日常工作轨道,各级各类档案馆、档案室的统计工作要制度化,相互配合,及时地按规定上报档案工作领域的相关信息,为指导和监督档案工作提供科学依据。

2. 可量化性

统计是以数字来量化反映统计对象现状的。在档案统计工作中,实施统计的重要领域及其重要因素,必须是可进行量的描述与量化研究的。否则,档案统计工作会成为一般的档案登记工作。

3. 连续性

为达到统计工作的目的,保证统计数字的准确性和统计工作的质量,档案统计工作必须连续进行,对有关内容的统计一定要有始有终、不能间断。只有保持连续性,档案统计工作才能对档案现象的发展变化进行历史的、系统的、全面的加以反映和概括分析,也才能保证统计工作的质量,达到统计工作的目的。

4.目的性

档案统计工作是为了一定的目的进行的,不是为统计而统计。如果没有明确的目的性,统计工作就会失去意义,也不容易坚持下去。因此,确定档案的统计项目,要依据本单位的实际情况,兼顾需要和可能,如单位大小、档案多少、管理状况和利用状况质量高低等有目的地、实事求是地建立本单位的档案统计工作。

5.准确性

档案统计工作的基本要求是保证统计数据准确无误。统计工作所获得的各种数据及其整理、分析得出的数据和结果都必须真实可靠,具有客观真实性。档案统计工作是从档案现象的质和量的辩证统一中研究它的数量方面,是用数字语言来表述事实的,因此,必须十分准确。数字的真实性、准确性是科技档案统计工作的生命。

要做到统计数字真实、准确,就必须有认真、负责的工作态度和一丝不苟、实事求是的工作作风,严格统计纪律,建立和规定科学的统计指标和统计计量方法。这样统计出来的数字才有价值也才能够保证统计工作目的的实现。

6.法治性

现代是法治社会,任何工作都要依法办事,档案工作也不例外。比如《中华人民共和国统计法》是档案统计工作遵循的准则。档案统计也要纳入法制建设的轨道上来,因为目前实际工作中仍然存在统计违法行为,如为夸大成绩或缩小失误而虚假、瞒报、伪造和篡改统计数据资料的现象屡屡发生。因此,档案统计也要加强执法力度,才能使档案统计工作顺利开展,真正发挥档案统计工作的作用。

统计工作的目的不是为了取得统计数字,而是要对统计数字进行分析、研究,从中寻找到事物发展变化的规律。对档案统计所取得的原始数字进行周密分析和研究,根据档案现象在一定时间、地点和条件下的具体数量关系,揭示档案及其管理工作中的内在联系和矛盾,从中总结经验,发现问题,分析矛盾,探索规律,从而改进档案工作,提高管理水平。

（二）档案统计工作的意义

1.档案统计工作是认识档案工作的一种重要手段

档案工作中诸多现象的发展过程、现状和一般的规律性,通过档案统计,让人一目了然。而且正是这种长期、系统的积累资料的工作,为档案管理研究和综合统计,为加深人们对档案工作的认识提供了一种手段。

2.档案统计工作是科学管理档案的基础

从档案统计工作来看,国家档案事业的方针政策、计划、法规制度的制定都离不开档案统计工作,统计工作提供的大量的信息可以对档案事业进行指导、监督、协助理顺档案事业的各个方面的关系。如果没有档案统计工作提供的大量数据和信息,档案管理只能是盲目的管理;没有档案统计工作的指导,档案服务利用只能是被动的服务。

科学管理档案不仅要定性分析,也要定量分析,两者结合才能实现科学管理,提高档案管理水平,以更好地指导档案实践工作。做好档案统计工作,可以为定量分析提供必要的数据。

3. 档案统计工作是提高档案学研究水平的重要保证

档案统计的加强是档案学发展的一个表现。以前档案学研究比较偏重于研究社会科学的方法,随着科学技术的发展,档案学也逐渐开始运用自然科学、技术科学和管理学的方法来研究,由定性研究逐渐转变为比较关注定量分析研究。因此只有加强档案统计,认真进行分析,才能促进档案学的发展。

4. 档案统计是使档案工作处于良性运行的重要保证

从系统论的角度来看,档案工作是由档案实体管理、档案信息开发和档案反馈信息处理三个子系统组成的,档案统计工作就相当于档案反馈信息处理系统,统计得来的具体数据,直接反映了档案工作各方面的实际情况和水平,这是非常重要的。它可以提供正确的决策依据和监督指导档案工作的统计资料,从而保证档案工作处于良性运行状态。

要了解档案用户的需求、档案业务工作的现状、水平、成绩和不足,是都离不开对反馈信息的处理的。而这主要是通过统计工作来实现的。比如要了解档案用户的需求,就要通过调查研究得到大量的数据资料,然后对这些数据资料进行及时的整理、分析,就可以总结出档案用户的需求情况、需求趋势等。

六、档案工作整体基本要求

综上所述,可以看到每种不同的档案工作都有其各自的要求和意义,但总的来说,所有档案工作都应满足以下几点要求:

(一)建立档案工作组织

1. 设置机构

各机关、人民团体和企事业单位应当设置档案工作机构。机关、人民团体、事业单位的档案机构一般设在办公室(秘书处),企业设在综合管理部门。机关、人民团体和企事业单位可结合实际情况设置独立的档案机构,如档案处、综合档案室、档案管理中心。市属大型企业、科研机构、高等学校等符合相关条件的单位,可按规定程序设置企事业单位档案馆,并报市档案行政管理部门备案。

2. 明确职责分工

各单位应当明确一位单位领导分管档案工作,定期听取档案工作汇报,协调解决档案工作重大问题;明确档案工作管理机构及其负责人,落实档案管理职能;根据本单位档案工作实际情况配备档案工作专职人员,各部门、处室落实一名档案工作兼职人员,明确岗位职责及分工。专职人员应当主要从事档案工作,兼职人员一般由各部门、处室的内勤担任。档案工作人员均应接受业务知识培训。

(二)履行档案机构职责

档案机构的职责为:建立健全本单位档案工作规章制度;负责本单位文件材料的收集、整理、归档工作;依法规范开展各项档案业务工作;集中统一管理本单位的各类档案;依法依规向有关档案馆移交档案;对所属机构档案工作开展监督、指导。

(三)配置档案工作设施设备

1.配置独立的适宜安全保存档案的专门库房

档案库房面积满足档案管理现实需要,且预留一定空间。库房内配备必要的设施设备,如档案箱(或档案柜、档案架)、空调、温湿度计、防盗、防火、防强光、防磁等必要设施设备。档案库房符合"八防"要求,温、湿度控制在档案保护技术规范要求范围内。

2.设置档案阅览场所及档案人员办公场所

档案阅览场所应配备摄像头等监控设备。档案人员办公场所应设置档案整理区域。有条件的单位,档案库房、档案阅览场所和档案人员办公场所实行"三分开"制度。

3.配备档案工作必要的其他设施设备

档案工作所必需的档案卷皮、档案盒、整理工具、复印机、计算机、扫描仪等其他设施设备也应配备齐全,以满足档案整理、保管和现代化管理的需要。

(四)开展档案信息化管理工作

开展档案信息化管理工作主要包括:建立档案目录数据库,应用档案管理软件,实现计算机辅助管理档案和查询档案;对新增电子文件开展归档管理工作;对存量传统载体的档案开展数字化工作。

第二章　现代档案的文化价值及其实现

　　档案作为人类经过漫长历史积攒下来的文化资源,不仅是承载文化的重要载体,也肩负着传播文化的重要使命。无论是档案载体本身,还是档案的内容及围绕档案产生的活动都蕴含着丰富的文化价值,是社会文化体系中愈加不可缺少的组成部分。所以,对档案文化价值的实现进行深入研究是十分必要的。本章探讨了档案的文化价值及其实现,在对档案文化价值进行总体论述的基础上,探讨了档案文化价值实现的影响因素与表现形式,档案文化价值实现的有效路径以及信息时代档案文化的产业化发展。

第一节　档案文化价值概述

一、档案的文化功能及其拓展

(一)档案信息的文化功能

1. 档案信息文化功能及其社会演变

　　文化概念的宽泛性导致档案界对于档案文化也有不同的认识。其实,档案文化有广义和狭义之分。广义来说,档案是一定文化形态的产物,档案文化是依靠档案文化实体从事全部活动和产品的总和。除了档案是文化,围绕档案所进行的一切工作和产生的一切文化成果都是档案文化的组成部分,例如档案阅览、档案展览、档案网络、档案传播等。狭义的档案文化是指档案实体文化,是档案部门参与文化建设,实现档案文化价值的活动和附加产品。从狭义档案文化概念出发,档案文化大致可分为静态档案文化和动态档案文化。静态档案文化指已有的在历史上已经形成一个体系保持恒久不变的档案文化财富,比如现已收藏的各类档案。动态的档案文化指随时间延续、随各种因素变化而变化并产生新的文化财富的档案文化。动态档案文化是由档案在传播过程中充当媒介,促使文化增值,实际上就是将档案作为放大的传播媒介的信息符号。一方面是量的增长,另一方面是质的提升。量的增长是指传播面的扩大,质的提升是指档案价值的增加。例如,档案史料的编研出版,既克服了档案孤本的局限,扩大了档案的传播面,也使档案在史学家利用史料汇编著作、论文的同时,完成了档案信息质的提升。因此,经过质的提升,新的档案文化财富便会应运而生。如各种档案编研成果、利用档案史料编写而成的各种文化著作、影视作品等。可见，档案文化建设过程是动静态交替的过程，档案文化也是可以相互转化的，并在转化过程中使档案文化不断得到增值，发生量的和质的变化。

作为一种档案价值形态，档案文化价值有别于档案的经济价值、政治价值、军事价值和科研价值等。但同样对档案文化价值做出科学合理的解释，却因"档案文化"的宽泛性显得困难。有学者提出档案文化价值就是在文件形成、收集、整理、保管、鉴定等一系列过程中，文件形成者和档案工作者所付出的各种劳动，是智慧和奉献的成果。用言语来具体表述档案文化价值有点难度，并且难以取得学界的一致认可，但是关于档案文化价值的内涵一般都有着相似的理解。

档案作为一种历史记录，借助于特定的记录符号，将人类社会活动的场景和过程记录在一定的载体之上。人类社会经历了野蛮到文明的漫长时间，从甲骨文可以考证出商周时期历史文化的发展。在这一过程中，人类为了弥补大脑在记忆方面的不足，自觉地利用各种载体保存信息，逐渐形成了我们现在所见的档案。所以，档案是文化信息借助于特定的符号、手段、载体转化而成的一种文献资料。母系社会的结绳和刻契是人类社会档案思想的萌芽，"河图""洛书"是原始社会记事档案的典范，是中华民族长期生产和实践的文化总结。

档案是人类文化知识的最初载体，是人类精神食粮的仓库。档案的文化属性和文化价值的鉴定是现代档案工作的一个重要组成部分。从档案的外部特征看，作为一种历史记录，档案是借助于一定的符号，将人类活动的真实场景记录在一定的载体之上，其外在的记录符号载体符合文化表现的基本条件。从档案的内部特征看，档案文化属性由其信息的内容属性所决定。档案虽然不是与人类社会相同步的产物，我们却无法追寻它的起源。但从档案的本质来看，它却是人类知识积累的工具和载体。从第一次形成档案起，人类的发展过程有了可靠的足迹证明。通过对档案文化的深入研究，我们可以揭示档案文化的根源、档案文化的构成、档案对民族精神形成的积极作用等问题，从中也可以比较科学地获得关于民族精神的认识。我国档案文献以翔实的史料记载了人类长期社会生活生产实践的创业史，成为历史文化的基础之一。档案价值的扩展律和档案作用的递增律，在某种意义上决定了档案文化价值的实现规律。档案的文化价值是多元的，因此，其价值的实现方式也是多元的。档案作为社会历史现象的文化，是人类认识和改造世界的活动成果，是人类在长期历史活动中形成并确定的共同理想和价值观念。

档案是历史文化的积累，档案馆作为一种文化的承载体，是文化遗产的重要组成部分。因此，档案馆藏是珍贵的文化资源，应该为社会的文化消费服务。首先，档案是特定历史时期社会实践活动形成的历史记录，具有文化特征；其次，档案是一种信息内容寓于形体完整统一的原始记录载体。就档案载体而言，从远古的甲骨到现代的磁带光盘，凡是可以用于记录信息的载体，都被视为档案信息承载物。馆藏的各种档案载体本身是文化的体现，具有文化价值。人们在长期档案工作实践中，已构成了较为完善的档案理论体系，档案馆藏的文化性、公益性和社会性以及与其相联系的社会职能是人类自身发展的永恒需要。档案馆的文化产品可能不会创造出很大的社会物质财富，但在满足社会精神文化需要方面却是其他文化资源无法取代的。

2. 档案信息的文化功能——文化载体

档案是一种重要的文化载体。人类社会从野蛮到文明经历了一段漫长的时间，古代的四大文明古国因为没有文字都经历过结绳记事的阶段。文字的发明可以说是整个文明的起点，克服了语言的即时性，人们借助于文字可以将生产生活经验记录下来并保存、流传下去，大大加快了文化的积累。正是由于甲骨档案的出土,商周时期的文化才得以为世人所知。档案从问世伊始就是一系列社会实践活动的记录,特别是人类社会进入文明阶段后,因文化积累的方式单一,文字记载就成为主要形式。可见,档案的出现不仅是应统治阶级的需要,也是文化积累需要的产物。

我国《档案法》第八条明确规定"中央和县级以上地方各级各类档案馆是集中管理档案的文化事业机构",以法律的形式肯定了档案和档案保管机构的文化属性。因此,无论从哪个角度讲,档案作为一个特定领域都具有明显的文化特征。作为一个丰富而复杂的文化载体,档案本身是人类实践活动的文化成果,此外,围绕档案的保存、开发和利用而开展的一切工作都是一种文化现象。从地域范围看,各地有着不同的文化个性,档案也就具有了丰富的层次性,表层结构的档案是一种物化的文化成果,而中间层次的档案则表现为更多的精神活动,更深层次则是包含人们的观念、传统和思维方式等。从保存主体看,存在个体档案、群体档案、社会档案等各种说法,且各自承载着不同的文化信息。

档案是人类文化的遗产和结晶。档案是经过积累的文化的结晶,其内容体现的是文化的内涵。档案再现了人类的历史,很多出土的文物在某种意义上都是档案。《春秋》的编写参考借鉴了大量文献,司马迁《史记》的成书也得益于其作为兰台史令的条件,《资治通鉴》《通典》《文献通考》等史学巨著无一不是参考甚至引用档案原文。可以说档案是人类文化延续的纽带。第一历史档案馆通过对宫廷饮食档案的研究和开发,使我国饮食文化得以传承和发展。造纸术、指南针、火药、印刷术等发明,也无一不是在借鉴前人经验的基础上完成的,没有这些文明成果,就不会有今天先进的航海航天技术。从这一点出发,档案不仅是文化积累的基础,更是文化更新发展的前提和条件。

3.档案信息的文化功能——文化媒介

简单来说,文化是一种符号象征,是已经发生的现象的符号积累。文化财富的积累需要历经几百年甚至几千年,这种积累很大程度上依赖文字。作为一种文字记载形式,档案在人类文化的积累和传播中发挥了重要作用。"档案是文化的积淀,档案是文化传播的重要媒介,档案反映了文化的变迁,档案自身还是一种媒介文化"。档案具有文化传播的功能。有学者认为,档案是文化之母、文明之母。一个国家文化的发展离不开文明积累的成果,借古喻今、博采众长,有利于拓展文化视野,提高文化水平。如果没有档案充当文化传播的媒介,春秋战国大量的文献就无法保存,也就没有今天我们所见的《论语》《诗经》《春秋》等古代思想精华。历朝历代的档案之所以能够完整保存下来,是因为统治阶级将档案作为其统治工具给予重视。此外,自古以来,编史修志一致为官家所重视,根据档案进行史书编写,使我国传统文化得以完整地保存下来。

档案中凝聚的历史经验蕴含着社会发展规律,档案的保存和流传实质上是文化发展的延续。这种发展有时借助于档案本身,有时是将档案作为历史研究的第一手资料,将其中的重要史实转载于其他学术成果中。史学家在进行历史研究时,常常通过档案的记载了解历史事件的来龙去脉、内外关系以及前因后果,以此来把握历史规律。胡绳所著《鸦片战争到五四运动》一书,正是在对大量档案史料和其他文献资料研究基础上完成的。据统计,胡绳撰写此书直接引用档案史料达 843 处。电视片《红旗飘飘——中国共产党历史上的今天》生动地展现了共产党 80 年历史的风雨变迁,在社会上引起了极大的反响,在弘扬主旋律、传播先进文化方面产生了重要而深远的影响,该电视片正是参考和借鉴了中央档案馆的馆藏档案制作而成。

（二）档案文化功能的拓展

1. 档案具有社会记忆功能

作为一种文化现象,档案具有文化的社会特征,其记忆的是时代文明,尤其是文化的精华、浓缩的成果。早期形成的档案是人们用文字记录下的零乱无序的信息,对生产和建设有着重要的参考价值,它所反映的是人类认识和改造自然的过程,是人类生产生活的借鉴。人们之所以强调档案的重要性,是因为档案能够满足历史的、现实的和未来的需要。档案不仅是一种原生性的社会文化信息,还会影响其他信息的产生和发展,其社会参考价值是不言而喻的。目前社会信息的网络化进程不断加快,各类信息的产生和传播快捷复杂,让人眼花缭乱,难辨真假。档案以其原始记录性的特点决定了其具有法律效力和凭证作用,也就使人们在心理上更加倾向于档案所传达的信息。档案能满足个体和群体乃至整个社会各项事业的发展,人们能够从中吸取有益的知识,是人们从事各项活动的重要参考。我国悠久的历史使得我们拥有种类繁多的档案,这为我们进行社会政治、经济、文化变迁的研究提供了可靠的依据。

2. 档案具有观念修复功能

一种观念的形成往往是与特定的背景和时代相联系的,而观念的正确与否则需要经过较长的历史时期去观察检验,因此,就必须借助于相关的档案史料加以甄别。人们分析问题的思维观念可以改变,但相关的档案记载却不会改变。例如,我们今天分析封建时代的民族关系时,就必须借助古籍文献的记载去检验某些设想和结论。今天,我们通过档案史料发现,曾与黄帝作战的蚩尤不仅是苗族祖先,也是中华民族共同的祖先,这就更正了原来的一些错误观念。同样,我们今天借助于档案史料也更正了"文革"时期一些左的思想观念,对老一辈革命家均以实事求是的态度给予公正的评价。

以徽州文书档案为例,它是继甲骨文、汉简、明清大内档案、敦煌经卷之后的中国史学界第五大发现,在此基础上发展起来的徽学、敦煌学、藏学并称为中国三大地方学之一。徽州历史档案不仅记录徽州历史发展的踪迹,为徽州历史文化研究提供重要依据,也为研究封建社会后期社会政治经济发展、思想文化、民俗民情、阶级关系等提供了重要依据。过去,关于徽州文化只是人们口耳相传、没有令人信服的历史记载,徽州文书档案的发现则填补了这一空白。研究徽商档案,可以了解封建社会后期以徽州为代表的地域经济由盛转衰的过程和原因。徽州文书档案中的家谱、族谱档案有助于我们探寻徽州社会宗族制度的历史渊源。徽州塾学档案有助于我们了解徽州社会教育发展状况。新安理学重视理欲、心物、天人及其关系,受程朱理学影响,形成了"穷理之要,必在于读书"的重学思想。可以说,徽州文书档案为我们开辟了一个崭新的文化园地,为地域文化的研究和发展提供了一个典范。

3. 档案具有文化创新功能

改革开放40多年来,中国文化建设的重要成就之一就是文化顺应了社会发展的需要,不断更新观念,解放思想,推动了文化的繁荣。20世纪90年代以来,国家不断出台关于改革文化体制、推动文化发展、保护民族遗产、培育文化市场的文化政策。较为彻底地摒弃了历史遗留的保守封闭的文化传统,给新时期文化发展注入了新的活力。文化发展繁荣的最终动力是社会生产力,但影响其发展前进的因素有很多,档案便是其中一种。两汉时期古代档案文化的发展为古代文化的繁荣提供了不可缺少的条件;唐宋时期档案的发展是其文化繁荣的必要条件之一。美国档案学家谢伦伯格曾经就把文化方面的原因作为设置档案机构的一个考虑因素,我国也有越来越多的人开始关注档案与文化的关系,关注档案在文化创新方面发挥的作用。档案界应当抓住这一机遇,充分发挥档案文化创新的功能。档案文化创新的功能一方面表现为人们可以直接从档案中汲取历史文化精髓,作用于现有的社会精神文化,形成新的文化价值,另一方面表现为人们可以借鉴已有的文化成果而创造新的文化。有些档案具有较高的文学价值,可用于收藏和文学创作;有些档案为文艺作品提供了生动的素材;有些作品的创作甚至直接引用档案信息,对其进行加工形成人们耳熟能详的文化事件。

档案一方面可以为描述对象提供依据,是各种文化创造的源泉,另一方面档案能够启发作家构思,为史学家的研究工作提供一条捷径,"人们可以从档案中吸取历史文化的精髓,作用于社会意识形态,形成新的文化机制判断"。与人类历史相比,一个人的生活年限是极其短暂的,个人的生活阅历也就相对有限,因此,文艺创作中参阅历史典籍,翻阅档案则是一条必经之路。当前,发挥档案的文化创新功能与正在实施的"大文化"建设有着紧密的联系。没有档案的利用,就不会有文学、艺术的创造,就不会有图书、教育等各种文化事业的繁荣。档案的文化属性决定了它必然要参与到社会整体文化建设中去,是整体社会文化建设的重要组成部分。

二、档案文化与档案文化价值

(一)档案文化

档案为记录人类社会实践活动而生,因档案管理活动而得到传承,既受社会文化环境的影响,也影响着文化的发展。有鉴于"文化"概念的复杂多义,以及目前学界对"档案文化"的认识尚处于探索阶段,未达成共识。所以,从厘清"文化"概念的纷争入手,是进一步掌握"档案文化"概念的必经之路,也是充分理解"档案文化"内涵、推进"档案文化价值"实现的方法手段。

1.档案文化的概念界定

档案作为人类社会活动的客观记录和传播载体,是贮存、获取和传承人类文化成果的重要形式与物质财富。充分了解文化概念能够帮助我们准确认识档案文化,对进一步探索档案文化价值的实现至关重要。

纵观文化与档案的概念会发现,形式多样且内容丰富的档案是人类获取、保存和传承多种文化的重要方式,是人类文明进步的阶梯。因此,围绕档案与档案活动产生并传播的文化就是档案文化。但一直以来学界对档案文化概念的研究往往"只能是抓住一点,泛泛而谈,借着文化的名说着没文化的事。有把档案与档案文化混而一谈;有把档案的文化资源开发当作档案文化建设;有把档案文化建设当作是档案部门的事;有把档案文化当作一种工具去促进社会文化的发展……把档案文化这一话题炒得像雨像云又像风,让人摸不着头脑,理不出头绪,非常纠结。"寻找标准统一的档案文化概念如同"雾里看花",探究"档案文化是什么?"的道路依旧艰辛和漫长。

档案文化概念最早见于一篇名为《档案文化意识:理性的呼唤——纪念"五四"运动七十周年的思考》(1989年)的文章,作者阿迪利用文化的视角对档案与档案工作进行了审视,该文章让这种新的研究视角成为档案学界广泛关注的热点。

　　王英玮(中国人民大学教授)在《档案文化论》这一著作中定义档案文化"是人类社会各种组织和社会成员,通过有意识的创造性劳动,逐步积累和保存下来的维系和促进人类历史文明延续和发展的物质与精神文化财富。"同时,王英玮教授还认为:"档案文化作为'文化'的一个种概念,有广义和狭义之分。狭义的档案文化一般仅指作为人类物质文明和精神文明的记录与反映的档案信息及其载体,即档案实体文化。广义的档案文化,则除了档案实体文化之外,还包括人类有效管理和利用这种实体文化成果而采取的活动方式及其创造出来的档案事业。"

　　冯子直认为:"档案是文化,除了档案是文化以外,围绕档案所进行的管理工作和服务工作以及档案馆(库)基础设施也是文化,档案事业也是一项文化事业,档案和档案事业的作用所产生的各种效益以及人们的档案观念和社会档案意识,也是档案文化的重要内容。"

　　还有学者认为档案文化"是人类群体在实现自身目标过程中逐渐形成的具有行业特点并得到共同遵循的档案观、档案管理理念与模式以及与之相关联的物质载体的总和。"

　　任汉中(湖北大学教授)认为所谓档案文化:"就是某一历史时期某一特定群体的档案意识,以及在这种意识指导下有关档案的行为方式和物化成果的总和,还包括社会总体文化作用于档案而产生的文化总功能。"

　　综上,档案载体以及形成档案需要的各种实体材料,都是人类创造的物质文化成果;档案中记录、承载、传播的风俗习惯、伦理道德、法律制度、宗教信仰、传统艺术等内容是人类共同享有的精神文化财富;某一特定时期围绕档案所产生的意识观念或进行的一切活动是社会文化现象的表现,甚至档案建筑的选址、风格、环境也都蕴含着丰富的文化特点,上述这些表现均能够体现出档案的文化性。

2. 档案文化的内涵阐释

(1)实体文化

一方面,人类将自身在社会实践活动中形成的经验、认识等记录在各种载体上形成档案流传后世。从甲骨金石、简牍缣帛到纸张音像,再到电子档案等各种载体的变迁,标志着档案存在状态随着社会文明的发展而"用进废退"的历程。另一方面,档案内容的载录方法从结绳刻契到汉代将纸张始用于文字记录,是档案载体材料发展史上的重要变革,且纸质档案一直沿用至今。并且今天除了纸张这一基本形式,还有印刷、摄影、录音、录像和电脑文字等,记录档案信息内容的手段也经历了由人工到机械,再到如今电子设备的历程,这样不断的发展能够反映出社会文明发展的相应水平。档案载体的变迁是人类文明与科学技术不断进化的真实写照。由此可见,档案载体既是文化成果之一,又蕴含着珍贵的文化价值。

档案载体与档案载录方法都是人类为了形成和保存历史记录而采用的手段和使用的工具,这些载体和载录方法往往因其各具特点而互为补充、相互依赖、共生共存。但记录人类社会实践活动,传承社会历史文明的真正体现并不仅仅是档案实体,还包括档案中所承载的信息内容。"档案属于一种文化现象,因为档案既反映了上层建筑观念形态,又反映了经济基础物质成果中凝聚的精神价值。"档案的这种文化现象主要表现为其内容涵盖了政治、军事、经济、科技、教育等各个领域,是记录和传承文化的载体。因此,档案实体是人类物质文化遗产中不可或缺的组成部分,档案记录的内容更是人类文明智慧的产物。

(2)内容文化

档案内容既能使古今中外各个历史阶段得以串联成连续的整体,又涵盖了自然和社会各个领域的生活面貌,它是人类改造主客观世界的原始记录,也蕴含着人类在过去经历的种种活动中想要保存下来的信息。后人世代传承,并通过对这些信息的解读了解、掌握前人积累的经验,继而不断走向文明。正因为档案中不乏政治军事经济、社会人文科技、自然知识教育、民生习俗器物等许多涉及时代变迁与社会变革的内容,档案才能够准确揭示出人类的悠久历史和灿烂文化。

档案是构成一个国家,或一个民族的历史的主要来源,其内容对于我们了解过去、规划未来具有独特的作用,即一个国家的档案是这个国家财富和经验的指南。后人获得有关人类智力、情感以及文化等一切精神财富的根基,都源于档案所记录的过去。即人们只有充分了解人类过去到如今经历的种种,才可能对人类未来的发展作出更加理性的判断。此外,档案还见证了国家的发展,是人们研究历史文化与社会进步的可靠信息资源,也是人类跨越历史时限,突破地域范围进行情感沟通的物质基础。所以档案内容对于保证史实、丰富社会活动等各个方面均具有非常珍贵且不可替代的价值。若档案与文化享有同等价值,那就如哈维·巴斯廷所言:"如果说未被忘却的唯有文化,那么未被丢弃的唯有档案。"这正是对档案内容具有丰富文化属性的肯定,档案内容还能够维系、促进、推动人类社会文明的延续与发展。

(3)管理文化

档案作为人类从事各项社会活动直接形成的原始记录,不但能记录过去,还能还原历史,从而为未来发展提供查考和经验借鉴。但我们需要知道的是,档案要想发挥上述功能离不开管理档案的活动,其中包括机构、模式以及理念等诸多内容。

作为档案管理文化基础的管理机构是档案集散与保护利用的主要场所。在我国,有国家档案行政管理部门、中央档案馆、地方档案馆等各级类组织机构,还有机关、团体、企事业单位和其他组织内各层级的档案管理机构。机构设置丰富,职责分工明确。科学管理档案是档案管理文化的内容,以收集、整理、保管、利用为主要程序的档案管理操作影响着档案文化的传承与发展。在我国,具有现代意义的档案管理模式为:统一领导,分级管理。统一领导指的是由各级政府统筹规划该行政区域内的全部档案事务,分级管理则是由各级档案行政管理部门对相应的档案工作进行主管,主要以各级档案馆(室)为主体收集和保管该辖区档案资料。不仅如此,机关团体、企事业单位和其他组织也承担着馆(室)档案资源积累的重任,需要定期移交档案。对于符合档案法及实施办法规定年限和条件的期满档案,各级各类档案馆(室)也会分期分批地向社会开放,提供利用的资源。作为档案事业重要组成部分的管理理念,包括档案管理理论、体制机制等内容,将长期指导着我们的档案工作。所谓思想是行动的先导,指导档案管理工作的核心理念便是求真务实。"春秋时晋国太史董狐以'不虚美、不隐恶'的实录精神,不阿权贵,秉笔直书'赵盾弑其君',开创了我国史学直笔传统的先河。"实事求是的记录历史是档案工作的基本要求,可最大限度地为后世还原历史,也体现出档案文化的特质。

综上,不仅多种多样的载体形式体现出档案文化,档案更是汇集多种文化内容于一身。档案管理也同样是人们在社会实践活动中创造出的文化。因此,档案作为一种记录人类各种活动的重要原始信息,既能传承祖先在过去实践中得到的知识和经验,还能反映人类和社会进步的历史进程,体现人类的文明。若没有档案关于社会生活、经济政治、法律习俗等记录,世界将失去一切记忆。被人们当作历史变化"活化石"的档案为人类历史与文化的变迁留下深刻印记。如摩尔根提到的:"人类是通过经验知识的缓慢积累,才从蒙昧社会上升到文明社会的。"正因为我们有了档案,我们的物质文化与精神文化的财富才得以世代相传,直至今日依旧在不断为子孙后代积累着宝贵的文化,通过档案得到的文化积淀又进一步促进了人类的发展。

3. 档案文化的特征

社会总体文化的分枝——档案文化直接影响社会发展总体趋势,在满足社会进步需求的同时,既受制于社会总体文化,又反作用于社会总体文化。因此,档案文化既具有社会文化的共性,也具有自身的独特性。

（1）社会性与时代性

辩证唯物主义认为任何实践都是具有社会性质的客观物质活动。所以记录人类实践和认识的档案最能体现人类各阶段的原始面貌,是唯一可靠的记录人类社会活动的形式。档案以全宗、案卷等多种系统管理方式进行整理、保存,并向全社会提供利用服务。既保持着某一历史阶段的时代特征,又随着社会发展的需要不断注入新内容。所以说,档案文化纵可横跨古今,横能联系百业,兼具社会性与时代性。

（2）连续性与积累性

从甲骨金石、简牍缣帛、纸质档案到今天的电子档案,从原始记号、画字记录到文字记录,再到数据记录,尽管档案的载体和记录形式都会随着朝代更迭和社会进步发生巨大变化,尽管这样的演变是一个漫长的历史过程,但从古至今,历朝历代都不忘通过积累档案延续文化,档案文化也没有因为任何变迁出现间断。古今中外的档案文化都经历过兴衰和起伏,经过历史的积淀和源源不断的更新,因而愈加博大精深、厚重朴实。

（3）区域性与层次性

档案作为人类社会实践活动的产物,是在特定文化状态下产生的。由于人文资源具有明显的区域性差异,所以档案文化在不同的区域也会呈现出不同的内涵特点和发展进程。档案文化层次性除表现为档案文化的内部层次外,还包括档案文化作为社会文化组成部分和社会记忆在文化总体中所处的层次。有学者认为社会记忆可分为三层构造:"由掌握权力的政治主体'主控记忆'、由掌握知识的精英'主导记忆'、由来自草根社会的'主体记忆'。"由此可见,档案属于上述构造的第一层,它是由政治权力主体控制的社会记忆。又"基于社会的主要阶层构成可将文化的基本存在状态区分为官方文化、精英文化和大众文化。"因此,档案文化还是统领阶层官方文化的典型代表。

（4）观念性与实在性

人类对档案的利用基于自身对记忆传承的需求。古代君主与当今社会百姓无不把档案看作是满足政治统治和文化控制需求的工具,这种观念根深蒂固。与此同时,在传承文明、资治辅政、启迪民智、繁荣文化等抽象观念下,档案文化也表现为一种客观实在性。即档案文化是围绕档案实体,依托档案工作对各体实践活动的原始记录或原样保存。如为保证国家法令法规长久发挥作用而留存的档案;保持国家机构组织工作正常进行和连贯性而留存的档案;为保管档案修建的库房和档案工作机构;为收集、整理、保管档案制定的管理制度等。

（5）传承性与再创性

档案文化能够渗透出人类丰富的物质与精神文化。传承与再创是档案文化延伸的主要形式,其根本就是为了满足人类的精神文化需要,是不断地丰富人们精神世界的重要形式。档案是人类文化的延续,我们之所以能够看到《论语》《史记》《资治通鉴》等思想巨著,历代文人雅士的诗词歌赋,古代建筑、中医古籍等国之精粹,都是通过档案文化记录、积攒、传承下来的。时至今日,人们更加渴望得到档案文化资源的共享利用,尤其是大量档案史料汇编出版物、复制件、备份文件与原件的共享。随着档案网站的普及,档案信息化建设的完善,只有积极挖掘(提取)档案中丰富的文化内涵和元素进行档案文化再创作,才能满足人们的多元化需求。

4. 档案文化传承的支撑因素

围绕档案、档案活动共同发展起来的档案文化体系,通过档案利用活动实现传承。会对档案文化传承产生影响的条件涉及很多因素,主要可概括为社会因素、人文因素和管理因素三个方面。

(1)社会因素

社会制度、国家有关法规、政策、政治经济形势等因素制约着档案的利用活动,对档案文化的传承也产生较直接的影响。封建社会时期严格封存和管理的档案仅供少数统治利用,其他人甚至无权接触档案。如今社会民主化程度大大提高,更多人被赋予了了解和接触档案的权利和机会,通过增设档案文化传播途径、扩大档案文化传承范围,使得这一文化内容得到了一定的普及。

档案信息与档案工作专门法规政策、方针制度等是档案文化传承的重要条件。在这种认识的数千年时间里,档案被有意识的收集、积累和保管起来。历代王朝如果档案工作相应的政策指向和方针理念出现重管轻用等偏差,或由于未指定降、解密等明确制度规定造成档案封闭期长、档案利用程序存在漏洞等问题,都会对档案活动产生不合理的限制,甚至影响档案文化传承的速度和质量。此外,国家在政治、经济等方面的发展形势对于档案利用环境是否舒适合理也具有一定的影响力。还有社会公众对档案的需求、档案服务条件设施的配置、档案工作方法手段的规范,都是档案文化传承的重要社会条件因素。

(2)人文因素

人充当着档案文化创造者、享有者和传承者等多种角色,有人参与的活动就伴随着人文因素的种种影响。例如,档案工作者与档案利用者,还有一般社会公众对档案文化的认识程度能够直接影响档案文化的传承效果。其中,档案工作者以专业档案管理者的身份长期从事档案活动,不仅是档案观、档案管理理念等精神层面档案文化的主要提炼者、传播者,同时也是档案管理、利用等物质层面档案文化的主要创造者、实施者,即档案文化的薪火传人。档案工作者的档案意识、职业素质、工作能力等均是档案文化传承不可或缺的条件因素。

档案利用者一是档案与档案工作主要服务的对象,二是其会根据自身的利用动机选择适合自己的方式利用档案,他们的利用需求和方式会影响档案文化的发展方向。一般社会公众包括党政机关、企事业单位、人民团体、公民个人等一切潜在的档案利用者。随着时代的进步,社会公众对档案与档案工作的认识不再局限于资政治史。人们逐渐认识到档案作为历史记录不仅是国家和民族的瑰宝,还应该是广大人民用来了解历史、传播文化与学习知识的重要资料。档案作为一种重要的文化资源,不仅为一般的政府机关单位服务,而应该是与全社会的工作、生活密切相关的文化事业。

(3)管理因素

档案部门提供档案服务满足社会公众需求的能力会受到档案管理水平的限制和影响,管理因素在一定程度决定了利用者获取所需档案信息的效率和质量,是档案文化传承的条件因素之一。宏观的档案管理指:"对国家或地区档案工作的统筹规划、组织协调、监督、检查和指导,包括档案管理体制的确立、调整和完善,档案机构网络和信息网络的布局设计和组织建设,档案法规、政策的指定和实施等。"微观上看,档案管理主要是指:"指定和实施档案业务的具体原则和方法,设计和建立档案实体和档案信息管理系统，实施对档案实体的收集、整理、鉴定、保管、统计、检索、提供利用、编研，以及建立档案信息库和查询系统，开展网络信息服务等具体业务。"档案管理相关工作是有效开发、利用档案文化资源的关键，是档案文化传承的保障条件。

（二）档案文化价值

1. 档案文化价值的概念

档案文化价值作为档案价值的一种形态，应有别于档案的政治价值、经济价值、科研价值、军事价值等。但要对"档案文化价值"的概念作出科学合理的解释，则因"文化"一词内涵的宽泛性而显得困难重重。不过我国档案学界已有学者对此进行了认真的思考，如有的学者认为，"档案的文化价值主要是指档案作为人类所创造的一种宝贵的精神文化财富，以及对于人类社会的存在、发展、变革与进步所具有的各种有用性、效益性"。也有学者认为，"档案文化价值是文件形成者和档案工作者在文件的制作、形成、积累、保管、整理、鉴定等一系列有积极意义的创造性活动中所付出的劳动、辛苦、智慧、奉献的结晶"。目前，尽管关于档案文化价值释义的"言传"有点难度，但档案文化价值的内涵还是可以"意会"的。

由于档案中蕴藏着丰富多彩的人类文化成果，档案自身又是一种重要的文化载体，因而档案文化价值的具体表现是多元的。"档案文化价值的多元性是由档案记录范围的广泛性及记录形式的多样性决定的。从总体上说，一切历史文化现象都是档案的来源。从个体上说，一份档案往往能传达出多种文化信息。"对此，已有许多学者从不同角度提出了自己的看法，主要有以下几种：

（1）岳宗福、张秀芹认为档案的文化价值可以概括为两个方面：其一，档案是人类文化活动的历史积淀。人类文化活动的历史积淀包括感性世界、符号世界和意义世界三个不同层次。档案的实物载体是人类文化活动积淀的"感性世界"的产物。档案的信息载体是人类文化活动中符号世界的产物。人类文化活动积淀而成的档案使已经过去的历史真实完整地保存下来，这样的档案不仅包含一个实物的"感性世界"和一个信息的符号世界，而且其本身作为一种文化载体，就蕴含着一个意义世界。其二，档案是人类文化传承的重要纽带。人类文化的传承是以信息为中介建立起来的，信息又需要依附于一定的物质载体，档案则正是为适应这种需要而产生的。

（2）刘东斌认为档案的文化价值包括：第一，民族文化价值。档案是一个民族、一个国家的真实历史记录，档案在维护一个民族、一个国家的本来面貌上具有权威作用。因而在某种意义上，档案就是民族文化的"根"和民族文化心理的情感寄托。第二，文化创造价值。文化创造是以学习、继承前人并借鉴同时代人已有的文化成果为前提的。档案可以为具体的文化创造提供"原材料"。第三，学术文化价值。档案是学术研究的基础和条件，用档案来论证问题最有说服力。第四，文化教育价值。由于档案记录了民族的荣誉和国家的兴衰，记载了我国各民族历史上优秀的思想道德和文化成果等，因而有助于人们特别是青少年了解自己民族和国家的历史及国情、风情、传统等有关知识，以弘扬爱国主义精神，提高民族觉悟和文化素质。第五，文艺创作价值。档案不仅为文艺创作提供真实的历史背景材料，而且档案中的许多典型的真人真事就是文艺创作的好素材。第六，文化鉴赏价值。档案里留下的许多名人的手迹和照片，档案中的邮票、证章、印花税、钱币、股票、图片等，都具有很高的文化鉴赏价值。

（3）薛匡勇认为档案馆所保存的各种类型档案载体本身就是文化的体现，具有文化价值。一般而言，档案载体的文化价值主要表现为民族文化价值、文化教育价值以及文化鉴赏价值。档案载体的民族文化价值是档案文化价值中最突出的表现之一。一个国家、一个民族所走过的曲折历程都深刻、真实、详尽地记录在档案中，档案在维护一个民族、一个国家的本来面貌上具有权威作用。档案载体的文化教育价值是指档案馆借助特殊档案载体的陈列、展览，实现物的自行表达，即陈列语言，作为档案馆文化教育的理想手段，使档案馆教育具有直观性、形象性和作为自然与历史见证的权威性，从而发挥出震撼观众心灵、教育观众的功效。档案载体的文化鉴赏价值是指档案馆所保存的各种类型载体的档案中，有许多古老的档案，如甲骨档案、金石档案、羊皮档案、贝叶档案等，除了其自身所固有的承载历史文化的功能之外，还具有文化鉴赏价值、文物价值等多方面的价值。

（4）邓达宏认为从文化功能角度看，档案对民族文化传承具有特殊价值——档案在民族文化传承中处于基础地位。这主要表现在以下三个方面：第一，文化凭证作用。档案作为人类社会文化活动的原始记录，真实地再现了人类文明发展的历史，在民族文化的历史变迁中能够起到独特的文化凭证作用。不同民族、不同国家在各时代创造了不同的文化传统，档案就是它的记录和见证。集合众多民族与众多国家的档案就汇成整个人类的文化遗产。档案的这种独特文化功能得到世界文化发展史的充分印证，为当今各国所普遍重视。第二，文化媒介作用。档案蕴含丰富的历史文化知识，是人类文明进步的阶梯，具有重要的文化媒介作用。人们对各族历史文化的了解，主要是通过史书、档案文献和文物实现的，其中档案的作用极为显著。第三，文化教育作用。档案史料具有真实性、权威性的特征，是民族文化教育的重要素材。中外档案馆利用各自丰富的馆藏档案文化资源，通过举办档案陈列、展览等社会教育活动，能够发挥陶冶观众情操、传承民族文化的特殊作用。

（5）方立霏认为档案文化价值体现在以下两方面：第一，档案是文化的载体和见证。人类在改造自然、改造社会及改造自身的过程中，创造了丰富多彩的物质文化和精神文化，档案是这些文化的原始记录物。档案见证了一个国家或民族的历史文化。档案，从总体上以集中的形式包含了关于整个国家和整个社会的概貌，保存有深刻的时代印记，反映着不同的历史空间所特有的物质和文化水平。第二，档案是文化积累和传播的一种重要手段。档案是文化积累的一种重要手段，是人类文化延续发展的重要条件。在人类社会发展中，如果没有档案，就失去了文化代代相传的原证。档案同时也是文化传播的一种重要手段。文化传播有两种形式，一是文化扩散，一是社会遗传，前者是文化的横向传播，后者是文化的纵向传播。无论哪一种形式，档案都起着重要的作用。

综上所述，档案的文化价值是指"人类通过各种有效的劳动、智慧、经验等创造的，能够满足人类某种社会存在和发展需要的档案的有用性、有益性的总称"。从这一定义出发，档案的文化价值内涵是指档案的有用性，而其有用性显示在文化属性之中，没有文化属性的有用性则不是档案的文化价值。档案的文化价值外延是指人类在历史长河中所创造的物质文化和精神文化。档案的文化价值是一种特殊的物化了的价值，图腾、符号、化石一旦形成档案，就赋予这些物以某种物化了的形式表现其文化价值。收集这些物化了的材料，其档案的有用性就凸显出来，而这些图形、符号、化石的本身就是一种文化价值的积淀。档案的文化价值外延还包括了档案的有用性和有益性两个方面。档案的文化价值不仅要求有用，而且还要求有益。

2.档案文化价值的特征

（1）社会性。档案的文化价值是一种社会价值，它记载一个国家、一个民族的全部历史，反映着一个民族、一个国家文化发展的全过程。"文化是一种符号的积累，文化并不是预测将来要发生的现象，而是已经发生的现象的符号积累。"一方面，档案的文化价值凝聚着人类共同的有效劳动；另一方面，它服务社会、体现着档案文化的社会属性。档案的文化价值的社会性，决定着档案的文化价值的生命体系。

（2）直观性。档案文化价值的直观性不同于其他文学作品和文艺创作。文学作品和文艺创造的取材虽然来源于社会生活，反映社会生活的某一方面，但它高于社会生活，是社会现象的艺术加工。档案的文化价值是由它的原始记录性决定的，是一个时期、一个阶段的历史再现。可以讲，档案是人类历史文化的原始记录，是历史的真实反映，是非常具体和直观的。又可以这么理解，面对一部档案，就是面对历史事物的本身。如甲骨、金石、简牍、纸张都是直观真实的。面对着这些翔实的物体，可以使人们感悟到历史的真实可读，这是其他事物无法与其相比的。

（3）综合性。档案的文化价值是一种价值体系，这种价值体系取决于档案本身具有的综合性功能，它反映在档案的文化价值中，就是表现为同一档案可以反映在人们不同用途中开发和利用档案的有用性价值。一份档案就是一面镜子，可以通过它反映当时社会发展、变化的过程。正因为档案的文化价值具有综合价值的特点，因此档案的开发和利用具有一般物的价值不具有的特点，它表现在反复利用的特点上。

（4）永久性。档案的文化价值不同于其他商品的一般价值。商品的一般价值是当它的使用价值消失的时候，它自身的价值体系也随之消失。随着社会的进步，人们认识自然和改造自然的能力不断加强，档案的文化价值就越显突出。由于人们认识的局限性和科学技术水平的制约，有些物化的档案价值在一定的历史阶段显现出来的是一定的价值量。但随着科技的发展和人们认识水平的提高，同一档案的开发和利用就越能显出其深度和广度。这也就是档案的文化价值所具有的特点。

第二节　档案文化价值实现的影响因素与表现形式

一、档案文化价值实现的可行性和必要性

对档案文化价值的认识是人类社会进入 20 世纪后较为关心的一个具有重要理论和实践意义的问题。谢伦伯格认为文件之所以能够成为档案被保存，保存动机在于文化的原因。哈维·巴斯廷认为，档案享有与文化同等的价值；威尔弗雷德.I.史密斯认为档案是文明的产物，文化的源泉，也是人类遗产中比不可少的组成部分。在这些认识的基础上，我们还需厘清档案文化价值实现的可行性和必要性，以便更好的实现这一价值。

（一）档案文化价值实现的可行性

档案文化价值，即"人类通过各种有效的劳动、智慧、经验等创造的，能够满足人类某种社会

存在和发展需要的档案的有用性、有益性的总称。"这一价值是人类劳动、智慧、经验、知识、辛劳、奉献的结晶,同人类社会的存在和发展密切相关。实现档案文化价值的前提是我们牢牢把握其实现的可行性。

1.实现档案文化价值的资源条件

档案是承前启后、继往开来、传承文明的重要载体,档案工作是传播、交流、增进人类智慧,丰富人们精神生活的纽带。档案文化价值以档案丰富积累以及档案工作合理配置、专业人员、常态趋向等资源条件为实现基础。

(1)丰富积累

馆(室)藏档案的丰富程度是档案文化价值实现的物质基础,其数量的多少与信息的涵盖面以及辐射量大小直接影响着档案文化价值的实现效果。档案文化价值可分为两个部分:一是包含在档案之中的显现文化价值,也是传统观念下档案文化价值的应有之义。二是潜藏的、隐性的,不以直接形式呈现于档案中的文化价值,它往往以精神的方式存在和传承着。广泛征集而来的,与民众生活距离较近的,反映社会生活面貌的,数量和内容丰富的馆(室)藏档案资源是实现以上两部分档案文化价值的重要条件。

(2)合理配置

档案不能独立参与到国家管理、科技研究、文艺创作等活动之中,它需要通过档案工作这一实践途径来实现其价值。但档案工作不能直接生产物质财富,而是需要通过提供档案这项工作内容为社会实践活动服务,进而对生产力发展和社会文化进步发挥不可低估的作用。档案工作包括了档案收集、整理、鉴定、保管等多项档案具体业务,还有对档案馆(室)藏资源的研究、开发和利用等工作内容。优质的业务环境是实现档案文化传承的先决条件。其中,档案信息化、数据库等先进的管理手段和档案咨询服务、定向服务、休闲服务等多元化服务方式,是实现档案文化价值的有效方法。

(3)专业人员

介于档案的特殊性质,档案文化的实现需要在丰富积累与合理配置的前提下进行,还需要配备专业的档案管理人员。这些专门从事档案工作的人员肩负着传播档案文化的重任,是档案文化价值实现的关键所在。也就是说,拥有自觉、自省的档案观,时刻以为国家、民族、地方、个人负责的事业心,以及积极挖掘和整理档案资源的工作态度,均是衡量专业人员是否具备实现档案文化价值能力的条件。

(4)常态趋向

档案工作常态发展趋向的宗旨始终是服务于现代和未来社会。所以,档案不仅促进了历史与现代的交流,还保证了档案文化价值的承接与连续。与现代文化接轨的档案文化价值是继往开来,弘扬社会主义先进文化的重要资源。因此,以历史文化资源为支点,以传统与现代互动的科学技术手段为平台,搭建起来的传统文化内容与多样现代形式进一步融合的体系,对档案文化价值理论的学术研讨,对档案文化资源的合理发掘,对档案信息服务系统的升级优化等,都是档案工作未来发展的必经路,也是档案文化价值充分实现的条件因素。

2.实现档案文化价值的管理系统

对档案的管理凸显出人们对档案文化价值的重视。同时,人们在对档案的管理工作中,不断尝试不同的技术和手段来对档案中对档案中包含的文化价值进行深度挖掘。实现档案文化价值还有需要建立科学、完备的管理系统,以便档案文化价值的充分发挥。

(1)机构组织

根据档案法对全国档案、档案工作以及全部档案机构规定的"统一领导,分级管理"相关原则可知,各级机关档案由机关内设档案科室集中管理,其中需要长远保存的档案或本属于历史档案的部分需移交到相应档案馆进行统一保管。各级类档案行政管理机关统一负责对全国档案工作的监督和指导。并构成一个非常严密、结构完整的机构组织体系,保证档案文化价值的有效实现。

(2)业务流程

档案管理业务流程的完备与否决定了档案文化价值实现的速度。各业务部门根据相关法律要求加大收集档案的力度,扩充接收档案的来源渠道,丰富档案馆藏为档案立卷归档的首要工作。将本就复杂且繁多的档案加工整理、去粗取精、去伪存真、科学编研等相关工作做好,为档案的有效利用奠定坚实基础。档案业务部门的开放力度,以及服务作风的转变,也将成为鼓励和引导人们积极利用档案文化价值的必要条件。除此之外,运用科学的原则和方法对档案进行管理所形成的档案部门特有的管理模式,也是档案文化价值实现的重要条件。

3.技术进步对档案文化价值实现的作用影响

技术进步不仅掀起了电视媒体、移动媒体及网络媒体等新媒体的传播热潮,新的媒体环境还对档案文化价值的实现带来巨大的影响。

着眼当前潮流趋势,由计算机、网络、通信技术以及视频、音频等多媒体技术共同组成的信息技术是新时期档案文化价值实现的有效途径。除报刊、电视广播等传统媒介外,如今各类机构还会通过建立档案网站,运用微博、微信等流行媒体平台为社会公众提供兼具可读性、思考性与艺术性的优质档案文化产品。所以,技术进步是今后很长一段时间里影响档案文化价值实现的重要因素。

(二)档案文化价值实现的必要性

"档案文化价值主要是指档案作为人类所创造的一种宝贵的文化财富,以及对人类社会的存在、发展、变革与进步所具有的各种有用性、有益性。"随着社会物质生活的丰富和发展,最大限度地满足人类对精神文化的需求,实现档案文化价值势在必行。

1.社会发展的需要

自从建设社会主义文化强国的奋斗目标第一次被浓墨重彩地提出,社会主义文化发展大繁荣成为我国今后文化的长期发展方向。其中,社会发展需要建立在和谐统一的文化发展大环境中。那么,档案文化作为承载社会历史记忆的社会文化组成部分,必然要以社会发展的总需求为前进导向。

档案能够用以体现一个国家或民族的文化底蕴及其文明积累的程度。发展先进生产力、建设先进文化、维护广大人民群众合法权益都需要档案作为基本保障。档案是人们考察、认识,以及把握社会事物发展规律的重要依据,是开启人类智慧大门的钥匙。因此,档案常常被作为人类从事各项工作的查考证据,或为人们进行科学研究提供可靠资料,或充当宣传教育活动的生动素材等。档案文化促进了各项社会事业的发展,社会整体的进步又反作用于档案文化价值的实现。

2.公众诉求的指向

"档案文化是社会中的各种组织和成员,通过有意识的创造性工作,积累、保存、维护和促进人类文明发展的物质和精神财富的总和。"鉴于我国的历史文化传统,档案与档案文化一直被视为是披着神秘性与政治性面纱而不为人熟知的部分。现如今社会公众随着社会信息的开放而转变观念,档案不再局限于政治效用,而是作为人类实践活动的原始记录成为人们观念意识中一种愈加重要的文化资源,并通过逐步了解认识到档案传承历史与文化教育的作用,以满足人们个性需求等档案利用的社会服务功能。

对于社会而言,档案是城市历史变迁的"回忆录",承载着各地方历史风貌、社会重大事件等内容。对于个人来说,档案涵盖一个人的家世背景、学习与工作经历等全部内容,档案对社会和公民具有非同寻常的价值。所以今天我们常常能够看到人们在勘定边界、划分疆土、厘清事物权限归属时把档案作为可考证的真实凭据;还有很多著名导演在拍摄历史题材影视剧,或历史专题纪录片时为还原历史,贴近事实以档案做蓝本等。可以说当人们认识到档案的诸多效用和价值时,档案文化价值的实现便成为公众诉求的唯一指向。

3.档案工作职能的体现

在建设社会主义文化强国、着力提高国家文化软实力的大背景下,档案文化价值的实现既符合文化发展趋势,满足社会文化需求,也是档案工作职能的体现、历史的使命与发展的要求。

档案工作是为民族保存文化遗产,为国家传承宝贵文化财富的重要工作。以档案文化价值实现为标准衡量档案工作水平,既是促进档案工作迅速发展的内在要求,也是国家文化总体建设的内容及发展的大势所趋。

4.档案工作者职业价值实现的需求

档案文化价值当然也包括档案工作者的职业价值部分,"所谓'职业价值',是指能够使'职业人'通过付出职业劳动得到社会普遍认可的一种物质、文化和精神的度量,它表现为职业的魅力或吸引力。"这部分价值包括档案工作者对档案工作(档案活动)的认同感,以及对于民族意识与国家意识的认同和荣辱与共感,这份价值还对档案工作者产生特殊的吸引力,表现为对档案工作者积极性和工作质量的影响。这就意味着,实现档案文化价值是实现档案工作者毕生职业价值与追求的体现,也是个人实现人生价值的体现。

二、管理活动与档案文化价值实现的作用关系

档案文化价值的实现与实现程度是档案文化在中国特色社会主义文化建设中能否发挥作用的必要条件。如我们所知,档案自身属性会对档案文化价值的实现产生一定的影响,而档案管理活动作为档案文化传承的关键环节,也同样会对档案文化价值的实现产生诸多影响。档案管理活动的文化属性与作用不仅仅是记录、承载与弘扬档案文化,还有促进我国社会主义文化发展大繁荣。积累到一定程度的档案文化财富需要对其进行人为的收集、整理、鉴定、保管等管理活动,以此来确保档案的完整、安全与有效利用。所以说,档案管理活动是档案文化价值实现的重要手段与环节。

（一）档案管理活动的作用

尽管档案具有珍贵的文化价值,但档案文化价值不能依靠档案自发实现,而是人们以现代信息技术为手段,通过对档案进行收集、整理、开发和利用等一系列管理活动得以实现。一方面,确保档案信息的完整、完全和有效利用,进一步充分实现档案中蕴藏的文化价值;另一方面,对于社会档案管理活动也有着不容忽视的重要作用。

1. 对档案文化价值实现的作用

没有档案,历史将失去证据而变成传说,没有档案管理活动,档案文化将无法得到广泛的传播。没有档案的文明将会出现中断,没有档案的历史也会停滞不前,社会进步更无从谈起。一个国家或地区收藏档案的数量和质量反映着该国家或该地区文化发展的水平和文明程度的高低。档案作为传承社会记忆、再现历史面貌的重要信息源,只有通过档案管理活动才能实现上述价值。

人们通常需要借助收集、整理、开发和利用等档案管理活动来再现朝政国法、军事经济、风土民情、自然景观等文化,保存和传承人类思想活动成果和知识经验等。其中,依照法律法规全方位、多渠道的接受和征集档案,是扩充档案来源的主要方式,能够丰富档案馆藏,以便为档案文化价值的实现提供必要的物质基础;将涉及经济、政治、军事、文化、科研、教育等各个领域的档案进行集成序化、科学管理是有效整合档案信息资源,保证档案实体与档案信息安全的重要方法,不仅能够提升档案质量,提高后期档案利用的效率,还能够为档案文化价值的充分实现提供科学保证。大力开发、利用档案信息资源是对档案进行管理的最终目的。档案管理活动不仅能够体现出人们对于档案文化价值的认知程度,同时也是探索和挖掘档案文化价值的重要过程。因此,只有通过档案管理活动,相对静态的档案才能转化为动态的档案文化资源,并进行有效传播,进而促进档案文化价值的充分实现。

2. 对社会的作用

档案是人类文化遗产的重要组成部分,是人们有意筛选和保存下来的,用以辅助人类记录社会实践活动发生、发展以及结果影响的产物。正因如此,后人们才能够凭借档案回顾社会变迁、考证历史事件以及借鉴往事经验等。档案保存历史、传承文明的这种作用是通过档案活动来实现的。现如今,人们依旧承袭着保存档案的习惯,所以,今天的档案管理活动更能够体现出新时期人们对于社会的需求和意志。就社会而言,档案管理活动不单单对人类文化培育、发展与传承的影响不可小视,其对于人类的进步、生产力的发展和社会的前进也有着不可低估的作用。

档案管理活动与人类社会实践有着密不可分的联系,它虽然不能直接产生人们需要的物质财富,但它通过收集、筛选、保护、管理和提供利用等人为的有意识、有选择的活动,为各种社会实践活动提供服务。虽然它不能直接从事国家管理活动,更不能与科技研究、文艺创作等并驾齐驱,但无论是国政家事,还是科技研发、艺术创作,都离不开档案管理活动的支撑,人类的进步、生产力的发展与社会变革也都离不开档案的推动。档案管理活动搭建起文化沟通的桥梁,世世代代向人们传递着历史、知识、经验、教育等人类宝贵的文化遗产。即档案管理活动作为档案工作的专门业务承担着为人类社会保存历史文化遗产、传播社会文化知识与提供科学文化教育的重任。也只有档案管理活动得到档案工作者以及广大社会群众的高度重视,档案才能得以开发和利用,人们才有机会充分体验档案文化带来的精神享受。

(二)管理活动在档案文化价值实现中的方法途径

一般认为档案对于人类的各种有用性(有益性)是档案价值的体现。"档案的各种有用性及有益性的产生根源在于档案所承载的各种为人类生存、发展所需要的,有某种特定功能的信息。"而蕴藏在档案之中相对静态的信息内容很难凭借自身力量得到自由发挥,必须借助人为的档案管理活动,通过集成、序化等一系列方式方法,将这些相对静态的档案信息内容"活化"后,才能成为人们所需的各种档案信息(文化)资源,再在进一步承载和传播的基础上充分实现档案文化的价值。

1.集成

在没有成为档案得到专门保存以前,那些状态比较分散、数量浩繁冗杂的资料,其包含的内容侧重点和保存价值往往各有不同,通常需要对某些过于繁杂或存在缺失的资料进行收集。各档案部门通常会根据《中华人民共和国档案法》和相关档案管理制度定期接收或征集档案材料,或科学规范地将收集来的文字、照片、音频、视频和实物等具有一定保存价值的资料汇集成一个完整的、准确的和全面的整体,进而建立符合人们利用需求的、系统的、客观的、翔实的档案资源库。集成作为档案管理活动的首要环节,其科学性和规范性既保证了档案资料的准确、完整与全面,又为档案与档案文化积累了丰富的档案资源。不仅能够帮助人们系统、客观、翔实地了解某一社会实践的原貌,还为档案文化价值的实现奠定了客观物质基础。

2.序化

序化,指的是对集成得到的大量档案资源进行摘选、分类和剔除。依据价值的不同,对原生状态的档案进行分门别类、真伪鉴定、筛选整理等专门化的管理活动。不仅要突出重点档案、珍贵档案的重要性和保存价值,还要使得某些分散的档案资料通过上述活动获得关联,统一、集中保管,且便于日后进一步的保护和利用。虽然档案本身的原始性是不能改变的,但档案中所蕴藏的信息往往是可塑的,也是可以进行加工增殖的。所以,经过序化后的档案可压缩、可扩充,甚至还可以叠加成为各种形式的档案信息,丰富了档案文化的内涵,不仅为档案在日后能够方便、快捷地向社会公众提供利用做准备,还为档案文化价值实现创造了可行条件。

3.承载

如果说档案作为载体使文化有了可依托的物质基础,那么档案管理活动就是档案文化价值实现的有力支持。档案文化价值的发挥是一个相对动态的过程,必须通过档案管理等一系列的活动得到开发和利用。凝聚大量知识、经验以及事物发展普遍规律的档案是文化传承的重要媒介,档案管理活动便是档案文化传播的方法手段,是档案文化价值得以实现的有效渠道。

4.传播

档案文化价值是在传播过程中体现和发挥的。为了满足人们日益增长的文化需要,丰富人们的精神世界,传播作为档案管理活动的内容,一是为了实现档案文化价值所做的努力,二是延伸档案文化的主要方式。自古档案作为文化传播的载体便得到人们有意积累和专门的保护,这些活动都是为了将档案中蕴藏的文化信息传播给更多的人,乃至子孙后代。如今,人们更加渴望通过档案的共享满足自身文化需求,经过档案管理活动产生的大量档案史料汇编、复制件、备份件与原件等档案资源,能够进一步扩大档案文化的传播面。再结合现代科学技术逐步实现档案信息化建设后,传播将成为档案文化价值实现的必经之路。

(三)管理活动在档案文化价值实现中的功能表现

如果说档案自身是档案文化得以实现的客观实物基础,那么档案管理活动就是将档案从实物状态中剥离出来,成为档案文化得以传承和延续的方法手段,通过各种档案管理活动对档案中包含的文化价值进行深度挖掘,充分体现出人们对于这些价值的认同和求索。其在档案文化价值实现中的功能表现如下:

1.印证与参考功能

档案不仅能还原人类文明进程的原貌,还在社会变迁、文化发展中起到独特的印证与参考作用。原因在于它是在社会实践活动中被直接保留下来的材料,因而拥有与生俱来的原始记录性。这一性质使档案成为其他任何文献、资料都无法替代的文化资源。

伴随人类文明的起始,档案得到不断的积累,并承载着一个国家,一个民族有关政治军事、经济民生、社会文化、科技自然等全方位的内容,体现出不同的文化特征。它不仅是真实记录,还是人类文明进程的见证,通过档案管理活动发挥出不可替代的印证与参考功能。例如,甲骨档案是先秦文化最早的信证。档案管理活动使久远历史得以留存至今,甚至还为今天的我们解开某些文化奥秘提供了有力依据。档案管理活动使得静态的档案成为一个国家、一个民族朝政国法、军事经济、风土民情、自然景观等各方面文化传承的重要凭证。

2.承载与交互功能

在各种社会实践活动中形成的档案资料不仅数量巨大,而且内容庞杂,通过收集、整理、鉴定、保管、编目等档案管理活动才能实现其文化价值。因此,档案管理活动不仅是档案与社会文化间的桥梁,其本身也承载、创造和更新着档案文化的内容,并为其传播交互提供物质基础和现实的利用条件。

档案的管理活动是一个有机的整体,即从档案的收集、整理、加工到档案文化的承载、传递、扩散、交互和共享的全过程。它使档案文化价值同其他文化的形式和特点一样融入人们熟知的领域,进而通过交互传播使其能够为公众认知和使用。同时与人们认识社会、改造社会、促进社会发展等社会实践活动发生普遍联系,进而实现档案文化的价值。同时,档案管理活动始终承载着不断更新的动态档案文化,为社会源源不断地输送新的档案文化内容,使档案文化拥有强劲的生机和活力。

3.支撑与传播功能

档案文化之所以能够流传至今,得益于人们世世代代的继承和传播。档案管理活动具有支撑与传播的功能,能够支撑各个历史时期,人类在社会实践活动中形成的档案进行线性传递,也可以保证不同民族、不同地区文化的横向传播。例如,提供档案原件、复印件和编研成果的方式进行传播,或通过报纸、电视、互联网等大众传播媒介等方式进行传播。

人们通常会选择史书、档案或文物等文化传播媒介对历史进行充分的了解和再现。同其他文化传播媒介相比,档案是最真实可靠的。今天我们之所以能看到记录着各个历史时期社会文化的档案,是因为人们通过对甲骨金石、简牍缣帛、纸墨文书、照片影音等各种载体的档案进行了一系列的管理活动,进而支撑和传播了档案文化。这些档案之所以能够客观翔实完整地体现出一个国家或一个民族历史文化发展的脉络,是因为档案管理活动可跨越时空限定,完成档案文化的纵向传递、流动和横向延伸、拓展,使档案文化价值得以延续、继承和发展。

第三节 档案文化价值实现的有效路径

一、观念意识层面的措施

档案与围绕档案产生的活动不仅是文化的一种表现形式,作为承载历史与发展文化的工具,也肩负着满足社会公众文化诉求的重任。但现阶段这种观念在许多档案利用者甚至档案工作者的意识中都极其淡薄。一方面,受传统档案观念影响,档案与档案管理活动一直被视为统治者的特权,政治色彩浓重,社会公众因缺乏接触档案的机会而不了解档案文化的价值;另一方面,档案管理活动欠缺强而有力的规范制度,对档案文化的传播不到位。同时,相关学者的理论研究也不够深入。所以,提高档案文化观念意识,要从以下几个角度进行分析:

(一)提高思想认识

中外各个国家均利用档案等历史记录或文化典籍实施政治统治,尤其是古代档案仅被视为统治阶级集中权利的武器(工具)。公元前 63 年,罗马执政官西塞罗曾说过档案是"插入鞘中的剑"。我国封建时期的档案也是垄断封锁的密藏禁地,普通百姓无法接触到档案,哪怕是朝廷要员也无权擅自查阅。16 世纪,亚伯·拉明根(德国学者)提出档案作为凭据能够保持主管者的职权、财产和利益等,是"君主的心脏、安慰和护卫"。18 世纪,菲利普·艾恩斯特·斯皮斯(德国学者)在《论档案》一书中说:"档案是珍宝,是国家的胸甲和灵魂"。档案也因此增添了许多政治文化的色彩。直至今日,随着社会的不断进步以及思想观念的转变,档案早已不再是少数统治阶级垄断的私有财产。人们逐渐认识到档案是人们在从事社会实践之时有意创造、积累和保存下来的原始记录,通常用以维护政治统治、传承人类历史以及促进社会发展的,由社会全体成员共同享有的文化资源。结合上述人们对于档案认识发生的变化,进一步提高人们对档案文化的思想认识,营造良好的档案文化传播环境就成为当前我国大力发展文化事业的重点项目。对档案文化思想认识的高低程度会直接影响到社会公众对档案的利用、对档案部门的认识以及对档案管理活动理解。不仅如此,档案部门自身的文化意识也会影响档案文化价值的实现。因此,提高社会档案文化思想认识,强化档案部门文化意识,必须采取多种有效措施。

1.提高社会档案文化思想认识

人们对档案文化的思想认识即社会公众对档案文化的认知程度和态度。现阶段,人们还普遍囿于档案只能用于资政治史的陈旧观念之中,认为档案作为一种历史记录,仅对一般政府机关事业单位服务,与当今时代政治、经济、文化发展情况不相适应。事实上,档案作为一种文化资源,不仅涉及政治、历史,还与人们的工作、生活密切相关。因此,对档案文化的思想认识会直接影响社会公众对档案管理活动、档案利用活动以及档案文化价值的理解。

提高社会档案文化思想认识。首先,要以树立"以人为本"的档案服务利用理念为基本出发点,营造档案文化为全民服务的环境氛围;其次,大力宣传档案文化的价值所在,让档案文化普遍走进社会公众的视野;再次,加大档案部门自身宣传力度和开放程度,增加社会公众走进档案馆(室)利用档案文化的机会;又次,积极向社会公众传播档案知识、档案管理活动等相关内容,提高人们对档案文化的认识程度;最后,将档案文化带进校园,从教育上宣传档案文化的意义和重要性,激发青少年对文化的渴求和利用档案文化的热情。全面提高社会整体对档案文化的认识,进而促进档案文化价值的充分实现。

档案文化价值的全面实现需要建立在社会对档案文化具有一定认知的基础上。随着社会整体文化程度的提高,以及人们日益增长的文化休闲需求,档案也随之走进社会,走向公众,愈加开放的档案环境使档案成为人们查考凭证、休闲利用的物质财富,档案文化作为社会大众文化的组成部分,俨然已走入人们的生活,并正以一种极强的生命力向外扩展着,全民思想认识的提高,对档案及档案管理活动的认可都有助于档案文化的弘扬和传承。

2.强化档案部门文化意识

受到传统档案观念的制约,档案文化长期笼罩着一层神秘面纱,不仅社会公众难以接触到实体档案,也很难充分利用档案信息内容,就连档案部门也仅注重档案对于政治、军事、经济等国家各个领域发展的效用。有介于我国档案工作长期以来的传承和积累,档案部门的发展均以国家机构的需求为导向,又与政府职能部门是相辅相成、相互依存的关系,使得档案一经"出世"就带有强烈的政治色彩。又因为档案行业带有规范、严谨、保密等工作特点,档案部门便把档案管理活动的重点长期集中在档案的收、管、用上,即偏重于档案的收集、整理、保管等具体管理活动的开展,而缺失了对档案自身文化价值的研究、考量、开发与利用。

这种传统、陈旧的"重藏轻用"的档案管理意识根深蒂固,档案部门因此忽视了对档案文化内涵、档案文化价值的深入挖掘与系统研究,对档案文化的认识有所欠缺,从而极大地制约了档案文化的传播与发展,甚至影响档案文化价值的实现。因此,档案部门急需主动拓展档案文化的内涵和外延,不仅要重视档案资治襄政、记录历史、维护历史真实面貌的客观有用性,还要最大限度地关注、开发档案文化的各种价值。其中,强化档案部门文化意识要从档案管理人员与档案管理活动等源头出发,深入认识和剖析档案文化的内涵与意义,及时掌握档案文化的传播现状,并顺从时代发展和国家文化建设的总体布局要求,从档案文化传承、发展和创新的角度,强化档案部门的文化观念,主动向全社会传播优质的档案文化资源。与此同时,也要提高对应管理人员的档案文化意识,把档案管理活动的重点从专门为党政机关服务转向为社会公众服务的层面上来,并由档案部门主动树立自身的文化标识。档案部门一方面要主动对档案文化资源进行挖掘,创新完善旧时不健全的档案文化利用环境,转变传统查阅利用档案的形式,积极向社会公众推荐和宣传档案文化资源。另一方面,档案管理人员也要适应要求转变服务角色,从档案的保管者变为档案文化资源的传播者。从根本上推进社会对档案文化的思想认识,营造有利于档案文化价值实现的环境与氛围,坚持做到对档案文化的积累、承载、传播和发展。

（二）强化制度建设

档案因记录社会实践活动而得到积累,其产生的目的是为了某个活动,或是为团体、组织而服务的,既可能是辅助人们的记忆,依靠档案还原史实;也可能是用于维护组织利益,需要时提供必要材料。为此,各个组织逐渐开始不断建立规章制度,以便对档案进行科学管理,有需求时能够高效完成档案的保管和利用。所以,在档案文化价值实现的层面上,强化制度建设也是极其必要的。

1.健全法律制度建设

制度建设往往能够体现出国家领导文化事业的意志,并通过法律法规、相关政策来监督和引导国家整体文化环境的规范和发展。其中,既包括文化发展战略和文化进程部署,也包括指导文化工作的具体措施和办法。其中,制度建设主要体现为以《中华人民共和国档案法》和《档案法实施办法》等相关法律法规和政策为指导,规范进行各种档案管理活动。这些法律法规、制度政策是档案文化得以传承的根本保障。需要特别注意的是,现阶段有关档案工作的法律法规和制度政策之间存在一些矛盾,有必要尽快厘清和修订这些问题,统一标准,并严格规范现有的档案法律法规。只有进一步强化档案法律制度体系的建设,才能保证档案文化价值的实现。

2.完善文化制度建设

档案文化制度建设的完善是衡量社会档案观念与档案利用行为是否合理的重要因素,也是档案文化向更加健康的方向发展的有利引导。所以,档案文化在今后长期的发展进程中愈加迫切地需要科学合理的文化制度指引方向。即在已有且相对完整的档案管理、利用规范制度基础上,还要适应当今经济、政治、教育等社会大环境的发展趋势,结合新时期的人文属性和社会生活,建立更有针对性的档案文化发展规章、制度、条例等,一改往日原有粗线条的、模糊的、宏观的规定,扩大档案文化传播和影响范围,加速档案文化发展与传承。以满足社会公众对档案文化的需求为出发点,完善制度建设、加快传播速度、确立服务理念,让更加具体、细腻的制度规范来促进档案文化价值的实现。

（三）加强理论研究

在全民努力构建社会主义文化强国时代感召下对实现档案文化价值进行理论探究,是推进社会主义文化和档案文化建设的必经之路。其中,档案职业人和学术界对档案学、管理实践、服务利用等活动的理性认识是档案文化价值实现的客观基础。档案学术氛围、相关研究水平等内容也在很大程度上推进档案文化事业的发展,并对社会公众或档案职业人的思想观念、行为方式、价值取向产生相应的影响。因此,有关档案文化价值的理论研究作用于档案科学与档案管理利用活动的整个层次和过程,甚至决定其价值的实现。

1.研究深度的加强

学界对于档案文化的研究已有几十余年,其中最深入人心的当属于对档案文化价值的研究。人们愈加迫切地想要从档案的文化价值中获得自身需要的有用信息或文化的体验。自改革开放后,我国一直积极倡导并鼓励学界开展更多有关档案、档案文化、档案文化价值以及如何充分发挥档案文化价值的学术讨论和理论研究,并取得了一些可喜的成果。但档案文化事业的发展与档案文化价值的实现仍旧不能满足人们对文化的迫切需要,也无法满足当今世界文化格局对档案文化相关的理论需求。要想极大地促进档案文化事业的繁荣与发展,还需要更多的人自觉参与到档案文化价值实现的深度理论挖掘中,通过不断提升理论研究水平来积极探究相关理论的研究深度。同时,在坚持继承前人理论研究成果的基础上,还需努力创新更多的途径和方法。另外,档案文化拥有特性和自身发展规律,通过加强理论研究深度,科学把握相应规律,用以指导新的实践,才能使档案文化发展沿着科学、规范的轨道持续前行。

2.研究重点的加强

档案文化价值实现研究虽然已经被提及学界的研究日程中来,但归根到底现阶段的研究程度并不深入,只是处于一个相对较初级的阶段。针对档案文化价值如何实现的多种问题还有待我们共同去探索。为了让档案文化价值得到充分的实现,相关领域需要建立出一套完善的研究体系,无论是核心观念意识,还是制度规范都需要专业的理论研究作指导。其中,档案文化价值实现的基础理论是档案作为文化组成部分在人类社会发展中得以发挥价值的重要理论基础。基础理论的研究具有一定的研究高度,纵能根据档案、档案活动、档案文化的历史进程总结发展规律,横能跨越五湖四海囊括人类先验精髓,是档案文化发展的统领原始动力。这些理论研究的实践应用也是不容忽视的重点。探究理论成果的最终目的往往是希望将其应用到真正的实践活动中去,将深入探讨的理论成果与社会实践充分结合,以求得期望结果的升华。

二、实践应用层面的措施

随着社会文化环境的变迁,以及社会各界对文化认知程度的提高,人们会通过各种渠道和方式获得文化需求的满足。其中,档案资源以其独有的属性和特点,成为其他资源所无法比拟和代替的文化资源。对蕴含在档案文化资源中的价值进行开发和利用,采取一些有关实践应用层面的措施,是档案文化价值实现的重要途径。

(一)改善设施条件

档案通过记录的形式见证人类的历史进程和文化发展,因而具有一定的凭证作用和文化价值。目前,我国各级各类集散档案文化的阵地——档案馆(各组织、团体档案室)负责收集、保管和提供档案的利用,是档案文化积累、传承与实现价值的主要地点。为此,档案文化价值的实现也会受到档案馆(室)设施条件的影响。其中,既包括各级各类档案馆(室)的硬件设施建设,也包括其资源、人员条件的合理配置。

改善档案馆(室)设施条件,就是要加强各级各类档案馆(室)的基础建设,既要加大对人、财、物的投资,又要为档案文化能够有一个良好的利用环境打下坚实基础;既要重视档案文化传承发展的硬件设施,又要确保档案馆(室)软件配备齐全;既要为档案文化发展提供先决条件,又要重视各级类档案馆(室)的馆藏丰富度、档案管理能力、档案宣传力度与档案利用效果;既要提高档案职业人员的综合素质,又要调动他们对实践以及创新的积极性。综合以上几个因素,打造出一个环境舒适、资源丰富、服务优质、利用便捷的档案馆(室),为档案文化价值的充分发挥创造有利条件。

（二）优化机构人员

人作为各个领域中最活跃、最重要的因素，自然也是档案文化价值实现的关键所在。社会公众文化需求的多样化使得档案文化价值的实现愈加迫切，我们不仅需要更多文化底蕴丰厚的档案支撑起文化的脊梁，还需要借助先进的科学技术、理论知识与创新型复合人才一同构建出可实现档案文化价值的良好环境。调整现阶段档案职业人员思想观念落后、缺乏有效交流、跟不上发展节奏、工作重点局限于档案基础业务、不注重档案文化创新研究等问题，已然成为当前改善工作的热点和难点。

另外，机构人员的职业素质与档案教育事业的发展也有着一定的联系，对档案机构人员进行及时、充分的教育和培训，也能够影响档案文化价值的实现。自1950年我国第一个档案管理培训班——私立武昌文华图书馆学专科学校开办以来，到1955年中国人民大学设立历史档案专业，再到1985年中国人民大学档案学院成立。国家对档案机构人员的职业能力和素质的重视不断提升，无论是高等教育还是在职培训，都是为了通过高等人才推动档案文化事业的不断发展，以此来满足社会需求的不断变化。

（三）完善措施路径

实现档案文化价值是现阶段我国文化发展的重要内容之一，也是一个庞大而系统的工程。因为档案文化内容丰富、涉及面广，所以做好档案文化资源的开发和利用是极其艰巨和困难的。欲想使档案文化的发展紧跟社会主义文化大发展、大繁荣的步伐，需完善档案文化价值实现的措施路径，且要多管齐下：

（1）丰富馆藏资源，坚实档案文化价值实现的物质基础。档案文化事业可持续发展的基本条件一定是内容丰富、结构合理的馆藏资源。构建合理馆藏资源体系要按照"国家档案局关于'努力建立强大的档案资源体系，提高档案资源管理能力，为社会各方面利用档案信息提供强有力的支撑'的总要求，遵循地域化、多元化的原则。"做到馆藏资源来源渠道广泛、内容丰富多元、收集管理利用方式手段多样。并在此基础上秉着兼收并蓄、去粗取精、去伪存真的原则，广征博采那些文化底蕴丰富的档案资源，为档案馆（室）积累和建立完善的文化馆藏体系。

（2）档案资源开发，促进档案文化价值为社会有效利用。不同种类、不同内容的档案能够向人们展示出与众不同的文化特色。因此，我们能够得到一个丰富多样、结构完整的档案文化资源体系，并在这一系统内实现档案文化的各种价值。其中，如果丰富馆藏是实现档案文化价值的物质基础，那么对档案资源进行大力开发就是实现档案文化价值的必经路。摒弃传统档案认知的局限，合理解禁处于封闭（半封闭）状态的档案资源；改变以往侧重党政机关、重大活动以及名人档案的收集原则，丰富馆藏结构；增加与社会的沟通和互动，增添具有区域文化特色的、内容丰富的档案文化资源。结合现代科学技术和媒体平台，开发档案编研产品、档案文化产品，进行档案文化宣传，满足人们日益增长的个性化文化需求。

归根到底，要想全面实现档案的文化价值，还需要各级各类档案馆（室）以及集中保管和提供档案利用服务的相关部门积极完成档案文化向全社会传承的使命和重任，使档案的文化内涵得以在社会各个领域流传延续。

（四）强化新媒体时代档案文化价值的发掘与传播

1. 重视在新媒体时代进行档案文化价值发掘和传播的意义

（1）新媒体对于档案工作具有十分深远的影响

新媒体可以通过互联网进行广泛而迅速的知识传播。当前随着计算机技术的发展，建立了大量的大数据和人工智能设施，这使得新媒体成了当前信息交互的主要工具。通过新媒体接触信息的人数十分庞大，具有很广的受众面。通过开发利用档案微博、档案微信等网站运营，不但有助于档案部门健全相关档案资源库，还可以帮助相关部门提高工作效率，提升档案部门的工作质量，并为广大档案用户提供更加优良快捷的档案信息服务。

新媒体相比其他文化传播方式具有更好的交互性和即时性，通过这个平台来发布相关档案文化信息、公开规章政策，有助于帮助广大人民可以迅速获取相关信息，并实现信息交互，人民可以快速进行信息反馈，政府部门也可以迅速获取人民对于档案工作的相关意见，并及时进行处理，使服务更加人性化、更具即时性。

应用多媒体和超文本的优势，还可以推广应用各种使大众更容易接受的档案文化产品，提高档案部门的形象，提高档案文化传播的能力。

（2）更能够体现出档案文化的价值

任何文化的影响都是潜移默化、影响深远的。档案文化是传承多年的结果，档案具有丰富的文化底蕴，具有人类活动最原始的记录方式，反映了人类多年的文明发展历程，是经过历史长河筛选出的精髓，并通过一种文化载体而流传于世，保证了文化的积累和延续，也确保了人类对于文化的记忆和传承。

经过几千年的筛选和保存，推陈出新，不断剔除更新，档案文化具有非常高的保存价值，必须要保证档案文化可以被流传，被更多的人接纳，其价值才能够体现出来。近几年来随着我国同国际的接轨，与各个国家的档案交流和合作也随之增多，通过建立档案展点、翻译档案压缩复制文件和相关出版物，有助于提高我国同全球各个地区的文化融合和发扬。

（3）新媒体时代，档案文化的价值会被更好的挖掘

在新媒体时代，为了更好地发掘档案文化价值，我们首先需要定位受众人群，这不仅要确立受众的年龄、文凭和就业情况，还要了解当下的联网设施、联网地点等信息。通过当前的调查可以发现，在新媒体时代的档案文化受众多数为年轻人，通过年轻人生活业余空闲时间多、上网设备便捷的特点来看，可以将档案文化价值发掘的着力点设置为休闲文化。

2. 挖掘新媒体时代的档案文化价值

（1）依照受众群体需求挖掘档案文化资源

在最近的中国互联网络发展状况统计报告当中发现，我国的网民数量已经达到了 9.8 亿人次，其中手机网民达到了 8.9 亿，在这些人群当中以 20 到 30 岁之间的网民居多，学生的上网占有率最多，达到百分之二十八左右；其次就是个体户或者自由职业者占比较大，上网设备多数为手机，达到了百分之九十以上。据此可以将新媒体时代档案文化信息的受众群体设置为空闲时间多，上网便捷的年轻人。探究历史为主题的休闲型档案文化价值发掘时，可以以满足公众好奇心和休闲需求为主，提供受众的茶余饭后的谈资。除此之外，还可以为公众了解历史提供一个新

的方式,起到档案文化导向的作用。

对于一些名人手稿、信件、日记、个人珍藏等档案文化产品,一般公众都比较喜爱。比如北京卫视中的《档案》节目,它充分地展示了一些名人,例如中国末代皇后婉容、美国女演员玛丽莲·梦露、香港男演员张国荣等名人的档案作品,展示了名人的传奇故事,还为公众介绍了那个时代的大背景特点。利用这种文化传播潜移默化地影响着公众的生活态度,使其成为一个比较休闲且具有科教价值的节目。

(2)探究档案文化开发,提供更多的档案文化产品

为了推广档案文化的进一步使用,有必要先加大对档案文化开发的力度,丰富档案的文化含量。进行档案文化产品的开发不是随意的,必须要以公众的需求为前提,以满足受众的文化需要为目标。档案文化产品可以不是大众化文化需求的一般性读物,但是必须要具有其独特的优势来满足当前的个性化文化需求,所以必须要加快探究档案文化产品的步伐,为公众提供更加丰富的档案文化产品。对于那些具有专门性主题的档案馆,可以将其主题开发的更加具有独特性。除此之外,还可以通过微信、微博等各种社交网站来实现信息推送,对于一些比较珍贵的私人拥有档案,档案管理者可以借此提供一个新媒体共享平台,让民众可以通过网络来共享各种资源。

(3)适应新媒体,改变以往档案文化传播的观念和策略

新媒体时代的文化传播方式发生了很大的变化,作为档案部门应该与时俱进,合理利用好新媒体这个工具,提升档案文化对于社会的影响力。但是怎样合理利用新媒体实现档案文化传播成了一项问题,这不仅仅是通过开设档案网站、官方博客、微信公众号、App 就可以实现的,必须要从传播理念和策略这种根源上解决问题,从这些层面上来进行文化传播。改变以往文化传播具有小众性的特点,充分利用好微博、微信公众号等新媒体工具,帮助实现档案文化资源的多项流动和广泛传播。比如,可以使用微信公众号提供档案电子版阅览服务,并创作一些档案展览视频,通过官方公众平台和 App 发布档案信息,从而实现对档案文化的全方位、多角度的传播,增加档案文化的需求量,提升档案文化的服务质量。同时还应该面向公众日益增长的文化需求,秉着开放、合作的原则和态度来开拓新媒体合作交流市场。这样,民众不但可以通过新媒体平台阅览档案,还可以针对这些档案发表个人意见,进行在线交流,提升档案管理的互动性和便捷性,推广档案文化传播。

(4)提升档案工作者对于新媒体的认知。

在以往的传统媒体使用当中,工作模式单一而简单,投入成本也比较低,缺少一定的互动性,对于档案工作者的业务能力要求也比较低。在新媒体环境之下,档案文化传播要具备更高的数字化信息知识,档案工作者的工作能力也需要进一步加强。因此,需要档案工作者进行有关于新媒体知识和技能的培训,提高档案工作者的能力,提升档案文化的传播力度。虽然在平时档案工作中也会接触到一些新媒体,例如 QQ、电子期刊、博客、社交网站、微信、微博等,但是其角度仅限于受众用户,基于新媒体的传播理念、价值定位、核心技术、传播原理、受众人群、传播内容等内容仍然缺少一定的认知,无法达到利用新媒体进行档案文化传播的水平。因此,必须要求档案工作者提升对新媒体的认知和驾驭水平,如此才能充分发挥出新媒体的优势。

新媒体时代既是一个挑战,又是一个机遇,进行档案文化价值发掘和传播者必须要紧抓这个大旗,提高档案文化的真正价值。

第四节　信息时代档案文化的产业化发展

一、档案文化产业的内涵

(一)档案文化产业的含义

"文化产业"的概念因各个国家的背景与需求等情况的不同,使其界定和侧重点的划分的差异较大,使用范围覆盖的宽窄也不一。"我国将文化产业分为核心层、外围层和相关层:外围层包括互联网、旅游、网吧、广告等;相关层包括文具、玩具、乐器、纸张、磁带、光盘等;而新闻、音像制品、电子出版物、广播、电视、档案馆等都属于核心层。"当然,文化产业还具有一定的功能:"与其他产业相比,发挥政治功能时,其直接或间接地具有价值倾向和政治意义;发挥经济功能时,其作为现代经济利润的增长点,促使现代经济增长方式发生了革命性的变革;发挥文化功能时,其对文化传承与文化建设具有历史性的建构作用,主要体现在对传统文化的保存与弘扬方面;发挥社会功能时,主要表现为满足公众的服务功能以及规范人们的教育功能。"

联合国教科文组织对文化产业的界定是:"文化产业是指通过工业化和商品化方式进行的文化产品和文化服务的生产、交换和传播的一系列活动,是生产文化产品和提供文化服务的行业,以满足人们的文化需求为主要宗旨。"在该定义中,一方面说明了其参与主体应当是文化企业,提供的产品和服务都用来满足人们精神文化的消费需求;另一方面界定了其本质是文化产品和文化服务的生产、交换和传播;最终也承认了其文化与经济的双重属性,行为主体在实现自身经济效益最大化的同时,还要受到文化产品和文化服务这一特殊商品带来的社会效益的制约。

档案不是商品,不能进入市场,但是档案事业中属于档案文化类型的档案工作及其衍生品却可以进入市场,进而形成产业。档案具有文化属性,档案馆要依赖档案实体,创办以开发档案信息资源为主题的档案文化产业,将一切与档案有关的加工整理、展览寄存、教化培训、科技支持等业务推向市场。而我们逐渐认识到,未必非要给档案文化贴上"公益性"或"产业化"的符号,因为公益性文化事业和经营性文化产业不是完全决裂的,经济效益是文化建设的物质本原和保障,而社会效益是文化建设的根本价值和方针,二者相辅相成、相互作用。

因此,可以将学界对"档案文化产业"的定义进行总结描述,即"档案文化产业是立足于档案信息资源,通过市场化运作来实现档案的文化价值和档案工作的服务功能的一项文化产业,其主要是以档案作为文化载体,以档案所蕴含的文化作为资源来源,为公众提供档案文化产品和服务,从而满足社会大众的精神文化需要"。

(二)档案文化产业的特征

众所周知,档案馆是集中管理档案的独立的文化事业机构,那么档案工作就是一项文化工作,且具备明确的文化性质。档案文化产业不是随便的盲目跟风,更不是简单的概念炒作,而是为适应社会需求而客观存在的有利之举。档案文化产业作为文化产业的组成部分,在政治、经济和文化方面都有着其独有的特点。

1.政治方面:主导性与组织性共存

文化产业是21世纪最具潜力和前景的朝阳产业,也逐渐演变成为国民经济的支柱性产业。相对于其他产业而言,由于档案馆是属于国家的文化事业单位,档案文化产业对所具有的生产力水平和政策,甚至所处的制度环境都有很大的附属性和依赖性。因此,政府应当发挥其导向性,将档案文化产业纳入社会和经济发展的整体规划之中。首先,要明确档案文化可以发展成为产业,政府不仅要充分发挥其核心作用,正确行使宏观调控的职能,而且还要遵循市场经济规律,充分发挥市场机制的作用;其次,在进一步出台与之相关的产业文化政策,引导和促进文化产业发展的同时,还需不断完善相关的法律法规,并开展相应的对外文化交流工作;当然,也要培养专门的档案文化产业管理人才,以更好地创新档案文化产业,促进文化产业工作的全面推进,以此提升文化产业整体的国际影响力和国家软实力。

2.经济方面:生产性与消费性兼具

档案文化产业不仅能提供档案文化产品和服务,还能创造出财富,获得一定的经济效益。档案文化产业具有生产、复制和发展的能力。其生产出的文化产品无论是依附于原有资源的再生品,还是作为人类理想思维的直接产物,均在相当程度上摆脱了生产上所面临的资源稀缺性限制,从而具备了在理论上进行生产的可能。就实际而言,档案文化本身从来都不缺乏将文化资源转变为档案文化产品的动力。当然,档案文化产业所具有的生产能力,归根结底是来源于其生产能力的价值实现,即其所具有的"文化性""经济性"。信息时代,尤其是当今人类社会已经进入了数字时代,人们借助各类数字化产品,复制的手段变得相对简单,复制成本也大大降低。当然,这并不意味着对源产品的取代,而是文化推广或者说是文化产业化进程的一种必然选择。源产品在文化产业发展进程中不但不会因大量的复制品或类似品而贬值乃至淘汰,反而会因其大量复制品所产生的广泛影响力进一步凸显其原创性价值,并在新的领域创造出更多的经济和文化价值。当然,档案文化产业也具有一定的消费性。档案文化产业的消费性显然不仅仅是体现在其产生的各种娱乐形式上,它还体现在各种不同的商业形式背后共同的东西,即它拥有极强的吸引力,能引起公众广泛的兴趣,还可以一定程度上调动感情和情绪。

3.文化方面:传播性与精神性结合

档案文化产业的精神性指的是人们在文化消费的时候,能得到教育价值、认识价值甚至娱乐价值。精神性的产品必然会打上精神内容生产者的主观印记,比如内容生产者的观念、判断及感受等,因此其政治思想、道德观念和审美情趣等主观因素,都会自觉或不自觉地物化在产品中。精神性与传播性是循序渐进的关系,在传播中体现其精神形态,传播文化价值。档案文化产业的发展并不是指其可利用人类的理性思维而创造出大量档案文化产品的能力,而是其作为一种特殊产业所具有的可塑性以及尚不为人熟知的巨大发展潜能。众所周知,好莱坞的电影作品之所以精彩纷呈,是因为其大量借鉴不同国家、不同民族的传说故事、历史人物、风俗习惯等,通过自身特有的方式予以塑造整合,并将这些充满价值观的作品推向世界。我国的学者和文化工作者也进行了有益的探索,2017年受人们强烈好评的《国家宝藏》节目无疑是一个很好的例证。它以古籍、史判为原判,用幽默的语言、精湛的演绎加以包装,掀起了全民读诗习经的热潮。当然,对于档案文化产品的开发,不仅仅局限于传统意义上的文化资源,越来越多的工业化产品出于市场的需要,也逐渐地与文化联姻,并不断在其产品属性中融入更多的文化色彩。因此,档案文化产业的文化特性在其传播性和精神性的相互融合下被充分地展现。

二、信息时代我国档案文化产业面临的挑战和机遇

(一)信息时代发展我国档案文化产业面临的挑战

1.硬实力:自媒体时代信息公开与传播影响档案文化的力量发挥

自媒体是属于公民私人的媒体,是平民化、自主化的传播者,是以现代电子化的手段,向特定的个人或者不特定的大多数传递规范性和非规范性信息的新媒体的总称。常见的自媒体平台包括微博、微信、百度贴吧、论坛等。自媒体时代是自媒体发展下的媒介时代,凭借其自主性、交互性的特征,传媒环境发生了前所未有的转变。信息具有普遍性、不灭性、无限复制性和一定的指向性,信息传播的多媒体形式多样,包括文字、声音、影像、图片或数据等。"信息公开与传播是指政府和各种组织机构向公众开放或传播自己所拥有的信息,使其他组织机构和个人可以基于任何正当的理由和采用尽可能简便的方法获得所需的信息。"自媒体时代,媒体平台的开放性太强,信息公开与传播过程无法确保档案信息的完整与真实性,影响到档案的凭证和情报价值的发挥,从而对档案文化产品的实际工作有直接的影响。

十八届三中全会以来,我国进入全面深化改革的新阶段,经济体制改革进展较快。我国提出发挥市场在资源配置中的决定性作用,支持并引导非公有制经济发展,建立健全现代市场体系,释放市场活力。不过,当前我国文化体制改革尚处于攻坚阶段,对文化产业的政策支持力度和国际竞争力有待进一步加强。档案没有成为社会的主流信息资源,其利用主体也具有局限性,只包括政府部门的行政管理人员、学术研究者和普通的社会公民,而且我国目前的文化消费总量过低,档案文化产业还无法形成社会规模效应。尤其是自媒体时代,信息公开与传播在人、财、物方面影响了档案文化产业硬实力的发挥:从人力上来说,相对缺乏创新型人才。信息时代发展档案文化产业不仅需要管理和技术型人才,还需要工作人员具备一定的经济头脑,需要对各方面知识的结构和覆盖面都有所涉猎;从财力上来说,相对缺乏可用的资金。虽然我国经济越来越发达,但是随着信息的公开与传播,政府没有理由拿出大量资金来发展占产业比重很微小部分的档案事业,社会层面的档案意识还没有完全建立起来,对于档案工作的开展也是无从支持,而且档案工作本身也无法直接创造出资金;从物力上来说,相对缺乏原创性成果。随着各项工作的开展,形成的档案越来越多,即使是信息化的今天,档案信息资源的数量更加庞大,但是其质量却不容乐观,尤其是与广大人民群众切实利益相关的内容匮乏,那有关开发性的成果更是不言而喻了。

2.软实力:网络环境下资源开发及利用影响档案文化的价值实现

网络环境将分布在不同地点的多媒体计算机,依据某种协议互相通信,实现软硬件及其网络文化资源共享。宏观上来说,网络环境是整个虚拟的现实世界,包括其内部资源和所需的工具;微观上来说,网络环境是需求者充分利用信息资源与工具进行深度结合,从而达到一定目的或者解决一些问题的场所。网络环境下的资源开发利用是指人类利用一些工具或智慧将发现的可以为人们服务的物质、能量等进行加工、改造或利用,进而为人类服务。网络环境下档案文化产业的发展,容易使档案与信息相混淆,从而对档案文化服务工作有间接的影响。资源有实物和虚物

两种形式,而档案资源是一种最真实可靠、最具权威和凭证性的原始信息。从逻辑关系上讲,档案信息与信息是种属关系,档案信息是信息的一种存在形式,而档案是人类社会的重要信息资源。随着我国档案文化的蓬勃兴起,档案文化产业逐步发展,档案文化产品也在慢慢地被带入市场。档案文化产业是以可开发的档案信息为基础,以实现档案工作服务功能为目标的文化产业。档案文化具有意识形态和产业的双重属性。发展档案文化产业不能仅仅依赖档案文化的意识形态而排斥其产业属性,从而阻碍产业的形成,当然更不能只抓住其产业属性而忽略意识形态,使产业发展受阻。网络环境下拓展档案文化的价值,需要利用市场的调控机制,走集约化和产业化的道路。从档案文化服务的经营到档案文化产业的发展是一个质的跨越,需要培养综合实力强的档案文化产业主体,构建档案文化产业集团。

网络环境下对于资源的开发和利用,在管理理念、方式和流程上影响了档案文化产业在软实力方面能量的发挥。在管理理念上,伴随着社会主义市场经济体制的发展,网络环境下市场更加追求效率和效益,对于档案资源的开发和利用需要转变故步自封的状态,创新发展理念,形成开放的氛围;在管理方式上,我国的档案工作一直都是采取集中管理的体制,给新时期档案信息资源的开发和利用带来不便。为了适应灵活多变的社会发展现实,应当理清档案工作体制机制,使其为发展档案文化产业充分发挥作用;在管理流程上,信息时代下我国对于档案文化产业的宏观调控只是计划层面,缺乏相对明确的法律法规做后盾,进而可能会导致档案产品市场的混乱,甚至使档案产业主体的行为失控。

(二)信息时代发展我国档案文化产业面临的机遇

1. 时代方向:信息技术促进产业创新

科学和技术的进步,一直是推动文化产业进步和发展的有力工具,印刷术、广播、电影、电视、互联网等新技术的发明,都深刻改变了文化产业的形态,并推动文化产业向前迈进。产业创新从其内在的逻辑分析,分为循序渐进的四个层次,即技术创新、产品创新、市场创新和产业融合。在新兴产业的形成过程中,技术、资本、人力和外部因素都会对其产生各种影响,其中技术要素起决定性作用。"信息技术包含通信、计算机、电子技术等,是利用计算机、网络、电视等各种软硬件设备与科学方法而形成的科学技术。"信息技术尤其是数字和网络技术的快速发展,是我国文化产业兴起的重要推动力。对于档案文化产业而言,信息和网络技术一方面为新兴行业的发展提供了技术支持,另一方面对传统的文化产业产生了深远影响。信息技术在改变文化产业的结构与运营方式的同时,也催生出了文化产业的新兴业态。数字电影电视、数字出版以及动漫和网游等新兴文化产业成为发展的亮点,并在带动文化产业整体发展方面发挥着重要作用。信息科技特别是数字和网络技术与文化产业的融合,带动着我国文化产业整体格局和结构的合理化调整,是文化产业兴起的重要支柱力量,也是构成我国文化产业竞争力的重要因素。因此,档案文化产业需要抓住技术革命的历史机遇,利用高新科技的有力支撑来促进档案管理现代化的进程。档案文化产业的发展,需要先采用先进的计算机技术、网络技术等现代信息技术,对档案馆传统的工作模式进行根本性改造,赋予档案馆文化服务的高效率。还应当加强高新技术的应用,推动移动互联网、云计算、大数据等与其他产业的结合。而数字化技术已经由孕育期进入成长期,在文字、声音、图像、三维动画领域占领市场,所以我国档案文化产业在完善计算机网络和开发档案管理系统的前提下,还应注重档案网站的建设工作,为实现档案信息化提供平台。

2. 国家层面:档案事业推动文化建设

"十二五"期间,档案事业在档案资源、档案信息化、档案法制和档案馆库的建设工作和档案开发利用及服务等方面取得了重大进展:"随着档案工作的不断推进,从国际上看,信息技术发展将档案推到公共服务的重要位置;从国内来看,"四个全面"战略、大数据发展战略和'互联网+'的推动,使档案工作成为国家基础性战略资源。""十三五"时期国家档案局印发的《全国档案事业发展"十三五"规划纲要》指出,"在全面建成小康社会的决胜阶段,档案工作要树立创新、协调、绿色、开放、共享的发展理念,争取到 2020 年初步实现以信息化为核心的档案管理现代化,基本建成与全面实现小康社会相适应和符合'五位一体'建设理念的档案事业发展体系,实现档案法治建设、资源体系建设、利用服务建设、信息化建设、安全保障体系建设以及队伍建设。"作为整个社会的财富,档案文化逐渐由幕后走向台前,其所涵盖的内容十分广泛,档案文化已不仅仅局限于它的政治性,更应发挥它的文化教育和社会服务功能。知识经济时代,文化产业具有高附加值、高技术含量和低能源消耗的优势,文化产业在创造巨大经济价值、带动社会整体提升的同时,还能够增强国家的文化软实力和国际竞争力。因此,在国家组织实施、创新驱动、科技支撑、人才培养、宣传推广、合作交流等措施的大力推广下,档案文化产业建设应当正确把握舆论导向,有效传播优秀档案文化,扩大档案工作的社会影响力。

十六大之后,国家将文化产业提升为国家战略,文化体制改革的步伐加快,为文化产业的发展创造了新的环境,开拓了更广阔的空间。文化部的统计数据显示,在其管辖范围内的文化产业,非公有制经济所创造的增长值已占增长值总量的一半以上。总之,日趋完善的政策体系和逐步深入的文化体制改革,理顺了文化产业和文化事业的关系,确立了文化企业的市场主体地位,规范了文化产业市场运作体系,解放了文化生产力和创造力,在我国文化产业兴起和发展中起到关键的保障和推动作用。经济全球化不断推进,国内市场逐渐开放并全面参与国际竞争,而文化市场的开放给刚刚起步的中国文化产业带来了诸多的挑战。尽管档案馆无法以发展档案文化产业为主要任务,但并不代表档案部面对档案文化产业的发展就无法作为。我国对档案馆的定位是科学文化事业机构,档案馆发展档案事业和档案文化产业并不矛盾。由于国家政策上的重视与扶植,档案馆所保存的档案中记载了很多有价值的记忆,包括历史、风俗、经济和文化发展等各个方面的内容。档案文化产业可以和其他产业相结合,通过嫁接等方式形成新的产业形态。档案文化产业的执行者可以是档案机构甚至政府,也可以是企业、个人、专门档案中介组织以及其他机构等诸多群体。总之,发展档案文化产业可以通过着力建设具有较大影响力的文化平台,打造独具特色的文化品牌,利用地方档案的文化资源,形成建设美好社会的共同推力,也可以通过体制改革的推动和松绑,以创新、协调、绿色、开放、共享的发展理念推动档案文化产业的形成和发展。

3. 产业自身:档案文化产品和服务的双重价值

改革开放之后,中国逐渐由计划经济体制向社会主义市场经济体制转变,成为世界上经济增长速度最快的国家之一,第三产业迅速发展起来并且占国民经济的比值越来越高。经济的快速发展使人民的生活水平日益提高,人民的消费需求逐渐超越物质层面,逐步向多样化和高层次发展,特别是对文化产品和服务的消费需求快速增长。中国已经进入文化和精神需求的旺盛时期,文化需求的规模不断增长,而且人们为获得生活必需品所付出的劳动时间减少,加上双休日、节假日等工作和休假制度的实行,人们的闲暇时间增多。据统计,"我国的法定休息日已经达到14天,一年有接近三分之一的时间可以用于休闲。日益增长的文化和精神需求是中国文化产业发展的机遇,为人民提供丰富多样的文化产品和服务是中国文化产业的责任。"

文化产业作为一种社会生产方式,在创造精神财富的同时,也在创造经济财富。因此,文化产业具有天然的双重属性,即经济属性和文化属性,同时其也向社会贡献着双重效益,即经济效益和社会效益。由于档案的丰富性,使不同文化相互影响和交融,促进了人类文明的进步。想要同时收获社会效益和经济效益,需要坚持档案事业和文化产业并重,发展和管理齐下,发挥档案资源优势,增强档案事业繁荣发展的动力。作为经济发展的必然结果和文化消费的客观需求,档案文化产业可以充分发挥产品和服务的社会和经济效益,依托出版发行、电影电视等主流媒体,大力发展内容产业和产品,以档案中介机构为核心,开展档案咨询和教育培训等丰富多彩的服务,并进一步发展特色文化休闲业和档案展览业,打造出一批有深度的电影电视、文献专著、专题展览等特色产品。因此,发展档案文化产业正好是抓住档案工作改革创新的契机,开发出独具特色的档案文化产品,这不仅从一定程度上为档案部门带来了经济效益,也为人们提供了更加丰富的精神文化需求,促进了档案事业的整体发展。

三、信息时代我国档案文化产业的发展思路

任何文化产业的发展都需要具备一定的内外部环境。对于外部环境而言,包括政治、经济和文化三个方面;对于内部环境而言,则主要包括法制、人才和投资环境三个方面。档案从收集、整理、归档、保管、编研到提供利用等,其活动是一个完整且连续运作的全过程模型。档案文化产业链用信息流、资源流、资金流和需求流贯穿于档案文化产业发展的全过程,并支撑其循环运作、持续发展。

(一)以优化产业链环境推动档案文化产业结构升级

1.信息资源与数据推动产业内部结构升级

信息是档案文化产业链运作过程中影响各项活动的有价值的数据,档案本身即是产业链中的资源。信息流与资源流的结合,推动档案文化产业的结构创新。我国档案文化产业的信息资源与数据一方面需要体现出中国特色,另一方面还必须满足切合中国发展实际的要求。其中开发利用的资源不仅能体现出中国特色和民族风情,更能适应国内外市场的需求。中国悠久的历史文化,为文化产品的开发提供了丰富的资源,它不仅可以为中国的文化产品赋予鲜明的思想、内容和形式特色,而且能使其拥有特殊的文化魅力和市场竞争力。比如,书法、绘画、篆刻、建筑、手工、功夫、饮食这些都能成为发展中国特色文化产业的素材。我们要敢于结合中国国情和时代特色,解放思想、改革创新,在实践中摸索和制定出一套有利于推动我国档案文化产业发展的政策和法律法规,充分发挥我国社会主义制度的优势,开创具有中国特色的档案文化产业发展模式。文化产业的核心是文化资源,档案既是重要的文化信息资源,又是一种宝贵的文化物质资源。文化产业的发展迫切需要利用档案资源,档案资源利用是文化产业融合与发展的现实需要,也是文化产业核心竞争力的必然选择,更是丰富文化产业价值内涵的重要条件。因此,档案文化产业的发展与档案资源与数据相辅相成、相互促进。为实现档案文化产业内部结构的升级,可以采用独立与合作并行的方法。一方面需要独立开发出具有自身特色的信息资源,充分发挥其价

值;另一方面也可以根据时代特点借鉴合作或者商业开发的形式。比如,档案馆可以与图书馆或者博物馆联合举办文化展览,或者一起编辑出版历史读物;也可以与科研机构甚至是高校共享信息资源与数据,对馆藏档案进行有效的开发利用和编辑出版。总之,在一定的合作和开发中,不仅使档案资源得到了丰富的利用,还使广大人民群众的文化需求得到了满足,也为档案文化产业内部的结构升级做出了贡献。

2. 市场需求与运作推动产业外部结构升级

市场需求产生源动力并在循环过程中形成需求流。需求流与资金流的结合,推动档案文化产业外部结构的创新。尽管我国近年来在档案文化产品开发方面取得了一些进展,很多档案馆也利用馆藏的文化资源与电视媒介等进行了合作,但是由于没能根据社会现实的需求进行一些必要的市场运作,使得人们对与档案有关的产品依然缺乏认知。作为档案文化产业的核心,档案文化产品和服务都需要市场需求和运作的协助,需要以市场作为定位,以人们的需求为视角,创新开发档案资源,使档案文化产业拥有市场从而走向社会。当然,利用市场升级档案文化产业外部结构,不仅丰富了档案资源的形式,引起了市场上人们更多的关注,也为推动档案文化产业和事业的发展开拓了空间。

不管是产业化还是市场化都要求档案部门变革内部管理机制,在个人财物、利益分配、经营管理等方面拥有更多的自主权,通过效益杠杆来调动广大档案工作者的积极性和创造性,增强档案文化产业发展的活力。首先,需要积极培育现代文化市场体系,进一步降低文化市场的准入门槛,在我国传统优势行业如新闻出版、广播电影电视、文化艺术服务等领域,打破垄断的原则,在不同环节和层次上放开市场准入,推动文化企业跨地区跨行业重组,培育档案文化企业。其次,大力推进文化管理体制改革,提高政府的管理效能,加快政府职能的转变,充分发挥市场在资源配置中的决定性作用。积极推进服务型政府和法治型政府建设,更好地履行政策安排、市场监督、社会管理和大众服务等职能。而且,还需要进一步完善文化市场监管体系,加强文化市场执法与监管,健全和完善文化法律法规体系,提升文化部门的管理服务能力,营造更加良好的政策和市场环境,助推文化产业转型升级。当然,文化产业是朝阳产业,同时也是知识密集型的高端产业,而人才是文化产业在市场上健康可持续发展的根本保障。因此,对于档案工作人员来说,应当具备良好的政治、文化和专业素质与相应的管理素质、创新意识和良好的职业道德。为了使档案文化产业在市场上具有持久的生命力,应当进一步改进人才培养方式,加大人才培养力度。既可以依托现有传统的影视、出版等专业的培养,同时要更加注重综合素质、创意理念的培养,要吸引更多高层次文化产业人才,升级档案文化产业发展,才能使其屹立于市场高度发展的进程之一。

(二)以融入新媒体技术拓展档案文化产业形式多样

1. 时间上推进——媒体新颖化促使产业形式更新

相对而言,时间上更近的可以称得上是"新"的媒体,网络相对于电视是新媒体,电视相对于报纸是新媒体。体制改革是传统媒体向现代媒体和新兴媒体转型的关键,传统媒体的发展既要争取政策支持,也要创新理念观念,树立市场主体意识。数字技术表现方式的多样性与文化的多样性是密切相关的。数字技术表现形式的多样性意味着媒介的多样性,而媒介多样性本身就是文化多样性的一种体现。媒介的多样性使得文化形式与文化内容更为丰富。随着时间年轮的不断推进，媒体的新颖化促使档案文化产业借助新媒体技术更新产业形式。信息时代，新媒体技术逐渐进入成长期，档案文化产业作为新兴产业，应当充分抓住这一契机，引进更先进的数字化技术，在文字、图像等处理上拓展领域，生成更加丰富多彩的产业形式。

当下，发展档案文化产业需要创新工作理念，开发多样的产业形式。各级档案部门应当根据当下的时间节点，结合社会热点，与相关文化事业部门、主流媒体以及新兴媒体进行合作，依托档案信息资源，共同开发档案文化产品，提供档案文化服务。档案文化产业需要推动传统媒体和新兴媒体的相互交融，实施文化精品战略，更需要推动内容产业与相关产业融合发展，加快传统媒体向新兴媒体转型；培育多元化的产业生态，从而使各产业平台相互融合打通，产生系统竞争力，实现自身价值的持续增长。档案部门还要加强档案咨询、档案技术服务等，不断加强档案文化产品的开发，积极与影视公司、出版社、网络公司等社会机构以及一些有意开发档案文化资源的企业开展合作。通过让人们接触档案文化产品，感知档案文化服务，可以让更多的人了解档案，了解档案工作，不仅在精神上享受到档案文化的魅力，还可以身临其中，体会档案文化的价值。

2.技术上引领——技术革新化促使产业形式进步

价格更低廉、传播更广泛、应用更普遍等很多革新技术的媒体都可以被称为新媒体。技术性与产业化对文化新业态的影响是多方面的。技术的发展改变了人们的文化消费习惯乃至行为方式，但阅读习惯或纸张用途的改变并不意味着纸质媒介从此消失，只是伴随着网络与数字技术的诞生与发展而出现的新兴媒体正发挥着越来越重要的作用，档案文化产业同样需要技术革新来开发出更多种类的产业形式。档案部门的资源包括丰富的馆藏和熟练的技术，档案特有的真实性和权威性，使它成为先进文化宣传教育的生动素材。新媒体技术的革新使文化产业在形式上更加进步，也为我国档案文化产业的发展提供了更多的技术支持。

首先，发展我国档案文化产业，需要以自主创新为先导，突出中国特色，创造更多的体现时代精神、符合人民要求、具有中国特色和风格的文化成果与文化产品，以此更好地为人民和我国社会主义现代化建设服务。因此，加强档案文化产业的理论和技术的创新与突破，对其进行全方位的深入研究，既是档案文化产业自身实践的内在需要，也是我国社会主义市场经济发展和现代化建设的必然要求。

其次，应当优化档案文化产业与相关业态融合发展的体制机制，构建文化创意产业与相关产业合作的技术创新平台，在深化文化产业与科技产业的融合发展的基础上，将互联网和"互联网＋"作为档案文化产业发展的重要突破口。当然，在技术上，应当在利用现代信息技术、拓展档案文化的传播方式的基础上，革新互联网、数字通讯等的技术水平，优化产业形式。比如，"可以将传统的档案编研成果以电子书、数据库甚至是光盘的形式呈现给大众，也可以运用网站平台举办数字展览，开发档案纪念品等，借助现代科技和数字化技术对档案信息资源加以发掘、改进、制作、产业化，发展成先进的文化产业形式，引领档案文化产业更加进步。"

3.社会上导向——社交多元化促使产业形式多样

新媒体之所以新，最重要的是社会作用的革新。由于社会导向的发展，社交呈现出多元化的趋势。在这个多元化的社会中，我们需要不断正视档案文化产业的位置，审视其发展方式与内容。首先，发展档案文化产业要求我们在继承传统的基础上追求全球化视野，寻求传统文化与现代市场新的结合点。凡有利于提升我国国民精神境界的文化成果和有利于发展我国社会主义文化产业的管理方式都要积极研究和借鉴。其次，发展档案文化产业要发扬与时俱进的时代精神，坚持古为今用的方针，将传统性、民族性与时代性、全球性相统一，使档案文化产业能够生产制作出更多具有竞争力的优秀文化产品。当然，我们还要认识到，发展文化产业的根本任务是最大限度地解放和发展文化生产力，大胆改革生产关系和上层建筑中尚不适应文化生产力发展的方面和环节，把有利于发展中国文化生产力，有利于增强我国文化产业的综合实力，有利于激发我国文化产业的创造性和创立文化品牌，有利于推动中国文化产业的跨越式发展作为所有工作的出发点和检验标准。因此，档案文化产业要根据社会导向，形成走向世界和参与国际竞争的主体力量，提高文化产品和服务的科技含量，构建有中国特色的档案文化产业体系。

理论上来说，文化事业单位主要依靠政府的扶持以及一些社会上的赞助，以提供文化服务为具体任务。而文化产业部门依赖的是政府的宏观调控，并面向市场自我发展。我国的文化产业与西方发达国家确实存在一定的差距，比如美国视听文化产品凭借其高科技优势，超过了航天、汽车、软件等行业，位居出口行业榜首。但从总体上来说，我国文化产业已初具规模，初步形成了综合型的文化产业体系，并已经成为我国社会主义市场经济体系的重要组成部分。档案馆是我国文化产业的一部分，包涵于文化艺术类别之下。发展档案文化产业的目的首先在于发展档案文化，然后才是产业。档案人开展档案文化服务注定要发展档案文化产业服务。我们有理由相信，即使档案部门从事了档案文化产业的经营活动，也不会改变其自身的性质，这是由档案部门的单位性质所承担的基本任务所决定的。我们更应该相信，档案文化产业给档案事业带来的是辉煌灿烂，档案人应做发展档案文化产业的先行者。

（三）以创新产品和服务提升档案文化产业内容格局

1.以档案文化产品融合产业内容

档案文化产品，简而言之就是档案文化与文化产品的结合。作为档案文化元素的衍生产品，档案文化产品具有积极的价值观和高尚的民族精神，能增强人们的国家认同感。诸如档案展览、讲座等档案文化产品类型，不仅传播了文化内涵，也发挥了文化的力量。目前，档案文化产品的受众依然局限于专家、学者等特定的人群。因此应当拓宽其受众群体，开发更多容易被社会大众接受的档案文化载体形式。开发档案文化产品需要无畏地域、行业等的差距，借助新媒体新技术手段做好整体把控，实现通力协作。开发档案文化产品也需要个性化、特色化的色彩。不仅要开发出能紧跟社会热点和满足大众需求的文化产品，还要开发出有针对性和创新性、有吸引力的文化产品。当然，档案部门要不惧困难，吸取与档案文化产业发展有关的经验和教训，拓展文化产业的平台，开发出适应时代特色的文化产品。在有效发挥档案的文化功能的同时，还需提升档案工作的认知度甚至是档案部门的形象。总之，对于档案文化产品的开发，不仅要注重档案编研工作，也要注重档案宣传工作：通过主动地将档案资源以档案文化产品的形式展现，进一步创新了档案文化产业的内容，也发展了档案文化建设工作。

2.以档案文化服务协调产业内容

在内容上提升档案文化产业，不仅需要开发更多全新的档案文化产品，还需要协调全新的档案文化服务。一方面，创新档案文化服务使档案的作用得到了充分的发挥。档案与文化有着密切的关系,档案的真实性与原始性使得档案文化服务工作具有很高的可信度和权威性。档案文化服务需要将传统与现代相结合,将历史文化记录与现实生活相联系,充分发挥档案资源服务社会的作用。档案工作人员在以积极创新的理念提供档案文化服务的同时,也应当牢牢谨记以档案为前提,以事实为依据,尽最大可能地充分发挥档案的作用。另一方面,创新档案文化服务传播了档案文化。目前档案展览是很多档案部门开展的宣传档案及档案工作的活动,使人们更好地了解历史和文化,但是也只是很少一部分人参与进来。档案文化服务需要推陈出新,尤其是应当结合数字化的发展,利用互联网及其他信息技术,开展更加个性化、有吸引力的活动,扩大传播力度,形成独特的档案文化品牌。当然,创新档案文化服务对于档案文化产业内容的提升有着重要作用。档案部门利用文化资源,进行文化创造,开展档案文化建设工作。档案文化产业在结构创新和形式创新的基础上,结合时代发展趋势,利用网络技术努力为人们提供更加全面的服务。档案部门的工作人员开展各种文化宣传活动,使档案信息资源的开发和利用更好地满足公众的各种文化需求,进而提升档案文化服务水平,更深层次地提升了档案文化产业的内容格局。

科学技术下,在利用服务工作中,文化创造开辟了产业转型。诸多报纸开始与通信运营商合作,目前各类新闻客户端以其传播及时、信息量大、形式个性多样等特点,成为各类移动智能终端的主流新闻获取渠道之一;电子书和平板电脑的出现使得传统书籍的问题更加复杂化,书籍出版商通过与电子阅读终端厂商合作,以网络为平台,实现了书籍的销量增长;此外,广播和电视行业在很大程度上也实现了数字化,并早已摆脱了早期无线电传播的方式,依托卫星及数字化网络在现代传媒中占有重要地位。以数字档案馆为例,新时代背景下的数字档案馆不仅仅是对传统文化的深度整合,还是传统文化、网络文化与科技文明的深入融合,它利用互联网等渠道,提供以手机、电视、电脑等多种终端为对象的综合服务模式,而且还可以利用微博、社交网络等新兴传播手段,提供及时的个性化信息服务。

第三章 档案管理的现代化

由于受到高新技术发展的影响,"档案管理现代化"成为一个非常动态的概念。21 世纪档案管理现代化将如何发展? 档案管理现代化将依托哪些技术? 档案管理的未来发展趋势怎么样? 诸如此类,都将是我们需要深刻研究的问题。因而,对于档案管理现代化从理论到技术发展和运用的全方位考察,将是把握档案管理现代化在新世纪里整体发展趋势的基础。本章首先对档案管理现代化进行概述,然后具体分析档案管理现代化的现实基础和档案管理现代化的发展历程。

第一节 档案管理现代化概述

一、档案管理的结构与档案管理现代化

论述档案管理的结构,往往需要把思路纳入一个由各要素有机结合起来的系统(即档案信息系统)中去。从根本上说,始于 20 世纪 80 年代的"档案信息"这一概念,代表着一系列先进的管理理念和新颖的管理技术。然而,这一概念也引发了传统档案管理从体制到方法的改革问题,造成了理论与实践的相对脱节。因而,探讨在现代高科技支撑基础上的档案管理问题,研究档案信息处理与档案管理现代化的模式与方法,规划其发展道路,具有深刻的理论与实践意义。

(一)档案信息概述

"档案信息"一词因加入"信息"两字而比"档案"更具现代意味。虽然信息在人类文明进程中一直起着重要的作用,而且人类也一直以不同的形式在研究它,然而,对"信息"这一词的关注与重视,却始于美国数学家克罗德·申农的理论贡献。在维纳创作《控制论》的同一年,即 1948 年,美国贝尔实验室的申农出版了他的奠基之作——《通信中的数学理论》,它建立了信息论——一门关于信息传输的科学。克罗德·申农的工作被誉为 20 世纪的主要成绩之一,他对当代的科学家和技术人员革命性地使用"信息"的方式具有直接的影响。过去,这一词只是概指某个具体的陈述,其意义一目了然,我们一般称之为事实。但是克罗德·申农给这词以一个特指的技术含义,与通常的用法分离了。

然而,正是"信息"这个词其传统与现代意义的深刻交织,使得这个词成了一个词不达意、模棱两可的概念。目前,世界各国、各个学科领域的学者,对"信息"的表述多达一百多种定义的事

实就说明了这个问题。申农本人后来也对使用这个词表示后悔。有一次他向一些对他奇怪的定义提出质问的著名科学家解释他的工作时说："我想使用'信息'可能利少弊多,但要找到一个十分确切的词很困难。应该牢记信息仅仅是在传输由某些信息源产生的指令系列时的难度的计量。"未来学家弗里茨·马克卢普则干脆认为使用"信息"这个概念,是"词不达意的、使人误解的和有害无益的",作为"一个内涵广泛、模棱两可的词"开了术语史的先例。

基于"信息"的这种特性,档案信息的含义显然也模糊起来了。最早使用"档案信息"这一概念的论著,有时还被一些学者指责为"标新立异""新瓶装旧酒"。20世纪90年代以来,"档案信息"这一词逐渐开始被档案界和其他学科领域所接受。"档案"一词的含义也开始一分为二:一是指档案信息,另一是指记录档案信息的载体。

《档案学词典》对"档案信息"的解释是:"档案的内容及表达档案内容的文字、图形等信息。"档案信息由于可以游离于其档案信息载体,可以浓缩化,成为一种独立存在的信息单元,现代的与高科技有关的信息管理技术,如计算机技术、通信技术、网络技术,也就成了对档案信息进行处理与管理的技术依托。因此,档案信息管理不再是传统手工管理模式与方法在新颖概念上的继续套用,而是运用先进的管理技术与管理理念,实现档案管理现代化。

(二)档案管理的多元结构

现代化的档案管理,就是运用现代管理模式与先进的信息管理技术,改革原有的管理模式与手工管理方法,以提高档案部门的工作效益与工作质量,更好地提供档案信息为社会利用的行为或过程。档案管理可以从技术层面、档案运动过程等多种角度来区分其结构模式。

1.档案管理技术与档案管理结构

从档案管理技术层次来考察档案管理,可以概括出以下系统结构:

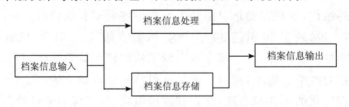

图3-1 档案管理技术系统流程图

从这一流程来看,档案信息处理与管理的技术分别是:

第一,运用计算机技术处理档案信息。

第二,利用海量存储技术存储档案信息。

第三,多媒体技术与档案信息多元化管理。

第四,利用现代通信技术和网络技术进行档案信息的交流与传递。

第五,利用自动化控制技术实现档案库房自动化管理。

2.从档案运动过程上考察,对档案管理分别从三个阶段进行设计与管理

首先,是前档案阶段,即文件阶段的管理阶段,这一个阶段是对文件信息的控制与处理,是根据以往办公自动化系统设计与考虑的。

其次,是机关(单位)阶段的档案信息处理阶段,是目前各机关(单位)的文档一体化系统,包

括电子文件管理系统解决的问题。具体包括辅助立卷、自动编目与检索，通过建立局域网络，实现机关单位内部包括档案信息在内的所有信息的共享。

再次，是档案馆档案管理阶段，目前主要实现的有档案的自动著录和标引、档案数据库管理、档案信息光盘存储系统、缩微存储系统、档案信息检索系统、多媒体管理系统、档案库房自动化管理系统等等。

以上从技术层面与档案运动过程等角度区分的两种档案管理结构是相互关联的，如每一个运动过程的文件或档案管理与控制都需要计算机技术、通信技术、自动化技术、网络技术和海量存储技术等现代科技的支持；而每一项技术都能在每一个运动阶段的档案管理中发挥重大作用。这种运动阶段与现代信息处理和管理技术的关系，将在本书的后面章节中分别予以阐述。

（三）档案管理现代化的概念

近年来，世界科技革命的浪潮冲击着社会生活的各个方面，改变着整个社会的面貌，档案管理也无例外地受到了深刻的影响。如何迎接这一挑战，实现档案管理现代化，成为我国档案工作者当前和今后相当长时期内面临的重大课题，成为我国档案管理的发展方向和必然趋势。

什么是档案管理现代化？这似乎是一个非常明确的概念，而且简单到不需要解释的程度，所以我国目前所有的档案学术语词典都未对这个概念作过定义或其他表述。然而，由于档案管理与含义十分广泛的"现代化"一词联系起来，这就使得"档案管理现代化"这个概念变得非常灵活。另外，由于我国还有一些长期以来就使用的与档案管理现代化相关的其他概念，如吴宝康教授主编的《档案学概论》当中就使用过"档案工作现代化"的概念，有些档案学书籍上则使用"档案管理自动化"来表示档案管理的技术革新。因此，对于档案管理现代化，在我国档案界实际上存在着仁者见仁、智者见智的现象。我们有必要首先明确"档案管理现代化"这个概念本身所代表的含义与特征。

要全面认识档案管理现代化，首先得确定把档案管理现代化放在什么意义或哪个层面上。放在不同的层面上去理解，档案管理现代化会有不同的含义。如档案管理现代化既可以是技术方法，也可能是管理理念；既可能是一种状态，也可能是一种效应；既可以是一种管理环境，也可以是一种管理机制。

《档案计算机管理教程》一书指出档案管理现代化属于管理现代化，而"管理现代化就是把管理工作信息化和最优化。其具体含义：一是把现代科学技术综合、全面地运用于管理活动之中；二是当前的现代化管理技术主要是指计算机技术；三是管理现代化的目的在于使管理工作趋于完善，并使整体功能和效率提高，达到优化"。进而认为，档案管理现代化至少包括三个要素，即档案管理中使用了现代化的技术、档案管理者掌握了现代科技知识和建立起了科学的管理机制。因而，这一教程对"档案管理现代化"进行了这样的概括："档案管理现代化是指用科学的思想、组织、方法和手段，对档案工作进行有效的管理，使之获得最佳的工作效率、经济效率和社会效率。"

除上述观点外，还有一些长期研究档案管理现代化的专家提出了对于档案管理现代化的认识。如有专家认为："档案管理现代化总目标的最佳效果，就是最大限度地保护档案，延长档案的寿命；最大限度地开发档案信息资源为社会各界服务。"并指出管理现代化的主要特征：一是系统化，就是整体的各个组成部分为达到一个总目标，按照统一计划而行动；二是定量化，就是把复杂系统中的变量及相互关系，用数学形式表示出来，建立数学模型，进行定量分析，预测未来或调整方向；三是信息化，就是广泛地使用计算机，对大量有用信息进行收集、分析，利用反馈信息进行预测和决策;四是智力化,就是现代化管理十分强调人的作用,注意开发管理人员的智力,充分调动人的主动性、积极性和创造性,要求组织机构具有应变能力,充满活力和效率,以适应错综复杂的变化情况或环境。

为了突出说明档案管理现代化以现代技术运用为主体的内在意义,在本书中,档案管理现代化是定位于由先进的管理理念和管理技术支撑的一种管理环境,建立这种管理环境的目的在于产生比传统档案管理更大的社会效益和经济效益。因而,档案管理现代化除了档案信息处理管理技术现代化外,还需要包括档案管理思想的现代化、档案业务规范标准化、馆藏结构合理化、馆网建设科学化、档案信息服务社会化、档案人员专业化等。

二、档案管理现代化的内在机理

档案管理之所以要实现现代化,有其深刻的内在因素和外在因素,既有其必要性,也有其可能性。

(一)档案管理现代化的必要性

从内因上考察,实现档案管理现代化的根本目的是为了解决传统的档案管理手段和方式越来越不能适应日益发展的客观需要的矛盾。具体表现为:

1.传统的档案管理方式与档案收藏量增加及载体形式多样化之间的矛盾

档案的数量随着历史的延续而增长,这种增长势头是多方面因素造成的。首先是人类对于档案的积累总是保持着定量的增加势态,特别是进入现代社会后,人们越来越认识到档案在政治、经济、文化、教育等各方面活动中的重要性,更加注意档案的形成和积累,因而造成了档案数量上的持续增长;其次,办公自动化技术在办公和管理领域中的广泛运用,使得文件的制作和形成变得快捷方便,这在手段上为档案数量的飞速增长提供了技术保证。

科学技术的发展使档案的载体、记录方式出现了多样化趋势。越来越多的社会活动记录不再采用传统的纸张形态,而是以缩微型(诸如缩微胶卷、平片)、声像型(诸如影片、照片、唱片、录音带、录像带)、机读型(诸如磁盘、数字式磁带、磁泡、光盘)、数字型(云端、网络、数据库)等新型载体和记录方式而存在。这些新型文件具有体积小,存储量大,图、文、声、像并茂等特点,因此其形成量和转化为档案的数量在不断增加。这些新型载体的档案需要特定的保管条件、保管技术和利用手段,这都是传统的档案管理方式无法提供的。此外,在新型载体的档案产生的同时,古老的历史档案则在逐步地自然老化,甚至出现"自毁",急需采取先进的技术手段加以抢救。总之,档案在数量、载体等方面的变化是传统的管理手段、方式所难以适应的。

2.传统的档案服务方式与档案需求之间的矛盾

社会对档案的需求是档案工作存在和发展的根本原因,因而,社会需求的变化必然对档案工作方式产生重大的影响。从20世纪80年代开始,我国在档案需求上发生了很大的变化,主要表现在以下四个方面:

(1)需求面扩大。由原来主要为政治斗争、行政管理服务,扩大为解决政治、经济、科学、技术、文化、教育各方面的问题而提供档案信息服务;由主要是查证、利用档案,扩大为查证性、参考性、研究性利用并行;由少数专家、学者和党政机关公务员利用档案,扩大为整个社会各行各业、各个层次、各种身份的人都利用档案。

(2)利用档案的系统性要求提高。许多利用者要求系统查阅有关某一专题、某一地区的全部档案,这些档案有时分散在不同全宗甚至不同档案馆内,需要进行馆际互借方能利用。

(3)出现了利用时效性观念。利用者不再满足于缓慢、模糊地提供档案信息的方式,而要求及时、准确地获取所需档案。档案需求的这些变化,使档案部门的档案流通量大为增加,传统的档案信息服务方式的低效的检索能力,难以适应这些变化。

(4)出现了远距离求索档案信息的需要。随着网络技术的广泛运用,供求关系上的空间阻隔被完全打破,利用者希望足不出户就能获得大量档案信息。显然,传统上的档案函调服务因其往复时间多、承载档案信息数量有限而不再适应这种需要,必须借助于现代的远距离传输手段来满足这种需要。

以上几方面的重大变化给档案工作提出了许多新的要求。为了有效地解决上述矛盾,使档案工作手段、方式与客观需要相适应,就必须逐步采用现代化的技术设备和工作方式,以实现档案管理的现代化。

(二)档案管理现代化的可能性

实现档案管理现代化,必须借助先进的管理设备和技术手段,因而它与高科技的发展密切相关。自20世纪80年代以来,解决办公与管理领域中分散数据业务处理问题的办公自动化技术、计算机技术、通信技术与网络技术的发展突飞猛进。这些技术的广泛运用,极大地减轻了信息处理的工作量,把办公人员与信息处理人员从烦琐而复杂的劳动中解放出来,机器系统代替手工劳动已经显示出很大的优越性。因此,运用高科技设备及技术手段实现管理现代化,是办公和管理领域的必然趋势。同样,实现档案管理现代化,在档案管理领域中运用高科技设备和技术手段也是档案工作发展的必然趋势。

实现档案管理现代化的可能性具体表现在:

首先,技术运用和设备配置已越来越智能化、综合化和高效化,使得在档案管理这一方面的投入也能产生经济效益;同时,高性能的设备尤其是与大规模集成电路有关的电子设备,其价格平均每年下降10%～20%,如近五年来,个人计算机的价格平均每年下降26%。因此,在经济比较发达的东南沿海地区的档案部门、专业行业部门、级别和层次比较高的档案馆,既有必要也有可能利用这些高科技设备来提高档案管理效率和降低档案管理费用。

其次,档案管理现代化已经融入国家现代化建设之中。相对说来,党和政府逐渐开始重视在档案管理领域中的现代化建设问题,也在这方面加大了投入的力度。

最后,档案部门对于档案管理现代化的研究越来越重视,相关的现代化管理实践也越来越普遍,建立和积累起了理论与实践两方面的模式和经验;另外,发达国家的档案管理现代化进程和模式,以及国际档案理事会的努力提倡,也为我国档案管理现代化的建设和发展提供了良好的主客观条件和基础。

(三)档案管理现代化的现实意义

档案管理现代化的意义是重大而深远的,它能提高档案工作的质量和效率,促进档案信息资源的开发,发展我国的档案事业,为档案事业适应社会主义现代化建设服务。具体地说,其意义从以下几个方面体现出来:

1. 档案管理现代化与社会发展需求的适应

1996年底，总部设在巴黎的世界经济合作与发展组织（OECD）发布本年度经济发展研究报告，题为《以知识为基础的经济》，专题介绍了"以知识为基础的经济"（简称"知识经济"），制订"科学技术产业政策"，报告同时通过互联网向全世界发布。于是从那时起，知识经济就成了一个全新的概念、全新的表述和全新的理论，知识经济正快速向我们走来。知识经济与以往的经济形态最大的不同在于，知识经济的繁荣不是直接取决于资源、资本、硬件技术的数量、规模和增量，而是直接依赖于知识和有效信息的积累和利用；同时，知识经济建立在日益发达地成为未来经济主流的信息产业的基础上，它强调产品产生和信息服务的数字化、网络化、智慧化以及个性化。因而，知识经济是能够按照用户需要进行有效生产和服务的经济。

基于知识经济的特点，社会对信息服务的需求，以及信息技术的发展给予信息部门的冲击，呈现出两方面的影响：其一是社会要求专门的信息部门能够以较高的存储、处理和控制信息的能力，以知识和有效信息的形式，高质量、高速度地为社会提供服务；其二是信息技术的飞速发展，正在势不可挡地推动着整个信息产业的变革和发展，向每一个信息部门提出了严峻的挑战。档案部门作为社会信息产业的组成部分，也必须采取相应的措施，以现代化的管理手段，把档案信息以数字化、网络化、智慧化以及个性化的形式，转化为知识和真正有效的信息，服务于知识经济，服务于这个对于有效信息有着强烈渴求的时代。否则，档案工作就不能适应社会的发展，就不能在这个变革的时代中发挥应有的作用。

2. 档案管理现代化与档案事业可持续发展动力

可持续发展是人类关于发展的新的战略思想，是近年来人类鉴于现代工业文明的历史性困境，在环境意识、生态意识新觉醒的基础上诞生的。它把整体观念、持续观念和新的道德观念注入发展的思想中去。它的目的是要满足当代的需要而不损害后代满足其需要的环境，它强调环境与经济的协调，追求人与自然的和谐，争取现实与未来的统一，是人类全新的发展观、价值观和道德观。

档案事业的可持续发展是可持续发展观念在档案工作领域中的延伸。就档案事业可持续发展的必要性上考察，是基于两个原因：一是档案事业的可持续发展本身是人类新的发展的组成部分，它取决于人类总体可持续发展的水平，又以源源不断的有效档案信息服务于人类整个可持续发展本身。二是从我国档案事业发展本身看，档案事业的生存主体——档案馆、档案室，目前存在着比较严重的问题，如馆（室）藏结构单一、有效档案内容信息匮乏与社会对档案信息多元需求之间的矛盾问题、建立高水平的计算机网络系统与基础工作支持能力低下的矛盾问题、量大质次的档案收藏过多给档案库房造成的压力问题，诸如此类，都是制约档案事业继续发展的问题。因此，如果不运用先进的科技设备和技术手段进行现代化管理，采取有效措施，借鉴国外同行或者国内其他部门的模式和经验，实现跨越式发展，就可能造成档案事业全面滞后于社会的发展。

3. 档案管理现代化与国民经济、社会协调同步发展的适应

国民经济和社会发展是一个整体的社会系统工程，在这个过程中，各个环节相互影响、相互制约、密不可分，组成一个有机的整体。档案事业是国民经济、社会发展中必不可少的环节，它的发展，必然要受到社会整体工程和各个环节的制约；反之，档案事业也将对这个整体工程和各个

部分产生影响。因此,《中华人民共和国档案法》第四条规定:"各级人民政府应当加强对档案工作的领导,把档案事业的建设列入国民经济和社会发展计划。"这是我国档案事业发展的根本保证,也是我国档案事业不断与国民经济、社会进程协调发展的法律依据。改革开放以来,我国现代化得到了长足的发展,国民经济和社会状态也随之而进步。因此国民经济和社会的发展,将随着我国现代化建设步伐的加快而快速发展。作为与现代化建设各项事业协同发展的档案事业,如果不注重自身现代化的建设,就可能失去发展的动力,也就不能更好地适应社会的发展。

第二节　档案管理现代化的现实基础

一、档案管理现代化的标志

档案管理现代化是一个动态的概念,在不同国家、同一国家的不同历史时期都有不同的标准。根据我国的基本国情,也基于科学发展水平和档案工作的基本特点,我国档案管理现代化的基本标志包括以下几个方面:档案信息处理计算机化、档案信息传递网络化、档案信息存储海量化与档案实体管理和保护现代化等。另外,由于近年来电子文件数量的日益增多,由此带来的现代化管理模式,尤其是电子文件的归档与数字档案馆的建设模式,也是衡量整个档案管理现代化的基本指标。

(一)档案信息处理与计算机技术

一般来说,计算机技术运用于信息处理具有如下特点:运算速度快;计算精度高;记忆存储与逻辑判断能力强;采用"存储程序"工作原理,能自动连续地工作;通用性强,除用于各种数值计算外,还可广泛地用于信息处理、语言翻译、经营管理、实时控制与智能模拟等。借助于计算机可以在档案信息处理业务上实现以下功能:

1.实现档案、文件一体化管理

档案、文件一体化管理就是从文书处理和档案管理的全局出发,实现从文件生成制作到归档管理的全过程控制。它包括文档实体生成一体化、文档管理一体化、文档信息利用一体化和文档规范一体化。采用计算机技术,可以使文件、档案一体化管理的优越性得到充分的发挥和体现,最大限度地实现信息资源共享,避免无谓的重复劳动,这是计算机技术在档案管理方面的一个重要成果。

2.实现档案信息高速检索

档案信息检索问题,是一个影响到档案信息能否转化为有效信息并付诸现实使用的一个关键因素。如何在汗牛充栋、浩如烟海的档案文件中及时、准确地查寻到用户需要的信息,一直是困扰档案馆(室)的难题,也是档案手工管理时代梦寐以求的。这种企盼将在计算机技术运用的环境中成为现实。计算机最显著的优点就是具有极高的运算速度与强大的逻辑判断能力,借助于这种优势,计算机能准确地将搜寻指针定位到符合检索特征的信息上。因此,在计算机支持的信息检索系统中,能迅速地多方位地查询到所需的信息,它令古来今往的所有手工检索系统都相形见绌。与档案信息检索相关的档案编目问题,也因为计算机的介入而大大地减少了工作量。计算机一次输入,多次输出,以各种特征输出,正是解决传统手工编目多层介入但重复劳动过多的问题的良方;而档案自动标引的智能化运用,使得档案标引不再成为档案编目和检索的瓶颈。因此,运用计算机技术,将极大地增加档案信息转化为真正有效信息的可能性。

3.实现自动化的连续管理工作

计算机借助事先存储的程序,可以实现自动化连续工作,这一特性也能够在档案管理领域中尤其在库房进行自动化管理中发挥重大的作用,比如自动监视控制库房温湿度、记录分析空气清洁度、自动控制防火、警卫等。

4.档案信息表现的多元化

传统的档案材料,其记录信息都是平面的,文字、图像、声音等不同载体的信息难以有机地结合起来。而运用计算机与多媒体技术,所有的信息都能以数字化的形式存储,能做到图、文、声、像并茂,极大地强化了多元化信息的记录功能与显示功能;更有前景的是能随心所欲地从一种媒介转换到另一种媒介。因而,档案部门借助于这种功能,既可以使档案信息数据库的数据形式多元化,也可以使档案编研成果以强有力的表现形式吸引利用者的注意力,给沉闷、形式单一的档案信息贴上吸引人的"标签"。另外,计算机技术是信息技术运用和发展的基础,只有凭借计算机技术,我们也才能谈论档案信息的网络传递、海量存储、动态处理、档案实体保护等高科技运用问题。因此,计算机技术的运用程度,是档案管理现代化实现程度和成熟程度的一个重要标志。

(二)档案信息存储与计算机存储系统

档案信息存储与计算机存储系统指的是运用现代信息存储技术,实现档案信息的海量存储。随着档案文件数量的飞速增长,档案馆(室)面临着沉重的库房压力问题,迫切需要用新的信息存储形式来缓解这一压力;另外,档案的自然老化与人为损害,也需要利用档案的另类记录形式来代替原件进行流通和提供利用;而更为重要的是,档案信息只有实现数字化,形成各种各样的档案信息数据库,才能借助于计算机技术、通信技术和网络技术,实现档案信息的资源共享。

目前,解决档案的海量存储问题,主要借助于计算机存储与缩微存储两大技术。计算机存储系统分为磁盘存储与光盘存储两种形式。存储介质有软盘、硬盘、磁带、光盘等。尤其是光盘存储系统的运用,彻底地解决了档案信息存储的难题。如普通光盘的存储容量一般都在几百兆以上,随着激光技术与计算机技术的发展,光盘存储能力能增强数千倍;光盘系统还应用数字纠错能力附属系统来保存原始数据,应用这种技术可使存储在光盘上的档案信息能无错回读至少30年。缩微存储技术是一种比较古老的存储技术,发源于1839年。但这种技术基于现代光学技术的发展而得到了进一步的广泛运用,尤其是广泛运用于文献信息部门。档案部门使用缩微存储,既可以提高档案信息的存储密度,又可以保护档案原件。缩微存储具有复制性能好、成本低廉、保管寿命长的优点,还可以与计算机技术结合起来运用;另外,全息超缩微技术的发明,使得缩微介质的存储能力几乎等同于光盘存储。因此,缩微存储技术也是一种具有优良发展前景的海量存储技术。

(三)档案实体管理与档案保护技术

档案是党和国家的宝贵历史财富,尽可能地减少自然老化因素对档案的损坏、延长档案的寿命是档案管理的重要内容,采用先进、科学、完善的库房设备与档案保护技术是档案管理现代化的重要组成部分。

保护档案文件、延长档案自然寿命的技术措施主要有三个方面:第一是要提高纸张、书写材料、磁性材料、感光材料等档案制成材料的耐久性,这在很大程度上取决于有关生产部门产品质量的提高。第二是要改善档案保管条件,这主要是指档案库房的建筑与内部设备。库房是保管档案的基本场所,科学的库房建筑应选址得当、结构坚固、开间合理,具有较好的防辐射、防尘、防火、防光、防盗、防虫等性能,应达到国家档案局颁发的《档案馆建筑设计规范》的标准。库房内应配备恒温恒湿、除尘、自动照明、自动灭火、监控报警、档案传输等设备,使库房管理由机械化、半自动化向自动化过渡。在这方面,计算机技术可以发挥很大的作用。第三是要提高对档案进行物理、化学处理的技术,其中对档案有害生物的防治、去酸、加固等技术都要达到较高的水平。

(四)档案信息传递与网络技术

档案信息传递与网络技术,指的是运用现代通信技术和网络技术,实现档案信息远距离的无障碍传递和交流。畅通无阻地进行信息的远距离传递和交流,一直是我们信息管理的目标。在现代信息技术运用之前,我们一般采用信息介质交换、电话、电报等形式进行信息的传递和交流。这些形式有很大的局限性,信息传递时受地理条件、时空因素的影响也很大,而且一般只能传递单一表现形式的信息内容,如电话传递的是语音信息,电报传递的是有限的文字信息。

现代信息技术如计算机技术、通信技术和网络技术的广泛运用,为信息传递和交流带来了福音。数字化了的信息,可以借助于四通八达的网络,消除所有的交流与传递障碍。因而,信息因计算机技术运用——数字化生存的结果,必然导致信息网络化生存和虚拟化生存。借助于现代通信技术与网络技术,档案信息也可以得到远距离的无障碍传递和交流。在档案部门可以建立不同形式、不同程度的网络,如单位内部的局域网,地区、行业内部的广域网,还可以利用国际互联网,使不同范围内的利用者共享计算机管理的档案信息资源。从局域网到广域网直至国际互联网,可以让各级各类档案馆和面广点多、星罗棋布的档案室,达成档案信息的机关(企业)内部通联、地区通联、档案系统行业通联、国内通联,乃至国际通联。

(五)电子文件管理与数字档案馆建设模式

电子文件的产生,给档案管理现代化研究带来了新的研究课题,同时也从另一方面给档案现代化管理水平设置了新的衡量指标。目前我国档案部门正在大力推进档案信息化水平,实际上就是对电子文件管理所带来问题的一种积极解决与回应措施。我国档案部门目前的现代化发展战略,就是以档案信息化建设来推动档案管理现代化。数字档案馆是档案馆的一种未来发展形式,它的存在模式目前正在初步形成与探讨之中。在这种新型的档案馆形式中,将不再局限于某种技术或者设备的运用,而需要接纳许多高科技,如计算机技术、网络技术、虚拟技术、数据库技术、多媒体技术、海量存储技术和自动控制技术,把这些技术综合运用到一个服务于特定目标的当案信息采集、处理、发布和保护系统之中。

二、实现档案管理现代化的条件

实现档案管理现代化不是一个独立的行为和过程,档案工作内部和外部的许多因素都对它们带来不同程度的影响。其中有些因素成为实现档案管理现代化不可缺少的基础条件。如果这些条件不具备或不成熟,全面实现档案管理现代化就会遇到困难。因此,实现档案管理现代化,就必须全面关注各方面条件的发展,并在可能的范围内积极创造条件,根据条件成熟情况,不失时机地推进档案管理现代化的进程。

(一)档案管理现代化建设的外部条件

档案管理现代化建设的外部条件可以分为几个方面,即经济条件、科技条件和社会档案意识等方面。

1. 经济条件

进行档案管理现代化建设,首先涉及的是一个经费投入的问题。无论是采用现代化的技术设备,还是改善档案库房保管条件,都离不开资金,尤其是数字档案馆的建设,更是以经费的大量投入为前提的。然而,档案部门是以国家或地方财政拨款为主要资金来源的,因此,档案管理现代化很大程度上要受到国家和地方能够提供的资金数量的制约。目前,我国各地档案管理现代化的规模和进程表现得非常不平衡,东西差异很大,这事实上是各地经济发展不平衡,进而对档案现代化建设投入不一所造成的必然结果。

2. 科技条件

档案管理现代化是以高科技手段为基础的,因此,科技的发展也决定着档案管理现代化的进程和水平。

3. 档案意识

档案意识是指人们对档案和档案工作这一客观事物的主观反映,也就是人们对档案的性质和价值的认识,对档案工作的性质、地位和作用的认识,包括社会上对档案和档案工作的认识,也包括档案工作者对档案和档案工作的认识。档案意识对档案管理现代化乃至档案工作的发展起着主观能动性的作用。事实证明,档案工作水平高、档案管理现代化进程快的地区或部门,都与该地区或部门的正确档案意识占主导地位有直接的关系,即利用档案意识强,重视档案工作和档案管理现代化建设,特别是与领导对档案和档案工作的重视程度有更大的关系。

(二)档案管理现代化建设的内部条件

档案管理现代化建设的内部条件,即档案工作本身的基础条件,它可以分为档案人员专业化和档案管理行为科学化等方面。

1. 档案管理行为科学化

档案管理行为的科学化,主要体现在档案工作组织管理的科学化方面,它是指按照档案管理的客观规律安排和协调一个档案馆(室)乃至一个国家的档案工作,让档案管理的各个环节的质量和效率都得以不断提高。档案管理行为科学化既是档案管理现代化的重要内容,更是其得以实现的重要条件。因为以信息处理为特征的档案管理,是物化于各种机器设备之中的,特别是以计算机为核心的设备。因而从本质上来说,这是一个数学问题。因为到目前为止,机器执行的信息处理,绝大部分都可以看作是某种计算管理行为的科学化。

但是数学化并不是要把管理行为归结为几个数学公式,而是要把档案管理行为尽可能地总结为有条理的、按某种程式运作的过程,以便最终把管理行为编成机器系统能接受的程序。它属于管理行为的分析、决策等活动,最后也要由建立起来的数学模型来处理。任何档案部门,若要建立档案计算机管理系统,都应认真做好这项准备工作。这项准备工作包括:档案管理制度的健全,文件、表格、数据的标准化,日常管理活动的程序化,影响本部门管理内容的诸参数的确认,各类档案信息享用范围的确认等。

2. 档案人员专业化

在实现档案管理现代化的过程中,档案工作人员专业化是不可缺少的重要条件。档案工作的方针、政策要靠档案工作人员来贯彻执行,档案部门的职能要通过档案工作人员的活动来实现,档案工作的科学管理需要档案工作人员来实施,现代化的档案管理技术、设备也需要档案工作人员来操作运用。总之,档案工作人员是构成档案工作的主体,档案工作水平的提高,需要通过提高档案工作人员本身的素质来实现。

档案工作人员专业化,意味着档案工作人员需要具备以下素质:一是政治素质。其中包括档案工作人员的政治品德素质,即政治态度、政治品质和思想作风;档案工作人员的职业道德素质,即要尊重档案、尊重历史,遵纪守法、严守机密,甘为人梯、热心服务。二是专业素质。主要是履行专业职责的能力、智力、成绩、学历和资历等,它是完成专业工作任务的保证。三是知识素质。档案工作人员应该了解专业基础知识、文史知识和计算机及有关的自然科学基础知识。为此,档案工作人员需要学习一些必要课程,诸如档案学概论、档案管理学、档案保护技术学、文书学、档案信息计算机处理、电子计算机技术、软件技术、通信及网络技术、办公自动化(OA)等。

从我国目前的情况来看,全国的档案事业具有规模大、层次多、结构复杂、联系面广等特点。一方面它作为国家信息系统的一个组成部分,需要与其他信息部门协调与配合;另一方面,它又以数以千计的档案馆和数以万计的档案室为其组成部分构成了一个整体,需要以各个部分的相互协调与配合来共同完成保管全国档案和向社会提供档案信息资源这一重任。一个具体的档案馆也是这样,它不仅与社会各方面有着密切的联系,而且其内部也存在着各环节、各部门之间的协作问题。对整体的统筹安排、统一指挥以及对各部分关系的有效协调等都是科学管理的重要内容。档案工作的现状对组织管理活动提出了新的更高的要求,单纯沿用以往的经验管理方法和行政手段已无法与之相适应。以现代管理科学为指导,使管理思想、体制、方法、手段逐步科学化,是使管理活动适应现代档案工作发展需要的必要条件。

科学的组织管理与先进技术设备的采用有着密切的关系。一方面,科学管理需要运用电子计算机等先进技术作为管理手段;另一方面,先进技术设备的运用又要以科学的组织管理为基础。这不仅是因为技术与设备本身就存在着管理问题,更重要的是因为如果没有对档案工作的全面的科学的管理,再先进的技术设备也无法得到有效的运用。例如运用计算机进行档案业务管理和组织管理,其前提条件就是要求这些管理活动自身程序化,并在管理活动中形成准确、完整的数据。计算机应用程序实际上就是对管理活动程序的模拟,完整准确的数据则是计算机进行逻辑运算、形成判断结果的对象和数据。通过科学的组织管理活动,获得必要的数据,并在系统分析和系统设计的基础上提出合理的数据加工要求,才有可能编制出适用的计算机应用程序,电子计算机也才有可能在档案管理中有效地发挥作用。

第三节 档案管理现代化的发展进程

一、档案管理现代化发展阶段

档案管理现代化是一个与科技发展同步的渐进过程,也是一个有重点、有步骤地代替手工管理、解决实际问题的发展进程。然而,档案管理现代化也是一个相对的概念,过去曾经先进实用的技术与管理方法,现在也许就落后于实践发展了。因此简要地回顾一下档案管理现代化的发展演变过程,有助于探讨档案管理现代化中存在的问题,以提出解决问题的对策,并对档案现代化的下一个发展阶段档案信息化进行分析。

(一)档案管理现代化的发展时期

从世界范围来看,档案管理现代化发端于 20 世纪 60 年代档案管理自动化研究工作。20 世纪 60 年代初,国外一些档案工作者在计算机专业人员的帮助下,开始试用计算机管理档案。如美国档案界在 60 年代初就开始研究用计算机管理图书和手稿,到 60 年代末,已建立起 SPD4Dm 作为美国档案公用网络的核心。该系统是专门为高水平档案编目和检索而设计的。从 70 年代后期开始,美国国家档案馆、美国档案工作者协会则一直在研究档案与手稿的自动化方案,并打算把美国档案检索纳入"国家信息系统"之中,这时期美国有代表性的系统是 ARCHON 系统,它具有自动检索、人机对话方式、主题词检索和目录检索功能。除美国以外,英国、法国、苏联、罗马尼亚和南斯拉夫等国随后也分别开展了档案管理自动化研究。1972 年,国际档案理事会设立了档案工作自动化专业委员会,负责研究、收集和交流各国档案馆使用电子计算机的情况,并通过召开会议、出版书籍和开展培训等活动,对各国档案管理自动化起到较好的推进作用。

我国档案界于 20 世纪 70 年代末开始了运用计算机管理档案的尝试,至今已有二十几年时间,也取得了不小的成就。我国计算机档案管理的发展,从时间进程上可以分为四个阶段:即调查论证阶段、初步实验阶段、技术攻关阶段、网络化及其推广应用阶段。

调查论证阶段。1979 年开始,个别档案馆开始对计算机在档案部门的应用进行调研和可行性论证工作。

初步实验阶段。1983 年,有少数几个档案馆使用计算机开发了档案管理实验性的应用系统。我国由此开始了档案著录标引方法的摸索,着手制定档案著录标引的国家标准。

技术攻关阶段。从 1985 年开始,档案部门攻克了计算机应用档案管理的一些技术难关,出现了一些较好的档案目录计算机管理实用系统及应用成果。目录数据已开始准备采用国家标准。

推广应用阶段。1987 年后,随着档案目录数据量的增加,出现了一批实用效果较明显的应用成果,使档案工作者看到或亲身感受到了计算机应用于档案管理所带来的方便和效益,从而对计算机应用于档案管理的认识产生了质的飞跃,认识到计算机是档案管理工作中不可缺少的重要的技术手段。随着计算机软硬件技术的发展和档案管理自动化研究的深入,计算机在档案部门的应用已开始向档案管理的各个环节扩展。

20 世纪 90 年代以来,我国的档案管理现代化建设进入了快速发展时期。90 年代中期,现代化管理开始了网络化阶段;进入 21 世纪,则开始了以启动数字档案馆建设为标志的档案信息化阶段。与此同时,从 90 年代以来,我国档案部门还进行了现代化管理标准的制定与完善,如颁布了《档案管理软件功能要求暂行规定》《CAD 电子文件光盘储存系统的一致性测试》(GB/T17679—1999)等。另外,已通过国家档案局立项,正在研制之中的全国性的、与现代化管理有关的标准还有《电子文件归档与管理规范》《电子文件著录规则》《电子文件名词术语》《电子文件归档细则》《电子邮件类公文归档程序与规则》《档案著录置标语言》等。这些标准对现代化管理的标准、功能要求以及管理程序、用语、代码等都作了规范,这将有力地促进我国档案管理现代化走上规范化的发展道路。

(二)我国档案管理现代化的功能进程

我国档案管理现代化的发展进程,可以从档案管理现代化功能上进行描述。我国档案管理现代化的发展进程,表现为一种管理功能和使用范围逐渐扩大的趋势,具体地说,我国的计算机档案管理可以用"点—线—面"的发展轨迹来描述。

1. 单"点"功能的实现

档案管理现代化首先是从实现单点功能开始的,也就是从工作量最大、最烦琐的业务环节着手,以达到减轻档案管理人员日常工作压力的目的。从已实现的功能看,档案管理现代化的第一阶段主要在以下几个主要方面达到了一定的目的。

(1)档案自动编目和检索

档案自动编目和检索是最常见的计算机档案管理应用项目,也是最早实现的单点功能之一。档案计算机检索,就是利用计算机及其网络和配套设备(如光盘),根据档案利用者的不同目的、要求,按照一定的方法、步骤和途径,从经过整理并储存在计算机内的机读档案目录或已输入计算机外设上的档案信息中获得信息的过程。其实现方法多种多样:按检索项目分类,有单项检索、多项检索;按查找部位分类,有完全一致检索、模糊检索、指定位置检索;按查找关系分类则有逻辑比较检索、包含检索等。

最初的档案计算机检索的基础工作是把档案目录存入计算机。档案目录存入计算机的形式一般有三种:一是存入计算机内存储器,二是存入计算机外存储器,三是采用数据库管理档案目录信息。这些工作只不过是使手工编目的结果取得另一种存在方式,还不是真正意义上的自动编目。计算机自动编目是在文档一体化管理系统出现之后实现的,其原理就是在文件的形成、运行和承办过程中,由文书处理人员根据有关著录规则和著录项目进行归档,文件归档之后,档案人员就可以根据各种检索工具的格式打印出目录和索引,实现一次输入,多次输出。

(2)计算机辅助立卷

文书立卷工作烦琐而有重复性,因而利用计算机辅助立卷,具有十分重要的意义。计算机辅助立卷意味着立卷工作将通过计算机和人工分级完成:第一级立卷处理是按照最优先考虑的立卷特征,实现案卷粗分,获得案卷逻辑单元;第二级分类立卷处理是针对各个卷内的文件目录做进一步整理,形成卷内文件的排列序列;第三级工作是建立由计算机立卷处理过的机读目录,并由人工进行一次审校和调整;最后由打印机打印出立卷目录,由人工再去进行实体立卷,并归档入档案室库房保管。

(3)档案自动标引

档案著录标引问题一直是计算机档案管理的一个"瓶颈"。这项工作原先主要由人工来完成,而培养一名合格的著录标引人员也不是一件容易的事。通常一名素质较好的著录标引人员必须具备专门的知识,如文史知识、计算机知识、分类法知识等,因此可以说,在计算机上实现的自动标引,实际上是一个专家系统。计算机自动标引在我国已比较早地实现,并取得了一定的成绩。档案自动标引,是指由计算机自动地完成对档案文件(或案卷)的题名、摘要,甚至全文进行扫描处理,抽取反映主题内容的关键词,进而规范成主题词或分类号等标识。当然,我国目前实现的档案自动标引大多是自动抽词标引,抽词范围则是以档案题名为主。其技术要点是汉字词语的自动切分和如何抽取反映主题内容的关键词。

2.过程控制——文档一体化管理阶段

在传统档案管理体制下,档案工作和文书工作分属于不同的工作系统。两者的相对独立,造成衔接上的困难,导致产生了许多重复劳动和无效劳动。因此,不少档案部门一直在努力统一这两项工作的结果,但效果不甚理想。计算机技术的运用为这种一体化管理带来了可能。目前看来,运用计算机技术将两个不同阶段和性质的工作——文书处理和档案管理紧密地联系起来,实现文书、档案管理一体化已成为档案工作发展必然的趋势。

文档一体化,从过程上简要地说,就是从文书和档案工作的全局出发,实现从文件生成制发到归档管理的全过程控制;而从功能上看,即完成数据采集、自动标引、自动组卷,检索、输出、统计、编目、打印、利用管理等一系列工作内容,消除原先单点功能时期工作不协调的缺点。

文档一体化计算机管理系统一般包括四个子系统,即文件管理子系统、归档子系统、档案管理子系统和系统维护子系统。文件管理子系统记录了文书处理过程中文件信息的流动和处理情况,其主要功能包括电子邮件、收文办理、发文办理、公文处理、立卷归档、借阅管理、查询、维护、统计等。归档子系统则负责进行公文信息向档案信息的转化过程,它在整个文档一体化系统中起着承上启下的作用。其功能主要是建立逻辑案卷和逻辑组卷。档案管理子系统负责档案信息的管理活动,在此功能模块上,主要实现档案检索、档案借阅、档案统计、档案编研等工作内容。系统维护子系统则承担着整个文档一体化系统的正常运行、数据更新和系统的升级工作。

3.网络管理——档案信息网络化管理、共享阶段

计算机管理档案信息,仅仅停留在单机管理水平是不够的,要适时运用计算机网络技术,建立不同程度的网络,如单位内部局域网,地区、行业内部广域网,国际互联网,使不同范围内的利用者共享计算机管理的档案信息资源。这是档案计算机管理、档案开发利用进一步发展的必然趋势。

(1)计算机局域网与档案信息共享

计算机局域网技术是办公自动化系统中最重要的基础技术。建立计算机局域网具有投资省、见效快、硬件维护方便的特点,计算机脱网后还具有独立处理数据的能力;另外,局域网把分布在各办公室的计算机连接起来,符合办公信息分布处理的特点;而当系统需要更完善的资源共

享时,可将中、小型机接入网中,则分布在各办公室的计算机都可共享超级中、小型机上丰富的软件、硬件资源。因而,建立计算机局域网能实现机关单位内部的信息共享。在现行的办公自动化系统中,档案管理通常是其需要实现的一项重要功能。因而,档案信息在一个机关单位内部共享,已经借助办公自动化系统的建设而自动实现了。

(2)国际互联网与档案信息远程传递

档案信息共享显然不能局限于一个机关单位,我们追求的共享范围是整个社会。因而,网络化建设显然要更进一步。目前,互联网技术的出现和运用,为我们这种信息共享范围的扩大提供了新的发展契机。

利用互联网传递档案信息可以通过两种方式:其一是利用点到点传递的电子邮件,实现的是类似传统的函调服务;其二是档案部门建立全开放式的档案网站。目前,有许多省(市)级及以上的档案馆已经在互联网建立了主页,有的还提供了档案信息查询服务。

二、档案管理现代化的发展状况、问题及对策

我国的档案管理现代化建设,目前主要是分成两个层次进行的:一是针对机关档案工作的,另一是针对档案馆工作的。从这两个层次上考察,我们已经取得了一定的成绩。

(一)档案管理现代化的发展状况

1.适合于机关档案工作的文书工作一体化管理系统已普遍应用

近年来,随着办公自动化的普及,文书处理与机关档案工作已经与以计算机为核心的自动化办公设备联系在一起了。这样,一方面档案工作向前延伸,在文书工作领域里就对文书处理部门和其他业务部门提出了文书形成和处理的要求,以便为以后的档案信息管理打下良好的基础;另一方面,文书部门在运用计算机进行信息处理的同时,也需要机关档案工作人员的指导,以完成文书信息的分类、归并、编目和存储。这样,就自然而然地形成了文书、档案管理一体化机制。为此,我们档案部门开发和研制出了一些针对文书工作和机关档案工作一体化管理的文档一体化计算机管理系统,克服了过去衔接不紧、重复劳动等问题,大大提高了文书工作和档案工作的质量和效率。

从档案信息处理和管理的角度而言,文档一体化管理系统的开发和运用,实现了计算机自动生成目录、计算机辅助立卷和计算机自动检索,改变了以往手工所从事的基本编目、立卷和检索等工作环节,大大提高了工作效率和工作质量,减少了重复劳动。因此,在机关档案工作这一层次,我们今后要进一步努力的方向就是如何因势利导地加强文书部门和档案部门的联系,在管理体制上理顺它们之间的关系。

2.已基本实现档案部门标引的计算机自动化

档案标引工作是我国较早实现计算机自动处理的环节。从目前看,我国档案自动标引技术不仅呈现出多样化的趋势,其适用性也在不断加强。如浙江省档案馆在原有部件词典抽词标引法的基础上进一步开发了分类号的智能自动标引技术;中国人民解放军原总后勤部档案馆则研制了避开传统词分析和词部件组配,基于匹配标引法原理的档案自动标引系统;国家档案局推广的档案管理系统也以其智能型关键词自动标引和标引技术而独树一帜。另外,由于人工智能检

索技术的运用,使得档案著录和标引规范化要求及技术难度相对降低,从而提高了检索效率。

3.电子复合信息管理系统更好地解决了档案信息的存储问题

由于信息存储技术的发展,人们正在研究集计算机技术、光盘技术和缩微技术于一体的电子复合信息管理系统,这种系统不仅可以实现信息的高密度长期存储,还可以进行信息的快速检索和远距离传递。电子复合信息管理系统的建立,使得档案信息的存储问题得到了较好的解决。尤其是计算机技术与缩微技术的结合运用,使得在缩微片上的人读信息转换为能够快速处理的机读信息,解决了传统的缩微存储与快速检索相结合的难题,进一步发挥了缩微技术的长处。

4.档案计算机管理正逐步走向网络化

20世纪90年代以来,我国的档案计算机管理网络的发展势头比较快,出现了网络化的模式:一是在办公自动化系统的带动下入网,二是行业系统的跨地区网络,三是通过接入互联网进行远程档案信息发布。网络的发展使档案计算机检索在时间、空间上都有了更好的扩展,在数据传输数量和质量上也有了更好的保证,从而为加快档案信息的交流、传递及档案信息的利用创造了有利条件。

(二)档案管理现代化中存在的问题

我国计算机档案管理已经得到了比较大的发展,但仍存在着不少问题。正确地认识问题的存在,有助于我们以后在发展中解决问题。目前,我国在计算机档案管理中主要存在以下问题:

1.档案管理理念较为滞后

随着全面深化改革的不断深入,档案管理也面临着许多新的问题。主要是档案管理理念滞后,对档案管理工作的重要性认识不足、重视程度不高,许多档案管理工作由行政职能科室非档案专业人员兼职负责。由于档案管理人员在现阶段还存在很大对于档案管理工作认识存在误区的人,大多数的人都认为档案管理工作只是进行简单的文字记录以及档案的保管工作,并没有对档案管理工作的重要性进行深入的认识。

档案工作在经济、社会发展中的重要作用往往被忽视,《档案法》宣传贯彻的力度不大、深度广度不够,全社会的档案法律意识不强。档案管理工作是现阶段非常重要的工作之一,假如没有对档案进行良好管理的话,那么会给实际工作带来严重的损失。但是从当前档案管理工作现状来说,由于一部分工作人员并没有对档案管理工作进行深刻的认识,认为档案管理工作是一项非常无趣的工作,所以在日常工作的过程中这部分管理人员也没有提高自身的专业素养对档案进行科学的管理。档案管理人员变动频繁,有的刚接手档案工作就调走或者调整工作岗位,档案工作处于无人做、不会做的境况。另外在当前档案管理团队中,缺乏具有专业素养较强的工作人员,对于真正熟悉档案管理工作流程以及档案内容的工作人员更是少之又少,严重影响了档案管理工作的准确性。缺乏专业培训和学习,缺少扎实的档案基础理论和专业知识,阻碍了档案管理工作的科学化。

从我国现在的档案管理制度而言,虽然它在各个行业中已经得到了普遍的应用,但由于其应用手段还不成熟,因此在中小型企业中还存在着或多或少的问题。企业、医院、学校各机构没有对档案管理形成统一的制度,这就必然会造成它们在档案名称、归档分类、档案排号等方面出现各种问题。更重要的是,档案管理工作的不规范还可能会造成归档档案的检索出现问题的情况,这不仅会造成档案管理工作的效率低下,而且会导致文档丢失或者文档查找困难等现象,严重影响我国档案管理制度的推广,不利于我国行业信息化进程的推进。

尽管档案材料的形成与完善要求档案管理人员严格按照《档案法》、档案管理有关规定和归档要求,及时完成材料的收集、鉴别、分类、整理和移交工作。但在实际工作中,由于缺乏档案管理专职人员,工作量大,很容易造成档案材料的缺失、遗漏、不齐全、不规范;加之档案管理人员身兼数职,对档案工作精力投入不足,使档案管理现状无法适应新时代档案管理要求,更谈不上档案管理工作的科学化。

2.文书档案管理人员的素质不够高

就目前我国的档案管理水平来看,文书档案管理人员的素质水平低下已经成为普遍的问题。由于档案管理是近几年才兴起的一种基本办公手段,因此各行各业对档案管理人员的培训工作还处于滞后水平,这就造成了档案管理人员的专业素质不过硬,专业技能掌握不好的现象。虽然说现在我国已经进入了信息化发展的时代,但档案管理更多还是依靠人工进行操作,文书档案管理人员的素质水平低下已经成为影响档案管理制度不断发展的重要因素。只有通过努力改变这个现状,才能从根本上促进档案管理水平的提高,使之更好地与时代发展相结合。

3.从事档案管理的员工面临着潜在的心理问题

档案管理是一项重复性强的工作,员工长期待在与其他部门分割的工作区域,与外界的沟通频率较低,很容易让人觉得工作内容枯燥乏味。档案管理工作涉及的环节较多,环环相扣,在面临季度和年度抽检工作时,更是需要将档案进行有效的收集、录入、统计和分析,往往面临很大的压力。在这种情况下,档案管理人员很容易产生心理问题。第一,档案管理人员无法得到应有的关注和重视,自我价值感偏低,离职率高。管理层对档案工作的忽视和不重视,会直接导致档案管理部门受到冷落,底层的档案管理人员工作内容枯燥单一,很难找寻到工作的乐趣和个人的价值感,这部分人员大多是刚刚从院校毕业的年轻人,日复一日的档案工作消磨了他们的工作热情和积极性,让他们无法实现预先设定的职业发展路径,很容易导致他们产生离职的念头。第二,档案管理人员容易产生松懈和怠慢的心理。因为高层的管理员没有给予足够的重视,久而久之,档案管理工作也被放任自流,底层管理人员在工作中可能疲于应付,流于形式,无法有效保管企业各个环节的资料。第三,档案管理人员容易产生焦躁和忧虑的心理。随着信息化程度越来越高,档案管理工作越来越智能化、电子化,引入更为专业的设备和软件。部分底层档案管理人员因为已经适应了传统档案管理方式,无法进行快速的转变。一方面企业没有给予足够的培训,使他们迅速掌握电子管理技巧,另一方面,部分档案管理人员年龄较大,潜意识里害怕和抵触电子化的档案管理方式,产生焦躁感。

4.没有配套的档案管理设备

档案管理作为各行各业最基本的办公手段,往往处于必备但并不受到各行各业重视的地位。虽然在各个行业中都设置有相应的档案管理制度,但基本上没有企业能够给档案管理设置配套的设备,这与档案管理的不规范性有一定的联系。没有配套的档案管理设备,就必然会导致档案管理的效率受到很大影响,还会造成部分档案存放不完整,甚至丢失的现象。这些问题不但在一定程度上影响了档案归类的干净整洁、整齐美观,还会给档案检索和日后的档案整理造成一定的影响。因此各行各业在发展经济的同时,一定要重视配套的档案管理设施的完善,从根本上促进档案管理制度的改进。

5.档案管理机制不完善

一是档案管理机构不健全,管理职能不明确。受机构编制及人员因素制约,有的只是设置了综合档案室,对重要的文书档案、会计档案、业务档案和音像档案等由综合档案室集中统一保管;对短期工作记录、临时性文书档案资料等,更缺乏专责保管,很容易造成档案管理职能不明确、分工不细、专业不精,影响档案管理工作的规范化水平。二是档案管理制度不完善,检查督促考核落实不到位。目前,行业主管部门对涉及档案管理方面的制度、职责规定较少,有些单位的档案管理相关制度是结合本单位的情况,参照或借鉴其他单位自行制定,档案管理工作制度依然不完善。三是缺乏专职档案管理人员,档案知识储备不足。有些单位在档案管理人员培养培训上缺少投入,档案管理人员的管理水平仅停留在传统经验和习惯做法上,跟不上时代发展。

6.信息化建设有待加强

随着科学技术的快速发展,计算机网络的普及和应用,信息化技术已经普遍应用到了各行各业。档案管理信息化还存在诸多问题:一是计算机设备、网络建设相对滞后,跟不上时代发展需要。在档案管理信息化中,缺少先进的设备,网络覆盖不全面,信息资源无法共享,先进的网络技术优势没有得到充分利用,安全性也未获得较好的保障,这些都影响到档案管理工作的信息化水平。二是档案管理人员信息技术水平参差不齐,对信息化建设和网络的应用不熟练,给档案管理工作造成不便。

(三)解决问题的具体对策

1.档案管理思想的科学化

要实现档案管理工作的科学化,首要的是树立科学化的档案管理理念和工作思维,增强依法治档、从严管档的意识。因此,我们要切实从党的事业和人民需要的大局出发,突破传统模式、找准职责定位、树立新发展理念,使档案管理工作适应新时代需求,以良好的精神风貌和科学的理念做好档案管理工作。

2.单位加强对档案管理人员的综合素质的培养

要提高档案管理工作的质量和效率,就要通过有效手段提升档案管理人员的综合素养。单位领导要重视档案管理人员的队伍建设,能够把一些政治素养高、信念坚定、作风正派、有责任心的人员挑选出来从事档案管理工作。要注重对档案管理人员的继续教育和培养,关心他们的工作、生活,提供足够的职业提升空间。如此,可以有效调动他们的主动性、创造性。

作为档案管理者要能够掌握科学化、规范化、现代化的管理技能,尤其是掌握档案管理的数字化、信息化应用技术,这应该成为档案管理工作者的重点研究对象。档案管理者要明白,档案管理工作与办公自动化息息相关,一篇文稿的起草、修改,到打印、登记、汇集、统计等,各个环节的工作都离不开办公自动化。作为档案工作人员,只有掌握了这一现代技术,才能适应现代档案管理工作的需要,才能有效提高自己的档案管理工作的效率和质量。因此,档案管理者认真学习现代技术手段进行档案管理是必备素质之一。

3.加强档案管理制度建设

规章制度是规范档案管理各项工作的前提和基础。在档案管理工作中,首先要着眼档案管理工作实际,从档案资料的收集、分类、整理、交接、归档、查(借)阅及销毁全过程入手,以健全和完善档案管理工作程序为主要载体,建立科学规范、紧跟时代要求的档案管理制度。同时,加大全员档案法律法规、保密法及档案管理能力提升培训力度,进一步增强全体人员档案意识,公开档案管理制度及流程,在实际工作中对照执行。规章制度的建立要遵循合理性和科学性的原则。相关单位要认真研究本单位的特点,研究本单位档案管理的实际情况,在此基础上建立科学完善的档案管理制度。档案管理制度要简明而实用。档案管理制度的建立要具有可操作性,能够以方便实用为原则,有效提高制度的可操作性,不至于成为一纸空文。这样,才能发挥制度的指导意义、规范作用,才能促进档案管理工作的有效开展,保证制度的约束力和严肃性。档案管理制度要发挥重要的作用,就必须具有约束力,这种约束力既是对领导而言,也是对员工而言。只有领导认真执行规章制度,认真按照制度办事,才能促使其他员工遵守制度。

4.优化档案管理方法

首先是管理模式的科学化。要切实改变以往的管理思维模式,设立专门的档案管理部门,配备专业的档案管理人员,组成专门的档案管理队伍,充分利用资源优势,努力拓展服务业务和领域,变被动为主动,提供全面优质高效的服务。同时,还要注重档案管理的各个环节,运用现代化技术手段,加大档案资源的开发利用力度,切实提高档案管理效率和水平,使单位的档案管理系统更科学、更完整。其次是要进一步提高档案管理的信息化水平。随着信息技术的高速发展和互联网的普及,数字信息的网络化应用已遍及人们工作和生活的方方面面,充分运用好信息化手段不仅可以提高工作效率,还可以增强档案管理的完整性和安全性。再次是要切实提高档案管理人员的业务素质。新时代要求档案管理人员既要掌握档案学基础理论和档案管理知识,还要能熟练使用各种现代信息工具,特别是网络传输工具,为更快、更好地管理和开发档案资源奠定扎实的技术基础。

5.档案合理利用

首先是要切实加强档案的基础工作,档案资料的收集、整理、分类、鉴别、移交、保管、利用、保密、销毁等全过程都要严格按照《档案法》及档案管理程序办理,既要确保档案资料的绝对安全,又要最大化地方便档案资料的利用。着眼长远,就是要紧跟新时代档案管理信息化建设的步伐,积极争取和加大经费投入,加强综合档案室的软硬件建设,将已归档的纸质档案资料信息化并进行利用和管理。其次是在条件允许的情况下,引进或研发档案信息管理相关软件,创建档案信息数据库,加强和规范档案数据库建设,根据档案利用工作的需要,通过局域网以数字化形式传输必要、及时、可靠、大量的基础性原生档案信息,进一步节省时间和人力资源成本,充分实现档案信息共享,切实提高档案信息管理和档案信息利用率,确保档案信息化建设与信息化社会同步发展。

6.更新设备,建立现代化档案库房

要实现事业单位档案文件的现代化管理,需要从新技术、新设备、新模式等多方面共同入手。针对部分事业单位设备陈旧的问题,事业单位的领导层面应该加强重视,根据单位的实际发展状况更换管理设备,以保证档案管理工作的正常运行。档案管理过程中,档案保管是重要的组成部分。所以,建立现代化档案库房十分必要。首先,在档案室建立现代化管理系统,结合计算机网络技术,对库房中的档案信息实行动态管理,并在库房中安装监控和温控设备,对档案库房内部的温度、湿度以及安全隐患进行实时监控和排查。同时设置计算机自动报警系统,加强档案库房的安全功能。

7.统一档案管理工作标准

档案资料的管理过程中需要一定的信息交换和分享,而档案本身具有纸质和电子形式的区别。所以,建立统一的档案管理标准十分关键。只有科学、合理的档案管理制度和统一的工作标准,才能够实现档案管理的有序性和高效性,发挥档案资料的最大价值。首先,在管理系统的创建中,会遇到一些过分强调单位特殊性、管理方式不可更改的状况,对此要积极协调,从多方面考虑管理标准的尺度。其次,在创建档案系统时,要统一档案的数据格式、文件属性、档案著录格式和管理系统,使所有的档案资料都能够在此系统中保存、传递和分享。另外,要规范档案管理流程,减少工作中的失误,提高档案管理工作的专业性。

8.加强档案管理信息化建设

引进先进的档案管理手段,推动档案管理信息化建设是完善事业单位档案管理工作的基础。事业单位要构建同步的信息化管理系统,将单位档案部门信息系统与其他部门的管理系统相联合,以实现信息业务的对接。同时积极运用多媒体信息技术,结合相应的科学技术,建立事业单位档案信息数字化数据库,对档案资料进行数字化处理,以统一的标准进行管理,尤其是对文件格式、图文编码等方面进行规范化、严格化管理。另外,定期对数据库进行更新升级,以保证档案数据库的安全性和准确性。

三、档案管理信息化

信息时代的来临是科技发展带来的世界潮流。知识和信息已成为世界经济发展的重要资源,并引起了全球性增长模式和发展观念的转变。信息化的发展对包括档案工作在内的各行各业产生了强大的冲击和深远的影响,给社会建设和经济发展带来了全新的格局。

(一)档案管理信息化概述

档案管理信息化是指在国家档案行政管理部门的统一规划和组织下,在档案管理活动中全面应用现代信息技术,对档案信息资源进行处置、管理和为社会提供服务,加速实现档案管理现代化的进程。换言之,档案管理信息化是档案管理模式的转变,从以档案实体和利用为重心,转向档案信息的数字化存储和提供服务为重心,从而进一步走向规范化、数字化、网络化、社会化的过程。档案管理信息化作为国家信息化的重要组成部分,是顺应时代发展的必然要求,是全面提升档案工作社会服务能力的必然选择,更是当代档案学理论和实践的核心任务。加强档案管理

信息、化建设、推动档案管理工作科学发展的进程、发挥其职能作用,成为目前档案管理工作的关键。

(二)档案管理信息化建设的内容

1.基础设施建设

基础设施是信息化建设的物质条件,主要指档案信息网络系统和档案数字化设备,其中档案信息网络系统是核心,它是档案信息传输、交换和资源共享的基础条件,只有建设先进的档案信息网络,才能充分发挥档案信息化的整体效益。档案数字化设备是档案信息化建设不可缺少的基本条件,是资源开发利用和信息技术应用的基础,在实际工作中应提高计算机和网络的普及应用、开发能力,配备必要的档案管理专用计算机,正确的评估基础设施建设。

2.标准规范建设

是对电子文件的形成、归档和电子档案信息资源标识、描述存储、查询、交换、网上传输和管理等方面,制定标准、规范,并指导实施的过程,逐步形成关于中国档案信息化的标准规范体系。《电子文件归档与管理规范》《CGD电子文件光盘存储、归档与档案管理规范》等国家档案信息化规范的颁布与施行,对于确保计算机管理的档案信息和网络运行的安全、畅通,具有重要意义。

3.应用系统建设

应用系统建设是档案信息资源开发利用和档案信息网络建设的技术保障。主要包括档案信息的收集、管理、利用、安全等方面的内容,它关系到档案信息化建设的速度与质量,集中体现了档案信息化建设的效益和档案信息服务的效果。在实际工作中,依靠档案管理机构和相关科研院所的技术力量,选用先进、适用、可靠的档案管理软件,准确应用档案资源,能够加快档案信息化建设的步伐。

4.人才队伍建设

档案信息化发展,离不开宝贵的人才资源。档案信息化管理水平和服务水平的高度,取决于管理人员的整体素质。实现信息化,不仅需要档案专业人才、计算机专业人才,更需要既懂档案业务,又熟悉信息技术的复合型人才。

5.档案信息资源建设

档案信息资源的开发和利用是档案信息化的核心,也是一项长期性的工作。档案信息资源建设主要内容包括馆藏档案(包括纸质档案、缩微胶片影像、录像档案等)的数字化和各种电子文件的采集和接收。档案信息资源建设主要形式包括馆藏档案目录中心数据库建设、各种数字化档案全文及专门数据库建设。内容丰富、结构合理、数量充足的档案信息资源,是实现档案信息化建设理想状态的关键。在档案管理工作中根据各类档案的性质和重要性,将现有的馆藏档案进行数字化加工,统一标准,保证档案信息基础数据及档案数据在传输、使用、开发过程中的准确性,才能切实保证基础工作的严谨和扎实。

（三）档案管理信息化建设的意义

1.实现资源的高度共享

传统的档案管理多为纸质档案,查阅档案必须要去档案管理机构,除利用上的不便利,也使得传统的资源管理、档案资源的传递以及共享的变得较为困难。档案信息化管理体系最大的优点在于其网络共享性。在档案信息化条件下,通过扫描、转化等技术手段对纸质文件、照片、音频等各种载体的原始档案资料转化为电子资源,并建立档案管理数据库,统一进行保存、管理,并将其纳入档案机构局域网的建设中,结合 OA 办公自动化系统、ERP 系统等信息化系统,建立文档一体化管理体系和授权查阅机制,让档案管理人员结合自身的管理职责及各自的权限设置在档案管理系统中申请查阅所需的资料,从而达到简化工作流程、实现档案管理使用一体化的目的,同时各档案管理机构还可以通过共享平台来完善现有的档案资料,提高资源的完整性,实现资源高度共享的效果。

2.提高了档案的管理效率

传统的档案管理方式复杂且速度较慢,因为输入与管理档案信息全部需要人力,使得管理效率低、档案利用率低,档案利用的宣传途径也相对有限、单一。实现管理的信息化,利用计算机进行信息的录入与查询,快速便捷,能够有效节省人力、物力和财力资源。传统的档案管理工作以手工管理为主,因此容易受到人为因素的影响,难免出现一些错误。而档案管理工作的信息化进程,可以有效地提高档案管理工作中资料搜集、浏览、分类以及查阅的快捷性和便利性,增强档案资源传递的效率,提高档案管理人员的工作效率。

3.管理的安全性和保密性

对国家和社会的发展来说,档案是重要的信息资源,直接影响到社会的进步与发展。档案一旦发生丢失或破坏,往往造成无法补救的损失。采用信息化管理手段,能够有效地加强信息的安全性以及保密性,可以随时随地进行信息的检查,确保信息的安全。此外计算机网络的传输也为档案信息的传输安全提供了保障,打破了地域的界限,同时利用加密等手段,能够有效地防止信息丢失,在很大程度上提高了信息的安全性。

4.提高档案机构的工作效率

从传统的档案管理和保管方式来看,都是由工作人员亲自操作的,因此存在工作效率低、人工查询慢、占用空间大的缺点。随着时间的推移,传统纸质档案容易受潮和变质,并且在传送和利用的过程中,也可能出现破碎或丢失,这样档案的修复和补救工作也比较困难。档案管理的信息化可以解决上述问题:采用信息化手段,能够有效提高工作效率,减少繁重的手工劳动;利用先进的网络手段,计算机网络的存储为档案信息保存的持久性提供了保障,使信息保存不受时间的限制。

（四）档案管理信息化的重要内容

档案管理信息化是通过档案信息资源的数字化和档案管理过程的网络化这两个重要途径,

经过系统加工和网络传输后,实现档案信息资源的合理配置与有效利用,并最终实现档案信息资源共享的过程。因此档案数字化、网络化建设是档案信息化建设的重要内容,数字化信息服务是档案信息化的核心。

1. 档案数字化的概念

档案数字化,实质是档案信息的数字化,它是指档案信息内容转换为计算机所能识别的数字代码的过程。具体来说就是利用智能信息处理技术,将传统的以纸张、录音带、录像带为存贮介质的各种原始档案资料,通过扫描、压缩、转化等手段转换成图片文件、声音文件和录像文件,再运用各种存储管理技术将他们存贮与各种介质上,并可通过各种方便的查询手段迅速检索出所需要的档案资料。档案数字化的主要内容包括两个方面:一是档案目录信息的数字化,建立档案目录数据库;二是载体档案的数字化,如纸质档案、档案缩微品、照片档案及录音录像档案等的数字化;建立档案影像数据库或多媒体数据库;档案专题信息的采集与建库。

2. 档案数字化是档案管理信息化的核心

在档案管理信息化迅猛发展的今天,档案数字化建设成为我国档案界关注的热点。数字档案具有资源数字化、管理网络化与智能化、用户使用方便化等优点,同时还具有开放性强、易于检索、便于利用等特性,档案数字化是档案管理信息化的基础和核心。

(1)档案数字化为档案信息化提供必要的数据支持

档案信息化依托于数字技术将纸质档案材料转换成计算机能够识别的"数字语言"材料。目前应用比较广泛的扫描技术、音频录制、影像摄制等基本上能把原始的纸质档案和影像资料都以数字化的形式进行收集,再经过计算机的著录、编目等处理,并把所有的档案信息都存储于数据库系统,形成一个有序结构的档案信息库。对于信息化来说,数据是生命。数字化工作就是产生档案数据的必要手段。档案信息经过数字化处理后,都成为脱离纸质载体或实体的数字信息资源,这是档案信息化的基础和前提条件。目前很多档案管理机构早已启动了数字档案馆的建设工作,积极推进档案数字化,在深入开展馆藏档案全文信息数字化工作的基础上,很多档案机构和高校还陆续通过数字档案馆软件、硬件项目以及档案数字化扫描项目等建设手段,建立数字档案馆管理系统,为档案的保存和开发利用提供数据支撑。

(2)档案数字化是传统档案的革新

在进行传统载体数字化的过程中,将会对档案原件进行相应的整理、编目、统计等各项工作,并进行恢复原始材料模糊褪变的字迹以及对污损残缺照片档案的修复工作,这样就等于将原始档案通过技术手段再重新进行了一次修整,而且将纸质档案数字化建立电子档案,能够更好地保护档案原件的安全,包括物理损坏和内容损害,特别是对历史悠久的珍贵档案资料。因此开展档案数字化工作,很大程度上提高了档案的安全系数,用数字化方式确保其安全。

(3)是传统档案馆走向数字档案馆的必由之路

数字档案馆的建设必然是未来档案馆建设的发展方向,是实现档案信息化的重要举措。档案馆作为档案事业的主体和档案信息资源的集散地,数字化建设更应率先而行,尽管当前数字档案馆的具体组成机构、组织管理模式还处于探索和发展中,可数字化的特征是关键性的,传统档案的数字化将是其发展的重要组成部分。

3.不同载体档案的数字化

（1）纸质档案数字化

档案信息化的前提是归档文件电子化和馆藏档案数字化，没有电子文件归档，就无法实现档案信息化；没有馆藏档案数字化，档案信息化就不全面。在进行纸质档案数字化的时候，一是要实行文档一体化管理，在这一过程中，要从行文开始把关，文件的起草、签发、催办归档等运作过程在一体化管理软件中进行，这样档案的前身就以机读文件为主要形态，那么档案也自然以机读形式存在。二是要使用文档一体化管理软件，还要把上级发来的或者非本单位形成的需要归档的纸质文件进行扫描，以 PDF 文件格式或转换成电子文件作为附件保存在相应的目录下。三是要把馆藏纸质档案进行扫描，以 PDF、JPG 等文件格式存储，实现馆藏档案数字化。这样不但检索起来便捷，而且延长了纸质档案寿命。

（2）声像档案数字化

传统的声像档案是指以模拟信号为记录载体的录音、录像档案。随着多媒体信息技术的快速发展，网络技术、存储技术的不断成熟，声像档案的数字化已经成为媒体发展的一个方向，作为传统模拟的声像档案资料，要解决长期保存，让更多的人方便查阅、共用共享，就需进行数字化的处理，并通过相关管理系统以提升声像档案的管理利用水平。现有可用的声像资料要完成数字化的转换，最核心的问题是要有跟保存资料相配套的播放设备及可采录的非线性编辑系统。比如录音带就得配录音机的播放；又如录像带就得找相配套的放像机或录像机播放，最终才能完成声像资料的播放、采录及后期的编辑、制作、加工，这是一套完整的声像制作系统所必需的。只有具备了设备的保障才可以完成声像资料的数字化转换。数字化转换过程中一个基本的原则就是把现有资料通过分量信号或 SDI 或 1394 转换成质量级别最高的 AVI 视音频文件保存，如果需要可再转换压缩生成 MPEG2 或 MP4 或 WMV/ASF 等媒体格式。另外，转换后的声像资料通常刻录数据光盘保留，同时也备份保留在计算机硬盘里声像资料转成数字化后，所面临的问题就是对声像档案的整理分类、编目等的数字化管理。

（3）实物档案数字化

档案机构将征集到的实物档案逐一拍摄成照片，形成电子文件，然后把每一张电子照片通过系统软件进行上传，与对应的实物信息（机读目录）进行链接。从而建立一套实物信息与实物照片一同归档，实现互联的共存模式。这种模式不仅可以将实物信息与照片信息相对应，而且能够通过查阅实物的电子照片，大大地减少对档案实体的调阅频率，以保护实物档案，延长珍贵实物的使用寿命，还有利于为实物档案的利用打下基础、提供便利。

4.档案数字化进程的问题

近年来，档案信息数字化建设取得了重要的进展，数字档案信息资源的不断增加，质量逐步提高，在档案现代化建设中发挥了重要作用。但是，当前信息数字化进程仍存在诸多问题。

（1）档案数字化管理系统的开发滞后

目前，我国还未建立一个可以达到数据交换的机读目录的档案系统，档案信息系统和网络建设形式仍然存在各行其是、层次不一的现象，使得规范性和共享性得不到保障，不能适应档案信息资源共享的需要。着眼当下档案机构所使用的档案管理软件，大多并不具备信息管理功能和信息通用功能。现今各档案部门使用的计算机型号、规格各异，各自开发的软件不能相互通用，并且没有一个既适用于文件检索又可进行档案信息管理的计算机管理软件系统,由于不能互调,就不能利用计算机完成信息收集、管理和利用等管理工作,在一定程度上制约了档案数字化的进程

（2）档案数字化标准水平有待提高

档案的数字化进程作为信息时代档案工作的重要主题,近年来取得了很多重要的进展。得到了很大程度的发展。基础工作的规范化和标准化是档案数字化发展的前提,但是由于有些档案管理机构的数字化基础较差,使得信息搜集、存储、管理、利用的质量有限。同时,越来越多的归档文件材料已从传统纸质文档变为磁盘、光盘等数据信息,而现行的档案技术标准、组织工作程序未从计算机信息处理技术特点和发展方向上考虑,因而现行的档案整理、分类方法、著录标准及有关规定已不能完全适应数字化的发展需要,造成了档案数字化工作尚无法全面实施和推广统一的标准,从而制约了档案数字化的发展。

（3）数字档案信息资源的不足

纵观国内一些档案馆的信息数字化,多为档案信息导向数据,主要以档案检索目录形式为主,并非真正意义上的档案全文数字信息,档案全文数字信息对用户有直接的利用价值,因此馆藏档案数字化,要做到目录检索数字化与档案全文数字化。档案全文数字资源的严重不足,会导致网上档案信息资源的单一和匮乏,网站提供信息内容不丰富,就无法满足用户的信息需求,影响了档案信息的开发利用效果和能力。

（4）档案数字化缺乏专业人才

信息数字化的发展,离不开掌握管理现代化技术的科技人才,档案管理人员拥有较高的知识层次和先进技术水平。从目前档案机构的人员配置来看,大部分档案人员现代技术水平偏低,很多档案部门缺乏现代高技术人才,尤其是档案、信息处理的复合型人才最为紧缺,尽管引进了的现代化设备,也仍然无法充分发挥作用。

5.推进档案数字化发展的有效措施

（1）高度重视档案管理数字化工作

档案工作的各个环节相互关联、相互制约,做好档案的基础工作,档案数字化建设才能顺利进行。因此,应当认真贯彻执行档案工作的各项法律、法规及相关政策,打好基础。实现数字化的快速发展,还要加大馆藏档案数字化建设投入,强化档案数字化软硬件设施的建设,加快推进档案资源数字化、信息服务网络化,将数字化建设落到实处。

（2）做好档案数据库的建设工作

目前,我国档案信息数字化系统在总体上仍处于由文件处理向数字管理系统的过渡阶段,完成这一步的关键在于数据库的开发和建设。数据库的建设目的在于依托先进的信息技术对档案进行科学的管理和方便的应用。建立数据库系统是一项长期的任务,在实际工作中,要坚持计算机技术人员和档案业务人员的协同配合,从应用实际出发,以利用频率和使用效率作为考核数据库的衡量标准,建立灵活的数据库。

（3）提高档案数字化的标准化和规范化

档案信息数字化建设要坚持规范性原则。标准化、规范化的滞后,严重影响了档案数字化整体水平的提高,为此,应尽快建立、健全档案信息数字化工作制度。档案的标准和规范本身是个系统工程,要推进数字化建设,必须做好档案管理工作的标准化、规范化建设,制定适应当代档案

数字化工作实际的管理办法,使现行的规章制度能切实有效的结合实际工作,有助于提高工作效率,提升管理水平。

(4)调整馆藏结构,丰富数字档案资源

目前,国内大多档案馆保存的档案主要还是传统载体档案,数字档案信息数量较少。因此,需要调整馆藏档案机构,丰富电子档案信息资源,加快传统载体档案信息资源的数字化进程,实现档案信息全文的数字化,扩大数字档案信息资源的总量,为受众提供更加便利的信息服务。

(5)大力培养信息技术人才

档案数字化是一项技术性较强的工作,这要求档案工作者除掌握档案基础理论知识和档案管理知识外,还要掌握计算机技术、网络技术等现代技术知识,档案管理部分不仅要积极引进先进技术人才,还要重视对现有档案人员综合素质的提高,多举办信息技术培养工作,为档案工作者熟悉先进技术创造条件,以满足档案数字化建设的需要。

第四章　现代档案管理的基本工作

随着信息时代的到来,中国目前的档案管理工作必须转向信息化和数字化。做好档案管理基本工作将有助于提高档案管理的总体水平,从而推动中国现代管理进程。本章主要对现代档案管理的收集、整理和鉴定三个方面的基本工作进行探讨。

第一节　现代档案的收集

一、档案收集工作概述

档案的收集工作,是按照党和国家的规定,通过例行的接收制度和专门的征集办法,把分散在各机关、个人手中和散失在其他地方的档案,分别集中到有关机关档案室和各级各类档案馆。档案的收集工作,是档案管理工作中的一项基础工作。

(一)档案收集工作的内容和意义

1. 档案收集工作的内容

档案收集工作可以概括为两个方面,即档案的接收和档案的征集。档案的接收,是指档案馆(室)收存档案的活动过程。它是整个档案收集工作的中心内容,是档案部门取得和积累档案的主渠道。档案的征集,是指档案馆按照国家规定征收散存在社会上的档案和有关文献的活动,它是档案馆取得和积累档案史料的必要补充渠道。档案收集工作的具体内容主要包括三个方面:一对本机关需要归档案卷的接收工作;二对各现行机关和撤销机关具有长久保存价值的档案的集中和接收工作;三对历史档案的接收和征集工作。

2. 档案收集工作的意义

收集工作是档案工作的起点,是整个档案工作中极为重要的一个环节,对整个档案工作具有重要意义。档案馆(室)管理的档案,主要不是由档案馆(室)内部产生的,而是历史上形成的和现实生活中不断产生的文件长期收集和积累起来的。档案的收集,就是档案馆(室)取得和积累档案的一种手段。从全部档案业务工作的程序来说,收集工作是档案工作中的第一个环节,通过收集工作为档案工作提供实际的管理对象。有了档案,档案室和档案馆才有进行整理、编目、鉴定、保管、统计和提供利用等各项工作的物质条件。从组织整个国家档案工作来说,档案的收集工作是档案工作中贯彻集中统一管理原则的最重要的一项具体措施。只有通过收集工作,才能把党和国家的全部档案集中到各机关档案室和各级各类档案馆,形成统一的档案材料基地,实行统一的科学管理。从收集工作质量高低的影响来说,它直接关系到档案工作的其他环节。收集及时,档案材料完整系统,鉴选得当,则可为档案管理的各个环节创造良好条件,从而能集中力量对档案进行研究,广泛地开展档案的利用工作。如果档案收集得很少,或者只收集了一些残损零散的和实用价值不大的档案材料,不仅会给整理、编目、鉴定、保管、统计等一系列的工作在很大程度上产生影响,而且更重要的是不能提供档案为各项工作服务,这对于维护历史文化财富的安全及社会主义科学文化事业的发展,都是极为不利的。总之,大量的经验证明,收集工作是档案业务基础工作中的基础。因此,要做好档案工作首先必须从档案的收集工作做起。

档案馆和档案室是国家和机关授权专门管理档案的法定机构,开展档案收集工作,必须与各机关、机关内各单位、有关的工作人员以至社会各界人士进行直接接触,处理多方面的关系,往往涉及法制和民主、民族政策、统战政策等许多方面的问题。尤其是收集历史档案,情况就更为复杂,除国内各种关系外,有时还会涉及国际关系。因此,档案的收集工作政策性较强,要做好收集工作,必须提高政治水平,加强法制和政策观念,做好宣传工作,总结工作经验,讲究工作方法。

(二)档案收集工作的要求

1.要丰富和优化馆(室)藏,实现数量和质量的统一

一个档案馆(室)的收藏是否丰富、档案是否完整,这是衡量档案馆(室)工作做得好坏的一个重要标准,也是开展利用工作,特别是档案馆开放历史档案、开展编辑研究、出版档案史料的一个前提条件。档案馆(室)的档案卷收藏越丰富、越珍贵、年代越久远,就越有可能为社会做出更大的贡献,也就越会得到社会的重视。丰富馆藏的主要标准和要求应该是数量充分,质量优化,成分充实,结构合理。

要把档案馆(室)建成一个永久保存档案的基地和研究利用档案的中心,就必须收集和保藏足够数量的档案和资料。档案收集工作,不能满足于按制度机械地接收档案,交多少就收多少,交什么就收什么,应该采取各种有效措施,积极主动地拓宽档案收集渠道,把凡属于应由本馆本室管理的各种档案资料,广泛地持续地收集起来。

档案的收集要坚持数量与质量统一的要求,重视数量丰富的同时,还应注重内涵的丰富,只顾大量收罗,而不求质量,材料再多,也谈不上真正的丰富。因此,在强调丰富馆藏的同时,要强调优选,将具有重要价值的档案收入馆(室)内,达到馆藏档案的优质化。如果不注重质量,不加以筛选,将来可能会发生档案膨胀现象。

在丰富馆藏实行优选的同时,还要求成分充实,结构合理。在档案的种类方面,既要收集反映党政机关活动的普通档案,也要收集科技档案等各种专门档案。在档案形成单位方面,既要收集有关领导机关的档案,也要收集各种类型的机关以及有代表性的基层单位的档案;既要收集相关的档案,也要收集著名人士的私人档案,如手稿、信件、家谱地契等。在档案的内容方面,要全面地收集经济、政治、科学、文化等各方面的宏观材料和微观材料。在档案文件的载体方面,既应包括纸质文件,也应包括各种特殊载体的材料,诸如照片、磁带等现代形式以及简牍、缣帛等古老

形式的档案。同时,还应收集一些有关的其他资料,如地方志、传记、年鉴、回忆录等有关史实和考证的材料,以及政策法令汇编、有关的书报杂志等,使之与档案相辅相成,互相补充。总之,收集保管历史记录,必须与构成社会历史的各个领域相适应,合理地配置档案馆的馆藏结构。同时,不同层次和类别的档案室和档案馆,还应保持本机关、本系统或本地区的特点,如县档案馆的馆藏应体现地方馆和综合馆的特色。

2. 加强档案馆(室)外的调查和指导,把握全局,统筹兼顾

如何把档案材料从原始的分散状况变为集中状况?这不仅要求档案馆(室)要做好档案的接收工作,还要求做好档案馆(室)外的调查研究和指导管理工作。

首先,要调查研究,加强指导。收集工作必须做好档案馆(室)外调查,掌握应收入档案馆(室)的档案分散、流动、管理和使用等有关方面的信息。档案馆应该进行全宗调查,了解有关机关的历史、建档情况、保存档案的数量及整理、保管等情况,以便统筹安排哪些全宗或哪些部分、何时、有多少档案应该进馆,即使在工作正常的情况下,加强档案馆外调查对做好档案收集工作和各项档案管理工作以至整个档案事业的预测、规划和决策,都具有重大意义。在加强调查研究的基础上,要协助与指导档案移交部门做好移交准备工作,使之符合接收的要求,从而提高档案的收集工作水平和馆(室)藏文件的质量。

其次,要把握全局,统筹兼顾。在档案收集工作中,要注重研究和掌握档案形成规律和档案发挥作用的规律性,根据档案分散的情况和档案馆的条件,从全局出发统筹安排,认真处理好从文件形成到归档、从档案室到档案馆的档案流程周期,既要防止把机关经常使用的档案过早地集中起来,又要防止忽视整体的需要,把需要集中的档案当作某单位的"小家底""据为己有""不愿移交"或者"拒之门外"不愿接收,任其分散甚至遭受损失。应该从全局出发,全面考虑档案的第一价值、第二价值和档案在保管、使用方面的现状以及客观规律,使各机关具有第一价值和第二价值的档案都有科学合理的归宿,使局部和整体、当前和长远的利用有机地结合起来,从而有利于维护党和国家历史文化遗产的安全保管和便于提供利用。

3. 坚持标准,严格要求,实现入馆(室)档案的标准化、现代化管理

档案工作的标准化,就是对档案工作中的一些管理原则和技术方法,按照规范化的要求统一起来。在国际范围内,这已成为包括图书、情报资料和档案在内的文献工作标准化的必然趋势。档案工作的标准化,不仅可为将来实行电子计算机管理创造条件,而且有助于提高手工管理的水平。实行档案工作的标准化,应该从收集工作中开始推行,逐步着手。

在收集工作中如何实行标准化?我国还处于探索阶段,目前全国尚未颁布系统的统一标准。现在的有些单项标准、地方的一些做法和国外的经验,都可以作为我们制订系统成套的统一标准的借鉴。例如,规定案卷验收和质量标准、案卷封面和卷内编目的内容、格式和要求、卷皮和档案柜的尺寸等,如果全国能统一标准,那么,档案的管理水平将会大有提高。只有积极地逐步地推行标准化,才能改善和提高归档和入档案卷的质量。档案工作的标准化,是档案管理现代化的基础和前提。档案管理的现代化是提高档案工作水平的有效途径和发展方向。没有标准的档案工作作为基础,档案管理现代化也只能是手段和形式的现代化,必将会限制档案管理的现代化进程。

4. 坚持全宗不可分散的原则，保持全宗和全宗群的整体性

全宗是一个机关的档案的整体，因为一个机关内部，各项活动之间是相互交错、相互联系的，而不是相互孤立的，所以一个机关所形成的档案材料之间存在着固有的内在联系，它们是一个有机整体。保持全宗的整体性，是档案管理的一个基本指导思想，贯穿于档案管理工作的始终。在档案收集工作中执行这一基本原则，是保证以后各个环节实行全宗管理的先决条件。如何在收集档案时执行全宗不可分散原则，保持全宗和全宗群的整体性？

首先，要把一个机关的档案作为一个全宗集中在一个档案室或档案馆内，而不允许人为地分割一个全宗的档案。某些单位由于一时需要而把某些档案从全宗中抽走另行集中，这种做法是不科学的。如果确实需要集中一些档案原件使用或存案，应以复制本代替。

其次，要注意各个全宗之间的相互关系。因为，在一定的时间、地点和条件下活动的各个机关，它们的工作活动都不是孤立的，而是相互依存的，反映在它们各自形成的档案上，各个全宗之间就有着密切的联系。这种在历史上形成的有着密切联系的若干全宗，称为"全宗群"。全宗群作为若干个全宗的集合体是自然形成的，不能人为地加以分割，而要集中收集在一个档案馆里，这样才有利于反映历史上一定时间和一定地区工作活动的全貌。

（三）档案收集工作的特点

1. 预见性与计划性

档案文件作为人类各种社会活动的伴生物，其产生和形成具有明显的分散特点。所以，必须在调查研究的基础上，科学地分析和预测其形成、使用、管理的规律和特点，才能做好档案的收集工作。此外，档案收藏部门还应坚持历史方法的原则，全面地了解和掌握本档案馆（室）主要档案用户的利用动向、特点和规律，使收集来的档案文献符合档案用户当前的和长远的利用需要。档案收集工作要有计划性并主动地进行。

2. 针对性与及时性

档案收集工作，必须根据各级各类档案馆（室）收集档案的范围来进行，不能违反国家规定，擅自收集不属于本馆（室）收集工作范围的档案，以保证收集工作能够有目的、有重点地进行。档案收集工作还具有及时性的特点。它要求档案人员必须具有明确的时间意识，将应当接收或征集的档案及时收集进馆（室）。档案部门应当尽最大的努力，避免拖延迟误，在掌握有关信息线索的前提下，采取相应的方式，尽快将档案收集起来。

3. 系统性与完整性

档案收集工作的系统性，从横的方式来讲，就是收集来的档案在种类、内容方面应齐全完整，同一项社会活动的档案应当是一个有机的整体；从纵的方面说，要保证收集来的档案能够历史地反映出一个地区、一个部门、一个专业系统、一个单位的历史脉络。此外，在收集档案时，应充分考虑到档案的科学文化价值及其在当前的工作、生产、科研活动中所能起到的积极作用。这样才能使档案馆（室）真正成为机关、单位的参谋与咨询部门，使档案馆（室）成为社会各方面开发利用档案史料的中心。

二、档案室的收集工作

（一）建立归档制度的必要性

归档是办理完毕的文件经系统整理归档案室保存的过程。在我国"归档"已成为党和国家明文规定的一项制度。1956年,《国务院关于加强国家档案工作的决定》指出:"各级机关的档案材料(包括机关的收发文电、内部文书、会议记录、电话记录、技术文件、出版物原稿、印模、照片、影片、录音等),应该由机关档案业务机构——档案室集中管理,不得由承办单位或个人分散保存","全面推行文书处理部门立卷,以建立统一的归档制度。"1983年中共中央办公厅、国务院办公厅印发的《机关档案工作条例》再次指出:"机关应建立、健全文件材料的归档制度。"《中华人民共和国档案法》第十条规定:"对国家规定的应当立卷归档的材料,必须按照规定,定期向本单位档案机构或者档案工作人员移交,进行集中管理,任何个人不得据为己有。"这使我国的归档制度用法律形式固定下来,在全国范围内切实贯彻执行。

文书立卷归档是文书部门的任务,它是文书工作的终结,又是档案工作的起点。实践证明,没有归档制度,或者归档制度不健全,就没有完整的档案,也就没有健全的档案工作。因为档案是由各种文件材料转化而来的,而文件材料转化为档案一般又是通过"归档"来实现的。所以,建立和健全归档制度是非常重要的,它不仅能够确保档案室有连续不断的档案来源,为开展各项业务工作提供条件,而且也是为国家积累档案财富的重要保证。档案室要做好档案收集工作,首先应该集中主要力量搞好机关内文件材料的归档。

（二）归档制度的内容

1.归档范围

凡是本单位工作活动中办理完毕的具有保存价值的各种文件材料,均应归档。在归档时应该抓住重点,并不是有文必档,以防止文件过于庞杂。同时也不要遗漏重要文件以保证归档的文件能够全面地反映本机关的职能活动和基本情况,便于今后各项工作的利用。

一般情况下,下列文件材料应该立卷归档:

具有保存价值的机关正式收文、发文和收电、发电。除公文的正件外,还应包括它的附件,如图表、登记表和名单等。机关内部产生的各种文件材料(又称内部文件):规章制度、调查研究材料、计划、总结、照片、录音带、录像带和光盘等。包括未经收发文登记以及非正常途径形成的文件材料,会议文件和合同契约,也都属于归档范围之内。除上述文件材料以外,重份文件、事务性文件、临时性文件、参考性文件和无用抄件等,都不应当归档。

2.归档时间

办理完毕的文件材料,应该在第二年内向档案室归档。对于某些专门文件或驻地分散在外的个别业务单位的文件,为了方便于日常工作,归档时间可以根据实际情况适当延长。在基层单位,由于内部机构简单,工作人员少,办公场所集中,文件材料往往集中统一处理,文书和档案工作由一人兼管,不必规定专门的归档时间,只要把办理完毕的文件材料整理保存起来就算归档。

3.归档要求

凡属于归档范围内的文件,应该符合下列要求:归档的文件材料,应根据规定分类立卷,立成的案卷能正确地反映机关活动的基本面貌,便于保管和利用;归档案卷,卷内文件应按一定次序排列好,编号、填写卷内目录,并要填好封面,注明保管期限;归档案卷要排列整齐有序、编号并编制案卷目录。

(三)档案室在形成文件与组织归档工作中的作用

档案室的基本任务之一,就是对本机关文书部门或业务部门文件材料的归档工作,进行指导与监督。因此应充分发挥档案室在形成文件与组织归档中的作用,这是做好档案室收集工作的一个重要组成部分。

1.档案室对归档工作的超前控制

为了保证归档文件的齐全完整,便于日后提供利用,档案室的工作人员不仅要通过归档工作把已经形成的文件收集齐全,而且要关注机关文件的形成与办理情况。机关在工作和生产活动中,往往有一些工作已经做了,或者经历了某些重要事件和重要活动,但没有记录下来形成文件(如领导人现场办公处理的重要问题没有记载,电话请示与答复没有记录等)或者记录不全(如文件上只记有工作活动的内容而没有责任者、日期,或者文件办完而没有注明办理情况等),这些都会影响完整档案的形成。档案工作人员有责任及时向有关领导人和业务部门反映和提出意见,解决文书处理工作制度、文件书写格式和书写材料等方面存在的问题,必要时,也可请业务部门采取"亡羊补牢"的措施,开展补充记录、拍摄、录音或录像工作,以保证档案文件的完整。档案室对归档工作的超前控制,可以通过监督与促进文件质量标准化和文书处理制度化,协助和督促有关部门做好立卷归档前的准备工作,以及加强对立卷工作的指导和检查等三方面工作而得以实施。

2.文书部门或业务部门立卷归档制度

在大、中型机关,由文书部门或业务部门在工作活动中形成的具有保存价值的文件材料,进行立卷和整理,并定期向档案室归档,可以发挥文书部门或业务部门熟悉文件的形成与办理过程的优点,提高案卷质量和立卷工作的效率;容易把分散保存在个人手中的文件材料收集齐全,便于堵塞遗失文件的漏洞,有利于保守机密和维护文件材料的完整;这些部门暂时保存本年度的文件,可以节省到档案室查找文件的时间和手续,便于日常工作的使用;同时还可以为档案室创造条件,去开展本身的日常工作,不断提高工作水平。实践证明,坚持推行由文书部门或业务部门立卷归档的制度,能为归档工作以至为档案室工作奠定良好的基础。

3.对散失文件的补充收集

一个机关即使建立、健全了归档制度,也可能有些文件不能按规定及时归档,特别是未经收发登记的文件和机关本身形成的内部文件,往往分散在个人手中。再加上机构调整、干部变动、环境变化等各种因素,都可能使归档文件不齐全、不完整。因此,在正常的归档工作以外,档案室还需要采取某些补救措施,开展对散失文件的补充收集。收集散失文件时要把重点放在"账外"

文件上。所谓"账外文件"是指未经登记的文件,如机关内部文件,机关领导人或工作人员外出开会带回的文件,机关之间签订的合同、协议等也常常不做登记。这些文件如果保留在机关业务部门或个人手中,往往不易被发现,因而有时不能按正常手续立卷归档。这项工作往往与保密检查、节假日清理文件、人员或机构变动等活动结合进行,把应该归档的文件集中收集起来,以补充归档制度之不足。

4.基层单位档案的收集

"上面千条线,下面一根针",城市、乡村党政府机关、工厂企业、商店、学校等基层单位,档案数量不多,但档案种类齐全,成分复杂。基层单位的档案,宜于集中统一管理,因为它的档案数量不多,只要建立正常的归档制度,注意平时收集、平时归卷,这项工作就可以做好。

基层单位在收集档案时,一定要抓住反映本单位主要职能活动的档案作为收集的重点,防止出现只重视上级文件,忽视本单位档案的片面做法。基层单位对于上级机关的来文,按照规定办法处理,有些需要清退,有些不必归档,只装订成册作为资料备查。某些基层单位的档案工作,往往由身兼多职的秘书、文书或会计兼做。他们平时工作较多,可以见缝插针,充分利用开会时机,及时传阅、清退和归档文件。重点收集会议记录,请示报告,计划总结,工农业生产统计报表,年终分配方案,财务会计凭证,账本,年度报表,乡(镇)、村、队史,大事记和干部花名册等。有条件的乡、村(或社、队),可以把历年来的账本、凭证、报表,集中起来统一保管,以防遗失。城、乡基层单位,如条件允许,可以建立综合性档案室,对文书档案、科技、会计档案实行统一管理,并安排专门房间作为档案库房,逐步改善档案的保管条件。

5.对档案收集工作的宣传

为了使档案室在档案收集过程中发挥更大的作用,推动归档制度的顺利实施,应该有的放矢地做好宣传教育工作,增强机关领导人和工作人员的档案意识,解除各种思想顾虑,以取得他们的支持与配合。档案是党和国家宝贵的历史财富,不是私人的财产,应当由档案部集中管理专人看管,而且较好的保管条件和科学的管理方法便于提供利用;同时,这也是一种良性循环。做好归档后文件的整理、保管和积极开展利用服务,使业务部门和工作人员尝到档案集中管理的甜头,反过来又会促进文件的收集工作。

6.文件的平时收集工作

建立和健全归档制度是开展档案室收集工作的一项重要措施,而加强对临时性文件的收集,是保证归档制度落实、档案齐全完整的有效办法。档案室平时的收集工作包括以下内容:

(1)零散文件的收集。在建立归档制度以前,有些单位的档案分散保存在内部机构和个人手中,这些档案仅仅依靠归档制度是不能收集起来的,必须加强平时的收集。

(2)"账外"文件的收集。有些文件未经过收发登记,不易控制,难以收集齐全。对会议记录、规章制度、基本统计报表等材料,也要通过平时收集工作,集中到档案室统一管理。

(3)专门文件的收集。专门文件是指特殊载体、特殊规格的文件材料。档案室保存的文件门类不齐全,会直接影响到档案馆馆藏的结构。所以在收集工作中,不能忽视对专门业务文件的收集。平时收集工作要落实到人,建立岗位责任制,充分发挥档案室人员的主观能动作用,开辟多种渠道,广泛收集。

三、多档案馆的收集工作

（一）档案馆档案的来源

档案馆所收集保存的档案的来源主要有以下四个方面：

现行机关的档案：这是档案馆档案不断增长和丰富的主要来源。当前正在进行日常工作活动的机关、企业、事业单位等组织，每天都在不断地产生和形成档案。按照国家的有关规定，其中具有长远保存价值的档案，要定期向档案馆移交。

撤销机关的档案：撤销机关，主要指中华人民共和国成立以来，因行政区划分的调整和机构改革等原因而被撤销或合并的机关、企业、事业单位等组织。根据有关规定，撤销机关必须将本单位的全部档案进行认真清理，妥善保管，不得分散，并依照规定进行移交和适当的处理。其中有长期保存价值的，要移交给档案馆集中管理。

历史档案：历史档案一般指中华人民共和国成立以前，历史上存在过的各机关、团体、部队、企业、事业单位以及著名人物在活动中形成的档案材料，其中包括革命政权档案（又称为革命历史档案）和旧政权档案（包括民国时期和历代王朝的档案）。

档案馆之间交接档案：因档案馆网点的调整设置和档案馆保管范围的调整，会产生某档案馆接收其他档案馆档案的情况。此外，档案馆实际保存成分有时需要调整。例如，某全宗和全宗群的档案分散在不同的档案馆，就应该集中到相应的档案馆；有的档案馆藏有属于其他档案馆保存范围的档案，也应该向有关档案馆转交。

（二）各级档案馆接收档案的范围

根据《档案馆工作通则》以及党和国家的有关专门规定，各级各类档案馆应分层负责，集中保存和管理特定范围的档案。

中央一级档案馆：主要收集需要永久保管的中央一级党和国家现行机关和撤销机关的档案，以及具有全国意义的、需要由中央保管的革命历史档案和旧政权档案、有关历史资料以及党中央和国务院决定接收的档案。

省（市）、自治区档案馆：主要收集省级各机关、团体及其所属单位包括现行机关和撤销机关具有永久保存价值的档案，省级机关的、具有全省意义的、需要由省保管的革命历史档案和旧政权档案以及有关的历史资料，省委和省人民政策决定接收的档案。

省辖市（州、盟）和县级档案馆：主要收集省辖市（州、盟）和县级各机关、团体及其所属单位具有永久的长期保存价值的现行机关和撤销机关的档案，本县的革命历史档案和旧政权档案以及有关的历史资料，县委和县人民政府决定接收的档案。

各类专门的、专业性的档案馆：根据党政领导机关、专业主管机关和档案行政管理机关的有关规定，收集属于本馆专藏的档案和有关资料。

（三）现行机关档案的接收

现行机关档案是反映我国改革开放和社会主义现代化建设的具有现实意义和历史意义的文献，是我国档案财富的重要组成部分。接收现行机关档案，是多数档案馆收集工作的经常性工作。在档案馆里，这些档案的接收往往是体现档案馆工作水平的关键性因素。

1. 档案馆接收档案前的准备工作和注意事项

档案馆在接收有关档案之前，应积极加强与移交单位的联系，主动地了解档案形成的现状及其发展趋势，如档案的成分与特点，数量多少，是否完整，整理、鉴定的办法和质量，保管条件，移交的准备等情况，并应进行制度化的登记和统计，以便有计划地安排接收工作。同时，要加强对档案移交单位进行档案移交前的工作指导，明确档案接收要求，协助检查移交档案的质量。移交的档案如不符合档案接收要求，应提出意见和建议，督促档案移交单位对档案进行整理使其符合接收要求。同时，档案馆要认真细致地做好物质准备，使档案馆有条不紊地开展档案的接收工作。

2. 档案馆接收现行机关档案的期限

根据档案发挥作用的规律性，为了既便于档案形成机关工作考查，又便于党和国家各项工作的全面利用，现行机关档案应该首先保存在本机关，然后再由各级档案馆接收保管。现行机关档案在本机关保存的期限，《机关档案工作条例》和《档案馆工作通则》规定为：省以上机关应将永久保存的档案在本机关保存20年左右；省辖市（州、盟）和县级以下机关应将永久、长期保存的档案在本机关保存10年左右，然后再向有关档案馆移交。至于每一机关的档案在本机关保存的实际年限，还必须根据现行机关所处的环境和档案保管的条件、现行机关的工作性质及其形成的档案的特点、档案馆建设的状况和档案馆与现行机关的距离及交通条件等因素和具体情况确定。某些特殊性质的机关档案，需要在本机关保管较长时期，可以暂不规定其保管期限，先由本机关保管，到将来认为需要和可以保存在档案馆时再移交。

3. 档案馆接收现行机关档案的办法

档案馆接收现行机关保管期满的档案时，有逐年接收和定期接收两种办法。逐年接收，就是现行机关每年将保管期满的档案向档案馆移交一次；定期接收，就是现行机关每隔一定时期（例如3年、5年等）将所有保管期满的档案向档案馆移交一次。以上两种办法，在有利于现行机关和档案馆工作的前提下，可以灵活采用。

4. 接收现行机关档案的要求

为了保证档案馆工作的顺利进行，按照有关的规定和多年的实践经验，移交和接收档案，一般应符合如下要求：

（1）进馆档案应保持全宗的完整性，一个机关的全部档案应该作为一个整体，统一归入一个档案馆，不能随意分散。

（2）规定移交的档案，应该由有关机关收集齐全，按照规定整理好。

（3）与档案有关资料、立档单位的组织沿革、全宗介绍及其他有关检索工具，随同档案一并接收。案卷目录须按规定格式编制一式数份，其中一份经档案馆签收后退回移交机关。

（四）撤销机关档案的接收

各级档案馆接收撤销机关的档案，与接收现行机关保管期满档案的意义、办法基本相同。针对撤销机关档案的特殊性，其具体接收要求有以下几点：第一，接收档案的组织、整理工作，由撤销机关组织人力,负责整理好后再向机关档案馆移交。如果已经整理但整理质量不合要求,或根本没有整理而现在又没有力量整理,档案馆在接收这些撤销机关档案时,应根据实际情况予以妥善处理,特别是当这些档案正处于遭受损坏或有损坏的威胁时,就需要立即收集到档案馆后再进行整理。第二,撤销机关档案的移交工作,要坚持按全宗整体的形式移交或代管。撤销机关的业务分别划归几个机关的,其档案材料不得随之分散,仍作为原机关档案的一部分,按全宗整体移交有关档案馆或由其中一个机关完整的代管。一个机关并入另一个机关或几个机关合并为一个新的机关,其档案材料仍以原全宗为单位向有关档案馆移交或由现机关暂时代管。一个机关内一部分业务或者一个部门划给另一个机关接收,其档案材料不得由原全宗中抽走而带入接收机关;如果接收机关需要利用,可按手续借阅或者复制。代管撤销机关职能的有关机关,如果为了工作方便,需要保管该撤销机关的档案时,需经档案行政管理机关同意后,可由该机关暂时代管,代管的期限由代管机关和有关的档案馆协商。代管机关应该对代管档案的安全负完全责任,并承担原撤销机关向档案馆移交档案应负责的全部工作,待代管期满后再向有关档案馆移交。第三,机关撤销或者合并时,尚未处理完毕的文件,移交应受理这些文件的新机关继续处理,并作为新机关的档案加以保存。第四,档案馆建立前,各机关保管的其他撤销机关的档案,原则上也应由各机关负责整理好后移交给有关的档案馆。

(五)历史档案的征集

历史档案是我国档案财富中重要的组成部分。经过中华人民共和国成立以来的不断征集和抢救,历史档案的征集工作取得了很大成绩。但是,由于历史档案的时间久远、收藏分散、对象复杂、数量不明等原因,在新时期的档案收集工作中,历史档案的征集工作仍然具有历史的和现实的意义。采取多种形式,通过多种途径有效地开展历史档案的收集工作,是当前档案工作的重要内容之一。

1.收集历史档案的特殊意义

(1)收集历史档案是保护伟大祖国历史文化遗产,维护党和国家历史面貌的重要措施。

(2)收集历史档案是党和国家当前与今后长期利用的需要。历史档案记录了中国古代、近代和现代社会丰富的历史情况,是历史研究和有关科学研究的珍贵史料。革命历史档案,是中国共产党领导全国人民进行长期斗争的宝贵历史记录,是从事党史研究、马列主义和毛泽东思想的理论研究,进行革命传统教育的重要材料。在档案工作中,要开放这些历史档案。

(3)收集历史档案带有抢救历史文化遗产的性质。历史档案绝大部分距今已年深日久,它本来就遭受着自然损毁的威胁,而且有些可能至今还埋藏在地下或放置在夹壁中,其破碎、霉烂等情况更为严重。历史档案长期多年分散,特别是流失在社会上,有的人由于对档案缺乏认识,保护很差,而任其损坏;有不少保存和熟知档案情况的人年事已高,如不及早收集,则会使一些珍贵文件受到难以弥补的损害。

2.历史档案的具体接收要求

(1)对保存在各部门的历史档案的接收

档案馆要依照《档案法》规定的国家管理档案的范围,对"过去和现在"各种组织和个人各种社会活动中直接形成的对国家和社会有保存价值的"各种文字、图表、声像等不同形式的历史记录"，积极地进行接收和征集。

由于某些档案与图书、文物具有双重性或几重性以及历史原因，在我国档案馆建立以前，图书馆、博物馆、纪念馆等部门在收集文物和史料的同时，也都进行过历史档案的收集工作，防止了历史档案的失散和损坏，这对保护国家文化遗产是有益的。《档案法》规定："博物馆、图书馆、纪念馆等单位保存的文物、图书资料同时也是档案馆的，可以按照法律和行政法规的规定，由上述单位自行管理。档案馆与上述单位应当在档案的利用方面互相协作。"档案馆应继续同这些部门互通信息，搞好协作。凡是已经保存在档案馆的这类及其他古老档案，要继续集中妥善保管。同时对博物馆、纪念馆等部门加强对保存有关古老档案的业务、技术指导。

（2）对保存在个人手中的失散历史档案的征集

由于政治的、社会的、自然的种种原因造成历史档案失散很多，现在仍有不少历史档案和文件仍然失散在一部分人手中。征集散失在个人手中的历史档案是一种非常艰巨而又刻不容缓的工作。按照《档案法》以及党和国家的政策要求，要依靠群众，深入调查，分析情况，找寻线索，采取各种征集办法，细致深入地做好这项工作。

对散失在个人手中的档案和文件，要根据档案、文件的性质，并针对保存人的不同情况采取针对性的措施进行征集。首先，要尊重保存人对被保存档案或文件的感情；其次，要深入细致地做好宣传引导、动员说服工作，使他们能够自愿地把保存的档案和文件交给国家。在征集这些档案和文件时，最好能把原件收集起来，如果某些人员一时还不愿交出，可以考虑先把急需的档案借来复制或者先登记线索，多做工作，慢慢动员，如生硬地收集起来，也会造成不好的影响和后果。对于过去在旧政权任职的官吏、职员以及其他人等收藏的档案的征集，要消除他们的顾虑，避免和减少征集工作的阻力和引起档案、文件遭受不应有的损失。

档案管理机关和档案馆在开展收集历史档案和历史文件的工作时，要加强与文物收购部门、废品回收部门的联系，有时可从他们那里收回不少珍贵的历史档案。

（3）对少数民族地区的历史档案的收集

各少数民族地区的档案是国家档案全宗的组成部分，多年来，在历史研究、维护我国主权、进行爱国主义教育以及生产开发等各方面都起着重要作用。由于种种原因，少数民族地区自己还保留了许多早期的和古老形式的档案，其中有些甚至是国内和国际上独有的历史珍藏。这些难得的材料，丰富了我国的档案宝藏，成为我国各族人民的文化遗产。把这些大量的珍贵的历史档案及时地进一步收集整理起来，这对研究少数民族历史、为整个社会主义事业服务都具有重要的意义。

做好少数民族地区历史档案的收集工作，应该认真了解和掌握不同地区少数民族的历史和档案的特点。中华人民共和国成立前，各少数民族地区没有统一的档案工作。有些民族地区保留下来的档案，既有汉文的，也有汉文和民族文字并用的，还有只用民族文字的，甚至是比较古老的民族文字。有些民族只有民族语言，没有民族文字，也没有正式文字的档案，而留有一些原始形态的档案。有些民族虽然也产生并保存了一些档案，但其中有些并非一般的传统文件，在内容、形式上都有不同的特点，如族谱、文契、部族活动记录、宗教活动记录等；制成材料也有其特点，如竹木简板、布帛、贝叶等。有些少数民族地区不少古代档案、文件都保存在寺庙内；也有的已经散失在某些个人手中。应该针对诸如此类的各种情况，认真地研究、考证和识别，采取有效的办法，深入细致地广为收集。收集少数民族地区的历史档案关系到党的民族政策、统战政策和宗教政策等问题，要求档案工作者具有高度的政策水平，根据不同的对象，分别对待。在指导思想上既要把历史档案、资料完整地收集起来，又要注意民族、统战关系和民族宗教政策。对于目前还不便于收集的档案和文件，应主动地协助保管者把它很好地整理、保管起来，等待条件成熟后再收集。在少数民族地区进行历史档案的收集工作，要坚持执行党和政府的政策，正确地贯彻民族政策，不仅要保证收集工作的顺利进行，而且要从促进民族团结和有利于社会主义事业的高度认真做好档案收集工作。

3. 历史档案和中华人民共和国成立后非国有档案收集工作的原则和办法

在历史档案的征集工作中，应善于采用精神鼓励和物质鼓励相结合的办法。我国档案的基本管理原则和体制是集中统一，而具体的档案材料的所有制，则分属国家所有、集体所有和个人所有。即使应属国家所有的历史档案，许多机关、组织和个人由于某些历史原因，能把档案资料保存下来，这对保护民族历史文化遗产是有功绩的，甚至有的为此蒙受过风险和牺牲；有些保存在个人手中的历史档案，又曾是通过收买或交换等方式所取得的，付出过经济上的代价；集体和个人的档案，本来就属于他们自己所有。他们把保存的档案交给国家，都应该受到表扬。必要时应给以复制本留作纪念和继续使用。特别是捐赠档案和资料以及文献有功人员，应适当地给以精神的和物质的鼓励。为使有关方面的机关单位和各种人士了解档案和集中保管的意义以及送交的途径，必须广泛地持久地进行有关档案和征集工作方面的宣传。

历史档案和中华人民共和国成立后非国有档案的收集，一般采取档案馆接收、个人捐赠、档案馆代存、有酬征集等办法。《档案法》规定，集体和个人所有的有价值的档案，档案所有者可以向有关档案馆捐赠、出售或委托档案馆寄存。

为了维护档案的安全和国家的利益，必要时可以采取强制性的法律和行政措施。《档案法》规定："集体所有的和个人所有的对国家和社会具有保存价值的或者应当保密的档案，档案所有者应当妥善保管。对于保管条件恶劣或者其他原因被认为可能导致档案严重损毁和不安全的，国家档案行政管理部门有权采取代为保管等确保档案完整与安全的措施。必要时，可以收购或者征购。"国家档案行政管理部门和有关的档案馆，应该积极地依法进行管理，使有关档案得以妥善地保管。

第二节　现代档案的整理

一、档案整理工作概述

把数量浩大的档案，及时地收集起来，进行科学、系统的整理，提供给各项工作利用，这是档案管理中的一项重要任务。

（一）档案整理工作的内容和意义

1. 档案整理工作的内容

所谓档案整理工作，就是对档案按其内容和形式特征进行系统性、条理性的组合和加工。整理档案的目的,是为了揭示和保持档案材料之间的有机联系,便于档案的管理和利用。从档案整理工作的全过程来看,可以分为区分全宗,全宗内档案的分类、组卷、卷内文件整理编目,案卷加工整理,案卷排列与编号,编制案卷目录等工序。但这些工作不一定都在同一时期全部进行,而是根据档案的形成特点分阶段进行。归纳起来,档案整理主要有以下三种情况:

(1)档案室对正常接收归档案卷的进一步整理。通常情况下,档案室所接收的是文书部门和业务部门按照归档要求已经组成案卷的档案。此时,档案室对移交来的案卷,只需对部分整理不善的案卷重新加以调整,进而按照全宗内档案分类方案,对案卷进行分类排列、编制案卷目录等。

(2)档案馆对正常接收进馆档案的进一步整理。各单位档案室中具有长远保存价值的档案,若干年后要移交给档案馆保存。对接收进馆的档案,档案馆要根据事先拟定的下整理方案,对它们进行排列组合,使之正式转化为档案全宗,并进一步组成不同的全宗群。同时,对某些不便于保管利用的案卷和目录,进行必要的加工调整,以提高质量。

(3)档案馆、档案室对零散文件进行全过程的整理。档案馆(室)有时会接收和征集一些零散文件,尤其在未推行文书业务部门立卷的单位档案室,经常会接收到未经任何整理的零散文件。另外,由于历史的原因,档案馆(室)也会有些原来遗留下来的零散档案,对这些零散档案,要进行全过程的档案整理工作。整理积存档案和零散文件的工作程序大致如下:区分全宗—全宗内档案的分类—立卷—检查案卷质量、调整案卷—初步划分案卷保管期限—案卷的加工整理—案卷的排列与编号—编制案卷目录。以上是全面系统整理的一般程序。在实际工作中,应该考虑到原来档案的状况和整理工作的具体要求和方法,采用不同的程序。如果整理的档案是过去整理过的,其整理程序就可以从简,只需在原有基础上适当做些局部的补充和调整即可。

2.档案整理工作的意义

(1)整理工作是整个档案工作的基础。在档案管理的诸环节中,收集工作是起点,提供利用是目的,而整理工作则是承上启下的关键所在。只有进行科学的整理,才便于档案的鉴定、保管、统计等基础环节的开展。档案经过系统的整理,为全面鉴定档案的价值提供了有利条件,因为分析档案的价值要从档案的内容出发,把档案联系起来进行分析比较,这就需要依靠整理工作。因此,档案整理和鉴定两项工作往往是结合进行的。边整理、边鉴定,通过整理和鉴定,既剔除了无保留价值的档案,同时对具有保存价值的档案划分了保管期限,按不同保管期限,分别整理立卷。二者相辅相成,相得益彰。档案经过系统整理后,排列有序,编目合理,为档案的保管和统计工作提供了科学基础。

(2)整理工作是发挥档案效用的前提条件。保存档案的主要目的是为了提供档案利用。档案数量庞大,成分复杂,如果不加整理,查找使用档案就会像"大海捞针"一样困难。只有进行科学的整理,才能充分体现档案历史记录的特点,保持文件之间的有机联系,系统地反映工作活动面貌,使档案有目可查,便于利用。

(3)档案整理工作是检查档案收集工作质量的重要依据。在档案整理工作中,可以看出档案收集工作的情况。比如,有关内容的文件材料数量是多了还是少了;有关的文件材料质量是提高了还是降低了;有关的事件材料是否齐全等。通过整理,能够反映出收集工作的薄弱环节,使收集工作得到及时补充和纠正,在以后的收集过程中更具有针对性。所以,档案整理工作可以促进档案收集工作进一步提高质量。

（二）档案整理工作的原则和要求

档案整理工作，必须按照档案形成的特点和规律，最大限度地保持文件之间的有机联系，充分利用原有基础，使整理后的档案，便于保管和利用。这就是档案整理工作的原则和要求。

1.整理档案必须保持文件之间的历史联系

每个机关、单位在行使职能活动中，必然要同其他机关发生各种关系，在这个过程中所积累的大量文件也必然是相互联系的。这种联系，在档案工作中称为"文件之间的历史联系"。整理档案必须按照文件之间的历史联系进行基本的分门别类，不能按照偶然的需要和人为的联系随意分合。只有掌握了文件的特点及其形成的规律性，按照文件在机关实践活动中固有的联系进行整理，才能把文件组成科学的有机体系，如实地反映出文件的历史背景及其系统的内容。

文件之间的历史联系，主要表现在文件的来源、时间、内容和形式等几个方面：

（1）文件在来源方面的联系，要求按照文件的形成机关及其内部组织机构上的联系整理档案。首先，应将同属一个独立单位的档案集中起来，不得分散，而不同单位形成的档案，则要区分清楚，不得彼此混淆，这就是所谓的"区分全宗"。其次，从全宗内档案分类这一层面来看，在保持文件之间有机联系的具体操作上，文书档案与科技档案有所不同。文书档案，其来源上的联系主要表现为文件在机关各内部组织机构上的联系，这就要求将同一部门形成的文件集中在一起，不同部门形成的文件分开整理；而科技档案类的文件，其来源上的联系主要表现为文件在同一活动过程中的联系，这就要求将同一项目形成的文件作为一个整体集中，而将不同项目形成的文件分开整理。

文件在来源上的联系，是档案整理中必须给予充分关注的一种首要联系，只有在保持这联系的前提下，保持文件在内容、时间和形成等方面的联系才有实际意义。因而整理档案时，必须首先顾及这种联系。

（2）保持文件时间上的联系，要求按照文件自然形成的先后顺序整理档案。所有工作活动都有一定的过程和阶段性。不同时间的活动，所形成的文件先后有序，同一阶段的活动，所形成的文件具有必然的时间联系。例如，同一年度形成的文件，记叙和反映了这一年度的工作活动面貌，是一个整体，把这个年度的文件按时间先后顺序自然地排列起来，既简单，又合理。又如，一次较大的科技活动，总是分阶段进行的，在整理时把不同阶段形成的文件区分开来，把同一阶段形成的文件组合起来，就能较好地保持文件之间的内在联系。

（3）保持文件内容上的联系，要求按照文件所反映的问题（事由）整理档案。文件是机关在解决一定问题的过程中产生的。比如，做一项工作、办理一起案件、开展一个活动、召开一次会议等所形成的文件，在内容上必然有密切的联系。文件内容方面的联系往往是最紧密的联系，整理档案时必须保持这种密不可分的联系。应当指出的是，只有在保持文件来源联系的前提下，文件内容方面的联系才更深刻、更有意义。

（4）保持文件在形式上的联系，要求按照文件在制成材料、记录方式和种类名称上的异同整理档案。文件的形式，有内部形式（文种与名称等）与外部形式（载体和记录方式等）之分。文件形式是文件内容的外观体现，它在一定程度上反映了文件的性质，与文件的来源、时间、内容等是紧密联系的。因而，在整理档案过程中，必要时可按文件的形式进行区分，如对科技档案的底图、蓝图和原始记录，会计档案的报表、账册、凭证，特种载体档案等，均可考虑按其形式进行分类。

总之，文件之间的各种联系既是客观存在的，也是错综复杂的。按照文件之间的有机联系整理档案，既是一种科学的方法，也是一项复杂的工作。整理档案，要针对文件的不同情况，找出特定整理对象内部最重要的联系，并在保持这种联系的前提下，善于将其他各种联系结合起来考虑，使档案整理达到最佳状态。

2. 充分利用原有基础

原有基础，是指前人整理的档案的成果。整理档案时要尊重历史和前人的劳动，充分利用原有的整理基础。这是档案整理工作的一条原则。实践证明，重视和利用原来的整理基础，有利于保持文件之间的历史联系，提高档案整理工作的质量，加快整理步伐，适应急需利用档案的客观情况。

在充分利用原有的整理基础时，主要有两个方面的要求：第一，只要是经过整理而有规可循、有目可查的档案，就应力求保持其原有的整理体系，一般不再重新整理，必要时可做适当的加工整理。实践证明，动辄改变原来的整理体系，反复折腾，结果总是得不偿失。经验教训告诉我们，已经整理好的档案，不能随便"打乱重整"。第二，必须进行一定整理的档案，要注意研究原有的整理基础，弄清哪些是合理的，哪些是不合理的。对其中合理的部分应当吸取；对整理不当和错误的部分，也要经过仔细分析，摸清情况之后再改动和调整。这样做可以避免人为地破坏文件之间的历史联系，对保证整理质量和提高效率，都是有益的。

3. 必须便于档案的保管和利用

保持文件之间的历史联系，并不是整理档案的主要目的，所以不能"为联系而联系"。档案整理工作的基本出发点和最终要求是便于档案的保管和查找利用。一般来说，恰当地保持文件之间的历史联系，就便于档案的保管利用，两者基本上是一致的。但在有的情况下，它们之间也会出现矛盾。比如，一次会议的有关报告、讲话的书面文稿和录音磁带，会议的经费开支计划和会议账簿、记账凭证，本来互有密切联系，但是完全混同整理，则不便于保管和利用。整理档案是一项复杂细致的工作，对如何保持文件之间的内在联系，在操作上是有弹性的。当为保持联系而采用的整理方法与便于保管和利用的需要发生矛盾时，应服从保管和利用的需要。但要求档案整理完全达到便于保管和利用的要求，企图"毕其功于一役"，解决档案保管和利用中的一切问题，也是不现实的。在实际工作中，不能为了便于保管和利用而使档案的整理工作长期处于无序的状态，这样既会影响档案整理工作的质量，也劳民伤财。因而，对档案实体的整理达到一定程度即可停止，保持整理方案的相对稳定性，而档案保管和利用过程中的其他问题，还需通过其他业务环节工作的开展进一步解决。

二、全宗

所谓全宗，就是一个独立单位或者一个著名家庭、个人在社会活动中形成的档案整体。一个独立的单位，在行使职能活动中形成的全部档案，是一个不可分割的整体，构成了这个单位的全宗；一个家庭或者个人，在社会活动中形成的全部档案，彼此有着紧密的联系，也构成了这个家庭或者个人的全宗。

(一)全宗概述

1.全宗的概念

全宗是档案整理工作中的一个重要概念。全宗的"宗"字原有关系、派别、卷别、卷宗的意思，从字面上看，全宗就是全部案卷。"全宗"这个术语，最早出现在法国，法国国家档案馆在整理档案的过程中，为了给研究者带来方便，提出了"尊重全宗"的原则，把全宗作为档案馆内档案的分类原则和方法。之后为许多国家所采用，成为档案界普遍使用的术语。我国是在国家档案局《关于改"芬特"为"全宗"的通知》下发之后，才开始使用"全宗"这一称呼的。全宗这一理论诞生后，各国不断地丰富和发展这一理论。各国为档案全宗所下的定义，具有代表性的有以下几个：

法国为档案全宗下的定义是：任何一个行政机构、任何一个自然人或法人，由于其作用或活动而产生的必然地有机联系在一起的任何性质文件的总和。

苏联认为，档案全宗是彼此具有历史联系和(或)逻辑联系的交由国家保管的文件综合体，或者说，是指在一个机关、团体、企业或个人活动中形成的，具有科学历史意义或实际意义并且保管在国家档案馆内的，相互之间存在着历史联系或逻辑联系的文件的总和。

我国认为，全宗是一个独立的机关、组织或人物在社会活动中形成的档案的有机整体。

从全宗的定义中，可以概括出全宗的基本含义，包括以下几个方面：

(1)全宗是有机联系的整体，具有不可分割性。一个独立的机关、组织或个人在社会活动中形成的档案，彼此之间具有不可分割的联系，共同反映机关的职能活动或个人的社会活动，它们是有机的整体。同一全宗的档案不能分散，不同全宗的档案不能混杂。中共中央办公厅和国务院办公厅在1983年发布的《机关档案工作条例》和《档案馆工作通则》中分别指出："一个机关的全部档案是不可分割的整体，应该向一个档案馆移交""进馆档案应保持全宗的完整性。"从法规的角度对档案全宗的整体性进行约束。

(2)全宗是在一定的历史活动中形成的，具有客观性。按照全宗进行档案整理，保持档案之间的历史联系，并不影响档案原始的历史记录性。档案全宗是在社会生活中"自然形成的"，这种整体具有客观性，而不是纯粹人为的，任意的。

(3)全宗是以一定的单位为基础而构成的，具有相对稳定性。全宗是以产生它的机关、组织和个人为单位而构成的，是有机联系的档案整体。全宗一旦形成，就有了相对的稳定性。在一般情况下，全宗整体不可分散。全宗，既是整理档案工作的一种实用可行的方法，也是一条原则、一种理论。全宗理论的形成和发展，对整个档案工作产生了巨大的影响，这一理论已被许多国家认可和使用，并在实践中不断地得到丰富和发展。

2.全宗构成的条件和立档单位

全宗是一个独立的机关、组织或人物在社会活动中形成的档案的有机整体。一个机关、组织形成的档案能否构成全宗，就要从研究这一机关、组织是否具备构成全宗的条件入手。构成全宗的机关或组织称为"全宗构成者"，也称"立档单位"。在我国，"全宗构成者"和"立档单位"并用。通常，一个独立从事活动的机关或组织就是一个立档单位，一个立档单位形成的档案构成一个全宗。判断一个单位是否是立档单位，主要从三个方面考察其是否具有独立性，这三个方面分别是行政方面、财务方面和组织人事方面。根据中华人民共和国成立以来各种单位的实际情况，具备下列条件者是立档单位,它所形成的档案可以构成全宗:①行政方面:可以独立行使职权,并能以自己的名义单独对外行文;②财务方面:是一个会计单位或经济核算单位,自己可以编造预算或财务计划;③组织人事方面:设有管理人事的机构或人员,并有一定的人事任免权。

上述三个条件是统一的,通常是有此即有彼,且彼此相互制约。三个条件是从不同的角度考察一个单位是否具有独立性,三个条件有时不可能同时具备,但以第一个条件为基础条件,即有独立行使职权并主要以自己的名义单独对外行文为主要条件。以此为中心,从各单位的实际状况出发,综合地判定一个单位是否是立档单位,从而确定它所形成的档案是否是一个全宗。在实际工作中,档案工作者不要犯教条主义的错误,紧紧抓住"几个条件"不放,更不要把三个方面互相割裂甚至彼此对立起来。

在确定一个单位是否具有立档单位条件时,主要从法规性、领导性文件和实际活动两个方面去考察。法规性、领导性文件明确了组织单位的职权范围和任务性质。可以作为判定机关、组织是否具有独立性的依据,也就是作为是否是立档单位的条件。有些档案,特别是历史档案,由于其年代久远,材料不多,无法找到法规性文件作为依据,就要从单位的任务和实际活动方面去考察其性质和职能。也可以从单位的文书处理工作、印信和单位的名称等方面来考察,以此作为判定其是否是立档单位的重要参考。根据立档单位构成的条件和全宗的划分,我国各级政府机关、企业和事业单位的共产党、共青团以及其他群众组织所形成的档案是一个机关档案整体中的一部分,应当与机关单位的档案一起共同构成一个全宗,这是我国档案全宗的构成不同于其他国家的一个特点。

在我国,对省、地(市)、县级机关的档案,其全宗作如下划分:在省级机关中,省委、省纪律检查委员会、省直属机关党委(包括团委)、省人大、省政府、省政协;省工会、省共青团、省妇联、省各民主党派;省级各委、厅(局)、院、行、社;省级各厅(局)所属院校、所、工厂、公司等下属机构形成的档案,一般可以构成一个独立的全宗。省级各厅、局派驻省内外各地的临时工作机构,如办事处、供销处、转运站等的档案,一般不单独构成全宗,归入各有关厅、局的档案全宗。如系固定常设机构,机构较大,文件较多,驻地较远,其档案也可单独构成全宗。

在地、市、县级机关,地、市、县委,地、市、县纪律检查委员会,地、市、县直属机关党委(包括团委),群众组织,人民政府,人大常委,地、市、县级各局、行、院以及各级企业、事业单位的档案分别构成全宗。

(二)全宗的补充形式

在实际工作中,有时会对一份档案的全宗归属难以判定或者有些档案不便于按全宗进行保管。此时,就可采用"联合全宗""全宗汇集"和"档案汇集"的方法,划分档案进行整理。

1.联合全宗

联合全宗是两个或两个以上关系密切的立档单位形成的难以区分而统一整理的档案整体,它是全宗的一种特殊形式。不同的立档单位形成的档案理应各自组成一个全宗,但在实际工作中,有些立档单位由于合署办公或有互相继承的关系等原因,使得他们所形成的文件已经混杂在一起,不易分清其经办和所属机关,难以区分档案所属的立档单位。在这种情况下,往往采用"联合全宗"的形式进行整理,如"××县××××联合全宗。"联合全宗编一个全宗号,作为一个全宗单位进行管理。组建联合全宗应注意两种倾向:一是任意地将多个全宗组合在一起,随意地扩大

"联合全宗"概念,在实际工作中不便于查找利用,失去了以全宗划分档案的意义。二是将有紧密联系的文件人为地割裂,破坏文件的整体性。联合全宗是在即成事实的条件下所采取的一种可行的办法。在档案确实无法划分独立全宗的情况下,如果硬性地按全宗原则划分全宗,会破坏文件之间的历史联系,我国对"联合全宗"的组建,历来持慎重态度。

2.全宗汇集

全宗汇集是档案馆将自己保存的若干数量很少,性质相近的小全宗,按一定的特征组成的一个全宗的集合体。它也是全宗的特殊形式。在档案馆保存的档案中,由于种种原因,常常会遇到一些档案数量很少的小全宗,如对基层单位档案有选择地接收或历史档案的残缺不全,都会形成小全宗。例如,某大型档案馆馆藏历史档案全宗中只有 10 卷的全宗有 4 个,9 卷的 8 个,8 卷的 9 个,7 卷的 9 个,6 卷的 5 个,5 卷的 8 个,4 卷的 5 个,3 卷的 5 个,2 卷的 11 个,1 卷的 37 个,共 101 个全宗,如果都按全宗进行编号和保管,十分烦琐,也没有必要。对于这些本来能够区分全宗的小全宗,可以按其立档单位的性质、存在的时期和地区等特点,将若干个性质相近的全宗,合编为"全宗汇集",并给予他们一个综合的全宗名称,在全宗汇集的内部按不同的立档单位整理和排列,在档案馆内编一个全宗号,作为一个全宗单位进行保管和统计。全宗汇集与联合全宗不同,联合全宗的建立是因为档案之间有密切的联系且难以人为地分开,它的组建有一定的客观依据性。全宗汇集完全是为了保管的方便,档案之间不一定有密切联系。当全宗汇集内的某一个或某几个全宗的档案有新的补充,需要单独编号、保管时,就可把其中的有关部分抽出来,重新整理和编目。

3.档案汇集

档案汇集是由不明所属全宗的零散文件,按照一定的特征组成的档案的混合体。在整理大量的历史档案中,有时也会遇到一些零散不全的文件,很难判明它们所属全宗,即使能够判明全宗,但其全宗已不存在。为了便于管理,可将这些档案按照其基本内容、形成的历史阶段等特征合编成"档案汇集"。"档案汇集"内的文件,也按一定的方法进行整理。"档案汇集"在档案馆内编一个全宗号,作为一个全宗单位进行管理。档案汇集是在一种特殊的情况下使用的整理方法。它的使用在国内外都受到严格限制。

(三)个人全宗

个人全宗也称为人物全宗。所谓个人档案,实际上就是《档案法》所说的"个人从事政治、军事、经济、科学、技术、文化,宗教等活动直接形成的对国家和社会有保存价值的各种文字、图表、声像等不同形式的历史记录"。这里的"个人"应是在各个领域取得一定成就,具有一定影响和知名度的著名人物。一般来说,凡是对社会生产、社会发展和科学文化事业的发展有重大影响的人物,均可列入著名之列。历史上著名的家庭、家族在活动中所形成的档案组合,也可称为个人全宗。个人全宗是国家档案全宗的重要组成部分。

个人全宗的内容包括个人、家庭、家族在其社会活动中所形成的全部材料,还包括别人撰写和收集的与个人全宗构成有关的材料,以及直系亲属收集、保管的能够说明立档单位情况的材料。个人全宗一般不得收入全宗构成者在组织、机关公务活动中形成的官方文件的原件,一般可以采用复印的方法,以复印件形式收入。如果确有必要收入原件,应报请有关部门批准后,方可收入,否则会导致许多全宗管理的混乱以及其他一些不良后果。在收集个人全宗档案材料时,不仅要注意收集文字材料,同时要特别注意对声像、实物材料的收集,来增强档案载体材料的丰富性。

个人全宗的文件材料,不论其形成于何时何地,也不论其全宗构成者的政治思想、社会地位、经济条件有何变化,都只能形成一个全宗。在档案馆内,编一个全宗号,以一个全宗单位进行管理,对于一些不够系统全面的名人档案材料,可采用"全宗汇集"的方式整理。各级各类档案馆,应从不同的社会领域和不同的层次,根据个人、家庭、家族的贡献和成就,来确定如何组建个人全宗。

对于一个档案馆来说,只有组织全宗,而无人物全宗,则全宗类型不全,从这一角度来看,完整合理的馆藏结构很难形成。外国一些档案馆就很重视人物全宗的收藏,例如,法国国家档案馆收藏了405个人物全宗;马来西亚国家档案馆收藏的人物全宗排架长度达165m。他们的成果值得我们思考。最近几年,我国许多档案馆已认识到这一问题,开始注意收藏和建立人物全宗,并取得了一定的成效。

(四)全宗群

全宗群是具有某些历史联系的若干全宗的群体。形成全宗的机关,在其行使职权的过程中,必然与其上下左右的机关之间产生这样或那样的联系,这种联系也将反映在各自所形成的档案中,从而使全宗之间具有一定程度的历史联系,这种形成于同一时期或地区,在纵向或横向方面具有联系的若干个全宗的群体,就形成了全宗群。也有国家将这种全宗的群体称为"档案全宗综合体"。组建全宗群,保持了全宗之间的相互联系。

全宗群的主要作用是:维护若干全宗的不可分散性,有效地保持文件之间在更大范围内的历史联系,以便于管理和利用。在实际工作中,不能把有密切联系的不同全宗,分别保存在不同的档案馆。在同一档案馆内,对众多的全宗实行"分群管理"。全宗群的组合方法和时空范围具有多样性和灵活性,这是全宗群的主要特点。全宗群的划分是以特定的馆藏为基础,结合档案管理的环境和需要,将众多的全宗划分为若干个全宗群。由于馆与馆之间,甚至同一档案馆内的划分标准不一致,以及人们的主观认识等因素的影响,致使全宗群划分时界限不明,人们可以根据特定的需要划分出不同的全宗群。例如,某个时期某个地区党政机关的全宗,可以划分为一个全宗群,也可以分为"党群"和"政府"两个全宗群。"政法系统全宗群"可分为"司法""公安"等若干个全宗群。总之,全宗群的划分,一方面要依据历史上形成的某些方面的联系划分,可以按照一定的时间或地区,也可以按一定的系统、机关性质或其他方面的联系组成全宗群,具有一定的客观性;另一方面由于没有一个客观的标准,划分时人为因素影响比较大,因此,又具有一定的主观性。

全宗群的特点,决定了其性质及使用。首先,全宗群是在全宗理论的基础上,进一步解决全宗之间的相互关系的一种科学原则,也是在实际工作中,起指导和组织作用的一种思想原则,它不是对档案实体进行整理、编目和统计的一个固定的实体单位。其次,全宗群与全宗编号及全宗在库房内的排列,有一定的相关性,但不存在固定的因果关系,不能为了保持全宗群的不可分散性,而任意地改变全宗的编号体系及全宗的排列顺序。再次,全宗群的原则,在档案的收集、鉴定、编研、利用等方面都有不同的体现和要求,应该注意在整体档案管理中全面发挥全宗群的组织作用。

(五)全宗内档案的分类

1.分类的含义

所谓分类,就是根据事物的属性,将事物进行划分的过程。分类的基础是比较,通过比较,来识别事物对象之间的共同点和差异点,从而把对象区分为具有一定从属关系的不同等级的系统。全宗内档案的分类,就是根据档案的来源、时间、内容和形式的异同,把档案划分为一定的类别,使全部档案形成一个纵向从属关系和横向平行关系的不同层次的系统。它包括选择分类方法、制订分类方案、档案材料归类和案卷排列等内容全宗内档案的分类,是档案整理工作中不可缺少的一个环节。正确地分类,是保证系统整理的质量和进行科学编目的基础。

2.分类的要求

由于立档单位的活动及全宗内档案成分的不同,因此要从错综复杂的联系中采取相应的措施对档案进行类别划分是一项非常复杂的工作。要做到科学合理地划分类别,应遵循以下基本要求:

(1)客观性。列宁指出:"分类应当是自然的,而不是纯粹人为的,任意的。"由于档案是不同机关在其社会活动中自然形成的,所以,必须遵循档案自然形成的规律,从档案成分的实际出发进行分类。由于档案材料之间存在多方面的联系,在划分类别时应最大限度地保持文件之间主要方面的历史联系。因此,要按不同机关、不同档案的情况,科学地选择分类方法。

(2)逻辑性。全宗内档案之间的联系比较复杂,往往一份档案根据不同的划分标准会分属于不同的类别,在一个全宗内档案的分类又常常采用几种方法,所以分类体系的构成应力求严谨,符合逻辑规则,注意划分标准的一致性和类别体系中纵横关系的明确性。即每一层次的划分采用同一标准,在每一标准下要划分完结。正确的分类结果是:同位之间只能是平行关系,相互排斥,不能交叉重叠;上位类与下位类之间是从属关系,上位类一定要能包含它所属的下位类,下位类一定要是它的上位类的组成部分。在档案分类体系中,还应注意分类层次不宜过多,否则会造成纲目不清,同时要注意分类体系的相对稳定性,不宜频繁变动和更改。

(3)实用性。档案整理的目的,就是要便于保管和提供利用,正如毛泽东指出的那样,"分门别类,便于保存和查找"。分类,作为档案整理工作的一部分,尤其应该考虑便于保管,便于检索和利用。在遵循档案的自然形成规律、维持档案之间有机联系的前提下,选择一种或几种分类方法,组成全宗内合理的分类结构。对于全宗内载体和形式特殊的档案材料,可以采取不同的分类方法。在全宗的分类过程中,禁用空设的虚类,也不要生搬硬套一般的分类方法。

3.分类的一般方法

全宗内档案分类法又称为"分类标准""分类原则"或"分类特征"。它是具体区分全宗内文件之间异同点的根据,根据档案分类的要求和目前档案分类工作中的实际状况,全宗内档案的分类方法归纳起来有以下几种类型:

(1)按文件产生的时间分类

年度分类法:根据形成和处理文件的年度,将全宗内档案分成各个类别。

时期分类法:即把文件按照立档单位存在和发展过程中所处的不同时期(或不同历史阶段)

来分类。

（2）按文件的来源分类

组织机构分类法：同一组织机构形成的档案为一类。

作者分类法：即按照文件的责任者来分类。

通信者分类法：通信者指与立档单位有来往文书的另一方机关或个人。通信者分类法，就是根据另一类机关或个人的不同划分档案。其中，收文按作者分类。

（3）按文件的内容分类

问题分类法：就是按照文件内容所反映的问题（或称事由），将全宗内档案分为各个类别。

实物分类法：如粮食、木材、钢铁、石油、纺织品等。

地区分类法：即按不同的地理区域进行划分，如东北、西北、东南、江苏、上海、常州等。

（4）按文件的形式分类

按文件的种类（名称）分类：如通知、命令、会议记录、人员工资、会计凭证等。

按文件的制成材料分类：如文书档案、声像档案等。

按文件的形式规格分类：如成卷的、成张的、成盒的、不同尺码、不同开本等。

上述全宗内档案的分类方法，并不都是经常使用的，有些分类方法只在特殊情况下才使用。就文书档案而言，常用的分类方法主要是年度分类法、组织机构分类法和问题分类法。

三、立卷

立卷是文件转化为档案的一个重要过程，是档案整理工作的重要内容之一。明确立卷的意义、掌握立卷的方法、提高案卷质量，对实现档案科学管理具有重要意义。

（一）立卷工作的内容和意义

1. 立卷工作的内容

一个全宗的文件经过分类以后，各个类别中都有相当数量的文件材料，还需要进一步系统化。将若干文件组成案卷，称为立卷（或组卷）。立卷工作的内容包括：组成案卷、拟写案卷标题、卷内文件的排列编号、填写卷内文件目录与备考表、案卷封面的编目及案卷的装订。

2. 立卷工作的意义

案卷是有密切联系的若干文件的组合体，是文书档案的基本保管单位。文书立卷是文件处理工作的最后环节，也是档案工作的基础。文书立卷具有重要意义：

（1）文件组成案卷，便于查找利用。文件是机关工作中一份一份形成的，单份文件不仅零散杂乱，不便利用，而且也容易磨损和遗失，不便于管理。将有关某一问题或某项工作活动密切联系的文件组合成案卷，能够具体体现文件之间的联系和反映出工作活动的来龙去脉，便于查找利用。

（2）文件组成案卷，便于保护和保管。将单份文件适量地组合在一起，采用比较结实的卷皮妥善保管好，可以避免文件的破损和遗失，便于管理和长久保存。

（3）文件组成案卷，为档案工作奠定基础。案卷是档案部门工作的主要对象，文书立卷的质量如何，直接影响和决定档案工作的质量，所以文书立卷工作是档案工作的基础。

根据我国文书工作和档案工作制度,立卷工作在现行机关属于文书部门或业务部门的任务。但档案部门应该协助文书部门搞好立卷工作,特别是在接收归档的案卷时,必须进行立卷质量检查验收。

(二)立卷与分类的关系及立卷的方法

1.立卷与分类的关系

分类和立卷这两个环节既有一定区别,又有密切联系。分类是把全宗内的文件,按照一定的特点分成若干部分;立卷则是把各个局部的零散的文件,按着一定的特点组成多个保管单位。这是立卷与分类的基本区别。从分类和立卷的结果来看,两者又有相似之处:分类的结果是将具有共同特点的文件集合为一个类;立卷的结果是在这个类的范围内,把零散的文件集合成为一个案卷。分类和立卷,是全宗内文件系统化过程的两项主要工作。

一个全宗内文件的系统整理,一般是先分类再立卷。分类通常是立卷的前提和先行步骤,如何分类与分类是否正确,对立卷有着重要的影响。因为立卷是在一个类的范围内把文件组成许多小的单位,不是一个类的文件不能组成一个案卷。

2.立卷的方法

立卷的具体方法,主要是了解文件的内容及其形成过程,找出文件之间的共同点,把具有共同点的一组文件立成案卷。通常情况下,文件的共同点有六个方面,即问题、作者、名称、时间、地区、通讯者,即通常所说的六个特征。

(1)按问题立卷。问题是指文件内容记述和反映的某方面的工作问题或涉及的人物、事件、事物等。同一问题的文件,可以组成一个案卷。由于各机关单位的工作总是贯彻有关的方针政策,处理和解决一定的问题,它所形成的文件,总是围绕某一方面的问题而产生的。把相同问题的文件组合在一起,可以保持文件内容方面的联系,反映出一个活动的全貌,利用者可以按文件内容所叙述的问题查找文件,便于检索利用。因此,按问题立卷是一种最常用的方法。

(2)按作者立卷。作者是指撰写和制发文件的机关、机关内的组织机构或个人。将属于同一作者的文件组合成案卷,便于反映本机关的工作以及其他机关与本机关的联系。由于作者的职能和地位不同,按作者立卷,就能自然地区分文件的重要程度和保存价值。

(3)按名称立卷。将名称相同的文件组成案卷,就是按文件名称立卷。不同的文件名称,反映了文件的不同效能和作用。按名称立卷,也能较好地反映机关的工作活动,还可以适当地区分文件的重要程度和保存价值,是一种不可缺少的立卷方法。

(4)按时间立卷。就是按文件形成的时间或文件的内容针对的时间,将属于同一年度、季度或月份的文件分别组成案卷。一些时间针对性比较明显的文件,如年度预算、季度计划、月份统计报表等,通常是按文件内容针对的时间立卷。

(5)按地区立卷。就是把内容涉及同一地区(如省、市、县、乡)的文件组成案卷,或者把同属某一地区的作者的文件组成案卷。

(6)按通信者立卷。将本机关与某一机关就某个问题或几个问题的来往文书组成案卷。

文件之间的联系是错综复杂的,因此,往往不能只从文件某一方面的特点去组卷,应该灵活地采用各种立卷方法,特别要善于结合运用几种立卷特征进行立卷。在实际工作中,只采用单特征立成案卷是很少的,一般来说,运用两三个或三四个特征结合立成的案卷比较多。现在人们在工作中,又总结出常用的分类方法:第一,"一事一卷"。即"立小卷",就是凡是一个问题、一次会议、一项工作、一起案件、一种活动形成的文件材料,不管页数多少,只要保管价值相同,都可以单独组成一卷。第二,"四分四注意"。即分年度,注意文件内容针对的时间;分级别,注意上下级文件之间的联系;分问题,注意问题的联系,结合运用文件的作者、名称、时间、地区和通信者特征;分保管价值,注意保持材料的完整性。

立卷时还应当考虑文件的重要程度、保存价值和文件的数量。对于反映本机关主要职能活动及有重要查考研究价值的文件,应当单独组卷,以便于日后的保管、移交和鉴定工作。案卷不宜太厚或太薄,以1～1.5厘米为宜。

第三节 现代档案的鉴定

一、档案鉴定工作概述

档案的鉴定,一般是指对档案真伪和档案价值的鉴定。在机关档案室和档案馆的业务工作中,档案鉴定工作通常是指对档案价值的鉴定。

(一)档案鉴定工作的内容和意义

1.档案鉴定工作的内容

档案鉴定工作,就是鉴别和判定档案的价值,挑选有价值的档案妥善保存,剔除无须保存的档案予以销毁。档案鉴定工作的内容包括以下三个方面:

(1)制定鉴定档案价值的有关标准,如编制档案保管期限表等。

(2)根据有关标准,判定具体档案的价值,确定其保管期限。

(3)将失去保存价值的档案,进行销毁或作相应的处理。

2.档案鉴定工作的意义

(1)档案鉴定工作是提高档案管理质量的有效途径。随着社会的发展和各项实践活动的进行,新的档案不断产生,档案数量日益增多,库房内所存档案逐渐变得庞杂,有些档案随着时间的推移,失去了原有的保存价值,没有继续保存的必要,而有些档案则要继续保存,有用和无用的档案混杂在一起,势必造成玉石不分,影响对有价值的档案的管理和利用。因此,需要对档案价值进行鉴定,一方面缓解库房压力,另一方面提高档案管理质量,使有价值的档案的保管条件得到改善。同时,也有利于把有价值的档案提供给利用者,提高档案馆服务水平。同时,在发生意外事件时,便于迅速地抢救和转移重要档案。

(2)档案鉴定工作是决定档案命运的重要工作。档案鉴定工作是一项非常严肃的工作。如果错误地销毁有价值的档案,将会造成无法挽回的损失。如果保存大量无价值的档案又会造成档案膨胀,达不到鉴定工作的目的。由于档案鉴定标准的弹性大和档案工作人员在实际鉴定工作中不可避免地带有主观随意性,对档案未来作用的预测难以完全准确,所以,有些人认为:"文件鉴定工作是全部工作中最困难和最重要的一项专业活动。"

(二)档案鉴定工作的原则

鉴定档案时,应从党和国家的现实需要和长远需要出发,运用辩证唯物主义和历史唯物主义观点,以全面的、历史的、发展的观点去分析考察档案的现实价值和历史价值,准确地判定档案的保管期限。销毁失去保存价值的文件,保证档案的完整、安全和质量,从而更好地进行保管和利用,更好地为社会主义事业服务。在我国社会主义档案事业中,档案鉴定工作首先要以党和国家的根本利益作为衡量档案价值的根本出发点,这是档案鉴定工作总的指导思想,也是档案价值评价的基本标准。如果偏离了这一点,必然会破坏档案的完整性,给党和人民带来不可挽回的损失。古今中外许多历史和现实的实践都曾表明,由于某种狭隘利益的支配,以个人的好恶和小团体的利益为准则判定档案的价值,有意识销毁某些有价值的档案,必然会成为历史的罪人。总之,用全面的、历史的、发展的观点判定档案的价值,是鉴定档案原则的主要内容。

1.全面的观点

全面地分析和考察档案的价值,是档案鉴定工作中的一条根本原则。具体可以从以下三个方面来理解:

(1)判定档案的价值。不能单以档案的自身特点或社会需要的某一方面为标准,而应将二者结合起来,全面地评价档案的价值。这是因为,档案的价值表示的是档案的自身特点与社会需要的特定关系,如果只考虑其中的某一方面,都未免有失偏颇。如有人认为,社会需要决定档案价值的大小,社会需求越大,档案价值也就越大。也有人认为,档案的价值大小是由档案自身的特点决定的,文件的内容、形式等方面的特征是决定档案价值大小的决定性因素,与社会的需要无关。还有人认为,应该从档案的形成和管理中花费的劳动量去考虑档案的价值。这些认识都没能从根本上解决如何判定档案价值的问题。如果以社会的需要为标准判定档案的价值,社会需要有时间早晚问题,有些档案即使目前尚未被人们发现利用,但由于其自身的特点,如特殊的格式、特定的印章、特殊的花纹纸张等,都可能成为将来利用的重点。因此只因为其目前没被社会利用就判定其价值不大或没有价值,很显然是不合适的。因此,判定档案价值时应把档案的自身特点与社会需要结合起来考虑,全面地评价档案价值。

(2)运用全面联系的观点分析评价档案的价值。判定一份档案文件价值的大小,不能以一份文件来单独判定,而应将其与其他相关的档案文件结合起来考虑,从整体系统中全面地分析每份文件、某部分档案的价值,这样才能更好地坚持全面的观点。

(3)全面地预测社会对档案的需要。由于社会对档案的需要是多层次、多角度、多方面的,所以在鉴定档案价值时,应进行全面的考虑,既要考虑本机关的需要,也要考虑社会其他单位或个人的需要;既要考虑当前的需要,也要考虑长远的需要;即要考虑查考凭证的需要,也要考虑学术研究、编史修志的需要。总之,应对档案不同的需要综合考虑后再去判定档案的价值,而不能只从本机关的需要和当前的需要出发判定档案的价值。

2.历史的观点

鉴定档案要尊重历史,运用历史唯物主义的观点和方法,科学地甄别档案价值。由于档案是历史的记录,是在一定的历史条件下形成的,是当时社会活动的真实记录,因此分析档案的价值必须把档案放在它所形成的历史环境中,去具体分析档案的内容和形式以及档案文件的相互关系,并结合现实需要考虑档案的价值。即使是历史上形成的内容不正确的文件,也不能轻易弃毁,而应根据当时的历史条件加以分析,以维护历史的本来面貌。总之,只有坚持历史的观点,才能准确地鉴定档案的价值,任何实用观点和非历史的观点都是必须摈弃的。

3.发展的观点

由于档案的作用具有时效性和扩展性的特点,因此判定档案的价值,不能只拘泥于目前需要,而要用发展的眼光预测档案的长远作用。有些档案目前有用,但将来不一定有用;有些档案目前没用,但将来可能有用。因此,判定档案的价值,应"瞻前顾后",运用辩证唯物主义和历史唯物主义的观点和方法,预测档案的长远历史作用,要站得高,看得远,有科学的预见性。

二、鉴定档案的标准

所谓档案价值,就是档案对社会的有用性,它体现的是人类的需要对档案自身属性的肯定关系。也可以说,档案价值是由文件的客观属性与人类的主体需要这两种要素相互之间的矛盾运动规定的,是这种矛盾运动的具体反映和结果。

(一)决定档案价值的因素

决定档案是否具有保存价值和具有怎样的保存价值,是由档案的自身特点和社会利用需要两个方面的因素决定的。

1.档案自身的特点是决定档案价值的客观因素

由于档案是社会实践的原始记录,反映和记载了当时的社会活动的原貌,具有原始的凭证作用。同时,档案本身的内容、来源、形式及其他各种情况,都从不同的角度影响着档案是否具有保存价值和具有什么样的保存价值。一般来说,反映本机关主要职能活动的文件,价值就大,反映一般问题的文件价值就小。来源于上级机关的指示性、指导性文件,价值就大,来源于下级机关的文件价值相对就小。

2.社会需要是决定档案价值的主观因素

在社会活动中,人们经常需要利用档案来解决一些实际的问题。例如,本机关的职能活动是在一定法律规范的范围内完成的,因此,经常需要查阅有关的法律政策文件、上级的指示、规定、条例文件,以使自身的活动合法、合理。领导的正确决策的形成,也离不开对档案的利用。各种档案是否需要利用,怎样利用,都直接影响着各种档案是否具有保存价值,具有怎样的保存价值。

上述决定档案保存价值的两个因素都是客观存在的,也是辩证统一的。档案价值的实现既不能脱离客观基础——档案自身的属性,也不能脱离主体的需要——社会利用。档案的价值,实质上就是档案客体的属性和主体需要的统一。因此,鉴定档案的价值,就要将两个因素结合起来,全面考虑,综合研究,单纯强调某一方面而忽略另一方面都是片面的、不科学的。

(二)鉴定档案价值的标准

1.鉴定档案价值的标准

为了保证档案鉴定工作的质量,应建立明确的档案价值鉴定标准。档案价值鉴定标准,是以客观存在的档案价值构成为基础,分析档案文件的各种特征及其对社会需要的依据。档案价值鉴定标准主要有档案来源标准、档案内容标准、档案形式特征标准和相对价值标准。

(1)档案来源标准。档案的来源是指档案的形成者。档案的形成者在社会上以及机关内的地位、作用和职能可影响甚至决定档案的价值。机关在鉴定档案时,应注意区分不同的作者。一般情况下,各机关主要保存本机关制发的文件,对于外机关的来文,应视具体情况决定价值大小,与本机关有隶属关系或针对本机关主管业务的,需要贯彻执行的文件比无隶属关系或非本机关主管业务,不需要贯彻执行的文件价值要大。在本机关制发的文件中,不同的撰写者、制发机构也会对档案的价值产生影响。机关领导人、决策机构、综合性办公机构、主要业务职能部门、人事机构制发的文件,由于其反映本机关的主要职能活动和基本情况,文件价值相对比较大。

(2)档案内容标准。档案内容是决定档案价值最重要、最本质的因素。人们利用档案,最主要的是利用档案所记载的事实、现象、数据、经验、结论等内容,当这些内容能满足利用者的某种需要时,就构成了档案的某种价值。对档案内容的分析应从以下几个方面考虑:①档案内容的重要性。一般来说,反映方针政策、重大事件、主要业务活动的档案比反映一般性事务活动的档案重要;反映全面性问题的档案比反映局部问题的档案重要;反映典型性问题的档案比反映一般性问题的档案重要;反映本机关主要职能活动、中心工作和基本情况的档案比反映非主要职能活动、日常工作和一般情况的档案重要。②档案内容的独特性。内容独特、新颖的档案对利用者富有吸引力,具有较高的价值。在鉴定其全宗档案价值时,应对某些特色档案给予特别重视,如记述本机关特殊事件、特殊产品、特殊人物、特殊成果以及某些特殊传统的档案和反映本机关改革、发展过程中具有开创意义的新人、新事、新政策、新做法的档案等,这些档案由于其内容的独特性而具有较高的价值。③档案内容的时效性。文件的时效性对档案的价值产生直接的影响,文件内容不同,其有效期的长短以及对档案价值的影响程度也不相同。如方针政策性、法规性、综合计划性文件在失去现行效用后,其价值将由行政价值较高转为科学价值。而契约、合同、协议等法规方面的文件,通常在有效期及法律规定的时效期内十分重要,此后便降低以至失去保存价值。因此,鉴定档案时要具体分析每份文件的时效性对其价值的影响。④除上述三方面之外,档案内容的真实性、完备性也是影响档案价值的重要因素。

(3)档案形式特征标准。档案文件的名称、责任者、形成时间、载体形态、记录方式等,在某种情况下也对档案的价值产生影响,文件的名称有特定的性能和用途,因而可以在一定程度上反映出文件的价值。一般说来,决定、决议、命令、指示、条例等往往用于反映方针政策,具有权威性和重要性,价值较高。而通知、简报等往往用于反映一般性事务,价值较低。文件产生的时间距离现在越远,越要多保存一些,在某些重要历史时期产生的文件,往往具有重大价值。文件的正本具有标准的格式,有机关的印章或负责人的签署,是机关进行工作的依据,可靠性大,其价值也较大。副本、草稿、草案的可靠性差些,价值也较小。某些重要文件的草稿、草案可以反映文件的形成过程,也具有较高的保存价值;有些事件可因其载体古老、珍稀而具有文物价值;有些文件可因书法或装帧而具有艺术价值;也有些文件可因有著名人物的题词、批注、签字而具有纪念价值。

(4)相对价值标准。相对价值标准是指在一定的情况下,某些文件的保存价值和保管期限可以相对地提升或降低。从理论上讲,每份文件的价值取决于档案客体属性及其满足利用者需要的程度,都是客观存在的,但从我国档案管理体制和档案工作原则出发,在实际上还有一种被鉴定档案与其他档案相比较而存在的价值,就是所说的相对价值。使用档案的相对价值标准,是为了有效地控制档案室、档案馆馆藏档案的质量和数量,使之达到优质精练。档案馆在鉴定工作中运用相对价值标准,通常的方法是分析全宗和全宗群的完整程度。在全宗和全宗群内档案保存比较完整的情况下,各种类型文件的价值基本正常,其中有些文件的保存价值相对降低,在保存不完整的条件下,残存文件的保存价值相对提高,其中有些本来不重要的文件也上升到价值层次。也就是说,全宗群或全宗内档案遭受损失越大,档案保存得越少,其残存的档案更要多保存一些。

档案室在鉴定工作中运用相对价值标准,主要考虑三个方面:一是所有档案的完整程度;二是档案内容的可替代程度;三是本机关是否向档案馆移交档案。不移交档案的机关,主要根据本机关的需要划分档案的保管期限;需要移交档案的机关,还要根据档案馆的要求确定某些档案的保管期限。

根据上述标准鉴定档案价值时,切忌片面地强调某一方面而忽略其他方面,必须综合地考虑文件各方面的特点及作用,全面联系地把握档案价值。

2.划分档案保管期限的标准

档案鉴定工作的内容之一,就是在判定档案价值的基础上,确定档案的不同保管期限。确定档案保管期限的标准如下:

(1)永久保管的档案。凡是反映本机关主要职能和基本历史面貌的,在经济建设、文化建设、政治斗争和科学研究中需要长远利用的档案,应列为永久保管。这类档案主要包括两部分:一是本机关工作中制定的重要文件,如指示、决议、决定、工作计划和总结、请示和报告以及有关机构演变、人事任免的文件材料等;二是上级机关颁发的属于本机关主管业务并需要贯彻执行的重要文件,如指示、命令、批复等,以及下级机关报送的有关方针、政策性的和重要问题的请示、报告、总结等文件材料。上述标准适用于现行档案文件。对于历史档案,特别是革命历史档案和明清以前历代封建王朝的档案,则无论其内容如何,都应列入永久保存之列。

(2)长期保管的档案。长期保管的档案的保管期限在16～50年之间。凡是在相当长时间内本机关需要查考的档案,应列为长期保管。这类档案也主要包括两部分:一是本机关工作中制成的、在相当长时间内需要查考的材料;二是上级机关颁发的和下级机关报送的比较重要的文件材料。

(3)短期保管的档案。短期保管的档案的保管期限为15年以下。凡在短时间内本机关需要查考的各种文件材料,均应列为短期保管。档案不同保管期限的划分标准,是一种原则上的标准,在具体划分档案的保管期限时,主要是从档案自身的特征着手,即从档案的内容特征、来源特征、形式特征等方面来判断档案的保存价值,同时要考虑社会利用的需要和一份档案与其他档案之间的联系,这样才能更准确地判定档案的价值。

3.档案的销毁标准

档案的销毁工作通常是在两种情况下进行的:一是从档案的内容来看,没有保存必要的档案;二是从保管期限来看,保管期满的档案。在对上述两种档案进行销毁时,应特别慎重,以免因错误地销毁档案而造成无可挽回的损失。

(1)销毁档案的内容标准。凡是国家规定不属于归档范围的文件材料都应该销毁。主要包括:重份文件;无查考利用价值的事务性、临时性文件;未经签发的文电草稿、一般文件的历次修改稿、铅印文件的历次校对稿;机关内部相互抄送的文件材料;为参考目的从各方面收集来的文件材料;本机关负责人兼任外机关职务形成的文件材料;参加非主管机关会议带回的不需要贯彻执行或没有查考价值的材料;下级机关送来的不应抄报或不必备案的文件材料;上级机关任免或奖惩非本机关工作人员的文件材料;越级或非隶属机关抄送的一般的、不要求办理的文件材料;外机关送来的征求意见的未定稿文件;无特殊保存价值的信件、提出一般意见或建议的人民来信等。

(2)销毁档案的保管期限标准。凡是保管期满的档案,经复查鉴定后,确认没有继续保存的必要,就可以经过一定的销毁手续进行销毁。

三、档案保管期限表

档案保管期限表,是用表册的形式列举档案的来源、内容和形式,并指明其保管期限的一种指导性文件。它是档案室、档案馆鉴定档案价值和确定档案保管期限的依据和标准。

(一)档案保管期限表的作用

1.能够保证鉴定工作的质量和提高鉴定工作的效率

档案保管期限表是根据鉴定档案价值的原则,认真总结鉴定工作经验,经过反复讨论研究而形成的,实践证明是行之有效的。有了保管期限表,就有了一个明确的标准,档案鉴定工作人员可以根据档案保管期限表来统一进行档案鉴定工作,以避免因个人认识的局限性和片面性而造成判定档案价值时过宽过严的倾向,确保准确地判定档案价值,提高鉴定工作的质量。由于标准明确,认识一致,有利于推动鉴定工作的顺利开展,加快鉴定工作的速度,提高鉴定工作的效率。

2.能够有效地防止任意销毁文件

档案保管期限表明确规定了什么样的文件要保存,什么样的文件不保存,因为标准明确,界限清楚,加上严格的制度,所以能够有效地防止有意或无意而错误地销毁文件。

(二)档案保管期限表的类型

目前,我国的档案保管期限表归纳起来有以下五种类型:

1.通用档案保管期限表

它是由国家档案事业管理机关编制,供全国各机关、团体、企业、事业单位鉴定档案时通用的保管期限表。例如,国家档案局于1987年12月颁发的《文书档案保管期限表》就是通用保管期限表。它的特点是:第一,概括了全国各机关团体、企业、事业单位普遍产生的文件及其保管期限,具有通用性,是确定全国各机关、团体、企业、事业单位档案材料保管期限的标准和依据;第二,是制定其他各种保管期限表的依据,各个系统、各个部门、各个机关都可以根据通用保管期限表,结合自己档案材料的具体情况,编制本系统、本部门、本机关的档案保管期限表。

2.专门的档案保管期限表

它是由档案事业管理机关会同专业主管部门编制,供各机关、团体、企业、事业单位鉴定专门档案时使用的一种保管期限表。例如,财政部、国家档案局于1998年颁发的《财政总预算、行政单位、事业单位和税收会计档案保管期限表》就是供全国各级财政机关、行政单位、事业单位和税收机关鉴定会计档案的统一标准。

3.同系统机关档案保管期限表

它是由主管领导机关编制,供同一系统各机关鉴定档案价值时使用的保管期限表。例如,《中国人民解放军文书档案保管期限参考表》概括了军队系统各单位可能产生的文书档案及其保管期限,是供军队系统各单位鉴定文书档案价值的统一标准。

4.同类型机关档案保管期限表

它是由档案事业管理机关或主管机关编制,供同一类型(如医院、工厂、学校、区/乡政府)各单位鉴定档案时使用的依据和标准。例如,某市人民政府制定的《各区人民政府档案材料保管期限表》、某地区制定的《医院文书档案保管期限表》、某县制定的《乡人民政府档案保管期限表》就属于同类型机关档案保管期限表。

5.机关档案保管期限表

它是根据各机关档案的具体情况,由本机关编制,供本机关鉴定档案时使用的依据和标准。如《××省人民政府档案材料保管期限表》《中共××县委会档案材料保管期限表》就是这种类型。在这种保管期限表中,包括一个机关在工作活动中可能产生的所有文件及其保管期限,由于明确具体,使用起来很方便。

四、档案价值鉴定工作的制度

档案价值鉴定工作是一项严肃、细致的工作,直接决定着国家宝贵的文化财富的命运。因此,必须严格按照党和国家的规定办事,建立和健全鉴定工作制度,确保鉴定和销毁档案有组织、有领导地进行,减少工作中的失误,防止敌人有意破坏档案,力争将这项工作做好。

(一)档案价值鉴定工作制度基本内容

1.确立统一的鉴定原则和标准

由党和国家及其档案事业管理机关制定统一的全国性鉴定标准,各档案馆、各机关根据规定的鉴定标准进行鉴定工作。

2.鉴定工作的组织领导

鉴定工作必须有组织、有领导、有计划地进行。一般来说,机关档案鉴定工作由办公厅(室)领导人、档案人员、业务人员组成三结合的鉴定小组负责,档案馆的鉴定工作由馆长、同级档案事业管理机关和档案馆的有关人员组成的鉴定工作委员会负责。在鉴定某一机关档案的时候,还可邀请机关的代表参加。建立鉴定工作组织是为了加强对鉴定工作的领导,提高鉴定工作的效率与质量,防止片面性和草率从事。

3. 销毁档案的批准与监销制度

根据党和国家及档案事业管理机关的有关规定,销毁档案应编制销毁清册,办理批准手续,坚持执行监销制度。省档案馆销毁档案由鉴定委员会审查后,报请主管领导机关批准;县档案馆销毁档案,要报请主管领导机关批准;机关销毁档案由机关领导人批准。销毁档案应注意安全保密,一般要有两人以上监销。销毁后,监销人应在销毁清册上签字盖章,并注明销毁方式(焚毁或打成纸浆)和日期。

(二)档案鉴定工作的程序

1. 机关档案宣的档案价值鉴定工作

在机关档案室,档案价值鉴定工作通常分三个阶段实施。首先,在机关文件归档时确定归档范围,同时剔除一部分没有保存价值的文件,由机关文书处理部门或业务部门保存一两年后销毁。归档的过程是对文件价值的初步判定,是文件能否转化为档案的"资格审查",是档案鉴定工作的第一个关口。其次,对于归档的文件确定保管期限。通常的做法是各机关在每年的归档文件目录中初步确定保管期限,平时根据每份文件的内容和价值分别归入不同的档案盒,正式整理时再以件或卷为单位依据保管期限表确定其保管期限。这一阶段的鉴定工作主要由机关档案工作人员与文书立卷人员共同负责。再次,到一定年限进行价值复审。永久保存档案的价值复审是在机关档案室向档案馆移交档案时,由机关档案工作人员与档案馆有关接收人员共同对进馆档案进行复审。档案馆接收人员除了对每卷(件)档案的自身价值进行考察外,还要从优化馆藏出发,消除进馆档案的重复问题。短期与长期保存档案的复审通常在保管期满时进行,经复审后,将确实具有长久保存价值的档案向档案馆移交。

2. 档案馆的档案价值鉴定工作

档案馆保存的档案,大都是由机关经过鉴定程序后移交来的,只需要定期复审拣出保存期满的档案予以销毁。但由于种种原因,档案馆也接收了一些未经鉴定的档案,仍须全面进行档案价值鉴定工作。档案馆对档案进行鉴定工作,应在鉴定委员会或鉴定小组的领导下进行。

(三)档案的销毁

档案销毁就是经过鉴定对失去价值的档案做毁灭性处置的过程。为了使机关领导人审查批准应销毁的档案,必须编制档案销毁清册。它是登录被销毁档案题名、数量等内容并由责任人署名的文件,也是日后查考档案销毁的凭证。档案销毁清册封面的项目有全宗号、全宗名称和立档单位名称、编制档案销毁清册的单位名称和编制日期等。销毁档案的登记项目有顺序号、案卷或文件的题名、起止日期、号码(案卷目录号、案卷号或文件字号)、数量、原保管期限、销毁原因、备注等。为了方便领导人审查,也可增加"档案保管期限表的条款号""审查意见"等项目。档案销毁清册应编制一式两份,一份送有关领导审查批准,另一份留档案室(馆)保存。如果须送档案行政管理机关或上级主管机关审查批准,还应多编制两份同时送去,一份经批准后退回。

为了方便机关领导人或主管机关领导了解必要的情况,在报送档案销毁清册的同时,须附上一份立档单位和全宗的简要说明。其内容包括立档单位和全宗的历史概况,档案的形成保管、完整程度以及现存档案的主要成分,销毁档案数量与内容(可粗略分类介绍),鉴定工作情况与销毁理由等。

准备销毁的档案在批准前应单独保管。档案销毁清册正式批准后,一般可将销毁档案造纸厂做原料或自行焚毁。为保守国家机密,严禁将销毁档案出卖或做其他用途。无论采用什么方式销毁,均应有两人以上监销,负责监督档案确已销毁后,在销毁清册上注明"已销毁"字样和销毁日期,并由销毁人签字。

第五章　目标管理在现代档案工作中的应用

目标管理不仅综合了科学管理和行为管理理论的精髓,而且提倡后现代人文管理理念,为我国人本管理方面提供了指导与帮助,可以说是当今最有影响力的管理方式之一。档案工作实行目标管理的主要目的在于进行科学规划,明确责任分工,清晰权利分配,培育有自主性、创造性的员工,从而为档案管理工作目标的实现奠定坚实的基础。目标管理不是一种单纯的管理方法,而是一套有架构、步骤、要素及条件的成熟的管理系统,并能在条件具备的情况下发挥卓越成效。本章分别从目标管理的相关理论、目标管理的工作方案与步骤、目标管理在现代档案管理中的应用实例三个方面对目标管理在现代档案工作中的应用进行论述。

第一节　目标管理概述

一、目标管理概念

目标管理是美国管理大师彼得·德鲁克于 1954 年在其名著《管理实践》中最早提出的,其后他又提出"目标管理和自我控制"的主张。德鲁克认为,并不是有了工作才有目标,而是相反,有了目标才能确定每个人的工作。"企业的使命和任务,必须转化为目标"。可见,目标管理既是一种管理思想,也是一种管理方法,在诸多领域中都发挥着不可替代的作用,甚至可以说如果一个领域没有目标,这个领域的工作必然会被忽视。

目标管理是由企业最高层领导制定一定时期内整个企业期望达到的总目标,然后由各部门和全体职工根据总目标的要求,制定各自的分目标,并积极主动地设法实现这些目标的管理方法。一方面强调完成目标,实现工作成果;另一方面重视人的作用,强调员工自主参与目标的制定、实施、控制、检查和评价。

经典管理理论对目标管理 MBO 的定义为:目标管理是以目标为导向,以人为中心,以成果为标准,而使组织和个人取得最佳业绩的现代管理方法。目标管理亦称"成果管理",俗称责任制,是指在企业个体职工的积极参与下,自上而下地确定工作目标,并在工作中实行"自我控制",自下而上地保证目标实现的一种管理办法。

目标管理提出以后,便在美国迅速流传。时值第二次世界大战,后西方经济由恢复转向迅速发展的时期,企业急需采用新的方法调动员工积极性以提高竞争能力,目标管理的出现可谓应运而生,遂被广泛应用,并很快为日本、西欧国家的企业所仿效,在世界管理界大行其道。

(一)目标管理的目标体系、功能、应用及特点

1.目标管理的目标体系

目标管理的指导思想、目的、中心思想和基本内容使目标管理在组织内部成为一个相互联系的目标体系,而这种体系把员工有机地组织起来,使集体力量得以发挥,同时目标管理的实行就意味着组织管理民主化、员工管理自我控制化、成果管理目标化。于是目标管理事实上是一种总体的、民主的、自觉的和成果的管理。这也正是目标管理的魅力所在。

(1)目标管理的指导思想

目标管理的指导思想是以管理心理学中的"Y理论"为基础的,即认为在目标明确的条件下,人们能够对自己负责。其理论依据是心理学与组织行为学中的目标论,即任何一个组织系统层层地制定目标并强调目标成果的评定,都可以改进组织的工作效率和职工的满意程度。

(2)目标管理的目的

目标管理的目的是通过目标的激励来调动广大员工的积极性,从而保证实现总目标。其核心就是明确和重视成果的评定,提倡个人能力的自我提高,其特征就是以目标作为各项管理活动的指南,并以实现目标的成果来评定其贡献大小。

(3)目标管理的中心思想

目标管理的中心思想是使具体化展开的组织目标成为组织每个成员、每个层次、部门等的行为方向和激励手段,同时使其成为评价组织每个成员、每个层次、部门等的工作绩效的标准,从而使组织能够有效运行。

(4)目标管理的基本内容

目标管理的基本内容是动员全体员工参加制定目标并保证目标实现,即由组织中的上级与下级一起商定组织的共同目标,并把其具体化展开至组织各个部门、各个层次、各个成员。与组织内每个单位、部门、层次和成员的责任和成果相互密切联系,在目标执行过程中要根据目标决定上下级责任范围,上级权限下放,下级实现自我管理。在成果评定过程中,严格以这些目标作为评价和奖励标准,实行自我评定和上级评定相结合。以此最终使组织形成一个全方位的、全过程的、多层次的目标管理体系,提高上级领导能力,激发下级积极性,保证目标实现。

2.激励功能

期望理论由美国心理学家弗鲁姆在1964年出版的《工作与激发》一书中首先提出。其主要研究需要与目标之间的规律。弗鲁姆认为,人总是渴求满足一定的需要和达到一定的目标,此目标又对激发人的动机有影响。这个激发力量的大小,取决于目标价值(效价)和期望概率(期望值)。期望理论揭示了这一规律:个人对目标的理解和重视程度直接影响到他的实现目标的动机和行为。可以说,个人的这种理解和重视程度要比管理者设计者的理解和重视程度重要得多。因为目标是靠每个成员去达到的,从目标管理的特点来看,由于目标是个人自己亲自制定的,对其有充分的理解,个人主观上认为达到目标的概率很高,同时足够重视,这样个人总是希望通过一定的努力达到预期的目标,就会很有信心,并激发出很强的工作力量,产生强大的内在动力。

(1)"自我控制"的激励功能

目标管理的一大特点在于其管理过程实现自我控制。在目标体系组织实施过程中,组织的各个部门,各个成员明确了自身的目标,明确自己的职权职责和工作的具体任务,可以通过比较实际结果和目标来评估自己的绩效,以便进一步改善工作中的不足,在工作中实现自我控制。用自我控制的管理代替上级主管压制性的管理,能充分发挥组织成员工作的聪明才智和创造性。正如德鲁克所说,目标管理的主要贡献之一,就是它使得我们能够运用自我控制式管理来代替由别人统治的管理。

(2)责任感意识的激励功能

目标管理之所以能发挥作用,还在于它大大增强了下属的责任感,而责任感又是一个巨大的激励因素。关于这一点,目前许多书都没有提到,许多管理者也未认识到。下属许多行为的动力来自强烈的责任感。要充分发挥下属实现目标过程中的积极性、主动性、创造性,增强其责任感是一条重要的途径。人是有责任感的,只要环境适当,人不仅会承担责任,而且还会追求责任。增强下属责任感的手段很多,研究结果表明,最有效的手段是在实现目标过程中实行。实行"自我控制"式管理有利于下属责任感增强,进而促使下属积极性、主动性、创造性的充分发挥。所以,增强责任感是自我控制的一种延伸结果。现实管理实践中的目标管理,由于它并未采用自我控制式的管理。因此,它不具有责任感的激励作用,只能依赖强制性管理手段来实现目标,下属的积极性、主动性、创造性仍处于压抑状态。

(3)目标本身的激励引导功能

目标指期望的成果,这些成果可能是个人的、部门的或整个组织努力的结果。目标为所有的管理决策指明了方向,并且作为标准可用来衡量实际的绩效。其直接的作用主要体现在对管理过程的控制环节。但是,作为活动的预期目的和结果,目标对管理的重要作用又不局限于此,它可以对人产生巨大的激励作用,这种作用将贯穿于整个管理环节,使管理活动获得最佳效益。目标的激励作用主要表现在三个方面:一是在目标确定后,由于它能使人明确方向,看到前景,因而能起到鼓舞人心、振奋精神和激发斗志的作用;二是在目标执行过程中,由于目标的制定都具有一定的先进性和挑战性,在实际工作中必须通过一定的努力才能达到,因而有利于激发人们的积极性和创造;三是在目标实现以后,由于人们的愿望和追求得到了实现,同时也看到了自己的预期结果和工作成绩,因而在心理上会产生一种满足感和自豪感,这样就会激励人们以更大的热情和信心去承担新的任务,以达到新的目标。

3. 目标管理的相关应用

目标管理最为广泛的是应用在企业管理领域。企业目标可分为战略性目标、策略性目标以及方案、任务等。一般来说,经营战略目标和高级策略目标由高级管理者制定;中级目标由中层管理者制定;初级目标由基层管理者制定;方案和任务由职工制定,并同每一个成员的应有成果相联系。自上而下的目标分解和自下而上的目标期望相结合,使经营计划的贯彻执行建立在职工发挥主动性、积极性的基础上,把企业职工吸引到企业经营活动中来。

目标管理方法提出来后,美国通用电气公司最先采用,并取得了明显效果。其后,在美国、西欧、日本等许多国家和地区得到迅速推广,被公认为是一种加强计划管理的先进科学管理方法。中国 20 世纪 80 年代初开始在企业中推广,采取的干部任期目标制、企业层层承包等,都是目标管理方法的具体运用。

4.目标管理的具体特点

目标管理的具体形式各种各样,但其基本内容是一样的。所谓目标管理是一种程序或过程,它使组织中的上级和下级一起协商,根据组织的使命确定一定时期内组织的总目标,由此决定上、下级的责任和分目标,并把这些目标作为组织经营、评估和奖励每个单位和个人贡献的标准。

目标管理指导思想上是以"Y"理论为基础的,即认为在目标明确的条件下,人们能够对自己负责。它与传统管理方式相比具有自身鲜明的特点,可概括为以下几个方面:

(1)重视人的因素:目标管理是一种参与的、民主的、自我控制的管理制度,也是一种把个人需求与组织目标结合起来的管理制度。在这一制度下,上级与下级的关系是平等、尊重、依赖、支持,下级在承诺目标和被授权之后是自觉、自主和自治的。

(2)建立目标锁链与目标体系:目标管理通过专门设计的过程,将组织的整体目标逐级分解,转换为各单位、各员工的分目标。从组织目标到经营单位目标,再到部门目标,最后到个人目标。在目标分解过程中,权、责、利三者已经明确,而且相互对称。这些目标方向一致,环环相扣,相互配合,形成协调统一的目标体系。只有每个人员完成了自己的分目标,整个企业的总目标才有完成的希望。

(3)员工参与管理:目标管理是员工参与管理的一种形式,由上下级共同商定,依次确定各种目标。

(4)以自我管理为中心:目标管理的基本精神是以自我管理为中心。目标的实施,由目标责任者自我进行,通过自身监督与衡量,不断修正自己的行为,以达到目标的实现。

(5)强调自我评价:目标管理强调自我对工作中的成绩、不足、错误进行对照总结,经常自检自查,不断提高效益。

(6)重视成果:目标管理以制定目标为起点,以目标完成情况的考核为终结。工作成果是评定目标完成程度的标准,也是人事考核和奖评的依据,成为评价管理工作绩效的唯一标志。至于完成目标的具体过程、途径和方法,上级并不过多干预。所以,在目标管理制度下,监督的成分很少,而控制目标实现的能力却很强,将评价重点放在工作成效上,按员工的实际贡献大小如实地评价一个人,使评价更具有建设性。

(二)目标管理的内涵

目标管理是以目标为导向,以人为中心,以成果为标准,而使组织和个人取得最佳业绩的现代管理方法。目标管理亦称"成果管理",俗称责任制,是指在企业个体职工的积极参与下,自上而下地确定工作目标,并在工作中实行"自我控制",自下而上地保证目标实现的一种管理办法。先有目标才能确定工作,所以"企业的使命和任务,必须转化为目标"。如果一个领域没有目标,这个领域的工作必然被忽视。因此管理者应该通过目标对下级进行管理,当组织最高层管理者确定了组织目标后,必须对其进行有效分解,转变成各个部门以及各个人的分目标,管理者根据分目标的完成情况对下级进行考核、评价和奖惩。

1.管理需要一种原则

事实上,大多数企业已经有了很多对员工培训、激励的理论和方法。企业需要的是一种管理原则。这种原则将使个人的力量和责任心充分发挥出来。与此同时,为人们的注意力和努力指明共同的方向,建立起协作关系,并使个人的目标与公共的利益相互协调。这是德鲁克在1954年发表的《管理实践》中提到的。尽管半个多世纪过去了,却不乏现实感。这个管理原则是什么呢? 他给出的答案是:"唯一能够承担此重任的原则是目标管理和通过自我控制进行管理。"

目标管理使得公共利益成为每个管理人员的目标所在。它以来自内部的更严格、更苛求、更有效的控制替代来自外部的控制。它激发起管理人员的工作积极性,不是因为有人要他做某些事,或是说服他做某些事,而是因为他的任务目标需要做某些事。他付诸行动,不是因为有人要他这样做,而是因为他自己决定他必须这样做——换言之,他像一个自由人那样行事。在其著作《卓有成效的管理者》中,德鲁克同样提到了知识工作者,并指出:"对知识工作者不能紧紧地监督,也不能什么都过问。对知识工作者只能帮助。但是知识工作者本人必须自己管理自己,以取得绩效,做出贡献,做到卓有成效。"知识工作者渴望发挥自己专长、能够有所成就,但是他们又不愿意受到太多的限制。这就出现了一个似乎无法解决的矛盾:能否做到个人的目标与组织的目标之间的和谐统一? 传统的管理理论没有解决这个矛盾。因为,它们的核心都是上面"要我做"。即使泰罗的科学管理,拥有着把体力劳动者的生产力成倍地提高的功效,也同样不能解决知识工作者与组织之间的矛盾。

企业要为社会创造财富,为客户创造价值,并完成特定的社会功能。这就要求企业的各项工作、企业的全体员工,特别是管理者都必须以整个企业的目标为导向。人们是用员工和管理者所创造的绩效来衡量企业的。因此,有效的管理必须将企业内所有管理者和员工的注意力及努力引向一个共同的目标。它应该保证各个层级的管理者和全体员工明白要求达到的结果是什么。它必须确保上级懂得对每个下级管理者的期望是什么。它必须激励每个管理者朝着正确的方向做出最大限度的努力。

德鲁克提出的目标管理更确切地说,应该是"目标管理和自我控制",把"要我做"变成"我要做"。这是因为,"目标管理和自我控制"与我们一般意义上理解的把目标分解、落实、执行、监督、检查、激励、惩罚等有着原则上的区别。

2. 目标管理是一种责任

德鲁克曾经对责任下过一个精确的定义:责任既是外在的,也是内在的。对外而言,它意味着你对某个人或某个组织是靠得住的,是能够达到一个特定的表现绩效的。对内而言,它意味着一种承诺。一个负责任的人不仅对具体结果负责,他也有权为产生这些结果采取一切必需的行动。还有,他尽力去取得这些结果,并把它看作是个人的成就。这种责任能为组织内的人提供真正自由的条件。也只有有了这种责任,才能成功地推行目标管理和自我控制。

很久以来,对目标的要求就有一种流行的说法,即所谓的 SMART 原则:目标应该做到 Specific(具体性)、Measurable(可衡量性)、Achievable(可实现性)、Realistic(现实性)、Timed(时限性)。

SMART 原则并没有错,但是非常不全面,与德鲁克提出的"目标"更是有着巨大的差距。德鲁克把目标看成是一个企业的方向,一种承诺,是实现未来的手段,也是用来衡量企业绩效的标准。在他看来,对目标的要求包括5个核心方面:①目标应该从我们的事业是什么? 我们的事业将是什么? 我们的事业应该是什么? 这3个问题的答案中得出。它不是抽象的,而是企业对行动的承诺。企业的目标是企业最根本的策略。②目标必须是可操作的。可以转化为具体的工作对象和具体分配的工作任务。它们必须能够成为工作和绩效的基础,也必须成为激励的基础。

③目标必须使我们有可能集中资源和精力,有可能使我们能够从企业的目标中选择最基本的工作对象而使企业的人力、资金和设备等资源集中使用。④企业必须在多个领域内设立目标,而不仅仅是在一个领域内设立目标。现在许多关于目标管理的讨论集中在要为企业找出一个正确的目标。这种寻找不仅是徒劳无功的,甚至是有害的,会把企业引入歧途。管理企业需要平衡各种需求和目标。这就需要企业有多个目标领域。⑤必须在企业生存所需要的各个领域设定目标。每个目标领域都由于企业的战略不同而有所不同。但是企业需要制定目标的领域是相同的。对目标的不同要求决定了德鲁克主张的目标管理和自我控制中目标的含义,与传统的管理方法有着根本的不同。从企业的层面上看,采用目标管理和自我控制的方法与传统的管理甚至有着更大意义上的区别。

3.目标管理是一种管理哲学

目标管理和自我控制是一种管理哲学。它使组织内的每个部门、每个人都设定目标都来监控结果。如果设计得好,在目标管理的过程中,可以使个人在组织内负起责任的同时获得个人自由。

德鲁克自己是这样谈到目标管理和自我控制的:"目标管理和自我控制可以合法地称之为管理的哲学,这一哲学建立在管理工作的概念上,建立在对管理人员具体的要求和管理人员所面临的障碍的分析上,建立在人类行动、人类行为和人类动机的概念上。归根结底,它适用于每个管理人员,不管他的级别和职能如何。并且,它也适用于任何一个企业,无论是大企业或是小企业。通过将目标的要求转化为个人的目标,它使企业的经营业绩得到保证。"

一个运转良好的企业依赖于有自治力、有责任感并且能取得绩效的员工。现在知识及知识工作者已成为成功运转的企业的主要资产,员工的自我管理就变得更加重要。而要使知识发挥作用,目标管理和自我控制无疑是一种管理哲学,是一种能够使企业取得预期绩效的管理原则,也是一种能够使管理者和员工都负起责任、行之有效的管理方法。

(三)"自我控制"是目标管理的精髓

目标管理是现代管理科学"管理中的管理"。这一有效的科学管理方法在20世纪50年代中期产生于美国,在企业界和管理学界产生了极大的影响。我国从1978年开始,伴随推行全面质量管理,逐渐将目标管理应用于大型企业中,尤其是随着我国现代企业制度改革进程的加快,目标管理作为一种现代化的管理方法被广泛推广应用,产生了显著的效果,其应用范围已从工业企业扩大到其他非企业、事业、团体和政府机关。推广应用目标管理的过程中,如何实现"自我控制"是目标管理的精髓。

1.目标管理在我国理论和实践中存在的偏差

目标管理在我国目前的理论和实践上产生了一定的偏差,这种偏差主要是把目标管理和我国工业企业的全面计划管理等同起来,在实际工作中忽视了目标管理,忽视了对人的管理,忽视了"自我控制"这一精髓,具体表现在以下几个方面:

(1)相当一部分从事实际工作的企业管理者没有理解目标管理的实质。目标管理主旨在于,用"自我控制的管理"代替"压制性的管理",它使管理人员能够控制他们自己的成绩。这种自我控制可以成为更强烈的动力,推动他们尽自己最大的力量把工作做好,而不仅仅是"过得去"就行了。有的人误认为目标管理就是过去企业搞的指标分解,岗位责任制,没有什么新奇之处。

(2)在推行目标管理的企业中,往往总方针目标是明确的,而分解落实、动态调整、自动围绕总目标组织系统内各子系统直到个人的活动不够,没有形成一个"目标—手段"链,导致部门和个人的目标成为一纸空文。

(3)强调成果,重视成果评价,强调职工培训,提倡按员工的实际贡献大小如实地评价一个人的管理方法好不好。在评价成果时往往过多强调客观因素,而对个人积极性的发挥,成果的达成程度评价不够,从而对每个人、每个部门的成果的"认可",以及由此而产生的作用于劳动者的"反馈"激励作用不明显,不重视个人职务的扩大,以满足人的不断增长的"自我控制"成就的需要。

2."自我控制"的理论基础

为了突出目标管理重视对人的管理,而由此实现"自我控制"的管理这一精髓。首先应当分析管理和社会主义市场有计划、按比例发展相结合所依据的理论基础。由于目标管理的理论基础是系统理论和行为科学理论,所以它重视对人的管理,重视"自我控制"的完整体现。在实行过程中强调成果,而不拘泥于实现成果的具体方法,让执行者自主管理,充分发挥人的聪明才智和主观能动性,重视职工培训。另一方面在制定目标、实施目标及成果评价的整个过程中强调上下左右的思想感情沟通,相互协商,营造融洽的气氛,而不是行政命令甚至是统一指挥。另外,目标管理强调成果评价后对每个人成果的认可以及职务的扩大,以满足人们不断增长的自我实现的需要。因此目标管理就像与国际象棋大师卡斯帕罗夫对垒的"深的蓝",它可以自动修正,并可以"自我控制"而实现其目标。

重视对人的行为的科学管理,从而有效地激励调动人的积极性,必须尊重人的需要,不断满足人的需要。目标管理通过满足人的需要发挥激励作用,按照美国人本主义心理学家马斯洛(Maslow)的观点,目标管理主要是指满足人的高层次,即尊重需要和自我实现的需要。一方面自己被认为是社会人,是组织(团体)中的一员,应有自我存在的价值。由于有存在的价值必须有相应的权威和地位满足自我尊重和相互尊重的需要。另一方面,要求在组织(团体)中,不断做出自己的贡献,实现自己的抱负,又从自我实现中不断获得动力,不断满足"自我控制"实现的需要。同时,满足人的需要与"自我控制"的实现必须和组织的目标相统一。人的需要各不相同,而且随着时间和空间的变化而变化。如果只强调满足人的"自我控制"实现的需要,而不考虑企业、组织的目标,只能是杂乱无章的布朗运动。个人的积极性再高,也无益于组织目标的实现,也不会产生有益的效果。而目标管理不但重视满足人的高层次需要,而且必须把这种需要的满足和组织的目标统一起来、组织起来、协调一致。因为它强调不是因为有了需要才产生目标,而是首先因为有了组织的目标,才有了个人的目标;有了个人的目标,才能确定每个人的工作;而目标管理的实现正是通过各自的"自我控制"而达成的。这样,目标管理巧妙地把对人的管理升华为行为科学管理的高度,更利于实现"自我控制"。

3.目标管理在社会主义企业中的强大生命力

目标管理在社会主义条件下具有更强大的生命力。目标管理的产生是社会生产力发展的产物,又是社会生产关系发展的产物。从生产力方面来看,当时美国企业面临激烈的竞争,急需提高企业整体素质,增强竞争能力。而要提高企业素质,首先应当提高生产力诸因素中最活跃的因素——人的素质,使之适应不断发展的社会化大生产的需要。因此要求对职工进行技术培训,并在工作中不断提高他们的技能,增加复杂劳动的比例和劳动的复杂程度,这是管理两重性中自然属性的表现。从生产关系方面来看,由于当时美国劳资关系的日趋激化,良好的人际关系对于调整工人的生产积极性起决定作用,因此,目标管理是适应垄断资产阶级获得最大利润的需要而产生的。在资本主义制度下让工人参与管理,关心人、满足人的需要等理论和方法成了缓和劳资矛盾的权宜之计,目的则是更多地剥削职工的剩余价值,也限制了目标管理的进一步发展和完善。在具有中国特色的社会主义市场经济体制下,因为坚持的是公有制和按劳分配为主体,其他经济成分和分配方式为补充的社会主义市场经济,而不是私有化的市场经济,体现了国家、集体、个人三者利益的一致性,使目标管理具有强大的生命力。社会主义制度为目标管理的应用推广开辟了广阔的前景。因此,应该加快对目标管理的推广和应用,充分发挥"自我控制",实现目标管理这一优势。

二、目标管理的观点

目标管理是一种管理思想和管理哲学的体现,它的形成经历了较长的时期,是由众多管理思想大师一起完成的。其中,包括科学管理理论学派、管理过程理论学派、人际关系学派、社会系统学派等对组织中的"目标任务"和"计划"等内容进行的论述。而德鲁克在前人基础上实现了超越,形成"目标管理"系统的理论体系,并于1954年在《管理实践》一书中第一次提出"目标管理"的概念。

(一)目标管理早期

社会系统学派侧重从社会学和系统论的角度来研究管理理论,把组织中的人与人之间的相互关系看成是一种协作的社会系统。其中,切斯特·巴纳德是社会协作系统学派的创始人,他的很多关于"目标"的思想与德鲁克的目标管理理论似乎如出一辙,所以我们把他的思想看成是德鲁克目标管理的一个雏形。

首先,巴纳德认为,社会的各级组织包括军事的、宗教的、学术的、企业的等多种类型的组织都是一个协作的系统,这些协作组织是正式组织,都包含三个要素:协作的意愿、共同的目标和信息联系。在这里,巴纳德强调了组织有一个共同的目标。其次,对于个人目标和组织目标的不一致,巴纳德提出了"有效性"和"能率"两条原则。当一个组织系统协作得很成功,能够实现组织目标时,这个系统就是"有效性"的,它是系统存在的必要条件。系统的"能率"是指系统成员个人目标的满足程度,协作能率是个人能率综合作用的结果。这样就把正式组织的要求同个人的需要结合起来了,这在管理思想上是一个重大突破。从以上两点我们看到,在巴纳德时期已经形成了早期的目标管理的雏形。

从最初的科学管理学派对"目标"的重视开始,逐渐把"目标"作为组织的一项基本职能,再到行为科学学派把个人目标与组织目标结合起来,最后到社会系统学派通过制定"有效性"和"能率"两条原则来提升协作系统的能力,这些思想都反映了"目标"这一要素在组织中不可或缺的重要地位。但是他们只是把目标作为管理的一种需求进行研究,并没有形成一个完整的"目标"研究体系。莉莲·吉尔布雷思认为,"目标管理的综合过程的完善应归功于德鲁克,是德鲁克把所有的要素结合在一起,并将其融入了所谓目标管理的管理哲学之中"。

(二)德鲁克的目标管理

1.德鲁克目标管理的主要内容

德鲁克认为,"所谓目标管理,就是管理目标,也是依据目标进行的管理'"。因此,目标管理是以目标为基础或以目标为指导的一种管理体系。德鲁克从三个方面闻述了目标管理模式的结构:

(1)全单位、全过程、多层次的目标管理体系。目标管理是吸收了企业全体人员参与目标管理实施的全过程。德鲁克认为,"在目标管理过程中,通过由上而下或自下而上层层制定目标,在企业内部建立起纵横联结的完整的目标体系,把企业中各部门、各类人员都严密地组织在目标体系之中,明确职责、划清关系,使每个员工的工作直接或间接地同企业总目标联系起来,从而使员工看清个人工作目标和企业目标的关系,了解自己的工作价值,激发大家关心企业目标的热情"。因此,目标管理重视上下级之间的协商,尊重职工的个人意志和愿望,改变由上而下摊派任务的传统做法,调动职工的主动性、积极性和创造性。

(2)运用四大原则,在八大领域中确立目标。"确立目标"是目标管理中非常重要,而且不易解决的一个问题。德鲁克对此提出了一种有效的方法,即分别确定每个领域内要衡量的是什么,以及衡量的标准。八个需要设定具体的目标领域是:市场营销、创新、人力资源、财务资源、物质资源、生产率、社会责任和利润要求。德鲁克分析了制定目标时需要坚持的主要原则:一是制定目标要具体化;二是制定目标要具有超前性;三是制定目标要具有平衡性;四是制定目标还要注意目标之间的逻辑顺序。

(3)目标管理注重整体绩效和自我控制。德鲁克认为,"任何一个企业必须形成一个真正的整体。企业每个成员所做的贡献各不相同,但是他们都必须为着一个共同的目标做贡献。他们的努力必须全都朝着同一方向,他们的贡献都必须融为一体,产生出一种整体的业绩。没有隔阂,没有冲突,没有不必要的重复劳动,从而提高有效性"。因此,企业的运作要求各项工作都必须以整个企业的目标为导向。于是,目标管理又叫成果管理,它以实际成果为目的。

同时,目标管理的最大优点在于它能使员工用自我控制的管理来代替他人支配的管理,激发人们发挥最大的能力把事情做好。德鲁克指出,个人必须知道企业要求和期望他的是什么贡献,个人根据企业的目标来衡量自己的业绩。它使员工能够及时获知执行结果,因而能非常清楚和自觉地对自己的工作进行调整。

2.德鲁克目标管理的不同之处

德鲁克提出的目标管理与此前的管理学家所提出的"目标"是不同的。

(1)他不只是简单地强调目标对于一个组织的重要意义,而是构建了以"目标"为中心的一种系统的管理体系,具有完整性和系统性。

(2)此前管理学家的思想中把制定目标作为组织管理的一种职能提出来;而德鲁克在目标管理体系中是把目标看成是一种协作手段。

(3)此前的管理学家都认为目标是行动的一部分,与组织的计划是密不可分的;而德鲁克认为,目标管理是应该先于计划的,只有在确立了组织目标的前提下,才能够做出各种计划。

(4)此前的管理学家都认为公司或企业的"目标"是众所周知、显而易见的;而德鲁克认为,制定"目标"有相当的风险,对此他提出了制定目标时需要坚持的原则,来确保目标的建立。

(5)此前的管理学家认为管理是对整个组织工作的计划、组织、整合和衡量,其中的整合是通过目标的设定而达到的组织中各因素相互协调的一种状态;而德鲁克认为,管理的真正含义就在于设定目标,以此来决定管理者做什么、应该是什么,以及如何才能实现这一标准,即把目标作为管理的核心,把管理作为围绕目标决策的一种实践。

三、目标管理思想的三个关键维度

(一)目标、人、激励

目标、人及激励构成了目标管理思想的第一个维度。"目标"是管理的切入口,如果没有目标,则没有管理可言。目标是企业、部门以及员工个体所期望达成的成果,是三者努力的共同方向。一旦目标被认同与接受,随之而来的便会产生实现目标的强烈动机,在此动机的驱使下,配合管理者的有效指导以及反馈、激励(如授权),员工便能形成一系列积极向上的"工作行为"及"道德标准"。从某种意义上来说,目标可以牵引员工行为。与此同时,也可以塑造员工的使命感和强化员工的角色认知。

(二)参与和互动

第二个维度来自对人性的积极假设。这种假设并非毫无科学性可循。纵观管理学思想的演变和发展,无论是过去的霍桑实验还是到今天丰田企业的"提合理化建议制度"均充分说明了参与管理模式带来的强大力量。这种管理模式能很好地满足员工在各层次各方面不同的需求,尤其是精神层面的需求,实现了从过去的"机械人"到今天的"社会人"组织角色的转换。

(三)管理职能

第三个是以法约尔等人奠定的管理功能论为基础的实践维度,即"计划、组织、指挥、协调、控制、反馈"管理职能。虽然目标管理思想倡导"自由",但这种"自由"不是毫无忌惮的"自由",更不是滥用权利的"自由",而是指"自我管理"中的"自由"。"自我管理"是一种软性管理手段,区别于传统的刚性管理。当前,目标管理的各项职能更具有人文色彩,是包容性更强、弹性更高、开放度更高的管理职能。

第二节　目标管理的工作方案与步骤

一、目标管理的基本程序

目标管理的具体做法分三个阶段:第一阶段为目标的设置;第二阶段为实现目标过程的管理;第三阶段为测定与评价所取得的成果。

（一）目标的设置

这是目标管理最重要的阶段，第一阶段可以细分为四个步骤：①高层管理预定目标，这是一个暂时的、可以改变的目标预案。即可以上级提出，再同下级讨论；也可以由下级提出，上级批准。无论哪种方式，必须共同商量决定。领导必须根据企业的使命和长远战略，估计客观环境带来的机会和挑战，对本企业的优劣之处有清醒的认识。对组织应该和能够完成的目标心中有数。②重新审议组织结构和职责分工。目标管理要求每一个分目标都有确定的责任主体因此预定目标之后，需要重新审查现有组织结构，根据新的目标分解要求进行调整，明确目标责任者和协调关系。③确立下级的目标。首先下级明确组织的规划和目标，然后商定下级的分目标。在讨论中上级要尊重下级，平等待人，耐心倾听下级意见，帮助下级发展一致性和支持性目标。分目标要具体量化，便于考核；分清轻重缓急，以免顾此失彼；既要有挑战性，又要有实现的可能。每个员工和部门的分目标要和其他的分目标协调一致，支持本单位和组织的总目标。④上级和下级就实现各项目标所需的条件以及实现目标后的奖惩事宜达成协议。分目标制定后，要授予下级相应的资源配置的权力，实现权责利的统一。由下级写成书面协议，编制目标记录卡片，整个组织汇总所有资料后，绘制出目标图。

（二）实现目标过程的管理

目标管理重视结果，强调自主、自治和自觉，并不等于领导可以放手不管，相反由于形成了目标体系，一环失误，就会牵动全局。因此领导在目标实施过程中的管理是不可缺少的。首先进行定期检查，利用双方经常接触的机会和信息反馈渠道自然地进行；其次要向下级通报进度，便于互相协调；再次要帮助下级解决工作中出现的困难问题，当出现意外、不可测事件严重影响组织目标实现时，也可以通过一定的手续，修改原定的目标。

（三）总结和评估

达到预定的期限后，下级首先进行自我评估，提交书面报告；然后上下级一起考核目标完成情况，决定奖惩；同时讨论下一阶段目标，开始新循环。如果目标没有完成，应分析原因总结教训，切忌相互指责，以保持相互信任的气氛。

二、实现目标管理的过程

目标管理要完成以下八个过程：

（一）从战略制定到战略目标的过程

企业要以经营战略为首，没有战略就没有发展。目标管理首要的是目标的制定，而这个目标必须围绕战略需要进行科学设定。从战略到目标是一个从意图到明确的过程，没有这个过程，战略只能是一种意图、只能是一种打算，在一定程度上没有目标支撑的战略也只能是设想。有了目标，战略就有了清晰的目的和方向。因此，制定目标的依据必须是战略。两者既是从属的关系，又是相辅相成的关系，缺一不可。

（二）从战略目标到战略计划的过程

一般来说，凡是战略目标都有简单明了的特点。作为战略目标，还只是一个"纲"。要想"纲举目张"，还必须把简单的战略目标用计划的形式将其相对具体化。这个具体的过程就是战略计划的制定。计划相比目标而言相对更具体，有组织、有时间、有步骤、有途径、有措施、甚至有方法。这是一个把目标"翻译"成"实施"的转变。这一过程要考虑的事情很多，最重要的是资源配置。离开资源问题，计划再详细也是无法实施的。

（三）从战略计划到目标责任的过程

计划有了，谁来执行？这是计划实施的关键，但是，有人执行，没有责任感也是枉然。因此，最关键的还是目标责任以及目标责任人的问题。目标责任就是对目标达成与否的功过承载，责任人就是承载这种功过的具体人。没有责任体系和责任保障，再好的计划也会落空。因此，计划一旦制定，随之而来的就是一定要落实责任人。这个责任体系应该是全员、全方位、全过程的。正所谓，千斤重担人人挑，人人身上有指标。

（四）从目标责任到目标实施的过程

责任落实到位以后，就是带着责任进行目标的实施了。应该引起高度注意的是，在责任——实施的转换过程中，要讲求把责任量化成一个个可操作、可实现、可考量的具体目标，这种目标的设定和实施，一定要突出如下要点：目标是具体的；可以衡量的；可以达到的；具有相关性的；具有明确的截止期限的。

（五）从目标实施到目标督导的过程

在目标实施中，为了确保目标的达成，还必须加强实施过程的督导。督，就是对实施情况予以监督；导，就是在实施中予以必要的指导。要相信实施部门和人员的自主管理，但是，没有必要的监督、大撒手、放任不管也是不行的。监督的目的在于督办、督察、督促；在于催办、帮办、协办；在于强化对目标管理的执行力度。要知道，一个由数百人、数千人的个人行动所构成的公司是经不起其中 1% 或 2% 的行动偏离目标的。光有监督也不行，还必须有指导，指导的目的在于实现途径的引导、思想情绪的疏导、不佳行为的训导、偏执行为的劝导、知识能力的教导。一句话，就是要最大限度地挖掘潜力、激发热情，使管理过程、人员、方法和工作安排都围绕目标行进而发挥人的积极性、主动性和创造性。

（六）从目标督导到目标实现的过程

目标的实现，按组织层级分类可以划分为整体目标、部门目标、班组目标、个人目标；按专业系统分类可以划分为管理目标；生产目标、营销目标、财务目标、技术目标等；按时间阶段分类可划分为愿景目标、长期目标、中期目标、短期目标、突击目标等。如果说督导的过程是以人为本的目标管理，那么，目标实现的过程分类就是客观实际的科学保证。

（七）从目标实现到目标评价的过程

目标实现之后，并不等于过程的完结，还必须进行另一个过程——从目标实现到目标评价。

这里有三点必须进行评价：一是评价实现目标的各种资源使用情况，如多少、优劣等；二是实现的目标是否还有弹性空间，如是否可以当作基准、是否可以更加先进、是否可以保持相对稳定等；三是所实现的目标对于可持续发展能否带来推动和促进。

（八）从目标评价到目标刷新的过程

以终为始是目标管理的最高境界。因此，从成果评价到目标刷新，也是一个自我超越的过程。经过评价的目标成果，正是新的目标管理的开始。它是依据，它是基准，它是下一个目标的平台。能否超越原来已经实现的目标，这在很大程度上反映了一个企业、一个领导者的雄心。当然，"大跃进"是不客观的，"冒进"更是危险的，但是，"不进则退"也是必然的。所以，哪怕是百分之几或者百分之零点几的超越都是企业的进步。或增加，或递进，都要根据企业的实际来进行选择性的刷新。

三、目标管理的步骤

（一）目标管理的主要内容

1.要有目标

其中，首要关键是设定战略性的整体总目标。一个组织总目标的确定是目标管理的起点。此后，由总目标再分解成各部门、各单位和每个人的具体目标。下级的分项目标和个人目标是构成和实现上级总目标的充分而必要的条件。总目标、分项目标、个人目标，左右相连，上下一贯，彼此制约，融会成一个目标结构体系。目标管理的核心就在于将各项目标予以整合，以目标来统合各部门、各单位和个人的不同工作活动及其贡献，从而实现组织的总目标。

2.目标管理必须制定出完成目标的周详严密的计划

健全的计划既包括目标的订立，还包括实施目标的方针、政策以及方法、程序的选择，使各项工作有所依据，循序渐进。计划是目标管理的基础，可以使各方面的行动集中于目标。它规定每个目标完成的期限，否则，目标管理就难以实现。

3.目标管理与组织建设相互为用

目标是组织行动的纲领，是由组织制定、核准并监督执行的。目标从制定到实施都是组织行为的重要表现。它既反映了组织的职能，同时反映了组织和职位的责任与权力。目标管理实质上就是组织管理的一种形式、一个方面。目标管理使权力下放，责权利统一成为可能。目标管理与组织建设必须相互为用，才能互相为功。

4.培养参与管理意识

普遍地培养人们参与管理的意识，认识到自己是既定目标下的成员，诱导人们为实现目标积极行动，努力实现自己制定的个人目标，从而实现部门单位目标，进而实现组织的整体目标。

5.必须有有效的考核办法相配合

考核、评估、验收目标执行情况，是目标管理的关键环节。缺乏考评，目标管理就缺乏反馈过程,目标管理的目的即实现目标的愿望就难以达到。

(二)目标管理的具体步骤

目标管理的步骤可以不完全一样,但一般来说可以分为以下四步:

第一,建立一套完整的目标体系。实行目标管理,首先要建立一套完整的目标体系。这项工作总是从企业的最高主管部门开始的,然后由上而下地逐级确定目标。上下级的目标之间通常是一种"目的—手段"的关系;某一级的目标,需要用一定的手段来实现,这些手段就成为下一级的次目标,按级顺推下去,直到作业层的作业目标,从而构成一种锁链式的目标体系。制定目标的工作如同所有其他计划工作一样,需要事先拟定和宣传前提条件。这是指导方针,如果指导方针不明确,就不能期望下级主管人员会制定出合理的目标来。此外,制定目标应当采取协商的方式,应当鼓励下级主管人员根据基本方针拟定自己的目标,然后由上级批准。

第二,明确责任。目标体系应与组织结构相吻合,从而使每个部门都有明确的目标,每个目标都有人明确负责。然而,组织结构往往不是按组织在一定时期的目标而建立的,因此,在按逻辑展开目标和按组织结构展开目标之间,时常会存在差异。其表现是,有时从逻辑上看,一个重要的分目标却找不到对此负全面责任的管理部门,而组织中的有些部门却很难为其确定重要的目标。这种情况的反复出现,可能最终导致对组织结构的调整。从这个意义上说,目标管理还有助于明确组织机构的作用。

第三,组织实施。目标既定,主管人员就应放手把权力交给下级成员,而自己去抓重点的综合性管理。完成目标主要依靠执行者的自我控制。如果在明确了目标之后,作为上级主管人员还像从前那样事必躬亲,便违背了目标管理的主旨,不能获得目标管理的效果。当然,这并不是说,上级在确定目标后就可以撒手不管了。上级的管理应主要表现在指导协助,提出问题,提供情报以及创造良好的工作环境等方面。

第四,检查和评价。对各级目标的完成情况,要事先规定出期限,定期进行检查。检查的方法可灵活地采用自检、互检和责令专门的部门进行检查。检查的依据就是事先确定的目标。对于最终结果,应当根据目标进行评价,并根据评价结果进行奖罚。经过评价,使得目标管理进入下一轮循环过程。

第三节　目标管理在现代档案管理中的应用实例

一、目标管理的理念在现代档案管理中的应用

传统的目标管理有4种观念,即过程观、参与观、方法观和实践观。四种观点展示了目标管理在实践过程中的发展与演进,揭示了国内外学者在不同视角下对目标管理理念认识的不断提升过程。

(一)档案管理者理念不同管理活动不同

在不同理念指导下的档案管理者,其管理活动的重点和偏好是有所不同的。

1.受过程观影响

持有过程观的档案管理者重视目标管理的每一个环节及其细节工作,把每一个阶段性的活动看成是一个完整的过程。

2.受参与观影响

持有参与观的档案管理者,会更多地站在人性的角度去思考和解决问题,更为注重通过交流、分享、培训、互动、授权等活动来增强成员对决策过程的投入程度。

3.受方法论影响

在方法观指导下的档案管理者讲究方法论,注重管理的理论性和科学性,同时也会凭着以往的经验来判断管理问题,通过流程改造和资源重组等调配控制手段,优化企业内部运作,从而达成绩效目标。

4.受实践观影响

持有实践观的档案管理者则强调经验与实践的良性结合,有步骤、有规划地实施目标管理。

(二)系统观的提出

上述四种目标管理理念均在不同视角下,并通过实践探索和理论研究分别对档案目标管理进行了分析。其中,过程观与实践观更具有现实意义,主要原因有两点:档案管理质量不能光靠事后检验,更需要依靠管理过程中的严密监控与科学方法;管理实践有助于深化档案管理者对工作的认识,并能提高档案管理相关主体的管理水平与应变能力,从而加强档案馆(室)作战的灵活性。需要指出的是,上述四种观点虽然谈及目标管理的哲学思想与各项职能,却忽略了目标管理必须拥有的资源要素,其中最为核心的是人力资源,因此上述四种观点似乎忽视了目标管理的系统性思想。事实上,系统观早已蕴藏在德鲁克关于目标管理的最早界定中,可以说,目标管理就是一套以目标为中心、以资源为基础,有理论、重实践的管理系统。

二、档案工作中目标管理实施中的常见问题

虽然目标管理具有多种优越性,但在实际档案管理工作的运行中,随着目标管理的深入实施,其局限性便暴露出来,档案管理问题也随之产生。导致问题出现的原因可以归咎为理论和意识两方面。首先,目标管理理论对档案管理要素和环境因素存在着选择性和适用性,不同的管理要素和环境因素将决定档案管理措施实施成效的大小。其次,档案管理人员可能不能从根本上领悟目标管理思想,在实施中死板、被动地按照说明行事,甚至出现形式化地操作,从而给目标管理的成功实施施加了阻力。总的来说,档案管理工作实施中可能会出现以下三方面问题:

(一)档案管理目标方面的问题

1.档案管理目标认识模糊

档案管理工作目标是档案管理人员共同商讨制定出来的结果,高层档案管理领导者根据部

门的使命和战略制定大目标;中层档案管理者根据高层的大目标逐层分解和量化,最后落实为基层档案员工的个人目标(小目标)。在此过程中,各层档案管理人员要进行充分的目标沟通,通过相互协商来进一步认识组织目标、部门目标以及个人目标。而在实践中,档案管理目标并非均是通过参与协商共同制定出来的,很多情况下,领导者单独制定目标内容,因此,容易造成广大档案管理员对目标的认识模糊。

2.档案管理目标的量化分解困难

并非所有的档案管理目标都可以用数字进行具体细化、量化说明,就如销售人员与客户交谈的次数也不能决定其服务质量;教师的课时量也不能直接决定其教学质量。在上述情况下,假若仅采用数字作为衡量档案管理人员绩效的准绳,则容易鼓励投机取巧,助长不正当行为和不良风气的产生,严重阻碍档案管理质量的提升,损害部门形象。

3.团队目标的不可分解性

档案管理组织是以团队工作为主的,而团队工作在技术上的不可分割性决定了团队成员之间的工作是相互依赖、相互影响的,在这种情况下假如盲目分解团队目标,把团队目标量化成一连串的数字目标再下达给成员,则可能破坏成员之间原有的合作精神和融洽氛围。

4.目标与资源分配的问题

一个部门的资源是有限的,奖励、晋升的机会只属于少数出色完成目标的员工。目标对于部门员工来说不仅仅是责任和绩效,同时也代表了未来的个人收益,在这种目标与档案管理人员个人利益紧密相连的奖励机制下,假如部门缺乏监管和正确的考核机制,则容易助长功利主义和本位主义思想蔓延。

5.目标近视症

目标是有层次和次序的,需要逐步地靠拢和实现。如果在执行目标过程中,过分地把精力和资源集中在实现眼前的短期目标上,则容易陷入"目标近视症"。一方面,档案管理人员为了完成个人任务,会千方百计实现个人的短期目标,以至于损害档案管理工作的标准化进行;另一方面,由于不舍得放弃眼前的利益,档案管理人员也多倾向于选择沉醉和满足于原地踏步的状态,不愿意调整工作内容,甚至对外界已经发生变化的环境因素视而不见,由此导致档案管理水平下降,阻碍档案管理的现代化发展。

(二)档案管理组织的问题

首先,"高架式"或"官僚式"的组织结构是实现档案目标管理的阻力,层层下达或层层汇报的权力集中化管理模式严重削弱了档案管理机构的应变能力,违背了目标管理中的授权原则。其次,档案管理机构相关机制的不健全也会带来很多问题。如考评奖惩机制的不到位导致考核流于形式,信息沟通机制的缺乏影响档案管理机构最佳决策的制定。第三,参与管理模式自身也是一种阻力,因为在很多档案管理机构中,基层员工与高层管理者难免存在意见分歧,当档案管理者为了促进本档案馆(室)的发展提出带有较大变动的决策时,基层档案管理员往往会因不想学习新的东西而阻碍决策的施行。在这种情况下,如果管理者没有和员工进行有效沟通,就会直接影响员工的工作积极性,员工也会因不适而对组织失去信心。

(三)档案管理员素质问题

首先,目标管理的最佳对象是有"责任心工人"。"责任心工人"在德鲁克的定义中指的是那些愿意对工作承担责任,并从完成具有挑战性的业绩目标中获得成就感和满足感的工人。但是,早在 20 世纪 60 年代末,马斯洛就通过长期实验证明了并非每个人都是"责任心工人"。其次,管理者和目标执行者的素质低下也会带来问题,因为目标管理需要知识与技能,需要自我管理和自我约束的能力。因此,目标管理作用在知识型员工上,就能发挥出色的功效,因为知识型员工拥有知识与技能,能从事复杂的工作,能理解从事档案管理工作的使命和目标。

三、档案管理实施的注意事项及要点

档案机构管理者采取目标管理是一项很好的措施。目标管理的参与性特点,使档案管理员可以参与工作目标的制定,可以让管理员更深刻地认识到这项工作的重要性,以及其对保密性和原则性的要求,明确自己的重要职责。目标管理的授权性特点则能进一步激发管理员工作的积极性和主动性。目标管理的自控自管的特点,让管理员在被高度信任的情景下努力工作,同时提升自己的综合素质。

(一)实施前需要考虑的事项

从上述目标管理实施过程中可能出现的问题中可以看出,目标管理是有适用范围和适用条件的,档案机构管理者除了需要掌握目标管理的操作方法之外,更需要考虑被管理对象的工作性质,分析他们的工作是否存在被分解和量化的可能性。此外,要考虑管理对象的综合素质,包括专业素质和心理素质两方面。最后,档案机构管理者还要努力健全组织的各项规章制度和考核机制,使目标管理能在优越的环境下得以推行。

档案工作目标管理实施前需完成以下两项重要工作:

1. 做好环境分析与资源评估

包括对内、外部环境的分析与各项资源要素的评估工作,尤其是对那些关键要素,如档案机构组织文化、档案管理人员素质以及员工对组织的承诺度等的评估。早在 1990 年代初,Robert Rodger 和 John Hunter 在进行目标管理与组织变量的实证研究中就发现了员工的承诺度与生产力有联系的现象:承诺度高更能激发员工的工作积极性,从而提高工作效率,反之则工作效率提升缓慢。

2. 创新目标管理机制

理念是创新的出发点,档案管理机构要进行创新,首先是要更新工作人员的陈旧观念,通过培训、重组组织架构或授权等手段塑造本机构的文化。其次,把人员管理作为创新机制的切入点,通过不断完善沟通机制来改善档案机构管理者与工作人员观念的偏差问题,努力提升档案工作人员的素质与参与意识,并注重保持信息沟通渠道的畅通。

（二）实施阶段的要点

1.遵循目标设置原则

首先,在制定目标时,档案机构管理者需要遵循以下五个原则:

（1）目标要有主次之分。组织的战略目标是大目标,是被分解对象,而部门目标和员工个人目标是大目标层层分解、量化、落实的结果。大目标、部门目标、员工个人目标构成了一个有主次、有导向的目标体系。

（2）目标必须具体清晰,能量化的要量化。量化的目标值为衡量绩效、考核与反馈提供了便利。需要强调的是,档案机构管理者在设置量化目标时也要设置定性目标。只有坚持定量目标与定性目标相结合的原则,才能全面衡量工作绩效。

（3）目标要有现实性和挑战性。目标设置过高容易挫败员工的自信心,打击他们的积极性;而目标设置过低则不能激励员工上进,也不利于组织绩效的持续提升。

（4）目标要与时俱进,符合国家和社会的发展需求。档案机构管理者可以把国家和社会共同关注的热点问题作为服务目标的基本准绳,从而更好地为外界提供服务,满足各种需求。

（5）目标要有动态性。随着社会环境日新月异,档案管理机构受到的干扰会越来越大,如档案管理手段的更新、档案管理机制的完善、档案管理技术的提升等,原本的目标可能会逐渐不适应外部环境的变化,这就要求档案机构管理者及时修正目标,使目标更适应环境变化。

其次,要实现目标设置中的三个诉求:

（1）档案机构管理者要赋予员工话语权和决策权。员工能与管理者进行目标协商,能就不合理的地方提出建议,能拥有参与决定目标的权利。

（2）档案机构管理者要与员工分享信息。信息渠道顺畅和及时分享能提高决策的有效性。

（3）档案机构管理者与员工需具备良好的专业知识和沟通技能,能在良好的沟通氛围下制定正确可行的目标。

2.强化行为监管机制

（1）建立监管机制。建立监管机制的目的在于主动掌握员工的工作动态,控制目标执行过程中的各个变量,并及时指导和帮助员工。档案机构管理者可以通过信息平台、会议、书面报告等方法来定期检查目标完成的进展情况,深入了解下属员工在执行目标过程中遇到的问题或障碍,及时提供帮助,纠正存在的偏差行为。

（2）坚持与员工进行目标沟通,提供他们在进行自我管理时所需的信息。档案机构管理者可以通过正式或非正式的沟通方式了解下属,激励下属,传达信息。

3.加强目标考核工作

组织既可以通过考核实现生产经营目的,也可以通过考核发现问题、解决问题,考核对于组织来说是保证目标达成的一种必要管理手段。目标考核与德能勤绩考核有着明显的区别:目标考核更趋向于成果或业绩的测评,在指标采纳上以客观的量化指标为主,考评信度较高;德能勤绩考核虽然覆盖了对行为和业绩两方面的测评,但存在信度较低、考核内容缺乏针对性、与战略目标脱节等问题。

在档案管理机构目标考评工作中,档案机构管理者要注意两个问题:一是要根据员工的工作内容、要求以及目标任务来确定考核指标,在考核指标中应注重定量与定性指标相结合,坚持以量化指标为主、以定性指标为辅的考评原则;二是要遵循目标考评的基本流程,包括个人目标制定、定量与定性的综合评价、加权统计评分、考评结果反馈、考评结果运用等主要环节。

4.明确权、责、利的分配

构建利益机制首先要明确它们所占的比重,如组织成员的能力和需求在利益总体中所占的比例,它们是组织在运营过程中所产生的工作任务、风险和利润。档案机构管理者要把三者有机地结合起来,才能真正改善责任分工及权益分配等问题。

"责"是指在合理分工基础上确定的职位与承担的工作任务,可以通过编写具体的岗位职责说明书来落实;"权"是指权力或职权,权力越大,责任就越大;"利"是指利益和利润(效益),即全体员工的利益以及企业的整体利润或效益。利益分配通常体现在考核方面,即通过考核结果来兑现员工工资、奖金和待遇,从而激发他们的积极性和能动力。

5.做好反馈工作和运用考核结果

反馈是进步的前提。档案机构管理者应认真总结、分析考核结果,及时进行反馈,使得被反馈者可以根据实际情况迅速调整未来动向。档案机构管理者还要充分运用考核结果,常见的做法是把考核结果与奖励挂钩。除此之外,档案机构管理者还可以把考评结果运用到培训需求分析、和工作分析等领域上,使得基层档案管理员在考核中进步,同时也使得整个人力管理系统更具科学性,更加完善。

目标管理是经久不衰的经典企业管理思想,在任何时代背景下都有着独特的指导意义和适用性,其自治和参与式的管理理念更是超越了"同化个体""压制个体"的传统管理思想,充分展现了后现代主义思潮中的人本管理理念。档案机构管理者对目标管理的理性认识和正确理解是有效实施目标管理的前提。对于尚未具备实施目标管理条件的机构来说,应从实际出发,以努力改善内部条件为首要工作目标,为日后目标管理体系的构建奠定良好的基础。

四、实例分析——以云南省档案局(馆)少数民族档案资源建设"云南模式"为例

就云南省少数民族档案遗存情况而言,其资源建设面临的主要问题有:一是分布广泛、数量丰富带来的资源采集问题。云南是我国少数民族最多的省份,共有 51 个少数民族,人口在 5000 人以上的少数民族有 25 个。各民族所遗存的档案文献数量丰富,分布在云南各个民族地区,多保存在偏远的乡村山寨,为其征集抢救工作带来困难。二是保管主体众多带来的资源分散问题。以昆明市现存傣文档案为例,除省档案馆外,省民委古籍办收藏有傣文贝叶经 100 余册,绵纸经 500 余册;省图书馆馆藏 100 册;省博物馆有 64 册;云南民族大学收集到 317 册;省社科院有 20 余册。三是类型繁多带来的资源有序化建设问题。云南省现存少数民族档案按记录符号可分为少数民族文字、汉文、图画、声像等档案种类;按载体形式分有纸质、石刻、金属、竹木、布帛、羊皮、兽骨、陶片、贝叶档案等类型。种类多样不仅征集困难,也带来了分类整理的有序化建设问题。从云南省档案局(馆)开展的少数民族档案资源建设工作来看,"云南模式"的主要建树为:其一,从政策法规制定、档案事业规划、资金投入、人才培养,以及对外合作与交流等方面发展少数民

档案事业,保障其资源建设工作的开展;其二,立足云南民族记忆构建,依托云南省档案馆开展创新性少数民族档案资源建设工作。具体工作如下:

(一)以发展少数民族档案事业保障其资源建设工作开展

1.政策法规保障

1960 年 5 月 10 日,云南省档案局下发《关于准备少数民族档案工作会议的补充通知》,部署各地(市)县开展少数民族历史档案收集工作。1960 年 9 月 15 日,云南省档案局下发《关于全国少数民族地区档案工作会议精神传达和我省如何贯彻执行的初步意见》,结合云南实际,制定加强少数民族地区档案工作的方针政策。1961 年 8 月 25 日,省档案局起草《关于广泛收集少数民族历史档案和历史资料的意见》,提出少数民族历史档案收集工作等 3 条意见。1987 年 3 月 18 日,云南省档案局向各地州市县档案局下发《关于调查少数民族档案史料的通知》,对全省散存民族档案史料进行全面普查。2007 年,《云南省档案条例》第 20 条明确规定:"有关单位应当加强对记述和反映少数民族政治、经济、文化等活动档案的收集、整理、保护和开发利用。"从法规建设的高度,正式将少数民族档案管理列入档案工作的业务范畴。

2.工作规划保障

1960 年 10 月 27 日,云南省档案局召开全省档案工作会议,把少数民族历史档案收集整理列入全省档案工作计划要点。2010 年,云南省档案事业发展"十二五"规划专门提出"突出民族特色打造云南民族档案品牌"的少数民族档案资源建设发展问题。建设目标是:在"十二五"期间,云南省逐步开展对云南 15 个特有少数民族档案的收集、征集工作,积极探索少数民族口述历史档案抢救与保护的方法与途径,开展民族文献资料、民族语言文字、民族服饰、民族风俗、民族音乐歌舞、民族医药、手工技艺等档案的抢救与保护,建立云南省少数民族档案数据库。2016 年,云南省档案事业发展"十三五"规划提出,要"加强地方民族特色档案征集工作",从构建"云南记忆"视角,再次将少数民族档案资源建设列为规划发展的重要内容。

3.规范建设保障

为做好云南省少数民族档案资源规范化建设工作,1961 年,省档案局起草《关于广泛收集少数民族历史档案和历史资料的意见》,将收集范围概括为:反映少数民族政治、经济、文化及社会等方面的历史档案资料;反映寺庙、宗教团体活动的历史档案资料等 9 个方面,并提出少数民族历史档案的整理、编目办法。从 2010 年起,为实现云南省档案事业发展"十二五"规划提出的"突出民族特色,打造云南民族档案品牌"目标,云南省档案局下发文件,对各个民族档案文献材料征集范围与质量进行专门规定。例如,2015 年,云南省档案局下发《关于开展傣族档案抢救与保护工作的通知》,在"任务分解表"中提出了"反映和记载西双版纳傣族历史文化的西双版纳傣文的教材和声像资料;反映西双版纳傣族历史文化的贝叶经、《贝叶经全集》100 卷、棉纸经及其制作工艺的文字、声像和实物档案"等 12 项征集范围要求;在"相关要求"中提出整理、视频格式和数字化要求,对傣族档案文献的征集整理与采集质量做出细致规定。此外,云南省档案局还形成了《云南少数民族档案抢救与保护方法》《少数民族口述历史采集与整理方法》等,积极推进少数民族档案资源建设规范性进程。

4. 人才培养保障。

2016 年,云南省档案事业发展"十三五"规划第 4 条提出:"发挥教育在培养人才中的基础性作用,强化档案干部业务培训,采取请进来、送出去等方式,开展人才培训。"云南省档案局少数民族档案人才培养途径主要有以下两种。其一,依托云南大学共同培养人才。其方式有:一是参与人才培养方案的研究与制定,在档案学本科专业开设"少数民族档案管理"课程,在硕士和博士研究生中开设少数民族档案研究方向;二是承担本科生课程,担任研究生导师,共同培养少数民族档案人才;三是吸收学生参与少数民族档案资源建设,在实际工作中培养人才。其二,采用多种方式提升干部业务素质。在全省档案学会研讨会中,请云大专家作"少数民族档案管理"学术报告;在每年的档案干部在职培训中,开设"少数民族档案管理""民族档案文献遗产抢救"等专题讲座。此外,和新加坡国家档案馆共同实施口述历史采集合作项目,提升云南省档案干部少数民族档案工作业务素质。

(二)依托省档案馆开展少数民族档案资源创新性建设工作

1. 发挥优势,创新少数民族档案资源采集工作

为适应收集工作新形势,云南省档案局依托政府资源优势,以项目实施的方式,开展少数民族档案资源采集工作。以哈尼族档案文献收集为例,首先,2016 年 5 月,云南省档案局向分布在哈尼族的普洱市、西双版纳州、红河县、元江县等档案局下发《云南省档案局关于开展哈尼族档案抢救与保护工作的通知》,部署哈尼族档案文献采集工作;其次,制定《哈尼族档案抢救与保护工作方案》和《哈尼族档案采集征集具体工作任务表》,从哈尼族档案文献征集范围、价值鉴定,以及规范建设等方面,确定哈尼族档案文献采集工作任务与指标;再次,依据《云南省档案征集经费管理暂行办法》等规定,向各个项目实施地区的档案局提供经费支持;最后提出征集范围、分类整理、视频格式、照片格式等采集要求,规范哈尼族档案文献收集工作。采用这一模式,云南省档案馆完成傈僳族、拉祜族、佤族等 15 个特有少数民族档案文献的资源建设工作,在少数民族档案资源建设工作中取得显著成效。

2. 价值鉴定,保证少数民族档案资源建设质量

(1)明确提出征集质量要求。例如,2015 年《云南省档案局关于开展傣族档案抢救与保护工作的通知》第 6 条提出:"各地应对各领域各类工作资料进行认真梳理和广泛收集,确保采集、征集档案资料的齐全完整,内容要涵盖当地傣族重大事件、重大活动、重要工作、民族特色工作以及与群众需求密切相关、具有鲜明时代特征、对傣族具有重要影响力、对傣族发展起到积极推动作用的各类政策、事件、经验做法、人物、实物等。"

(2)形成专家鉴定制度。例如,2015 年 7 月 2 日,省档案局召开傣族档案价值专家鉴定会,由民族学家、民族档案学者和档案干部组成专家组,对拟征购的傣族档案进行价值鉴定。专家根据鉴定标准通过现场提问、反馈意见等方式评审档案价值,剔除部分无保存价值的书籍、实物和仿真件等,并对下一步征集工作提出建议。这一价值鉴定制度保证了进馆档案文献的原始性和全面性,有利于云南省档案馆少数民族档案资源的优化建设。

3. 传承民族记忆,科学构建少数民族档案资源体系

云南省档案局少数民族档案资源体系构建思路可概括为:依托原有馆藏基础,逐步构建以15个独有少数民族为重点,涵盖25个少数民族的资源体系。主要工作为:一是在原有馆藏基础上,开展15个独有少数民族的档案资源建设工作。截至2016年,已经完成傈僳族、拉祜族、佤族等15个少数民族档案全宗的征集构建工作。例如,"阿昌族档案"全宗于2010年征集进馆,保存有反映阿昌族生产、生活、文化等各方面的文书档案214份,图书档案资料28本,照片档案510幅,音像制品档案88份,名人档案29人(共234件),实物档案18件。二是对少数民族档案资源进行有序化整理。方法为:以少数民族为一个立档单位构建档案全宗,全宗识别代码为"S"。在全宗之下,设立少数民族文书档案、图书档案、照片档案、音像档案、实物档案、名人档案6类,从而形成涵盖少数民族各个领域的档案资源体系。

4. 正视现状,开展相关单位散存少数民族档案征集工作

早在1961年,云南省档案局《关于广泛收集少数民族历史档案和历史资料的意见》第3条就提出:"档案部门如果收集到文物,应该移交给文物部门,文物部门已经收集到的历史档案、资料,档案部门也应该进行了解,在他们有了复制品之后,集中到档案馆保存。"

集中方式主要有以下几种:

(1)依托政府资源开展征集工作。和云南省非物质文化遗产管理部门,以及文化、文物主管机构等合作,指导云南少数民族非物质文化遗产建档保护工作,并将珍贵的建档档案材料接收到省档案馆保存。

(2)以项目合作的方式开展征集工作。例如,2002年,云南大学尹绍亭教授和日本东京外语大学唐立教授合作实施"老傣文抢救保护项目",该项目以德宏州为试点,与德宏州民语委和云南省档案局等合作,对德宏州各单位和民间散存傣文档案开展普查、编目与摄制工作。项目历时一年,共普查登记老傣文古籍2000余种,完成编目近900种;拍照制作傣族贝叶经微缩胶片共30盘,母盘移交省档案馆珍藏。

(3)和云南省古籍办、图书馆和博物馆等单位合作,通过交换重复件、复制件,或接收部分档案原件等方式,实现少数民族档案资源的集中保护。

(三)"云南模式"少数民族档案资源建设案例分析

1. 资源建设管理切合档案事业发展规律性

就少数民族档案事业发展而言,1960年时任国家档案局局长的曾三在呼和浩特全国少数民族地区档案工作会议上的报告,以及1994年时任国家档案局局长的王刚在新疆乌鲁木齐全国民族地区档案工作会议上的讲话等,都从"大力加强机构、人才、法规、馆库、业务等各项基础建设"方面阐述少数民族档案事业发展规划问题。"云南模式"的一项重要内容就是发展少数民族档案事业,保障其资源建设工作。

这一模式的意义表现为:一是理论上,填补了我国少数民族档案事业管理工作内容的缺失。尽管国家档案局从机构设置、法规建设等层面对少数民族档案事业的发展提出要求,但在实践工作中,这项工作尚属空白。云南省少数民族档案资源建设的宏观管理涉及政策制定、法规建设、

规划设计、人才培养和对外合作与交流等方面，这对填补少数民族档案事业管理实践内容的缺失，丰富我国档案工作宏观管理的理论知识都具有学术价值。二是实践上，云南省少数民族档案事业管理工作有示范性。"云南模式"工作内容具体翔实，具有可操作性，这对各民族地区借鉴这一模式，切实贯彻国家档案局少数民族档案工作方针，促进各民族地区档案工作发展有现实意义。

2.资源建设工作创新发展具有现实可借鉴性

云南省档案馆少数民族档案资源建设创新可概括为：一是以项目实施的方式采集少数民族档案；二是制定价值鉴定标准，组建专家鉴定委员会开展少数民族档案鉴定工作；三是"构建以15个独有少数民族为重点，涵盖25个少数民族的资源体系"；四是以项目实施、利用政府资源等方式，开展散存少数民族档案的集中保护工作等。就工作模式的理论贡献而言，许多工作方法具有开创性。例如，在资源体系构建的创新方面，依据"构建以15个独有少数民族为重点，涵盖25个少数民族的资源体系"的建设目标，完成傈僳族、拉祜族、佤族等15个少数民族档案全宗的采集建设工作，其工作内容丰富了少数民族档案，乃至其他档案资源建设工作的理论知识；在实践上，这些创新性举措在实践工作中发挥了重要作用，形成了云南少数民族档案资源建设的有效模式。"云南模式"的资源建设工作不仅可辐射影响到西部地区，而且对全国各民族地区借鉴"云南模式"，开展少数民族档案资源建设工作，构建和传承民族记忆都有现实应用价值。

3.标准化构建是资源规范性建设工作的核心

1987年11月5日，时任国家档案局局长的韩毓虎在全国少数民族档案史料评述学术讨论会上的讲话中提出，要"从本民族档案和档案工作的实际出发，制定本民族档案的具体管理办法"。就云南省档案局少数民族档案资源标准化建设工作而言，无论是1961年下发的《关于广泛收集少数民族历史档案和历史资料的意见》，还是始自2010年对云南15个特有少数民族档案的收集工作中提出的"采集、征集要求""整理要求""视频格式要求"和"数字化要求"等，都在标准化建设方面进行了有益的探索。其成果的实践价值为：保证了少数民族档案资源建设的齐全完整、有序化管理，以及数字化资源建设工作的规范性开展；在理论上，则填补了我国少数民族档案工作规范性缺失的空白，丰富了档案标准化建设的内容。从规范性建设视角来看，"云南模式"的标准化建设还要解决相关标准的制定与实施问题，如《少数民族档案征集规范》《少数民族档案鉴定标准》《少数民族档案声像视频采集标准》《少数民族档案分类整理方法》《少数民族档案数字化建设标准》等。这些标准的制定、完善与实施，无疑对云南省，乃至全国少数民族档案规范性管理工作起到推进作用。

4.散存资源的集中整合性共建问题亟待解决

鉴于少数民族档案民族文化遗产、古籍、文物和史料等多元属性，目前大部分少数民族档案史料已收藏在各级档案馆内；博物馆、图书馆、纪念馆、历史研究部门、少数民族研究部门也收集了一部分少数民族档案史料。云南省这一问题普遍存在，以西双版纳州散存傣文档案文献为例，除州档案馆保存有371部、995册傣文经卷外，州傣族文化研究所有400部、1500册；州政协有20余册；州文管所有215册；州文化馆有43册；州佛教协会有60册；景洪市档案馆有25册；景洪市政协史志办有19册；勐海县档案馆有266册；勐腊县档案馆有776册。为征集散存的少数民族档案,云南省档案馆采取的依托政府资源开展集中保护工作、以项目合作的方式开展集中保护工作,以及通过接收原件或交换重复件和复制件等方式实现集中保护对策,尽管在实际工作中发挥了一定作用,但这一问题尚未根本解决,其阻碍因素主要有"档案保护法规欠缺、现行文化体制设置、机构职能制约、物权归属模糊,以及业绩因素制约"等。

(四)"云南模式"少数民族档案资源建设案例启示

1. 民族记忆的构建传承是资源建设目标

少数民族档案资源建设的主要目标就是全面构建民族记忆,更好地保护与传承这一民族文化遗产。因此,其资源建设应满足民族记忆构建的全面性和特色性需求。具体而言,在档案类型、载体上要体现出民族性和特色性;在档案内容方面要尽可能地涵盖当地少数民族社会历史发展的各个领域,以保证民族记忆构建与传承的完整性。

2. 政策法规的制定是资源建设发展保障

从国家层面来看,国家档案局1960年在呼和浩特召开的全国少数民族地区档案工作会议,以及1994年在新疆乌鲁木齐市召开的全国民族地区档案工作会议等,都提出了少数民族档案工作发展的方针。而云南、西藏、内蒙古和海南等为贯彻落实国家政策、开展少数民族档案工作,都制定了相应的政策法规,从而保证了少数民族档案资源建设工作的持续发展。

3. 少数民族档案事业发展是资源建设条件

少数民族档案资源建设是一项综合性的民族档案工作,涉及行政管理、政策法规、人才培养、经费保障、规划设计、标准化建设和对外合作与交流等诸多方面。因此,只有遵循少数民族档案工作规律性,依据其工作特性,全面发展少数民族档案事业,才能保障少数民族档案资源建设工作的有效开展。

4. 工作创新是新形势下资源建设推进保证

为适应少数民族档案工作的新形势,云南省档案局采用项目实施的方式征集少数民族档案;采用专家鉴定会的方式评估少数民族档案的价值;利用政府资源开展少数民族档案征集工作等。这些创新性工作,不仅保证了少数民族档案资源建设的顺利开展,对丰富我国档案工作的理论与实践方法也有学术与现实价值。

5. 标准化是资源规范性建设发展核心内容

就我国少数民族档案标准化建设现状而言,这项工作的开展无论是基础标准,还是业务技术标准等都尚处于起始阶段,这一状况不仅影响了少数民族档案资源的规范性建设与有序化管理,也制约了其数字化资源建设工作的开展。鉴于标准化建设的重要性,建立健全少数民族档案工作标准体系,是少数民族档案资源建设工作今后发展亟待解决的现实问题。

"云南模式"在我国少数民族档案工作中的示范性表现为以下两个方面:

(1)是少数民族档案事业发展的示范性。云南省档案局在少数民族档案资源建设中采取的政策法规、人才培养、经费保障、规划设计、规范性建设和对外合作与交流等策略,切合档案工作发展规律,保证了资源建设工作的发展。

(2)是少数民族档案资源建设的示范性。无论是以项目实施的方式征集少数民族档案,还是以15个独有少数民族为重点,构建涵盖25个少数民族的资源体系等建设工作,都具有借鉴价值。鉴于此,"云南模式"少数民族档案资源建设工作案例的研究推广对贯彻国家档案局"三个体系建设"方针,促进各民族地区少数民族档案资源建设工作的发展,更好地构建与传承民族记忆具有现实意义。

第六章 信息技术管理在现代档案
工作中的应用

20世纪末,信息技术,特别是数字技术和网络技术迅猛发展,正在深刻地改变着信息的收集、组织、管控、保管、传递和利用方式,这种改变广泛渗透到人类生活的各个方面和社会发展的各个领域,给人类社会的进步注入了强大的动力,极大地提升了社会生产力,也给各项事业的发展提供了宝贵的机遇。认清信息化潮流,抓住信息化机遇,应对信息化挑战,顺势而为,乘势而上,是21世纪我国档案事业发展的突出主题、战略举措和神圣使命。本章首先对信息技术管理进行总体概述,然后再对信息技术管理的特点进行分析,并通过实例论证信息技术管理在现代档案管理中的应用。

第一节 信息技术管理概述

一、信息技术概述

我国的现代档案管理建设是在信息技术日新月异、国家信息化战略不断推进、电子政务建设迅猛发展的多重背景下发展起来的。其中,信息技术是档案信息化的前提和基础。认识信息化和信息技术的基本概念和知识,有利于把握现代档案管理发展的基本规律,克服盲目性,提高自觉性,增强对信息化战略的执行力。

(一)信息资源

信息资源也有广义和狭义之分。广义信息资源是指人类在社会信息活动中积累起来的信息、信息生产者、信息技术等信息活动要素的集合。狭义信息资源是指人类社会活动中经过加工处理后达到有序化并大量积累起来的有用信息集合。随着信息技术,特别是互联网的普及,人们实实在在地感受到了信息的普遍性和价值性。将信息看作并转换为一种资源,是对信息或信息活动相关要素价值性高度认可的表现,是当今社会的一种先进意识。同时,从上述概念可以看出,不能随意地将信息称为信息资源。信息的资源化是有条件的,这种条件同样适用于档案信息资源。因此,在从事档案信息资源的建设时,也需要在"有序化"和"大量积累"上下功夫,并且要将与信息有关的信息生产者、信息技术等要素一并纳入信息资源建设和管理的范畴,实现信息资源体系的整体优化和信息资源价值的最大化。

（二）信息技术

档案信息化的物质基础是信息技术，全面认识信息技术是档案信息化建设的前提条件。信息技术是指完成信息的获取、传递、加工、再生和利用等功能的技术。它是一门综合性很强的高新技术，包括以下四项基本内容：一是感测技术，它是人的视觉、听觉、触觉等感觉器官功能的扩展，使人们能更好地从外部世界获得各种有用的信息。二是通信技术，它是人的神经网络功能的扩展，其作用是传递、交换和分配信息，消除或克服空间上的限制，以便更有效地利用信息资源。三是计算机及人工智能技术，它是人的思维器官记忆联想、计算功能的扩展，使人们能更好地存储、加工和再生信息。四是控制技术，它是人的效应器官（手、脚、口）功能的扩展，它是根据输入的指令对外部事物的运动状态实施干预，实现信息的效应。

（三）信息技术管理

信息技术管理是指对现代信息技术如通信技术，信息处理技术、控制技术等的科学管理活动和过程。它是以信息服务业务的开展与社会的实际需要作为依据，组织好各种信息技术的开发和应用，并对信息技术进行标准化、规范化管理。

传统上人们更关心信息系统的开发活动，而对信息系统的维护、信息系统的日常运行和信息服务的关心则置于第二位。现在绝大多数组织的日常业务活动都已通过信息系统完成，但是如果信息系统的运行失败则将导致档案管理业务无法进行，从而造成无可估价的损失，所以人们也越来越重视对信息技术的管理。对于信息技术管理我们可以分为 5 个部分：制定信息系统运行战略，制定信息技术规划，衡量和管理计算机容量，系统运行计划和控制，结果控制。

（四）信息技术管理阶段

20 世纪 50～70 年代末属于信息技术管理阶段，这一阶段主要围绕计算机应用创造了许多信息加工处理方法和系统开发设计理论，以实现信息的有效管理和开发利用。

该阶段的到来是社会生产力发展和信息技术共同作用的结果。设想在没有信息技术的前提下，如果仅靠人本身的手工信息处理能力来开发和利用信息资源，那么信息于人类社会生存和发展的作用将是何等的有限、何等的微小，人们的信息意识就不可能像今天这样的强烈，信息也就不可能被作为一种等同于物质和能量的战略性资源。20 世纪 50 年代以来，信息技术的发明创造导致一系列社会经济变革，成为推动现代技术、现代经济和现代社会向前发展的强大动力，奠定了人类迈向信息社会的技术基础。其广泛应用提高了人类开发利用信息资源的能力，从根本上增强了人类的信息能力。信息技术主要包括信息的获取技术、传递技术、存储技术、处理分析技术和信息的标准化技术等。信息的获取技术扩展了人的感官，为人类创造了必要的信息获取条件，增强了主体对客体的认识和了解，从而使信息量激增；信息的传递和存储技术扩大了人与人交往的范围和内容，改变了人类信息交流的方式与途径，加速了信息的流动速度，使信息真正成为人类社会交往的媒介和纽带，提高了人类社会信息化程度；信息的分析处理技术延伸了人的脑力，提高了人类认识世界、改造世界的能力，增强了利用信息的能力，有助于经济活动中的正确的决策和经营效率的提高，改善人们的生活工作质量；信息的标准化技术强化了信息存储能力、传递能力和分析处理能力，加强了各种信息技术的综合应用能力，为人类充分发挥信息的作用开辟了有效的途径，使信息的共享成为现实。

现代计算机与通信技术的结合发展,使信息资源成为影响社会经济发展的一种决定性力量。第二次世界大战后,各种形式的信息以突飞猛进的速度增长,传统的手工方式已不能满足文献部门快速处理信息的需求。文献信息部门开始着重于对文献内容的揭示与提供信息给管理人员以利用计算机自动化技术进行信息的编目、索引,从而实现深层次的内容加工。在信息技术作用的前提下,信息资源积累由量变阶段进入质变阶段,教育、大众媒介的普及使多数人具备了利用信息资源的意识和能力,催生和激化了他们的信息资源需求。信息资源总量的迅速增长和信息需求的提高促使信息资源应用范围扩大,尤其是信息资源在企业业务流程中的应用,如办公自动化、管理信息系统、决策支持系统、计算机辅助设计、计算机辅助制造、财务管理系统等,使信息资源成为企业经济增长的主要要素。如罗默(Romer)、卢卡斯(Lucas)等人为代表的一批经济学家,根据社会经济增长的实际情况,将 1948—1984 年劳动力和资本的投入代入柯布—道格拉斯函数进行计算发现美国的实际增长大大高于理论计算出来的增长,日本 1952—1961 年计算结果同样反映这一问题,增长多出 66%。他们探讨了经济增长的源泉,罗默认为知识和技术是比资本劳动等更重要的生产要素。因此在经济领域内部,人们开始意识到信息资源既具有物化资源的重要性特点,又优于物化资源,它不仅储量无限,而且在开发利用过程中还会产生增值,通过有效利用能够实现对资源与能源的低消耗和高效率的使用。因此首先在发达国家,然后扩大到世界范围内,开始大力推行"信息资源化"政策,将信息视作组织的关键资源,而这种资源如同人、物质、能量等资源一样,是组织获取成功的重要保证。各组织旨在把信息作为一种投入要素,广泛地应用于经济活动的所有领域,从而发挥信息的增值作用。

(五)信息化

信息化是指社会经济结构从以物质与能源为重心向以信息与知识为重心转变的过程。也就是在经济和社会活动中,通过普遍采用信息技术和电子信息装备,更有效地开发和利用信息资源,推动经济发展和社会进步,使利用信息资源创造的劳动价值在国民经济生产总值中的比重逐步上升,直至占主导地位的过程。因此,信息化不是一种固定的状态,而是一个动态变化的过程。这个过程有着丰富的内涵,包含两个支柱、三个层面、四个特点。全面认识信息化的内涵,有利于准确把握信息化的基本规律,引导和促进档案信息化事业持续、健康的发展。

"两个支柱"是指数字化和网络化。数字化是将现实世界中的各种模拟信息转变为以二进制代码表示的数字信息,供计算机处理和网络传输的过程。数字化是信息化的基础,没有数字化就没有计算机技术和信息技术。网络化是指利用通信技术和计算机技术,把分布在不同地点的计算机及各类电子终端设备互联起来,按照一定的网络协议相互通信,以达到所有用户都可以共享软件、硬件和信息资源的目的。网络化是信息化的手段,没有网络化,计算机终端就成为"信息孤岛",难以提升数字信息的价值。由此可见,档案信息化建设必须紧扣住数字化和网络化两个主题。

"三个层面":一是信息技术的开发和应用过程,这是信息化建设的技术基础,信息技术的开发和应用是信息技术与档案工作有机结合和融合的过程,在很大程度上影响档案信息化发展的效率和质量。二是信息产品制造业不断发展的过程,这是信息化建设的物质条件。信息产品包括计算机软硬件和网络产品,它在很大程度上决定了档案信息化平台建设,也进而决定了档案信息系统建设的水平。三是信息资源的开发和利用过程,这是信息化建设的核心与关键。档案信息资源是档案信息化管理和利用的对象,其本身的规模和质量,以及潜在和显性的价值,决定了档案信息化的效率和效益。这三个层面是相互促进、共同发展的过程,需要全面、协调、持续地投入和发展。在档案信息化建设过程中,需要建立档案信息化发展长效机制,充分利用和平衡这三个层面的互动关系。

"四个特点":一是渗透性,信息化可以渗透并融入人类社会生活的各领域,深刻改变人类的工作、学习、交流、生活等方式。二是增值性,信息化可以实现信息的增值,使信息转变为信息资源,进而转换为知识,通过网络共享,广泛地传递信息、传承文化、传播知识,不断提升信息资源创造的社会价值和经济价值。三是创新性,一方面,信息技术的应用能够带来管理观念、管理理论、管理方法和管理手段的全面创新;另一方面,管理观念、管理理论、管理方法和管理手段的全面创新也将提高信息技术的应用水平和应用效能。四是带动性,信息化可带动档案行政管理和档案业务管理水平的全面提升。

二、现代信息管理技术

科学技术的发展为档案工作现代化提供了物质基础。由于经济的迅速发展,各种信息都在大量地、迅速地增加。档案信息也同样大量地增长,这样就给我们收集、整理、保管和提供档案信息带来了诸多的不便和困难。如大量档案信息的出现,使原有的档案馆储藏量迅速膨胀,造成库房的拥挤甚至于超载。同时,储存量越大查找就越困难。解决这些问题的最好办法就是采用现代化技术,运用现代化技术与设备是档案管理实现高质量、高效率的重要手段。将计算机技术、缩微技术和光盘技术等应用到档案领域,为档案管理现代化开辟了广阔的前景。

(一)计算机技术

电子计算机技术是当今新技术革命的先导技术,采用计算机辅助档案管理,具有手工管理所无法比拟的优势,如检索迅速、查找方便、可靠性高、存储量大、保密性好、寿命长、成本低等。这些优点能极大地提高档案管理的效率及利用工作的水平,也是档案部门的科学化、正规化管理与世界接轨的重要条件。可以将计算机技术运用到编制案卷目录、分类目录、全引目录、专题目录等多种检索工具中,以及各门类的统计报表和汇编资料。目前,在档案管理部门,计算机企业文档管理的使用由单机逐渐向网络化迈进,使利用者不受地域范围的限制,实现档案信息资源共享。因此,在档案现代化管理中计算机是必不可少的一部分。

1.计算机系统的基本构成

计算机系统一般由硬件系统和软件系统构成:

(1)硬件系统

硬件又称"裸机",它出厂时好像是刚出生的婴儿,具有被开发的潜能,但是不具备应用能力,需要软件对它进行"智力开发"。软件是人按照自己预定的目的和要求,编写的操作指令的集合。它相当于人脑,可以按照人的意志,模仿人的智慧,指挥硬件实现预定的功能。由此,硬件是软件的物质基础,软件是硬件的灵魂,软件指挥硬件的数据存取,数据运算处理,以及输入、输出和网络设备的运行。硬件由主机、外部设备和网络设备组成;软件由系统软件和应用软件组成。

主机相当于人的大脑,具有控制、运算和记忆功能。包括中央处理器和内存储器两部分。中央处理器(CPU)是计算机系统的核心部件和指挥中枢,主要由控制器和运算器组成。控制器是计算机系统的指挥中心,它根据计算机操作指令,向计算机的各个部件发出控制信息,使计算机系统按照人的意志有条不紊、协调一致地运行。运算器是根据控制器发出的指令进行逻辑运算、算术运算的部件。CPU 的技术指标主要由主频、总线速度、工作电压等决定，它也决定了计算机系统的技术效能和档次。一般来说，主频和总线速度越高，计算机系统运行的速度也越快；工作电压越低，计算机电池续航时间提升，运行温度降低，也使 CPU 工作状态更稳定。当前各种移动终端的发展和普及就是得益于 CPU 技术的迅猛发展。

内存储器又称主存储器，简称内存，它是相对于外存储器而言的。运行时，内存储器与外存储器交换数据和程序，又将数据、程序与 CPU 进行交换，向 CPU 发出操作的指令和被处理的数据，再将处理完毕的数据存入外存储器。内存储器分为 ROM（只读存储器）和 RAM（随机存储器）两种，ROM 存放计算机启动和运行的最基本的程序和参数；RAM 存放正在运行的程序和中间数据。内存储器的容量等指标，也决定着计算机系统的性能和档次。

外部设备是主机与外界交换信息的中介和枢纽，其配置和使用在很大程度上受到主机技术性能的制约。外存储器又称辅助存储器，简称外存，用于存放暂时不用的需要长期保存的数据和程序。外存可以根据需要，批量地与内存交换数据和程序。外存向内存传输数据称为"读"数据；内存向外存传输数据称为"写"数据。外存储器主要有磁盘、磁带、光盘、闪存、磁卡等。存储器的主要技术指标是容量。存储器容量是指存储器存放数据的总量，以字节（Byte）为单位，缩写为 B。一个 B 通常由 8 个二进制位组成，16 个二进位合成个字（Word）。存储器容量通常以 KB（1KB＝1024B）、MB（1MB＝1024KB）、GB（1GB＝1024MB）、TB（1TB＝1024GB）为单位。随着存储技术的发展和大数据时代的到来，计算机容量单位也越来越海量化。目前，还有更大的容量单位 PB（1PB＝1024TB）、EB（1EB＝1024PB）和 ZB（1ZB＝1024EB）等外存储器的选择和配置是档案信息化基础设施建设的主要内容，是存储档案数据的主要载体。

输入设备是将外部世界的数据输入计算机系统的设备。目前常用的输入设备有键盘、鼠标、话筒、摄像头、扫描仪、翻拍仪、触摸屏、无线射频识别设备等。传统的输入设备是键盘和鼠标。键盘按应用可以分为台式机键盘、笔记本电脑键盘；按工作原理分可以分为机械键盘、塑料薄膜键盘、静电电容键盘。其中，机械键盘价格低，易维护，使用普及；薄膜键盘无磨损，价格低，噪音低，应用广泛；电容键盘经久耐用，手感好，代表了键盘技术的发展方向。鼠标按工作原理分机械式和光电式；按接线分有线鼠标和无线鼠标。随着多媒体技术、图像技术的发展，话筒、摄像头、扫描仪等输入设备的应用日益普及。话筒又称传声器，是声电转换的器件，按转换方式分为动圈话筒和电容话筒。摄像头是一种影像信息输入设备，可分为数字摄像头和模拟摄像头两大类，被广泛用于数码照相、录音、录像。扫描仪、翻拍仪是纸质载体信息模数转换设备，也是档案数字化的重要工具。随着手机、平板电脑等移动终端的发展，触摸屏的应用也极其广泛，并给计算机用户带来崭新的体验无线射频识别（RFID），又称射频识别，是通过无线电讯号识别特定目标并将相关数据读入计算机系统，而无须在识别系统与特定目标之间建立机械或光学接触的一种数据传输技术。此项技术在档案信息化中有很好的应用前景。

输出设备是将计算机系统的数据进行输出的设备，与输入设备一起，构成计算机与外部世界交换信息的通道。常用的输出设备有显示器、扬声器、打印机等。显示器是显示计算机处理结果的器件。主要有 CRT（阴极射线显像管显示器）、LCD（液晶显示器）、LED（发光二极管显示器）、PDP（等离子显示器）四种。其中 LED 以其色彩鲜艳、动态范围广、亮度高、寿命长、工作稳定可靠等优点，适用于大型广场、商业广告、体育场馆等场所。PDP 是采用等离子平面屏幕技术的新一代显示设备，其优越性是亮度和对比度高、厚度薄、分辨率高、无辐射、占用空间少，纯平面图像无扭曲,代表了未来电脑显示器的发展趋势。扬声器(耳机)是电声换能器件,分内置扬声器和外置扬声器。外置扬声器般指音箱,其音响效果好,而内置扬声器可以避免佩戴耳机所带来的不便。打印机是将计算机处理结果输出在纸张等介质上的器件。一般分为针式、激光式、喷墨式、热敏式等。

(2)网络设备

网络设备是指用于网络连接、信号传输和转换的各类传输介质、网卡、集线器、交换机、路由器、光电转换等设备。

网络传输介质是指在网络中传输信息的载体,常用的传输介质分为有线传输介质和无线传输介质两大类。第一,有线传输介质是指在两个通信设备之间实现的物理连接部分,它能将信号从一方传输到另一方。有线传输介质主要有双绞线、同轴电缆和光纤等。双绞线和同轴电缆传输电信号,光纤传输光信号。双绞线,由两根具有绝缘保护层的铜导线相互缠绕而成,一般用于星型网络拓扑结构中。与其他传输媒介相比,双绞线在传输距离、信道宽度和数据传输速度等方面均受到一定的限制,但价格低廉,使用方便。同轴电缆,其中心有一根单芯铜导线,铜导线外面是绝缘层,绝缘层外面有层导电金属,用于屏蔽电磁干扰和防止辐射,最外面的绝缘塑料起保护作用。与双绞线相比,同轴电缆的抗干扰能力很强,屏蔽性能好,传输距离长,常用于设备与设备之间的连接。光纤,又称光缆,是一种传输光束的细微而柔韧的介质,由一捆纤维组成,通过数据包在玻璃纤芯中的传输实现信息传播,是目前实现长距离、大流量数据传输的最有效的传输介质。光缆传输过程中信息衰减小、频带宽、电磁绝缘性能好、距离长,目前已经广泛应用于主干网的系统连接和数据传输之中。第二,无线传输介质是指我们周围的自由空间,即利用无线电波在自由空间的传播,实现多种无线通信。在自由空间传输的电磁波根据频谱分为无线电波、微波、红外线、激光等,信息被加载在电磁波上进行传输。不同的传输介质,其特性也各不相同。它们的特性对数据通信质量和通信速度有较大影响。

网卡又称网络适配器、网络接口卡,是将计算机等网络设备连接到某网络上的通道。网卡的主要功能是实现数据转换、数据包的装配与拆装、网络存取与控制、数据缓存等。网卡一般插在计算机主板的扩展槽内,通过收发器接口与缆线连接,缆线另一头接在信息插座或交换机上使计算机联网。选购网卡一般应考虑以下因素:生产厂家售后服务的有效性;是用于主计算机、服务器还是工作站;使用什么网络介质或网络传输方式;计算机使用的操作系统;计算机或网络设备的总线类型等。目前,由于终端接入的便捷性,无线网卡正在快速发展。

集线器是基于星形拓扑的接线点。其基本功能是分发信息,即将一个端口接收的所有信号向所有端口分发出去。一些集线器在分发之前将弱信号重新生成,一些集线器整理信号的时序,以提供所有端口间的同步数据通信。目前,集线器已基本被成本相近的小型交换机所替代。

· 交换机是一种用于电信号转发的网络设备。它可以为接入交换机的任意两个网络节点提供独享的电信号通路,具有提供桥接能力以及在现存网络上增加带宽的功能。

路由器是连接互联网中各局域网、广域网的设备,它会根据信道的情况自动选择和设定路由,以最佳路径,按前后顺序发送信号。目前路由器已经广泛应用于各行各业,各种不同档次的路由器已成为实现各种骨干网内部连接、骨干网间互联和骨干网与互联网互联互通业务的主力军。无线路由器是带有无线覆盖功能的路由器,实际是一个转发器,将宽带网络信号通过天线方式转发给附近的笔记本电脑、平板电脑、手机等无线终端设备。目前流行的无线路由器一般只能支持 15～20 个以内的设备同时在线使用。

光电转换器是一种类似 MODEM（数字调制解调器）的设备，和 MODEM 不同的是它接入的是光纤专线，是光信号。其原理是在远距离传输信号时，把电脑、电话或传真等产生的电信号，转换成光信号后在光纤里传播，这就需要光电转换器，它既可以把电信号转换成光信号，也可以把光信号转换成电信号。还有一种光纤收发器，也被称为光电转换器，是一种将短距离的双绞线电信号和长距离的光信号进行互换的以太网传输媒体转换单元。这种设备一般应用在以太网电缆无法覆盖、必须使用光纤来延长传输距离的实际网络环境中，且通常定位于宽带城域网的接入层应用，将光纤最后一公里线路连接到城域网和更外层的网络上。档案部门在进行网络化基础设施建设时，不但要关注路由器、交换机乃至网卡等用于节点数据交换的网络设备，也要关注介质转换这种非网络核心设备。

（3）软件系统

软件是一系列按照特定顺序组织的计算机数据和指令的集合。计算机之所以"聪明"，主要靠软件。软件的本质是人的意志和智慧，是人用特定的计算机语言，指挥计算机系统"做什么"和"怎么做"的指令集合。软件系统分两大类：系统软件和应用软件。

系统软件包括操作系统、数据库管理系统和各种工具软件等。

操作系统：是管理计算机硬件资源，控制其他程序运行并为用户提供交互操作界面的系统软件的集合。操作系统是计算机系统的关键组成部分，负责管理与配置内存、决定系统资源供需平衡调剂的优先次序、控制输入与输出设备、操作网络与管理文件系统等基本任务。性能优良的操作系统，能提高计算机系统的运行效率和安全性能；操作系统的低效或故障，会造成信息系统的低效甚至瘫痪。操作系统按照应用领域可分为桌面操作系统、服务器操作系统和嵌入式操作系统。

数据库管理系统：为了应用计算机有效地管理和利用信息，人们需要将某些相关数据，如文书档案、科技档案的目录数据，按一定的方式进行组织管理，这就需要使用数据库和数据库管理软件。数据库可以简单定义为：以一定组织方式存储在一起的相关数据的集合。这些数据具有一定的结构，尽可能小的冗余度，与应用程序彼此独立，并能为数据库管理系统的所有用户共享。在信息化社会，数据库技术是各类信息系统的核心，是科学管理和有效利用信息资源的重要技术手段。数据库管理必须借助专用的软件——数据库管理系统。数据库管理系统（Data Base Management System，简称 DBMS），是操纵和管理数据库的一组软件，用于建立、使用和维护数据库。DBMS 具有以下功能：一是描述数据库，运用数据描述语言，定义数据库结构；二是管理数据库，控制用户的并发性访问，数据存储与更新，对数据进行检索、排序、统计等操作；三是维护数据库，确保数据库中数据的完整、安全和保密，数据备份和恢复，数据库性能监视等；四是数据通信，利用各种方法控制数据共享的权限，在确保数据安全的前提下广泛共享数据。

各种工具软件：软件工具是指为支持计算机软件的开发、维护、模拟、移植或管理而研制的软件系统。它是为专门目的而开发的，在软件工程范围内也就是为实现软件生存期中的各种处理活动（包括管理、开发和维护）的自动化和半自动化而开发的软件。开发软件工具的最终目的是为了提高软件生产率和改善软件运行的质量。工具软件按照软件工程建设阶段可分为六类：模拟工具、开发工具、测试和评估工具、运行和维护工具、性能质量工具和程序设计支持工具。此外，还有许多辅助特定业务处理的工具软件，常用的有：办公软件、媒体播放器、媒体编辑器、媒体格式转换器、图像浏览工具、截图工具、图像/动画编辑工具、通信工具、翻译软件、防火墙和杀毒软件、阅读器、输入法、系统优化/保护工具下载软件等。档案工作者熟悉和善于使用这些工具软件,往往可以解决档案业务处理中的一些大问题,起到"四两拨千斤"的效果。事实上,Windows等操作系统也附带一定的工具软件,如负责系统优化、系统管理的软件,这一类的软件被称作系统工具。顾名思义,与系统软件类似,系统工具作用于系统软件,而不是应用软件。常见的有系统优化(磁盘的分区、磁盘的清理、磁盘碎片整理等)、系统管理(驱动等)以及系统还原等软件。

应用软件。应用软件的特点是专用,即针对特定的管理业务,并应用于某些专用领域的信息管理。如用于政府信息化的电子政务系统,用于企业信息化的电子商务系统,用于辅助行政办公和决策的办公自动化系统,用于机关档案室信息化的数字档案室系统,用于档案馆信息化的数字档案馆系统等。这里所指的应用软件具有以下特点:一是在特定的操作系统环境下,运用特定的软件工具设置而成;二是针对特定的信息处理需求和管理业务需求进行设计开发,且应用于特定的专业领域、行业、单位,或辅助特定的管理业务。

有些书将上述的工具软件,例如 Windows office,甚至将数据库管理系统也列入应用软件的范畴。本书以"通用"和"专用"为区别的原则,还是将工具软件和数据库管理系统列为系统软件的范畴。其原因是:第一,这些软件虽然也专用于某些用途,如媒体播放,但是,这种工具还是具有一定的通用性,广泛应用于各个领域、行业和单位。第二,工具软件虽然也使用某些软件开发工具进行研制,但是,它也提供了二次开发的能力,可以作为各种应用软件的开发平台,如数据库管理系统。

2.计算机技术在档案管理中的运用

计算机的诸多技术在档案管理系统中得到广泛采用,具体如下:

(1)压缩技术。档案管理中有大量的信息需要进行传输和备份。为了节省存储空间,常常将备份文件进行压缩。为此,档案管理系统应具有非常先进的数据压缩技术。

(2)数据库技术。比起压缩技术的选择,数据库的选择是比较明确的。现在,档案管理系统主要采用如下数据库系统:① Foxpro:桌面数据库,安全性较差。②Access:桌面数据库,安全性较差,但比 Foxpro 强一些。③ SQLServer:大型数据库,性能优越,极好入门,有很好的前景。④Oracle:大型数据库,性能优越,是市场占有率最高的数据库产品。

(3)数据恢复技术。在档案的管理与运用中,由于使用者水平的不一,以及由于错误操作带来的麻烦,完善的数据恢复技术是非常必要的。现阶段通常使用以下两种方法:

①定时自动备份。系统可以按照设定,在一定时间间隔内对系统所有数据进行数据备份。

②Undo功能。我们都使用过 word 软件,当我们进行编辑出错后可以使用 Undo(撤销)菜单恢复到发生误操作之前的状态。现在的档案管理同样出现了这样的技术。

(4)音频、视频数据的处理技术。在各种档案形式中,音频、视频是一种重要的档案资源。过去由于条件限制,这些档案存在着一个重大问题,即保管难。过去保存这些档案的介质主要是磁带,磁带的信号会逐年衰减,即使 10 年拷贝一次,信号也会损失 10%。现在我们采取数字化手段,可以把这些磁带转化成标准的音像格式文件,这样信息可以永久保存。另外,数字水印、数字安全认证等技术也在档案管理中得到了充分应用。

3.计算机技术档案管理的优势

(1)便于存储,容易保管。随着档案数量的日益增加,档案的存储、保管仅靠过去的库房管理、手工抄写目录已很难适应了。用计算机来对档案存储、保管不仅能克服以上缺陷、减少占用的空间,而且可实现永久保存。而计算机对档案的存储是靠软盘或光盘,二者均具有存储量大、不易损毁等特性。如一张 3.5 英寸的软盘,可储存汉字 160 万个以上;而一张光盘的存储量是软盘的几千倍,而且可以使档案的原始全貌,包括图文声像等全部存入档案中,随时可向读者再现。

(2)便于查找,检索方便。档案多按实体排列保管。在利用时,由于查询者条件、角度不同或查询条件不完整,涉及的档案往往分散在各个全宗案卷之中,这样仅靠手工查找档案就非常费时、费力,而使用计算机就可以大大提高档案信息的检索速度。例如,北京世纪科怡科技发展公司开发、国家档案局推荐使用的"世纪科怡"档案管理系统,它的查询就十分方便、快捷。在世纪科怡软件中有几万条、几十万条档案记录在计算机数据库中,检索一条档案文件一般只需几秒钟,既方便又省时,可及时解决查询者所查询的问题,为社会提供最满意的信息服务,发挥了档案部门应有的作用。

(3)便于编制档案目录。在现代档案管理中,档案检索工具一般有三种方式,即文件目录、案卷目录和全引目录。而在以前的档案管理中,一般只有两种检索工具,即文件级目录和案卷级目录。因为以往的编目靠手工抄写,在编写完文件、案卷目录后,要想得到全引目录,还需要重新抄写一遍,工作量非常大,难以实现。利用计算机编目最大的优点是可以做到一次输入,多种输出,避免许多重复性手工作业,且比手工编目快几千倍、几万倍,节省了大量的人力、物力和财力,从而可以更好地为社会服务。

(4)便于库房管理。利用计算机管理库房,可实现自动监测和控制档案库房的温、湿度,以及防盗、防火的安全控制系统,使库房管理达到现代化,比过去只靠人工管理更加安全、可靠。

(5)便于档案的统计工作。利用计算机管理档案还可以实现对文件、案卷的自动化统计。随着对档案的不断录入,计算机登录时可自动统计共有多少个案卷、多少个文件供利用者随时查看,免受人工统计的时间限制,且比人工统计更加准确,以避免人工因素引起的误差。

4.计算机技术档案管理的未来发展

(1)机读档案。计算机在档案管理中的普遍应用,使档案的文本、图形图像、声音等多媒体的信息在计算机上得以综合处理,使处理结果以图、文、声、像并茂的方式提供给用户,并且有不老化、不失真和不褪色的特性。所以在现代化的办公条件下,许多文件和资料从形成直至归档都是在计算机上完成的,这必将使档案管理的方式向自动化的档案管理发展。

(2)档案信息的网络。随着计算机技术与现代通信技术的结合,档案信息可实现联网检索,从而打破地域的限制,加入社会化的信息网络中,使计算机相对有限的存贮量相互得到补充。各档案管理部门为实现资源共享,都积极把管理手段转向到计算机的配置、软件的选用上来,使档案管理又向现代化迈进一步。现在我国只有少数有能力的单位建立起了大型或中小型计算机系统进行档案信息系统管理。而对于一般单位而言,由于人力、物力、财力等种种因素的制约,想要发展大、中、小计算机系统困难重重,因此,最好立足于地区现有的经济条件和各单位的实际情况,采用目前应用较普及而且性能与价格比较优良的计算机和档案管理软件,逐步建立具有各单位特色的档案管理计算机网络系统。

总之,利用计算机管理档案是档案管理工作发展的必然趋势,它会随计算机管理水平的不断提高而充分发挥其优势,实现真正意义上的档案管理现代化。但是,利用计算机对档案进行信息技术处理都有其不同的适应程度和成熟程度,所以档案管理现代化也不是一劳永逸的,它是一个逐渐完善,由低到高走向成熟的过程。只有制定出适合本地区、本单位的正确的计算机档案管理步骤和目标,才能真正为社会服务。

(二)缩微技术

缩微技术是一种涉及多学科、多部门,综合性强且技术成熟的现代化信息处理技术。它起源于1838年英国摄影师丹赛用摄影的方法通过显微镜第一次把一张20英寸的文件拍成18寸的缩微影像,至今已发展了上百年。它采用专门的设备、材料和工艺,把原始信息原封不动地以缩小影像的形式摄影记录在感光材料(通常是胶片)上,经加工制作成缩微品保存、传播和使用。

缩微影像技术是一种利用光学摄影的方法,将光线照在经过编排和整理的原始文件上,其曝光部分在感光胶片(通常是银盐胶片)上形成潜影,再经过显影加工后形成黑白反差的清晰的原件影像,并将这些负片缩微图像拷贝成缩微品,最后利用检索、显示、复印、还原等手段提供利用并对缩微品进行妥善管理的技术方法。由于缩微影像技术是将原始(通常是纸质)信息原封不动地用影像的方式保存在胶片上,所以它属于模拟信息技术。缩微影像的模拟特性可以使缩微品保持原件的本来面貌,反映的信息真实可靠,且不易被篡改。缩微胶片是一种仅次于纸质介质寿命的信息保存介质,且比纸质介质节省空间(占用的体积大为缩小)。由于缩微胶片是无失真的存储原始信息,难以随意更改,因此目前相当多的国家和地区包括我国均认可缩微品同原件一样具有法律效力。

1.缩微技术在档案管理中的运用

(1)缩微品是目前档案信息存贮的主要载体之一。数字信息载体目前还无法完全取代缩微胶片,缩微摄影技术形成的缩微品在相当长的时间内,还将同纸质载体一样在信息存贮载体中扮演着重要角色。

(2)缩微技术复制工艺过程复杂,缩微品保存条件要求苛刻。缩微拍摄的工艺过程较为复杂,要求很高,需要工作人员长时间的操作练习。在复制过程中,人、设备、材料、操作方法、环境等因素及每一个环节都会影响缩微胶片的质量。从理论上说,缩微品可以长期保存,但缩微品保存条件相当苛刻。缩微品库房的温度、湿度必须保持在一定范围内,还要定期检查胶片,防止发生粘连。

(3)缩微品可代替原件提供利用服务。存贮信息是为了提供利用,但目前由于阅读习惯和检索不方便,各档案馆普遍存在着大量缩微品没有得到利用的现象。许多部门的职能主要是缩微制作,没有把缩微品的开发利用作为工作重点。另外,这也与工作人员的档案保护意识不强有关,他们认为利用原件时看不出损坏档案的迹象。殊不知档案原件的破坏在时空上具有延续性和后效性,若干年以后损坏的效果才会日益显现。在电子档案还没有占到足够大的比例时,缩微品应在档案利用方面大显身手。但也不赞成盲目购买设备以方便提供缩微品的利用,因为数字信息或数字信息载体提供利用是一种发展趋势。

2.缩微技术在档案管理中的优势

(1)缩微技术相对成熟。我国档案缩微摄影技术工作始于20世纪50年代,20世纪80至90年代进入发展的高峰期。缩微摄影技术已形成一整套完善的国家和行业标准,缩微胶片性能稳定,缩微拍摄、冲洗、拷贝等设备成熟。

(2)存储密度大,记录效果好,寿命长。缩微品的存储密度同目前光盘的信息存储密度相似。

相对纸质文件而言,缩微品能节省大量的存储空间,占用空间大约相当于纸质原件存储空间的5％。一个馆藏几万卷的库房档案,缩微后只要一至两节档案柜就可以存放。用缩微摄影技术拍摄档案、图书和资料时,可将原件的形状、内容、格式、字体及图形等原貌忠实地记录在缩微胶片上,形成与原件完全相同的缩小影像。缩微技术有完整的国际、国内标准,不仅能保证制作的质量,也给广泛应用带来方便。

(3)缩微品具有法律效力,可作凭证使用。《档案法实施办法》对档案缩微品的法律地位作了规定:“各级各类档案馆提供利用的档案,应当逐步实现以缩微品代替原件。档案缩微品和其他复制形式的档案,载有档案收藏单位法定代表人的签名或者印章标记的,具有与档案原件同等的效力。”明确表示档案缩微品可作为法律的原始凭证的还有美国、日本、澳大利亚、加拿大等近30个国家。

(4)适用范围广,易于拷贝和多功能使用。缩微品是利用摄影的方法将原件上的信息记录在缩微胶片上的信息载体。由于缩微摄影机镜头和缩微胶片都具有良好的成像和记录性能,因而在可见光线下,可读的各种原件(文字、照片和图表等)均可记录在缩微胶片上。缩微胶片上的影像可方便地进行拷贝、放大阅读和复印。利用高效能的拷贝机拷贝一盘胶片只需十几分钟,利用阅读复印机放大复印一张纸印件只需几秒钟,并且可以进行多份连续放大复印。也可将胶片经扫描加工成光盘,与现代技术相结合,兼容并存,介质互换,具有存取、保存、联网、阅读、检索、利用和传输的功能,满足读者及用户多方面的需要。

3.缩微技术在档案管理中的发展前景

(1)缩微技术的优点是发展时间比较长、相对成熟,缩微品能长期保存,对缩微品阅读设备要求不严,档案缩微品具有法律效力;其缺点是信息不能直接在网上进行远距离传递,信息存储需要空间相对较大。数字信息技术的突出优点是能上网进行远距离传递,信息存储所占空间极小;其缺点是数字信息的法律效力问题目前还没有解决,存储在载体上的信息难以长期保存,数字信息的读写对设备的依赖性太大。从对比中不难看出,数字信息技术的优点恰是缩微摄影技术的缺点,缩微摄影技术的长处正是数字信息技术的短处。

(2)数字信息技术与缩微摄影技术相结合的复合技术,在未来的档案管理中将占据主要位置。缩微胶片扫描器、COM系统和文档影像整合管理系统等成功地实现了由模拟信息到数字信息和由数字信息到模拟信息的双向自由转换,试图替代缩微摄影技术的扫描技术,赋予了缩微摄影技术新的生命。缩微摄影技术由以胶片为单一载体的模拟信息技术,发展成为以数字信息技术为依托,以胶片、磁盘、光盘等为载体的模拟数字复合技术。

从世界范围来看,近年来发达国家和地区的档案部门大多采取两种技术相结合的方法,采用缩微技术解决珍贵档案、大型图纸等的存储、保存期限、法律效力、标准化等方面的问题;采用光盘存储及数据交换技术,解决其阅读、利用等方面的问题。如加拿大国家档案图书馆是目前国际上高水平的档案图书管理中心,也是采用多种技术收集、保存、利用档案的佼佼者;美国犹他州家谱学会收集了全世界各类家谱上亿页,全部以缩微形式保存,至今仍以缩微方式到世界各地收集家谱;中国台湾“国史馆”是台湾撰修历史的最高机构,所有文献都采用数字和缩微两种方式存储、检索,在经历了欲用数字化替代缩微的波动之后,仍然认为缩微保存比数字化存储寿命更长、更安全。这些档案部门在其他新兴技术形成规模时,仍然坚持应用缩微技术的主要原因在于他们懂得缩微技术的重要性,缩微资料在他们的馆藏中占有一定的比重,形成了独立的系统。

（三）光盘技术

光盘存储技术是 20 世纪 70 年代初开始发展起来的一项高新技术。光盘存储具有存储密度高、容量大、可随机存取、保存寿命长、工作稳定可靠、轻便易携带等一系列其他记录媒体无可比拟的优点，特别适用于大数据量信息的存储和交换。光盘存储技术不仅能满足信息化社会海量信息存储的需要，而且能够同时存储声音、文字、图形、图像等多种媒体的信息，从而使传统的信息存储、传输、管理和使用方式发生根本性的变化。光盘技术是集计算技术、激光技术和数字通信技术于一体的综合性技术，是大容量、高密度、低成本和快速有效的信息存储手段，需要用半导体激光器产生的光束将信息写入和读出。

1.光盘技术在档案管理中的运用

光盘技术应用于档案管理，可实现档案信息的海量存储、随机快速检索、网际交流、远距离传输及档案工作的管理现代化；可以对档案实行原文管理，在不动用原文的情况下，实现档案的查询、复制和利用，保持档案的原貌。扫描后的图纸能够无失真地显示和输出，且在页码上与原档案一致。检索快速准确，灵活多样，可实现模糊检索；统计功能齐全，可进行各种馆藏统计和档案利用统计；能够输出档案管理所需的各类卡片、目录及报、表、图片等。光盘的输出更加方便、准确，存在光盘中的文件和图纸可利用计算机很方便地输出，可以利用各种输出设备，如针式打印机、喷墨打印机、激光印字机等。现在采用的高质量喷墨打印机而不是绘图仪，使输出图纸的精度和速度大为提高。

2.光盘技术在档案管理中的优势

（1）光盘技术对设备的要求不高，在一般档案馆现有计算机设备上附加一些设施即可。光盘管理系统具有很强的实用性，完全可以依据档案工作的实际需要及人们利用档案的习惯进行功能设计。光盘管理系统使用方便，采用菜单式人机对话方式，操作人员稍加培训即可按照提示进行操作。

（2）光盘技术录入快速、精确，保管方便、简单。光盘技术的复制录入较为简单，只需稍加培训即可操作。目前录入应用较多的是光电扫描仪。它可以将档案原件以图像方式输入光盘。扫描仪最大的特点是快速、精确。一般 A0 幅面的滚筒式扫描仪的扫描分辨率可达 500dpi，只要幅度不大于 A0，长度不限的任何图纸均可一次扫描输入。扫描一张标准 A0 图，分辨率 300dpi，约需 80 秒。

（3）光盘存储密度高，一张 5.25 英寸的光盘能存储 1000 多兆的字节，相当于存放上万页的 A4 文件或 13 盘 16 毫米缩微胶卷的存储量。光盘体积小，对环境要求不高，抗恶劣环境能力强，即使在普通环境中也能长期保存。

（4）光盘技术检索快速、准确，输出灵活、方便。利用计算机对光盘进行档案数据检索，可谓快速、准确、方便。利用快速检索功能，可以在几秒钟之内对几万个数据进行查询。在查询中，可以根据自己的需求，提出查询的具体名称，也可提出需查询的大致名称，或几个名称进行组合查询，亦可进行模糊检索，使检索变得更加灵活、方便。

3.光盘技术在档案管理中的发展前景

光盘是兼有数字记录和模拟记录优点的存储介质,不仅可以记录数据,还可以记录声音、图像等各类档案;不仅可以存储档案目录,而且可以存储档案全文、档案原件,如照片、图片、录像带、录音带等;能很好地对声、像等不同载体档案进行一体化管理,可节省人力、财力、物力,加大开发利用档案信息的广度和深度。随着现代计算机技术日新月异的发展,光盘技术的更高密度、小型化和价格降低是不可逆转的趋势。其使用寿命等问题也可望逐步解决,在档案管理现代化进程中具有广阔的应用前景。

根据不同档案所具有的珍贵性、重要性、知识性、凭证性、现实性、大众性、亲民性等特点,应采取不同的保存和利用的技术方法:一是只采用缩微技术。对一些必须妥善保管、延长其寿命的珍贵重要档案,采取缩微技术的方式进行保存和使用,通过适当的阅读和还原设备即可满足检索需求。二是同时采用缩微和扫描技术。对需要永久或长期保存而且利用率高的档案,采取两者结合的方式,既制成缩微品又生成数字影像文件,达到有效保存和方便检索的目的。三是只采用扫描技术。对于利用率高、要求检索速度快且利用群体广的档案,采用扫描技术将其数字化,生成数字影像文件存储在大容量的硬盘或光盘上。这类档案由于时效性强,无须长期保存,故不必采用缩微技术。两种技术的结合运用,形成了适应现代潮流的新型档案馆,它将两者在档案保存与利用中的优势充分展现出来,在档案标准化整理、存储和开发利用方面最大限度地实现了档案的价值,为两种技术进一步的发展和完善提供了一个灵活方便的平台。档案管理工作应采用与时代相融合的各种技术手段,做到优势互补、相得益彰,走整合影像和复合技术的道路,这才是一条最有特色的档案现代化管理之路。这样,才能使档案馆的条件和面貌发生革命性的变化,充分发挥档案记录历史、传承文明的载体作用,为把档案事业功在当代、利在千秋的宏伟目标落到实处奠定坚实的基础。

三、信息技术保障体系建设

改革开放以来,我国档案事业坚持信息化带动战略,取得了长足进步。实践证明,以信息技术应用为先导的科技创新,永远是档案事业科学发展的不竭动力。当前时代正面临新一轮信息技术革命的浪潮,为了更好地抓住信息技术革命的先机,紧密跟踪、研究和自觉应用新一代信息技术,需要增强对新技术发展和应用趋势的认识。

(一)新一轮信息技术发展的"四化"

当今时代,在社会需求的驱动下,信息技术的发展精彩纷呈,并呈加速度的态势。归纳起来有以下的"四化":

1.移动化

笔记本电脑、智能手机、移动电视、平板电脑以及各种电子阅读器的迅速普及,加上各种无线、宽带互联技术的迅猛发展,使包括多媒体在内的各种信息的处理、传播具有更强的移动性、便捷性、普及性。韩国在 2005 年宣布,电子商务进入了移动电子商务时代,前提是该国无线网和移动技术的高度普及,由此改变了社会的商业运作模式。iPhone 曾代表移动计算技术发展的潮流,其便捷的拖曳触摸屏技术、无限在线和无尽存取的网络链接,给用户以全新的体验,由此获得无数"果粉"的青睐。如今与 iPhone 类似的智能手机、平板电脑、电子书、MP4 如雨后春笋般地涌现,传统电脑、电视已经全面进入了移动化时代。

2.融合化

融合化的标志是移动通信、有线电视和互联网三网融合,手机、电视机和计算机三机合一。主流网络和先进终端设备的融合,加上移动 3G、4G、5G 和无线宽带技术的普及,以及包括多媒体、高清、数码压缩、媒体播放器等影像技术的飞速发展,使人们可以利用碎片时间上网工作、学习、交友、娱乐,从而使网络使用更加人性化、私密化、娱乐化、交互化、移动化,也使各种大容量高清多媒体信息被移动地、流畅地浏览,跨越时空,进一步深入社会各领域,改变人类的生活方式。推而广之,目前新兴的信息技术,包括云计算、大数据、物联网等都是融合技术,"互联网+"讲究的也是融合。档案信息化要密切关注和应用新兴信息技术的融合优势。

3.虚拟化

虚拟技术是利用计算机模拟某种时空环境,使人们在虚拟环境中感受真实环境,从而省却了置身真实环境所需的资金投入或安全风险。如虚拟终端技术可将某应用软件推送到各台低配置的终端机上,终端机只需要浏览器,不用下载和安装软件,即可享用千姿百态的网络资源。目前虚拟终端、虚拟服务器、虚拟存储、虚拟桌面等技术迅猛发展,随着云技术的普及应用,虚拟技术与商业运作模式结合起来,必将迅速拓展到社会生活的各个方面。在档案信息化中,虚拟档案馆、虚拟档案室的应用将使数字档案馆、数字档案室建设向更加专业化、规模化、集成化和高效化方向发展,使未来档案信息系统以更低的成本和风险、更高的质量和效率运作。

4.依存化

未来信息技术的应用都不是异军突起、孤军作战,各种新技术必将更紧密地相互依存、集成,优势互补,浑然天成,如云技术就融合了网格技术、虚拟技术、分布技术、资源均衡技术等。同时,新技术的应用将更加依赖运行的环境体系,如云技术应用就需要依靠法制化、规范化的商业运作模式。由此,对各种信息技术的综合化、集成化应用,以及在新技术应用中各种保障措施的及时配套跟进,将考验档案行业驾驭信息技术的能力和智慧。

(二)信息技术新发展对档案信息化的影响

信息技术对档案工作的影响是"双刃剑"。只有正确认识和科学应用信息技术,才能趋利避害,给档案工作发展带来正能量。信息技术在档案信息化领域中的应用前景十分宽广,以下简单介绍和评述新一轮信息技术对档案工作发展的影响,希望引起档案工作者的密切关注。

1.图像采集与识别技术

为了适应多媒体和全媒体技术的飞速发展,近年来计算机图像采集与识别技术日新月异。该技术对档案信息化的影响是:

(1)图像采集技术。包括数码摄影、摄像、扫描等图像采集设备的功能日益强大,使用日益便捷,由此催生了海量的、高质量的图像信息。一方面,使多媒体档案的收集、整理、保管、保护面临巨大的压力和难题。另一方面,使档案资源增添大量生动直观的优质信息资源,弥补了传统文字档案可视化不足的缺陷。

（2）识别技术。包括生物识别、图像识别、磁卡识别、电子标签（即射频识别技术，简称RFID）等识别技术的日益成熟和成本下降，为档案信息化的应用创造了充分的条件，在辅助档案实体的档案进出库登记、借阅登记、归还登记、入库档案清点、档案库房安全管理等方面有广阔的应用前景。

（3）手机二维码技术。该技术已经广泛应用于社会各领域，也可用于档案用户身份识别、文件防伪和网站快速定位等，显著提高档案信息主动推送和档案网站快速访问的效率，进一步促进档案事业的社会化。

（4）光学字符识别（OCR）。该技术使图像信息迅速转换为文字信息，便于将目前大量扫描形成的图像档案文件转换为档案大数据，便于当代大数据技术的应用，为档案的内容管理和全文检索奠定宝贵的基础。

2.存储技术

随着数字信息存储技术的飞速发展，涌现出存储区域网络、网络附属存储、云存储、固态硬盘、存储卡、磁盘阵列、磁带库、光盘、光盘塔、光盘库等新型存储技术和存储设备。该技术对档案信息化的影响是：

（1）海量化存储技术。存储海量化、载体密集化、存取快捷化，一方面更有利于发挥大数据电子文件存储密集、传播方便的优势，有利于大容量多媒体电子档案的长期保存；另一方面也增加了电子档案信息失窃、失落、失真、失密的风险，使电子文件安全保管面临更大的挑战。

（2）集群存储技术。多台服务器"团队作业"的集群存储技术能显著提高档案信息系统的快捷性、稳定性和灵活性，有利于大数据档案的安全存储、高效处理和广泛共享。

（3）自动采集元数据技术。如今计算机的各种移动终端都可以为我们的操作行为自动留痕。手机和相机的摄影、摄像都可以自动记录拍摄的日期、位置（GPS信号）、版权等元数据，有效地保护、管理和利用这些信息，可以使电子文件元数据管理真正从理论探索走向实践，显著增强电子文件的真实性、完整性、有效性和还原历史的能力，由此确保电子文件的档案价值。

（4）固态硬盘技术。该技术的普及将使信息存储更加稳定、处理更快捷，也使移动终端更加轻便、省电。这将有利于档案数字化信息的长期保存，同时也将加速档案服务终端的移动化进程。

3.检索技术

检索技术包括搜索引擎、网络机器人、智能检索、图像检索等。该技术对档案信息化的影响是：

（1）检索功能智能化，使计算机对自然语言（如关键词）的检索具有一定的语义推理、扩检能力，可显著提高查全率和查准率并方便用户，将广泛应用于档案检索。

（2）检索条件图像化，将过去的通过文字检索转变为通过图像检索，如指纹、照片检索，从而显著提高影像档案的检索能力，给检索手段带来革命性的变化。

（3）检索服务简单化，使各种移动终端和搜索引擎的使用更加"傻瓜化"，从而使检索服务更加人性化，如检索后提供自动摘要、自动跟踪、自动漫游、机器翻译动态链接等，网络机器人技术可以对特定的检索需求进行定制，自动挖掘互联网信息。

(4)检索领域多样化,可提供多语种、多媒体服务,还能提供政治、军事、金融、文化、历史、健康、旅游等各种专题的个性化服务,这些都能使档案检索系统的设计更好地面向用户,深入满足大众的各种档案需求。

4.移动终端技术

移动终端技术包括4G通信技术、移动电视、平板电脑、电子阅读器技术等。该技术对档案信息化的影响是:

(1)基于4G通信的移动技术,使过去的移动脱机终端向移动互联网终端发展,可将任何公开的档案信息在任何时候提供给任何地点的档案用户,使档案利用彻底打破时空限制。

(2)终端的移动性更强,智能化程度更高。智能手机、平板电脑、电子阅读器、超级本电脑等性价比迅速提升,使档案的远程移动检索成为可能。

(3)智能终端操作系统及应用技术迅猛发展,为档案信息采集、处理、编辑、利用、传播提供了丰富的功能,也为档案事业发展提供有力的技术支持。

(4)人机交互技术日益更新,包括触屏技术、语音处理技术、体感动作识别技术等,使移动终端的用户界面更加友好,吸引越来越多的档案用户,进一步扩大档案工作的社会影响。

5.融合技术

融合技术包括三网融合、三机合一和物联网技术。"三网融合"是指电信网、广播电视网、互联网三类网络的融合。"三机合一"是指电视机、电脑、手机三类终端之间的信息互连,功能优势互补。"三网融合"是"三机合一"的基础。物联网(IOT)是物物相连的互联网,其核心和基础仍然是互联网,然而,通过识别器、传感器、控制器等技术,形成人与物、物与物之间相联。该技术对档案信息化的影响是:

(1)使网络用户遍及社会生活的各个领域,档案信息系统只要搭上"三网融合、三机合一"的平台,就将显著提升其社会影响力。

(2)使多媒体信息的制作、编辑、传递、检索更加方便快捷,同时为多媒体信息的广泛传播及其开发、利用提供了先进的平台。

(3)有利于减少基础建设投入,简化网络管理,降低维护成本,进一步提高网络资源共享利用水平。

(4)物联网将进一步提高档案自动化管理水平,在自动调阅档案卷、手机遥测并控制档案库房温湿度等方面有广阔应用前景。

6.影像技术

影像技术包括数码相机、摄像机、多媒体、流媒体、3D展示、数码压缩、触摸屏等技术,该技术对档案信息化的影响是:

(1)影像清晰度的日益提高,使多媒体档案的记录质量和利用价值进一步提升,为档案的编研和社会服务开辟新的领域,同时也使影像档案存储更加海量化,对档案的收集、整理和长期有效保存提出了新的挑战,并对档案存储密度和档案信息传输的带宽提出了更高的要求。

(2)流媒体、媒体播放器和数码压缩技术的日益发展,将使多媒体档案的网络传播速度更高,编辑效率也越高,终端播放更加流畅。

（3）多媒体编辑工具的功能日益强大，并向移动终端延伸，为档案多媒体编研技术的普及创造了条件，也将促进档案多媒体编研工作的广泛开展。

（4）3D展示技术提供了档案虚拟展览手段，在档案信息的网络展览和社会化传播方面将有广阔的用武之地。

7. 安全技术

安全技术包括数字签名、数字印章、数字加密、防火墙技术、备份技术等，该技术对档案信息化的影响是：

（1）由单一安全产品向安全管理平台转变。档案信息系统安全防护技术将借助先进的管理平台成为一个有机组合的整体，而不是仅依靠单一的安全防护产品，头痛医头，脚痛医脚。

（2）由静态、被动防护向动态、主动防护转变。档案信息系统可采用动态、主动的安全技术，如应急响应、攻击取证、攻击陷阱、攻击追踪定位、入侵容忍、自动备份、自动恢复等防御网络攻击。

（3）由基于特征向基于行为的安全防护转变。过去档案信息系统按特征拦截黑客攻击存在较大的漏洞，而基于行为的防护技术可做到疏而不漏。

（4）内部网安全技术得到发展。网络安全威胁不仅来自外部网络，有时内部网的安全威胁更大。因此，档案信息系统内部网络安全技术将越来越得到重视。

（5）信息安全管理由粗放型向量化型转变。对档案信息安全状况检测和评估的量化，将改变过去凭经验、模糊化的粗放管理方式，使安全控制更加有效。

（6）基于软件安全的方法及相关产品将快速发展。软件是信息网络安全的"灵魂"，发展基础性档案信息安全软件，有利于从根本上杜绝安全事故。

基于以上发展趋势，今后档案信息的安全管理将趋向于合理地选择和配置先进适用的网络安全技术，制定安全管理策略和正确使用安全技术。

（三）云计算技术在档案信息化中的应用

云计算是当前信息技术领域的热门话题之一，正受到社会各界的高度关注，并将使档案信息化面临一系列新的机遇和挑战。

1. 云计算的概念及特征

云计算是一种基于互联网的计算方式。这种方式利用分布式计算和虚拟资源管理等技术，通过网络统一组织和灵活调用，将分散的信息资源集中起来形成共享的资源池，并以动态按需和可度量的方式，向使用各种形式终端的用户提供服务。在云计算环境中，应用软件直接安装到了"云"端的服务器中，而不是用户终端上，用户仅需要通过 Web 浏览器登录到"云"端的管理平台就可以使用软件并得到所需服务。"云"是对计算服务模式和技术实现的形象比喻。"云"由大量基础单元——云元组成，各个云元之间由网络连接，汇聚成为庞大的资源池。按照云计算服务提供的资源所在的层次不同，可以分为 IaS（基础设施即服务）、PaaS（平台即服务）和 SaS（软件即服务）三种服务方式；根据服务对象的不同，则可以分为面向机构内部提供服务的私有云、面向公众使用的公有云以及二者相结合的混合云等。

2.云计算用于档案信息化建设的优势

采用云计算技术能够为档案信息化建设带来诸多益处:

(1)实现档案信息资源共享。通过云计算,档案部门可避免因档案管理系统软件的多头开发所造成的"信息资源孤岛"现象,可在不同地域档案部门之间共同构筑档案信息资源"共享池",实现电子档案资源的高度集中统一管理和广泛共享。

(2)节省投资成本及运维费用。众多档案部门不再需要构建自成体系的软硬件平台,而以极低的成本投入获得极高的运算能力,大幅度降低运维费用和提高运维效率。

(3)提高信息系统的安全性。以往档案馆中的数据都集中在本馆的服务器上,一旦服务器出现故障,档案馆就无法为用户提供正常的服务,甚至导致数据的丢失。而采用云计算就会存在大量服务器,即使某台服务器出现故障,其他服务器也可以在极短的时间内将故障服务器中的数据拷贝到其他服务器上,并启动新服务器,继续提供无间断服务。

(4)解决人才短缺问题。云计算的档案信息系统维护都由云端技术人员负责,与目前各档案部门配备专门的信息技术人员的做法相比,既专业又节约人力成本。

3.云计算对档案信息化的保障

目前,档案信息化面临资源整合难、数据集中难、系统运维难、资金投入难、人才引进难等诸多难题。云计算技术的出现,将为档案部门走出困境提供新的思路。

(1)档案信息化基础设施保障。由于经济水平的差异,不同地区对档案信息化建设的投入也存在较大差别。经费紧张的地区难以满足基础设施建设的需求;而经济发达地区的基础设施资源存在一些闲置的现象。为此,档案部门可以采用云计算的"基础设施即服务"方式,整合档案行业的服务器、存储器等设备,通过"云"平台,向各级档案部门提供基础设施服务,不仅可以避免设施建设重复投入的浪费,也可以减少技术力量较弱档案部门的系统运维开支。

当前,国家档案局正在开展"中国档案云"项目,联合中央档案馆、中国第一历史档案馆、中国第二历史档案馆在内的全国50家副省级以上地方、单位的档案馆,尝试构建包含国家级档案云、省级区域档案云和市(县)级区域档案云的档案行业基础设施,助推全国档案信息化事业的发展。

(2)档案信息化业务平台保障。档案管理应用系统的研发和运维需要档案部门投入大量资金和人力,尚且难以确保应用系统的质量。采用"平台即服务"模式,各级档案部门可以集中使用资金和优秀的人才,研制和推广通用的档案管理软件,既可避免软件重复研制的资金投入,又可通过通用软件的推广,改变过去因重复建设造成数据异构、平台异构、流程异构,档案信息资源难以互联共享的弊端。

(3)档案信息化高效利用保障。如何通过档案的社会化服务,增强档案社会利用价值,提高社会的档案意识,是新时期加强和改进档案工作的重要课题。依托部署在"云端"的档案资源管理体系,公众可便捷地获得数字档案资源,并开展不同专题的档案编研;也可以将家庭档案和个人收藏制作成精美的网络展览推入"云端"以供共享;还可以利用"云端"提供的"一站式"检索功能获得跨专业跨地区的档案信息。在国家档案局开展的"中国档案云"项目中,已建设了以云计算技术为依托,覆盖全国各级综合档案馆,为社会提供统一查询利用开放档案信息的专业化平台,该门户网站被命名为"中国记忆"。

4.云计算应用于档案管理信息化遇到的障碍

云计算必将会大幅加快档案信息化建设的步伐。但目前云计算技术研究还处于初级阶段，存在诸多问题需要解决。其中，安全问题与标准问题是制约云计算与档案信息化相结合的主要因素。

（1）安全风险时有发生。档案是国家的宝贵财富和重要信息资源，具有一定的保密性，安全性要求相当突出。自云计算服务出现以来，由于软件漏洞或缺陷、配置错误、基础设施故障、黑客攻击等原因造成信息服务中断的事件大量发生。在互联网数据中心的全球调查中，对云计算安全、性能、可靠性等抱有怀疑态度的用户占70％以上。在2013年工信部电信研究院的调研中，我国用户在选择云服务商的时候，首要考虑的问题则为稳定性、安全性和网络质量。

但是，与传统的信息化系统一样，从技术上看，云计算系统的安全漏洞是不可避免的，且由于网络服务化、数据集中化、平台共享化和参与角色多样化，云计算所面临的安全风险相对于传统信息化系统更加复杂。但同时也应看到，在绝大多数情况下，相对于个人和中小企业用户而言，云服务提供商可以提供更加专业和完善的访问控制、攻击防范、数据备份和安全审计等安全功能，并通过统一的安全保障措施和策略对云端系统进行安全升级和加固，从而提高这部分用户系统和数据的安全水平。

（2）相关制度尚未建立。云计算技术在火热的概念背后，仍有诸多模糊的定义。每一个云提供商都站在自己的利益角度解读这项技术，以求更大的经济效益。"无规矩不成方圆"，缺乏云计算服务所必需的标准规范、合同范本、采购管控、评估认证、后期管理等相关配套制度和管理机制，使云计算在档案领域的应用面临诸多困难。然而，云计算毕竟是信息化发展的新趋势，档案信息化必须以积极的心态来迎接档案云时代的到来。

（四）大数据技术在档案信息化中的应用

1.大数据概念探析

大数据的起源可以追溯到2000年前后，互联网网页以每日约700万个的速度呈现爆发式增长，在2000年底全球网页数达到40亿个之多，用户在互联网上检索准确信息也变得愈发困难。谷歌公司为提高用户使用互联网的效率，率先建立了覆盖数十亿网页的数据库，成了大数据应用的起点。而大数据技术的源头，则是谷歌公司提出的一套以分布式为特征的全新技术体系。大数据从出现至今，一直都是全社会关注的焦点，至今仍无公认的定义。对于大数据，可以从资源、技术、应用三个层次理解，"大数据是具有体量大、结构多样、时效强等特征的数据；处理大数据需采用新型计算架构和智能算法等新技术；大数据的应用强调以新的理念应用于辅助决策、发现新的知识，更强调在线闭环的业务流程优化。"大数据不仅"大"，而且"新"，是新资源、新工具和新应用的综合体。

2.大数据关键技术

从数据在信息系统中的生命周期来看，大数据从数据源经过分析挖掘到最终获得价值一般需要经过5个主要环节，包括数据准备、数据存储与管理、计算处理数据分析和知识展现。对于数据准备环节和知识展现环节来说，大数据所带来的变化只体现在量上，而对于数据分析、计算和存储三个环节则有较大影响,需要重构技术架构和算法,而这也将成为当前和未来一段时间内大数据技术创新的焦点。

(1)数据准备环节。大数据数量庞大、格式多样,质量也良莠不齐,因此在数据准备环节必须对其进行格式的规范化处理,为后续的存储与管理奠定基础。此外要在尽可能保留原有语义的情况下去粗取精,消除数据噪声。

(2)数据存储与管理环节。当前全球数据量以50%的速度不断增长,数据的海量化和快增长特征是大数据对存储技术提出的首要挑战。谷歌文件系统(GFS)和 Hadoop 分布式文件系统 HDFS(Hadoop Distributed File System)采用分布式架构,弥补了传统存储系统的不足,同时能够达到较高的并发访问能力。大数据对存储技术提出的另一挑战则是多种数据格式的适应能力。格式多样化是大数据的主要特征之一,因此大数据存储管理系统必须满足对各种非结构化数据进行高效管理的需求,非关系型数据库(NOSQL, Notonly SQL)应运而生。如谷歌 Big Table 和 Hadoop HBase 等都是典型的非关系型数据库,具有良好的包容性,能够应对非结构化数据多样化的特点。未来,大数据的存储管理技术将进一步把关系型数据库的操作便捷性特点和非关系型数据库灵活性特点结合起来,研发新的融合型存储管理技术

(3)计算处理环节。大数据的计算是数据密集型计算,对计算单元和存储单元间的数据吞吐率要求极高,对性价比和扩展性的要求也非常高,分布式并行计算技术弥补了传统并行计算系统在速度、可扩展性和成本上的不足,适应大数据计算分析的新需求。

(4)数据分析环节。数据分析环节是大数据价值挖掘的关键。目前大数据分析主要有两条技术路线,其一是凭借先验知识人工建立数学模型分析数据;其二则是通过建立人工智能系统,使用大量样本数据进行训练,让机器代替人工,获得从数据中提取知识的能力。人工智能和机器学习能够更好地适应当前的大数据环境,具有良好的前景。

(5)知识展现环节。在大数据服务于决策支持场景下,以直观的方式将分析结果呈现给用户,是大数据分析的重要环节。如何让分析结果易于理解是其主要挑战。但是在嵌入多业务的闭环大数据应用中,一般是由机器根据算法直接应用分析结果而无须人工干预,这种场景下知识展现环节则不是必需的。

3. 大数据对档案信息化的保障

(1)档案数据高效存储保障。目前,馆藏数字档案量已经从 TB 级别跃升至 PB 级别,仅以"十一五"末我国馆藏档案总量的统计看,已经达到近4亿卷,每卷平均约3厘米厚。与此同时,科技进步衍生出的数据呈现出了分布式和异构性特点,需要归档的数字资源繁多,包含结构化、非结构化和半结构化数据。非结构化数据,如文本、图片、各类表格、图像和音视频等,半结构化数据,如 E-mail、HTML 文档等,都不便于使用关系数据库二维逻辑表来表现。

传统关系型数据库已经无法满足对数量庞大、类型多样的档案资源的组织与管理需求,需要引入大数据管理系统对档案进行分布式存储、快速检索。大数据存储方法有很多种,如 Hadoop、NoSQL,都具有一些共同的特点,即利用硬件的优势,使用可扩展的、并行的处理技术,采用非关系模型存储处理非结构化和半结构化的数据,并对大数据运用高级分析和可视化技术。

(2)档案数据价值挖掘保障。在档案数字资源中,不同的档案数据中蕴含的价值存在差异,有可能导致用户获取价值信息的难度增大。如何从这些资源中提炼、挖掘出有价值的档案信息,并以人们易于接受的方式传递给用户,是目前档案工作者必须解决的问题。大数据时代带来新

的技术,为档案工作者提供解决问题的方式。档案工作者可以采用大数据技术,在海量档案数据中发现关联,从不同角度对其进行聚类和分类,以多维度、多层次的方式展现档案数据,将非结构化数据转换为结构化、半结构化数据,从而使用户更准确、更容易获得档案信息。必要时,还可以通过可视化技术,形成图形图像,直观地展示最终结果。从海量数据中分析潜在的知识决定着大数据时代档案工作的发展水平及方向,这也意味着大数据时代,档案工作的重心将向档案资源的数据分析、数据挖掘方向转移。

(3)档案数据高效利用保障。档案工作的目的是提供利用。大数据时代下的档案工作服务讲求时效性和便捷性,基于大数据技术可为实现网络信息服务的智能化、个性化、精品化提供支持工具。依托互联网技术,全方位地实现档案信息智能检索服务、档案信息决策服务及档案信息跟踪与推送服务。利用这些技术手段,彻底颠覆传统档案分类在档案管理中存在的诸多弊端,将档案事业发展推向又一个全新的高度。

4.大数据技术应用于档案信息化需注意的问题

(1)大数据技术实现问题。大数据技术相比传统技术更为复杂。不同于传统的档案管理技术,档案大数据管理系统通常是一个由很多节点组成的分布式系统,实现起来较为困难。档案管理工作者需要打破专业限制,寻求与专业的具有相应资质的大数据开发公司合作,将行业的需求和大数据技术结合起来,才能开发出适合档案行业特点的大数据平台。另外,我国纸质档案数字化形成的绝大多数都是文字图像,不便于大数据技术的处理,应当将文字图像通过 OCR 识别,生成文本文件,并尽可能提高识别的准确率,为档案大数据处理创造条件。

(2)信息安全问题。档案是不可再生的社会核心信息资源。但有时由于人为的操作失误、系统技术故障、计算机病毒、黑客攻击、间谍窃取等原因都会造成档案数据的破坏,给机构甚至国家带来巨大损失。因此,在实施大数据技术时,要重点加强信息安全保障体系建设,采取各种安全技术措施,保证档案数据的完整与安全。

(3)保密问题。大数据时代下,档案信息主要通过网络进行传输,容易被复制和扩散,导致档案信息资源在开发和利用过程中可能出现信息泄漏、隐私权侵犯、知识产权纠纷等隐患。对于国防、军事、科技等领域来说,档案涉密层次高,一旦泄密将直接危及国家安全。如何实现涉密档案信息资源的合理利用,既充分发挥涉密档案的价值,又保证涉密档案的安全,是大数据时代档案管理面临的重大挑战。大数据时代,相比其他信息技术更加契合档案信息化建设工作的需要,尤其是在当前的知识经济时代,将档案信息转化为知识资源,会成为新时期档案工作的必然发展方向。

第二节 信息技术管理的特点

现代信息技术正在改变着产品和生产过程、企业和产业、甚至竞争本身的性质。把信息技术看作是辅助或服务性的工具已经成为过时的观念,管理者应该认识到信息技术的广泛影响和深刻含义,以及怎样利用信息技术来创造有力而持久的竞争优势。

一、信息技术管理特点

（一）相比工业时代，信息时代具有以下颠覆性特征

第一，信息传播打破物理空间上的有形界限，变得更加迅速、便捷。

第二，传统仅靠人脑记忆和纸质媒体记录的知识积累手段被彻底改变。

第三，信息处理与传递的高度现代化，使得用信息化的系统来实施企业管理成为现实。

第四，企业管理水平不断提高，其决策过程也将越来越复杂。

近年来信息技术的重要性逐步为业界所认同，其广泛应用也给档案管理带来了便利，因而其已深入到档案管理的各个阶层。

（二）信息技术及应用归纳起来主要有四类

一是自动化的设计、生产系统（CAD、CAM），大大提高了劳动生产率、产品质量和产品市场化的速度。

二是业务处理系统（TPS，EDP），将基层业务人员从大量重复的、烦琐的数据处理中解脱出来，提高了工作效率和工作质量。

三是管理信息系统（MS）将企业作为一个整体来进行全面的信息管理，加强了统计、分析和报告的功能，满足了中低层管理者的需求。

四是经理信息系统（EIS）和决策与集体决策支持系统（DSS，GDSS），提高了高层管理者的决策水平和工作效率，可以说信息技术已经渗透到并且正在越来越多地影响着现代化企业的方方面面。

二、信息技术和档案管理有效融合的策略

信息技术的引进对档案管理工作发展起到了直接的影响，二者的有效融合既是与时俱进的时代象征也是社会发展的必然要求。应不断对传统的档案管理模式加以转变，准确掌握新时期档案管理发展的新趋势与新要求，从而有效带动档案管理的数字化、信息化发展。

（一）找准信息技术和档案管理的精准定位

在社会信息化飞速发展时代下，为切实保障自身管理水平，结合信息技术实现档案管理创新能够有效促进档案管理信息化发展，在现阶段市场竞争下，人们对于档案信息储备提出了更高的要求，因此传统档案管理方式的改革创新已经迫在眉睫。在信息化时代，档案管理信息资源逐渐趋于共享，因此在实现档案管理精准定位时，应结合现代信息技术与资源共享，切实保障档案管理质量。例如在科技发展新时代，电子档案在部分领域已实现普及，通过实践证明，只有不断更新资源档案服务系统，运用主动化服务实现电子档案的增量与存量，电子化才可在市场竞争中脱颖而出，由传统封闭式管理逐渐向多元化管理方式迈进，通过动态化传输方式确保档案质量，实现现代信息技术下的档案管理精准定位，进一步促进档案管理与信息技术的有效融合。

（二）提升档案管理人员信息技术水平

在现代产业结构升级中，服务产业已成为重点产业，在档案管理信息化融合中，档案管理是

基于数据的管理,服务于档案用户,在实际展开档案管理时,相关工作人员的服务质量能够切实影响用户对档案管理机构的固有印象,因此在实现信息技术与档案管理融合过程中,服务仍是第一准则。例如在展开档案服务管理时,良好的学习文化氛围能够有效提升工作人员服务效率,并在潜移默化中提高相关服务人员技术水平;在现代化档案管理服务中,对于全能型高素质管理人才的需求始终呈上升趋势,在展开内部培训时,需将档案信息化管理纳入培训内容与考核,结合计算机网络操作技术实现图片压缩存储、查询功能培训,提高档案管理信息化水平,以此更好地适应时代发展与挑战。

(三)利用信息技术规范档案管理全过程

档案管理的阶段一般分为调查、利用以及后期服务。首先,要对于客户的需求进行调查,做好前期信息的收集,如借助大数据技术针对档案中的信息进行层级化划分,针对客户需求进行有侧重的划分;其次,通过对于数据的利用,强化中期的培训与宣传,提升职员对于信息化技术的掌握程度,进而为技术的应用做好人员的构建;最后,通过跟踪式服务的形式,建立用户与机构的意见反馈与交流渠道,以此为基础提升及时发现问题解决问题的能力。例如数据资源知识库的建立,可以形成完善的信息化技术的收集、分析、利用程序,通过对于人员与设备的整合,完善质量信息的层级划分,进而对于数据中的利用价值进行挖掘,并提升利用档案信息进行智能化服务的施策基础。

(四)重视在档案管理中应用信息技术

随着档案管理工作复杂程度的提升,以及档案信息向着多样化的方向发展,原有的档案信息管理模式需要融合信息化技术,提升档案管理的智能化、高效化、科技化,进而降低人力、物力的投入,提升档案管理效率与质量。因此,相关的工作人员需要对于信息化技术与档案管理的融合引起高度的重视,通过有效沟通机制的建立,完善对于自身合法权益的保护,进一步加深服务质量。例如通过对于档案管理资源利用效果的宣传,可以加深员工对于档案管理优势效果的印象,并在后续的宣传过程中通过案例分析与数据的量化,推进档案管理与信息化技术融合的辐射面,加深档案管理的影响力,为信息化技术在档案管理中的融入获得更多的认可构建桥梁。

三、基于信息技术构建档案管理信息系统

信息技术的发展促进了档案信息化,档案信息化的实现又需要借助先进、实用的档案管理信息平台,即档案管理信息应用系统。我国档案信息化起步以来,档案部门研制了大量的档案管理应用系统。由于各自分头建设,缺乏统一的规范,造成各应用系统的功能结构、数据结构、性能结构各异,影响档案信息资源互联共享,增加了系统使用和维护的成本,迫切需要在统一规划、规范的指导下,进行系统整合,使档案管理信息系统建设走上集约化、集成化发展的轨道。

(一)档案管理信息系统的基本概念

档案管理信息系统是指各机关、团体、企事业单位和各级各类档案馆用于对档案信息和档案实体进行辅助管理的各种类型的计算机应用软件系统。档案管理信息系统建设是按照档案事业发展的规划、标准和档案工作的实际需求,应用计算机基础设施,开发和使用档案管理应用软件系统的过程。档案管理软件的开发和使用,要符合"规范、先进、实用"的质量要求,既要满足当前

工作的需要，又要兼顾将来技术发展的趋势。

档案管理信息系统的应用价值来自应用系统的各项功能。其功能是指计算机应用软件系统辅助档案工作的某种能力，实质上是档案工作职能在计算机平台上的延伸。由于档案工作职能包括对档案的宏观管理和微观管理两方面内容，因此，档案管理信息系统也相应分为两大类，一类是档案宏观管理信息系统，用于辅助档案工作者对整个档案工作的管理，又称档案行政管理系统，包括统筹规划，组织协调，统一制度，监督、指导和检查等档案工作的组织建设和事业管理。这类系统的建设主体主要是各级档案行政管理部门。另一类是档案微观管理信息系统，又称为档案管理业务系统，用于辅助具体的档案管理业务工作，包括档案的收集、整理、鉴定、保管、统计和利用等。这类系统的建设主体主要是各级各类档案馆（室）。鉴于机关档案室兼有上述两项职能，档案室信息系统应当兼有档案行政工作和档案管理业务功能。

然而，实际上多数档案部门并没有建立相互独立的档案行政工作和档案管理业务信息系统，而是在档案管理业务系统中嵌入一部分档案宏观管理功能。因此，下面所介绍的档案管理信息系统，主要是指档案管理业务系统。

（二）档案管理信息系统的开发

档案管理信息系统的开发是在档案信息化规划和规范的指导下，按照特定的档案管理需求，应用先进、实用的计算机软硬件和网络技术，研制档案信息管理应用系统的过程，其主要任务是研制档案管理应用软件。

1. 档案管理应用软件的基本要求

根据国家档案局发布的《档案管理软件功能要求暂行规定》，档案管理应用软件要符合以下基本要求：

（1）档案管理软件的开发研制与功能设计必须符合国家有关档案工作和计算机信息系统管理的法律法规和业务技术标准。

（2）档案管理软件的研制、安装和使用，必须具有严格的安全保密机制。

（3）档案管理软件应具有良好的实用性、兼容性及可扩展性，并做到界面友好，用语规范，操作简单，使用方便。

（4）档案管理软件应具备较强的数据独立性，确保在软、硬件环境发生变化时数据完整、安全迁移及有效利用。

（5）各种不同类型的档案数据，其文件格式均应尽量采用通用的文件格式。

（6）档案管理软件应配有完备的安装与使用技术资料，主要包括：用户手册、系统管理员手册、数据实体关联图等。

2. 档案管理应用软件的基本功能结构

功能设置是实现档案管理系统价值的关键。档案管理应用软件种类很多，如电子文件归档管理系统、数字档案室系统、数字档案馆系统等。依据档案工作的基本职能，任何档案管理应用软件都应具备以下基本功能。这些功能既包括档案实体管理，又包括档案信息管理；既包括管理档案目录信息，又包括管理档案全文（内容）信息，并基本上覆盖档案各项管理业务。

《档案管理软件功能要求暂行规定》规定：档案管理软件应具备数据管理整理编目、检索查询、安全保密、系统维护等基本功能,并能辅助实体管理及根据用户特殊需求增扩其他相应功能。其功能结构要求如图 6-1 所示。

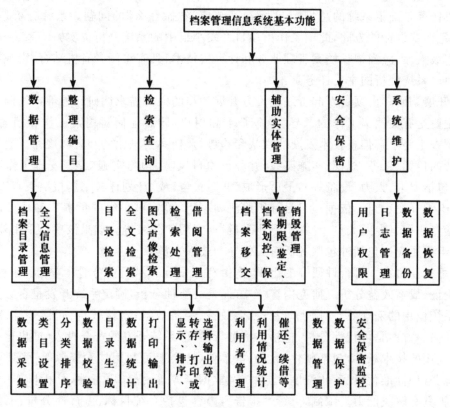

图 6-1　档案管理信息系统的功能模块图

3. 档案管理信息系统开发的方法

档案管理信息系统的开发需要应用软件工程的原理和方法。软件工程是指导计算机软件开发和维护的工程学科,是采用工程的概念、原理、技术和方法来开发与维护软件的方法。该方法将任何软件产品从形成概念开始,经过开发、使用和不断增补修订,直到最后被淘汰的整个过程看作一个生命周期。该生命周期可以划分为若干相互区别又相互联系的四个阶段,即系统分析、系统设计、系统实现和系统运行维护。每个阶段都有相对独立、具体的任务,都要形成规范的文档,每阶段工作都要以上个阶段工作的成果作为依据,又为下阶段的工作创造条件。每阶段工作结束后都要从技术和管理两方面进行严格的审查,若发现前阶段有错,则需要返回前面的阶段进行整改,由此形成软件开发的规范化、高效化工作流程。软件开发流程详见图 6-2 软件生存期阶段模型。

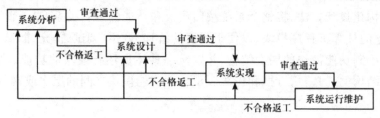

图 6-2　软件生存期阶段模型

以下主要介绍应用软件工程原理开发档案管理软件的方法。

（1）系统分析

该阶段任务是确定系统的总目标，即解决系统应当"做什么"的问题。系统分析是系统开发的起点，决定系统设计的方向，此项工作由项目开发小组中的系统分析员实施。系统分析员是系统开发的高级人才，应当擅长档案管理业务和计算机技术，具有将两者有机结合、宏观策划、微观布局的能力。系统分析的主要任务是：

第一，开展调研。由项目发起者或建设方开展初步的内部需求调研和外部市场调研，内部调研的对象主要是有关档案工作的领导、业务骨干和用户，调研他们对档案工作和档案信息的需求。外部调查主要了解信息技术发展的现状和趋势，及档案信息化的经验和规律。通过调研，提出系统设计的目标、任务、规模、实施路线，并分析项目风险、预测实施效果、安排工作进度、提出费用估算（包括财力、人力、设备等），最后形成《开题报告》或《计划任务书》，报决策者审批。

第二，组织开发小组。依据项目目标组织研制小组，确定该小组的负责人和成员，其成员一般应当包括专职档案专业人员、计算机专业人员、档案用户代表等。如果该项目采用外包设计的话，开发小组中还应当包括外包服务商有关领导和技术人员。

第三，可行性研究。可行性研究的组织：需由有关领导、专家、业务骨干参加，对系统进行分析、评估、论证、成本效益分析。研究内容：一方面是必要性分析，确定系统开发是否必要，是否紧迫。分析系统应用的宏观效益、微观效益；社会效益、经济效益；直接效益、间接效益；短期效益、长期效益。另一方面是可行性分析，包括经济可行性，即系统开发的资金投入、产出比；技术可行性，分析可利用的技术条件，包括硬件、软件、本单位、社会上可利用技术资源等；管理可行性，包括管理环境、管理标准化、规范化程度、已有档案数据资源等；操作可行性，分析操作中可能遇到的问题，是否具有解决能力。编制《可行性报告》，内容包括系统目标、可行性分析、工作进程、可利用资源、所需费用、结论意见等。

第四，开展用户需求分析。系统分析后编制《用户需求说明书》，作为系统分析的结果和系统设计、验收的依据。《用户需求说明书》要从以下方面准确、具体地阐明用户对系统的需求：信息需求，系统需要处理的档案数据的门类、实体（如目录、表格、台账等）。功能需求，系统需要做哪些处理，如归档、编目、保管、统计、查询等。性能需求，系统需要达到哪些安全、保密、速度、效率、便捷、规范等性能要求。环境需求，系统实施需要哪些实施条件，如法规、制度、方法、技术、人才、资金等。近期和远期需求，区分需求的轻重缓急，提出分步实施的方案。

（2）系统设计

该阶段任务是对《用户需求说明书》中的各项内容提出具体设计方案，即解决系统应当"如何做"的问题。系统设计分概要设计和详细设计，其任务由系统分析员牵头的设计团队来承担。

第一步：概要设计。

首先采用结构化设计方法，将整个系统按照层次和功能的逻辑关系，自上而下逐步细化为功能单一、相对独立的计算机程序模块，以便于系统的编程、调用、调试、扩充、测试和维护。其次绘制功能模块图。绘制功能模块的层次结构，并以文字具体描述各模块的功能。功能模块图是描述软件功能层次结构的工具，用方框和连线表示软件功能模块之间的层次或网状关系，以及模块之间的调用关系。

第二步：详细设计。

详细设计是对概要设计的进一步细化，包括数据库结构设计、计算机输入输出设计、用户界面设计、用户代码设计、用户权限设计以及业务流程设计等。最后以模块为单位,编制《系统详细设计规格说明书》,详细说明各子系统和模块的输入设计、输出设计、界面设计、数据库设计、代码设计、程序设计语言等。为了说明这些细节,应采用数据流程图的描述方法。用户操作界面友好是系统性能的重要指标,要求做到操作方法简便,操作提示准确,用户一看就懂、一学就会。

（3）系统实现

该阶段任务是将设计结果转换成具体的系统。主要指软件的编制和测试,硬件设备的购置与安装、软件的实现、人员配备和培训等。

编写程序:为了设计应用系统,首先要购置或配置计算机软硬件及网络系统,安装数据库系统和软件编制工具,然后用工具软件写出正确的程序模块,即应用软件,这步工作也称为编码。程序模块设计要做到结构良好、清晰易读、容易维护。编程工作一般由计算机专业人员来完成。编程要尽量选用第四、第五代语言和自动化程序设计工具,以降低程序开发成本,提高程序质量,缩短开发周期。

软件测试:程序设计后须进行必要的测试。测试是为了发现程序中的错误并进行改正,以保证程序的正确性和可靠性。测试分为:模块测试,即逐个模块的测试,改正程序的局部错误;联合测试,即按功能结构设计的要求,测试功能调试模块之间的接口;验收测试,即按《系统详细设计规格说明书》进行整体联合测试,对系统进行正确性、可靠性、稳定性、响应时间、输入输出界面等综合测试,测试后形成《测试报告》。

鉴定验收:鉴定验收主要从系统运行的结果来考察系统是否达到预期的设计目标。具体要对以下内容做出评价:一是是否全面达到预定的系统目标;二是是否符合系统的各种效益指标;三是系统开发文档材料是否完整齐全;四是系统存在哪些问题,需要采取什么改进或补救措施。鉴定验收前系统需试运行半年以上,然后请系统的用户对系统的功能、性能、稳定性和实用性作出评价,并写出《用户使用报告》。

技术测试:一是组织技术测试小组。鉴定前的测试不同于以往测试的是,需由上级档案行政管理部门委托或组织技术测试小组。二是编写测试大纲。测试组根据系统设计目标和有关介绍,编写测试大纲。测试内容包括软硬件环境、存储数据量、功能的完整适用性、查询响应时间、输出速度等技术指标、系统设计的技术特点和水平等。三是进行现场测试。在真实的应用环境下,运用真实的数据,对系统进行测试,测试结果应记入测试大纲。四是审查软件开发文档。开发文档包括开题报告(或计划任务书)、可行性研究报告、用户需求说明书、功能模块结构图、详细设计规格说明书、研制报告、技术报告、测试报告、用户使用报告、使用说明书等。五是撰写《测试报告》。测试专家根据测试大纲反映的测试结果,撰写《测试报告》,作为专家鉴定的依据。

组织鉴定会议:成立鉴定委员会,鉴定委员会主要由用户代表、计算机专家、档案管理专家以及测试小组组长等共同组成。鉴定会议议程主要有:一是与会各方作《系统研制报告》《系统技术报告》《用户使用报告》《测试报告》;二是进行现场操作演示,并接受鉴定委员会提问和质询;三是鉴定委员会讨论,拟写《鉴定意见》,向全体与会者宣读并通过《鉴定意见》。

4.系统运行、维护与评价

（1）系统运行

档案管理信息系统建设要改变重系统开发,轻系统运行和维护工作的片面认识。因为系统运行是实现档案信息化实用价值的关键环节,是测试系统质量的实战环境,是培养用户档案信息意识和实际操作技能的最佳平台。新系统的运行取代原有的手工管理或旧的应用系统,会给操作流程和操作人员工作职责带来新的变化,也会遇到许多新的问题。为此,操作人员需要通过精心组织实施,化解问题,确保系统正常运行。运行组织工作包括:

第一,制定档案管理信息系统操作制度,明确档案管理信息系统运行的分管领导、主管部门;明确系统操作人员的职责和操作要求。

第二,数据库建设。对以前没有建立过档案管理信息系统的单位,需要对现有传统档案进行目录数据录入或纸质档案数字化工作;对以前建立过档案管理系统的单位,则需要将原有的档案数据迁移到新的数据库中。

第三,用户操作培训,提高用户操作技能。

第四,对系统运行中出现的问题,及时做好记录,以便为系统维护提供第一手材料。

(2)系统维护

系统维护是对运行中的系统进行不断地修正和改进,以适合用户实际需要的工作。系统维护包括:

改正性维护,即为改正程序设计中的错误而进行的维护

适应性维护,即为适应程序运行环境的变化而进行的维护。

扩展性维护,即为满足用户在使用中提出的意见和更高的要求而对系统进行的改进或功能、性能上的扩展。

维护是一个时间较长的阶段,且可能反复多次。维护工作流程是:用户或设计人员提出维护要求—维护人员进行维护分析,制订维护计划—领导或有关主管部门审查维护计划(大的维护可能还要请专家论证)—维护人员实施维护检查验收维护项目等。

(3)系统评价

系统评价是为了了解系统当前的功能、性能的适用性、可靠性,为系统验收和下一步改进提供依据。评价的指标主要包括:

第一,从档案工作角度评价管理指标,即系统对档案工作业务需求的满足程度,对档案工作现在和将来的影响程度,如在提高工作效率、业务能力、服务质量、科学化和规范化管理水平等方面取得的效果。

第二,从计算机系统角度评价经济性和技术性。经济性即投入、产出分析,包括取得的经济效益、社会效益,直接效益、间接效益等;技术性即操作界面、响应速度、系统的可靠性、处理的灵活性等方面的技术性能。

第三节　信息技术管理在现代档案管理中的应用实例

现代信息技术的飞速发展,为档案管理工作提供了新的历史机遇。信息技术的应用,从总体上提升了资源利用率,降低了档案材料查询的时间,提升了档案管理的工作效率。因此,我们应当高度重视档案管理信息化工作,采取强有力的措施,推动档案信息化的落实,服务人民,服务社会。随着文档管理信息化越来越被重视,很多地方档案管理部门一直在为实现信息管理做准备,

即使由于我国档案管理信息技术的能力还有所欠缺,我国的技术和这方面的人才还不够充足,造成了今天档案管理信息化还不是那么成熟。但是相信随着信息技术的不断发展,信息技术人才的不断扩充以及政府的大力支持,对于信息化管理和建设中的一系列问题也会迎刃而解。随着这些问题的解决,档案信息管理系统的建设将在领导中走向世界。不管前方有多大的困难阻挠对文档管理信息化做出建设,不管文档建设的管理有多么的辛苦,相信在不久的将来,在党和国家的领导下,信息化技术会逐渐地提升,如今面对的问题也终将解决。目前,许多地方档案管理部门已经基于信息技术对档案管理的现代化进行了有益尝试,并取得不错成果。

一、信息技术在档案馆建设中的应用实例

(一)档案馆中全面应用技术的必要性

基于现代的、先进的网络技术、通信技术、人工智能技术等各类信息技术的发展,才使传统的信息管理面貌一新,进而产生知识管理。同时,各类技术的日新月异也是知识管理不断发展的基础。另外,还有许多研究者认为,档案馆的知识管理必须基于电子档案管理和数字档案馆的基础之上才能实现,而电子档案管理与数字档案馆建设也涉及大量的技术。档案馆向知识宝库发展的过程中,面临着大量的技术问题。电子档案的收集、整理、鉴定、保管、保护、利用,对档案信息资源的组织、存储、加工、处理、传递、利用等各方面都存在着层出不穷的技术问题。

知识管理专家马尔荷特拉博士认为知识管理的实质是"信息技术处理数据与信息的能力以及人们创造和创新的能力有机结合的组织过程"。它揭示了知识管理的两大核心:技术能力与人的创新能力,向我们显示了技术在知识管理中的重要地位。作为知识宝库的档案馆,其管理必须用先进的信息技术、知识技术取代传统的手工管理技术,基于各类技术实现对于知识的识别与发现、存储与管理、整合与加工、储存与传播、学习与共享、生产与创新等所有知识管理环节。技术对作为知识宝库的档案馆的发展起到积极的作用,甚至是决定性的作用。全面应用技术是档案馆发展成为知识宝库的突破口。只有将信息技术、知识技术应用到档案馆工作中,才能改变传统的手工管理模式,提高工作效率和服务质量,知识管理中对信息资源的挖掘、存储、传播和共享才具有实现的基础。因此,档案馆必须全面应用技术,在技术上取得突破和进展,建立起支撑电子档案管理和知识管理的技术设施和技术系统,才能使档案馆发挥强大的知识管理功能,更好地探索知识服务的多样化路径,更好地适应时代发展的需求。

在档案信息化建设初期,有学者曾提倡档案界要"理解和应用技术",即在信息社会来临的时候,档案工作者要学习和掌握计算机知识和网络知识。对于技术的态度是要"理解"而不是"精通"。必须理解哪些技术可以为我所用、提高工作效率。这项技术与那项技术应用于档案工作会有什么效果和不同。在理解的基础上,可以选用较先进的技术应用于档案管理。但是,随着时代的发展,未来的档案馆已经到了一个必须全面应用技术的发展阶段。一部分的档案馆工作者必须是精通技术的人员,档案管理工作中要全面应用各类技术,尤其是要将档案馆建设成知识宝库更是一时一刻也离不开技术。

当前,国际上信息管理技术的发展越来越快,然而,我国多数档案馆还处于技术的边缘,尚未建立起全面的技术系统,用以支撑对档案信息资源的管理和数字档案信息的有效传递。美国管理领域著名学者达文波特教授曾说,采纳并应用新技术是一个缓慢而艰苦的过程,它的成功率深受组织文化的影响。在一个鄙薄技术和安于现状的组织氛围里,无论拥有多么先进的技术都不

可能促进知识管理。未来档案馆必须形成优秀的组织文化,形成关注技术、重视技术、具有强大学习和创新动力的组织氛围。在知识成为社会生产要素的今天,技术能力的欠缺已经制约档案馆发展。档案馆未来要发展成记忆宫殿,发展成数字城堡,发展成政务窗口,发展成文化家园,发展成知识宝库,其实都离不开技术的支持和应用,未来档案馆必须全面应用技术。

(二)档案馆的技术体系

档案馆未来要发展成记忆宫殿、数字城堡、政务窗口、文化家园和知识宝库,必须对计算机技术、网络技术、通信技术、信息存储技术、数据库技术、多媒体技术、安全技术等各种技术实现有效吸收、全面接纳与综合运用,建立一个完整规范的技术体系。技术体系是档案馆存储、处理和发布档案信息的基本技术框架,是档案馆应用技术的基础。档案馆技术体系功能多样、规模庞大,其建立是一个复杂的系统工程,需要在实践中不断摸索和总结。

档案馆所应用到的技术大体可以划分为生成捕获技术、存储仓储技术、保存管理技术、组织标识技术、检索访问技术、分析挖掘技术、发布推送技术、安全保护技术八个方面。生成捕获技术用于档案数字化和电子文件的捕获。主要包括文本信息处理技术、图形图像信息处理技术、音频信息处理技术、视频信息处理技术、扫描技术、识别技术,还包括捕获电子文件及其背景信息涉及的格式标准、格式迁移、格式规范和格式注册技术、信息封装技术、安全检测技术、完整性校验技术、数据功能校验技术等。

存储仓储技术用于电子档案等数字信息的存储。主要包括常见的磁带存储、光盘存储、磁盘阵列存储,同时也包括相应的数据库技术、压缩技术和备份恢复技术;基于 NAS 或 SAN 模式的网络存储和基于云计算的存储系统;各种类型的分布式文件系统,大规模安全存储系统,数据仓库(数据集市)系统、知识库系统等海量信息存储系统;还包括各种存储系统的整合与集成技术等。

保存管理技术用于电子档案等数字信息的长期保管并保证其具有长期可读性。除包括刷新、迁移、仿真、风干、封装、技术保存、载体转换等具体技术外,还包括保存技术策略的选择、保存规划管理、保存工作流管理等。组织标识技术用于对档案馆信息资源进行组织和标识,使其变得有序并可供检索。主要包括本体工具、建模技术、摘要技术、连接技术、保存元数据体系、保存标识体系、文档管理、内容管理、元数据管理、索引、知识地图等。

检索访问技术用于对档案信息的查找和访问。检索技术主要包括自动分类检索、关键词检索、全文检索技术、异构数据库检索技术、多媒体检索技术、搜索引擎等。访问技术用于保障仓储的数字对象能够被安全方便地访问,主要包括浏览技术、基于保存标识的定位技术、认证和授权技术、与第三方的互操作技术等。

分析挖掘技术用于从纷繁复杂的档案信息和档案数据中发现规律、提取知识。主要包括分析技术、挖掘技术(文本挖掘、数据挖掘、知识挖掘)、专家系统、案例推理技术、智能代理技术、知识工程技术、人工智能等。发布推送技术用于将档案信息或从信息中挖掘的知识传递给利用者。主要包括网络发布(虚拟社区、电子邮件、BBS、群件、讨论组、即时消息、P2P 应用)和知识推送技术。

安全保护技术用于确保馆藏档案信息尤其是数字信息的安全和保密。主要包括信息加密技术、水印技术、信息跟踪与监控技术、身份认证技术(电子签名、身份识别、消息认证)、信息备份与恢复、网络安全技术(访问控制、安全隔离、漏洞扫描、入侵检测、安全审计)、病毒防治技术。

(三)档案馆技术发展方向

未来的档案馆要发展成为知识宝库,需要关注以下几个主要的技术发展方向:

1.基于集成与聚合的信息检索与知识挖掘

集成是以资源为中心进行档案信息资源建设,将同一内容或同一类型的档案信息资源集中在一起进行建设和管理,实现档案信息资源的一体化系统化。聚合是以技术为中心进行档案信息资源管理,在一定的组织领导下,以技术为核心,打破机构与资源的壁垒,通过梳理、归整、合并、合成,实现档案信息资源的整体化以及资源配置的最优化。未来的档案信息检索要在集成与聚合的基础上定位、查找和标识档案信息,尽可能实现一体化检索。集成与聚合的形式不仅包括传统数据库。存储在数据库中的信息属于结构化信息,档案管理中还包括扫描图像、缩微文件等大量非结构化信息,如何对非结构化信息进行集成与聚合也是重要问题。现在有一些组织致力于实现电子内容管理(electronic content management),研发管理非结构化信息的软件平台和技术框架,通过元数据准确定位同一主题信息,并可作为档案保存的文件位置标识。档案馆可以应用类似的技术实现档案信息资源的集成与聚合,将相关或相近的信息或知识元链接在一起,在此基础上进行信息检索、资源共享、知识挖掘与传递。

2.注重应用分析与挖掘技术

分析与挖掘是档案馆利用信息技术对馆藏档案信息进行的一种系列化的深加工过程,以便向利用者提供所需的知识,帮助其解决科学决策、科学研究等某方面的问题。档案馆以往经常涉及分析与挖掘的问题,但鲜有采用分析与挖掘技术,在其管理与服务中尚未通过技术实现分析与挖掘的功能。今后在知识管理中,在大数据环境中,面对海量的、复杂的非结构性档案信息资源,依靠人工力量或传统档案管理技术是无法对其进行处理的。必须应用数据挖掘、知识图谱、知识发现等分析与挖掘技术,并融合云计算、可信计算等各种新兴技术,对档案信息进行分析、梳理,减轻工作强度,提高信息分析的准确度,挖掘出具有价值的知识,实现对档案信息资源的智能型管理。

3.关注个性化信息服务技术

个性化信息服务是根据利用者的特定需求向其提供经过集成、相对完整的信息集合或知识集合,是一种能满足利用者个体需求的服务方式。新闻网站、资源推送系统、信息检索系统、数字图书馆等都在积极探索和实践个性化信息服务。随着社会信息化程度的深化,一般性的档案利用服务将不能满足不同利用者群体的需求,档案馆也必须能够提供个性化信息服务。个性化信息服务是在全面客观地分析利用者的需求之后,通过技术手段,对档案信息进行分析、过滤、挖掘,筛选或提炼出利用者所需的、专指性强的信息,而后利用电子邮件、云档案馆、手机档案馆等发布推送技术传递给利用者。主动的个性化信息服务将成为档案馆创新服务的重要内容,也是其未来作为知识宝库的发展重点之一。

4.努力融入智慧城市

1998年,美国率先提出"数字地球"的概念,其后"数字地球"在城市的体现——"数字城市"

建设不断发展。近几年,"智慧地球"概念兴起,其具体体现——"智慧城市"建设开始起步。智慧城市是在新一代高端、智慧不断创新的信息技术支撑下,在知识社会下一代创新环境下,全方位引入智能化、网络化、精细化的管理手段而塑造的新的城市形态。未来作为知识宝库的档案馆必须努力融入智慧城市才会具有更广阔的发展空间。目前有些档案馆在这方面进行了初步探索。例如2011年,南京市档案局(馆)的《南京市"智慧档案"建设规划》提出基于"智慧南京"顶层规划设计下的"智慧档案"建设的总体思路。从数字档案馆、数字档案室和智慧档案服务平台重点工程出发,引入云计算、RFID(radio frequency identification,译为无线射频识别)、缩微品数字化等技术,构筑"智慧档案服务平台"并与"智慧南京"公共服务平台对接。作为知识宝库的档案馆融入智慧城市主要是将档案馆的信息服务和知识服务融入智慧城市的公共信息平台,档案馆通过智能、安全和低成本的方式获取及管理硬件设施、软件应用与档案信息资源,城市区域内的社会公众能使用任何电子设备随时随地获取高质量的数字档案信息资源与档案服务。

5.建设基于"云"端的知识宝库

未来作为知识宝库的档案馆有必要尝试向云计算方向发展,形成基于"云"端的知识宝库。云计算是基于因特网的超级计算模式。"云"形象地指代计算机联网形成的集群,它是在远程数据中心里由成千上万台计算机连接成一片而形成的,它聚集了大量服务器、应用软件或者存储设备,具有每秒10万亿次的运算能力。未来作为知识宝库的档案馆可以以云计算为基础构建管理和服务体系,实现档案信息资源的安全存储、快速处理、适度共享,以便更加高效地管理档案信息并提供知识。作为知识宝库的利用者,社会公众在任意位置使用计算机、笔记本、手机等设备通过网络接入作为"云"端的数据中心,使用统一的服务界面,及时而方便地访问计算机"云",从云端获取所需的知识服务和档案信息资源。

6.打造手机档案馆

未来作为知识宝库的档案馆可以尝试打造手机档案馆。基于"云"端是知识宝库的后台支撑技术,手机可以成为知识宝库的前台访问设备。自从苹果手机风靡世界以来,移动应用成为信息传递的一种主流方式。各种适应于手机的信息产品层出不穷。未来作为知识宝库的档案馆不仅要有网络门户从而成为网络档案馆,还要通过移动应用(App)变成手机档案馆,让利用者可以从手机获取档案信息资源和档案馆的知识服务,并可以实现向社会公众主动推送档案馆服务。未来作为知识宝库的档案馆,当知识内容到位后,就需要在服务手段上多下功夫。当前,手机渐渐演变为媒体终端和阅读终端的主要形式,与档案网站相比,手机档案馆更加方便快捷、更加贴近公众,也符合未来数字信息应用的发展潮流。只有不断满足社会的档案信息需求,并且拓展档案馆的利用服务方式,知识宝库才能更好地发挥作用。

二、信息技术在医院档案管理中的应用研究

档案管理是指对档案实体和档案信息进行管理并提供利用服务的各项业务工作的总称,是一项特别烦琐、复杂的工作,同时也是一项非常重要的工作。在医院中,档案管理与医疗活动、教学研究、科研开拓密切相关,可以说档案管理的好坏能够直接影响医疗护理、教学科研方面质量。随着社会经济水平的不断提升和医疗事业的进一步发展,医院信息化进程的持续加快,传统的单一文档管理方式早已适应不了现代化社会发展需求。而随着信息时代的到来和网络技术的迅猛

发展,信息技术在医院诊疗和管理当中日益普及,信息技术为高效的医院管理带来曙光,如何利用信息技术提升医院档案管理水平,成了当下医院管理研究的重要方向。

(一)应用信息技术管理医院档案的优势

1.信息技术强化病案管理

病历是医务人员对患者疾病的发生、发展、转归,进行检查、诊断、治疗等医疗活动过程的记录,也是对采集到的资料加以归纳、整理、综合分析,按规定的格式和要求书写的患者医疗健康档案。病历档案是医院档案的重要组成部分,不仅是病人病情变化及诊疗过程的原始资料,也是衡量医院管理水平、医疗质量的重要依据。过去的病历档案是纸质的,现在的病历档案是数字的,过去的病历档案是单纯、分散、封闭的,现在的病历档案是网络化、相互联系、开放的。具体的区别有以下三点:

(1)电子病案主要存储载体是光盘、磁盘、IC卡、网络服务器等,传输载体是网络,电子档案能够记载医院所有病案资料,医生可以通过电脑和网络随时查询和检索病人的资料。

(2)光盘全病案管理系统,不仅存储容量大、图文并茂,而且检索方便、复制移动简单,是信息技术光盘存储技术在医院档案管理工作中成功应用的典型代表。

(3)多媒体电子病案记录系统,能够实现多种来源同时存取,医生能够在一台电脑上查阅病人所有的病案记录,大大提升了电子病案系统的服务能力,提升了管理系统的发展水平。

2.档案管理创新提高医疗科研水平

医院科技档案是医疗科技人员医疗技术研究的成果,是医疗科学技术发展的结晶,也是医院和社会的宝贵财富。医疗科技档案管理是医疗科研技术发展的基础,也是推动医疗科技发展的动力。如何利用医院科技档案,对提升医院的医疗水平具有重要的意义。医院科技档案详细记录着科研项目的立项申请书、合同书、开题报告、实验记录、经费使用、结题报告,以及研究过程的全部资料,因此是科研成果鉴定、申报、推广的阵地。传统档案管理技术资料沉淀冗杂,查找麻烦。利用电子系统查找档案,解决了传统档案查找费时费力的难题,而且能够轻松比对发现重复或类似的研究,从而避免了重复研究,提高科研工作效率。

3.人事档案管理提升人才利用效率

人事档案是医院档案管理的重要方面,干部人事档案清楚记载了每个医疗人员的品行能力,是人事工作的依据。各岗位医生护士的调配,人才资源的配置,都得直接依靠人事档案,可以说人事档案管理质量直接关系到医院的综合水平。而信息技术的应用能够科学高效地实现人事档案的检索和比对,实现人事档案的全面精准管理,确保人才培养、职称晋升、干部聘用方面的公平、公正、合理,从而为医院综合实力提升提供保障。

4.设备档案管理提升资源利用效益

大型现代化医疗设备是医院现代化的重要载体和表征,随着诊断、治疗设备的日益增多,设备采购成了一项不这么容易的工作,特别是在已经有同类设备的情况下,采购哪类设备,采购哪种型号都成了需要很大数据量做依据支撑的难题。这个时候,电子档案系统就能够告知哪些设备到了维护期,哪些设备需要报废,从而为采购者的决策提供可靠准确的信息。由于电脑强大的检索功能,一改以往的手抄书传统档案的翻阅方式,大大节省了决策时间,提高了决策的准确性,从而为医院赢得良好的经济效益和社会效益。

(二)信息技术管理医院档案存在的问题

1. 管理人员重视度不够

随着医院信息化建设的推进,局域网、医学影像传输、HS 系统纷纷建立起来,但是投资主要集中在医疗、财务等方面,档案信息现代化管理方面却还相对滞后,发展不平衡。部分医院虽然也有档案管理的软硬件设施,但应用也只是停留在基本信息的录入上,水平较低,没有发挥出信息技术管理档案的实际作用。

2. 管理人员综合素质偏低

目前大多数医院的档案管理都采用非专业人员或者兼职人员,缺乏高素质专业人员,而且现有管理人员普遍年龄较大,缺乏相应的专业知识,存在再学习能力较差等问题,不能很好地适应现代医院档案管理的需求,再加上进一步学习提升的空间狭窄,导致档案管理工作停滞不前。

3. 档案管理制度不完善

在医疗体系改革医院迅猛发展过程中,由于以往管理制度的不完善,导致很多有价值的医疗科技成果未能及时保存进入档案管理中。另外归档的科研、人事、病例档案中仍旧存在不完整、缺失等情况,大大降低了档案的系统性和可信度。

(三)解决方法

1. 强化管理意识,提升信息技术应用

医院档案是医院管理的重要财富,是医疗、科研的重要保障。档案工作者必须高度重视,提高档案资料的完整性和系统性。同时还要从实际出发,将医院档案电子病历和医院信息管理系统相结合,利用信息技术,实现档案管理的自动化、网络化和现代化。

2. 提高人员素质,提升信息技术水平

医院要在管理中加强档案管理知识培训,特别是加强应用能力培训,普及扫描、编目、索引、建立数据库以及多媒体技术,提供文字、声音、图像一体化服务,提高管理人员使用信息技术的能力和水平。同时应需引进高素质的专业信息技术档案管理人员,采用有效的激励和奖惩机制,保证管理人员以高度的责任心投入到档案管理工作中来。

3. 完善管理制度,促进档案管理规范

建立完善的档案管理制度,从科学性、规范性、有效性规范档案管理,对陈旧不能适应新环境的制度进行改革,制定完善的档案管理规章办法,明确档案管理人员的职责、权限及责任,完善档案收集、记载、整理、保存、管理、开发、调用、归档等各项制度等。

　　综上所述,档案信息资源管理的创新与利用已成为医院现代化进程不可缺少的重要环节。医院档案管理的规范化、系统化是当前医院档案管理现代化的前提基础,也是提高医院档案管理工作水平的重要条件。因此,结合医院档案管理现代化的发展规律,将信息技术应用到医院档案管理工作中来,这是大势所趋。

第七章 现代科技档案管理

科技档案学既是档案学的分支,又是科技管理学的分支,在科技成果、文件管理中利用档案学的原理、方法。因此,科技档案学的专业基础课既包括档案学,又包括科技管理学;科技档案工作的对象是科技文件、科技档案,以及科技工作和科技人员,科技档案工作的知识基础是自然科学和相关专业技术。近代,在科学技术中发展的系统论、信息论、控制论的有关思想,已经用于科技档案学的研究。"三论"的发展,以及在科技档案工作、理论研究中的应用,大大地推动了科技档案工作和科技档案理论的发展。本章从现代科技档案的总体论述出发,对现代科技档案的功能和成果、现代科技档案管理工作的环境、流程及系统进行分析。

第一节 现代科技档案概述

一、科技档案的概念

(一)科技档案的定义

科学技术档案,简称科技档案,《档案工作基本术语》将其定义为:反映科学技术研究、生产、基本建设等活动的档案。这一定义采取列举法罗列了科研、生产、基建等科技档案主要的形成来源。一些科技档案管理教材中也会采用其他表述来定义科技档案,例如,《科技档案管理》将其定义为:是保存备查的直接记述和反映科技生产活动的科技文件。该定义中的"科技生产活动"是个广义概念,涵盖人们从事各种认识自然和改造自然的活动,并以"保存备查"揭示了科技档案与科技文件这两种事物之间的区别。而《科学技术档案案卷构成的一般要求》(GB/T11822-2008)用列举法对科学技术文件材料(简称科技文件)进行定义,即记录和反映科学研究、生产运营、项目建设活动和设备仪器运行、维护及其管理工作的文字、图表、声像等不同形式文件材料的总称;对科技档案的定义为:国家机构、社会组织以及个人从事各项社会活动形成的,对国家、社会、本单位和个人具有保存价值的,应当归档保存的科技文件。

(二)科技档案的主要特征

科技档案是档案中的一大门类,相较于其他门类的档案,其在内容构成、形成规律、管理方法和作用特征上,具有自身显著的特点。

1.构成的成套性

科技档案构成的成套性是科技档案形成和内容构成的整体特征。科技生产活动的特点和规律决定了人们总是以一个独立项目或某一对象为单元进行科技生产活动。而在这一科技生产活动过程中,自然形成了一系列相互关联的文件材料,这些文件材料构成了一个有机整体,即成套性。科技档案构成的成套性特征在基本建设、科学技术研究、产品研制、地质勘探、测绘等活动中都有明显体现,例如,基本建设活动总是以一个建设项目或工程为单元进行的,科学技术研究活动总是以一个课题或项目为单元进行的。

2.内容的专业性

科技档案的专业性由其形成领域和内容属性决定。在形成领域上,科技生产活动与各类管理活动有明显不同,各类科技生产活动的共同特征是明显的专业性。从内容上看,科技档案不仅具有一般意义上的专业性,且在不同领域形成的科技档案还具有不同性质的专业性。

3.管理的现实性

科技档案具有较强的现实使用性和价值。档案具有历史查考作用,科技档案也不例外,但其现实使用性不能被否定或忽略。科技生产活动的延续性决定了有些科技文件归档成为科技档案后,往往是其使用频率最高、发挥作用最重要的时期。这也决定了科技档案应与其所反映对象的现实保持一致,例如市政管线档案,如果与其反映的实物不一致,则难以起到实际作用。这一特征要求对科技档案实行动态管理。

4.种类的多样性

这里的多样性既包括科技档案下位门类的多样性,例如基本建设档案、科研档案等不同门类的科技档案;也包括科技档案组成的多样性,例如一套科技档案中,既有文字材料,也有技术图纸,还有专业计算书目等计算材料,相对而言,文书档案则相对单一;还包括科技档案载体的多样性,如传统纸质材料,保存于光盘、硬磁盘等载体上的电子文件,如照片、录音录像等。尽管随着科技发展,其他门类档案载体材料也呈现多样化趋势,但科技档案的这一表现更加突出。

5.利用的广域性

科技档案利用的广域性指其作用的发挥不局限于形成单位,还可以产生更广泛的社会效益与经济效益,例如测绘档案、气象档案、水文档案等能广泛服务于社会。

(三)科技档案的种类

1.科学研究档案

以课题成套,一个科研课题的档案材料是有机联系的整体,包括:①研究准备文件;②研究试验文件;③成果和总结鉴定文件;④成果奖励申报文件;⑤成果推广文件;⑥其他有关文件。

2.生产技术档案

如工业生产技术档案、农业生产技术档案等,因情况不同有较大的差异。一般包括:技术任务书、设计和研制文件、工作图(蓝图和底图)、工艺文件、检验文件、定型和总结文件等。

3.基本建设档案

以工程项目成套,一个工程项目的档案是有机联系的整体,包括:①基建前期工作文件:计划任务书、可行性研究文件、工程选址文件、设计的原始基础材料;②基建工程的设计文件:设计的依据性资料、初步设计、技术设计、施工图设计以及扩大初步设计文件;③基建工程施工文件:准备文件、施工文件、验收总结文件;④竣工文件:竣工验收证明书、竣工报告、全套竣工图、工程决算书、竣工验收会议纪要;⑤基建工程管理、维护、使用、改建、扩建等文件。

4.设备档案

以型号成套,包括①自制设备档案:除包括该设备在设计、研制、试验、制造过程中形成的文件外,还包括该项设备在安装、使用、维修、改造过程中形成的文件;②外购设备档案:同产品档案的差异很大,它不包括该项设备在设计、研制、制造过程中形成的文件,其内容基本上包括3个部分,即设备购置文件、随机文件以及设备安装、使用过程中形成的文件。

5.专门科技档案

包括医疗卫生档案、天文档案、气象档案、地质档案、测绘档案、地震档案、水文档案、环境保护档案等。

(四)科技档案与相关概念的联系与区别

1.科技档案与科技文件材料的联系与区别

(1)联系

科技档案是由科技文件材料有条件地归档转化而来的,其条件是一定要具有保存价值,这是科技文件材料转化为科技档案的基础,表明了并非所有科技文件材料都要作为科技档案加以保存。

科技文件材料转化为科技档案必须履行归档移交手续。

归档的科技档案经常会以复制件的形式被科技、生产所采用,这时科技档案就转化为科技文件材料。如产品恢复生产时将档案复制下来,作为科技文件材料使用。

(2)区别

从性质上看,科技文件材料是按照规程在科技、生产活动中形成的原始记录,科技档案是科技、生产活动的历史记录。

从功能上看,科技文件材料是指导现行科技生产活动的依据;科技档案是以备查考的历史凭证。

从来源上看,科技文件材料是科技人员按照生产活动的需要有针对性地编制而成;科技档案是由科技文件材料归档形成的,但又不局限于科技文件材料,还含有部分非科技文件材料。

从存在形式上看,科技文件材料由形成科技、生产活动的单位管理;科技档案由归档的科技部门或有关人员整理组卷,移交给本单位档案机构实行集中统一管理。

2.科技档案与文书档案的区分

它们产生于不同的活动领域,反映不同的内容,具有不同的形成规律和特点,发挥不同的功能效用。

(1)内容原则。最主要是分析文件材料的内容。科技文件是科技生产活动和某些科技管理活动的记录和产物;文书档案是记录和反映政治生活和行政事务等方面的活动。

(2)整体原则。文书档案形成规律的特点之一是来文与复文紧密联系,构成一个不可分割的整体;科技文件形成规律则表现成套性特点,其是围绕一个科技项目形成的一套科技文件,是一个不可分割的整体。

(3)职能原则。不同类型的单位,工作职能不同,产生的文件也不同,只有围绕科技生产活动才可形成以科技内容为主的文件材料。科技档案记述并反映人们认识、改造自然的各种活动,是一种科技信息及其载体。

(五)科技档案管理的基本方法

科技档案工作是一项以科技管理为核心的专业性和服务性工作,做好科技档案工作需遵循下列要求与方法:

第一,"三纳入",即科技档案工作应纳入领导工作议事日程,纳入有关的规章制度及工作流程,纳入有关部门和人员的经济责任制和岗位责任制。科技档案是科技生产活动的记录和产物,与科技生产活动有着天然的密切关系,同时也服务于科技生产活动,因此,科技档案工作是科技生产活动的重要组成部分,需要各单位科技档案工作的分管领导郑重考虑和研究,将科技档案管理纳入工作的议事日程,通过协调将科技档案管理纳入各项科技生产活动的规章制度及工作流程,纳入有关部门和人员的岗位责任制或经济责任制,行之有效地保障科技生产活动完整、真实、准确、有效的记录下来。

第二,"四参加",即档案部门或人员应参加产品鉴定、科研课题(或项目)成果审定、建设项目验收、设备仪器开箱验收等活动,负责检查应归档文件材料的完整、准确、系统。"四参加"是我国几十年科技档案工作的经验总结,是一种行之有效的管控措施。产品鉴定、科研课题(或项目)成果审定、建设项目验收、设备仪器开箱验收等活动都是相关工作结论性、阶段性、节点性的活动,如果这些活动的文件材料不能得到及时归档,事后弥补将困难重重。档案部门或人员参加这些重要活动,可以深入了解在相关工作和活动中产生哪些需要归档的文件材料,从而将这些工作和活动的文件材料完整、准确、系统地归档,并使文件材料起到把关和维护本单位利益的作用。所以,"四参加"应纳入有关单位管理制度并严格执行。

第三,"四同时",即下达项目计划任务应同时提出项目文件材料的归档要求;检查项目计划进度应同时检查项目文件材料积累情况;验收、鉴定项目成果应同时验收、鉴定项目文件归档情况;项目总结应同时确保项目文件材料归档交接的完整、准确、系统。"四同时"来源于我国几十年科技档案工作的经验总结,是一种行之有效的在工作全过程中对归档文件材料进行控制的措施。档案部门与本单位有关管理部门相互配合,共同将"四同时"作为一种管理工作流程去执行,对科技生产管理和科技档案管理起到相辅相成的作用。

(六)科技档案工作

科技档案工作是国家档案工作的重要组成部分,是指以完整地保存和科学地管理科技档案,充分发挥科技档案的作用为目的的诸项管理活动的总称。

1.科技档案工作内容

(1)宏观管理(事业管理)是指对整个科技档案工作统筹规划、组织协调、统一制度、监督指导和检查,包括一系列的组织建设和事业管理。承担这项业务的主要是国家和地方档案行政管理部门和各级专业主管部门的档案机构。

(2)微观管理(业务管理)是制定与实施各项业务建设的原则和方法,组织协调基层科技档案工作、内部各项业务之间,以及与科技专业档案馆之间的各项业务建设工作。科技档案的各项业务建设是指科技档案的收集、整理、鉴定、保管、统计、编目与检索、编研和开发利用等八大业务环节。承担这项业务的是基层科技档案机构和科技专业档案馆。

2.科技档案工作的性质

(1)专业性。专业性是科技档案工作区别于包括一般档案管理在内的其他文献管理工作的基本依据之一,也是科技档案工作发展成熟的标志。科技档案有一套科学的管理方法和完整的专业体系,具有很强的规律性,适用于各种类型科技档案的管理。

(2)管理性。科技档案工作是科技管理工作的组成部分。在科研、企事业等有关单位中,科技档案工作是单位管理工作的一部分。一个单位如果形成了完整、准确、系统的科技档案,并经常在工作中加以利用,就在很大程度上反映了这个单位管理的严格、有序。科技档案管理是基础性科技管理工作。其不仅是对科技档案的一般管理,而且是用科学的理论为指导,对各门类的科技档案,应用现代化的方法和手段,进行系统的科学管理。既管理实体档案,也对科技档案的信息进行管理并利用。科技档案管理是对科技信息和科技成果的管理。科技档案管理是在科技活动中形成的、有保存价值的科技资料,是科技信息和载体的统一。

(3)服务性。科技档案的服务性与其他工作的服务性相比,其特点是通过管理和提供科技档案资料来实现其服务功能。它能提供的服务成果不是单独地、有形地展现在社会上,而是融入生产建设和科研成果之中。科技档案工作是为科技、生产活动创造条件的工作,科技档案工作的职能特点是科技保障性,科技档案宏观管理的基本任务之一就是为科技档案部门服务。

(4)机要性。科技档案的机要性是由科技档案的服务方向和科技档案的机密性所决定的。机要性也是科技档案的特点之一。国务院批准的《科学技术保密条例》中,对保密范围做了如下规定:国家批准的发明,可能成为发明的阶段性成果;国外虽有但系保密的其他重要科学研究成果;国外没有或国外虽有但系保密的技术诀窍和传统工艺。这些保密范围又分成不用的密级。

3.科技档案工作的基本原则

按照集中统一管理科技档案的基本原则,建立、健全科技档案工作,达到科技档案完整、准确、系统、安全和有效利用的要求。

(1)要实行集中统一管理

从组织领导方面实现对科技档案工作的集中统一管理。国家档案行政管理部门对全国的科技档案实行统一、分层次领导。各级档案行政管理部门按党和国家的有关法律和规定,对辖区内的档案工作,包括科技档案工作进行协调管理。各企事业单位也要设置科技档案机构,统一管理本单位关于科技档案的一切事宜。

从行政手段上实行对科技档案工作的集中统一管理。全国科技档案工作实行统一管理原则,制定统一的规章和法规标准。各系统和基层党委可以制定适合本系统、本行业和本单位的具体管理办法和实施细则,但必须以国家统一法规为准绳。各级档案行政管理部门根据国家的需要,有权把基层单位产生的重要的科技档案调到各级各类国家科技专业档案馆保存,也有权对各类科技专门档案馆划分科技档案的接收范围。

从管理方式上体现科技档案工作的集中统一管理。国家全部科技档案均由基层科技档案机构集中管理,即各企事业单位的科技档案均由本单位的档案部门集中管理,不得分散在其他部门和个人手中。

(2)科技档案的基本要求:完整、准确、系统、安全

科技档案的完整是指科技档案要齐全成套,并且种类完备。在收集归档环节要达到百分百归档;在保管利用环节中,要防止档案散失;在鉴定工作中,要防止有价值的科技档案被剔除销毁。

科技档案的准确是指科技档案必须是真实的历史记录,并且在内容上始终与它所反映的科技对象相一致。要建立健全科技档案的更改、补充制度和图纸的发放制度。

科技档案的系统要求保持科技档案之间的有机联系,不得随意肢解与组合,并且实现库藏科技档案分类排列的有序化。遵循科技档案的形成规律,保持科技档案之间的有机联系。

科技档案的安全是指要保证科技档案实体的安全,尽量少受或不受自然因素和人为因素的损坏,尽可能延长其自然寿命;同时还要保护科技档案信息的安全,保守科技秘密,保护知识产权。

(3)科技档案的有效利用

保管科技档案的根本目的在于充分发挥科技档案的作用,提供科技档案为国家、社会建设服务。科技档案能否得到有效利用,是衡量和检验科技档案工作成绩和水平的重要尺度。为满足利用,科技档案管理机构应做好科技档案管理的各项基础工作,开发利用各种检索工具,开展编研工作,以多种有效方式提供优质服务。

4.科技档案工作的管理体制和管理制度

(1)科技档案工作的管理体制

我国科技档案管理体制可以概括为:在国家档案局的统一掌管下,按专业实行统一管理;中央和地方各级专业主管部门对所属系统科技档案工作实行直接领导和业务指导;各级档案行政管理部门对所辖地区各企事业单位的科技档案工作实行指导、监督和检查。

(2)基层单位档案工作的管理制度

管理制度是实现有效管理的重要保证。建立健全完整的、科学的档案工作管理制度,对于一个单位的档案工作能否有序、健康开展十分重要。一般包括:单位档案管理工作总则,明确本单位档案管理工作的基本原则、领导关系,档案机构的性质、任务,档案管理工作经费的来源,档案工作人员待遇,档案工作的宗旨和服务对象等;文件材料归档制度;库房管理制度;借阅保密制度;图样的修改、补充制度及蓝图的晒印、发放制度;档案的统计、鉴定、销毁制度;档案工作的奖

惩制度;档案工作人员的岗位职责等。

二、科技文件的积累

科技文件积累是指由社会组织机构如企业、科研及设计单位等所属的业务技术部门、科技人员或文档管理部门,遵循一定的原则,利用一定的方法,对处于形成、运转等阶段的科技文件进行适当集中并妥善保管的专门业务工作。

(一)科技文件积累的原则

科技文件积累是科技文件与档案管理工作的基础,它需要遵循以下几个原则。

1.系统原则

系统原则就是要求从全局的角度出发,遵循科技活动的规律,依据科技工作程序,按照科技文件的特点进行全过程积累,以保证科技文件产生、形成的内在有机联系。任何一项科技工作任务,无论是产品的设计与生产,还是课题的研究与开发,都是按程序分阶段进行的。例如,产品是按设计(含初步设计、技术设计)→试制→小批量生产试制→批量生产→产品创优等阶段进行的,科研课题是按立项→研究准备→试验分析→总结鉴定→成果申报→应用推广等阶段进行的。因此,只有依据科技活动的规律,按照科技文件形成的阶段进行系统积累,才能保障科技文件的内在有机联系,客观地反映科技活动的全过程。

2.动态原则

动态原则就是要求把科技文件的积累、保存与更改结合起来,以保证科技文件的真实性和准确性。科技文件的积累保存使科技文件处于一种相对静止的状态,而对科技文件的更改则使已经积累起来的科技文件处于一种不断变化的状态。在日常的科技工作中,由于科技、生产人员的主观原因以及科技、生产活动的客观原因,经常会不可避免地对已经过审批的科技文件进行更改,使其符合科技活动的客观实际,以保证科技活动的质量。因此,在科技文件积累过程中应及时调换更改作废的技术文件,避免漏改、漏换、漏记(漏填"更改标记栏"等),否则将直接影响科技档案的质量,进而影响科技档案对科技活动的真实记录作用。

3.与科技活动同步的原则

与科技活动同步的原则就是要求科技文件的积累应贯穿科技活动的全过程,以保证科技文件的完整。具体而言,它主要包括以下两方面内容:第一,科技文件的积累应从科技、生产活动的立项阶段入手,特别是那些周期长、任务复杂的新产品的开发或新建项目,在科技、生产活动之初,由于专业涉及面广,科技人员多,或科技活动处于探索阶段等原因,往往容易忽视科技文件的积累工作,造成科技文件流失或破损;第二,科技文件的积累应在每一阶段、每一环节及每个科技人员的工作活动中随时进行,在科技活动开展之初就应制定科技文件积累工作制度,明确责任,确定各阶段、各环节及相关科技人员的科技文件积累工作任务,以保证科技文件的系统性和完整性。

(二)科技文件积累的范围

一般而言,按照科技文件的性质,科技文件的积累范围主要有前期基础性科技文件、中间性科技文件、成果性科技文件、参考性科技文件等四个方面。前期基础性科技文件包括项目任务书、协作任务书、委托任务书、项目论证报告、任务鉴定书、科研规划、试验大纲、项目批准书、请示报告、上级批示、国内外调查报告、可行性研究报告及方案论证等依据性科技文件。中间性科技文件包括各种原始记录、原始数据,各种试验报告、阶段小结、故障分析材料,各种配方、工作日记,各研制阶段的产品图样、技术条件、典型工艺、图样更改单等。成果性科技文件包括研制产品定型的全套产品图样、技术文件、主要工艺文件、装备文件、技术说明书、产品定型实验报告、产品合格证、现场试验报告、专题报告、研制工作报告、科学论文、成果鉴定材料等。参考性科技文件主要包括从外单位收集来的、作为本科技活动参考使用的技术资料、科技情报等。

(三)科技文件积累的方式

1. 科技人员个人积累

科技人员个人积累是指由参加具体科技活动的科技人员,积累保存自身职责范围内所形成的各种草稿、原稿记录及未成文的科技文件等。它往往以产品型号、科研课题或工程项目为对象,将形成的科技文件装入统一发给的"科技文件积累袋",并逐一登记在"科技文件登记目录"上,并按科技文件形成程序在"科技文件积累袋"上编填顺序号。当科技文件成套或科技任务告一阶段后,按科技文件完整性的技术标准,对已形成的科技文件进行整理核实后,及时移交给科技管理部门统一管理。

2. 科技管理部门积累

科技管理部门积累是指由科技管理部门集中统一承担科技文件的积累和管理工作。其积累范围主要包括:科技人员移交的科技文件,涉及若干人或整个科技项目活动的依据性、原始性、中间性及成果性科技文件,与其他单位或个人交换来的具有参考价值的技术性资料以及收集来的科技情报信息等。在积累方法上,往往以产品型号、科研课题或工程项目为对象,将涉及若干人和全专业组(或部门)的科技文件按形成程序或先按某种特征(如专业、结构),再按形成程序装入统一制作的"科技文件积累袋"内,并逐一登记在每袋相应的"科技文件登记目录"上。此外,科技管理部门的负责人或专、兼职科技文件管理员应对科技人员移交的积累袋按照其形成时的内在有机联系进行统一管理。

在积累保存与管理方面,应做好两个方面的工作:其一,根据科技文件的载体类型,如底图、蓝图、电子文件、照片、光盘等的物理特性和保管上的不同技术要求,分别装入特制的装具和设备内,在适宜的保管环境里加以妥善管理。其二,建立科技文件的总登记账和分类登记账。总登记账是科技管理部门按收到或形成科技文件的顺序,记录全部积累袋内科技文件的总清册;分类登记账是科技管理部门按专业、课题、隶属关系(或结构、特征)分门别类记录全部积累袋内科技文件的分类清册。科技文件的总登记账和分类登记账是科技管理部门进行管理和提供利用已积累的科技文件的必备工具。

3.专门文档管理部门积累

该方式是指由某一机构内专门的文档管理部门如科技档案室集中统一积累和管理本机构科技活动所形成的或相关单位移交的科技文件的工作思路模式。其积累范围与方法同科技管理部门积累相似。

第二节 现代科技档案的功能与成果

一、科技档案的社会功能

科技档案工作能够成为现代社会的一项专门事业,有它产生、存在和发展的社会基础。这个基础便是科技档案本身固有的社会功能。科技档案的社会功能可以从科技档案的利用效益中体现出来。科技档案对社会有着多方面的作用和贡献,概括来说,具有科学管理功能,科学研究接续和借鉴功能,重复利用和技术转让功能,技术传递功能,以及历史利用功能等。科技档案在不同单位由于种类和工作情况的差异,其利用情况和效益情况是不同的,但总的来说,都存在这五个方面的功能,而且这些功能均不是个别的、局部的,而是具有社会性质,所以称之为社会功能。

(一)科学管理功能

现代社会的科技工作是一种社会性的共同劳动,需要进行共同管理。管理工作不能凭主观想象和记忆展开。科学管理的基础是对客观实际情况的分析,科学档案正是用于这种实际分析的依据和凭证。

科技工作的规划、计划和科研决策,离不开过去的工作基础,经验总结需要大量素材。科技档案还是出成果、出人才的标志。一个单位的科技档案不但反映了本单位的科技成就,还反映了每一个科技人员的工作概况、技术水平和贡献大小。所以科技档案又是技术考核的重要依据之一。科技人员技术职务的评定和成果奖励的申报,依靠的主要是科技档案。如果不以科技档案为依据,人才的管理、使用和奖励,将无法进行。

由于科技档案的依据和凭证性质,当科技工作中发生技术、责任问题或遇到各种纠纷时,最能说明问题的就是科技档案。例如某单位的某科技成果报告的发表,有的同志提出了该文的作者有剽窃行为,这涉及科研道德问题,一时引起了严重纠纷。后来主管领导查阅了有关科技档案,了解了该课题的研究过程和参加人员的情况,很快弄清了问题,使这场风波得到平息。

科技档案的管理作用还表现在对"物"的管理方面,它是基本建设和仪器设备管理的依据。一项基本建设的设计文件,当这项一工程竣工后,便完成了它的现行任务。但任何一项基本建设工程都是供长期使用的,在使用过程中,必然有一个如何使用和维修的问题,尤其是一些隐蔽工程,没有科技档案,人们便陷入盲目,寸步难行。现代化科学技术的发展,地下电缆、管道等设施纵横交叉,新的项目的动工就必须首先了解地下情况,查阅有关科技档案,否则就会给国家在经济上,甚至政治上造成重大损失。仪器设备的管理使用也是如此,没有档案就不可能很好地进行使用,如果发生故障,就难以"医治"。

(二)科学研究的接续和借鉴功能

1.科技档案是连续进行科技工作的依据和条件

科学研究的特点之一,是它的连续性和继承性。任何科学研究的结论、成果,必须建立在大量试验、观测、计算等记录材料积累的基础上,而这种原始记录材料,只有在科技档案中才有最全面、最准确的反映。例如关于黄河治理的研究,不但需要查阅中华人民共和国建立以后的全部流域的水文、测绘、修防等档案,还必须查阅历史上有关的全部档案。在这方面黄河水利委员会的档案部门作出了巨大的贡献,他们同治黄专家和技术人员查阅了清朝三百年有关黄河的修防、堵口、决口、水文等历史档案,并用了数年时间复制了1万多件,从而为根治黄河水利问题提供了依据。尖端武器的研制、改进以及它的杀伤因素、破坏规律的研究,也不是几次试验就能得出结论的,必须依靠几十次甚至上百次记录材料的积累和分析、总结。这些试验记录材料也只有在多年的科技档案中才能查到。各种自然现象和规律的研究,例如对天文、气象、地震等学科的研究,如果没有对历史记录材料的积累和分析,就不可能得出正确的结论。在科学研究中,常有一些中断项目,如果没有科技档案的留存,当需要继续进行工作时,必须从头做起,这样就会浪费大量的人力、物力和时间。

2.科技档案是科学技术储备的最完善、最可靠的工具

据许多情报学家估计,虽然当代发表的科技文献数量激增,甚至形成情报"爆炸",但是没有发表的科技文献的数量不少于总文献量的50%。一个单位、一个国家的科技成果报告,因政治、军事、经济等原因,不可能全部发表,尤其是军事尖端先进技术以及影响国民经济发展的应用技术,基本上都是保密的;就一般科技成果而言,也不是全部都能发表的。不少研究成果因使用面太窄,出版单位考虑到印刷成本,不予出版。这些不能发表的科技文献,人们便把它储存起来,形成档案。科技档案的储备作用,还表现在某些科技项目在研究成功之后,并不马上应用,而是把它作为档案保存起来。一旦需要,便可以根据档案马上投产使用,这种情况在军工生产上屡见不鲜。

3.科技档案是重要的情报源之一

应该承认,承担社会科学技术交流任务的主要不是科技档案,而是情报资料,但是科技档案在科学技术交流中的作用也是不能低估的。

科技档案在科技交流中最大的特点是它的内部性和可控制性。科技档案首先在本单位、本系统以大量的、真实的、详尽的试验数据和研究成果供有关人员使用、借鉴。由于它具有真实、详尽的特点,人们可以不加验证而直接使用。随着科技事业的发展,专业档案馆将不断建立,档案的使用范围可以有控制地扩大到全国有关单位。随着时间的推移,许多保密材料可以解密,它又可以转化成情报资料,成为科技情报的重要来源之一。由于科技档案具有技术交流作用,近年来引起科技情报界的广泛关注。目前国际上正在发展科技情报工作与科技档案工作的合作,以充分发挥科技档案的技术交流作用。

(三)重复利用和技术转让功能

科技档案是人们完成特定任务的历史记录。特定任务完成了,它的"副产品"就是科技档案,然而这种无须专门投资而形成的"副产品"却有着重复使用和继续开发利用的价值。

1.利用科技档案可以为社会主义建设争取时间、节约资金

任何科技工作都是互相联系的,今天看来只有专门用途的科技成果,明日就可能具有其他用途。科技档案正是为了满足这种日后需要而有意识留存的科技成果。例如黄河水利委员会设计的陆浑水库工程的泄洪洞和灌渠渡槽以及为辉县设计的浮体闸等科技成果,除用以完成现行任务外,留存的档案先后为全国几十个兄弟单位套用。由于科技工作存在继承性特点,任何一项新的工程、产品的设计,都不会是全新的,都需要利用若干标准件和已有的图纸。科技档案的重复利用和套用可以为社会主义生产、建设争取时间和节约资金。例如哈尔滨电机厂在生产 20 万 kW 水氢汽轮发电机时,套用了 20 万 kW 水内冷汽轮发电机的图纸,缩短设计周期 8 个月,节约设计费 5 万多元。据统计,该厂全年为国家节约 50 多万元。另据西安飞机公司 1980—1988 年科技档案利用效果有关数据的统计,仅重复利用、套用部分科技档案的经济效益就达 3310 多万元,然而它的意义,不仅是为社会主义建设节省资金,还为社会主义建设争取时间。

科技档案还是技术开发的基本条件,产品开发和技术改造往往需要查阅有关科技档案。

2.科技档案是实现成果转让的基础条件

现在科技成果(包括专利)已经成为高价商品在社会上流通、出售。我们说转让或出售科技成果,实际上就是转让、出售成套的科技成果文件。因为只有成果文件才是科技成果存在的最完善的形式,也才最适合交流和使用。首先需要科技人员在取得成果后进行编制,但编制后的成果文件,在一般情况下不会立即作为商品转让或出售,特别是申请专利的发明等成果,可能要经过相当长的时间才有转让机会。这些编制好的成套的成果文件必须被妥善地保存起来,而最可靠、最完整的保管方式就是归档,即把这些材料作为档案保存起来,成果文件归档后,不管什么时候,需要什么样的成果文件或需要多少套,都可以方便地以档案为母本进行复制。如果编制的成果文件不归档,就很容易丢失、散失。由于科技档案是成果储备的有力工具,所以它也是成果转让、出售的基础性条件。

科技档案的重复利用和技术转让功能,说到底就是一种经济功能,也就是说利用科技档案可以产生大量的经济效益。

(四)人才培养"接力"功能

每个科技单位,都要补充新生力量。新的大学生、研究生和科技人员参加工作,都要学习与自己工作有直接关系的技术知识、技能和经验。事实证明,新参加工作的大学生、研究生和其他科技人员,他们接触工作的第一步,便是利用科技档案。他们利用科技档案的目的,一是直接吸收最有用的活知识用于即将开展的工作;二是继承和应用前人的经验和研究成果。经调查,通常一个大学生或研究生要独立进行一些复杂的工作,如果单靠自己摸索或参考有关图书资料,至少要花 3～4 年或更长的时间,而利用有关科技档案中的活知识,只需几个月的时间,便可达到相应的水平。因为前者基本是从零点开始的,而后者是个"接力"问题。所以,有的科学家他们虽然并

不熟悉科技档案本身的业务知识,但却把科技档案称为科技工作中活知识的"接力棒",这里的"接力棒"有两个含义:一是科技工作中的技术接续作用,即前面说到的科技档案是连续进行科技工作的基本条件;二是活知识的传递作用,即人才接力功能。

(五)历史研究功能

科技档案的以上四种功能都具有一定的时间性,也就是具有现行性质,时间过久将失去它的作用。然而它的历史作用却是永存的,而且时间越久就越有价值,有些可能变为无价之宝。例如,我国第一颗原子弹的设计、试验材料,也许它的科学应用价值现在并不太大了,因为更先进的技术已经产生,但其历史价值却在不断增长,当数百、数千年之后,有关它的任何一份档案原件,都将成为无价之宝。科技档案的历史利用功能产生的主要是社会效益,而且是永存的。因此,科技档案是国家,甚至是人类社会共同的历史文化财富。

上述科技档案的五种主要社会功能都会产生经济效益和社会效益。其中管理功能、科学研究接续和借鉴功能、人才培养、"接力"功能主要产生社会效益,它是科学研究发展的基础和推动力量,不能完全用经济数字表示。例如重大研究课题借鉴科技档案中的有关文件提前数年完成,其经济效益可以用提前数年节省的人力、物力大致算出,但提前"数年"在科学发展中或在赶超世界先进水平中的意义,往往难以用经济数字表示。这就是说,科技档案管理功能、科学研究接续和借鉴功能、人才培养、"接力"功能,除存在一定的经济效益外,还存在比经济效益更深层的效益。这种效益综合起来看,就是社会效益。至于科技档案的重复利用和技术转让功能,产生的主要是可以用数字表示的经济效益,当然从社会发展角度来说,也产生了一定的社会效益;历史研究功能的效益主要是社会效益。总之,由于科技档案社会功能的存在。可以使科技档案产生经济和社会两方面的效益。这里还有一个问题需要指出,科技档案的这五种功能虽然是它本身固有的,但它是潜在的功能,只有通过人们的利用才能实现;同时它的管理功能、科学接续和借鉴功能以及重复利用和转让功能、技术传递功能等都是衰减的,即随着时间的推移其功能、作用越来越小,甚至最后消失。这告诉我们一个道理,科技档案不能实行"一把锁"主义,而必须积极提供利用。这就要发挥档案人员的主观能动性。

二、科技档案与科技成果

(一)科技成果的概念

什么是科技成果?科技成果就是人类在从事科学技术研究和生产实践活动中,通过创造性劳动所取得的具有深化知识或改造客观世界的科学技术产品。科技成果一般应具有创造性、先进性和实用性。科技成果的形式有两种,一种是实物成果,如新设备、新元件、新材料等;一种是知识形态性成果,如论文、成果报告、专著、设计图纸及说明材料等。但任何实物成果都能表现为知识形态性成果,也只有表现为知识形态性成果时,才便于广泛交流和长久储存。

人类一切科学技术活动的直接目的都是为了取得一定形式的科技成果。理论研究的目的是为了寻求物质运动的规律,它的成果形式是假说、公式、定律、原理、理论等,是一般发表的学术论文;应用研究的成果形式是专利或论文;发展研究的成果形式是设计图纸、专利或样品。在科技活动中还有一些带有工作性质的创造性活动,如一般民房设计、桥梁设计等,它的成果形式是设计图纸,但重大的工程设计都伴随着研究活动,它的成果形式是研究报告、论文和工程设计图纸等。

科学技术活动的着眼点是取得成果,一旦达到了预期目标,该项活动就要终止或结束。所以,任何科技成果都产生于一项科技活动的末尾,都具有总结、结论性质。一项科技活动成就的大小也都从形成的科技成果的水平、价值来体现。

(二)科技档案与科技成果的差别

科技档案是科技活动中形成的作为历史记录整理留存的信息载体,它不但包括科技成果,而且还包括科技活动过程中形成的有依据、查考作用的一切文件材料。只有这样,才能作为有关科技活动的历史记录。通常,一个科技项目的档案应包括三个方面的材料:第一,工作方案、计划及协调性文件等是科技活动的依据。第二,科技活动中取得的原始记录材料,如实验现象、数据记录、实验条件记录,以及有关计算材料等,它是科技成果的依据和素材。第三,是科技成果。

由此可知,科技成果只是科技档案的组成部分。这样,科技成果与科技档案就成为同一事物中的部分与整体。但是,在科技档案中,这三部分材料在内容上不是相等的,科技成果总是科技档案的主要或核心内容,科技档案的使用价值也主要从科技成果的水平和价值体现出来。

在科技活动中,往往形成一种不包括科技成果的档案。一种是中断项目,也就是没有取得最后结果的项目;一种是失败项目,即没有达到预期结果的项目。这两种项目,虽然没有取得预期结果,但其工作记录也是有用的,前者是继续进行该项目的"接力棒",如果不能形成档案,将来继续进行该项目时就要从头做起,造成人力、物力和时间的浪费;后者形成的档案可以使他人、后人借鉴,避免再走弯路。

科技成果和科技档案在管理上还有许多差别,科技成果具有技术商品性质,可以进入技术市场,可以转让。科技档案却不具有技术商品性质,如果科技档案能转让,一般也是转让其中所含的科技成果的复制件。这时科技档案中科技成果的复制件,就不再作为历史记录,而是作为现行文件进行转让。因此,"科技档案是技术商品"和"科技档案技术市场"的观点或说法,是不妥的。之所以产生这种观点和说法,有以下原因:第一,把科技成果和科技档案等同看待,把"科技成果的商品性质"看成是科技档案的商品性质;第二,没有看到科技成果与科技档案是可以互相转化的,也就是说转化的虽是档案中的科技成果,实际上又转化成为现行文件了;第三,没看到转让的是有关的档案信息,是信息的转让,并非档案实体。我们知道,信息是具有复制和共享特点的,在档案信息的转让过程中,档案实体并不受任何损失。由此可知,在档案管理中,如果我们使用"科技档案信息是技术商品""科技档案信息技术市场"的概念,是毫无问题的。

(三)科技档案是技术储备的最完善的工具

由于科技档案具有历史记录性,它所包含的文件材料是最完整的。在科技实践活动中,如果我们凭借某项科技成果实现技术再现,多多少少还要投入一些人力、物力,也就是需要进行再思考、再研究,才能完全实现有关技术思想;但如果凭借它的档案,就会直接实行技术再现。因为科技成果并不完全包含科学技术研究中的详细过程,尤其是某些细节问题并没有全部交代,而它的科技档案,包括了一切过程和细节。一般来说,在科技成果中发现问题时,就必须利用有关原始记录、素材进行验证。因此,科技档案储备的技术思想是最完整、最完全的。科技档案记录了科技工作的全过程,往往给科技成果的使用人员提供一种思维过程和更细微的工作依据,所以某项目的科技档案,其技术信息的储存是最完整、最完善的。作为整体来说,科技档案是一个单位实施技术储存的最完善的"工具"。

第三节　现代科技档案管理工作的环境、流程及系统分析

一、现代科技档案管理工作环境

做好任何工作都要有一定的环境条件，否则是做不好或根本无法完成的。科技档案工作更是如此。科技档案工作涉及本单位内部的各个部门、各个人员，工作关系极为复杂，加之本项工作虽然重要，但它的重要性、效益性往往数年甚至一二代以后才能看到。因此这是一件说起来重要，但在实践中，特别是任务紧急的情况下，却难以排上日程的工作。这样，就增加了档案部门的工作难度。但是，我们国家已经创造了做好该项工作的基本环境条件，档案人员如果发挥了其积极性，工作得当，并能够争取领导和科技人员的支持，科技档案工作也是可以做好和得到发展的。

（一）国家法规是档案工作的大环境

我们的党和国家对档案工作极为重视。在各个部门制定科技发展规划时，比如十年发展规划、五年发展规划等，都应该把科技档案工作的发展作为规划内容之一。如果没有这方面的内容，档案部门就可依据《档案法》向有关部门、有关领导提出意见，使科技档案工作能在科技工作发展中得到应有的地位。科技档案工作在总体规划、计划中拥有一定的位置，各项保障条件，比如设备、经费、人员以及各项有关工作之间的支持、配合才能得到保障和协调。《档案法》还规定"一切国家机关、武装力量、政党、社会团体、企业事业单位和公民都有保护档案的义务。"同时又规定了保护档案的法律责任。

国家还制定了科技档案工作的一系列规定，最主要的是全国《科学技术档案工作条例》《科学技术研案档案管理暂行规定》《国营企业档案管理暂行规定》以及各个专业系统的科技档案管理规定等，这些规定有些是经国务院批准发布的；有些是经国家档案局和有关专业系统批准发布的。因此它不只是档案部门和档案人员需要遵守的，而是各级领导、科技人员和有关人员都需要共同遵守的共同法规。科技档案工作的开展最根本的是要以有关法规为依据，要以法治代替人治，档案部门在遇到困难和阻力时，就要拿起国家法规这个"武器"，打开工作局面。例如在争取科技档案工作的地位时，就要以《科学技术档案工作条例》的有关规定，即"科技档案工作是生产管理、技术管理、科研管理的重要组成部分"，各单位都要把"科技档案工作纳入生产管理工作，技术管理工作、科研管理工作之中"的思想，以及"各单位应该把科技文件材料的形成、积累、整理和归档纳入科技工作程序和生产、科研、基建等计划之中，列入有关部门和有关人员的职责范围"的思想作为依据，简言之，就是以"三纳入"的思想为依据，争取自己工作的地位；"三纳入"的思想就是向档案工作机制注入科技工作的思想。哪个单位缺乏这种思想，哪个单位的档案工作必然搞不上去。所以档案部门、档案人员要以上述法规为武器，向领导讲解、宣传，争取科技档案工作的地位。

全国《科学技术档案工作条例》还明确规定："各单位在对每一项科研成果、产品试制，基建工程或其他技术项目进行鉴定、验收的时候，要有科技档案部门参加，才应对归档的科技文件材料

加以验收。没有完整、准确、系统的科技文件材料的项目，不能验收。"这项规定，不但明确了档案部门必须参加成果鉴定会，而且还具有一定权力，档案不合格，科技项目就不能验收。在国家科委、国家档案局发布的《科学技术研究档案暂行规定》的"同步"管理原则中也明确提出："上报登记和评审奖励科技成果以及科技人员提职考核与档案部门出具专题归档情况证明材料同步"。这就是说，没有合格文件材料归档的项目不能报奖（许多专业系统的档案工作条例都明确规定了这一条），同时档案工作差的个人，在考核提职时会受到影响。这些规定都是党和国家的档案工作法规，既是开展档案工作的制约措施，又是档案部门的正当权力。我们常说，有职有权才能开展工作。档案部门在档案工作中，也要以国家法规为依据争取自己的权力。但是这个权力不是获取个人私利的权，而是工作权，具体来说就是工作制约权。

科技档案工作还常常遇到的一个难题，就是领导体制问题。从现在的情况来看，许多基层单位的档案室属单位内部的三级、四级机构，处于最底层，这对于档案工作的开展极为不利。全国《科学技术档案工作条例》第二十九条规定："大中型企业、事业单位要设置直属的科技档案机构……；各单位的科技档案工作，由领导生产、科研的负责人或者总工程师分工领导"。各基层单位档案部门应根据这一规定在编制上力争成为直属部门，或争取最低由一名单位技术负责人领导这一工作。

总之，我国已经制定了完善的档案工作和科技档案工作的法规制度，它既是科技档案工作的法宝、指南，又是科技档案工作的大环境。有了这样的大环境，科技档案工作的开展就有了根本条件，在这种条件之下，只要档案人员工作得当，积极主动，科技档案工作是可以得到发展的。

（二）领导重视是做好档案工作的关键

科技档案工作看起来是一项简单的、人人能做的技术业务工作，但如上所述，实际上是涉及面很广、关系极为复杂而有一定难度的工作。因此，没有领导的重视和支持，这项工作是无法做好的。有远见的领导是会支持这项工作的，但有些领导因工作繁忙或对档案工作不甚了解，因而对档案工作的支持不够。如何争取领导的重视和支持？根据许多单位的经验，争取领导的重视和支持应从以下几个方面着手：

1.加强宣传，提高领导和机关人员的档案意识

我们前面讲过，目前我国档案工作法规制度已经相当完善，党和国家也非常重视该项工作，但是具体到某些单位，许多领导忙于工作，同时也并不清楚档案法规的内容和档案工作的重要意义，尤其是一些档案工作开展不久的单位和新建单位更是如此。这样，档案部门就要开展宣传工作。宣传方法有很多，但要讲究时机和效果。例如，邀请领导参加上级主持的工作会议，请他们做报告、讲话；上级档案业务部门检查工作时，多向他们请示汇报。还有的单位邀请领导到先进档案单位参观，听取兄弟单位领导对档案工作的经验介绍，也取得了很好的效果；上级档案部门的文件要及时呈送，甚至给他们标出重点；举办科技档案工作展览会，请他们参观、指导等，久而久之，领导对档案工作就会有全面的了解，也就具有了档案意识。这是领导重视和支持档案工作的思想基础。

2.参与生产管理、成果管理工作

档案工作本身是一项时间性很强的工作，因为耽误了时间、时机，建档工作就要受影响，甚至

无法建立档案,所以科技档案工作强调从科研项目的开题和整个工作过程抓文件的形成,积累工作;任务结束时必须抓文件的整理,归档工作;但是科技档案的效益往往是滞后的,有些还是隐形的;这就是说,档案是为日后的科技工作服务的,档案工作是否到位,或效益情况往往要表现在数年,乃至数十年以后,有些还是"无形的"或不知不觉地自然受益。因此,许多不了解档案工作的人,往往对档案工作产生误解,并不存在急迫感。这与实际情况之间存在矛盾。但是科技档案部门如能参加一些既与档案工作有关,又与显性生产任务相关的工作,如文件管理、图纸配套分发,以及成果管理工作等是有好处的。这些工作是速效性工作,又与生产直接关联,有利于档案工作地位的提高。我国科技档案工作都有这个传统,都承担了一些与现行任务有关的、具有一定生产性质的工作,它在现行生产中的作用是不容忽视的。由于科技档案工作在我国具有多方面的功能,引起了广大科技工作者的关注。

(三)建立完善的规章制度是实现科学管理的保证

国家在档案工作和科技档案工作方面已经有了健全的管理法规,各专业系统也制定了有关工作条例、制度,那么基层单位也仍然要建立自己的档案工作制度。这是因为国家的法规是档案工作的原则、方向,最终效果的实现,还要靠基层单位的规章制度。同时我们知道,科技档案管理工作必须向科学化、现代化方向发展,从这个角度来看,基层科技档案工作制度化是保证实现科技档案管理科学化、现代化的重大措施。

1.建立、健全基层科技档案工作制度的意义

由于科技工作的多样性、复杂性以及科技档案工作的科技管理性和服务性,各单位的科技档案管理工作都具有自己的特点。因此,每个基层单位都要根据本单位的具体情况制定切合本单位实际的档案工作制度。例如科技档案工作的"三纳入"思想一旦在科技工作和科技人员思想中生了根,建档管理工作就会有条不紊地顺利进行,使建档工作走向科学化、条理化。

档案部门的内部管理工作也是如此,制定了健全的规章制度,就等于有了工作方向和标准,工作效率和质量都会明显提高;例如有了档案著录、标引规则,著录、标引工作就可以走向条理化、规范化,不但提高了工作效率,而且能够实现检索工作的科学管理。

科技档案部门人员调动是常有的,而军队系统更是如此。如何保持工作的一贯性,把好的经验传下去?靠口传手教固然很重要,但是口传、手教也要有一个规定、标准,不能只凭"感觉"。所以规章制度不但是统一现实工作的标准,还是档案工作的"接力棒"。当然,规章制度也不是一成不变的,档案工作的发展,许多旧的理论、技术方法也都会随之改变,作为基层的规章制度自然也应发生改变。

总之,有了健全的规章制度,才有工作的科学化、规范化、条理化,而有了工作的科学化、规范化和条理化,才有可能实现工作的现代化,才能达到档案管理工作为科技工作有效服务的总目的。

2.基层单位制定规章制度的原则

科技档案工作的规章制度,就是科技档案管理工作的原则、要求和方法。基层单位制定科技档案工作的原则、要求和方法时,应遵循以下两条原则:

（1）贯彻国家法规和上级管理规定原则，我们已经讲过，国家在科技档案工作方面制定有成套的管理规定。《档案法》是全国档案工作的总依据，自然也是科技档案工作的总依据；全国《科学技术档案工作条例》是全国科技档案工作的总规定、总要求，它是综合了我国科技档案工作的实际情况而制定的法规制度。实践证明，它是完善的，在国际上也是先进的，因而它是可行的。国家为了在实践中使《科学技术档案工作条例》更易于贯彻执行，也就是在某些专业范围内，使有关单位更容易把握、贯彻，还制定了许多专门性科技档案管理规定，如《科学技术研究档案暂行管理规定》《开发利用科学技术档案信息资源的暂行办法》《国营企业档案管理暂行规定》等。除此之外，还制定了一系列标准，如《科学技术档案案卷构成的一般要求》《科学技术研究课题档案管理规范》《照片档案管理规范》《档案著录规则》等。这些条例、标准都是国家科技档案工作的法规，每个专业系统在制定自己的科技档案工作条例规定时，要遵循这些规定；每个基层单位在制定自己的规章制度时，除遵循上述国家法规外，还要遵循本专业系统的管理规定。

但是贯彻国家档案工作法规和上级规定不是机械的，不是条文搬家，而是要结合本单位的实际情况灵活运用。这就是说，有些是毫不走样地贯彻有关条文要求；有些是贯彻有关精神、原则；有些还可能是在上级总的精神指导下单位的独特做法。但总体来说，要尽可能地与上级有关规定保持一致，这是一条根本原则。

（2）结合实际原则。科技档案工作有它的规律性，否则科技档案管理学就无法形成一门学科，一项专业。但是，各个单位又有它的个性、特点，有时这种个性、特点还有很大差别。这就要求科技档案部门结合自己的实际情况，创造性地进行工作。

一般来说，上级的规定来自实践，有一定的可行性，但也不能排除在某些方面会有疏漏；再者，事物总是发展的，今天看起来是正确的东西，明日就可能被淘汰，这种情况在科技档案管理方面也是常有的。所以，一切从实际出发和敢于创新的精神是制定基层管理规定的第二条根本原则。

（四）设备、经费是物质基础

档案的保管、保护工作需要一定的设备；建档及档案整理工作需要一定的经费或消耗材料。和任何其他工作一样，没有一定的物质基础便寸步难行。当然，档案部门要根据自己的情况，在不影响档案工作质量的情况下，要尽量节约，做到少花钱多办事，但不管怎样，都需要一定的物质基础。

另外，要强调的是人的因素，也就是档案人员的积极性和主动性。

第一，条件不是"坐等"来的，而是档案人员千方百计争取来的。这一方面要靠宣传、靠档案法规；另一方面要靠档案工作的效能，靠利用档案的效益。档案人员的积极性、主动性，可使档案工作的开展形成一种良性循环，即：工作成绩—领导支持—更大的工作成绩—更多的领导支持。

第二，条件本身不能产生任何成绩，条件只有通过档案人员才能发挥作用。这个道理是显而易见的，例如有了先进的设备，没有先进的管理思想和基础性工作，先进的设备就不会发挥任何作用。

也就是说，我们前面谈到的档案工作环境是做好档案工作不可缺少的基本条件，档案人员要努力争取实现。但是有了条件，要做好档案工作，依靠的还是档案人员。这里还要提到一个重要问题，就是条件不是绝对的，好的条件固然能使档案管理工作顺利开展，但是差一些的条件，通过档案人员的努力也可以做出成绩。

二、现代科技档案管理工作的流程和系统分析

基层科技档案部门的基本任务有四项：一是做好建档管理工作，保证档案的来源和质量；二是科学地管理档案，保证档案的保密安全和库存质量；三是做好提供利用工作，满足日后查考、查证和研究工作的需要；四是向上级档案馆输送高质量档案，为国家历史文化事业服务。基层科技档案部门要完成这四项任务，必须根据科技档案管理工作的规律进行一系列实际有效的具体工作。

（一）基层科技档案管理工作流程

在基层科技档案管理实践中，档案部门首先遇到的一个问题，就是档案的来源和质量。根据目前的经验，最有效的办法是开展建档管理工作。建档工作，即科技文件材料的形成、积累和整理归档工作，它是科技工作的组成部分，是科技人员的职责之一，应由科技人员完成，科技界也承认了这一点。但是建档工作也和其他科技工作一样，需要进行共同管理。即进行机关性管理工作，否则也会像其他科技工作一样出现混乱、自流现象，而影响建档工作质量，甚至使建档工作无法进行。这就要求科技档案部门开展建档管理工作。建档管理工作，包括建档业务指导，验收和规范化整理三个环节；建档业务指导即对科技人员建档工作的督促、检查、指导和帮助工作，它的指导思想是打主动仗，即在档案的形成过程中抓档案质量。验收工作，即归档材料的检查、接收工作。现代档案管理的原则之一，是进入档案部门的档案材料必须通过审查、鉴定，审查、鉴定的重点一是档案材料的完整性和准确性；二是保管单位密级和保管期限的划定是否恰当。档案部门是代表单位和国家的，对合格的档案材料予以接收；对于不合格的档案材料必须退回，要求重新整理，直至合格后再予以接收。这样，库存档案才是眉目清楚的，保持内容上的高质量。保证档案质量的另一个工作环节是对接收的档案材料进行规范化整理。档案材料规格、形式统一，有利于档案的保管和利用。因此，档案部门处在建档业务指导阶段向科技人员提出规范化要求外，还必须对已接收的档案进行规范化整理，包括保管单位的调整、编目，保管单位的装订，以及封面的规范化填写等。

（二）基层科技档案管理系统分析

基层科技档案管理工作具有输入、处理和输出功能。科技档案的输入功能，就是保证档案的来源和质量的功能。从科技档案管理工作流程中我们可以看出，这一功能目标是经过建档业务指导、验收和规范化整理三个工作环节而实现的。在实践中我们也可以清楚地看到，这三个环节的工作做好了，档案部门就能够验收到高质量的档案。科技档案管理工作的处理功能，即科技档案材料的加工、储存功能。这一功能目标经过档案的编号登记、排架、保管和档案著录、标引和分类、卡片组织或计算机检索诸环节而实现。科技档案的输出功能，即科技档案的提供利用功能。这一功能目标，也是整个工作系统的功能目标，它是通过一系列的工作环节的完成而实现的。科技档案管理工作具备输入、处理、输出功能以后，它就能独立地完成科技档案管理任务，达到档案的提供利用这一总的功能目标。

传统的科技档案管理工作"以收集为起点"，把建档业务指导工作排除在档案管理工作之外，因此，它无法解决档案的来源和质量问题。试想，档案部门只管收集，不管收集以前的工作，即科技文件材料的形成、积累工作，最后只能是有什么样的文件材料，就收集什么材料。如果科技人

员没有将工作过程形成文件材料或形成的文件材料质量不高,或虽然形成了有关材料,但不注意保存而散失,那么档案部门也是无可奈何的。因此,我可以说建档业务指导的档案管理工作,从系统论观点上讲,不具有健全的输入功能,它不是一个完整的工作系统。

三、科技档案的编研工作

科学技术档案编研工作简称科技档案编研,是中国档案界根据其工作内容概括的一个专业概念。即在科技档案信息研究的基础上,按照一定的主题将相关科技档案信息集中起来,把它们加工成各种形式的科技档案信息产品,有效地向社会提供优化、系统的科技档案信息的一项科技档案信息资源的开发利用工作。因此,科技档案编研工作具有以下特征:

(一)科技档案编研工作概述

1.科技档案编研工作以科技档案信息为主要工作对象

信息是人类社会活动的重要条件,伴随社会信息能力和信息数量的增长,我国的信息管理方面分别形成了图书管理、档案管理和情报管理的社会分工。在各自长期的管理活动中,逐渐积累了一定规模的管理对象,并且针对它们的特点展开了各自的信息研究与加工过程。在图书和情报部门这项工作被称为情报或信息研究工作,档案部门则称其为编研工作。在图书、情报和档案工作"三足鼎立"的情况下,深入开发各自的信息资源,是全面、合理开发国家信息资源的客观要求。

坚持以科技档案作为科技档案编研主要的研究、加工对象和信息源,是科技档案编研能够持续发展的前提。首先,长期、持续地积累使科技档案部门拥有大量、丰富的科技档案信息资源,以科技档案信息作为开发研究的主体,发挥了科技档案部门的优势。其次,科技档案具有较强的专业性,开发科技档案信息资源需要编研人员具备相关专业基础,科技档案工作者长期从事科技档案管理工作,熟悉科技档案信息的特点,开发科技档案信息资源更为得心应手,特别是科技档案部门开发自有的档案信息资源,还能为档案所有者创造一定的经济效益,不会引起知识产权纠纷,必然受到各方面的支持。如果本末倒置,忽视了对自有科技档案信息资源的研究,而热衷于开发外部信息,岂不是"种了别人的地,荒了自己的田",将造成国家档案信息资源开发的重复与空白。

以科技档案信息为开发主体,并不是一味排斥其他信息,而是要求适当吸收相关科技信息。科技档案编研是以集中相关科技档案信息的形式为利用者服务的,为此,一方面,科技档案编研为了保证提供信息的实用性,必须适应科技活动的延续性和动态性特点,及时补充相关的科技信息;另一方面,还要考虑利用者的客观要求,对他们关心的相关信息进行补充。这就要求在编研过程中,特别注意将相关科技对象或活动的最新信息,如继续形成的相关科技活动的信息、相关技术或产品的市场反馈信息以及同行业相关科技信息等,及时收入编研成品之中。

2.科技档案编研以主动满足一定规模的利用需求为目的

科技档案编研是开发科技档案信息资源的一种方式,是针对大量和系统的利用需求,积极提供高质量的科技档案信息服务的具体措施。强调编研的目的性,在当前要求编研工作满足一定规模的实际需要,这是协调科技档案编研与其他各种科技档案利用方式的重要依据。而且,随着信息化的发展,必然更加注重编研工作的效益。科技档案编研是一项智力生产活动,与其他提供原件利用方式相比生产成本较高,必然要求获得同样高的利用效益,这项工作才能生存与发展,而满足一定规模的利用需求,就成为保证科技档案编研工作效益的重要前提。

3.科技档案编研以档案信息研究为基本手段

科技档案编研是一项科技信息的再生产活动,与其他科技档案工作相比,突出特点是对科技档案信息的智能控制。其他科技档案工作多以档案实体为对象,如科技档案的整理、立卷、保管、调卷等工作,虽然都是专业性档案技术操作,但是它们毕竟很少涉及对科技档案信息的研究,而编研工作要实现其预期的目的,必须以科技档案信息研究为手段,离开对科技档案信息的研究,任何一项编研工作都寸步难行。因此,信息研究成为科技档案编研工作与其他科技档案工作相区别的显著标志。

4.科技档案编研以提供高质量的档案信息服务为标志

科技档案编研的根本目的是进一步发挥科技档案信息的作用。为此,科技档案编研提供了易用的科技档案信息及其新的载体形式,以其创造的信息产品缓解了科技档案利用的矛盾,较好地满足了利用者对科技档案信息系统利用的要求。为此,编研工作不仅要求每个编研成品信息的高质量;而且还要求编研成品交流的高效率,在此意义上,提供科技档案编研成品具有其他档案利用形式无法比拟的优越性。

5.科技档案编研工作是一项开放性的科技档案工作

科技档案编研成品价值的实现以其交流为前提,首先,由于科技档案信息具有广泛的利用需求,不仅在档案所有者内部,而且在其外部也是如此。根据信息扩散原理,科技档案信息势必向相对稀少的空间流动,因此,在科技档案所有者以外,存在着更加强烈、广泛的信息需求,因此科技档案编研工作自始至终都着眼于社会的广泛利用。其次,由于编研成品的生产成本较高,为保证其正常的投入产出比,也必须要充分实现编研成品的价值。因此,科技档案编研成品进行广泛的交流,是科技档案编研工作的内在要求。这种要求恰恰适应了科技档案工作改革的需要,成为科技档案工作的对外窗口。

(二)科技档案编研工作的内容

为了适应经济建设、科学技术事业和信息经济的发展的需要,实现科技档案编研工作的目的,科技档案编研工作应该由编研技术工作和编研管理工作两部分组成。编研技术工作是指围绕一个编研课题或项目,所经历的程序化编研作业过程;编研管理则是为保证编研工作的持续发展对其过程的控制与协调。因此,科技档案编研工作具体包括以下内容:

1.科技档案编研技术工作的内容

(1)科技档案编研成品的选题和选型

科技、生产活动是人类社会基本的实践活动,由于它的目的、内容、方法和要求各异,对科技档案信息的需求也是多角度、多层面的。为实现科技档案编研应有的效益,首先要根据科技、生产及其管理活动与社会其他工作对科技档案的利用需求,有针对性地确定编研项目的主题;为了提高科技档案编研成品的利用效果,还要求进一步确定最适宜表现编研信息主题的编研成品类型。这样才能实现编研工作的目标,进而为编研任务的顺利完成奠定基础。

(2)科技档案编研材料的选择与核实

充分占有相关科技档案材料是科技档案编研工作的基础与优势。受科技档案的形成规律的制约,科技档案信息虽然丰富,但是同类科技档案信息却散存于各套档案之中,科技活动的相关性和渗透性,使相关科技档案信息在科技档案实体中的分布离散性更强。而符合编研成品主题和类型要求的编研素材,必须经过对科技档案材料的查找、鉴别加以确定,以便使科技档案编研工作具备信息加工的对象。因此,鉴别与选择编研素材既是编研成品高质量的物质保障,又是开展科技档案编研的关键步骤。

此外,为保证科技档案编研成品的权威性,首先要求入选的所有科技档案材料必须与其原文一致,这就要通过核实加以验证。由于入选科技档案材料的多样性和编研成品的现实性要求,核实不仅要保证入选档案信息的客观性及其静态质量,还要担负考察入选材料的相关性和保证其动态质量等任务。对于核实中发现的失实、失真等问题,则要加以改正。

(3)科技档案信息的加工

档案信息加工指按照既定的要求,通过对入选科技档案材料的综合、归纳、提炼与改编,形成科技档案信息单元的编研作业过程。信息加工一方面是为了使科技档案信息的表达更加准确、扼要,提高其易用性;另一方面,是为了明确或揭示科技档案信息之间的关系,进一步提高入选信息的整体价值,为利用者提供便利,为实现科技档案信息的价值创造条件。针对科技档案信息的状况和编研目的与要求,科技档案编研的信息加工分为文字信息、数据信息、图样信息、图像信息等多种加工方式,成为科技档案编研工作中最具特色的"技术活动",也是科技档案编研最为繁重的作业过程。

(4)科技档案编研成品的后期制作

科技档案编研成品是系统揭示相关科技档案信息的载体。必须根据一定的结构和体例形式,将加工的信息单元有机组织起来。按照信息交流的要求,还要编写相关辅助部分,经过排版将选择、核实、加工形成的单独的科技档案信息,组成便于流通和使用的科技档案编研成品。如果将编研工作内容,形象地比喻为工业产品的生产过程,那么,信息加工就是"零部件的生产过程",编排与后期制作就是"整机装配过程"。通过这一过程,形成了科技档案编研成品的初稿。

(5)科技档案编研产品的校核与审定

科技档案编研成品的校核,是对编研成品进行整体的检查与修改。科技档案编研产品的审批,指在对编研成品初稿进行审查批准的基础上,做出有关该编研成品制作、交流的一系列决定。虽然校核和审批都是对编研成品进行最后的把关,但是它们的任务与责任是不同的,校核是保证编研成品质量的重要措施;审定则体现了科技档案编研成品法人对其法人或职务作品知识产权的认定。

(6)科技档案编研成品的交流

科技档案编研工作是实现科技档案信息价值的一个完整过程,因此决不能把完成编研成品当成这项工作的终极目标,必须通过对编研成品交流的组织与控制,使其迅速、有效地传输到相关利用者手中,为他们的科技、生产及其管理活动,为社会需要提供高效的科技档案信息服务,科技档案编研任务才能最终完成。因而,重视编研成品的流通,是现代档案信息开发与传统信息加工的重要分野。

　　组织和控制编研成品的交流,必须以现代信息理论与技术为指导,结合信息形式、信息价值、信息安全和知识产权要求,从交流模式、流通途径、载体形式、控制手段、利益机制等方面进行综合运作。特别要协调好充分发挥科技档案信息的价值与保证科技档案信息所有者合法权益的关系,这是科技档案编研工作健康发展的基本保障。

2.科技档案编研组织管理工作的内容

　　科技档案编研工作是一项长期发展的科技档案业务工作,必须实行科学管理才能使它真正成为科技档案工作新的生长点。加强编研工作的组织管理,不仅是科学、高效地开展科技档案编研工作的客观要求,也是科技档案编研工作顺利发展成为信息服务机构的必要条件。包括:

　　(1)编研的计划管理,即运用现代管理与市场经济的理论与方法,组织、协调与指导本单位及所属单位科技档案编研项目的选题与编研作业。

　　(2)编研的人员管理,即根据科技档案编研工作的要求,对编研人员进行合理组织与培养,提高他们的积极性与编研技术水平,从根本上保证科技档案编研工作顺利进行。

　　(3)编研的作业管理,即以控制编研成品质量为目标,对编研作业实行全面的科学管理,不断提高科技档案编研工作的效率。

　　(4)编研成果的管理,即进行编研成果的申报、评价及编研档案的管理。

　　上述科技档案编研工作的内容,虽然都是相对独立的编研作业过程,具有各自特定的要求和任务,但是,各作业过程又是密切联系,前后贯通的,它们共同构成科技档案编研工作。在完成具体科技档案编研项目(课题)时,应该树立系统观念,加强各作业过程之间的组织、协调,争取编研工作取得最佳效益。

(三)科技档案编研工作的必要性

1.现代化建设的客观需要

　　现代化是一个相对的观念,各发展时期都赋予其不同的内涵。建立和完善社会主义市场经济体制与加速国民经济信息化,是现阶段我国社会主义现代化建设的主要标志,也是我国赶超世界科技潮流的重要步骤。现代化使国人体会到了全球竞争的意义,市场机制的核心是竞争,而赢得竞争的前提是获取充分的信息,这足以说明信息在市场经济中的重要地位。微观市场活动是这样,宏观调控更是如此。获得信息、分析信息、发布信息,既是政府制定宏观技术经济政策的基础,又是政府进行政策引导的手段。在市场经济条件下,谁重视获取和运用信息谁就掌握了进入市场的主动权。

　　当前世界经济的发展状况是,传统工业生产方式的重要地位逐渐为以信息技术革命为代表的知识经济所取代。知识经济是建立在知识和信息的生产、分配与使用基础上的经济。它是以高科技发展为主导因素的新的经济形态和以高新技术与知识密集型服务业为主体的新的经济结构。在发达国家,知识密集型的信息产业已经占据了国民经济的主导地位,后起的高技术公司超过传统的"石油大王""汽车大王",一跃成为美国经济巨人的事实,就是对知识经济最形象的写照。

　　现代企业"主要关注的对象是信息、知识、人才,而不是原料、设备和劳动力",并且"将物质生产过程视为一种信息的获取、存储、处理、传输、控制的信息流动过程,从而在人机、机机以及机器与劳动对象之间,以数字化作为共通的桥梁,建立起自动化系统"。进而形成了更适合企业信息流动而不是物体置放的企业组织形式和管理方式,使信息成为现代企业管理的主要对象。

知识经济的崛起强化了社会的信息需求,也向人类昭示了信息加工产生知识的重要作用,这不仅对企业档案、情报等传统信息工作的发展产生了重大影响,而且刺激了新兴信息产业的诞生,使代替别人管理信息或对数据进行处理,即以信息产品为基础的新兴信息服务业迅速发展。在美国已经出现了专门为企业保管和开发档案,并使其增值的"历史工厂",至于以信息为依托形成的各种数据库业、信息咨询服务业,更是令人眼花缭乱、耳目一新。

在现代企业内部,信息在资源配置中的基础作用及其在科技创新中的能动作用日益显露出来,科技档案信息作为一种战略资源、经济资源、企业资源的意识逐渐深入人心。知识经济的增长方式使现代企业重新认识了档案信息资源,科技档案工作者已经深切感受到现代企业的档案信息需求在规模、质量和角度等方面的变化,"大力开发信息资源""活化科技档案信息"已经成为科技、生产以及管理活动的直接要求,这些要求已经难以通过提供科技原件来满足。改善科技档案信息服务的质量与方式,是科技档案部门的唯一选择,开展科技档案编研工作就成为满足现代信息需求的有力措施。

2. 高效保护科技档案信息的历史要求

持久地保存有价值的科技档案是科技档案工作重要的历史责任。随着科技档案的迅速增加,其保管任务日益艰巨。我国历史证明,通过对原始科学技术信息的编纂,为后人保存珍贵、典型、系统的科技史料,是有效保存历史档案信息的成功经验。

我国古代流传至今的珍贵科技文献,反映了中华民族灿烂的科技文化,为民族科技的延续与发展做出了重要贡献,在世界科技发展史上占有显著地位。比如,先秦时期的《考工记》,记述了数十种手工业生产的设计规范和制造工艺,是这一时期手工业技术规范的总汇。北魏末年的《齐民要术》(约公元532—544年)是我国现存最早的一部完整的农书,它是贾思勰查阅了160余种文献,收集大量农谚,调查访问甚至亲身实践编著而成的农学著作。唐朝皇帝将《开元广济方》颁示天下,北宋王朝刊印颁发《营造法式》,成为当时"标准化"法典。其中由李诚(公元?—1100年)编成的《营造法式》数据严谨、图文并茂,其"图样"部分完全为古代科技文件的汇集。明末宋应星(公元1587—1661年)编撰的《天工开物》,囊括了各种手工业生产技术的实验数据,科学价值较高,被译成多种文字,在世界广为流传,被称为"世界第一部有关农业和手工业生产的百科全书"。

值得注意的是,这些流传至今的珍贵古代科技文献,并不是前人保存下来的原始文献。由于在漫长的历史过程中,档案难以避免自然灾害与战乱的破坏,永久保存下十分困难。但是,将其中最珍贵的文献编纂成册,不仅便于当时科技知识的传播,而且能够使它们长久地流传下去,这条宝贵的历史经验值得被记住。在科学技术飞速发展的今天,档案载体和记录方式迅速更新,档案数量增长速度惊人,永久保存科技档案信息的难度更大,将科技档案原件全部、持久地保存下来几乎不大可能。用编研的方式记载与保存珍贵的科技档案信息,是科技档案工作者对社会、对今天和未来应该担负的历史责任,也是科技档案工作者继承中华民族优秀文化传统的具体行动。

3. 现代科技档案工作发展的必然结果

科技档案是人类科技活动的衍生物,伴随社会主义现代化建设的蓬勃发展,形成、积累的科技档案与日俱增,持续地积累不断扩充着科技档案的数量,丰富着科技档案的信息资源。如此浩繁的科技档案典藏,在进一步提高科技档案质量与价值的同时,也带来了许多新问题。

首先,由于数量和种类的迅速膨胀,科技档案的管理变得日益复杂,必然要求加强科技档案实体分类、立卷的科学性,增加了科技档案管理的难度。另一方面要求提高科技档案鉴定的准确性,在保证馆藏质量的前提下,尽可能减少保管数量。其次,逐渐提高的利用频率,加重了科技档案使用中的磨损,对科技档案实体的安全造成了一定的威胁,也加大了其他实体管理活动的工作量。再次,由于科技档案数量的迅速扩展,传统的提供原件利用方式产生了准确调卷的困难;而且科技档案数量和种类越丰富,相关信息的分布就越分散,系统查找就更加耗时费力,进一步激化了科技档案保存与利用的矛盾。

科技档案数量的发展及其对科技档案管理提出的挑战,促进了科技档案工作专业化的发展,科技档案工作者的业务能力随之得到锻炼和提高,科技档案机构因此更加规范、系统;各单位逐渐为科技档案管理部门创造了一定的设备与工作条件,国家科技档案事业有了长足的发展。处于这种状况下的科技档案工作,一方面要研究如何适应形势需要,充分发挥自己的专业职能;另一方面要谋求自身的新发展,以便在信息行业的激烈竞争中保持一定的生存空间。主、客观需要在开发科技档案信息资源方面找到了一致的切入点。我国科技档案工作者的这一选择,完全符合国际信息工作发展的趋势。知识经济的发展将信息的利用能力提升为决定现代企业生死存亡、成败兴衰的关键因素,掌握信息流、运用数据分析技术成为企业决策的基本手段。在国内外竞争的巨大压力下,现代企业越来越重视对现有信息资源的收集和利用,通过挖掘自己的档案信息资源,对其进行分析、沟通,将发现许多过去认识不够或未被认识的数据关系和现象,帮助企业管理者做出更加科学的决策,不仅大大提高了现代企业的信息利用能力,同时也提高了科技档案工作的地位。

20世纪70年代,发达国家的企业中出现了一个令人瞩目的新职位"CIO",其英文全称是Chief Information Officer,中文意思为"首席信息官"或"信息主管",这是一个类似于首席财务执行官(CFO)的高层次管理职位。CIO的职能是:"直接对最高决策者首席行政官(CEO)负责,负责企业的高层决策和长远发展规划,实现企业全面信息管理,包括负责开发信息技术、健全企业信息系统、管理信息人员、实现企业内部的信息共享等。"目前CIO已经成为国外企业普遍设置的管理职位,随着企业信息化的实现,CIO越来越注重信息系统的管理与信息的开发研究。

这种发展趋势,与目前中国科技档案工作信息开发职能的发展与完善不谋而合。我国现代企业建设虽然刚刚起步,国民经济信息化程度与国外企业相比还存在一定的差距,但是这种趋势已初见端倪。信息化一方面为科技档案工作提供了先进的技术手段,逐渐简化了传统的档案管理方法和内容,使实体管理的矛盾趋向缓和。另一方面,促使现代企业对科技档案工作的要求发生了重大变化,要求科技档案工作必须为企业提供全方位、及时的档案信息,特别是支持企业决策的信息。这就意味着,科技档案工作者熟悉的提供原件和一般资料性编研成品的基本服务方式,已经不适应现代企业的信息要求,科技档案工作者必须从科技档案实体的保管和信息的加工者,变为科技信息的管理者、研究者和利用者。开发利用自有的科技档案信息资源的一个重要形式,就是通过科技档案编研工作进一步发掘、认识和研究科技档案信息资源,使它们从分散变为集中,从浩繁变为简约,从庞杂变为精练,从无关变为相关,从无序变为有序,进而提供优化、系统的科技档案信息,及时为科技创新服务,将成为科技档案工作自身发展的新趋势。

1987年9月5日由国家主席颁布,于1988年1月1日开始实施的《中华人民共和国档案法》

（以下简称《档案法》）第23条规定："各级、各类档案馆应该配备研究人员,加强对档案的研究、整理,有计划地组织编辑出版档案材料,在不同范围内发行。"对此,我国档案专业主管部门也向科技档案工作提出了新的要求,在《科技档案工作条例》《国营企业档案工作暂行办法》《科学研究档案暂行办法》《城市基本建设档案管理暂行办法》等科技档案工作的行政法规中,对科技档案编研工作都做出了专门的规定,为科技档案编研工作的健康发展提供了法律保障。

（四）科技档案编研工作的作用

科技档案编研工作是适应客观需要而产生的,标志着科技档案资源开发利用工作的重大进展,这种形式一经面世立即产生了积极效果,得到社会各方的肯定,充分显示了科技档案编研工作的重要作用。科技档案编研工作的作用源于科技档案编研技术与成果,运用科技档案编研技术对科技档案信息进行分析、研究,通过对科技档案信息进行一系列编辑、研究与加工过程,使科技档案编研成品具备了高质量、高效率满足利用需求的能力。将科技档案编研成果提供给利用者,能够大大节省利用者查找科技档案材料的时间,减少了利用者的一部分劳动,提高了科技档案信息的实用性,并且极大地方便了利用者,使他们能够将更多的时间和精力用于生产技术和科学研究,从而提高他们科技、生产及其管理工作的效率。具体表现为:

1.科技档案编研工作提高了科技档案的利用效率

（1）科技档案编研创造了便捷的利用形式

利用是科技档案工作存在和发展重要依据,与一切信息服务业一样,方便是其发挥利用的功能前提。如果利用者感到获得科技档案信息很麻烦,就会放弃这一利用途径,远离该信息系统,转而选择使用更加方便的其他信息。科技档案作为一种原始信息,虽然具有极大的利用价值和潜力,但是其信息离散分布的存贮形式,与系统查找的利用要求有一定的矛盾;其孤本的特性也不适宜同时满足大规模的利用要求,严重影响了科技档案利用的便捷性。长此下去,将动摇利用者对科技档案部门的信任和依赖感,如果没有人利用科技档案,科技档案工作将失去生存和发展的意义。

编研工作通过对庞杂的科技档案信息进行优化与有序化,集中相同科技档案信息,增强了科技档案信息的针对性,缓解了科技档案利用的矛盾。如果航天档案馆根据基本用户的利用要求,将卫星研制档案中1600多个研制过程的相关技术信息,分别加以系统化,使有关科技档案内容的查找时间从十几天降至2～50秒,而且查全率大大提高,为该档案馆吸引源源不断的利用者。

（2）扩大了科技档案的利用范围

由于科技档案是科技活动的直接记录,其反映的信息内容十分丰富,能够满足多种目的和不同角度的利用需求。由于科技档案信息的现实作用能够给利用者带来可观的技术经济效益,使得科技档案所有者要求控制对它们的利用,以便保护自己的合法权益。长期以来,控制科技档案信息的利用,主要通过按时间或内容划定科技档案的保密范围,禁止保密科技档案的利用。这种从整体上控制的方法,在保证档案信息安全的同时,也遏制了其中无须保密的科技档案信息的利用,缩小了它们的正常利用范围,这是提供档案原件的利用方式无法避免的。实际上,即便是保密的科技档案,也应该在一定条件下被利用,否则就违背了保存科技档案的宗旨,其关键在于以何种方式控制或者提供科技档案信息。科技档案编研能够根据保密要求,通过确定不同的选材范围和流通方式,回避保密信息,解决了提供原件利用这一棘手问题。例如,某特种工程设计院在一种武器库拱门的研究设计中,提出的新的设计理论和依据,具有广泛的推广应用价值。但是该项目的特殊性决定了其工程设计档案的保密性,使具有广泛应用前景的拱门设计信息难以"得见天日"。但是,《拱形门设计数据》这一编研成品,将那些有价值的科技档案信息从其原件中摘编出来,既"解放"了这些信息,相对扩大了科技档案的利用范围,又以其信息的新颖性,提高了科技档案的利用效果。

(3)提高了科技档案信息的质量

科技档案编研工作一方面通过比较、核实、分析,在相同或相似的科技档案信息中排除价值不大的信息,突出最准确、科学的信息;在相同科技档案信息中排除陈旧的保留新颖的信息;并且将同类科技活动最新、最优的信息及时提示给利用者;使他们通过科技档案编研成品,准确掌握最有价值的科技档案信息。另一方面,还要将科技档案信息的原始形式改编成利用者易于接收的信息形式,创造更加便于利用与传播的科技信息载体。如,某省农业科学研究院通过编研工作,将科研人员形成的专业技术文件,改编为我国广大农民一看即懂的科普性读物,直接指导科学种田。这两方面的努力,显著地改善了科技档案的利用效果。

2. 科技档案编研为科学技术的商品化创造了条件

科技商品化或者科技成果价值的实现取决于流通范围,这些科技成果信息流通得越快越广,被知晓的范围越大,就可能实现更大的效益。科技成果档案信息是一种具有较高技术和经济价值的、实用性强的科技信息,应该成为科技成果交流的重要媒介。但是在以往的档案信息交流中,为了保证档案信息的安全,不允许以档案原件进行交流。编研工作形成了相关科技成果档案的"替身",并且可以根据需要进行复制,使处于静止、离散状态的原生科技档案信息,变为动态、系统的信息流,为科技成果的交流创造条件,也进一步完善了国家的科技信息系统。

(1)科技档案编研为现代技术贸易提供了媒介

社会主义市场经济体制为科技成果的转化创造了条件,科学技术市场的形成进一步疏通了科技成果商品化的渠道。科技成果转化对于国民经济发展具有重要意义,是多、快、好、省地提高国家科技水平的重要决策。如果说现代科技推动社会经济的增长是通过新技术成果的广泛应用实现的,那么,新技术应用就离不开市场机制,离不开技术贸易。发达国家国民经济的高速发展无一不是如此。战后日本把促进科技成果转化作为重要的科技政策,技术成果的转化率为60%,有力地促进了日本国民经济的发展。相比之下,我国技术成果转化率只有20%左右,说明在科技成果转化方面我国还存在很大的潜力。

科技档案部门在科技成果转化方面负有不可推卸的责任。这不仅在于现代科技档案部门已经成为科技生产系统的组成部分,越来越直接地参与科技成果的推广应用活动;并且,在计划经济条件下,科技活动一旦通过成果鉴定便结题归档,大量科技成果只是作为科技档案被"束之高阁",致使目前科技档案部门积存了大量的未被开发的科技成果档案,这就为档案部门推广科技成果,特别是开发大量积存的"老"科技成果创造了条件。

当代科学技术的进步,促进了科技分工与科研设施的完善。而信息技术的发展使科技成果的载体形式日益完善,技术发明有可能与其物质形态产品相脱离。上述二者的结合,造就了现代科技贸易以科技信息作为载体的基本形式,使科技文件成为科技贸易的主要承担者,进一步为科技档案部门参与科学技术贸易开辟了新天地。

技术贸易作为特殊的贸易形式,对非物质形态的技术商品提出了特殊要求,即交易的技术商品(技术文件)应具有创新或先进性、实用性、继承性和垄断性,作为技术贸易主要承担者的技术文件要满足这些要求,必须源于其原始形态的科技成果档案。但是,技术商品出让方不可能直接以自己的科技档案作为技术商品,这是因为科技档案是科技成果研制活动的"全息"记录,不仅反映了科技成果的最终面貌,而且还反映与成果相关的其他研制信息,其中包含的某些自备技术、技术诀窍、特殊的制造工艺以及其他中间成果等科技信息,有可能比出让的科技成果具有更大的价值。这些是科技档案所有者不愿意轻易出售的,至少是不能以这种价格出售的。由于技术贸易的双方不可能直接交易相关科技成果的档案,就要求专门为技术成果交易准备一套技术文件。显然,这样的科技文件必须通过对原科技档案信息的加工—编研工作来完成。某化工厂的科技档案部门根据 20 世纪 80 年代形成的一批"老"技术成果档案,选择了目前可能进入技术市场的科技成果,编写了相关的技术贸易文件。此后,通过技术市场以技术转让、技术投资等形式,一次成交 12 项化工产品的生产技术,不仅为企业带来巨大的经济效益,还改善了生产条件,节约了能源,救活了小企业。

(2)科技档案编研成品为物质商品流通疏通了渠道

在商品经济时代"酒香不怕巷子深"的程式已经成为"明日黄花",其商品交易额不仅取决于商品的信誉和质量,同时还取决于商品的宣传力度。科技档案编研成品在这方面也大有"用武之地"。某化肥厂利用声像档案分别编制了介绍复混肥新产品效力和使用方法的电视片《为了丰收的田野》和《追肥》。企业将该片的录像带分发给推销人员,推销员每到一地便首先播放录像片,农民看了觉得"眼见为实"、可信可行,纷纷订购,结果新产品当年就销售了 3011 吨,并开辟了 10 多个外省市场。

3. 科技档案编研工作适应了国民经济信息化趋势

党的"十五大"将国民经济信息化列入国家的发展日程。所谓国民经济信息化,即在建成具有世界先进水平的信息基础设施的基础上,使用现代信息技术,实现信息的快速传递和充分利用,从而提高各项工作的效率和管理水平,促进了社会生产力的发展和人民生活水平的提高。信息化的突出特点是创造、使用智能工具与信息的数字化。信息化导致了科技档案多媒体化及其形成与交流的网络化,科技档案信息将成为科技信息数据库的重要组成部分。信息基础设施是信息化的前提,包括信息保障、信息设备与设施、信息资源、信息组织和信息人才建设。人们形象地将信息设备与设施称为"信息高速公路"。而一旦建成"信息高速公路",信息数据库建设必将成为信息化的关键。发达国家为了占领现代"信息战"的"制高点",从 20 世纪 60 年代起开始建设科技信息数据库,当前国外的数据库建设,已经从科技信息数据库,发展为面向社会和人民生活的全方位数据库。我国的数据库建设起步较晚,经过十几年的发展虽然初具规模,但是与发达国家相比,仍有很大差距。一项题为《我国科技电子信息资源的开发利用》的调查报告分析,在整个因特网上信息输入与输出,我国分别仅占 0.01% 和 0.05%,我国信息基础设施的建设中,最薄弱的环节是信息资源的开发利用。曾经一度我国数据库的发展水平仅相当于发达国家 20 世纪六七十年代的水平。1996 年我国的数据总量约占世界数据库总量的 1%,数据库产值仅占世界总产值的 1%。为了解决有"路"无"车"和有"车"无"货",即信息资源缺乏的问题,国家积极倡导了一系列"金字工程",其中的"金企""金策""金卫""金房""金关"等工程都必须以科技档案作为它们的信息源。但是,短期内科技档案还不能以原文形式直接"入网"。一方面,科技档案信息需要经过加工,形成满足一定结构形式要求的数据信息,才能"加盟"数据库;另一方面,由于科技档案信息产生了显著的技术经济效益,为了保证科技档案所有者的利益及其档案信息的安全,科技档案信息必须经过鉴别与改编,才能进行公开交流。这些鉴别与加工任务,也要借助科技档案编研工作来完成。这种趋势,从发达国家"CIO"的职能活动中"可见一斑"。

4.科技档案编研工作促进了企业文化建设

科技档案编研工作不仅在科技信息交流,推动科学技术进步方面发挥了重要作用,而且在社会主义精神文明建设中也是"功不可没"。社会主义精神文明建设,包括社会文化建设和思想建设两方面。科技档案编研以其编研成品丰富了社会主义文化宝库,以其信息交流促进了社会主义道德风尚的传播。科技档案编研成品作为在企业文化建设中的成果和依据,对社会主义企业文化建设具有促进作用。

企业文化是在民族意识和现代意识影响下,企业在生产经营管理活动中形成的价值观念、行为准则和道德规范等群体意识。企业文化建设将传统管理作为只关注企业生产力与经济效益的少数人的行为,将传统的激励理论和方法,变为以"企业精神"创造一种约定俗成的文化氛围,促使企业成员彼此趋同、彼此作用,形成企业整体优势的全员管理方法。

我国社会主义市场经济体制的建立,使现代企业成为独立的社会法人,企业必然更加重视自身文化建设。企业文化建设包含丰富的内涵,一般包括制定企业目标和口号、完善企业管理制度、培养企业榜样、形成企业典礼仪式和文化网络等。科技档案编研形成的企业史志、企业家传、反映企业劳动模范和先进集体事迹的《企业英雄谱》等都是企业文化建设的具体成就;而编写的《企业管理制度汇编》又为企业文化建设提供了依据;由企业出版的学术著作不仅宣传了企业的科技成就,而且进一步树立了企业良好的社会形象。从该意义上讲,科技档案编研工作是企业文化建设的重要组成部分。

5.科技档案编研工作促进了科技档案工作的发展

纵观科技档案事业的产生与发展,可知科技档案工作是适应社会需要而产生的,我国科技档案工作的发展始终与国家科学技术、经济建设的发展保持同步,也必然要随着社会的发展,不断地调整、完善自己的工作内容及其重点。科技档案编研工作的发展恰恰适应了这一规律。

(1)科技档案编研工作完善了科技档案工作的职能

虽然,科技档案工作一直担负着保管和利用科技档案的社会责任,并在自己的活动中逐渐形成了"六个环节"的业务内容。但是在科技档案工作发展的各个阶段,围绕各自的主要矛盾形成了不同的工作重心。在科技档案工作的创建阶段,主要矛盾是集中科技档案,否则就没有开展科技档案业务工作的物质基础,因此,长期以来科技档案工作的主要精力,都放在收集和立卷等档案业务建设方面,形成了侧重于科技档案实体管理的传统管理方式。经过40多年的积累与发展,科技档案部门已经成为蕴涵丰富的科技档案资源管理部门,充分发挥科技档案的作用必然成为当前科技档案工作的关键。解决问题的方法是将科技档案管理推向深入,通过科技档案编研活化科技档案信息,实现对科技档案的"智能管理"。这是科技档案工作迈出的关键一步,这一步突破了传统科技档案管理自我封闭的羁绊,使科技档案管理从实体管理,进入实体与信息管理并重的新阶段。而只有施行科技档案信息的智能控制,科技档案工作的"六个环节"才能更有意义。因此,开展科技档案编研工作,实质上完善了科技档案开发利用工作的职能,提高了科技档案工作的社会价值。

（2）科技档案编研工作强化了科技档案业务基础

编研工作是在传统的科技档案业务建设的基础上发展起来的，编研工作的开展必须依靠雄厚的信息资源基础，有了种类丰富、内容可靠、分类科学的科技档案典藏，才能顺利地创造出优质的编研成品。为此，开展编研工作必须进一步强化科技档案的基础工作。同时，科技档案编研人员通过科技档案，亲身体验了基础工作的具体问题，使他们能够自觉改进、完善基础工作，进一步提高科技档案管理的科学性。而科技档案编研工作提供的科技档案编研成品，作为档案利用的"替代物"，不仅方便了对科技档案的利用；而且，有利于科技档案的交流与保护。科技档案编研成品良好的利用效果，增强了科技档案利用者对科技档案部门的理解和信任，为科技档案工作赢得了广大利用者的支持，创造了科技档案工作发展的良好外部环境。

（3）科技档案编研工作锻炼了科技档案工作者，提高了他们的业务能力

科技档案编研是开发科技档案信息资源的高级形式，是对科技档案信息深层次的加工，因而对编研人员有诸多方面的要求。首先，要求编研人员具有强烈的信息资源意识和敏锐的洞察力，能够及时捕捉有价值的信息及信息需求，自觉开发科技档案信息资源。其次，这项工作对编研人员有较高的素质要求，包括政治理论和政策水平、相关专业科技知识、文字能力、外语能力、档案业务能力和科学管理能力等。对于科技档案人员来说，从事科技档案编研工作是一项新的机遇和挑战，迫使他们自觉加强学习，不断充实自我，提高综合业务素质。另外，编研工作的实践促使编研人员走出档案部门；加强与技术业务部门、信息流通部门、信息服务部门和出版印刷部门的联系，开阔了他们的视野，锻炼了他们的组织协调能力，进一步增长了才干。开展编研工作提高了科技档案工作者的素质，形成了一支高素质的科技档案研究队伍，必将对科技档案工作的发展产生深远影响。

（五）科技档案编研工作的性质

科技档案编研工作的性质是科技档案编研工作与其他档案工作相区别的显著标志。通过工作目的、内容和方法的比较可以看出，科技档案编研工作是一项具有研究性和服务性的科技档案工作。

1.科技档案编研工作的研究性

科技档案编研与具有管理性、专业性、服务性的其他科技档案工作相比，研究性是其最突出的特点。

（1）研究是科技档案编研工作的实质，贯穿于整个科技档案编研工作的始终

科技档案编研工作的名称，集中反映了其工作特点或基本内容是信息研究。"编研"是档案部门创造的一个复合概念，实际上"编"和"研"两项内容是密不可分、互为表里的，即科技档案信息研究寓于科技档案信息编辑（加工）之中，研究是编研工作的实质，编辑（加工）是它的表现形式。

科技档案编研是充分发挥科技档案作用的重要措施。那么，库藏中哪些科技档案最有价值？哪些档案最适合以编研成品的形式出现？谁最需要这些科技档案信息？这些信息在什么条件下能充分发挥作用？所有这些问题都需要编研人员对库藏内容、利用者及其利用需求进行研究后才能得出结论，编研选题就是这些研究的初步成果。进入编研的选材、加工、编排，甚至交流等阶段，同样离不开信息研究。入选材料需要在对科技档案内容进行研究后确定；具体加工方法和要

求体现了编研人员对科技档案信息价值、利用者特点及其利用需求，以及相关信息流通效果的综合研究，甚至相对简单的材料编排也必须在研究信息特点、应用领域及其最适宜的传播方式与技术的基础上才能做好。总之，研究贯彻于科技档案编研工作的始终，离开了研究，编研工作就寸步难行，研究是科技档案编研工作的本质。

（2）科技档案编研的特点

研究内容广泛。即科技档案编研的研究对象和涉及的因素较多，综合性强。首先，科技档案的专业性，要求编研人员对科技档案反映的相关科学技术及其活动情况有必要的了解，只有掌握了相关科学技术的原理和基本方法、科技活动的历史背景、发展水平、变化趋势等，才能保证提供信息的针对性，才能为科技活动提供客观的指导和借鉴。其次，除了需要对科技档案信息、信息加工技术和方法进行研究外，为了实现编研成品的价值还必须研究信息传播的理论和技术，研究国家的科技政策、国家或地区的实际情况，以便提供的科技档案信息具有先进性和现实性，真正起到促进科技进步的作用。因此，编研工作研究的范围涉及社会科学、自然科学和数学领域，比一般科研人员的研究内容更加宽泛。

科技档案编研的研究方法比较单一。科技档案编研研究与一般意义上的科学技术研究有一定的区别，一般科学技术研究以物质世界、自然现象和科技活动为研究对象，其目的是揭示客观事物的本质、内在联系和运动规律。一般科学技术研究主要通过研究人员的独立思考、观察、实验、计算分析等方式，其成果往往是发现科学规律、提出新的理论、创造新的技术或成品，直接促进社会技术经济的发展。科技档案编研工作的研究对象主要是科技档案信息及其相关技术知识，其目的是为科技研究及其管理提供优质、可靠的信息支持；因而，其研究主要是运用逻辑思维的分析、综合、比较和推理等方法，一般不进行试验；其成果主要是各种形式的编研成品，它们通过利用者间接地为社会服务。

2. 科技档案编研工作的服务性

科技档案编研是一项信息服务工作，具有典型的服务性特征。

（1）就科技档案编研工作的客观效果来分析，它主要是以向利用者提供更加便捷、优化的信息产品，为科研生产活动创造条件。科技档案编研工作价值的实现，不仅取决于编研成品的质量，而且必须依靠利用者的信息能力，通过利用者对编研成品提供的科技档案信息的理解、吸收，在他们的科技活动中体现出来。换言之，科技档案编研工作者开发科技档案信息并不是为满足自己的需要，而是为了协助其利用者从事科技活动，为利用者提供服务，进而达到为科技活动提供服务的目的，最终实现编研工作的价值。

（2）就科技档案编研工作的社会地位而言，它是社会信息服务业的重要组成部分。20世纪后期世界科学技术的新突破，促进了信息技术的迅猛发展，导致了社会财富结构的重大变化。信息不仅成为公认的社会财富，而且还取代了物质财富的优先地位。信息的价值刺激了信息服务业的飞速发展，使他们成为"信息产业"的重要标志之一。信息服务业是我国大力发展新兴的第三产业的一个重点，它既包括咨询业，又包括传统的图书馆事业等所有信息产品开发行业。处于发展中的科技档案部门，应当充分意识到，科技档案是国家科技信息资源的重要组成部分，是社会信息不可或缺的成分，具备为社会服务的必要性，自觉地将自己建设成为国家的信息产业部门。有些科技档案工作者对"信息产业"这一概念的理解，仍停留在计划经济的框架之中，认为不能完全向社会开放的档案工作与信息产业无缘。我们不妨借鉴发达国家对信息产业的认识，美国信息经济学家马克·波拉特将信息产业划分为一次和二次信息部门,一次信息部门包括所有向市场提供信息产品和信息服务的企业。他们的信息可以作为商品交换。第二信息部门包括政府和非信息企业创建的用于自己内部消费的全部信息服务部门,他们是政府和民间的管理部门,它们提供的信息产品和服务,没有明显的交换方式。发达国家新兴产业的结构尚且如此,处于发展中的中国科技档案工作者,一定要客观分析当下的形势,自觉地与信息产业接轨,以更加符合社会需要的信息服务形式为社会服务,在服务中求得自身的持续发展。

(六)科技档案编研工作的原则

1.存真原则

存真原则,即科技档案编研必须坚持实事求是的科学态度,保持科技档案信息及其传播效果的真实性。存真原则是科技档案工作基本原则在编研工作中的具体体现。科技档案是科技活动的真实记录,其形成、积累的规律和制度,保证了科技档案的历史真实性,编研人员必须对此坚信不疑。信息资源的可靠性,造就了科技档案编研成品不同于其他信息产品的一系列特点,也成为科技档案编研成品的价值基础。由于科技档案编研产品容易交流与保存的优势,其真实性就显得尤其重要。坚持存真的原则,要从以下几个方面入手:

(1)保证编研材料的真实性

编研材料作为科技档案编研成品的"原料"决定其价值和作用,强调编研材料的真实性。首先,要求信息来源——科技档案实体必须真实。根据科技档案形成特点,真实的科技档案实体一定是与相关科技活动同步形成的。这些科技文件在形成过程中,不仅经历了严格的科技审查、处理程序,而且经过实践的检验,具有较高的可靠性。其次,要求科技档案记录内容是准确的。一般而言,科技档案实体是真实的,其记录的内容也应该是客观、准确的。但是这并不排除某些档案内容在形成、记录的过程中,由于形成者的局限性,有可能自觉或不自觉地造成一定程度的信息失真。特别是编研过程中还需要利用其他相关材料,对相关科技档案信息进行补充,这些都要求编研人员进行严格查证,以保证选用的科技档案信息真实地记录和反映客观历史面貌及其发展规律。

(2)维护科技档案信息的动态真实性

由于科技活动的延续性和科技档案编研成品的现实作用,要求其提供的科技档案信息必须持续地反映相关科技活动的历史面貌,因此,编研材料不仅要真实地反映相关科技活动在某一阶段的历史面貌,还要客观地反映各阶段的发展、变化,特别是近期的状况或状态,这样的科技档案信息才具有较强的现实使用价值。不仅在编辑加工阶段强调编研材料的动态真实性,而且在科技档案编研成品的流通过程中,仍然要避免信息传播的过程中可能出现的失真现象,最终保证科技档案编研成品的真实性。

(3)客观地评价科技活动

在研究和鉴别科技档案信息及其科技活动的历史面貌时,必须以辩证唯物主义和历史唯物主义为指导,是客观评价科技活动及其档案信息的科学基础。科技档案编研虽然不像历史文献研究那样,直接和普遍地涉及政治、政策等问题,但是要客观地评价科技活动的政治历史意义,准确评价它们的科技状况和推广应用价值,没有正确的指导思想,没有马列主义的指导,难免出现主观主义、唯心主义、急功近利等问题,就不能客观地研究与有效地开发科技档案信息资源。

2.效益原则

效益原则,指科技档案编研成品必须适应科技生产、科技管理与社会其他工作的客观需要,通过对科技档案信息的优化,保证科技档案编研信息的先进性和实用性,进而实现其较高的利用效益。这一原则是根据科技档案编研工作的特点,特别是针对科技档案编研工作与社会信息服务接轨,而提出的指导编研工作的组织管理原则。

首先,科技档案编研工作是科技档案信息的智力生产活动,需要较高的投入,包括编研人员的素质、物质和财力消耗以及一定的风险。只有保证科技档案编研成品有较高的利用价值和利用效益,科技档案编研工作才具有一定的社会意义。其次,目前我国的科技档案编研工作已经进入自觉发展阶段,社会对档案部门的要求,已经不在于能否开发科技档案信息产品,而是如何开发的问题。市场经济条件下,信息服务业面临着激烈的竞争,信息技术的普及使这种竞争更加残酷,其结果必然是信息服务业的重组。科技档案部门只有提供低成本、高效益的信息产品,才能保证自身的持续性发展。显然,高效益已经不仅是对编研成品质量的要求,必然包括科技档案编研工作的要求,即编研工作如何获得合理的投入产出比。这就涉及每一个编研项目(课题)或每一编研作业的科学组织与管理。因此,效益原则也是指导科技档案编研工作集约化、科学化的重要原则。

科技档案编研成品的效益,首先来自一定规模的需求,而这种需求不是抽象或广义的,必须针对具体的利用群体,这是科技档案编研成品效益的客观基础。为此,科技档案编研必须认真研究利用者的利用需求。其次,根据科技档案利用的特点,编研成品的效益还要依据自身的信息优势,这不仅出于档案信息的真实性,更依赖于编研工作对信息优化的功能,即科技档案编研必须对科技档案材料、信息加工方法、编排体例及其流通方式,进行认真比较与选择。

编研工作对科技档案信息的优化,一方面,表现为根据不同的服务目的和主题选择科技档案信息。例如,为领导决策服务的科技档案编研成品,应该选择最能反映本质问题、多侧面的、比较精练的档案材料;为保存史料服务的科技档案编研成品,则应选择最原始的、最典型的科技档案材料;为推广技术成果或进行技术贸易服务的科技档案编研成品,就要选择那些适用性强、比较成熟的科技档案材料;主要在内部使用的科技档案编研成品,应尽量选择比较新颖的信息内容,甚至要适当选择一些机密性的科技档案信息;如果是为交流而形成的科技档案编研成品,其材料的内容深度、新颖性和机密程度都必须得到控制。另一方面,表现为选择适当的信息加工方法。科技档案编研加工,除了使科技档案信息更加准确外,还有一个重要的目的,就是使科技档案信息易于理解,以强化其作用。因此科技档案编研人员必须认真研究档案信息和科技信息加工的各种方式、方法及要求,在存真的基础上使科技档案信息得到升华优化的方法贯穿于科技档案编研工作的全过程。如,编研主题的优化,即根据比较突出的信息需求选择编研成品的主题;编研成品类型的优化,即确定最适合的形式体例;编研素材的优化即根据编研目的与编研主题选择、确定适宜的科技档案材料;信息加工方法的优化,即根据利用者的具体情况确定加工的方法与要求;甚至最后确定科技档案编研成品的印制形式和交流方法都需要经过适当的优化。显然,优化是实现编研成品效益的具体手段。优化科技档案信息的实质是比较与鉴别,其关键在于衡量标准。在编研实践中,针对科技信息需求的特点,提出了以科技档案信息的先进性和实用性作为衡量其适用性的具体尺度。

因为,编研工作提供的科技档案信息,只有反映相关科学技术的新理论、新方法或新成就,才具有较大的吸引力和信息扩散能力。然而,任何技术的先进性都是相对的,一味追求先进性,对其应用环境不加分析,就会脱离实际无法应用,先进的信息只有与实用性相结合,才能符合利用者的信息需要,进而真正实现编研成品的现实使用价值。

3.合法原则

合法原则,即科技档案编研必须遵守与研究、加工和公布科技档案信息的行为有关的法律和法规,维护开发利用科技档案信息各方的合法权益。科技档案编研是一项科技资源的研究开发活动。从选题开始直到编研成果的传播,必然要涉及各种经济和社会关系,难免遇到这样或那样的矛盾,法律是调整各种社会关系的行为规范。社会主义市场经济是法制经济,必须依靠法律调节和保护各种技术、经济行为。我国法律体系的不断完善,给科技档案编研提供了法律保证。

(1)科技档案编研必须符合《档案法》的有关规定

科技档案编研要遵守《档案法》,尤其是利用与公布档案的有关规定,包括公布档案的权限、内容和时间等内容。

第一,关于开发科技档案信息的内容与时间范围的规定。根据《档案法》规定,我国的历史档案已经于 1988 年 10 月向社会开放;各类档案馆还将分期、分批地把从形成之日起满三十年的现行档案向社会开放。对各单位保存的档案的开发利用,一般应照此办理。促进科技档案利用工作的健康发展,必须处理好保护国家和企业的利益与充分利用科技档案信息之间的关系。为此,《档案法实施办法条文释义》从公布的内容及其影响两方面,提出了对某些档案开放的具体限制要求。

第二,关于公布档案权限的有关规定。《档案法实施办法》第 24 条,明确界定了公布档案,系指通过下列形式首次向社会公开发表:"(一)通过报纸、刊物、图书等出版物发表档案的全部或者部分原文;(二)通过电台、电视播放档案的全部或者部分原文;(三)陈列、展览档案或者复制件;(四)出版发行档案史料(全文或者摘录)汇编以及公布出售档案复制件;(五)散发或者张贴档案复制件;(六)在公开场合宣读、播放档案原文。"科技档案编研基本上属于公布档案的范畴。因此应该遵守一般利用者无权公布档案,档案所有者才有权公布自己档案的规定,充分开发自有档案资源;坚持开发档案信息必须经单位领导或档案所有者同意,公开交流的编研成品应该履行一定的审批手续。

(2)科技档案编研应遵守《中华人民共和国保密法》和《科技保密规定》

科技档案编研必须处理好开发与保密的关系,在保护国家利益与信息安全的基础上,合理开发科技档案信息资源,促进科技档案信息交流,解放和开发科技生产力。《中华人民共和国保密法》和《科技保密规定》对此做出的具体规定,是科技档案编研必须履行的义务。因此,科技档案编研要保证:第一,严禁开发"绝密"和"机密"的档案信息;第二,对编研涉及的"秘密"以下密级的档案信息,必须经过相关权限的批准;第三,对含保密信息的编研成品,必须明确标注其保密等级与利用范围;第四,必须事先使利用者明确,使用含保密信息编研成品的保密的责任与义务;第五,编研人员必须多方面考虑利用后果,尽量避免有关编研信息的传播可能带来的不良影响。

(3)科技档案编研工作应自觉履行《专利法》

《专利法》是保护发明成果排他性的专有权,即专利权人有利用其发明、创造的独占权未经专利权人同意,任何单位和个人都不得利用专利发明创造。在科技档案编研工作中遵守专利法,是妥善处理推广应用新技术的有力措施。为此,应做到:第一,编研具有创新意义的科技成果档案信息时要慎重,以免由于过早公布相关科技档案信息破坏了该科学技术的新颖性,影响专利的申请。第二,编研涉及专利技术的科技档案信息,一定要经过相关专利权人的许可。第三,反映专利技术信息的编研成品应该独立成篇(册),而且公开信息的程度要适当。

(4)科技档案编研工作应自觉贯彻《著作权法》

《著作权法》保护人们对自己精神劳动成果享有的合理权益,包括保护作者和其他著作权人的发表权、署名权、修改权、保护作品完整权和使用并获得报酬等权利。《著作权法》对科技档案编研工作具有重要保证和指导作用。

首先,为保护科技档案编研人员的著作权提供了法律依据。《著作权法》明确规定了编辑成果或作品的地位,明确了科技档案编研人员应该享有的有限著作权,调动了编研人员的积极性,为科技档案编研工作的健康发展提供了法律保证。

其次,指导编研人员处理好相关著作权关系。《著作权法》第十四条规定:"编辑作品由编辑人享有著作权,但行使著作权时不得侵犯原作品的著作权。"告诫编研人员应该处理好与原作者的关系。为此,科技档案编研人员必须要尊重原作者的精神劳动,包括:首先,应该事先告知其形成者准备编研的科技档案内容,有的还需要经过他们的同意;其次,编辑人员不能歪曲科技档案的原意,未与原作者商议,不能擅自对档案原文进行实质性修改,必要时还应该以一定的形式对重要档案的形成者表示感谢等。

最后,规定了科技档案编研成品的性质。根据《著作权法》第十六条规定:"公民为完成法人或者非法人单位工作任务所创作的作品是职务作品,""作者享有署名权,著作权的其他权利由法人或非法人单位享有,法人或非法人单位可以给予作者奖励。"第十一条规定:"由法人或者非法人单位主持,代表法人或者非法人单位意志的创作,并由法人或者非法人单位承担责任的作品,法人或者非法人单位被视为作者。"根据这些条款的规定,科技档案编研成品属于法人作品或者职务作品,这就进一步明确了编研人员相应的权利与义务及其与本单位的著作权关系。例如,编研人员除对职务作品拥有署名权以外,并不具有其他著作权;但是,编研成品的著作权人(单位)必须对科技档案编研人员的智力创造给予认定,如给予奖励或者表彰等。《著作权法》界定了科技档案编研有关方面的权利与义务,从根本上创造了适合科技档案编研工作发展的客观环境。科技档案编研人员必须深刻理解其内容,以此规范科技档案编研行为,维护单位与个人的权益,保证科技档案编研工作在法制的轨道上健康发展。

第八章 现代档案社会化服务及其价值取向

档案价值观念就是人们在档案社会化服务专业领域内所持的信念、信仰，具体说来，就是档案社会化服务既要符合档案基本价值取向，又要结合其自身特色，探索其专业发展的新取向。社会化价值观念即档案社会化服务在面向社会提供服务过程中体现在社会层面的理想价值系统，它理应对社会各方面产生积极有益的影响。服务价值观念是指档案社会化服务作为新兴服务行业，其科学发展要遵循服务业基本规律和档案服务特殊规律。在此基础上，可归纳并升华档案社会化服务宏观层面的发展取向。因此，可将档案社会化服务的价值取向分解成四个维度进行论述，即专业取向、社会取向、科学取向和发展取向。这四个维度具有递进特征。

第一节 现代档案社会化服务的概念界定

档案社会化服务作为新时期档案工作的重要内容，近年来有了飞速的发展，表现为服务领域不断扩大、服务水平不断提高、经济效益和社会效益显著提升。为了更好地促进档案社会化服务工作的发展，有必要对其有一个充分的认识和了解。

一、档案社会化服务的相关背景

（一）档案行业发展需要档案社会化服务

当下现行的档案工作文件中明确了档案服务于社会发展，提供社会化服务的基本原则，以2007年《政府信息公开条例》为基础，各级政府和档案管理机关制定和颁布了各种档案管理法律与法规，其中对档案社会化服务做出了各种规范和要求，档案行业为了适应发展和社会的趋势也纷纷制定了档案社会化服务的措施与方法，并形成了档案社会化服务的各类模式，这使得档案社会化服务得到了一定程度的落实。

（二）信息公开化需要档案行业提供社会化服务

为了迎接市场经济的挑战，国家提出了信息公开化的发展策略，并以政府为基础提出了政府信息公开化的要求，2009年档案行业在上海举行的档案工作会议中强调了信息公开对行业发展的价值,并且提出了档案社会化服务的思想,这使得档案社会化服务从思想转变为实际,使档案工作有了跨越式发展的基础。

(三)民生工作需要档案社会化服务

多数档案与民生密切相关,为此国家档案局曾经在 2007 发布了《加强民生档案工作的意见》,该意见不但提出了档案工作服务民生的思想,而且将档案工作与民生的关系进行了进一步深化,这从根本上确立了档案社会化服务中服务于民生的方向,也对档案社会化服务的发展进行了进一步的明确。

二、档案社会化服务概念

档案社会化服务的简称为档案社会服务或档案服务,其概念从承担主体上来看有广义和狭义之分。从广义角度来说,档案社会化服务指的是各级各类档案部门利用专业知识和技能面向社会组织和公众提供档案服务产品和服务项目的服务活动,这里的各级各类档案部门包括档案行政管理部门、档案馆、档案室、档案教育与研究机构、档案社会化服务机构等。这些档案部门都可以在条件允许的前提下面向社会提供档案原件、复制件和编研成果等档案服务产品,或者提供档案展览、档案实体规范整理及数字化加工、档案业务培训、档案咨询服务等社会服务项目。从狭义角度来说,档案社会化服务指的是档案社会化服务机构接受委托,利用专业知识和技能面向社会组织和公众提供档案服务产品和有偿服务项目。这里的档案社会化服务机构也被称为档案服务构或档案中介机构,其服务范围包括档案咨询、文控、整理、保护、鉴定、评估、寄存、利用、编研、数字化、业务培训、档案信息系统开发、驻点服务、监理等业务。本文主要研究狭义的档案社会化服务。

为进一步搞清档案社会化服务的概念,我们还需要分清档案社会化服务与档案服务社会化、档案服务社会这些术语之间的区别。档案服务社会化指一种发展趋势和演化过程,表现为各级档案馆改善馆藏结构、拓展服务范围与方式(如作为政府信息公开场所与现行文件中心)以及淡化官方色彩、拉近与社会公众的距离;机关和企事业单位档案室也在逐步努力摆脱"仅仅作为内部档案保管机构"的传统定位,努力实现有限开放;与此同时,档案行政管理部门积极推进职能转变,为多种市场主体与创新力量的"自由发挥"提供了空间。在此背景下,企业和非营利组织作为新型档案服务主体获得了新的发展机遇,在为社会提供档案服务方面逐步发挥积极作用。档案服务社会化从本质上看是一个演化过程,从信息流动的过程来看它是一个信息由半封闭走向全面开放的过程,从服务对象来看它是一个从主要为党和政府服务转变为社会、为民众服务的过程,从服务主体来看它是从档案行政管理部门、档案馆室服务主体分化出档案社会化服务机构并产生新的工作内容的过程。而档案社会化服务的属概念是"服务活动","服务"按照《现代汉语词典》的定义,是指为集体(或别人的)利益或为某种事业而工作。所以档案社会化服务概念从本质上来说是一种工作或活动,而不是一个演化过程。档案服务社会是指一种档案信息资源的开发利用,实现这种开发利用的可以是档案馆,也可以是拥有档案的机构或个人。

三、档案社会化服务特性

上述定义揭示了档案社会化服务概念的内涵和外延,也明确了档案社会化服务的基本特性,即服务性、专业性、社会性、商业性和保密性。

（一）服务性

上述定义明确指出档案社会化服务是一种服务活动，因此服务性是档案社会化服务的本质属性，是与农业生产活动、工业生产活动等非服务行业相区分的重要标志。具体体现在以下几个方面：

第一，档案社会化服务在活动方式上具有服务性。服务业指在流通、生产生活、科学文化教育、社会公共需要等领域提供各种劳务的部门或行业。档案社会化服务属于现代服务业，它不仅提供如档案整理、驻点服务等单纯的劳务输出服务，还提供涵盖策划咨询、代理监理、技术开发、业务培训等全方位的能力、智力服务。

第二，档案社会化服务在需求上具有服务性。文件运动有一生命周期，档案管理需要对文件生命周期的各个阶段进行管理，需要对各阶段的各项业务进行管理，开展这些管理工作对档案社会化服务提出了现实要求，比如针对文件的完整形成提出文控服务的要求，针对归档文件的有序化提出规范化整理服务的要求，针对档案的有效保存和利用提出数字化服务和档案寄存服务的要求，针对科学划定档案的保管期限提出鉴定咨询服务的要求，针对档案信息的有效开发提出档案编研服务和档案文化开发服务的要求等。

（二）专业性

专业性是档案社会化服务的重要属性，是其与旅店服务、会计服务、审计服务、法律服务等区分开来的重要标志。档案社会化服务具有很强的专业性，主要表现在以下几点：

一是档案社会化服务机构具有专业性，它是档案事务的专业代理机构，由专业的档案人才组成，有专门的业务。

二是服务活动过程具有专业性，需要利用专业知识和技能。档案社会化服务是全方位提供档案专业服务的活动，在档案收集、整理、鉴定、保管、编研和利用的各个环节中需要运用有关的专业知识和技能。如在收集过程中需要制订文件材料归档范围的规定；档案整理需要制订档案分类、排列、编号规则；档案著录需要依据档案著录规范；档案鉴定需要运用档案价值理论；档案数字化需要对档案文件进行前处理；文档一体化管理系统设计需要依据文件生命周期理论等。

三是服务活动的成果具有专业性。档案社会化服务过程的专业性最终将凝聚到服务活动的成果之中，使档案服务活动的成果具有专业性，如档案编研工作会形成大事记、组织沿革、全宗介绍、年鉴等编研成果，档案著录和扫描工作会形成档案条目数据库和全文数据库等，这些成果都具有很强的专业性。

（三）社会性

档案社会化服务还具有社会性的特征，主要表现在以下两点：

第一，档案社会化服务机构具有社会性。档案社会化服务机构是依法设立和开展档案社会化服务活动、实行独立核算的经营实体，是档案事业发展过程中新成长起来的一股独立的社会力量，具有很强的社会性。

第二，档案社会化服务对象具有社会性。档案社会化服务的定义指出，档案社会化服务是档案社会化服务机构面向社会组织和公众的服务活动。从一般意义上来说，现代社会的任何领域和机构都会产生各种各样的档案，凡是有档案产生的领域或机构，都有可能需要档案的社会化服务。因此档案社会化服务对象极其广泛，具有社会性。

（四）商业性

社会性和商业性使得档案社会化服务与传统的档案工作区分开来，也使其与档案局、馆、室的档案服务区分开来。档案社会化服务的商业性具体表现在以下两个方面：

一是档案社会化服务机构是营利性社会组织，属于商业性机构，需要按照国家有关企业登记管理的规定依法设立，取得营业执照，主营营业执照范围内规定的档案服务业务，并自负盈亏。

二是档案社会化服务是有偿服务，其运作要按照市场规律进行，档案服务项目的获得需要以客户需求为核心，根据市场情况合理定价，并通过招投标等方式实现委托；档案社会化服务机构与档案服务外包单位之间是承包方（服务供应商）和外包方的交易关系，在完成合同规定的服务任务后按合同规定收取费用。

（五）保密性

保密性是档案社会化服务特有的属性，是区别于图书馆服务等公益性文化性服务的一个特性。档案社会化服务的保密性由两点决定：一是委托单位的档案文件是委托单位的原始记录，由于政治原因或商业原因，具有一定机密性，需要安全保管，未经委托单位同意不能对外公开，也不能销毁；二是档案社会化服务机构在接受委托后提供的服务产品或服务项目是委托单位管理体系的有机组成，从知识产权角度出发具有一定的机密性。

充分认识档案社会化服务的概念和特性，对于推动档案服务业的发展具有积极意义。档案社会化服务的服务性，要求从业人员具有服务意识，要有客户至上的意识，要以客户满意为标准，积极主动、真诚友好地为各种类型的客户服务。同时要积极探索供给侧改革，创建服务品牌，提升服务质量。档案社会化服务的专业性，要求从业人员不断学习业务知识、提高业务能力，确保服务工作的高效率和高质量，增强核心竞争力。档案社会化服务的社会性，要求从业人员具有宽阔的视野和对自己工作岗位的正确定位，踏踏实实地做好各项服务工作。不同的服务对象有不同的个性化需求，为此应在通用设计的基础上加强个性化设计。档案社会化服务的保密性，要求从业人员具有安全保密意识，妥善保管委托单位的档案文件以及服务成果。档案社会化服务的商业性，要求从业人员有市场竞争意识，积极探索在市场背景下的运作机制创新、工作流程创新和工作环节创新，以创新带发展，推动档案服务业健康有序地发展。

四、档案社会化服务的重要价值

（一）档案社会化服务的宏观价值

档案社会化服务是近些年政治和体制改革的重大举措，是社会主义管理制度的重大创新，同时也是民主变革和政治发展的一个重要里程碑。档案社会化服务是促进政府更新，转变执政观念，创造依法行政空间的有效途径，这对于维护公众利益，净化社会环境，有着重要的意义。在政府和社会得到档案社会化服务的发展性支持的基础上，档案社会化服务工作得到进一步深化，为各项事业发展和改革大计的实现起到了宏观上的支持作用。

（二）档案社会化服务的微观价值

档案社会化服务可以帮助档案行业、档案馆（室）提高接触社会、完善发展、扩展业务方面的空间和能力，这可以使各种服务理念、技术和方法进一步地在档案社会化服务中得到应用，这不但促进了档案行业的发展，同时也提高了档案工作的水平，使得档案工作有了更加适应市场和社会的基础与空间。

五、档案社会化服务的基本功能与基本原则

（一）档案社会化服务的基本功能

档案社会化服务的功能是指档案社会化服务所发挥的有利作用，即档案社会化服务的效能，它以档案社会化服务的内容范围和形式作为依据。具体功能主要有以下几项：代理功能、寄存功能、监理功能、驻点功能、培训功能、咨询设计功能和档案开发利用功能。

1. 代理功能

档案社会化服务机构接受有关机关、企事业单位的委托，代为处理档案管理工作，包括代为处理档案实体规范化整理、档案实体数字化加工、档案销毁、档案修裱等工作，以帮助这些单位提高档案管理水平、降低档案管理成本。其中档案整理服务指档案社会化服务机构按照一定原则对客户形成的档案实体进行补充收集、系统分类、组合、排列、编号和基本编目，使之有序化的服务过程；档案数字化服务指档案社会化服务机构利用扫描仪、数码相机等数码设备对客户的实体档案进行数字化加工，将其转化为存储在磁带、磁盘、光盘等载体上并能被计算机识别的数字图像或数字文本的服务过程；档案销毁服务指档案社会化服务机构帮助客户对档案价值进行鉴定、对需要销毁的档案按照相关要求和程序进行销毁的服务过程。

2. 寄存功能

档案社会化服务机构可以向档案库房面积不足或库房条件不好的单位提供档案保管所需的库房、设备、装具，对所保管的档案文件进行日常维护、安全防护，并按规定开展有限范围的提供利用。在不改变档案所有权和处置权的前提下，有关单位可以将档案委托给档案社会服务机构保管，这种"具备档案保管外包服务能力和条件的企业法人，受委托方（法人及自然人）委托，对档案进行保管及相关服务的民事行为，又称'档案寄存和代保管服务'"。档案寄存服务一方面可以节约有关单位的档案存储成本，另一方面可以改善档案保管条件。

3. 监理功能

档案社会化服务机构在一定的条件下，可以在档案管理服务外包中充当第三方机构（独立的非政府机构），为客户提供中介、咨询、招标、监理及其他服务，或对有关中介服务机构的资质或服务能力进行评价、认证。档案社会化服务机构在提供监理服务的过程中需要秉承独立、公正、真实的原则，采用科学方法对服务过程中的主体进行评价，客观反映实际情况。

4.驻点服务功能

档案社会服务机构根据客户需求,向客户派送能够胜任工作的员工,进驻客户单位,帮助开展档案管理各项工作。驻点服务按照时间长短可分为短期驻点(1年以下)和长期驻点(1年和1年以上),其优势是便于与客户单位建立密切联系和长期合作关系,便于了解文件的来龙去脉,从而有效开展档案管理。

5.培训功能

档案社会化服务机构可以运用档案专业的知识和技能,一方面对客户方进行专业培训,以便使委托项目后续能够跟进;另一方面对本机构员工进行培训,以便向客户输出更多的专业服务者。可以是不同层级的知识和技能培训,也可以是不同范围的动态信息传递。

6.咨询设计功能

咨询设计功能指档案社会化服务机构可以借助专业化人才、知识和技术,根据客户需求,提供专业法律咨询和技术设计。专业法律咨询主要是提供宏观层面的档案法律法规,以及微观层面的档案工作规范、制度、标准等方面的信息咨询;技术设计是针对客户的具体需求,提供文件档案管理各业务环节的具体设计,包括文控系统设计、文件档案管理一体化方案设计、档案管理体系设计、档案管理制度设计、档案库房建设设计、档案信息资源开发设计、档案管理小软件开发等。

7.档案开发利用功能

档案开发利用功能指档案社会化服务机构接受客户委托,将保存的档案通过多种途径、手段和技术、方法进行开发,形成各种形式的信息、知识产品,并提供利用,发挥档案价值。常见的服务包括帮助建设目录库与数据库、帮助开展档案文件编纂、帮助举办档案展览。就帮助档案文件编纂而言,主要指承接大事记、组织机构沿革或年度机构概况、全宗介绍或档案整理说明、年鉴等的编纂。

(二)档案社会化服务的原则

档案社会化服务功能的实现需要遵循相应的原则,这些原则不能凭空提出,要立足档案社会化服务的特征进行分析。档案社会化服务具有服务性、专业性、社会性、商业性和保密性,这些特征为我们分析档案社会化服务原则提供了基本思路。本书认为,服务性规定了客户至上原则、专业性规定了问题导向原则、社会性规定了务实调研原则、商业性规定了有效高效原则、保密性规定了安全保密原则。

1.客户至上原则

档案社会化服务归根结底是一种面向客户的服务。客户至上原则就是要以客户为中心,以客户满意度为目标,诚信服务,最大限度地满足客户需求。为此,应做到如下三点:一是明确客户需求。不仅要明确客户的显性需求,还要明确隐性需求或潜在需求,为此需要与客户进行沟通与协商,深入进行业务调研和分析。二是树立服务客户理念。档案社会化服务机构要树立以客户为中心的思想,并把这种思想融入企业文化建设中、贯穿服务全过程中,坚持把优质服务作为最高目标,培养员工良好的服务意识;还要学习借鉴其他服务行业践行服务客户理念的具体做法。三是建立客户服务机制。档案服务机构应建立和完善相应的制度,采取相应的措施,如开展客户满意度测评、建立与客户满意度挂钩的奖惩激励机制等,确保服务围绕客户需求进行,并对非客户至上的行为进行调整或约束。

2.问题导向原则

档案工作是具有极强专业性的工作,需要利用专业的知识技能完成工作任务。因此档案社会化服务机构在提供服务时,要以专业问题为导向,研究问题并寻找解决问题的答案,在需求—解决问题—再需求—再解决问题的不断循环中满足市场需求,并提升自身服务水平。例如杭州远大档案技术有限公司在推动绿城中国控股有限公司档案管理升级的过程中,针对公司档案集中管理程度低的问题,提出加强顶层设计的解决方案,通过构建十大子系统即全宗管理系统、档案机构、人才、制度、标准系统、文控系统、传统档案整理和数字化系统、电子文件管理系统、档案鉴定系统、档案保管系统、档案检索系统、档案编研系统和档案信息系统,升级业务需求分析系统,搭建起绿城中国档案管理体系平台,实现公司档案管理转型升级。

3.务实调研原则

档案社会化服务的社会性要求在档案社会化服务过程中坚持务实调研原则。档案社会化服务的对象千差万别、各有特点,为此档案社会化服务机构在为客户设计档案管理体系、制订档案管理制度、规范、标准等的过程中需要采取务实态度,要深入客户单位进行调研,明确操作的共性和特性,提供令客户满意的产品。

4.有效高效原则

有效高效原则就是档案社会化服务过程中要讲效率和效益。档案社会化服务具有商业性,它在满足客户需求的同时追求盈利最大化。有效原则就是要做正确的事,追求好的效果、结果、努力向客户提供令其满意的优质产品和服务;高效原则就是要以最小的投入(包括人、财、物、时间等资源)获得最大的产出(有效成果)。为此,开展档案社会化服务时要进行成本核算,并不断完善业务流程、改进工作方式和方法、运用先进的工具和设备等,提高工作效率。如杭州远大档案技术有限公司研发了旋转归零号码机,改传统号码机手拨归零为旋转归零,大大提高了敲页码的速度。

5.安全保密原则

档案社会化服务与其他领域社会化服务最大的不同,在于其业务内容与文件档案信息密切相关,客户的文件档案涵盖大量有关人、财、物以及经营管理、科技开发等方面的信息,这些信息往往都是涉密的,这决定了档案社会化服务必须坚持安全保密原则,以维护客户的利益。一是确保档案实体安全,避免档案实体被损毁。档案社会化服务机构在提供档案社会化服务的过程中,要注意避免外界自然因素和人为因素对纸质文件和电子文件带来的不利影响,确保档案文件的原始性、完整性、真实性和可读性,确保所保存的文件档案在客户需要时能及时提供利用。如对寄存的档案,寄存中心要提供符合档案保管条件的库房,配备温湿度控制仪器、消防设施、安全监控设施和其他防护设施；对规范化整理的档案文件在交接要清点清楚，不可随便清除或销毁，整理过程中操作要十分谨慎。二是确保档案信息内容安全，避免泄密失密。档案社会化服务机构要对从业人员进行保密教育，培养他们的保密意识，并与他们签订保密协议，同时从工作流程上进行保密控制。

第二节　现代档案社会化服务的主要内容

一、国外档案社会化服务内容

通过对美国政府文件中心，Iron mountain、Recall 以及 GRM 等国外商业性文件中心的服务内容进行分析，以及对国际文件与信息管理服务行业协会（PRISM）的网络调研，全面审视国外档案社会化服务内容。

通过访问 PRISM 官网，可以发现它编制会员名录时设有"提供业务"一栏，用来明示各商业性文件中心会员的服务内容。服务内容可归结为 10 项：数据保护—离线数据存储（Data protection—Offsite Data Storage）、文件管理咨询（Records management Consulting）、安全销毁（Secure Destruction）、数据保护—远程备份（Data Protection—E—Vaulting）、文件信息管理设备及用品（RIM Equipment&Supplies）、文档管理软件/企业内容管理（Document Management Software/ECM）、数据中心托管/代管服务（Data Center Hosting/Co—Location services）、文件影像扫描（Document Imaging/Scanning）、视频/媒体/音频归档（Film/Media/Sound archiving）、硬拷贝文件的离线存储和保护（Offsite Storage and Protection of Hardcopy Records）。

通过统计分析每一项服务内容对应会员数量，可得到以下结果，即档案社会化服务内容较全面；但每一项服务内容对应的企业数量差距较大。例如，提供数据保护、离线数据存储、文件管理咨询、安全销毁、文件影像扫描等服务的企业较多，这几项服务相对比较成熟；提供数据保护—远程备份、文件信息管理设备及用品、文档管理软件/企业内容管理、数据中心托管/代管服务、视频/媒体/音频归档、硬拷贝文件的离线存储和保护等服务的企业较少，且分布在特定企业。

在完成每一项服务内容对应企业的检索后，试图通过组合检索来寻找档案社会化服务内容的内在规律。其中，将前五项服务内容进行组合，检索出 10 个企业提供这一系列服务，包括 Archi Ves Management Centers,Inc；C. H. Coakley&. Co. ,Inc. ；Data Storage Centers 等。这说明存在为数不多的企业提供多样化的档案服务。将后五项服务内容进行组合，检索出 0 个企业，这说明不存在提供全部后五项服务内容的企业。将前六项服务内容进行组合，检索出 6 个企业，有 C. H. Coakley&. Co. ,Inc. ；Data Storage Centers、Fireproof records Center 等。这说明既提供前五项服务，又提供文档管理软件/企业内容管理的企业较少。将前七项服务内容进行组合，检索出 1 个企业，该企业是 Record Infomation Management。这印证了上文述及的提供数据中心托管/代管服务的企业数量稀少。将前八项服务内容进行组合，检索结果同上，这表明 Record Infomation Management 这一企业的服务内容相当广泛，具有一定的服务优势。将前九项服务内容进行组合，检索结果为 0，这说明并没有企业提供全部前九项业务，更说明了没有企业提供全部 10 项业务。当然，笔者还可针对不同的研究需要尝试其他的组合检索，不过，通过上述组合检索的试验已经可以得出几点结论：一是存在一定数量的企业提供较多样化的档案社会化服务；二是有些特定的服务内容（如文档管理软件／企业内容管理、数据中心托管／代管服务等）的提供企业很少，有待进一步拓展；三是并不存在提供上述全部服务的企业，每个企业都有服务侧重点，不能笼统要求企业提供全部服务。

通过点面结合，可以归纳出国外档案社会化服务内容的主要特点。

第一，服务内容专业性、专门化，主要是专业性的文档及信息管理服务。政府文件中心的服务内容在实践发展中不断专业化。而诸多商业性文件中心从建立伊始就确定了专业性的服务内容，包括文档运送、日常管理、安全保存、鉴定销毁等传统服务项目。后来随着社会发展、技术进步和需求变化，又增加了文档数据恢复、文档管理软件设计、文档管理系统开发、信息利用、知识管理等新型服务项目。目前，商业性文件中心发展成为一种专业性行业——文件与信息管理服务行业。由此可见，档案社会化服务基于专业分工的立场，致力于提供专业性、专门化的文件档案及信息管理服务。

第二，服务内容全面、广泛，具有全面性和多样化特点。通过研究政府文件中心、典型商业性文件中心以及 PRISM，可以发现档案社会化服务内容涵盖简单文件管理服务、数字文件管理服务、数据保护和备份服务、文件信息销毁服务以及技术托管服务等涉及文件全生命周期的服务，全面广泛，多数机构着力于提供多层次、多样化的专业服务。

第三，服务内容精细、具体，涉及文件信息服务的方方面面。凡客户有需求，不管是政府文件中心还是商业性文件中心，都会在服务前列出详细的服务内容、服务周期和服务人员，并结合咨询服务深入调研，以期达到最佳效果。尤其是商业性文件中心，非常注重满足不同企业需求，既切实考虑文件生命周期，又尊重客户经济能力，在服务上努力做到精细化。

第四，服务内容灵活，倡导个性化服务。政府文件中心与商业性文件中心的服务方式均具有灵活性和定制性特点，尤其是商业性文件中心，这一特点在其服务中表现得十分鲜明。商业性文件中心的客户从中小企业到世界 500 强企业无所不包，服务方式有电话咨询、专家现场指导、在线提问等，服务均可按照客户需求定制。对于提不出具体需求的客户，中心还提供免费的专业检查和评估，以报告形式把企业信息管理现状和问题告知客户，并提供具体的解决方案。这种灵活、定制的服务以其经营宗旨——"顾客需要的就是我们提供的"为基础，一切从客户实际出发，极力满足不同层次、不同行业、不同规模的企业对于文件管理和信息服务的个性化需求。

第五，服务内容管理规范，流程严谨，注重品牌价值。国外档案社会化服务机构发展较早，对服务流程的管理较严谨、规范，且趋于成熟。无论是美国政府文件中心，还是 Iron mountain 等商业性文件中心，都有严格的流程管理标准，以保证服务质量。同时，对于服务产品的管理，商业性文件中心更加注重技术创新以及品牌保护，Iron mountain、Recall 等公司都对其开发的服务产品、软件等进行商标注册，以保护品牌价值。

第六，服务内容节能环保，落到实处。国外档案社会化服务机构在开展服务工作时，十分注意环保节能，通过使用环保器材、推行无纸化办公、征集环保创意以及员工教育等，体现出对可持续发展原则的坚持和贯彻，展现出负责任的机构形象，容易形成好的舆论氛围。

虽然同属于档案社会化服务这一范畴，但政府文件中心和商业性文件中心在服务内容上还是存在一定差异。例如，政府文件中心的服务内容比较传统、基础，商业性文件中心的服务内容更全面、灵活和精细。它们应在一定程度上相互学习、取长补短，这样一来，档案社会化服务的实践才能朝着更合理、更科学的方向发展。

二、国内档案社会化服务内容

(一)典型调研

本书也通过典型调研了解国内档案社会化服务的内容,即采用以点带面方式调查分析国内档案社会化服务内容的特点。选择典型的依据包括机构的地域分布、服务内容和影响力等综合因素,这是因为我国档案社会化服务机构的地域分布不平衡,影响力存在大小之别。重点选择集中在经济发达地区、服务内容具有代表性、专业影响力或知名度较大的机构作为典型。因此,信安达(中国)信息管理服务公司、北京潜尔森档案文件管理咨询有限公司、北京量子伟业时代信息技术有限公司、北京紫光慧图信息技术有限公司、深圳市世纪科怡科技发展有限公司、沈阳老顾头档案设备有限公司、北京市档案事业服务中心和深圳市文档服务中心被选为典型调研的对象。

经过比较,信安达(中国)、潜尔森提供的服务内容较综合化;量子伟业、紫光慧图、世纪科怡、老顾头提供的服务内容属于较单一的专业化服务。具体来说,量子伟业、紫光慧图、世纪科怡三个公司侧重于技术,老顾头侧重于提供档案设备及用品。北京市档案事业服务中心、深圳市文档服务中心是非营利性承担主体、政府系统内服务机构的典型代表。以网络调研为主要手段,结合文献调研、对象访谈和实地考察等其他方法,梳理上述机构的基本情况,提出对其业务调研分析及思考。

(二)国内档案社会化服务内容特点归纳

我国档案社会化服务起步晚,处在发展阶段,在服务内容方面也不太成熟。具体表现为以下四点:

1. 综合性服务较少,专项服务较普遍

根据调研结果,我国档案社会化服务内容的总体特点是综合性服务较少,大多数主体侧重于专项服务。提供综合性服务最为典型的代表就是信安达(中国),其服务内容广泛,几乎涵盖文件全生命周期,不仅有纸质文件保管,还提供电子文件管理服务、档案用品供应以及咨询等。而多数中国本土发展起来的企业,服务内容则较局限。以量子伟业、紫光慧图为例,其专注于档案信息化建设相关服务,如系统开发、信息化解决方案等;老顾头公司则专注于档案用品及设备销售。这一局面的形成与我国现阶段档案社会化发展刚刚起步有直接关系。提供综合性服务的企业一般要求规模较大,人力、物力资源充足,否则无法支持复杂的业务运营。而我国大多数档案社会化服务主体尚不具备这些条件,加上市场发育不完备,因而多数专注于专项服务。

2. 营利型主体侧重技术服务,非营利型主体侧重传统保管服务

我国档案社会化服务内容根据主体性质的不同,也略有差别。总体上说,营利型主体更注重技术服务,依靠技术优势取得客户青睐,并依托技术实现创新和业务升级,典型代表有量子伟业、紫光慧图等。它们利用先进技术,为用户提供数字化解决方案,注重提高自身在技术上较同行业竞争者的优势。而非营利型主体,尤其是政府系统内的服务机构在服务内容上则偏重于传统纸质文件保管,信息技术水平较低。以深圳市文档服务中心为例,其服务大多围绕纸质文件的收集、整理、保管、利用而进行,信息化程度低。造成这一局面的原因主要是其机构性质决定了运作

方式的不同。营利型主体只有掌握先进的核心技术,才能在竞争中处于优势地位,避免遭市场淘汰;而非营利型主体的资金来源主要是财政拨款,客户也以政府机关为主,缺乏竞争压力,技术创新意识较差。

3. 营利型主体比非营利型主体具有更大的服务自主权

在服务内容的选择确定上,营利型主体更具自主权和灵活性,可根据与客户之间的充分沟通,在服务内容及服务开展具体方式上彼此协商,为客户量身定制服务内容。非营利型主体由于大部分还不能完全独立于行政机关,因而其服务内容大多受到相关规章制度的限制,以及政府机构业务活动特点的制约,服务对象大多也有明确规定,故很难像营利型主体一样自主和灵活。

4. 新兴档案社会化服务机构的服务内容借鉴了国外商业性文件中心

近年来,一批新兴的档案社会化服务机构逐渐发展起来,其管理模式和发展路径不同于传统的档案中介或文档服务中心,而是借鉴了国外商业性文件中心,如 Iron mountain、Recall 等公司的服务模式,故它们的服务业务较迅速地开展起来。以信安达(中国)、潜尔森为例,其服务内容基本上参考了国外商业性文件中心的主营服务项目,主要为客户提供文件保存、文件运送、文件扫描、数据销毁等服务。

三、国内外档案社会化服务内容比较

通过国内典型的调研,我们对国内档案社会化服务内容的大致情况有了一个基本的了解。

档案社会化服务是基于专业分工、面向社会的档案服务。通过研究可以发现,营利型的档案社会化服务主体因为要接受市场检验,承担着更大的市场竞争压力,坚持客户第一的原则,因而其服务内容更全面,基本涵盖非营利型的档案社会化服务机构所能提供的全部业务。因此,本书将通过对比国内外营利型的档案社会化服务机构的服务内容,映射出中外档案社会化服务内容的共性与差异。

通过比较国内外营利型档案社会化服务机构的服务内容,可以看出,在档案社会化服务的服务内容方面,中外之间有共同点,也有明显差异。

就共同点而言,国内外服务内容的类型均表现为全面多样的特点。目前不论是国外还是国内的档案社会化服务主体,一般都提供传统档案管理服务、安全销毁服务等,实现了文件从接收、保管、检索利用到销毁的全生命周期的服务。同时也适应信息时代技术发展的要求,提供电子文件管理服务、信息管理服务等新型的服务内容。总体来看,目前档案社会化服务的服务内容基本能满足文件管理的多元化需求,类型全面多样。

就不同点而言,国内外在开展社会化服务的具体过程中还存在明显差异。首先,在服务水平上,国外服务内容更先进和专业,从传统的档案保管服务转向偏重于内容开发、咨询的服务。例如,一些机构可提供电子发现、数字解决方案等新型服务内容。相比之下,我国的服务总体上还处于较低水平,服务内容大多数偏重于传统的档案管理和档案用品销售等。尽管也有一些新型高科技企业加入档案社会化服务的行列中,但仍以提供简单的数字化扫描、介质迁移等为主。以GRM 为例,其针对国内外提供的就是差异化的服务。GRM 在美国提供的服务种类更加丰富,项目数量更多,且技术性突出;而在中国提供的服务项目较少,层次较低,更加偏于传统。这反映出 GRM 在不同国家不同市场需求的情况下提供了差异化的服务内容。针对经济发达、文件管理需求水平更高的美国,GRM 提供各种类别的服务;而针对发展中国家如我国,公司对服务项目进行了删减,更加贴合中国客户的需求。

其次,在服务针对性上,尽管档案社会化服务是面向全社会的,但在国外随着市场经济发展,以及市场的不断细分,一些提供档案社会化服务的机构将目标锁定在某个专门的领域或行业上,提供的服务内容更有针对性,如 Iron mountain 公司就专门针对医疗行业提供医疗信息管理服务。而相比之下,我国的档案社会化服务相对宽泛,没有限定领域和行业,因此服务内容的针对性和适用兼容性还有欠缺。

总体而言,不论是国内还是国外,档案社会化服务的服务内容都已有较全面的发展,服务类型多样。但目前来看,国内与国外相比还有较大差距,在服务内容的质量和针对性方面还需要不断完善。

第三节　现代档案社会化服务的价值取向

档案社会化服务在我国起步较晚,发展时间较短,其理论研究和实践发展都还很不成熟,急需科学的价值取向引导,促进其合理发展。价值取向对社会实践活动具有重要的影响,因此,如何确立科学、合理的价值取向,引导社会实践活动的正确发展,显得极其重要。

一、价值取向的概念厘定与影响作用

价值哲学于 19 世纪末 20 世纪初在欧洲兴起,由法国哲学家拉皮埃在《意志的逻辑》中最早提出,后由 E. 哈特曼在《哲学体系纲要》中作了系统说明。我国对于价值哲学的研究始于 20 世纪 80 年代初,伴随改革开放而逐渐发展起来。我国价值哲学研究的总体特点是以马克思主义哲学为核心,以科学的实践观和唯物史观为指导,坚持用唯物辩证法去分析价值问题,重视价值的客观性。价值取向作为价值哲学的重要范畴,其相关研究也坚持上述原则。作为日常使用的概念,理论界对于价值取向的概念界定并未像对价值评价、价值选择等一样给予充分的关注。相关研究成果显示,人们对于价值取向含义的理解不尽相同。综合相关价值取向概念的研究成果,主要存在以下几种概念定义:

第一,以"倾向"来定义。《马克思主义哲学全书》中对于价值取向的定义为"一定主体价值选择的总趋向和价值追求的一贯性倾向"。这两种定义的共性在于都将价值取向归结为主体在价值选择过程中表现出的倾向。本书认为以"倾向"作为价值取向的属概念是不够严谨的,倾向表现得更多的是主体做价值选择时的主观色彩,而实际上价值取向是基于一定价值观念的理性行为取向,以倾向作为哲学概念显得不够科学与恰当。

第二,以价值标准来定义。《社会科学新辞典》对于"价值取向"的解释为"某一个人所信奉的,而且对其行为有影响的价值标准"。该定义认为价值取向是针对个人而言的,而非群体行为,不免有失偏颇。此外,标准一般指用以判断的规则或准则,价值取向并不是判定准则,而是建立在此价值判断标准之上对外表现出的行为取向。

第三,以行为取向来定义。如刘永福在《价值哲学的新视野》中将价值取向表述为根据价值判断或根据经验、习惯来决定做什么好或怎么做好。《新时期新名词大辞典》中将价值取向解释为"人们在价值选择上的趋向"。这一类型定义的共同点在于将价值取向理解为主体基于一定价值观念而表现在行为上的取向,根据文献调研结果,多数学者赞同这一表述方式。

学界对于价值取向的理解的共同点主要体现在以下几个方面:第一,价值取向是一定主体做出的行为,这个主体可以是个人,也可以是群体;第二,价值取向取决于主体内在的价值观念;第三,价值取向是介于价值观念和行为之间的中间环节,是基于价值观念而选取的方向。黄霄羽总结归纳前人研究成果,将价值取向定义为:"一定主体基于内在价值观念,在价值选择中,表现出的在心理和行为上的稳定趋向。"

价值取向具有普遍性的特征,它贯穿于人类认识世界和改造世界的各种实践活动之中,包括政治、经济、文化活动等。价值取向不仅对个体活动中的价值选择产生影响,对社会共同体的活动也有重要的导向作用。此处,主要探讨价值取向对社会主体活动,即档案社会化服务的影响问题。

第一,价值取向促进社会活动的规范性。

价值取向具有一定的稳定性,一旦明确下来,它将影响社会主体的价值评价、价值选择和价值创造等活动,并在一定程度上对社会活动进行规范。社会是由无数个体组成的,个体的价值取向汇聚融合成整个社会层面的价值取向;同时,整个社会的价值取向也反过来约束、规范个体的价值取向,使其趋于一致。法律、规章、制度等也具有规范社会活动的作用,但其依靠一定的强制手段来维护其权威性,如违反法律,则必然受到惩罚。与此不同,价值取向的规范作用没有前者如此高的威慑性,其规范作用主要依靠文化氛围的引导和价值观念的传递,因此更加能渗透到社会生活的方方面面,涵盖法律、规章、制度不曾覆盖的部分,具有更大的包容性。

第二,价值取向引导社会活动的方向。

人们所进行的各种实践活动都有一定方向,价值取向对方向的选择产生一定的引导作用。而这种定向作用的实现主要依靠个体对社会价值理念的认同,将之内化为个体自身的价值取向引导个体行为的方向。只有科学、合理的价值取向才能获得社会各界的认同,正确引导社会活动的方向,产生有益的影响;否则,偏离正轨的价值观念将导致错误行为,造成恶劣的后果。

第三,价值取向驱动社会活动的发展。

价值取向具有社会规范和社会定向功能,在此基础上,它还从宏观层面上推动社会的前进与发展。人们认识世界与改造世界是持续前进的过程,在这个过程中,旧事物不断消亡,新事物不断产生,人们的价值观念也在不断发生变化,过时、落后的部分遭到淘汰,而正确、核心的观念被保留下来并与时俱进,不断发展,引导人们进行正确的价值评价与选择,引导人们开展正确的行为实践,驱动社会活动的蓬勃发展价值取向作为社会活动正常进行以及向前发展的一种无形的力量,在潜移默化中影响着社会生活的方方面面,从对个体行为的影响波及对整个群体行为的影响,从而使整个社会紧紧凝聚为一个团体,在这个范围内每个个体受其规范,以其为方向,最后顺从其趋势实现发展,在某种程度上具有相同的价值目标。在社会化服务的过程中,社会群体在一个共同的价值取向的引领下,基于各自专业的分工,为社会的发展提供服务。在此过程中,价值取向扮演着一个具有高度指导意义的角色。

二、档案社会化服务的专业取向

(一)安全保密的档案服务

安全保密的专业取向是立足档案本质属性提出来的。档案是人类活动的原始历史记录,这是档案的核心特点和本质属性。档案社会化服务只有满足档案管理安全保密的需求,才能维护档案的原始性,发挥档案的凭证价值和参考价值,这是建立在档案本质属性上的基本要求。作为一项专业化服务,档案社会化服务既要符合档案管理的各项基本理论原则,包括来源原则、文件生命周期理论等;还要体现出专业优势,首要的就是保障档案的安全与保密,这是提供可靠服务的首要条件。安全保密的档案服务,是指保障档案载体和系统的安全性,维护档案的长期可读性,同时保障档案信息内容不被泄露。作为社会活动的真实记录,档案中蕴含着重要的信息,不乏机密内容,大多数单位的档案是对外保密的。档案社会化服务机构只有确保档案安全、保密,才能获得客户的信任和满意,维护自身的持续发展。具体说来,安全保密的档案服务有以下要求:

1. 档案载体的安全保存

这里的档案载体不仅有纸张,还包括磁带、胶卷以及电子文件新型载体,如磁盘、光盘等。档案社会化服务机构应建立符合档案库房建设规范的标准化库房,配备相应的恒温恒湿设施,保障档案载体不受外界影响,为其提供良好的保存条件。此外,还应通过保管制度的建立与实施,明确管理人员责任,提高其保管和保护意识。

综观档案社会化服务机构提供的服务内容,主要可将其分为传统型和现代型两大类。其中传统型以档案寄存、代管、整理和档案用品销售为主,国内多数文档服务中心属此类,例如北京市档案事业服务中心、深圳市文档服务中心等;而现代型以档案管理软件开发、档案信息化系统研发、档案管理咨询等服务为主,例如国外的 Iron mountain、Recall、GRM 和国内的量子伟业、紫光慧图等。总的来说,档案寄存和管理仍然是当前档案社会化服务的重要服务项目。因此,做到档案载体的安全保存,是对档案社会化服务机构专业方面的基本要求。此外,在互联网时代,越来越多的档案不再需要任何形式的物质载体,而是通过"云存储""网络磁盘"等诸如此类的虚拟存储介质进行存储,这些虚拟档案的安全保存同样具有现实意义。

2. 档案管理系统的安全防范

随着信息化建设的逐步深入,数字档案管理系统已成为有效管理档案的重要工具。档案管理系统在给人们带来高效与便利的同时,由于各种内外因素(管理疏忽、系统缺陷、技术漏洞、黑客攻击、网络病毒等)的干扰,也增加了档案管理的安全隐患。因此,档案社会化服务机构应在从系统开发到投入使用、维护的整个生命周期内,做好系统的安全防范工作,防止非法侵入和篡改计算机系统数据,维护档案数据的完整和安全,确保系统正常运行不因系统故障导致档案信息丢失或档案工作中断等不良后果。

量子伟业作为近年来发展较快的档案社会化服务机构,其服务内容不断扩展,建立了拥有10000 平方米的 BPO 数据处理中心,提供较全面的档案服务。该公司高度重视安全保障,通过制度建设、员工培训和安全例会三个方面加以实现,因此十余年来未发生过重大档案安全事故,获得了客户的高度信赖。

具体说来,作为专注档案信息化的企业,量子伟业在信息化技术方面对安全性要求较严格。例如,其自主开发的 PDE 安全防扩散系统,利用切实有效的加密、解密、控制管理等手段,对电子文档加强了全方位的保密措施。该系统的安全保密功能主要体现在打印控制、授权管理和日志管理三个方面。打印控制通过对打印权限加以控制,所有打印需求都必须经管理员审核,有效避免了档案信息的外泄。授权管理通过对文件进行授权,将文件阅览、更改、打印的权限控制在一定用户手中,并且对授权文件全程跟踪进行管理。日志管理可记录每份文件的操作运行情况,对文档进行全程监督,实现有效管理。

3.档案信息内容的保密

档案的机密性要求档案信息必须处在可控的监管环境下,确保信息内容的安全性。这一要求不仅体现在实体寄存上,也体现在档案管理系统开发、运行上,要通过一定技术手段明确不同文件的阅读权限、安全级别,实现可控可追踪的管理。只有做到信息内容安全保密,才能使档案社会化服务更具有安全性、权威性,满足社会多变的动态档案需求。以信安达(中国)为例,其提供了电子文档销毁服务工作流程,如图 8-1 所示。

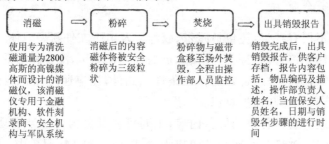

消磁	粉碎	焚烧	出具销毁报告
使用专为清洗磁通量为2800高斯的高镍媒体而设计的消磁仪,该消磁仪专用于金融机构、软件刻录商、安全机构与军队系统	消磁后的内容磁带将被安全粉碎为三级粒状	粉碎物与磁带盒移至场外焚毁,全程由操作部人员监控	销毁完成后,出具销毁报告,供客户存档,报告内容包括:物品编码及描述,操作部负责人姓名,当值保安人员姓名,日期与销毁各步骤的进行时间

图 8-1 信安达(中国)电子文档销毁服务流程图

从图 8-1 中可看出,该销毁服务的每一个步骤都运用了先进的设备或仪器,并有严格的制度管理,对销毁过程予以监管和控制,保证电子文档销毁过程中信息内容的安全保密。

(二)高效优质的档案服务

高效优质的专业取向探讨的是如何从专业的角度体现档案社会化服务的高效与优质。其中高效指的是档案社会化服务的高效益和高效率;优质指的是服务取得良好的满意度,满足专业需求。档案社会化服务集中了优势资源,如集约化的档案库房、高素质的档案人才等,采用快捷有效的工作方式来确保工作效率。注重高效率的同时,还注重服务质量,确保各项工作按时按需完成,令用户满意。

1.高效益与高效率的档案服务

高效的档案社会化服务是指通过提供劳动产品取得较好的效果和利益,主要是指经济效益,也即以同等的劳动耗费取得更多的经营效益。档案社会化服务从专业分工角度出发,定位市场,发挥其规模效应,从而取得较高的效益。而效率指的是单位时间内完成的工作量,也即有效地利用资源以满足需要,对于档案社会化服务而言,效率的提高不仅仅针对其自身,同时也适用于客户。档案社会化服务通过为客户提供高效服务,节省用户时间成本和经济成本,协助客户提高工作效率。

　　传统的档案工作一直都存在"高投入、低效益"的弊端,造成这种问题的原因主要有两点:一是由档案本身特性造成,档案工作往往不能在短期内见效益,而是通过档案管理和保护产生长远效益;二是由现行档案事业体制和档案工作流程不尽完善所致。档案社会化服务作为适应市场需求而产生的新兴产物,必须要走高效益的生产方式,才能获得市场认可。社会化服务在其他领域,如后勤管理、农业生产、审计服务中已有较好的发展,并且体现了高效益的优势。例如,在皖南烟区,青壮年劳动力大量流失,农民购买生产机械资金少,生产现代化程度不高。烟叶公司通过整合、利用社会资源,组建专业的农机、用工服务队,将生产用工市场化、社会化,为烟农提供各项机械化作业和用工服务,此举实现了高效益的种植、生产,达到了多边共赢的目标。档案社会化服务也应汲取其他领域内的先进工作经验,创造高效益的工作模式。

　　档案社会化服务的高效率,如前所述,包括自身的高效率和提高客户工作效率两个方面,这两方面的效率提高是相辅相成的。通过对社会资源的合理利用,在提高自身工作效率的同时,也能够为客户提供优质高效的服务,解决客户困扰,提高客户的工作效率。Recall是国际知名的提供档案社会化服务的跨国企业,为全球约8万名客户提供文件档案管理服务。该公司在为澳大利亚排名前五的金融机构服务时,客户提出了缩短信用卡申请处理时间的需求。Recall在详细了解客户背景、工作流程的情况下,提出了集成化文档管理的解决方案,涵盖了数字化、数据抓取和处理等业务。通过实施该解决方案,信用卡申请通过邮件或传真方式寄送到Recall运营中心,进行分类、数字化、建立索引等处理,再传输到信用卡审批系统。周转时间从7天缩短至24小时,极大地提高了文档管理的工作效率,同时减少了纸张用量,降低了运营成本,带动了客户利润的上升,取得了较高的满意度。

　　从上述案例可以看出,Recall公司在该项目中取得成功的原因主要可以归结为以下三点:第一,快捷地对用户需求做出反应。Recall准确把握了用户需求,在最短时间里借助信息化专业技术,提出可靠方案,自身效率高。第二,通过解决方案的实施,提高了用户的文档管理效率。Recall实施的解决方案极大地缩短了客户处理业务的时间,为用户节省更多时间从事核心业务,从而极大地提高了用户的工作效率。第三,高品质的服务,得到用户满意。Recall提供的方案,覆盖面广,功能完善,质量上乘。由此,高效服务在取得客户信任、占据市场份额和实现可持续发展方面对档案社会化服务具有重要意义。

2.优质的档案服务

　　优质的档案服务是指为客户提供满足专业需求和用户期许的档案服务,从而取得良好的客户满意度。服务作为一种劳动形式,不同于产品,有量化的质量衡量标准,对服务质量的评估,多以客户为导向,以符合客户期望值的高低作为服务质量评估的标准。

　　结合服务管理思想和档案专业特色,将档案社会化服务质量分解为沟通质量、技术质量、感情质量和关系质量。

　　第一,沟通质量是指服务提供方对客户需求的分析和理解。档案社会化服务机构要通过对客户的观察和调研,明确客户的显性需求,挖掘客户的隐形需求,再根据现有技术水平和实际状况,规范需求,使其科学化。沟通质量是确保服务优质的前提条件,是进行档案服务的先行环节。

　　第二,技术质量是指档案服务过程和结果的质量。服务不同于产品,具有过程性,并且客户会参与服务过程,因此对技术质量的衡量不仅包括对服务结果的衡量,也包括对服务过程的测评,对服务过程的评价集中在档案服务效率上,即能否迅速对客户需求做出反应,给出解决方案并迅速执行。快捷、有效的服务是档案社会化服务吸引客户、建立客户忠诚的必经之路。技术质量是优质服务的本质要求,是工作流程的核心。

第三,感情质量是指对客户的服务态度以及规范、礼貌的服务行为,这是赢得客户好感的重要因素。为提高感情质量,档案社会化服务机构应更加重视人员培训与建设,建立高素质的人才队伍,同时规范员工的行为举止。

第四,关系质量是指客户对服务机构及人员的信任程度,以及对服务的满意度。关系质量是建立在以上三种质量基础之上的综合质量,是客户判定服务质量的最终结果。只有确保沟通质量、技术质量和感情质量,才能提高关系质量,使客户满意,建立客户忠诚。

3.高效优质取向的理论支持

高效优质的专业取向不仅得到实际的证明,在理论上也有相应的依据支持,表现如下:

(1)市场竞争的要求

不管是资本主义市场,还是社会主义市场,都存在商品经济。商品经济中不同利益主体之间争夺有利条件,形成竞争。竞争促使商品市场实现优胜劣汰,在服务业中亦如此。只有注重效率提升的企业才能在竞争中存活,获取有利的市场地位和发展条件。竞争另一方面也能推动社会技术进步,推动企业创新。因此采用技术创新等方式提高效率,成为企业发展的明智选择。

(2)价值增值的要求

服务作为商品,同样具有价值,除直接满足用户需求的价值外,还具有增值性,这是现代服务业所具有的重要特征。这种增值主要通过降低经营成本、提高经济效益来实现。一方面,档案社会化服务表现为企事业单位档案管理职能的外包,从而实现了档案管理的规模化效应,大大降低了用户的经营成本;另一方面,档案社会化服务利用专业化的优质服务,使客户花费同样成本所产生的经济效益得到更大提高,从而为客户带来价值增值。价值增值是新兴服务业得以持续发展的必要条件,也是客户选择的重要考虑因素,因此它必然要求高效优质的专业取向。

(三)合法合规的档案服务

档案社会化服务不仅要遵从档案领域内的法律法规,同时也要遵从社会化领域内的细化的法律和相关制度规范。具体说来,合法合规的专业取向要求档案社会化服务符合三个层次的法律法规——国际组织法规、国家法律法规以及行业法规,方可实现文件档案的合法管理和利用。合法合规的专业取向一方面能规范档案社会化服务机构自身的工作流程,树立在行业内的权威性;另一方面能帮助客户做到合法合规,优化客户经营管理流程实现双赢。

1.国际组织法规

在经济全球化迅速发展的今天,档案社会化服务需拥有全球视野,在服务过程中遵从相关国际组织法规,这既是提高服务水平和档次的客观要求,又是走向国际化、与世界市场融为一体的必经之路。以建筑标准为例,PRISM 就要求会员必须遵从《典型建筑代码与国家防火协会规定》,该标准遵从了"国际建筑官员和代码管理者协会"制定的《国家建筑标准(修订版)》以及国际建筑官员大会和国际南部建筑代码大会制定的标准。

2.国家法律法规

毋庸置疑,遵从国家法律法规是维护市场秩序、规范经营行为、杜绝恶性竞争的有效途径。档案社会化服务既要遵从国家档案领域内的法律法规,也要遵从针对档案社会化服务的具体规定。相对于国外较完善的法律监管体系而言,我国从法律上对档案社会化服务实践予以规范的进程相对比较缓慢。在全国范围内,至今尚未有完整、健全的法律体系,但地方上相关立法已逐步展开,并取得了一定成果,不过内容主要局限在经营范围和接受资质认定以及档案行政机关监督等方面,如《上海市档案条例》《黑龙江省档案管理条例》等。已有的法规条例中,条款宽泛,内容不详尽,可操作性有所欠缺。因此,目前档案社会化服务在合法取向上不仅要遵守现有的制度规范,同时要通过实践促进相关法律法规建设,为未来完善法律框架出谋划策。

3.行业法规

这里的行业法规包括两层含义:一是档案社会化服务行业的行业法规;二是档案社会化服务客户所在的行业法规,档案社会化服务机构在服务过程中要遵从以上两方面的行业法规。

我国档案社会化服务行业的发展还很不完善,尚未建立专门的行业协会,在法规以及行业标准建设方面较为滞后。而在国外,档案社会化服务行业以及相关规章制度已有相对健全的发展。例如,PRISM就是商业性文件中心行业的非营利协会,尽管它并非标准制定机构,但却为会员搜罗了行业领域内相关的法律法规,供会员参考和遵循。具体的法规包括防火与建筑规范、政府特殊档案存储要求、《萨班斯－奥克斯利法案》等。

档案社会化服务的服务对象涉及医疗保健、金融、法律、能源、零售、音像等众多领域,因此除遵从档案领域内相关法律法规外,还要遵从客户所属行业的行业法规,保证其工作的合法、有序。

归结而言,合法合规服务的优势在于既可保证服务符合法律、技术规范或其他专业准则,符合社会需要;又可吸引消费者,获得客户认可和信赖。在合法合规的专业取向中,合法是开展一切服务的基础,合规是指导档案服务科学发展的重要理念。

三、档案社会化服务的社会取向

(一)基于社会分工的档案服务

所谓社会分工是指超越一个经济单位的社会范围内的生产分工。也就是说,不再是局限于某个企业或行政区域内的分工,而是指全社会范围内的社会分工。基于社会分工而产生的档案社会化服务主要具备以下特点:

1.服务范围扩大至全社会

服务范围从本单位扩大至全社会,是档案社会化服务区别于一般档案室、档案馆服务的重要特点之一。传统形式的档案服务主要基于一个单位内部,如单位档案室、企业档案馆等,负责收集、保管机构内部产生的档案,仅面向机构内部提供服务。而档案社会化服务不同于一般的档案服务,它超越了机构内部,面向社会不同行业、不同领域提供服务。服务面的扩大,对档案社会化服务机构和人员提出了更高的要求,他们要具备更全面的专业知识,了解不同行业档案工作的特点,有针对性地提供服务。

2.服务工作效率大幅提高

档案社会化服务是遵循社会发展、专业分工的原则而产生的,这种分工的有利之处在于集中了优势资源,包括人力资源、物质资源等,极大地缩短了劳动时间,提高了劳动效率。

3.推动产业结构的演进

整个社会经济是由不同产业相互作用而推动发展的。社会分工的逐渐细化,推动档案社会化服务等新兴服务业产生,促进产业结构的变化与调整,社会资源得到更加充分的利用。现代服务业的蓬勃发展,促进了产业结构由低级到高级,由失衡到基本合理的演进,推动社会经济更好更快增长。

(二)体现规模效益的档案服务

档案社会化服务机构拥有优质的人力、物力,相对于单位内部的档案管理机构而言,其生产规模更大,专业化程度更高,因而使档案管理成本降低,产生规模效益。这种规模效益为不同类型的客户带来收益。档案社会化服务是面向社会服务的,社会是由人组成的集合。微观上,个人是组成社会的细胞;宏观上,社会成员通过发展组织关系而形成各种团体,包括企事业单位、政府机构,以及社会团体等组织形式。具体说来,体现规模效益要求档案社会化服务做好个人档案的收集和保管,促进企事业单位文件档案管理质量的提高,精简政府职能,促进政府转型,并在此基础上,推动宏观层面社会记忆的维护与延续。

1.将个人档案管理纳入社会档案管理体系

社会是人的集合,个人是构成社会的基本元素,但长久以来,由于档案意识薄弱和管理条件局限,个人档案并没有纳入社会档案收集和管理的范畴之中。近年来,随着科学发展观的贯彻与落实,以人为本的概念逐渐深入人心。以人为本强调人的主体地位,人既是发展的根本目的,也是发展的根本动力,从而重视人的价值。个人档案是个人生活与工作的原始记录,在体现个人意识、反映个人价值方面具有重要作用,但个人档案并没有成为档案机构收集和保管的必要组成部分,个人档案的价值没有得到足够重视。在这样的背景下,档案社会化服务机构应主动承担起收集和管理个人档案的职责,将个人档案纳入保管范围。

(1)保管个人档案,维护个人权益

目前,档案社会化服务机构的客户以企事业单位和政府机关为主,个人尚未成为档案社会化服务的主流客户。现实生活中,个人档案意识增强,个人对档案保管的需求也日益增强,但个人在档案收集、整理、归档方面存在较多困难,也不够专业,容易产生档案收集不完整、分类不规范、保管条件欠缺等问题。由档案社会化服务机构提供个人档案的专业服务,不仅可满足个人档案保管的现实需求,还能保障和维护其个人权益。

针对个人物品的保管,其他行业也有所涉及。例如,银行推出的保险箱服务,允许客户将个人贵重物品,如金银、字画、古董或珍贵资料、文件等物品存入银行提供的保险箱,确保物品的安全。档案社会化服务也应吸收其有益经验,维护客户个人档案的安全,同时要结合档案专业特色,提供个人档案的利用服务。

（2）增强全民档案保管意识，为社会记忆观的形成奠定基础

虽然个人档案服务目前尚未成为档案社会化服务市场的主流需求，但随着人民群众科学文化水平的提高和可支配收入的增加，本书认为个人档案的管理会成为档案社会化服务的一个重要分支。通过对个人档案的保管和服务，促进全民增强档案保管意识，进一步重视个人档案的价值，为社会记忆观的形成奠定基础。

2.降低企事业单位管理成本，保障文件档案管理质量

档案社会化服务是基于社会分工理论产生的，亚当·斯密在其代表作《国民财富的性质和原因的研究》中，最早提出劳动生产率是增加国民财富的重要条件之一，而分工能大大提高劳动生产率。为了提升劳动生产率，专业分工日益细化，产生了各种新兴产业，档案社会化服务产业也在这种背景下兴起。各种企事业单位逐渐将部分非核心业务外包，例如，将文件档案管理业务交由档案社会化服务机构承担，从而达到降低成本、提高质量、增强核心竞争力的目的。

（1）降低企事业单位交易成本

企事业单位为维持日常运营，必须投入一定成本，而档案社会化服务存在的价值就是帮助企事业单位降低成本。具体说来，一方面，企事业单位选择档案社会化服务，可精简组织内部的文件档案管理部门，节约人力成本、管理成本，降低内部交易费用；另一方面，与企事业单位自身采购档案管理设备、材料的方式相比，通过档案社会化服务获取产品及服务的费用更加低廉，从而降低了企业的外部交易成本。

（2）获取优势资源，提高文件档案管理质量

资源是企业竞争中不可或缺的重要因素，而对于处在激烈市场竞争中的企业来说，用来获取优势资源的资金和能力是有限的。因此，企业应将主要精力放在争夺有利于巩固其市场地位的核心资源上。档案社会化服务机构集中了档案管理领域内的各种优势资源——现代化的标准档案库房、先进档案管理设备、管理系统、软件以及高素质的档案管理专业人才等，并且致力于提供文件档案专业化服务，理应达到最佳规模，产生良好的规模效应。因此，在企业不想将更多投资用于获取非核心业务资源时，选择档案社会化服务，就可以在一定程度上弥补自身在档案管理领域内资源和能力上的欠缺。此外，档案社会化服务机构在专业上的高效、优质、安全、合规服务也能保证文件档案管理的质量，帮助企业提高档案管理水平。

（3）增强企业核心竞争力，提高企业绩效

所谓企业核心竞争力是指企业开发独特产品、发展独特技术和发展独特营销手段的能力，是能使企业保持持续竞争优势的能力。企业在核心竞争力上的投资能产生较大的拉动和放大作用，远远超过在非核心竞争力上的投资收益。正因如此，企业会将有限的资源投入到具有核心竞争力的业务上，而将非核心的支持辅助性业务外包给服务机构来完成。档案社会化服务就担负了减轻企业负担、解决企业后顾之忧的使命，以此来提高企业核心竞争力，实现企业绩效的最大化。

3.精简政府职能，提高政府工作效率

档案社会化服务机构提供的服务业务内容广泛，涵盖了文件管理、数字归档、在线备份、安全销毁、文档管理咨询等，并且服务专业性强，服务质量可靠。政府将文件、档案管理职能以业务流程外包（BPO）的方式交付给档案社会化服务机构，一方面符合当前精简政府职能的时代需求；另

一方面也能促进政府转型,提高政府工作效率和工作有效性。

(1)推动政府职能专业化、集中化,提升政府行为有效性

根据《政治学辞典》的解释,政府职能是指政府的职责和功能。基本职能有两种:阶级统治职能和社会管理职能。具体体现为:指导职能、服务职能、协调职能、监督职能、控制职能、保卫职能。政府职能的具体内容随着社会的发展而变化。在实际工作中,政府职能是有限的,全能政府是不存在的,政府管得过多、过宽,在一定程度上只会增加行政成本,降低工作质量和效率,不利于其核心职能的发挥。通过服务外包的方式,政府将非核心、非专业的文件档案管理业务外包出去,专注于核心职能,有助于推动政府职能专业化、集中化,保证政府集中资金和精力做好本职工作。

政府的行政能力和有效性都通过政府行为来体现,具体说来,要看政府能否高效实现政府目标,制定行之有效的政策措施。而促使政府职能专业化、集中化的各项措施,其中就包括采纳外包服务。它能有效促进政府集中优势力量解决核心问题,提升政府行为的有效性。档案社会化服务机构在面向政府提供服务时要立足专业优势,提供完善的服务产品,推动政府工作效率的提升。

(2)推动政府转型,建设服务型政府

随着经济制度改革的不断深化,市场在资源配置中的作用逐渐加强,而政府在经济运行中的指导和引领作用逐渐弱化,实现政府转型成为当前一项重要命题。市场化改革要求政府由经济建设型向公共服务型转变。档案社会化服务作为新兴服务业,在拓展市场、提供专业服务的过程中,应释放国内需求市场的潜力,特别是来自政府的需求。因为政府行为具有较强的市场引导作用,这样一来,便可成功打开市场、拓展业务。这种政府采购服务的行为,能强有力地促进第三产业发展,推动产业结构的调整和经济转型,有助于实现政府转型,建设服务型政府。

当前,国内档案社会化服务发展较快的企业都将政府作为重要客户。如量子伟业的政府机关客户包括广州市委办公厅、苏州市地方税务局以及各地市档案局等。它正是借助政府拓宽市场,增强企业竞争力,同时也推动当地政府职能的转变。政府通过服务产品采购,培育第三产业发展潜力,为经济建设服务。

(三)维护社会记忆的档案服务

从档案的发展史来看,档案始终作为一种社会记忆工具与人类文明进程紧密相连,使人类具备历史积累和传递的能力,进而才有了传统的延续、文化的传承和社会的进步。可以说,没有档案,历史将成为一种空白,民族的记忆就会中断,也就没有完整的社会活动。离开社会记忆,人类将无法把握社会自我发展、自我完善的内在机制,无法真正理解历史必然性和规律性。档案社会化服务不仅在维护个体档案完整与安全方面体现了其规模效益,也在宏观层面上对社会证据的保管、人类记忆的维护起到了积极效果。因为档案是社会记忆的重要载体,是构建社会记忆的重要资源。

1. 以证据为基点的档案管理

档案是社会历史的真凭实据,是人类活动的真实记录,具有重要的凭证价值。档案的形成过程和内容都决定了档案记录的是客观的历史情况,是令人信服的社会证据。因此,档案社会化服务在面向社会各界提供文件档案管理服务的同时,也要为各个领域内的生产、生活留下活动证

据,提供以证据为基点的档案管理服务。从当前档案社会化服务开展的实践来看,其客户涉及经济、政治、医疗、金融、法律、能源等众多行业,借助现代化的服务手段,安全保管各类生产、经营的证据,以便有需要时查考,起到佐证作用。在服务过程中,档案社会化服务机构要特别注重以保管证据为基点,提供安全可靠的服务产品。

2. 鉴定和选择社会记忆

社会记忆是一个哲学概念,它是人们将在生产实践和社会活动中所创造的一切物质财富和精神成果以信息的方式加以编码、储存和重新提取的过程的总称。换言之,它是以人为实践主体,对历史的形成和发展进行保存、占有和延续的机制。档案作为实践活动的真实记录,是储存社会记忆最直接的载体,具有重要的维持和延续社会记忆的功能。而以档案为工作对象的档案社会化服务机构必然承担着鉴定和选择社会记忆的责任。面对现代社会大量庞杂的各类信息,提取最重要、最核心的记忆加以保存,成为档案社会化服务机构的重要职责,体现在具体工作中,就是对档案的价值鉴定和保存。例如,近年来,各种社交媒体逐渐兴起,如 Twitter、Facebook、微博等,人们利用这些平台撰写、分享、评价、互动并相互沟通。随着使用群体的扩大,产生了各种类型的信息,面对这些看似无序的信息,如何加以组织和提取具有重要价值的信息内容,并以档案形式保存下来,成为当前讨论的热点和难点。档案社会化服务机构应在各类信息的鉴定与选择过程中,发挥专业特长,综合考量影响档案价值的各方面因素,为人类记忆的维护发挥其应有的价值。

3. 维护和延续社会记忆,为人类认识社会提供依据

社会记忆对于人类认识的形成和积累、人类文化的传承与发展都具有不可替代的重要作用。人类生活的方方面面,如政治、经济、文化等领域都存在着社会记忆,社会记忆塑造并影响着人类对客观世界的认识。档案是在长期的社会政治、军事、经济、科学、文化、技术等活动中形成的历史记录,是一个国家和民族独有的文化财富,是社会记忆的汇集。档案社会化服务通过对文件档案及其他形式信息的管理和保存,对社会记忆的维护和延续起到了重要作用,并在此基础上为人类认识世界、改造世界提供了历史依据,这是档案社会化服务在社会层面上的最高价值取向。

四、档案社会化服务的科学取向

(一)技术、知识要素主导的档案服务

在现代服务业中,存在着要素依赖的演进规律,指的是服务业在发展过程中逐步深化,所依赖的要素逐渐演变与升级,这是现代服务业所具有的一般性规律。在档案社会化服务行业中,也存在这一规律,其发展所依赖的要素同样存在逐步升级的现象。具体从纵向维度来看,不同时期档案社会化服务发展所依赖的生产要素,存在着从劳动、资本依赖向技术、知识要素依赖逐渐转变的现象,这是档案社会化服务在时间轴上遵循的重要科学规律。

1. 起步阶段依赖劳动和资本的投入

纵观国内外档案社会化服务的发展,其起步阶段,在产业发展上都较多依赖劳动和资本的投入,以获得产出和收益。早期的档案社会化服务,服务项目相对较少,服务内容较简单,以文件档

案的运输、寄存代管为主。

在美国,政府文件中心起源于1941年海军部设立的文件中心,最初只是为解决文件激增问题而设立的临时库房,主要功能在于集中保存半现行文件。20世纪50~60年代,美国商业性文件中心开始起步,中心多从搬家和仓储公司发展而来,提供文件保存、管理以及运输服务。当今文件档案商业化服务巨头 IronMountain 也在这一时期开始起步,它于1951年正式建立文件管理公司,为首位客户东河储蓄银行提供文件档案保管服务、文件运输服务。此后,越来越多的公司意识到文件保管的重要性,纷纷效仿。可以看出,起步阶段,国外文件档案管理的需求并不明确,一般只是为了解决文件存放空间紧张的问题而求助于文件中心。文件中心发展初期提供的服务也较简单,所投入的主要是资金和劳动力。

在我国,档案社会化服务起步较晚。20世纪90年代初,浙江建德、湖州市分别成立了档案事务所,为本地机关、企事业单位代办档案事务,揭开了我国档案社会化服务发展的序幕。我国档案中介机构成立之初承接的服务项目包括编目、立卷、档案评估等基础工作,适用于当地一些规模小、人手不足,缺乏档案管理人员的企业。这一阶段档案中介机构针对不具备存放条件的单位,提供以档案馆为标准的寄存库房,为其代管档案。

综上所述,这一时期档案社会化服务在产业发展上呈现出的主要特点为:第一,服务项目较简单,规模化程度低,专业、技术含量低。起步阶段,档案社会化服务机构提供的服务多为文件整理、搬运以及立卷、归档等工作,专业含量较低,对服务人员的知识储备要求不高,只要具备简单劳动能力的人便可胜任。马克思曾经指出,生产方式的变革在工场手工业中以劳动力为起点。在现代服务业的发展历程中,劳动力依然是生产发展初期所依赖的重要生产要素。劳动力的投入,促进了协作,提高了工作效率。第二,档案社会化服务机构规模较小,用户数量少,资金较欠缺。在起步阶段,档案社会化服务机构的服务区域多限于本地区,客户数量较少,没有出现跨地区、跨国家经营的现象。拥有资本,就能获取土地、劳动力等生产要素,即可扩大档案库房,雇用员工,购买保管设备等。资本在档案社会化服务规模扩大路径上的重要性逐渐凸显,成为占主导地位的生产要素。由此可见,档案社会化服务产业起步阶段,机构的发展主要依靠劳动力以及资本的投入,对其他要素的依赖程度较低。

2. 从劳动、资本转向对技术、知识要素的依赖

20世纪70年代,国外商业性文件中心开始发展,经历组建联盟、爆炸式增长后,进入了21世纪以来的优化整合阶段,数十年的积累使得档案社会化服务发展的规模不断扩大,机构数量不断增多,提供的业务种类日渐丰富,服务更加成熟。国内20世纪90年代后,档案社会化服务机构的数量也迅速增长,类型日趋多样,性质不一。尽管总体上说发展时间较短,规范化程度较低,但也逐步形成了各具特色的服务项目和发展路径。

国内外档案社会化服务机构都在原有传统文件档案管理服务的基础上新增了电子文件管理、数据销毁与恢复、培训、档案管理系统研发、软件升级等服务项目。这些新增服务项目都是顺应信息时代潮流,应对档案管理新需求而产生的,反映了市场对于档案社会化服务提出的新要求。据此,笔者推断档案社会化服务机构为适应市场需求而采取的业务发展策略存在两点趋向:第一,增加电子文件管理、系统开发等服务,重视与技术发展同步,加快档案信息化发展进程。以GRM为例,其提供的数据保护、音频视频归档、远程数据存储等服务项目都需要多媒体存储技术、信息安全技术等现代化技术手段的支持。这一时期,技术作为生产要素的重要性逐渐被认

识。第二,档案培训、咨询以及信息化服务项目等对专业知识的要求越来越高,需要具有更高素质的专业人才。知识的运用是技术进步和经济发展的重要前提,档案社会化服务要顺应科技发展潮流,适应市场需求,就必须扩大知识型劳动者在员工结构中所占的比例。知识作为主导档案社会化服务发展的主要依赖要素主要是基于客户需求的变化,从传统的文件搬运、整理、保管向更高要求的数字化建设、知识管理转移。

通过以上对于档案社会化服务起步和发展阶段依赖要素的研究和分析,可以看出主导生产要素存在着劳动、资本向技术、知识演化的规律,技术和知识逐渐成为促进其产业发展的重要因素。从最初的依赖劳动力和产品设备等的投入,到现在依赖技术支持和知识的进步,显示了档案社会化服务正在逐渐走向科学发展的轨道。要素依赖的演进规律说明,现阶段知识是保证档案社会化服务科学发展的核心要素,这是由现代服务业发展的客观规律所决定的,因此要在管理机制上重视对专业人才的培养以及人才的合理利用,制定具有前瞻性的人才培养方案和管理制度,发挥知识要素在促进档案社会化服务发展过程中的重要作用。

(二)多元化、专业化并重的档案服务

从横向发展来看,同一时期,档案社会化服务机构在业务发展上存在着两种倾向,一种是提供多元化服务,另一种则是提供专业化服务。所谓多元化服务,指的是不局限于提供一种产品或服务,而是尽量丰富服务种类,扩大经营范围和市场范围。针对档案社会化服务而言,指的就是提供涵盖整个文件生命周期全过程的服务,服务种类多样,服务范围广泛,以期扩大客户群体。所谓专业化服务,指的是在某一细分领域内提供远高于行业平均水平的产品或服务。具体到档案社会化服务而言,就是指专注于文件生命周期中某一个或某几个环节,专门提供针对这一(些)环节的优质服务,以强化自身在这一细分领域内的竞争优势地位。这两种倾向目前处于并重发展的状态,并且都占据一定的市场份额。

多元化的档案社会化服务主要存在三点优势:第一,服务内容广泛,满足客户多样化选择需求。客户可选择机构提供的某项服务或某几项服务的产品组合,或全套服务,可选择的余地较大,可满足不同类型客户的需求。第二,提供一站式服务,节省客户时间。提供综合性服务的档案社会化服务机构,能基于整个文件生命周期提供全面性、全阶段的服务。用户选择一家机构,即可购买整套服务,免去选择多家机构的麻烦,降低时间成本。第三,服务对象多样,包括不同性质的客户单位。档案社会化服务的对象应是多样的,不仅包括政府、企事业单位,而且包括个人的专门服务,面向的是全社会需要档案服务的群体。

多元化经营或服务在其他领域中已得到较好的利用,例如在图书馆服务领域,多元化发展已成为一种趋势。城市图书馆在做好文献信息服务工作的同时,也开展了学术报告、学术沙龙、文化论坛、科技市场等其他公益性或经营性服务。开展多元化服务的意义在于:既能进一步满足社会多样性需求,争取潜在客户;也有利于增加经济收入,促进自身发展。在档案领域,也应借鉴多元化服务的成功范例,规划自身的多元化发展战略。目前提供多元化服务的公司包括 Iron Mountain、Recall 以及 GRM 等国外商业性文件中心。这类公司起步较早,经历了时间的积累,已成长为跨国经营的国际化公司,资金较雄厚,技术较成熟,提供的服务门类丰富,能为用户提供一站式服务。

专业化的档案社会化服务,其优势主要在于:第一,专注程度高,服务专业性更强、质量高。专业化的档案社会化服务机构提供的服务项目种类少,多集中在某一两个方面,因此提供的服务

内容更深入细致,在该领域内具备丰富的管理经验和一流的业务能力,工作效率远远高于行业平均水平,服务质量更优。第二,在同行业竞争中,保持自己的特有优势。专业化服务的档案社会化服务机构提供有差别性的服务,并在这一领域实力突出,有利于机构构建核心竞争力,保持自身在市场竞争中的独特优势,在同行业中保持领先地位。

我国的紫光慧图、老顾头档案设备公司等都属于专业化的档案社会化服务机构。前者专注于档案管理软件开发,后者专注于档案设备及用品销售服务,都是其自身领域内的佼佼者。紫光慧图目前在我国已拥有万余家高端客户,在亚太地区也成功占领了一定的市场份额。老顾头档案设备公司是目前国内同行业中最大的生产企业之一,公司发挥高科技人员密集、技术设备先进的优势,采用航空工业工艺技术,生产规模越来越大,其生产和销售的档案设备涵盖了温湿度记录仪、底图柜、密集架、防磁柜、办公柜等多个系列。

综上所述,可看出在档案社会化服务领域,形成了多元化服务和专业化服务并重发展的局面。无论是多元化还是专业化,都能通过合理的战略制定、市场定位获得自身的发展。多元化与专业化的档案社会化服务机构并存,和谐发展,才能满足市场的不同需求,推动档案社会化服务的科学发展。

五、档案社会化服务的发展取向

(一)可持续发展的档案服务

正处在起步阶段的档案社会化服务产业,面临着市场中的种种挑战,如何促进自身的不断发展和壮大,获得市场份额,实现可持续发展,成为行业关注的焦点。所谓可持续发展,是指一种注重长远发展的经济增长模式,既满足当代人需求,又不损害后代人满足其需求的能力,是科学发展观的基本要求之一。针对档案社会化服务行业来说,可持续发展是强调档案社会化服务要与经济、社会需求相互协调、同步发展,而非盲目追求机构数量的增多和规模的扩大。坚持走可持续发展战略,实现资源优化配置和利用,是保障档案社会化服务健康发展的基础。具体说来,符合可持续发展要求的档案社会化服务应具有以下取向:

1.资源分配与使用的适度取向

一定时期内,行业发展所需要的物力、财力、人力等资源都是有限的,盲目追求档案社会化服务机构规模的扩大化,只会造成资源消耗的增加,市场供过于求。为保证档案社会化服务行业的可持续发展,在资源分配和使用上要讲究适度原则,不能为了追求规模效应,造成资源浪费。行业内机构数量与规模大小应与市场需求持平,保证科学的增速和增幅,在市场可提供的条件内确定档案社会化服务产业的规模。

2.与经济、社会发展的协调取向

档案社会化服务作为新兴的现代服务业,与服务对象乃至整个社会都存在着相互依存、相互促进、共同发展的关系。要把市场看作一个整体,档案社会化服务作为市场的重要组成部分,在发展过程中逐步融入社会结构,与其他产业共同进步,并影响整个社会经济的发展进程。实现档案社会化服务的持续发展,要从两个方面保证其与经济、社会发展的协调:一是档案社会化服务发展的方向要与整个社会发展的方向一致;二是档案社会化服务要与现阶段经济发展状况相协调。

3.满足不同时期、不同客户需求的公平取向

对档案社会化服务而言,可持续发展要求其在两个方面保证服务的公平性。一是对待不同客户的公平性。档案社会化服务的服务对象包括个人、企事业单位和政府机构,对待不同客户应保证同等的服务质量,确保不同类型的客户得到公平对待,促进整个社会层面档案管理水平的提高。二是对待不同时代客户的公平性。档案社会化服务要实现可持续发展,必须注重长远发展,既要满足当代人的档案服务需求,又要重视后代人的档案管理需求。因此档案社会化服务的建设不能仅驻足眼前,还要高瞻远瞩,制定长期规划,满足后人需求。

4.经济效益与文化效益并重的人文取向

档案社会化服务行业不同于其他行业的重要特征,在于它产生的根源并不仅仅是追求经济利益的最大化,同时也追求人类文化的发扬与延续。档案是人类文化的重要载体之一,档案管理活动承载了保护人类文化的重要使命。档案社会化服务作为一种先进的、市场化的档案管理方式,为人类文化的发扬提供了更专业化的平台,更有利于提高人文意识,呼吁社会重视人的文化。档案社会化服务机构是组成社会的一部分,是社会的器官,其在追求经济效益的同时,也要履行社会责任,维护档案的文化属性,发挥其应有价值。履行社会责任有益于企业树立良好的形象,增强内聚力,同时与企业绩效呈现正相关的联系。以互联网产业为例,腾讯公司在网络文化产业中凭借技术和创新,走在行业的前列,为维护整个网络文化产业和谐、持续发展,不断改进网络技术和模式,加以应用和推广,促进文化产业的数字化、网络化进程,兼顾了企业经济效益的提高和社会责任的履行。档案社会化服务机构也应妥善平衡经济效应与文化效应的追求,促进企业自身的可持续发展,并以此支撑行业的可持续发展。

(二)协同发展的档案服务

协同发展战略指的是促进档案社会化服务事业与国民经济协调一致、共同发展,这是致力于实现社会认同所采取的必要战略,是发展的深化。档案社会化服务自身的可持续发展是实现协同发展的强有力的基础和支撑。所谓协同,指的是协调两个或两个以上的不同资源或者个体一致地完成某一目标的过程或能力。1971年,西德科学家哈肯提出了统一的协同学思想,认为自然界和人类社会的各种事物普遍存在有序、无序的现象,一定条件下,有序和无序会相互转化,无序就是混沌,有序就是协同,这是一个普遍规律。将市场看作一个系统,各个产业成为组成市场的子系统,档案社会化服务产业在与其他产业建立联系的过程中,促进了各子系统之间的合作、协调和同步。

1.强调整体功能的实现

协同效应是指子系统之间相互作用而产生的整体效应或集体效应。协同理论强调分工和协作,以汇聚子系统的分散力量,整合为一个整体,最终在整体上实现"2+2>4"的效果。档案社会化服务是基于社会分工而产生的,分工是构成协作的基础。正是因为有不同的劳动分工,协同的重要性才逐渐得到重视,协同发展的目的在于将相互分离而独立的劳动连接起来,发挥其整体作用。

档案社会化服务是面向社会的服务,服务对象涵盖了社会的每一个细胞,在这些分散的社会

个体之间建立了联系。因此,在大力发展档案社会化服务产业的同时,不能将眼光仅仅局限在专业分工领域之中,还应注重不同产业间的联系,将这种相互关系看作一个协作的系统,发挥整体效应。这种整体效应的实现基于两个方面:一是档案社会化服务产业与其他产业的协作意愿,为了推动资源的合理配置,通过协作发展的模式,其他行业可利用档案社会化服务机构提供的优质文档服务,档案社会化服务机构在服务过程之中也能推动自身的前进与壮大,因此它们之间存在较强的协作意愿。二是共同的目标,从服务需求方来说,其所要达到的目标是实现高效优质的档案管理,而档案社会化服务产生的目标则是为社会提供完善的档案管理服务。正是基于以上两点,档案社会化服务产业与其他产业之间形成了协同发展,共同发挥整体效应。

2. 注重不同产业之间的相互配合

资源的有限性和配置不均衡,是各产业之间协同发展的重要原因。协同的具体实施就是要保证系统中各子系统间在操作、运行过程中的合作、协调和同步。具体说来,档案社会化服务产业拥有先进的档案管理理念和方法、档案管理设施设备以及优秀的专业人才,在档案管理领域占据资源优势,其他产业在这一领域的资源相对匮乏。通过产业间的相互配合,资源在不同产业中流动,得到高效率的运用,有利于整个市场的稳定和发展。以长三角地区的经济发展状况为例,这一地区聚集了大量制造业企业,近年来,逐渐呈现出制造业与生产性服务业的协同发展趋向。一方面,制造业的发展,促进了服务业的成长与专业化;另一方面,服务业与制造业紧密联系,也加快了自身专业化分工的深化与繁荣,竞争优势逐渐凸显。由此可见,产业间的协同,方便了知识和技术的流动与传播,有利于产业升级。

3. 促使市场向有序化转变

对于一个系统而言,总是从一种有序状态向另一种有序状态转变。档案社会化服务产业在与其他产业共同发展的过程中,促进了产业内外资源的有序协同,一定程度上推动了市场向有序化转变。档案社会化服务发展初期,市场发育不完全,内部需求没有被完全发掘出来,市场准入与监管制度也没有建立起来,这些都是制约档案社会化服务产业发展壮大的瓶颈。而随着资源的有效调控,以及不同产业间的相互配合,系统内部以自组织的发展方式,逐渐完善起来,市场逐渐从无序向有序状态转变。

(三)可信的档案服务

可信的档案社会化服务是档案人孜孜以求的建设目标。所谓可信,是指可相信或可信赖。之所以要建立可信的档案社会化服务行业,是由于档案涉及个人或群体活动的真实记录,具有重要的凭证价值和参考价值,只有建立可信的服务,才能稳定客户来源,保障市场需求,促进档案社会化服务的全面发展。

可信服务体系的建立,需要从以下三个方面进行努力:

1. 实施主体的自我约束

可信服务的实施主体是档案社会化服务机构本身,其自我约束是建立可信服务的主要推动力。档案社会化服务机构应建立可信服务观念,并实行自我管理和监督,这是保障行业可信发展的第一步,也是最关键的一步。档案社会化服务的承担主体要准确把握市场形势,了解客户对于可信服务的需求,审时度势,不断调整自我约束的内容和原则,以适应不断变化的外部条件。无论是行业还是法律上的监管,都存在一定程度的滞后性,而机构的自我约束成为实时性最强的监督机制,可及时发现问题,并予以纠正,保障客户的信息安全利益。自我约束的实施主要依靠档案可信服务管理制度的建立、企业内部监管部门的设立以及监管措施的运用。建设可信的档案社会化服务机构,主体自身要从两点着手:一是培养可信的档案社会化服务人员。机构自身要加强对员工的培训,包括档案专业知识、服务技能、服务态度等多方面的培养。二是维护可信的档案社会化服务工作流程。建立标准化的工作流程及相应的制度管理,确保用户获得可信赖的档案服务。

2.建立可信服务原则

建立可信服务原则应依靠档案社会化服务机构及其客户在公平、公正、公开的环境下进行。原则要具有针对性、可行性,满足当前档案社会化可信服务的基本要求。具体说来,可信服务原则的内容应以多重防护、保护用户隐私和商业机密以及应急处理机制为重点,在其基础上进行细化和拓展。多重防护强调档案社会化服务机构要提供严密、完善的可信赖服务体系,多角度、多方法、多途径保护用户档案实体与内容安全;保护用户隐私和商业机密是可信服务原则的重点,强调服务机构要对涉及用户隐私和商业机密的重要档案施行重点监管,严防信息泄露;应急处理机制则要求服务机构要事先建立完善的应急处理方案,设立应急工作组,一旦用户档案信息遭受损害,要能立即阻止损害行为,并做好善后处理。

3.逐步增强行业监管

我国档案社会化服务领域尚未出现行业协会,法律上的监管也极为欠缺。加强行业监管,加速行业协会的诞生成为当前建立可信服务的重要条件。行业协会建立后承担的主要职责将包括建立行业准入机制、可信服务认证、服务质量监督等。保护用户信息,谨防信息泄露是建立可信档案社会化服务的关键。行业协会日后应将推行可信服务作为工作重点,对符合可信认证标准的机构颁发相应的认证资格证书,并实行动态监管,定期检查其服务质量,对不符合标准的机构要适时撤销相应认证。以PRISM协会为例,它为会员提供了隐私保护认证服务,目标在于保证会员遵守行业标准,确保客户信息的私密性,防止未经授权的信息访问和使用给客户带来的可能损害。要获得PRISM协会的隐私保护认证,商业性文件中心必须符合五项标准,包括设立隐私保护负责人;通过物理和技术的保障措施实施管理,保护客户信息的保密性、完整性和可用性;依据法律规定,将未经授权的信息使用情况告知客户,保障客户的知情权;确保分包商、代理商受合约约束;保护客户信息,避免未经授权的信息访问。除此之外,会员还要遵守隐私保护的法律法规及其他标准。

（四）社会认同的档案服务

推动社会对档案行业的认同,是档案社会化服务在发展层面上的最终目标,也是档案社会服务发展的最高价值取向,是通过科学发展对社会各界产生的长期影响。档案社会化服务通过可持续发展战略、协同发展战略的推行,建立可信的档案社会化服务,最终对社会各界产生深远的影响力,推动社会对档案事业的认同。

所谓"认同",最早由奥地利精神分析学家弗洛伊德提出。他认为,认同是个人与他人、群体或模仿任务在情感上、心理上趋同的过程。本书的主要观点为档案事业的认同指的是不同主体能客观地看待档案及档案工作,发现档案事业对人类社会进步与发展的价值,匡正档案偏见,达成高度统一的认可与共识。我国档案工作经历多年建设与发展,其社会地位已得到一定程度的认可,但也需要正视现实,目前社会各界对档案工作的认知程度仍然较低,就连档案专业人员对档案工作也缺乏较高的认同度。档案社会化服务需要加强档案工作与社会各界的关系,承担起增强档案事业社会认同感的使命。档案社会化服务应从两方面推动社会对档案事业的认同。

1.借助改革与发展积极探索先进的运作方式

过去传统的档案管理模式存在较多的弊端,在企事业单位或政府部门内部,档案机构的地位得不到足够重视,档案工作缺乏动力,档案工作人员职业发展受限,待遇较低,严重影响了档案工作的积极性,这样的背景导致科班出身的档案专业人员对档案工作的认同度也较低。档案社会化服务行业的出现,给市场注入了新鲜活力。档案社会化服务机构自主经营、独立核算,以营利性机构为主,具有先进的经营理念和管理制度,同时适应社会变化及市场需求,不断进行改革,探索先进的运作方式,以推动自身发展。与服务对象内部的档案部门相比,档案社会化服务机构的发展动力更为强劲,发展方式更加灵活,能够赋予档案工作者更多的职业发展空间,增强档案专业人员对档案行业的认同感。

2.对外服务中彰显档案核心价值

长久以来,人们对档案工作不甚了解,档案工作的重要性和核心价值并未得到社会的普遍重视。档案社会化服务主要从两个方面彰显档案及档案工作的核心价值:一是档案社会化服务机构在对外寻找客源,建立客户关系时,对档案工作的价值理念进行推广和传播,起到较好的宣传作用,让更多服务对象了解档案行业;二是档案社会化服务机构在对外提供服务过程中,树立起良好的形象,通过专业、高效、优质、安全的档案服务展现了档案工作的良好风貌,彰显了档案工作的重要性,突出了档案及档案工作的核心价值。

通过以上两方面的互动,档案社会化服务将逐步推动社会各界对档案事业的认同。

六、实现档案社会化服务的新举措

(一)推进档案社会化服务的多样化

政府信息公开条例的颁布和档案服务民生工作的开展,强调公民对政府的知情权和政府信息的资源价值,以人为本,以公开为原则,以不公开为例外,能公开的都尽量公开,把保障公民知情权和信息权与构建服务型阳光政府、实现政治民主化、建设和谐文明社会统一起来,并把信息内容、信息公开指南、信息公开目录等均按统一的规范一并公开。档案信息利用面在不断扩大延展,公众利用政府信息的能力在不断提升,过去单一的查阅档案原件的方式已不能满足社会大众的利用需求,网络化、数字化的服务方式被不断引入档案利用工作当中,特别是档案网站、数字档案馆的建立,这样可以丰富档案社会化服务的形式与内容,使公众和社会更为有效、便捷地享受档案社会化服务,同时也能够扩大档案工作的影响。

(二)拓展档案社会化服务的功能

功能开发是档案社会化服务的一个主要方法,档案管理条例中明确指出:"各级人民政府应当在国家档案馆、公共图书馆设置政府信息查阅场所",并规定:"行政机关应当及时向国家档案馆、公共图书馆提供主动公开的政府信息。"这两条明确了档案馆作为政府信息公开场所的地位,以及其有接收行政机关提供的主动公开的政府信息的职责。

(三)档案社会化服务工作流程科学化

在实际的档案社会化服务工作中一些单位停滞在理论观念上,出现机关文书与档案业务"断档"现象。在政府信息公开总体要求下,档案工作的"内向型制度"与政府信息公开的"外向型制度"有较大差别,这就要求档案部门在服务理念和能力上要与信息公开的便民原则相互接轨。特别是在文件交接工作中,要求政府部门及时主动将属于公开范围的政府信息移交到档案馆,自该政府信息形成或者变更之日起 20 个工作日内予以公开,因此,只有衔接紧密的业务流程,才能保证高效工作效率。

第九章　新媒体环境下现代档案的创新服务

在信息社会,新媒体是手段、是途径,其最终目的是为了传播信息内容。作为具有权威性的信息资源,档案信息在科学研究、经济建设等各项活动中具有独特的资源优势,是需要借助新媒体广泛传播的重要信息之一。档案信息服务是新媒体信息服务的重要部分,新媒体的应用为各种档案信息服务方式创造了前所未有的无限可能。本章主要对新媒体环境下现代档案的创新服务进行研究。

第一节　新媒体及其主要特征分析

一、新媒体的概念

新媒体研究中关于新媒体的概念众说纷纭,莫衷一是,但这又是了解"新媒体"这一事物无法绕过的一关,因此必须通过对学界及业界已有的概念认知,从多角度、多类型的定义范畴来形成关于新媒体概念的轮廓,并从时间范畴和技术范畴着手剖析,找到"新媒体"的关键词,从广义和狭义的范围来区分"新兴媒体"与"新型媒体",通过综合分析来界定新媒体概念。

(一)"新媒体"概念的提出

"新媒体"这一概念普遍认为是 1967 年由美国哥伦比亚广播公司技术研究所所长 P. 戈尔德马克(P. Goldmark)提出,他在 1967 年撰写的开发电子录像(EVR)商品的计划书中将"电子录像"称作"New Media"(新媒体)。1969 年时任美国传播政策总统特别委员会主席的 E. 罗斯托(E. Rostow)在给尼克松总统的报告书中多次提到"New Media",自此新媒体一词便普及开来。

1998 年联合国新闻委员会年会中正式提出将互联网看作"第四媒体"。随着网络技术的快速发展,新媒体应运而生并持续演进,如今在生活的方方面面新媒体都如影随形。起初对新媒体的理解只是望文生义地认为"新媒体"就是"新"+"媒体",将一切新兴的承载信息的物体,或者为信息传递服务的实体视为新媒体,而当时因经济及技术等原因,新媒体也并非唾手可及。根据中国互联网络信息中心(CNNC)发布第三十七次《中国互联网络发展状况统计报告》显示截至2015 年底中国互联网普及率首次过半,达到 50.3%,中国网民规模达 6.88 亿,移动互联网塑造了全新的社会生活形态。这意味着互联网对于整体社会的影响已进入到新的阶段,"新媒体"概念的内涵、外延以及意指范畴都在不断依据其技术发展和传播功能变化而调整,直接影响到对新媒体的界定和认知,目前代表性的观点主要有:

传播技术观:"今天的'新媒介'的主要特征是集中了数字化、多媒体和网络化等最新技术。"(清华大学崔保国教授);

媒介要素观:"构成新媒体的基本要素是基于网络和数字技术所构筑的三个无限,即需求无限、传输无限和生产无限。人们的物质需求有限,但精神需求无限。作为满足人们精神需求的传媒,其市场无限广大。"(中国传媒大学黄升民教授);

传播特征观:"解读新媒体的关键词包括:数字化、传播语境的'碎片化'、话语权的阅众分享、全民出版。"(北京师范大学喻国明教授);

媒介形态观:"新媒体是新的技术支撑体系下出现的媒体形态,如数字杂志、数字报纸、数字广播、手机短信、移动电视、网络、桌面视窗、数字电视、数字电影、触摸媒体等"。

(二)新媒体概念的意义维度

通过以上定义梳理可以看出,对新媒体观察视角的不同决定了新媒体定义的界定维度。

从时间范畴看,新媒体的"新"与"旧"是相对且不断变化的,清华大学的熊澄宇教授曾指出"每个时代都有其所谓的新媒体,每一种新媒体也都终将成为旧媒体。"就如同广播相对于报纸是新媒体,电视相对于广播是新媒体,网络相对于电视是新媒体。在时间的维度上层层涌出,不断更新,当受众还在庆幸印刷赋予时间永恒时,电视的出现就让信息内容转瞬即逝。但单从时间范畴定义也不准确,新出现的媒体并非都可称作是新媒体。例如,2011年世界园艺博览会时,出现在当地大街小巷的车体广告(私家车车门上印上世园会的石榴花标志),虽然是新出现的形式,但却沿用单向、非数字化的传播方式,这依然是传统媒体的延续。另外数字化的新传播方式也要放在全球视角下来判断,由于经济、科技诸多方面的因素,欠发达国家在新媒体发展上也始终落后于发达国家,当北美洲已经用上智能手机迈入数字化互联时代时,非洲地区还在分享着传统闭路电视带来的喜悦。因此不得不说发达国家成为媒体"新"的参考。

从技术范畴要求看,"新媒体是以数字技术、通信网技术、互联网技术和移动传播技术为基础,为公众提供资讯、内容和服务的新兴媒体。"在早期联合国教科文组织给新媒体的定义是"新媒体即网络媒体"。虽然现在看来未必准确,属于新媒体的手机媒体已被视为"第五媒体",但可以从教科文组织的定义中看出,以互联网为代表的技术是必要的,这是新媒体依托的基础,就如熊澄宇教授谈到的:"所谓新传媒,或数字媒体、网络媒体,是建立在计算机信息处理技术和互联网基础上,发挥传播功能的媒介的总和。"但也并不能说以互联网为平台,具有互动性、数字化的媒体就一定是新媒体。如上所述媒体的"新"与"旧"是相对的且不断更新的,"第四媒体"或"第五媒体"都是针对当下技术的新媒体,而新媒体还在马不停蹄地跨进,正如"摩尔定律"所指出的当价格不变时,集成电路上可容纳的元器件的数目,每隔约18～24个月增加一倍,性能也将提升一倍。换言之,每一美元所能买到的电脑性能,将每隔18～24个月翻一倍以上。这一定律所揭示的信息技术进步的速度正印证新媒体所依托的技术将持续快速发展,谁也无从得知并预测在互联网技术下之后又会有何等技术样态的"新媒体"问世。

如果将"新媒体"概念作广义和狭义的划分,广义上的"新媒体"是利用数字技术、网络技术和移动通信技术,通过互联网、宽带局域网、无线通信网和卫星等渠道,以电视、电脑和手机等为主要输出终端,向公众提供视频、音频、语音数据服务、在线游戏、远程教育等集成信息和娱乐服务的所有新的传播手段或传播形式的总称,包括"新兴媒体"和"新型媒体",而狭义的"新媒体"则专指"新兴媒体"。广义和狭义的共性在"新兴"二字,即媒体都依托互联网具备数字技术,而差异则在"新型",狭义认为新媒体改变了传统的传受关系,受众反客为主成为公众,从"点对面"的单向传输到"点对点"的双向传播,实现了互动性。可以认为像世园会车体广告,另外还有额头广告一样少数新兴媒体依然是传统媒体的延续,新兴媒体包含着新型媒体,而如中国人民大学匡文波教授所说,只有同时具备了"数字化"和"互动性"才可界定为新媒体。

综上可以看出对新媒体概念的确定不一而足,本书结合新媒体的两大范畴给出一个参考的概念:当下所谓的新媒体即新兴诞生的数字化、互动式、多渠道的复合媒体。

二、新媒体的分类与特征

(一)新媒体的分类

1.手机媒体

随着互联网的发展和延伸,手机已不再是传统意义上的通信工具,其逐步演化为手机新媒体。在以往手机主要是用于移动中的语音通话,这也是最初发明手机的主要作用。但是随着手机的普及和移动技术的进步,手机由通信工具向大众传媒演变,不仅可以通话交流,还可以登录互联网、下载种类繁多的 App。借助这些软件可以实现网上缴费、看电影、在线学习以及信息传播。毫无疑问,手机是符合新媒体三大基本特征的,即数字化、互联化和传播过程的非线性化。自技术(第三代移动通信技术)诞生后,手机集通信、互联网、多媒体、娱乐、游戏、智能工具于一身,随时随地地传播。它能处理图像、音乐、视频流等多种媒体形式,提供包括网页浏览、电话会议、电子商务、音视频接受等多种信息服务,从而满足人们移动上网需求。近年来,尤其是手机微信,更得人心。云班课、网上公开课等具有教育功能的软件被很多学校和教育人员所使用,资源上传和下载的便捷性、随时随地的即时性,满足了今天部分人群合理利用碎片化时间的需求,不得不说今天的手机正在改变着以往传统的教育模式。

2.网络媒体

互联网的发展已经可谓有了悠久的历史,因而有人认为互联网已经不能算作是新媒体。从时间发展来看互联网不能算是新媒体,但是从互联网发展的角度看,随着技术的发展、人们观念的变化,互联网仍然属于区别于传统媒体的新媒体范畴。联合国新闻委员会在 1998 年 5 月把互联网正式列为继报纸、广播、电视之后出现的第四媒体。

互联网的特征符合我们对新媒体的定义,并且互联网本身也在不断发展,目前影响较大的有各大门户网站、搜索引擎、电子邮箱、网络报纸、电子杂志、虚拟社区、即时通信、简易聚合、网络游戏、博客、维客、换客等。还有互联网协议电视、网络电视、网络广播,等等。

3.数字电视媒体

注意我们这里提的是数字电视,而不是传统意义上的电视。数字电视是指从节目摄制、编辑、存储、发射、传输到信号的接受、处理、显示等全过程完全数字化的系统,所有的信号传播都是通过由数字串所构成的数字流来传播的电视类型。这样的传播形式具有信号损失小,接收效果好的优点。按照数字电视的信号传输可以分为地面无线传输(地面数字电视、卫星传输卫星数字电视)、有线传输、有线数字电视三类。与传统电视相比较,其实现了收看方式的变革:个性化的按需选择、交互式的收看方式、全息的家庭信息服务平台。随着中国网民规模的增长和互联网带宽的增加,网络视频(网络电视台、视频分享和 P2P 视频软件)的受众规模快速增长。

与此同时,电视作为家庭娱乐中心的地位正在逐渐淡化。根据易观国际 Enfodesk 产业数据库的数据,78.3% 的网络视频用户减少了观看传统电视的时间。

(二)新媒体的特征

1. 网络化

新媒体是以网络为先导发展起来的,网络是新媒体的代表,网络化是新媒体最基本的特征。网络构筑起崭新的虚拟空间,新媒体离不开网络空间。第四媒体就是指互联网本身,而第五媒体的出现和发展依赖于无线通信网络与国际互联网结合发展出的移动互联网络。网络是新媒体信息传输的媒介,新媒体通过网络突破时间和空间的限制快速便捷地传输各类信息。在新媒体的形成和发展中,网络扮演着不可或缺的角色。

2. 数字化

数字化是指新媒体上传播的信息是以二进制数字代码形式记录和表示的。这是新媒体的主要特征之一,是新媒体与以往所有传统媒体的根本性区别。数字化的信息既可以是单一的信息形式,也可以以文字、图片、声音、影像等复合形式呈现。

3. 便捷化

便捷化是指新媒体的信息传播手段便捷化,即克服了传统媒体受时空限制的局限性,具有全天候和全覆盖的特征。例如,通过手机,人们实现了即时与他人通话或收发短信。再如微博问世后,信息的传播呈现多维、立体、交叉、全景的特点,并且可以做到一天 24 小时不间歇。新媒体信息传播可以在瞬间通过网络、手机等传播到世界任何角落,新媒体覆盖的任何地方用户都可以随时接收到地球上所有角落发出的全部信息,在时间上实现即时性,在空间上达到广泛性。

4. 互动性

互动性是指新媒体信息传播是双向互动的,这也是新媒体的一个显著特征。传统媒体的信息传播都是单向、线性的、"一点对多点"的传播方式。例如,报纸登什么,读者就只能读什么;广播放什么,听众就只能听什么;电视播什么,观众就只能看什么。而新媒体提供了各种信息发布的平台使得信息传播变为多点对多点。人们既可以作为接收者在平台上获取消息,也可以在平台上发布消息成为发布者,还可以互相反馈信息,实现互动。例如,数字广播新媒体可以实现听众与主持人的互动,听众还可以通过数字广播平台任意选择自己想听的节目。不仅参与媒体的传播活动,还可以随心所欲地从媒体中选择所需信息。新媒体不仅可以做到媒体与受众之间的互动,还可以实现受众与受众的互动。

5. 个性化

首先,个性化是指作为新媒体用户的个人,可以成为信息的传播者,通过博客、微博、手机短信、微信等新媒体工具,向特定人群或所有受众传播自己生成的信息,表达个人的观点;其次,是指信息服务机构可以根据信息利用者的个性化利用需求,通过新媒体应用为利用者提供个性化信息服务;最后,个性化还包括分众化,即任何的个人都可以通过新媒体与他人沟通交流,并因具有共同的个性而形成一个个志趣相投的小团体。传统媒体的受众是无差异的、普遍的广大群众。新媒体的受众可以因个性的不同而分割为气味相投或利害相关的"小众"。

6.多元化

首先,多元化是指新媒体信息内容的多元化,新闻、娱乐、科技、广告等可以无所不包并且更富有层次性;其次,新媒体上信息的来源、种类、受众等都趋于多元化,完全可以满足不同类型信息利用者对信息的不同需求;最后,新媒体信息的表达形式和接收设备多元化,表达形式可以是文本、图形图像、音频、视频等多种表达形式,使信息更加丰富和饱满。同一表达形式的接收设备可以是手机、手持阅读器或计算机。

除了上述主要特征外,新媒体还具有多种特征,包括海量化、社群化、民主化、碎片化、开放性、平等性、自由性、全息性(指新媒体的传播行为具有全息性,即构成系统的各个部分可以具有不同的功能,但要实现系统的整体功能。每种事物与其他一切事物之间都存在互动的、相关的影响)、低成本等特征,而且新媒体的形态还会随技术进步而日益优化。

三、新媒体的影响

新媒体改变人类的思想意识,影响人与人的关系,影响人的行为方式;新媒体影响经济、政治、军事、科技和文化等社会各个方面,进而影响了整个人类社会的发展。

(一)新媒体对人类的影响

首先,新媒体作为一种科学技术对人类的生存方式影响很大。麦克卢汉的一个观点,"媒介即人体的延伸,一切技术都是肉体和神经系统增加力量和速度的延伸"。他认为,媒介本身就在"塑造和控制着人的组合以及行为的尺度和形态"。技术使人更加完善,具备更多能够跨越时间和空间的能力。其次,新媒体作为一种环境对人的影响很大。马克思主义关于人与环境关系的基本观点是"一方面环境影响和制约着人的思想品德的形成和发展,另一方面人的活动也在不断地改变着环境。"我们可以得出一个结论:新媒体增加了人的行为能力,人的思想品德形成和发展受到新媒体的影响和制约,同时人类也在不断改变着新媒体。新媒体以及随之而来的生产、消费、思维模式等的变革,已经深深地影响和改变着每一个人。

1.对人类的精神活动的影响

第一,新媒体对人类的心理活动产生一定影响。首先,新媒体对人类的认知产生了一定影响。新媒体为人类对自身的认知提供了虚拟空间和丰富的手段,使人类对自身的认知更清晰,可以促进人不断完善自身;新媒体为人类认知他人和其他事物提供了条件;新媒体提供各个角度的海量信息,其结果可能是提高了人类对事物的认知度,也可能是扰乱了人类的思维。其次,新媒体对人的情绪和情感产生影响。新媒体为人类创造了一个情感交流宣泄的虚拟空间;新媒体提高了情感交流效率和生活幸福感;新媒体可能会造成情绪情感的错误引导。再次,新媒体对人格产生影响。人格是构成一个人的思想、情感及行为的特有模式,这个模式包含了一个人区别于他人的稳定而统一的心理品质。新媒体有意识地强化了人的自我意识状态,可以充分张扬个性,增强人们处理事件时的独立性、自主性和支配性;由于网络的虚拟性,使得人们在网络中的行为与现实中发生很大的差异。

第二,新媒体对人类的价值观,尤其是青年人的价值观产生一定影响。价值观是一个人对人生和客观事物的意义、重要性的总评价和总看法。对于一个成年人来说,价值观是不容易有颠覆性改变的,因为价值观是在他的生活中不断实践、思考、总结、再实践、再思考而最终形成的产物,即使是新媒体使他看到全世界多元的价值观,他也会对新的价值观进行重新审视而不会轻易接受。但是,对于青少年来说,在价值观没有形成的时候,新媒体对价值观的形成影响巨大。正面虚拟人物的力量很大,可以对青少年起到良好的榜样示范作用。但是,极端自由主义、个人自由、享乐主义、消费主义、利己主义、拜金主义等人生观、价值观充斥于新媒体,这些观念通过各类网络游戏、影视作品等潜移默化地影响着青少年,而且这种影响是长久而深远、无处不在的。

第三,新媒体对人类的思维方式有一定影响。新媒体背景下,人类的思维更加具有灵敏性、虚拟性、开放性、联系性和群体性。在新媒体时代,人类的生活节奏和学习节奏也都随着技术的进步在不断加快,为了适应时代发展,人类思维方式必然变得更加灵敏且有创造力。

新媒体的虚拟性造就了人类思维的虚拟化,人们习惯于在虚拟空间交际、购物和娱乐,在虚拟空间寻找某种心理寄托、心灵慰藉和心理满足。新媒体的开放性造就了人们思维的开放性。新媒体超时空性造成了人们思维的联系性,人们可以通过不同时域和不同地域的信息来完善自己的思考。新媒体的即时交互性使得人们思维产生群体性,如社区中的讨论、百度知道中的求助等等。

2. 对人类的行为方式的影响

第一,使人类的生活方式发生了巨大变化。传播是人与人产生联系、人类与其他事物产生联系的重要环节、重要途径。在新媒体背景下,人类的学习方式、工作方式、娱乐方式、获取信息方式和购物方式等都在发生着巨大的变化。首先,新媒体为人类的学习与工作提供了海量的信息资源与强大的沟通渠道,同时,面对丰富的新媒体信息,我们需要对其进行仔细的鉴别。其次,新媒体提高了娱乐休闲的质量和效率。再次,传统的信息获取方式几乎被新媒体取而代之。最后,网上购物已成为一部分人的最爱,既提高了购物效率又经济实惠。

第二,使人类的交往方式发生了巨大改变。人们用互联网、手机等新媒体来创造自己的社交网络,一种不直接面对面,而是经由互联网和手机中介形成的虚拟空间人际交往网络。在网络社会里,交往主体由有限的熟人向无限的陌生人转变;交往场景由真实性向虚拟性转变;交往媒介由单一性走向多样性,除了可以使用传统的语言、肢体语言以外,还可以运用文字、图片、视频、音频等多种载体;交往文化由一元化向多元化转变;在网络环境下,本土文化和异域文化、传统文化和现代文化可以充分交流、交锋、交融,网络地球村构筑了一个多元文化的交流平台。新媒体、互联网和手机为人类随时随地进行人际交往提供了硬件基础和环境保证,满足了人们的社交需求,同时改变了人类交往方式。首先,虚拟空间人际交往使人们在虚拟空间更自由、真实地展现自我;其次,虚拟空间人际交往是一场陌生人之间的互动游戏,是现实社会中人际关系的有益补充;再次,虚拟空间人际交往拓宽了现实空间人际交往的领域。最后,虚拟空间人际交往提高了现实空间人际交往的效率。此外,应当认识到,虚拟空间人际交往对人们存在一些负面影响。虚拟空间人际交往存在着任意性和自由性。做事情始终忠实于自己,就必然对他人更少的承诺,人与人之间的信任度降低,归属感变差。由于自由任意且匿名的特性,使得一些自身道德约束能力差的人走上了违反社会规范甚至法律的道路。

(二)新媒体对社会的影响

如今,新媒体不再仅仅是一种基于信息技术的文化形态,而成为人类生存的新空间,即虚拟社会。也就是说新媒体不仅属于技术范畴,也属于社会范畴。一种媒体的出现是当时社会发展的产物,同时这种媒体又可以作用于社会的各个方面形成一种新的行为方式和社会形态。人们能够自觉地将社会实践活动向虚拟环境扩展,形成了具有虚拟和现实双重特征的新的人类社会。

1.对社会政治的影响

第一,新媒体背景下,政府陆续搭建了各类公共信息平台。近几年,政府在网络上的信息公开,开设微博的现象越来越多。第二,新媒体也在改变着政府和选举。比如,奥巴马在大选中对新媒体的利用十分到位。第三,新媒体已经成为政府宣传的有力工具,掀起了网上宣传热潮。第四,新媒体为民众监督政府和官员提供了渠道。在新媒体时代,不但微博问政渐成气候,而且网络监督日益重要,新媒体反腐大戏一台接一台。

此外,新媒体可以通过在短期内召集人进行集会、游行来干预政治,新媒体的舆论成为影响国际、国内政治的重要力量,新媒体也成了反映民意的重要渠道。综上所述,新媒体对社会政治产生了很大影响。

2.对社会经济的影响

新媒体创造了新的产业,形成了新的商业模式,成了新的经济增长点。门户网站、搜索引擎、配合网络游戏的网吧、大众传播、电子商务和即时通信等商业模式,这些都已成为中国经济腾飞的新动力。新媒体对经济的影响主要体现在对资金链的影响、对产品链的影响和对贸易的影响三个方面。此外,新媒体在科技、工业、农业、卫生、教育、军事等各个领域所创造的间接商机、所创下的间接效益更是无法估量的。

3.对社会文化的影响

新媒体带来了文化的繁荣发展,使文化更加有交融性,更加大众化。第一,新媒体为文化提供了更形象、更生动、更快捷的传播平台,带来了人类文化的交互融合。由于新媒体的发展,不同国家和地区都有机会更多地接触异域文化。

4.对社会生活的影响

新媒体对社会生活影响最深刻的是:新媒体背景下的每个人都是信息发布者,都可以成为信息来源,新媒体背景下,个人隐私易于暴露。在新媒体这个"无个人隐私"的时代,一些人利用新媒体特点,通过各种手段追求个人利益。

新媒体时代,人们的购物方式悄然发生了变化。阿里巴巴(企业向企业销售的经营模式)、京东商城(企业向个人销售的经营模式)、淘宝网(个人向个人销售的经营模式)等网上商城应运而生,仅京东商城在2012年营业额就达到97亿美元。与此同时,物流业得到了空前的发展,网络购物催生了快递公司,顺丰、申通、中通等快递公司如雨后春笋般成立起来。

四、新媒体的发展趋势

新媒体依托信息技术的快速发展,不断刷新传统媒体的纪录。新媒体所创造的虚拟市场、时空和社会概念,以及在信息化、网络环境中开展的多种营销模式,无不改变人们以往的思维方式和营销方式。新媒体也给了许多个体和企业一个更好、更自由的平台进行展示,所以有更多人的目光投向了新媒体,希望在新媒体营销这个市场上分得一杯羹。但是新媒体与传统媒体有着非常大的区别,新媒体营销也有别于传统营销,为了更好地把握新媒体营销,需要了解新媒体的发展趋势。

1. 移动端地位明显

中国互联网络信息中心(CNNC)发布了第 37 次《中国互联网络发展状况统计报告》。报告称,截至 2015 年 12 月,中国网民每天上网时间接近 4 个小时,并且网民上网设备逐步转为手机端,超过 9 成的网民都是用手机上网,而且上网的时间越来越碎片化。中国网民的数量每年都在不断增加,特别是手机网民的数量上升更为明显。可见,手机不断挤占其他上网设备,成为最重要的上网方式,并且随着移动端的地位越来越明显,移动互联网经济也越来越火爆,所以新媒体营销应该把握移动端这一发展趋势。

2. 社交互动更频繁

新媒体自诞生之日起,就带有天然的社交属性,其内容可接性更强,操作更加方便,使人人都能成为传播者,人们非常容易在新媒体上进行互动。以微博为例,一旦发布一条新的信息,人们就可以评论和转发对于该条信息的观点,同时跟自己的好友进行分享。只要微博内容符合大众审美,符合当下热点,就非常容易形成病毒式传播,这种几何式增长的信息传播速度,激励着用户生产高质量内容,制造爆点,提高影响力,也借此来提高个人以及企业的形象。因此,社交互动性的增强是提高影响力和企业形象的良好契机。

3. 用户主导性更强

近年来,涌现出越来越多的网络红人,他们在社交媒体上拥有大量的粉丝,这些粉丝让他们具有很强的影响力,并给他们带来了很多价值。例如 Papi 酱,其成为 2016 年网络的一个大事件。徐小平真格基金、罗振宇"罗辑思维"、光源资本和星图资本联合投资了 Papi 酱 200 万元,Papi 酱估值 3 个亿,也成为中国第一网红。Papi 酱就是一个在微博上拥有 2000 多万粉丝的网络红人,她在微博上自编自导自演的视频总能在较短的时间内得到 10 万多人的关注。她的视频内容贴近当前社会的讨论热点,言辞犀利,经常让网友感同身受。虽然"罗辑思维"在不到 1 年的时间里就从 Papi 酱撤资,但是还是可以看到网络红人的影响力极高。这些成功现象的背后是用户主导内容生产模式的成功。新媒体用户能通过自己的努力生产出符合社会大众口味的内容来获得关注度,由此可见新媒体中用户主导性更强,内容生产模式成为一种主流。

4. 创意性更强

好的创意在新媒体时代越发重要。新媒体的可获得性很强,因此,如要在众多的用户中获得关注,创意成为至关重要的一步。在新媒体时代,除了产品内容之外,需要创意为其武装来发挥强大的力量。有了创意,再加上用户的热情参与,新媒体能发挥极其强大的能量,创意性成为当前企业和产品竞争中重要的一环。因此,新媒体的创意性会更强。

第二节 档案网站与档案信息服务

一、档案网站概述

随着技术的发展,整个社会正朝着数字化、网络化、信息化方向行进,档案机构借助现代信息技术服务于社会已是大势所趋。网站技术是现代信息技术的典型代表,档案网站建设是档案信息化建设的重要内容,是档案工作现代化的发展趋势和方向。自 20 世纪末以来,国内各档案机构纷纷建立档案网站,以便面向服务对象提供更加优质、高效的档案信息、服务。档案网站成为应用信息技术重组档案机构,促进档案信息资源全面共享,增强档案利用服务的开放性,提高档案利用服务效率,最终实现面向社会、以公众为中心的档案利用服务的重要平台。

档案是国家机构、社会组织或个人在社会活动中直接形成的有价值的各种形式的历史记录。直接形成、原始记录是档案最本质的特征。同时,档案一般都具有唯一性和较高的凭证价值。以往的档案利用受载体、时间、空间和唯一性的限制,利用范围相当有限。但随着信息社会和电子政务的发展,众多档案网站的出现极大地扩大了档案的利用范围和社会影响力。由于档案网站的出现,以往的档案利用变成了对档案信息的访问,以往神秘的权利变成了社会公众普遍的权利,以往许多难以接触到的档案信息变成了在咫尺范围之内唾手可得的信息资源。档案信息是社会重要的信息资源之一,档案网站正在信息社会中发挥着越来越重要的作用。

(一)档案网站的概念

档案网站是由档案机构建立在互联网络上的将各类档案信息与档案工作信息归纳分类的图像化的应用系统,是若干链接在一起的相关网页的集合。网站建设者制作若干网页并且经过规划组织,让网页彼此相连,然后接入互联网络,使网络所有节点均能访问到,这样的完整结构就是网站。

档案网站是由硬件、软件、内容、人员和处理构成的综合体。硬件包括服务器、网卡、传输介质(双绞线及同轴电缆等金属介质、光纤、无线介质)、网络互联设备(如网桥、路由器、网关)、局域网通信设备(如集线器、中继器)等;软件包括网页制作和发布工具、动画素材制作软件、网页开发语言、数据库管理系统等;内容是指网站所提供的档案信息资源、档案利用服务项目、档案事务处理功能等;人员包括网站的建设者、使用者和维护者;处理是指为实现档案利用服务项目和各种档案事务处理功能的应用程序处理逻辑,包括接收前台信息输入、后台存取、交互式访问等。档案网站的建设和运行是构成网站的各种要素相互配合、相互支持的动态发展过程。

档案网站通过各级各类内部局域网或因特网向特定用户或社会公众发布档案信息并提供相关服务。它是网络档案信息发布的基地,是网络档案信息的聚集点和辐射源,也是实现档案交流的载体平台。档案网站的建立使得档案机构从传统的、封闭的、单一的工作方式向新型的、开放的、多元的工作环境转变,各级各类档案机构和档案组织通过档案网站发布各类档案信息,打开通向网络世界的门户,竖起联系社会的窗口。

网站是互联网络发展的产物,是互联网络技术体系的重要组成部分。而当前的档案网站建设是我国档案信息化建设的重要组成部分,也是全国档案事业发展战略的重要组成部分。档案网站的建设和发展是数字化、网络化、信息化发展的必由之路,对于适应社会政治、经济、科技发展需要和促进档案事业发展具有举足轻重的作用。

(二)档案网站的类型

随着信息技术和利用需求的发展,档案网站的功能和类型不断丰富,目前已建成的档案网站根据其所建环境、服务对象、建设主体和技术手段的不同而分为不同类型。这里仅介绍根据不同主体建设的网站类型,主要有:档案局(馆)网站、专业部门档案馆网站、企事业单位档案网站、档案刊物网站、档案教育与咨询网站、个人档案网站等,其中前两种是主流档案网站。

1.档案局(馆)网站

档案局(馆)网站包括国家档案局网站和地方档案局(馆)网站。国家档案局网站既是国家档案局的官方站点,也是全国档案信息网站的门户网站,始建于2002年12月。国家档案局网站上提供了全国各省、自治区、直辖市档案局(馆)网站的链接,起到了引领网站的作用。地方档案局(馆)网站是发展最快、数量最多的一类网站,这些网站依托地方档案馆的馆藏资源提供在线档案信息服务,同时在网络上实现档案行政管理和行政服务功能。因此,地方档案局(馆)网站兼具档案局政务窗口、网上档案馆和地方档案网站门户三重作用。地方档案局(馆)网站名称不一,如"上海档案信息网""北京档案信息网""天津档案网""琼兰阁"(海南省档案馆网站)等。

2.专门档案馆网站

专门档案馆网站是基于国家专门档案馆馆藏而建立的网上专业档案利用、服务站点。如外交部档案馆网站、上海市城市建设档案馆网站、辽宁省地质资料档案馆网站、贵州省测绘资料档案馆网站等。

3.企事业单位档案网站

企事业单位档案网站是企事业单位依托本单位档案馆(室)资源而建立的提供档案宣传、查询和利用的站点,如上海大学档案馆网站、北京师范大学档案馆网站等。

4.档案刊物网站

档案刊物网站是档案杂志社或档案出版机构在网上建立的具有网络出版、网上发行功能的档案站点,是为档案学者和档案从业人员提供学术探讨、业务交流和专业资源共享的园地。档案刊物网站有"档案知网"(《档案学通讯》杂志社主办,现已停办)、"档案界"(《档案管理》杂志社主办)、中国档案资讯网(《中国档案报》社主办)。这些刊物网站起步晚,数量少,但形式活泼,发展较快,访问量较大,在档案学术界影响较大。此外,大多数省级档案刊物在本省的档案局(馆)网站上开辟了专门的版块或栏目。

5.档案教育与咨询网站

档案教育、咨询网站是档案教育机构、档案学会、档案研究机构或档案行政管理部门建立的，以档案教育、培训、咨询和档案业务交流、研讨为目的的档案站点。如"档案教育网"网站（中国档案学会主办）、"档案在线"网站（《中国档案信息主流网站发展状况及其用户需求的调查与分析》课题组主办）、上海大学图书情报档案系网站等。

6.个人档案网站

个人档案网站是由档案专家、学者、档案从业人员或在校学生创建的，以探讨学术思想、交流工作经验、传递专业信息、分享专业体验为目的的各种形式的档案站点（包括博客），如中国人民大学胡鸿杰教授的"我思故我在"、辽宁大学赵彦昌教授的"中国档案学研究"等。

（三）档案网站的作用

1.档案宣传的新途径

档案网站为档案部门宣传档案工作提供了新的方式和新的窗口。互联网是继大媒体（报纸广播、电视）之后飞速发展起来的第四媒体，能够克服传统档案宣传形式的诸多局限，成为档案部门加强和深化宣传工作的新窗口、新阵地。

利用网站宣传档案工作主要的优点有：生动活泼，图文声影并茂，容易被广大利用者所接受；传递迅速，宣传面较广，不受时间及空间的限制；针对性比较强，档案网站的来访及利用者的素质一般都比较高，能够通过自助方式找到所需信息资源，取得较好的宣传效果；兼容并蓄，能与报刊、广播、电视等多种宣传途径互联互补；档案宣传与档案利用结合得比较紧密，宣传的同时也可提供档案信息资源利用，使受知者更乐于接受，这是网站宣传的独特魅力。

2.档案信息服务的新手段

档案网站为档案馆提供了改善服务的新手段、新渠道。档案馆可以充分利用网络分布广泛性、开放性、动态性和非线性等特点，在网上公布馆藏指南和检索目录，定期或不定期进行特色档案信息发布等，通过网站为社会各界开辟一个档案信息服务的新通道。如北京市档案馆在其网站上记载了对外开放的70余万条开放档案目录，开通以来访问人次已经超过20余万，效果非常明显。

为提高档案信息资源的利用效率，充分发挥档案信息资源的作用，除正常接待查档外，许多档案馆开展了函电代查、代抄、代复制、档案咨询等多种形式的服务活动。互联网的发展又为档案馆提供了新的服务手段。电子邮件是互联网提供的一种快速、高效、方便、价廉的信息传递方式，通过电子邮件，不仅可以传递文字信息，还可以传递声音、图像、影像等多媒体信息。档案馆通过电子邮件这种形式可以突破函电代查、代抄、代复制的局限，为利用者提供更加及时、准确、全面的信息服务。一般档案馆都在主页上公布一个可供联系的电子邮件地址，这样远在外地海外的利用者可以将其查档要求通过电子邮件告知档案馆，档案馆再根据其要求查阅后，将查档结果以电子邮件的形式传送给用户。

（四）档案网站的具体功能

不同类型的档案网站由于所依托的档案资源、运行的网络环境和服务对象的不同,功能并不相同。

1. 档案检索

这是档案网站最基本的功能。其检索内容包括政府现行文件、主动公开信息、历史档案以及其他文献资料,检索层次可以是目录信息、全文信息或编研成果,检索途径有题名、档号、关键词、分类号等,检索方式有简单检索、高级检索等。网上档案信息检索还可采取动态检索链接机制,提供"站内检索""站外检索"或"复合式检索",实现跨库检索。对于内网网站,采用身份识别、权限控制、内容分级管理等机制;对于面向社会公众的外网网站,目前仅限于开放档案的目录查询和部分开放档案的全文查阅。

2. 档案管理

档案馆(室)将其档案管理业务的某些环节或内容延伸至档案网站,以适应管理环境的网络化,提高档案管理效率。基于外网的档案网站,除提供上述的检索业务外,一般兼有档案发布、档案征集、在线移交、档案展览、业务咨询、借阅服务等功能。而基于档案馆(室)内部局域网的档案网站,通常是整个档案馆(室)业务管理系统的统一平台,网站上集成了档案管理业务的各个方面。

3. 档案行政

同样,档案行政管理部门将其行政管理职能拓展至档案网站。档案局(馆)网站主页一般设有"政务公开""政策法规""业务指导""在线审批""行政投诉"等栏目,具有政策解读、规范性文件发布、网上办公等政务功能。

4. 档案宣传

档案机构可利用网站这一信息平台,通过设置"馆(室)概况""馆(室)藏介绍""服务指南""工作动态""行业要闻"等栏目,全方位、多角度地宣传、介绍档案机构、档案工作和档案职业,帮助公众了解已有的档案馆(室)藏和档案信息服务,使档案网站成为网络环境中档案机构形象和档案职业形象的缩影,提升档案机构的社会影响力,增强社会大众的档案意识。

5. 交流互动

档案网站可通过设立"建言献策""用户园地(BBS)""统计调查"等专题栏目,开辟用户博客、微博空间,提供电子邮箱、微信公众号及其二维码,开通网上实时咨询(IM),开通手机 App 程序模块等功能,收集档案用户的反馈意见,征询社会各界对档案工作的建议,答复各类用户的咨询、提问,在档案机构与社会公众之间架起双向沟通的桥梁,使档案网站成为档案用户、档案管理者、档案形成者、档案专家多方交流、协助互动的信息平台。

6.文化展示

档案网站可设立"珍藏集萃""特藏展室""专题展览""在线参观""名人档案"等栏目,利用信息网络极强的辐射力展示具有重要历史意义和美学欣赏价值的珍贵档案藏品。通过网上展览,展示人类社会发展的文明财富,弘扬民族文化,传承历史记忆,提升档案网站文化品位,体现档案机构的文化内涵及其对保护人类文明的重要意义。

7.专业教育

档案网站通过设立"教学园地""网上课堂""知识天地"等栏目,利用组合教育资源的优势和分散式教学模式的便利,及时发布专业教育信息,上传课程教育资源,面向档案从业者和社会公众开设档案专业培训和档案文化讲座。例如,美国 NARA 网站的 Educators and Students 栏目,为在校学生和社会公众准备了形象生动的多媒体教育资源,以丰富的档案史料串联起来的学习内容,使访问者在浏览的兴趣中提高了档案意识和档案技能。中国档案学会还专门建立了"文件与档案工作者继续教育园地——档案教育网"网站。

(五)中外档案网站典型案例

档案网站最早于 1995 年在北美开始建设,如美国国家档案馆、加拿大国家档案馆等。至 2002 年初,与联合国教科文组织档案门户网站实现链接的档案网站达到了 4000 多个,涵盖国际组织以及国家、城建、工商、军事、宗教等各种类型的档案馆,其中包含国家档案馆网站 95 个。我国档案网站建设始于 20 世纪 90 年代中期。1996 年,北京市档案局(馆)在北京经济信息网上建立了主页;随后,上海市档案局(馆)于 1998 年 10 月通过上海科技信息网开通了自己的网站。目前,我国档案网站建设在数量上已初具规模,全国省级、市级档案局(馆)已建成 400 多家档案网站。国家档案门户网站的建成,以及各省级平台相继与政府门户网站实现互联,为逐步构建全国档案工作信息网奠定了基础。

1.上海档案信息网建设实例

(1)网站上线

上海市档案局(馆)于 1999 年正式上线"上海档案信息网",网址为 www. archives. sh. cn。上海档案信息网是档案部门参与政府门户网站建设,在政府门户网站框架内构筑起的,既是上海地区档案信息专业网站,又是上海市政府门户网站的重要组成部分。设有机构概况、领导简介、服务之窗、馆藏指南、珍品集萃、档案查询、史料园地、史话沙龙等栏目。主要介绍上海市档案局(馆)以及内设机构的基本职能、档案行政管理的政务项目、查档手续、全宗指南、开放目录、档案展览、馆藏史料、沪上掌故及馆刊《档案与史学》等。其中档案查询服务功能支持利用者网上查询开放档案目录。

2012 年 8 月 25 日,新改版的上海档案信息网正式上线运行,它采用了新颖的设计思路,着重增加了档案与上海的文化元素,整合、优化了网站栏目设置,完善了网站功能,重新设计了页面风格和网站布局。新版上海档案信息网重点突出了珍贵档案展示档案史料研究和网上展览等用户关注的城市记忆内容,增加了网站的专业性和文化性看点。栏目设置简洁、清晰,信息丰富,检索功能齐全,操作简便,便于读者查询和阅读。

（2）网站主要功能

根据网站框架我们可以看出上海档案信息网功能多样。除了菜单栏目之外，该网站的主页上还包括开放档案一站式查询档案行政管理系统、专题报道、史料研究、档案集萃、网上展览、上海记忆、档案博客、网上调查以及网站链接等。

2. 美国国家档案馆网站建设实例

美国国家档案馆（National Archives of the United States）是美国国家级综合性档案馆，是美国保管联邦政府档案文件的机构，由美国国家档案与文件管理署（National Archives and Records Administration，NARA）管理。

（1）网站上线

20 世纪 80 年代，美国国家档案馆率先创建了档案网站，网站具有政务指导职能和具体业务职能。档案馆网址初始为 www.nara.gov，后改为 www.archives.gov。网站经过多次改版，曾经有一级类目共 18 个，加上二级类目总数近 200 个。体系完整，结构清晰，内容丰富。目前的一级栏目主要有：组织机构、有关信息、研究我们的档案、退伍军人服务档案、教师资源、出版物、我们的位置、网上购物等。

（2）网站检索功能

网站上提供"搜索 NARA 网页"与"搜索 NARA 网站数据库"两种检索方式。前者包括简单查询和高级查询，其中高级查询可利用全文、标题、URL 地址、关键词、图片链接、时间等字段实现多元查找。后者则通过五种特定数据库链接实现，即馆藏在线地址、缩微胶片的地址和说明、肯尼迪遇刺事件文件、联邦记录出版物、图书馆目录等。

二、信息阅览服务

（一）馆藏档案信息

档案网站档案信息服务的最基本内容就是向社会发布档案和档案工作信息，提供信息供利用者阅览。

馆藏档案信息全称可以表述为馆（室）藏档案信息，是指档案馆、档案室所保存的各类档案的内容信息、特征信息等各方面的信息。向社会公众介绍和公布档案馆以及档案室所藏的档案信息是档案网站最主要的内容，是涉及面最广、最能吸引利用者的部分。

在网络新媒体中，各级各类档案馆和档案室所发布的馆藏档案信息应该是信息量最大的，也应该是最为集中和最丰富的。因为这类档案信息最能直接满足社会各界对档案的利用需求。所以馆藏档案信息应是档案网站的核心信息，为社会提供内容丰富、形式多样并具有参考价值和经济价值的政治、经济、科技和文化信息。

馆藏档案信息根据加工层次可以分为三类：一次信息、二次信息和三次信息。一次信息是指未经任何人为加工的档案原文信息。一次信息比较全面和详细，具有独特的凭证价值和情报价值，能直接在科研、生产中起到查考和借鉴作用。二次信息是将大量分散、无序的一次信息，用科学的方法加工、整理后产生的具有有序化、浓缩化特征的信息。三次信息是指围绕某个特定的课题，在利用二次信息的基础上，选用一次信息，经过综合研究和归纳分析形成的综述性档案信息。多数档案文献的编研成果都属于三次信息。

在档案信息服务中,档案机构要根据实际情况在档案网站中适当地提供这三类信息。

一是尽最大可能提供一次信息即档案全文信息。档案全文信息是指档案机构收集到的电子文件,或者是对传统档案的原件进行数字化处理后得到的数字副本。

二是尽量全面地提供二次信息即馆藏档案目录信息。馆藏档案目录信息是指对馆藏档案材料内容和形式特征的书面或其他方式的表达,可借以记录和识别一份文件或一个案卷。

三是结合本档案机构特色提供三次信息即档案编研信息。档案编研信息包括全宗介绍、大事记、年鉴、组织沿革、基础数字汇编、专题概要等各种形式。

目前,我国档案网站上提供的馆藏档案信息以二次信息居多,二次信息中又以介绍性目录信息居多。一次信息、三次信息、检索性目录信息数量所占比例都尚未形成规模。在今后的档案网站建设中,要重点考虑提高一次信息和三次信息的比重,以提供具体化的、系统化的馆藏档案信息,使网站上的馆藏档案信息利用达到实用性的功能层次。

(二)档案工作信息

档案工作,从广义上说,包括档案管理工作、档案行政管理工作、档案教育工作、档案科学研究工作、档案宣传工作、档案国际合作与交流工作等。据此,可以将档案工作信息分为档案业务管理工作信息、档案行政管理工作信息、档案教育工作信息、档案科学研究工作信息、档案宣传工作信息、档案国际合作与交流工作信息。

档案业务管理工作信息是档案馆或档案室将其档案管理业务的某些环节或内容延伸至档案网站,以适应管理环境的网络化,提高档案管理的效率。档案业务管理工作信息多基于政务网或局域网进行发布,通常结合了办公自动化系统、档案信息管理系统或是档案馆业务管理系统。而基于互联网上发布的档案业务管理工作信息一般包括档案发布、档案征集、档案检索、在线移交、业务咨询等。

档案行政管理工作信息是档案行政管理机构将其行政管理职能拓展至档案网站,以向政府机关或社会提供档案行政服务。档案行政管理工作信息一般包括政策法规、标准规划、管理制度、文令公告、行政监督、组织协调、业务指导、咨询服务、在线申报、在线审批等方面的内容,具有政策解读、文令发布、网上办公等政务功能。

档案教育工作信息是将档案教育功能拓展至档案网站,以发展档案教育,培养档案专业人才。

档案科学研究工作信息是将科学研究功能拓展至档案网站以促进科研工作的发展和档案学科发展。

档案宣传工作信息是将档案宣传功能拓展至档案网站以向社会和公众传播档案信息和档案思想,从而提高社会档案意识。

档案国际合作与交流是档案事业重要组成部分,也是国家对外文化与科技交流的重要方面,这方面的工作信息对于档案工作者、档案学者和社会公众都具有一定的价值和意义,理应通过档案网站进行发布。

(三)利用服务信息

利用服务信息是面向档案利用者,告之档案机构与档案网站提供何种服务及获得服务的途径和方法的信息。它一般包括本档案机构服务项目、服务内容、服务对象、服务方式、服务政策和服务限制,档案馆室指南(查档手续、查档范围、查档方法、查档程序、查档收费等),档案馆室阅览条件、开放时间,为研究者提供各种可用工具等。

除了上述档案和档案工作信息外,档案网站还包括政府公开信息、社会环境信息和休闲娱乐信息等社会服务信息。其中政府公开信息是最重要的一类社会信息,一般属于档案网站的必备项,而社会环境信息和休闲娱乐信息属于可选项。

(四)政府公开信息

随着社会信息化和电子政务的深入发展,作为政府职能活动记录法定保管者的档案馆承担起了公开政府文件信息的责任,《中华人民共和国政府信息公开条例》规定档案馆是政府信息的法定公开场所之一。面向政府机关和社会公众提供政府现行文件利用已经成为各级各类国家档案馆的一项重要职能,许多档案馆建立了现行文件阅览中心。

在档案信息服务过程中,这项职能同样延伸至档案网站。我国有许多档案网站提供政府公开信息查询阅览服务。

政府现行文件是未来档案的前身,既具有时效性,又与广大人民群众的利益密切相关。档案机构提供政府公开信息查询利用开拓了档案服务的新领域,也为政府政务公开及政府工作的民主化、透明化起到积极的促进作用。档案网站的现行文件利用则吸引了更多的档案潜在利用者,达到了良好的社会服务效果。

(五)社会环境信息

许多档案网站适当地提供所在地政治、经济、历史、文化等情况,也介绍了与馆藏档案相关的各地区政治、经济、历史、文化等情况。这些信息对于档案网站用户来说是相应的社会环境信息,既可以体现档案馆的历史文化特性,又可以为利用者提供较为全面的服务内容。档案网站还可以适当提供相关专业信息,如关于图书馆、博物馆等工作或研究中的新理论、新技术、新方法,适当提供一些相关专业、搜索引擎链接、热点网站推荐,以方便利用者快速、便捷地查找所需相关信息。

(六)休闲娱乐信息

档案网站无疑是专业网站,但为了吸引社会公众的眼球、凝聚档案网站的人气,档案网站可以结合档案信息内容适当提供一些休闲娱乐信息。可以结合馆藏特色档案信息,建设大众文化休闲园地。通过历史回溯、地方风情、文化寻踪、名人轶事、古城旧影等内容提供具有文化性和娱乐性的档案信息。

三、信息检索服务

信息检索服务是档案网站档案信息服务的重要内容,在档案网站内容建设过程中,应当确立检索服务的核心地位。信息检索服务是指使用网络档案计算机检索系统(或称之为在线档案计算机检索系统,档案计算机检索系统的网络版)进行检索。

档案网站信息检索服务具有"零距离""全天候""多用户"的特点,是实现信息查阅无距离、无时间限制的重要手段,对档案网站拓展服务面、提升服务工作水平,扩大档案工作的社会影响力起到重要的积极作用。

网络打破了时空和地域的限制,在新媒体环境下,利用者将有可能不再专门针对某一个档案馆的信息进行检索,而是针对整个网络中全部意义上的档案信息资源完成检索。这是档案网站最基本的功能。其检索内容包括政府现行文件、主动公开信息、历史档案以及其他文献资料,检索层次可以是目录信息、全文信息或编研成果,检索途径有题名、档号、关键词、分类号等,检索方式有简单检索、高级检索等。网上档案信息检索还可采取动态检索链接机制,提供"站内检索""站外检索"或"复合式检索",实现跨库检索。对于内网网站,采用身份识别、权限控制、内容分级管理等机制;对于面向社会公众的外网网站,目前仅限于开放档案的目录查询和部分开放档案的全文查阅。

未来建设发展中需要进一步加强资源建设、提高数据质量、优化检索途径、完善检索功能、提供指南和帮助、增强检索结果处理能力、加强多媒体技术研究、扩大检索范围、丰富检索系统形式。

四、信息搜索服务

信息搜索服务是指对网络中档案信息资源的搜索、定位,或称其为对网络中档案信息资源的发现。其针对的对象是不特定的、处于无序状态的网络信息,检索后返回的值是 URL(Uniform Resource Locator,统一资源定位符),即相关网址。返回的 URL 所指向的网页或能提供网络档案计算机检索系统,或者包括了以静态页面形式发布的各种档案信息。

在实际应用中,信息搜索服务一般依赖搜索引擎实现。搜索引擎也是网络新媒体中重要的媒体形式之一。

搜索引擎是一种信息发现服务系统,用以实现对网络中各类信息资源的搜索、定位,或称为对网络信息资源的发现。其实质是查找特定信息相关网址的工具,针对的对象是静态页面文件信息,检索后返回的值是 URL,即相关网址。搜索引擎工作的主要特点是采用基于 Web 浏览器的用户界面、检索结果按相关性排序并分批输出、在很多场合查询方式与浏览方式结合使用。

五、交流互动服务

档案信息服务利用档案网站提供交流互动服务,从而收集档案利用者的反馈意见,征询社会各界对档案服务的建议,答复各类利用者的咨询、提问,在档案机构与社会公众之间架起双向沟通的桥梁,使档案网站成为档案工作者、档案学者、档案利用者多方交流和协助互动的平台,使档案信息服务在内容层次和服务程度上大大地深化。

交流互动服务用于宣传档案工作,解答有关咨询,接受反馈信息,供利用者和档案工作者进行交流和发表个人思想观点,集思广益。还可利用高效、快速、便捷的网络通信系统,为利用者传送档案信息或复制件、传送检索结果、开展定题服务、提供参考咨询。甚至可以定时将公布的档案信息和档案宣传信息推送给利用者,或开通 FTP 文件传输系统为利用者提供远程文件传递服务。档案机构、档案工作者、档案学者、档案利用者甚至社会公众还可以参与学术讨论组共同探讨和交流档案问题。

六、导航服务

导航服务主要是为网站用户提供路径线索和标识,体现网页间的有机联系,使利用者了解网站的布局及主要内容,在网站浏览过程中具有结构感和方位感,始终知道自己在网站中的位置,并可以通过导航功能快捷地访问相关页面。

导航服务一般包括页面导航、内容导航和网站地图。页面导航是在网页上提供查询导航条，提示当前的访问路径，明确当前网页在网站中的位置，并可供访问者点击它去访问相关内容。内容导航一般是通过主题列表、选项菜单的形式对属于同一个栏目或同类信息内容的全部网页进行信息提示，以帮助利用者就某一栏目的各方面内容进行进一步的浏览。网站地图是对网站内的档案信息进行组织，建立索引，它按照网站层次建立树型目录，将网站内涉及的所有栏目按所属关系依次列出，同时提供超链接连接到相应网页。

七、调查统计服务

网络新媒体使得档案调查统计工作的实现更为方便和快捷。档案网站通过调查统计服务，提高档案工作和档案网站服务质量。档案网站通过设计调查统计信息系统，让利用者自由填写或建立一些激励机制鼓励利用者填写，实现与利用者的沟通。调查统计结果既可以应用到档案工作中，也可以提供给利用者和网站用户。

应用到档案工作中的调查统计服务主要针对利用者研究，用以分析利用者和利用需求，得出有价值的结论。通过征求利用者意见，便于对档案工作、网络设备、网站内容、功能及形式等进行改进和完善。

八、下载服务

档案网站应根据情况适当地提供下载服务。一是实现对档案信息的下载。例如，浙江档案网的部分全文和照片可以进行有偿下载。黄埔军校人名录中每个人的照片就提供了付费下载高质量照片的途径，馆藏资料中的一些老报刊资料的扫描件也提供了付费下载服务。二是对档案工作中相关信息的下载。例如，下载档案行政管理工作和业务工作中的各种表格，包括优秀档案工作者申请表、参加档案培训申请表、档案查询登记表、预约登记表等。三是与档案工作有关的工具软件的下载。例如，国家档案局推广使用的档案管理软件等。

档案网站作为档案信息服务的服务窗口、宣传窗口、对话窗口、中介窗口、交流窗口，汇集了各类档案信息，在档案信息服务中发挥了重要作用。新媒体条件下，档案网站依然是除到馆服务以外档案信息服务的最重要形式。通过档案网站开展档案信息服务，可以向社会提供开放档案信息和现行文件查询利用，让社会公众了解关于国家档案工作的法律法规、方针政策，提升社会档案意识，加大档案信息服务力度。虽然各类档案网站在档案信息资源的丰富度、特色内容的构建度、与用户的互动程度等方面还有待提高，但是由于具有登录方便、利用快捷等优势，其受众面正在逐步扩大。

第三节　博客与档案信息服务

一、博客概述

在新媒体中，人们非常熟悉的一种传统文件形式——日记，发展为了 Blog。Blog 英文全称是 Web log，中文译为"网志""网络日志"，写 Blog 的 Blogger 中文译为"博客"。随着 Blog 在我国的广泛应用，中文"博客"一词被泛化，它既指被写的 Blog，也指写 Blog 的 Blogger。

博客是个人或群体为了表达思想，以简易的方法按时间顺序做记录并不断更新的网络出版与交流形式。博客的内容一般是表达所思所想、生活故事、思想历程等，可以是一个人所写，也可以是基于某一主题或是在某一领域内由一群人集体创作。博客是 UGC（User Generate Content，用户产生内容）媒体形式的典型应用，是一种深度沟通交流的网络媒体形式。由于简单易用，博客普及迅速，大量的博客生产了大量的信息，其中许多成为重要的社会信息。

博客作为一种新媒体形式，具有以下三个方面的主要特点：

一是亲民化与个性化。博客是一种网络信息传播工具，在法律允许的框架内，每个人都可以建立博客并在上面发表文章和观点。它不属于"精英"阶层的写作，更多是来自普通人的信息，具有亲民化的特征。博客的内容源于个性化的思维、个性化的角度，并通过个性化的页面展示每位博主不同的个性，成为每个人自我展现的个性化平台。这是博客受用户青睐的原动力。

二是简单性与易用性。用户使用博客只需在博客网站上注册就可以获得一个自己的博客空间和个性化的页面，无须学习网页制作的专业技术知识，也不需要花费时间精力设计和构造繁杂的页面，在没有任何技术障碍的前提下通过多种方式发布自己的文本照片和音像资料。零成本和零技术性是博客蓬勃发展的推动力。

三是共享性和交互性。不同于传统日记具有隐私性的特点，博客记录的内容可以向所有网络用户公开，博主们以交流思想的心态将自己的观点和想法与大家分享、讨论，实现"信息共享"并进一步向"思想共享"跃升。通过交流与讨论、提问与互动，实现博主与读者的信息交互。

二、博客在档案信息服务中的作用

（一）档案学术交流的新平台

许多档案机构、档案学者建立的档案博客为档案学术交流提供了平台。大量档案博客具有很强的学术性和专业性，紧紧围绕档案专业方面的主题，向受众传递档案界的最新信息和学术思想。受众评论的参与可以更好地提高其可读性，达到广泛进行档案学术交流的目的。

以往缺乏途径发布的档案学和档案工作的学习心得、工作体验、学术观点、研究思路、实验方法、研究成果等信息可以通过档案博客及时地发布共享，并可按不同的专题分类整理，方便研究者获得丰富的学术资料，把握档案学理论研究和实践中的新情况和新动向以及前沿和热点问题，方便对档案知识的学习与交流。博客的回帖还可以引发思想火花的碰撞，引起学术上的争鸣。

（二）档案馆（室）发布信息的新平台

档案馆、档案室等档案机构及其工作人员可以把博客变成档案馆（室）发布信息的新平台。所有档案网站上的静态信息都可以在博客空间中予以展示，可以介绍馆藏并及时与利用者沟通共同关心的问题，可以把馆藏档案信息、声音资料、影像资料、口述档案、编研成果、特色档案等档案信息分期分批地、有针对性地向社会发布。那些馆务活动信息和新闻公告都可以博客化，既可以按时间追溯又可以让档案网站"瘦身"，实现档案信息发布渠道的多样性。

（三）档案信息聚合与导航的新工具

借助博客的 Trackback 以及 RSS 摘要等功能，可以把国内外有影响力的档案专业博客进行汇聚并予以导航，形成整体的、开放的"知识共同体"。因共同兴趣、合作关系等缘由联系在一起而形成内容相近、互为补充的交流探讨圈，打造全方位的档案专业指导、研究、利用的综合性媒体平台。每个圈就相当于一个话题或类目交流平台，圈中用户可以很轻松地知晓圈内最新出炉的探讨研究成果，也可以以隔离形式单独关注圈中合作者。众多的博客可以一起围绕某个话题展开讨论，每个博客发表自己的看法。此外，还可以利用博客中的分类、汇集、交流等方式，直接提供档案工作中常见问题的答案。

（四）档案机构与利用者交流的新媒介

博客可以改善以往电子邮件联系方式中沟通不透明的弊端，为档案机构及其工作人员与利用者之间搭建积极互动的交流平台。利用博客，档案机构可以更方便地与其他档案工作者及社会公众进行广泛及时的交流。通过利用者对档案机构及其工作人员博客的阅读、回帖、评论，建立档案机构与利用者的紧密联系。利用者的要求可以即时反映在博客的服务栏目中，通过透明的提问方式促使档案工作者尽快回复，有效地减少沟通的时间。针对利用者的反馈信息，档案机构及其工作人员又可以及时了解利用者需求，提高服务质量。

博客还可以作为档案机构培训、指导的手段，交互式地解决利用者的疑难问题，还能够随时发布公告，对于档案机构与利用者共同关心的问题及时与利用者沟通。

（五）档案宣传工作的新途径

我国档案机构长期处于一种内向的、封闭的环境中，造成我国社会档案意识相对薄弱，需要通过加大对档案和档案工作的宣传力度来提高社会档案意识。博客拓展了开展档案宣传工作的新途径。通过博客，档案机构、档案工作者将具有公告与新闻性质的档案信息广而告之，既降低了宣传成本又提高了社会公众对档案事业的了解，可以在更大范围内宣传自己、展示自己的风采。博客是轻松自然的交流方式，是开放自由的出版形式，具有平等自主的表现风格，容易拉近档案与社会的距离。借助档案博客，档案机构及其工作人员可以更方便地与公众进行交流，宣传档案知识和档案工作，培养社会的档案意识。

三、国内外档案博客发展情况

博客作为个人自由表达与深度沟通交流的网络新媒体形式，在信息社会占据一席之地。伴随着博客的广泛应用，档案博客也在不断发展。2004 年 12 月 24 日，中国人民大学信息资源管理学院档案学 01 级一名学生在其博客"芊芊无痕"上发表了两篇档案专业文章，成为最早在博客上发布的档案专业帖文。档案界最早出现的专业博客是 2005 年 5 月 1 日辽宁大学历史学院赵彦昌教授在和讯博客个人门户上创办的博客"中国档案学研究"。该博客秉承为科研收集资料以最大限度地实现信息共享的宗旨，转载档案学学科论文，广泛搜集档案专业信息和资料，截至2015 年 5 月初，文章总数达 2.2 万余篇，总访问量近 258 万人次。该博客上发布的档案专业信息曾被专业刊物《档案管理》转发，在档案界首开传统媒体转发网络媒体信息的先河。2005 年后，档案博客开始蓬勃发展。2007 年 5 月 1 日，由《档案管理》杂志社主办的"档案界"网站正式运行,网站设立的"兰台博客"栏目吸引了众多档案人士。上海档案信息网也开设有"档案博客"专栏,郭红解、邢建榕、姜龙飞等档案工作者在该专栏开通个人博客账号。时至今日,我国档案博客已初具规模。

国外档案博客可以分为四类:聚合类博客、个人博客、组织机构博客和协作型博客。聚合类博客利用 RSS 技术来获取、发布、聚合大量档案博客的内容。个人档案博客充分体现博主的主要研究领域和学术动态,内容丰富。其中有专门关注档案数字化的博客,如 Digitization Blog、Digitization101;有关注档案学发展趋势的博客,如 Archives Next Blog;还有关注档案技术的博客,如 the Digital Archive 和 Neoarch。组织机构档案博客以丰富的馆藏资源为优势,拥有大量的数字化资源,而且这些资源大多是独一无二的。协作性档案博客是跨领域的合作,引进了其他学科的技术和理念。

在国外创建档案博客的机构中,NARA 具有代表性。NARA 视博客为与公众分享关于本机构的信息的渠道,也是公众对本机构的新闻、事件、项目反馈信息的渠道并鼓励公众回应消息。NARA 开通了国家档案员博客、联邦登录处博客、《信息自由法》专员博客、特殊媒体档案服务部博客、国家档案馆博客、国家解密中心博客、Prologue 杂志博客、行政文件办公室博客、文本档案服务部博客、公共利益解密委员会博客、国家档案首席信息馆博客、卡特编年史博客等众多博客。

四、我国档案博客的特点

(一)博客平台特点:分散多样

我国档案博客依托不同的平台创建。有研究者于 2014 年对我国 67 个博客数据源进行了调查研究,从博客平台分析,有 24 位博主选择新浪平台,31 位博主选择档案知网的个人空间,其余还包括和讯博客、搜狐博客、网易博客等,平台分散多样,博客形式完全依赖所选平台提供的服务。有的博主同时在多个平台开通博客,而且每个平台的发布内容略有不同,例如上海师范大学的张会超老师创建的"兰台天地""教书匠张三",再如湖北大学任汉中老师先后创建了"D4012 工作室""任大叔的博客"以及和讯上的"档案驿站"等博客。

(二)博主身份特点:类型集中

国外档案博客博主身份较为多样,有档案学者、档案工作者、图书馆工作人员、IT 人员、历史学者、管理人员以及各种组织机构。我国档案博客的博主包括档案机构和个人。档案机构创建的博客如前文提到的上海市档案信息网的"档案博客"和青岛市市北区档案局的档案博客等。档案学教学机构中国人民大学信息资源管理学院和档案学期刊编辑部《档案管理》杂志社分别在其创建的档案知网和档案界两个档案网站上设置了博客。我国档案学术组织的博客还没有创建。发表档案博客的个人主要包括三类人员:一是档案学者。其博客具有较强专业学术性。如中国人民大学信息管理学院胡鸿杰老师创建的"我思故我在",徐拥军老师创建的"淡如水的个人空间";辽宁大学丁海斌老师在搜狐博客上创建的"丁氏花园",赵淑梅老师在和讯博客上的"档案梅苑";上海大学图书馆倪代川老师在天涯博客上创建的"兰台家园"等。二是档案专业学生。其博客具有较强的新颖性。例如河北大学 2005 级图书档案班创建本班博客;上海师范大学张会超老师创建"兰台天地"时是中国人民大学信息资源管理学院的博士研究生;四川大学档案学研究生创建"拾遗葳轩"等。三是档案从业人员。其博客具有较强的实践性。例如长春市档案馆李学广馆长创建的"1xg540915 的博客",江西省庐山风景名胜区管理局档案局局长陈乐斌的"庐山档案clb"。

（三）博客类型特点：学者博客更聚人气

与国外有聚合类博客、个人博客、组织机构博客和协作性博客四类档案博客相比,我国档案博客类型主要是个人博客和档案机构博客两类。在这两类博客中,个人博客中的学者博客更聚人气。截至 2014 年上半年,访问量最高的博客是赵彦昌教授的"中国档案学研究",访问量超过 230 万且是数据中唯一一过百万的博主,其次还有 10 个档案博客访问量超过 10 万,如"档案春秋"（73 万）、"档案界的沙漠绿洲"（58 万）、"图档情结"（56 万）等。

（四）博客内容特点：丰富性和多样性

档案博客内容因人而异、丰富多样。因为博主的身份不同、学术背景不同、经历不同而各具所长,表现出丰富性和多样性。涉及的主题比较广泛几乎涵盖了档案学基础理论、档案教育、档案工作实务、档案界最新信息、档案法规、档案事业史、档案管理、外国档案管理、档案论坛、档案期刊、档案学名家与专著介绍、娱乐休闲等各个方面。不同的博主以个人特有的视角自行承担选题、撰稿、校对、编辑、发表的个人出版形式,随意自由地发挥所思所想,研究档案学和档案工作相关问题,将自己认为精彩或有价值的各种信息对外发布,内容各具特色。总体上看,我国档案博客的个性化、专业性、学术性较强。个性化如胡鸿杰、张会超的博客以档案学相关信息为主,还记录了部分学习、工作和生活中的发现、心得和趣事,使博客更加生动,更添情趣,更具个性化色彩。专业性、学术性如赵彦昌、胡康林的博客内容几乎都是档案学相关主题。

（五）日志更新特点：两极分化

更新频率是衡量一个博客建设好坏的重要标准。我国档案博客日志的更新频率呈现两极分化的状态:好的很好、差的很差。好的博客能够坚持每天或不定时更新,差的博客几个月、半年乃至一年多都未更新。

（六）利用效果特点：互动交流不足

博客是一个注重互动交流的平台,通过设置留言或评论功能达到互动交流的目的。但多数博客实际利用效果并不明显,多数访问者都是看客,评论讨论不积极,互动交流不足,引发不了思想碰撞,仅仅停留在"信息共享"层面,达不到"思想共享"层面,博客的作用没有充分发挥出来。

第四节　微博与档案信息服务

一、微博概述

利用工作在档案管理环节中占据着十分重要的地位,只有通过利用实践,档案的价值才能得以体现。

随着社会信息化程度逐渐加深,档案利用服务工作的平台较之从前有相当大的拓展,尤其是依赖于计算机网络的服务平台更是吸引了越来越多档案工作者的注意。近年来,逐渐出现了依托微博平台的档案利用服务工作。微博,即微博客(Microblog)的简称,是网上个人日志类信息发布平台博客的微小化,是一个信息分享、传播以及获取的简便平台。

微博利用无线网络、有线网络等实现即时通信。博主随时将自己的最新想法以短信形式发送给手机和个性化网站群,而不仅仅是发送给个人。微博赋予所有用户属于自己的沟通平台,相当于有了一个私人媒体。在私人媒体上,每一个人都可以成为信息制造者,并将所产生的信息方便地进行传播交流。微博推动人与信息的融合,使信息源变得无限广泛。

二、微博在档案信息服务中的作用

(一)推送公共档案信息,促进公共档案馆建设

近年来,建设公共档案馆成为我国各级档案馆的建设目标。公共档案馆是由国家设立并管理的,由保障公民利用档案信息权利的制度安排的,为社会公众提供服务的综合档案馆。

与网站建设相同,档案微博可推送的公共档案信息包括如下三类:

1. 馆藏档案信息和编研成果信息

与在档案网站上访问此类信息不同,在微博上此类信息是以非常简短的文字表达珍贵的档案信息,有利于提高利用者的阅读兴趣。在微博上发布此类信息要注意结合广大人民群众的生活,结合特色馆藏档案,学会用微博讲述老照片的故事或是对珍贵档案进行引人入胜的介绍。与在档案网站上访问此类信息不同,在微博上此类信息可以让作为受众的利用者就自己感兴趣的内容与发布信息的档案馆工作人员及时沟通,乃至引发利用者到相关档案网站或档案馆进一步详细了解自己感兴趣的内容。

2. 档案工作信息

微博因为内容简短,发布、接受以及查看形式的多样化,为档案工作信息传递提供了最佳的途径。最新颁布的档案法规政策,最新的档案工作动态,近期档案馆的展览活动,节假日开闭馆时间等都可以通过微博及时发布。档案工作信息通过微博的推送,方便利用者了解档案工作的实际情况,也可以壮大档案馆举办活动的声势。

3. 利用服务信息

利用微博发布服务项目、查档指南、开放时间等服务信息的效果将优于档案网站发布的效果,有利于指导利用者直接找到所需档案,方便公众顺利地到档案馆查档。例如,在档案微博进行查档指导,让公众知道可以到县区档案馆查询婚姻档案、查询劳动工资档案以找到工龄证明信息等,避免利用者盲目地东奔西跑。利用微博发布利用服务信息有利于促进档案馆服务转型,由被动服务向主动服务转变。

(二)推送政府公开信息,促进政府信息查阅中心建设

与网站建设相同,档案微博也可以推送政府公开信息。作为政府信息查阅中心是档案馆的

基本职能之一。在档案微博上发布政府公开信息,既是档案馆服务民生的表现,也是政务公开的主要内容。

很多档案微博是以政务微博身份面向社会的,其功能有二:一是发布权威信息,拉近档案与公众的距离。档案微博推送政府公开信息和政务信息的内容摘要及目录,有利于社会公众及时、迅速地浏览和了解政府信息,使政府信息查询更加贴近社会、贴近公众。二是通过微博打造档案工作网络平台,提高办事效率。

(三)实现交互式咨询服务,促进档案机构与公众交流

微博的信息交流交互性强,可以用于拓展档案咨询服务。档案咨询服务最大的特点在于提问与解答双方交流的互动性和实时性。以往利用者往往通过电话、档案网站进行问题咨询。有了微博以后可以不受时空限制方便地表达自己的诉求、意见和建议。档案机构通过微博可及时回应各方问题,如果涉及利用者个人隐私的问题,还可以通过私信的方式进行互动。社会公众利用微博向档案机构咨询问题,档案机构利用微博解答利用者的疑问,回馈问题更加及时,有利于实现档案咨询服务的直接性、亲和性以及时效性,使档案咨询服务变得更加快捷、范围更加广泛,提高档案信息服务的质量和效率。同时,档案机构可以从利用者在微博中的留言了解人们对档案机构的印象,期待档案机构有哪些服务,期待什么样的服务方式,需要利用哪些档案;等等,省去现场调研的麻烦。微博还是档案宣传和档案征集的良好平台,有利于推动档案馆的建设。

微博运用日记形式的只言片语的语言交流方式,所呈现的是类似于对话的网上形态,能达到与朋友一起聊天那样自然、轻松的状态,方便交流双方变得亲近与和谐。档案机构通过微博实现交互式咨询服务,可以做到及时反馈,达到与利用者之间零距离交流,还有利于改变档案机构刻板、沉闷的形象。

(四)推送与文化相关的档案信息,促进城市文化建设

档案是人类社会活动的成果,是国家和民族文化的集中体现,是国家文化财富的一部分。许多档案被誉为文化瑰宝。档案馆具有文化存储和文明记忆功能,同时还具有社会教育、文化传播和休闲功能。通过微博打造档案馆的"文化传播平台",可以促进城市文化建设。

在微博中解读档案中的历史故事,推广有吸引力的档案文化活动,可以使沉寂的历史鲜活起来。城市举办的与文化、档案相关的大型活动、各种展会、交流活动,也可以通过档案微博向社会发布,还可以利用微博做好文化遗产的宣传服务。通过微博建立与其他档案机构的链接扩大档案机构的社会文化联系,形成"微博群",充分发挥联动作用和群落功能。

三、国内外档案微博发展情况

2010 年 5 月,上海大学档案馆在新浪微博上开通微博,是较早开始建设微博的档案机构。目前档案微博的建立者包括如下五类:一是公共档案馆,例如中国第一历史档案馆、河南省档案馆和濮阳档案馆等;二是城建档案馆,例如浙江省丽水城建档案馆和河南省漯河城建档案馆等;三是其他专业档案馆,例如中国兵器工业档案馆、杭州市房产档案馆等;四是高校档案馆,例如清华大学档案馆、北京科技大学档案馆、西北工业大学档案馆、上海大学档案馆、广西师范大学档案馆等;五是个人,包括档案学者和档案工作者。

我国档案微博主要基于四大门户网站的微博服务所建,其中以新浪微博和腾讯微博为主。

同时,档案机构也推出了自己的行业内微博平台。河南省档案局《档案管理》杂志社推出的"档案界微博"就是其中一例,用户可以在"档案界微博"中进行注册,成为其会员。档案界微博于2012年推出,作为档案专业的微博平台预示着档案微博时代的到来。

国外最著名的微博服务平台是 Twitter。目前 Twitter 已经成为美国第三大社交网站,是继My Space、YouTube 和 Facebook 之后最热门的网站。另一代表性的微博服务平台 Tumblr 成立于2007年,它沿用传统博客的形式并将其演变成一种意识流式的琐碎叙述。这种叙述由一张照片、一段视频、一节引言、一条链接甚至一个闪念所引发,内容短小精悍。Tumblr 实际上是介于 Twitter 和传统的全功能博客之间的服务。该网站目前用户数超过2500万人,它不但支持在本站发布微博,还可以同步到 Facebook 和 Twitter。

很多档案馆在 Twitter 和 Tumblr 上开通微博。以 NARA 为例,它目前建立了国家档案馆、总统图书馆、联邦登录处等24个 Twitter 账户。在 Tumblr 上托管了10个微博以便与公众分享更多关于本机构活动的信息,如联邦档案中心、林登·约翰逊总统图书馆、国家档案员、国家档案馆、总统图书馆、《今日文献》等。NARA 在 Tumblr 上的微博多是直接展示档案、照片等,并有很简短的介绍。例如通过一辆公交车的照片,讲述了1955年引发黑人运动的那个拒绝在车上换位置的黑人妇女罗莎·帕克斯的简要事迹。

四、我国档案微博的特点

(一)档案微博数量较少

目前我国档案微博数量还比较少。有研究者做过统计,我国档案机构在新浪微博、腾讯微博、网易微博、搜狐微博上官方账号的注册数有限。虽然在不断增加,但相对于我国3987个各级各类档案馆的个数和庞大的档案工作者人数,档案微博的数量可以用"凤毛麟角"来形容,这也显示出许多档案馆对于使用新媒体发布档案信息还抱有保守的态度。

(二)发布微博数量偏低

发布微博数量(有些微博平台称为广播数量)代表一个档案微博信息发布和创造的能力,直接影响档案微博服务的内容和质量。从整体上看,我国档案微博上发布的微博数量也比较低。大量档案微博的微博数量都小于100,有些微博甚至不足10条。微博数量直接影响"粉丝"数量的多少,只有丰富的内容才能引起社会公众的注意与转发,档案信息的传播才具有广泛性,档案微博才更有价值。

(三)微博内容有待拓展

档案微博创建时必须具有明确的功能定位,必须具有鲜明的自身特色,才能吸引"粉丝"保证微博服务的质量,才能获得成功。我国多数档案微博内容主题较为混乱,特色不鲜明,实质内容少。我国档案微博内容主要集中在档案征集、档案小知识、馆藏宣传、工作通知类信息发布、毕业生档案管理等几个方面,馆藏档案信息等实质性的内容少。对社会上形形色色的微博受众来说,工作通知类信息有一定的意义但不应成为主流信息,因为受众无法从中得到丰富的内容。比如说,新浪微博上的"大朗档案馆"档案馆藏特色就比较明显。"它不仅按主题内容提供'数字档案''家庭档案'以及'大朗镇志'等系列连载微博,还即时地回复网民在微博上的评论和提问,回复内容也不再是直接粘贴政府政策。"目前档案微博还没有发挥档案机构馆藏特色丰富的核心优势，没能围绕档案馆藏信息做足文章，像"大朗档案馆"这样具有馆藏特色的微博数量比较少，还没能以利用者需求为导向，发布一些让公众感兴趣、有认同感的微博内容。

博文的内容可以包括原创博文和转发博文。今后档案微博注意建设原创信息。档案微博内容建设要能够突出馆藏特点，通过特色档案资源和具有特色风格的微博语言拉近与公众的距离。为了适应微博长度的限制，要善于利用微博的链接和插图功能。在读图时代让图片承载和表达更多、更直观的信息，从而使微博内容更有档案特色和吸引力。

（四）微博"粉丝"数量有限

"粉丝"是微博的关注者和阅读者，数量越多表示档案微博的影响面越大。我国档案网站微博"粉丝"数量还相当有限，有些档案微博在发布一条信息之后没能收获一个评论，仿佛是在互动性的新媒体形式上自说自话。目前档案微博的"粉丝"在高校档案馆微博上相对集中，明显多于其他类型档案微博"粉丝"的数量。"究其原因，是因为高校档案馆服务的受众多为学生，学生利用新型媒体的概率大。"

"粉丝"数量有限说明目前档案微博影响力小，尚未引起社会的广泛关注，在档案信息服务中档案微博还远远未能真正发挥作用，尚未产生像"微博问政"一样的巨大效应。

（五）更新频度有待加快

档案微博要想广泛引起关注、高效发挥服务效果，不仅要有高质量的信息，还要不断刷新信息内容、加快更新频度。如果建立微博后对其置之不理，更新不及时，会导致关注者减少，最后形成恶性循环，再发布档案信息也得不到广泛传播。没有更新的微博还不如不建微博。

从总体上看，与政务微博、图书馆微博相比，档案微博的服务意识、管理策略、运营成效还不能达到充分为社会服务的目的。今后，在档案微博建设过程中，档案机构要注意"弱化行政意味，树立亲民导向，完善管理运营机制；体现档案特色，紧跟时事热点，提高'档案'的社会关注度；建立灵敏反馈机制，倾听民声，找准档案工作新方向；联动其他微博，集体发'微'，编织档案服务微博网络"，辅助档案信息服务更好地开展。通过档案微博，了解民众的需求热点，从而指导档案机构更具针对性地做好档案信息资源开发工作。通过档案微博，促进档案信息资源发挥最大效用。最终通过档案微博，完善档案信息服务功能，扩大档案的社会影响。

五、开展基于微博平台的档案利用服务工作的优势

与传统的档案服务利用工作相比，在微博平台上开展此项工作无疑是一大创举。微博平台之所以能吸引到档案工作者，必然有其特有的、区别于其他平台的优势所在，结合微博自身的特色分析，基于微博平台的档案利用服务工作优势有以下三点：

（一）服务工作的主动性

传统的档案服务利用工作是建立在用户需要什么，档案馆就提供什么的基础上的，档案馆常常处于被动地位。众所周知，档案信息资源是一种重要的社会资源，对于推动社会文化科学事业的发展有着重要的作用。然而，普通群众在日常生活中往往会忽略档案的信息属性和参考价值，这就需要档案工作者主动开发档案资源，并选择适当的平台，例如，档案信息网站、微博等同公众

展示。目前,大多数档案局(馆)官方微博都以主动提供档案信息为主,积极挖掘馆藏资料向公众发布,做到了从被动服务到主动服务的转变。

(二)信息发布的即时性

微博一直以来就以其信息发布的即时性作为卖点,几乎每条社会热点、焦点新闻都会成为微博讨论的座上宾,紧贴时事发布相关内容也成了微博的特色之一。各类档案局(馆)官方微博也将这一优势延续了下来,常常围绕某一个热点事件来发布相关的档案信息。官方微博能够根据时间、事件等当前热点,找寻馆藏的档案信息并发布,使利用者可以及时地获取信息,让大量沉睡着的档案充分发挥作用,起到了很好的服务利用效果。

(三)服务利用的互动性

微博的常用功能除了信息发布之外,还有信息评论和信息转发。信息评论即在某条微博下面开设评论功能,供看到这条微博的浏览者表达自己的观点和进行讨论。信息转发即将某条微博原文转发到自己的微博主页面,让关注自己微博的"粉丝"也能看到这条微博,扩大该条微博的传播范围,使更多的人参与到讨论之中。档案馆与档案利用者之间以及各个档案利用者之间对于档案内容的交流,从一方面来说能帮助双方挖掘出档案背后更多的信息,另一方面更能进一步提升社会档案意识。我们知道,档案管理水平不仅与社会环境、社会发展水平息息相关,与社会档案意识也有紧密联系。随着社会档案意识的进一步提高,档案管理水平必将跨上新的台阶。

六、开展基于微博平台的档案利用服务工作的不足

档案服务利用工作是一项历史悠久的工作,当它和微博这个信息时代的产物碰撞时,同样也会产生一些不和谐因素,这些是档案工作者在开展基于微博平台的档案利用服务工作中需要重视的部分。

(一)档案信息真实性难以保证

在新浪微博上,提供档案利用服务的信息发布者可分为两种,第一种是经过新浪验证的,具有档案局(馆)官方微博资格的信息发布者,另一种则是未经过验证的,通常以个人名义发布档案信息的用户。虽然前者提供的档案材料可信度较高,可是内容往往不如后者所提供的一些野史吸引群众。

尽管新浪微博无法强制要求利用者选择浏览官方微博发布的档案信息,但应给予适当的提醒来引导利用者:一方面在非官方认证微博主页面醒目位置加上一句友情提示:"由于该微博信息发布者未经过官方认证,其所发布信息真实性难以保证。"另一方面在非官方主页面右侧加上档案局(馆)官方微博的链接,并进行简短的介绍与推荐。通过这两项措施,引导利用者对非官方微博档案信息真实性进行理性判断,并逐步将档案信息发布者的关注点从非官方微博过渡到官方微博。

(二)档案利用保密性难以保证

档案信息资源的开发利用与保守机密的目标是一致的,对于档案的利用服务工作,也必须要遵守保密原则。档案何时何地开放,开放到什么程度,都应有一定的规定,以确保档案的保密性。

通常来说,档案利用者在实体查档时都需要提供有效证件,部分内容特殊的档案还需要单位或者组织机构开具介绍信,才能开放档案提供查阅。当这一过程移植到微博平台上后,对于查档者的身份认证就成了问题,该采取怎样的方式来最大限度地保证查档者身份的真实有效,从而保障档案的机密性值得档案工作人员思考。

当前,我国没有完善的法律法规对微博平台上的档案开放范围做出详细的规定,档案开放的程度通常是建立在原件在实体档案馆是否开放的基础上。考虑到网上查档与实地查档的区别,档案行政部门应制定相应的政策来划分出一部分适合在网上公布、不需要验证利用者身份的档案。对于涉及知识产权、版权、隐私权的档案,应当遵守国家有关保密的规定,不得损害国家、集体和其他公民的利益。

七、基于微博平台的档案利用服务工作的未来展望

我国发展基于微博平台的档案利用服务工作的未来发展将具有以下两个特点:

(一)档案局(馆)官方微博将占据基于微博服务利用工作的主流地位

虽然目前档案局(馆)的官方微博影响力不如非官方影响力大,但是其发布信息的真实性高这一优势也非常明显。随着政府对官方政务微博的重视程度加大,档案局(馆)官方微博也将进入高速发展的时期。在这个信息爆性的时代,比起繁杂的未经证实的信息,群众更需要的是真实可靠的信息,鉴于政府在民众心目中的公信度之高,档案局(馆)必将在基于微博平台的档案服务利用工作方面占据主流地位。

(二)档案局(馆)官方网站将与其他政务微博相互协作、共同发展

政务微博是一个群体概念,档案局(馆)官方微博是其中的分子。各政务微博在业务上将相互协作,成为信息互通,功能互补,业务互助的政府信息公开系统。该信息公开系统在个体相对独立的同时,能保持总体统一融合的状态,从而促进个体之间的共同发展,最终将推进我国政务微博的总体发展。

第五节　移动应用与档案信息服务

一、移动应用概述

移动应用的英文为 Mobile Application 或 Mobile App,简称 App 或缩写为 MA,是指移动应用服务及移动应用程序,也称手机应用程序或"手机客户端",是为智能手机、平板电脑设计的、在这些移动设备上运行的第三方应用程序。

自从苹果手机风靡世界以来,移动终端实现了功能增强化和平台开放化,移动应用成为信息传递和处理的一种主流方式。苹果公司苹果应用商店(iTunesStore)的 AppStore 开创了手机软件业发展的新篇章,使得第三方软件的提供者参与其中的积极性空前高涨。AppStore 是苹果公司为 Phone、iPodTouch 以及 iPad 创建的服务,它允许用户从 iTunesStore 浏览和下载一些适用

于在 iPhone、PodTouch 以及 iPad 上使用的应用程序。这些程序的下载包括购买或免费试用，程序类别涉及游戏、教育、生活、商务、旅游、体育、新闻、娱乐、美食、医疗、天气、音乐、图书、报纸杂志等，可以说无所不包。各种适合移动应用的信息产品层出不穷，很多办公、娱乐活动直接在手机上就能完成。除了 AppStore 外，还有安卓市场（Android Market）的 GoogleMarket，诺基亚的 OviStore 等"移动商店"供应移动应用程序。

移动应用较之计算机、WAP 渠道优势明显。它具有不受时空限制的、从容的交互方式，产品服务调整灵活，开发成本较低、开发周期短等优势。以移动应用为入口的上网人群正快速增长，目前移动应用还在蓬勃发展，具有广阔的开发前景。

二、移动化档案信息服务的特点

（一）泛在化

"泛在"是近些年比较流行的一个词，其含义是指无处不在。随着移动互联网的兴起，智能手机等支撑移动互联应用的各种移动终端设备在人们身边表现得无处不在，让各种通过移动终端设备提供的服务变得随时随地，网络用户可以随心所欲地享受这些服务，从而使这些服务变得泛在化。移动化档案信息服务同样具有泛在化特点。它突破现有物理档案馆和数字档案馆的樊篱，遵循利用者的新需求，适应利用者行为的变化，模糊和淡化档案馆（室）与利用者之间的边界，使得任何人、在任何时间、任何地点、以任意方式阅览个人感兴趣的任何档案信息成为现实。

（二）便捷性

因为泛在，所以便捷。作为第五媒体的移动新媒体，被形象地称为"影子"媒体。因为手机等移动终端设备往往 24 小时不离身，其移动性、便携性的优势实现了边走边用。利用者可以利用碎片时间享用档案信息、移动服务，在不需要档案工作者干预的情况下，自助完成多种方式的服务。它克服了到馆服务的时空限制、耗时费力，改变了上互联网必须使用计算机的前提条件，可以方便、快捷地实现档案信息服务。

（三）主动性

在传统档案利用服务中，档案馆（室）是坐等利用者上门的被动服务方式。即使在网络档案信息服务中，档案网站也需要通过各种手段吸引利用者的注意才能吸引利用者访问。至今我国档案网站还存在受众面小、影响范围窄的问题。在移动新媒体上，档案信息服务可以打破之前被动式的服务局面，实现档案机构的主动服务。一方面，利用者使用移动终端设备随时随地享用移动化档案信息服务，并及时向档案馆（室）进行咨询、交流；另一方面，短信、微信等移动新媒体应用形式都带有一定程度的强制性，可以将档案信息推送给受众。档案馆（室）利用移动平台及时主动地公开档案、宣传档案信息，最大限度地提升公众的档案意识。

（四）确定性

确定性是指相对于网络新媒体来说，移动新媒体有利于明确上网者的身份，使档案信息服务的对象具有确定性。档案信息在安全保密方面始终具有一定的特殊性，即使公开的档案信息有些可以提供给利用者使用但不便于大范围地传播。现在凡是涉及这方面的档案信息都没有通过网络利用。近些年,国家有关部门和手机运营商就手机的个人身份信息认证问题取得了一些进展。未来的手机有可能用于确认身份,甚至发挥身份证的作用。届时,当前一些需要提供利用者身份证明的服务也可以通过移动应用程序实现。只要利用者通过一个档案馆(室)的资格审核成为移动化档案信息服务的对象,日后便可不再需要相关证明,只需进行 WAP 登录就可以查阅全国范围内的档案信息,从而提高档案利用服务效率,而且能够优化档案信息利用服务的质量。

三、移动应用在档案信息服务中的应用

(一)国外移动应用在档案信息服务中的应用实例

我们以 NARA 开发的移动应用程序为例分析移动应用在档案信息服务中的应用。

2011 年年初,NARA 就顺应移动应用的潮流开发了查询和阅读档案信息的、适用于 iPhone、iPodTouch 以及 iPad 的移动应用程序,并且在苹果应用商店上提供免费下载。这些移动应用程序包括:

1.教师文献

《教师文献》(Docs Teach)帮助用户使用保存在美国国家档案馆的文献信息,从而有助于用户理解过去的故事、事件和思想。用户可以选择一个历史主题然后挑战《教师文献》设计的任务,或是到一间"教室"里找到专门为自己设计的任务,而后使用 Docs Teach. org 网站提供的代码完成这些任务。Docs Teach. org 是一个在线工具,该工具利用美国国家档案馆保存的档案辅助教学。利用这个工具,用户将与成千上万的原始档案和学习任务亲密接触。如果用户是一名教师,他可以注册一个免费账户。通过使用在线工具、借用和修改处在不断扩大中的任务集创建一个独一无二的、充满任务的"教室"。然后,通过该"教室"自动产生的代码,该教师和他的学生们使用 Pad 访问这间"教室",一起完成教学任务。

2.总统文件

《总统文件》(Presidential Documents)由联邦登录处与政府通告处(the U. S Government Printing Office,GPO)联合推出的免费移动 Web 应用程序。其功能是报告总统的日常活动,包括总统的行政命令、演讲、陈述、与国会和联邦机构的通信、批准的行动、提交到参议院的提名、白宫的公告、白宫新闻稿等。该应用程序具有界面友好的搜索引擎,可以按日期、类别、主题或位置搜索上述信息。

3.悬崖边上

《悬崖边上:肯尼迪与古巴导弹危机》(To The Brink:JFK and the Cuban Missile Crisis)是一款在线展览类的产品,由 AT&T 公司、国家档案馆和肯尼迪总统图书馆与博物馆共同开发。它将国家档案馆和肯尼迪总统图书馆与博物馆的档案展览输送到了 iPhone、iPodTouch 以及 iPad 上。展览的内容包含许多照片、文献和档案。该产品让无缘参观档案展览的人有机会关注肯尼迪总统的笔记、阅读机密备忘录、聆听肯尼迪总统关于古巴危机的讲话,通过档案材料体验美国历中上最非同寻常的时刻。

4.今日文献

《今日文献》(Today's Document)更确切地用中文表述可以译为"历史上的今天",是美国国家档案馆的网络信息品牌产品。它以美国国家档案馆馆藏为基础,以互动画廊的形式、按照365个日期发布短小的美国历史故事及有吸引力的文档和照片。这些故事、文档和照片源于国家档案馆馆藏,具有教育意义并且使用方便。其中既有重大历史事件的回顾,也有百姓生活的体现。例如它曾在某一天显示"百年前的今天一批女工在罐头工厂的流水线上操作",让人看到百年前美国社会生活的鲜活场景。利用者可以使用其日历功能选择一个特定的日期察看与该日期有关的文献,或选择"给我惊喜"随机选择文献观看,还可利用关键词检索实现自主的档案信息浏览。《今日文献》被做成了 RSS Feed,同步发布在 Facebook、博客 Tumblr、Twitter,同时还在安卓市场(Android Market)和苹果应用商店等移动应用上推出。

《今日文献》突破了档案馆传统的查档、咨询业务,创造性地开发馆藏档案信息资源,以按日期时序进行档案展览的方式向社会普及历史知识,起到了良好的社会教育作用。

(二)国内移动应用在档案信息服务中的应用实例

目前,国内档案机构开发及提供的移动应用虽然数量还不多,但是已经有了一些实例。有研究者指出,移动应用在档案信息服务中可以起到三个方面的作用:一是宣传推广作用。通过移动应用,档案机构的档案信息能快速传播给不同类型的信息受众,起到宣传推广作用,扩大档案信息服务范围,提高影响力。二是情报收集作用。档案机构通过移动应用,可以发布用户调查表、收集用户需求、社会动向等情报,省去实际调查所需的人力物力。三是信息推广作用。通过移动应用,档案机构能提供更多样的信息服务,整合已有的数字资源,分类、分模块地向利用者推送,加大档案信息的传播力度和影响范围。该研究者还将"组织机构或个人,以数字档案资源为基础,通过移动终端提供相关服务的应用软件"称为"档案 App"。目前我国已有的几个"档案 App"包括以下几种:

1.福建省档案专业人员继续教育网络平台

福建省档案专业人员继续教育网络平台是福建省档案局(馆)开发提供的。该平台是基于计算机互联网络、基于移动学习终端技术等现代远程教育方式,针对档案专业人员,结合云端访问技术实现的新型移动学习平台。参加该局组织的档案继续教育和档案工作岗位培训的人员,可以凭借身份证号和密码登录进入该移动应用程序。进入程序后,可以根据个人情况,利用分散时间自由安排学习。该移动应用程序还有助于实现资源共享和交互式学习,从而实现个性化、因材施教的高效学习方式。该移动应用程序辅助完成档案继续教育和岗位培训功能,在 AppStore 归为教育类应用程序。

2.广州市国家档案馆移动应用程序

广州市国家档案馆移动应用程序是广州市国家档案馆开发提供的。该移动应用程序主要向社会介绍该档案馆建筑的基本情况,并为该馆的档案展览提供语音导览。它主要包括四个部分:

一是对广州市国家档案馆场馆概况进行介绍。广州市国家档案馆是国家一级档案馆。该馆于 2012 年 12 月开放新馆。新馆占地面积 50013 平方米,是当时全国规模最大的档案馆。该馆位于广州大学城中心区西侧,以公共文化资源中心和公共文化活动场所为定位,立志"要把门庭冷落的档案馆变成繁荣的文化城"。该馆新馆以"现代档案盒"理念彰显档案特色。

其新馆是一座方形建筑,外形类似于"档案盒"造型,不言而喻地昭示着它的身份。"开放的空间、简洁的体量、现代的色调、富于文化气息的纹理,折射出该馆公开开放、与时俱进的性质特征。充分展现广州历史文化名城在高科技时代的勃勃生机,塑造造型新颖独特、气势恢宏的档案馆新形象。"该馆新馆二期融会了亲水喜绿、自然采光通风等岭南建筑的元素,打造彰显岭南文化的绿色建筑。馆内对外服务区域达 5500 平方米,包括服务大厅、接待室、查阅登记室、档案业务培训实验室、档案视听室、目录室、阅览室、保管室、展览厅、报告厅、复印室、休息室、餐厅等。在大楼南侧设有可容纳 150 多名观众的声像档案利用厅,市民可在此欣赏到广州历史、人文各个方面的老电影、纪录片。该馆集档案、文化、教育、科研功能为一体,满足社会公众查阅档案、参观展览、文化学习、休闲观光等多种需求。周六、周日全天候开放。馆外空出了大块户外广场用地,形成开阔的城市广场和公园绿地,供过往的市民停留游憩;户外广场布置喷泉、雕塑、座椅、地灯等,美化了环境,形成了一处公共绿地,为大学城添加了一道亮丽的风景线。二期项目在南侧外立面由著名雕塑家设计制作的达 500 平方米的《凤凰之光》大型文化浮雕,尽显广州文化特点。

二是对广州市国家档案馆在馆内开办的档案展览提供语音导览。该馆三层楼面开办了不同主题的档案展览。一层是"新广州好"百米长卷数字展厅。该展厅面积近 1000 平方米,是国内首屈一指的大型数字展厅。展厅内主要陈设我国首部立体百景图长卷——"新广州好"百米数字长卷,该长卷高约 3 米、长百米,运用了岭南著名的青绿山水绘画艺术及油画表现技巧,结合现代艺术特点进行创新演绎,将各具特色的羊城百景以动态投影方式自然融合于展厅内环形立体浮雕,勾勒出一幅动感立体、栩栩如生的广州百景长卷。二层是《激情记忆盛会珍藏——第 16 届亚洲运动会、首届亚洲残疾人运动会档案展》。广州市国家档案馆从收集到的众多亚运会、亚残运会档案中,挑选部分有代表性的档案资料,以广州亚运重大事件为主线,以文书档案、实物档案和声像档案为表现形式,全面地记录了广州 2010 年亚运会、亚残运会从申办、筹备到举办的详细经历,向观众再现了广州 2010 年亚运会、亚残运会的精彩。该展览诠释和再现了"激情盛会,和谐亚洲"的理念,是亚运遗产的重要组成部分,也是广州城市发展历史长河中短暂而辉煌的一段珍贵记忆。三层是历史档案珍藏展厅,展览凸显浓郁地方特色。这些展览的内容解说都可以通过语音导览介绍给观众。

三是为来馆参观者提供场馆地图,让参观者在参观过程中了解馆内空间全貌。

四是为来馆参观者提供场馆攻略,包括参观须知、团体参观预约服务、交通指引、该馆工作时间和联系方式。

广州市国家档案馆是近些年我国档案馆新馆建设的典型代表,体现了我国档案馆走出政府机构的深墙大院独立建馆,面向社会大众提供信息公开、公共服务和文化服务并满足社会公众文化学习和休闲观光等多种需求的发展趋势。广州市国家档案馆移动应用程序就充分发扬了这种发展趋势,将该馆作为一个旅游景点和文化景点介绍给社会公众。该移动应用程序在 AppStore 归为旅游类。

3.武汉档案手机档案信息及文化推送系统

武汉档案手机档案信息及文化推送系统是由武汉市档案馆开发提供的,它可称得上是我国首个由综合档案馆推出的真正的档案信息服务移动应用,是真正基于馆藏档案信息向社会提供档案信息服务的系统,向社会提供武汉市档案馆开放解密的历史档案信息。

该移动应用的封面与使用界面图片精美、颜色厚重,具有档案特色。一打开程序一股浓厚的历史气息便扑面而来。

该移动应用提供订报、阅读、查询、互动、设置五个服务模块,对外可实现面向所有市民的解密历史档案订阅及阅读功能,对内可实现内务推送功能,方便档案馆内部日常工作。可供订阅的信息类别包括档案文化、珍档荟萃、江城印象、名人留踪、相关报纸、相关杂志六类。这六类信息不仅通过展示档案让武汉精神以现代化的方式展现在公众面前,还引入中央级报纸杂志媒体,丰富用户的手机阅读内容。社会公众订报后可在阅读版块进行阅读,及时了解更真实的历史、档案和文化。查询包括档案查询、政府公开信息查询和武汉图书馆书目查询。其中可供查询的档案馆藏目录约有 31 万余条。二期工程后,用手机能够查看档案原文,互动版块用于与利用者进行交流互动。

该档案信息及文化推送系统开创了国内档案信息服务领域移动应用的先河,极大地减少了档案服务障碍,是构建未来手机档案馆的有益尝试。由于各大移动应用商店分类缺乏"档案类",该移动应用程序在 AppStore 归为新闻类。

第十章　大数据环境下的现代档案创新管理与服务

近年来,随着社会信息化的飞速发展,人们对档案信息资源的需求也不断增长,大数据时代的来临也使档案的管理与服务发生了翻天覆地的变化。由于档案信息资源难以避免地受到馆藏类别以及地域的制约,其已经无法适应与满足信息时代公众对档案信息资源的需求。所以,在一体化信息资源管理系统中纳入档案信息化建设,将封闭而又单一的档案信息资源转化成类别丰富、综合开放的档案信息,实现档案信息化以及档案信息资源共享显得尤其重要。

第一节　大数据环境下的现代档案信息资源整合

随着互联网的普及,人们步入了信息化时代,RFID 物联网技术、web 文本挖掘技术、云计算等信息技术的高速发展,信息呈现爆炸式的增长,大数据随之而来,得到了各行各业的高度重视,档案行业也不例外。

而近些年来,随着社会信息化的飞速发展,人们对档案信息资源的需求也不断增长,大数据时代的来临也使档案信息资源发生了翻天覆地的变化。但是档案信息资源难以避免地受到馆藏类别以及地域的制约,已经无法适应与满足信息时代公众对档案信息资源的需求。因此,实现档案信息资源的挖掘与整合就显得尤其重要。而实现档案信息资源的整合,就有必要在"大档案理念"的指导下构建"大档案格局"以及档案信息资源多元化整合体系。

肖芃指出:"所谓大档案理念就是指档案信息资源是国家信息资源体系的一个组成部分,各地区按照各自的实际情况,将一个地区内分散保存在不同档案保管机构的档案资源集中统一到综合档案馆,实现档案资源的集中与整合,其基本理念就是'多档合一',即档案实体的集中以及档案资源和信息的集聚。借助这一理念,构建区域性大档案格局,也就是要打破档案保管机构之间有关档案接收利用的界限,广泛整合本区域范围内的全部档案资源,以方便各方面的使用。"

一、大数据环境下档案信息资源整合的必要性

我们将从信息化时代的发展趋势和提升档案信息资源服务效能的需求两方面来进行必要性分析。

（一）信息化时代的发展趋势

随着社会信息化的发展，数字化与网络化建设的不断完善，档案信息资源的记录载体、记录方式、管理方式也随着时代的进步而发生着变化，档案信息资源的管理也应该朝着网络化、数字化的方向发展。

随着人类的进步和发展，大数据时代的来临，人们在计算机系统存储的数据信息越来越多，这些数据是人们工作、生活和生产活动等的原始记录，能够为人们提供重要的利用价值。例如，美国沃尔玛超市将尿布与啤酒这两种看似毫无任何关联的商品摆放在一起进行销售，这一举措带来了意想不到的收益，使得超市尿布和啤酒的销量大幅增加。原来，美国的妇女通常在家带孩子，所以她们会经常嘱咐丈夫在下班路上为孩子买尿布，而丈夫在买尿布的同时就顺便购买了自己爱喝的啤酒，于是，沃尔玛就利用这一发现为企业带来了丰厚的利润。这个故事讲述了沃尔玛超市通过对自己企业的档案信息资源的数据信息进行挖掘，为超市的发展带来了黄金价值。因此，档案信息资源整合将是挖掘档案信息资源潜在信息价值的有效措施，是实现档案信息资源共享化的必然选择，也是适应社会信息化进程的需要，更是档案事业发展的必然趋势。

除此以外，实现档案信息资源的整合是解决传统档案资源管理模式带来的弊端的需要。长期以来，档案保管机构各自为政，造成档案资源长期分散，而这种分散性已然不适应大数据时代集中性的需求，于是便产生了对档案信息资源进行整合的诉求。档案信息资源数字化、信息化后，体现的明显特征是相对完整性、集中性，这就出现新的诉求——档案信息资源整合。尤其是现代电子计算机普遍应用，所生成的文件档案信息越来越具有电子特征，我们进行整合时不得不考虑到未来发展趋势问题。例如，科技部、财政部、农业部等有关部门协调成立的国家科技文献资源网络服务系统，教育部主持推进的全国高校信息保障系统，由文化部国家图书馆牵头的中国数字图书馆工程以及各地数字档案馆的建设等，这些工程建设是对信息完整性、集中性需求的体现。

（二）提升档案信息资源服务效能的需求

国家档案局在2010年对《各级国家档案馆收集档案范围的规定》进行了修改，按照以人为本的思想，引导全国各级档案部门以民生需求为导向，把涉及人的档案应收尽收，建立面向全民的多元化档案资源体系。

在现代政府以公民需求为导向的信息管理核心下，充分利用信息技术提供高效、高质档案信息服务，是未来服务发展的方向。在这种背景下，档案馆被推向了信息公开的前台，意味着档案信息资源开发具有了政治合法性和迫切性。社会信息资源整合程度的提高与公众信息意识的觉醒为档案信息资源的整合创造了良好的社会环境与氛围，同时也使档案资源的整合成为了一种必然趋势。

近年涉及老百姓切身利益的民生档案数量与日俱增，与之相对应的是人民群众利用档案的需求也不断增加，因而迫切需要一种能够集中保管和统一利用的档案管理机制的出现与创新。整合档案信息资源为公众提供了一个双向主动式档案信息服务手段。除此以外，一方面是档案信息资源提供服务的频次、速度、要求越来越高；另一方面是档案信息资源服务的范围、空间、形式越来越广，社会的需求永远是激活档案信息资源整合和开发的力量源泉，推动档案信息资源整合的动力是适应时代发展和档案信息资源服务对象多元化的需要，档案信息资源整合的建设就会使档案服务社会的力度、方式、手段实现新跨越。

总之,实现档案信息资源的整合,可以提高人们利用档案信息资源的检索效率,可以改善档案网站、档案馆以及档案室等的服务质量。

二、大数据环境下档案信息资源整合的 SWOT 分析

大数据是以容量大、类型多、存取速度快、应用价值高为主要特征的数据集合,正快速发展为对数量巨大、来源分散、格式多样的数据进行采集、存储和关联分析,从中发现新知识、创造新价值、提升新能力的新一代信息技术和服务业态。

随着互联网的普及,计算机信息技术和网络通信技术的飞跃式发展,各种数据和信息呈现出爆发式的增长。事物都有两面性,互联网在带给人们快捷方便获取大量文本信息资源的同时,也带来了一些难题,如如何快速有效地在海量的信息资源中挖掘出自己所需的信息资源。总之,大数据时代已经悄然降临,海量信息也给档案部门的档案信息资源整合带来了挑战。因此,档案部门应该实事求是地立足于档案信息资源整合的现状,结合大数据的时代背景,充分应用大数据时代的信息挖掘技术,采取有效的措施实现档案信息资源的整合。

接下来,我们将采用 SWOT 分析法:S(strengths)是优势;W(weaknesses)是劣势;O(opportunities)是机会;T(threats)是威胁或挑战,对大数据环境下档案信息资源整合的优势、劣势、面临的机遇和挑战进行分析。

(一)优势分析

在大数据时代,各种数据信息日益膨胀,呈现爆炸式的增长。那么,将各种分散的、独立的信息统一到一起,形成逻辑上统一的整合体,将是目前档案部门存储和利用大数据的最大需求。因此,实现档案信息资源的整合与共享是大数据时代和信息化时代的召唤,得到了国家层面的高度重视。接下来,我们将从国家政策支持、信息挖掘技术进步、数字化现代管理系统的产生三方面来分析大数据时代档案信息资源整合的优势。

1. 国家政策的支持

国家档案局在 2010 年对《各级国家档案馆收集档案范围的规定》进行了修改,按照以人为本的思想,引导全国各级档案部门以民生需求为导向,把涉及人的档案应收尽收,建立面向全民的多元化档案资源体系。由此,可以看到国家是支持对档案信息资源进行整合的。2015 年 8 月 19 日,国务院审议通过了《促进大数据发展行动纲要》,这标志着我国在顶层设计上对大数据的实践与实施作出了集体部署。《促进大数据发展行动纲要》不仅对其背景及意义进行了阐述,对涉及的主要内容及产业也进行了部署。其中,虽然没有明确档案部门的任务,但指出如何应对大数据时代下的快速变革是档案部门的当下之责。

"十三五"规划期间,国家档案局印发的《全国档案事业发展"十三五"规划纲要》中也制订了相关的政策支持档案信息资源整合的发展。其中,有一项发展目标就是"实现档案资源多样化。依法管理档案资源,各级国家机关团体、企业事业单位档案实现应归尽归、应收尽收;档案资源更加齐全完整、丰富多元,覆盖人民群众的档案资源体系更加完善"。

此外,地方也主张区域性"大档案格局",颁布了相应的政策。以苏州为例,从 2010 年 10 月 1 日起正式实施的苏州地方性档案法规《苏州档案条例》中就明确规定,各级开发区、乡镇(街道)

也可以建立档案馆,集中统一管理本区域范围内所有档案。《苏州档案条例》第七条规定"有条件的镇(街道)设立档案馆",第八条则明确指出"国家级、省级开发区管理机构应当建立档案馆,负责本单位的档案工作,并对所属单位的档案工作进行监督和指导。"管理模式和管理方法的转变,必将推动开发区和乡镇(街道)的档案工作向法制化、规范化迈进,从法规层面赋予了构建区域性大档案格局实践的合法性。

2. 大数据环境下信息挖掘技术的进步

互联网的发展与普及,各种数据以及信息呈现出爆发式的增长。互联网在给人们获取大量文本信息资源提供快捷方便的同时,也带来了诸如如何挖掘、筛选自己所需信息的难题,但是大数据时代的信息挖掘技术则刚好可以帮助人们解决这一难题。以 web 数据挖掘技术为例。

首先,谈一下 web 文本挖掘技术在档案信息资源整合中的应用。Web 是当今互联网上最受欢迎、最为流行的超文本信息系统,不仅能实现各种类型数据的无缝集成,还具有提供图形界面快速检索等功能。因此,我们可以利用 web 文本挖掘技术的高效率、智能化等优势,结合档案信息资源整合中所面临的多种多样的问题,帮助人们改善检索效果以及服务。

接下来,介绍一下文本挖掘的基本思想,如图 10-1 所示。

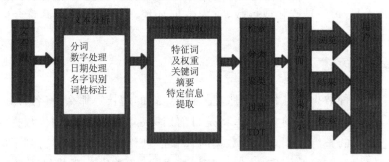

图 10-1 文本挖掘的基本思想

一方面,web 文本挖掘技术可以有效地改善档案信息资源的检索效果。对信息的聚类处理,对使用者的检索历史信息进行分析,对分析结果进行分组并分别进行标注,可以使提供的检索内容更加精确,一定程度上优化使用者的检索效果。这样可以提高检索信息的准确度,提升搜索效率,节约检索时间等。另一方面,可以改善服务。如档案馆、档案网站等可以通过掌握、分析使用者浏览各类信息资源的频率以及所花费的时间,就可以分析判断出使用者对不同类型信息资源的兴趣度,有利于升级完善更加人性化的推荐、定制等多样性的服务。

3. 数字化的现代档案管理系统的产生

随着计算机技术、通信技术以及互联网技术的飞速发展,传统的档案管理模式也遇到了严峻的挑战。与发达国家相比,我国档案管理现代化建设还存在着滞后性。在 2006 年,有关组织部门明确指出:要充分利用现代技术改造传统的档案管理方式,加快电子档案建设,完善干部档案管理系统和干部信息管理系统,逐步实现档案管理的数字化。数字化档案必将成为今后档案的主要存在形式。

数字化档案管理是对传统干部人事档案管理工作的一次创新,能够实现对档案和档案材料收集、鉴别、整理、保管、转递、统计、查阅等日常工作的数字化管理,并可通过组织系统专网实现干部档案的网上浏览和远程查询。这为今后干部任用、干部提拔等工作带来了极大的方便。系统分为日常业务管理、档案数字化采集系统和数字化档案查阅系统三大部分。

以苏州构建区域性大档案格局为例,苏州市的现代化档案管理系统已经基本建成。肖芃在文章中提到,苏州市具有较完备的网络基础设施,各机关单位统一管理系统和硬件设施,电子政务的运行已经普及,公文从网上流转、传输、归档,实施网上无纸化办公;苏州市数字档案馆项目已经完成,能通过网络处理档案馆的所有业务,而各机关事业单位的信息化建设也已初见成效,不少单位档案已经全文数字化处理,建成数字档案室,形成了统一的数字档案管理标准,培养了一批档案工作的优秀管理人才,为构建区域性大档案格局打下了良好技术基础。

(二)劣势分析

凡事都有两面性,有利就有弊,接下来,我们将从三个方面集中分析大数据环境下档案信息资源整合的劣势。

1. 缺乏统一的技术整合规范标准

许多学者都认为技术与标准是制约档案信息资源整合的重要"瓶颈"。熊志云认为,"尽管我国档案信息化建设起步较晚,但对档案信息的标准化工作应该是一开始就比较重视的"。梁作华指出,"迄今为止,标准问题仍未受到足够重视,缺乏制定标准的统一机构,国家尚未出台档案数据库结构、信息存贮和著录格式、软硬件配置、网络体系结构、信息处理界面等方面标准,要建立一个比较完整的档案信息资源整合的标准体系,还需一个长期的探索和实践过程"。许多研究者都指出,在档案信息化建设中,标准问题仍然没有受到足够的重视,缺乏一个统一的机构对此进行统一的研究与组织,也就谈不上建立跨系统、跨领域的标准制定机构了。因此,建立统一专门的机构,在全国范围内逐步推出和建立比较完善的信息资源管理标准体系,已成为档案信息资源以及其他信息资源整合工作的当务之急。

2. 理念与实践进度不匹配

"大档案"理念由来已久,但是在实践进程上并未得到良好的落实。长期以来,许多档案工作人员和专家学者都提到对档案信息资源进行整合,应该转变档案管理观念,但是如何转变并没有一套详细具体的对策。因此,我们不仅要提出与时代发展相匹配的管理理念,还要将理念贯彻到档案信息资源整合的实践之中去。

在大数据时代,档案信息资源整合需要各个环节的配合和各个部门协调一致的工作才能完成,各部门、各环节都需要一个强大的信息系统来组织、协调和实现信息资源共享,使得档案信息资源得到最优化的利用。发挥意识的能动作用,使得良好的档案信息资源整合观念,更好地指导档案信息资源整合的实践工作。

3. 档案部门各自为政,缺乏有效沟通联系

目前,中国实行的档案管理体制是条块相结合的,即综合档案馆主要负责党和政府机构形成的档案,而专业档案则由专业档案机构负责保管,档案部门由同级档案行政管理部门进行指导、检查和监督。无论是在实践层面还是在法规层面,条块分割已经成为档案管理的基本形态,并且已经持续多年。但随着档案信息资源整合工作的开展,许多学者都指出这一制度阻碍了档案信

息的共享。郑鸥认为"它虽然有其合理性，但也造成了地方各级国家综合档案馆在档案资源整合上难以有所作为。由于档案资源的分散、馆藏档案信息的'含金量'不高，很难满足日益增长的为领导决策资政服务、为群众维权服务的需求"。

（三）机遇分析

只有抓住机遇，才能更好地发展自己，大数据环境下档案信息资源整合面临着一些机遇，抓住这些机遇，有利于档案事业更好地发展。接下来，将从三方面进行机遇分析。

1.我国的信息化建设为档案信息资源提供了环境支撑

我国进行信息化建设中通信网络与计算机不断完善为档案信息资源的整合提供了良好的基础设施条件。首先，我国已经基本上形成了一个覆盖全国、通达世界、技术先进、业务多样的国家公用通信网络框架。目前，基本全国所有的学校、科研部门、政府、企业和家庭都普遍使用计算机网络。其次，网络的连通是档案资源整合的基本手段和有效途径，通过网络使数字化的档案资源互相联结，社会公众能够不受时空条件的约束而获知和获取自己所需的档案信息。先进专业的通信网络的建成为档案信息资源整合提供了许多实践的机会，日渐成熟的因特网技术为档案信息整合提供了良好的基础设施条件。

除此以外，"十二五"期间，我国的档案信息化建设已经取得了一些成果，例如，"档案信息化建设初具规模。初步建成以局域网、政务网、因特网为平台，以档案信息管理系统为支撑，以档案目录中心、基础数据库、档案利用平台、档案网站信息发布为基础的档案信息化体系。"

"十三五"规划中，国家档案局印发的《全国档案事业发展"十三五"规划纲要》中也提到了要加快档案管理信息化进程的目标。它要求各档案部门、档案网站等主体"加快提升电子档案管理水平，积极参与国家政务信息化工程建设，制订相关标准和规范，明确各类办公系统、业务系统产生的电子文件归档范围和电子档案的构成要求；加强对业务系统电子文件归档管理，通过推进电子会计档案管理促进电子政务和电子商务文件归档管理工作"。

2.电子政务建设为档案信息资源整合提供了技术支撑

胡锦涛总书记在党的十七大报告中提出"加快行政管理体制改革，建设服务型政府"，并明确指出要"健全政府职责体系，完善公共服务体系，推行电子政务，强化社会管理和公共服务"。实施电子政务是改革开放的需要，是建设服务型政府的基础工作。除此以外，《国家电子政务工程建设项目档案管理暂行办法》也具体规范了档案管理工作中相应的电子政务建设的事项。

在我国，档案有着为政治提供服务的职能，因而档案馆、档案室等档案管理部门也必须结合国家电子政务建设的大背景去开展档案管理工作。因为电子政务建设能够促使政府更加重视档案室、档案馆、档案网站、档案公共服务平台等建设，给予相应的资金以及技术支持。有了政府资金、技术支持作为后盾，更加有利于档案信息资源整合工作的顺利开展。

3.档案部门的数字化建设为档案信息资源整合提供了基础

近年来，社会环境的变革使档案界不得不对档案信息工作进行改善，各地档案部门不同程度地进行了数字化、信息化管理建设，为档案信息资源整合提供好的开端。档案部门要努力建设并投入使用一批内部局域网，基本实现档案管理现代化和办公自动化，部门、地方自行建立为本部门机关服务的档案目录信息中心,为逐步构建中国档案文献数据库创造条件。档案部门根据电子档案管理的要求,加强对本单位电子文件环节的管理,保证电子文件真实、完整、有效。此外,北京、上海、江苏、浙江、广东等地选择在国家档案馆开展网络环境下接收电子档案试点工作。资料显示,北京市近年来制定档案整合的发展规划,建设市区县档案馆之间的联网与档案目录开放;深圳市建立数字档案馆系统,将原有各种载体的档案数字化,对档案文件实施数字化管理。

(四)挑战分析

知己知彼,方能百战不殆。一方面,我们既要抓住机遇,促进档案信息资源整合开展;另一方面,也要了解其面临的挑战和威胁,以制订好相应的解决对策。接下来,我们将从以下几方面进行分析。

1.需要庞大的资金支持

虽然,档案管理部门在进行档案信息资源整合工作的时候,能够得到政府的财政资金支持,但是这是远远不够的,需要更多的资金为档案信息资源整合的后续工作作支撑。而档案部门也缺乏其他的筹款渠道,因而资金将是大数据环境下档案信息资源整合面临的一大困境。此外,受我国各地区经济发展水平的制约,各区域档案信息资源整合建设的投入、档案数字化、信息化建设等方面都存在着严重的不平衡、信息不对称等问题。

与此同时,滕霞认为,"档案信息资源整合还有的存在论证不足问题,在系统设计档案信息资源整合规划时没有一个相对完整的构想,对整合过程中容易出现的问题或解决对此准备不充分,论证存在缺陷,所以其结果既达不到整合的要求又造成不必要的浪费"。

2.档案信息资源质量的把关

档案信息资源的质量难以控制。蒋冠指出,"就目前的情况来看,我国大部分公共档案馆的馆藏结构单一,政府部门的文书档案占了很大的比例,而其他类型的档案少之又少,特别是某些特色档案更是缺乏,档案信息库的建设要有坚实的资源基础,单调无用的信息根本无法吸引用户的目光,大量的投入只能是一种浪费。因此,要采取多种措施,大力加强档案馆的馆藏建设,丰富自身资源,建设特色档案库已成为目前工作中的重中之重。另一方面,档案信息资源与其他社会信息资源相比,有着机密性的特点,有一大部分档案因为涉及国家集体的秘密而不能轻易地在网上公布,必须履行一定的手续,超过一定的时限后才可以公之于众,而事实上,等到这些档案过了保密期之后,其所载信息则往往已经过时滞后,无法满足公众的现时需要"。除此以外,档案信息资源的质量没有统一而具体的标准。所以,在进行档案信息资源整合的时候,如何收集质量优、价值高的档案资源也将是面临的一大挑战。

3.档案信息资源整合管理体制的建立存在困难

我国现在档案工作实行的分级、分专业管理体制,暴露出许多弊端,已经不适应档案信息资源整合工作的开展,大量档案资源长期散存在各单位,处于非专业管理状况,管理混乱,损失难以想象。有的单位把档案长期堆放在楼层间,虫蛀鼠咬,温湿无常;有的单位档案就堆放在各个办公室,基本无人过问,损毁现象严重。由于档案管理无序,查找利用困难,更难以服务社会,并存在重复建设的问题,造成财力、物力浪费严重,同时,综合档案馆馆藏结构单一,服务功能弱化。

实施整合档案管理机制不仅是对已有的档案信息资源的整合,重要的是通过资源整合理顺管理体制和建立起新的规范化运行机制,为确保以后不再造成新的档案资源分散,建议实行大档案管理体制,确定省、市级综合档案馆的中心地位,并赋予其整合的权利,把现有市县级综合档案馆作为中心基点,才能有效地克服资源分散的问题、打破各自为政的管理模式,提高档案馆的辐射力、影响力、凝聚力。

三、大数据环境下档案信息资源整合的措施

我们将从档案实体整合与数字档案信息资源整合两方面来提出应对措施。首先,来谈一下档案实体的整合。

(一)档案实体整合

档案实体整合是一个个体层次的整合过程,丰富的馆藏是档案信息资源整合的基础。档案实体整合包括综合档案馆整合自身管理制度、管理程序、馆藏系统的信息,还要包括县级区域内各种实体信息部门的整合,将区域内各个独立、分散的部门档案源进行综合整合。

1.现有馆藏整合

档案馆不再仅仅是一个实体保管机构,还是今后实现档案资源共享的主要源头和基地,一般传统的档案实体以案卷形式保管在库房,应对其馆藏数据清楚掌握,做好基础的编目工作。目前,档案馆的实体整理工作一直在做,但是结果不尽如人意。根据档案整合功能特征从档案馆管理制度化、归档程序化、馆藏数字化、利用网络化、控制智能化方面进行管理。做好现有馆藏各种载体标准、海量存储整合工作,有选择地将原始馆藏中有特色、有较高利用价值的档案数字化,积极地把已接收进馆的文件建立编研成果数据库,使传统档案信息与现有的档案信息共同发挥作用,如电子政务档案、城建档案、指纹档案、民生档案等特色数据库的建立。

2.开展区域档案信息资源整合

以形成档案的一个县级的部门为区域展开。以往是单个部门保存自己形成的档案,造成分散性单个保存,如果把一个区域县级的部门档案整合在一起会节约很多人力、物力。滕霞认为,"在区域整体规划中设立县级单位为档案管理中心,各级档案信息以部门向县档案馆移交,建立一个以档案部门为主体、各专业主管部门配合的区域管理模式,实现档案资源集约化、人员素质现代化、业务建设标准化、管理工作规范化、利用服务优质化"。

(二)数字档案信息资源整合

在大数据的时代背景下,档案数字资源具有数量庞大、增长迅速、多源异构等新特点,在给人们带来丰富的信息的同时,也给数字档案信息资源的整合带来了一定的困难,如数据存储问题、安全保障体系的缺失等问题。接下来我们将从以下几方面对大数据时代数字档案信息资源的整合策略进行探讨。

1.实现由馆藏中心模式向服务中心模式的转变

上述我们提到过大数据时代的信息挖掘技术,如云计算、web2.0文本挖掘技术等。这些大

数据技术可以通过对复杂关联的数据网络中出现的趋势进行预测，从而为人们的行为决策提供有益指导。这就要求档案部门要改变过去单一的"供给式"的思维模式，关注大众的利用需求，构建起以社会利用需求为导向的档案数字资源体系。如档案网站导航、索引等人性化服务的提升都可以更加方便用户并时刻关注用户需求的变化，实现由馆藏中心模式向服务中心模式转变，不断提高档案服务与用户之间的匹配度。

2. 构建适应大数据要求的档案数字资源分析系统

毫无疑问，构建适应大数据要求的档案数字资源分析系统依然要用到大数据时代的信息挖掘技术。接下来以云计算技术为例来说明。

云计算技术具有虚拟资源化、高可扩展性、高可靠性、按需付费、泛在接入等显著的特征。它适应了大数据时代分布式存储与海量数据并行处理的需要，实现了计算机资源的服务化，是大数据时代档案数字资源整合的基础平台和支撑技术。

首先，各档案部门应根据国家统一规划以及自身基础设施建设与档案数据库资源匹配程度的具体情况，灵活选择适合的云部署方案。对于那些处在档案数字资源整合关键节点的部门应架设私有云，其他部门可根据自身情况将关键数据存放在私有云，同时，以动态申请公有云的方式弥补自身计算能力、存储空间的不足。其次，云计算能统一各应用环境之间的业务逻辑、组织结构和表达方式等，消除信息孤岛，从而建立集成的档案数字资源管理平台，促成档案数字资源深层次整合与知识开发的实现。再次，云计算能实现对档案应用的整合，并以服务的形式向用户发布；同时，支持用户利用各种终端设备随时随地访问所需的云服务。这些都将在最大程度上发挥档案数字资源整合的优势，提高档案服务的效率和便捷程度。

3. 强大数据时代档案数字资源整合的安全保障体系建设

首先，应建立 IAM（身份识别和访问管理）和隐私保护系统，实现统一身份认证与访问权限控制，达到用户安全集成管理的目标，有效应对档案数字资源整合与大数据应用过程中的安全风险。其次，通过数据加密技术保护档案信息安全。通过 SSL（Secure Sockets Layer，安全套接层协议层）加密，实现在数据集的节点和应用程序之间移动保护大数据。再次，综合运用大数据技术手段与安全保密制度，加强对重点领域档案数据的日常监管，有效应对档案数据聚集性与档案利用需求无序性造成的档案泄密风险。最后，实时开展档案数字资源异地异质备份工作，提高系统容灾能力。

4. 建立统一的档案数字信息资源整合标准体系

在大数据时代，档案数据的多样性已成为常态，要实现档案数字资源的整合就需要协调相关利益方建立起兼顾适用性、稳定性和国际性的档案数字资源整合的标准体系，完成对不同协议、标准、规范的整合。这包括档案信息化过程中涉及的各类数据组织方式和网络通信协议的整合，各相关业务系统中使用的数据标准和协议规范的整合，以及采用的各类存储、应用标准的整合等。唯有如此，才能确保整合工作遵循相同的标准，方便档案数字资源的存储和迁移，实现档案数字资源的交流与共享。

第二节 大数据环境下的现代档案信息资源挖掘

一、档案信息化下的大数据技术

(一)大数据概念探析

大数据的起源可以追溯到2000年前后,互联网网页以每日约700万个的速度呈现爆发式增长,随着越来越多的用户使用互联网,用户在互联网上检索准确信息也变得愈发困难。谷歌公司为提高用户使用互联网的效率,率先建立了覆盖数十亿网页的数据库,成了大数据应用的起点。而大数据技术的源头,则是谷歌公司提出的一套以分布式为特征的全新技术体系。

大数据从出现至今,一直都是全社会关注的焦点,至今仍无公认的定义。对于大数据,可以从资源、技术和应用三个层次理解,"大数据是具有体量大、结构多样、时效强等特征的数据;处理大数据需采用新型计算架构和智能算法等新技术;大数据的应用强调以新的理念应用于辅助决策、发现新的知识,更强调在线闭环的业务流程优化。"大数据不仅"大",而且"新",是新资源、新工具和新应用的综合体。

(二)大数据对档案信息化的保障

1.档案数据高效存储保障

目前,馆藏数字档案量已经从TB级别跃升至PB级别,与此同时,科技进步衍生出的数据呈现出了分布式和异构性特点,需要归档的数字资源繁多,包含结构化、非结构化和半结构化数据。非结构化数据,如文本、图片、各类表格、图像和音视频等,半结构化数据,如E—Mail、HTML文档等,都不便于使用关系数据库二维逻辑表来表现。

传统关系型数据库已经无法满足对数量庞大、类型多样的档案资源的组织与管理需求,需要引入大数据管理系统对档案进行分布式存储、快速检索。大数据存储方法有很多种,如Hadoop、NoSQl,都具有一些共同的特点,即利用硬件的优势,使用可扩展的、并行的处理技术,采用非关系模型存储处理非结构化和半结构化的数据,并对大数据运用高级分析和可视化技术。

2.档案数据价值挖掘保障

在档案数字资源中,不同的档案数据中蕴含的价值存在差异,有可能导致用户获取价值信息的难度增大。如何从这些资源中提炼、挖掘出有价值的档案信息,并以人们易于接受的方式传递给用户,是目前档案工作者必须解决的问题。

大数据时代带来新的技术,为档案工作者提供解决问题的方式。档案工作者可以采用大数据技术,在海量档案数据中发现关联,从不同角度对其进行聚类和分类,以多维度、多层次的方式展现档案数据,将非结构化数据转换为结构化、半结构化数据,从而使用户更准确、更容易获得档案信息。必要时,还可以通过可视化技术,形成图形图像,直观地展示最终结果。

二、大数据技术在档案领域的应用背景

大数据时代数据的种类和规模都空前庞大,成为一种最重要的社会资源,且亟待人们对其进行开发和利用。大数据时代深入改变了人们的生活、生产和思维方式,对社会各方面造成了巨大影响,档案信息资源在新的社会背景下也发生了巨大改变并愈发显现出大数据的特征,如何对海量档案信息资源进行高效系统挖掘,从而实现深层次开发利用成为当下档案工作的中心。传统的档案信息资源挖掘工作不能满足新形势下档案信息资源的开发要求,将以云计算、语义引擎和可视化分析为代表的大数据技术应用到档案信息资源的挖掘工作中,可以为其带来巨大机遇,世界各国对于大数据技术一直都在深入推广、积极倡导,我国也出台了相关政策进行支持,为大数据技术深入应用在档案信息资源挖掘领域提供了支持。

(一)大数据技术为档案信息资源挖掘工作带来新机遇

国际咨询机构麦肯锡对大数据做出以下定义:"大数据是指无法在一定时间内用传统数据库软件工具对其内容进行采集、存储、管理和分析的数据集合。"因此,在大数据时代必须要使用新的数据处理技术才能实现对数据资源更好地开发和利用。大数据背景下档案信息资源也具备了大数据的特征,主要体现在以下三点:一是各级档案机构所产生的档案信息资源总量日渐庞大且增长迅速;二是档案信息资源种类日趋繁杂,而且结构日渐复杂;三是档案信息资源的价值丰裕度、凝聚度很高。对具备大数据特征的海量档案信息资源进行广泛采集,深入挖掘,对档案信息资源发挥最大化效用具有不可估量的意义。

档案信息资源的挖掘工作是指对海量的档案信息资源进行采集,并对采集到的数据进行清洗、集成、变换等处理,最后选择相应的挖掘模型,实现对档案信息资源价值的开发和提取,从大量的档案信息资源中挖掘价值、提取知识,从而实现其更为广泛和高效地利用的过程。档案信息资源的挖掘流程如图 10-2 所示。

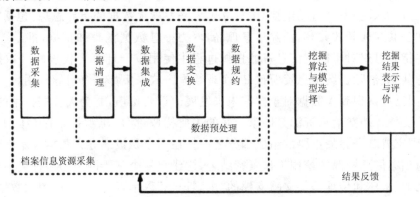

图 10-2　档案信息资源挖掘流程

档案信息资源的大数据化给其挖掘工作带来了很多困难,如档案信息资源的采集问题、清洗问题、价值分析问题和结果提取问题等,但是大数据技术的使用也给档案信息资源的挖掘工作带来巨大机遇,主要体现在以下三点:

第一,大数据技术可以实现档案信息资源更系统、全面的采集。大数据处理技术强调对整体数据进行分析和挖掘,以此取代传统档案信息挖掘中以抽样代替整体的方法,可以改变因为遵循

传统经验思维搜集局部档案信息进行分析而造成的挖掘成果的片面性和不完整性。云存储技术手段为信息采集提供了足量的空间，为档案信息资源的系统、全面采集提供技术支持。

第二，大数据技术可以实现档案信息资源的智能化提取，并提高挖掘的精确度和效率。基于云计算的大数据价值分析技术可以在挖掘过程中提高精确度，可视化技术则对档案信息资源进行全面直观的呈现，语义处理技术为档案信息资源的智能检索创造了条件，有利于挖掘效率的提升。

第三，使用大数据技术对档案信息资源进行挖掘，可以弥补由于档案缺失而造成挖掘结果价值低的问题。大数据技术通过对海量档案信息资源进行处理分析，创建数据资源库，在某一部分档案信息资源存在缺失时，可以根据档案信息资源间的关联性原则对相关资源进行追踪，以补充缺失的档案信息，以保证档案信息资源挖掘结果的完整性和可靠性。

（二）国家政策引领与支持

大数据概念自提出伊始，就成为最热门的名词之一。大数据技术给社会带来了强烈冲击，深入影响着社会的各个领域并引发思想变革。2012 年 3 月，美国政府发布"大数据研究发展倡议"，在大数据技术研究领域投资 2 亿美元，并将大数据上升到国家战略级别。2012 年 5 月，联合国公布了名为"大数据的机遇与挑战"的白皮书，对大数据技术给人类社会带来的机遇和挑战进行分析，在该报告中，联合国分析了大数据技术在中国互联网行业的发展状况，并认为大数据技术将会给中国互联网行业带来巨大的发展机遇。

2015 年 8 月，我国国务院发布了《关于促进大数据发展行动纲要的通知》，在此通知中指出了我国大数据技术发展的形势和意义，认为大数据成为重塑国家竞争优势的新机遇，并提出了在我国发展大数据的指导思想和总体目标。这份通知提出在未来的国家发展过程中，应利用好我国的数据数量优势，努力实现数据数量、质量和数据应用水平的协同发展，注重对数据资源潜在价值的挖掘，使大数据这一战略资源的作用得到最大限度的发挥，以提升国家竞争力。

在这份《促进大数据发展行动纲要》中树立了未来发展大数据的指导思想，包括"大力推进政府信息系统和公共互联开放共享，消除信息孤岛，着力推进数据汇集和挖掘，推进数据资源向社会开放"，这些指导思想对于档案信息资源挖掘过程中使用以云计算为代表的大数据技术，实现档案信息资源共享、消除档案信息资源孤岛、实现数据广域采集都具有引导作用。

目前，我国已经认识到大数据对于国家未来发展的重要价值，并为大数据技术的发展提供思想指导和政策支持。档案信息资源是国家记忆的主要构成部分，也承担了保存国家记忆的重要使命，是未来国家战略资源最重要的组成部分之一。在国家积极倡导大数据技术应用的当下，把大数据技术与档案信息资源的挖掘工作紧密结合，构建起一个基于网络的多种类结构的、为中华民族集体记忆的、构建和传承提供文献支撑的"中国记忆"数字资源库，并使用大数据技术对大数据化档案信息资源进行深入挖掘和利用，顺应时代的要求和政策的支持方向，扩大档案信息资源的社会影响力，使档案信息资源为国家信息化进程的深入和国家竞争力的提升做出更大的贡献。

三、大数据技术在档案信息资源挖掘过程中的具体应用

大数据技术对社会生活的各个方面造成冲击，深入影响着人们生产和生活的方式。在档案信息资源的具体挖掘流程中，以云计算技术、可视化技术和语义处理技术为代表的大数据技术正在得到日渐广泛和深入的应用，并取得了明显的效果。

（一）云计算在档案信息资源挖掘中的应用

1.云计算的概念及特征

云计算是一种基于互联网的计算方式。这种方式利用分布式计算和虚拟资源管理等技术，通过网络统一组织和灵活调用，将分散的信息资源集中起来形成共享的资源池，并以动态按需和可度量的方式，向使用各种形式终端的用户提供服务。在云计算环境中，应用软件直接安装到了"云"端的服务器中，而不是用户终端上，用户仅需要通过 Web 浏览器登录到"云"端的管理平台就可以使用软件并得到所需服务。"云"是对计算服务模式和技术实现的形象比喻。"云"由大量基础单元——云元组成，各个云元之间由网络连接，汇聚成为庞大的资源池。

按照云计算服务提供的资源所在的层次不同，可以分为 IaaS（基础设施即服务）、PaaS（平台即服务）和 SaaS（软件即服务）三种服务方式；根据服务对象的不同，则可以分为面向机构内部提供服务的私有云、面向公众使用的公有云以及二者相结合的混合云等。

2.应用必要性分析

云计算的应用必要性体现在以下几个方面：首先，可以平衡档案信息资源挖掘基础设施建设。目前，我国档案信息资源开发挖掘工作由于地区经济发展不平衡、经费投入差别大，而在基础设施建设上存在较大差别。一些发达地区在档案信息资源挖掘基础设施的建设上投入大量资金，确保了工作需求得到满足，但是有些经济欠发达地区的基础设施建设存在较大缺陷，没有足够的设施和技术对档案信息资源进行挖掘、开发。这种情况下，通过云计算的基础设施服务来统筹规划档案机构的挖掘工具、管理服务器、存储器等基础设施，通过营造云计算环境，向分布的档案机构提供基础设施服务支持，这样不仅可以节省档案信息资源挖掘基础设施建设的资金，还可以平衡不同经济状况地区的档案信息资源开发状况，使挖掘技术力量较弱的档案部门可以应对档案信息资源开发工作。其次，可以拓宽档案信息资源采集渠道。档案信息资源挖掘工作过程中最基础的部分是对海量档案信息资源的采集。广域的数据采集对于档案信息资源挖掘成果的系统性、全面性至关重要。通过云计算构建"档案云"平台，实现档案信息资源共享，对各档案机构、企事业单位的档案信息资源进行统筹规划，合理、存储、调动、分配，消除以往的档案信息资源"孤岛"，将其融合为一个档案信息资源的"海洋"。

云计算存储空间大、计算能力强、安全性高，现在通过云计算实现数据共享的技术条件已经成熟，并在档案信息资源管理领域有所应用，随着档案信息资源的大数据特征进一步明显，云计算必将在档案信息资源的挖掘和开发领域发挥愈发重要的作用。

（三）可视化技术在档案信息资源挖掘中的应用

1.应用必要性分析

大数据背景下档案信息资源种类、结构更加复杂，数量也更巨大，在档案信息资源挖掘过程中，需要对诸多海量的、多元化的、结构复杂的档案信息资源进行直观认知，使档案信息资源的管理者和使用者可以清晰洞察档案信息资源背后所隐藏的信息，并将这些信息转化为可以对自身生产生活发挥实际作用的知识。对档案信息资源的挖掘必须要对原始资源有清晰、直观的认识，随着档案信息资源总量的增大，这一过程愈发困难。对于档案信息资源的开发者和挖掘者而言，海量的档案信息如同一个巨大的黑洞，必须对这些资源进行逐一认识、排查、发掘隐藏价值，当原始挖掘对象的总量很大时，还需要对原始信息资源进行检索，在传统的档案信息资源检索条件下为了浏览所有结果，用户只能不断翻页。在档案信息资源的挖掘过程中引入可视化技术，把档案信息资源以及其内部不可见的语义关系以图形的形式直观地呈现，同时在使用计算机对档案信息资源进行处理时更加注重人机交互的过程，能更加系统、高效地对档案信息资源进行发掘，并准确提取其潜在价值，使之发挥更重要的社会效用。

2. 具体应用过程

信息可视化的定义："使用计算机技术，使复杂的数据信息以交互的、可视化的形式体现出来，以增加人们对其认知程度。"可视化技术的主要研究重点在于它倾向于对复杂的数据信息进行综合分析，将其转化为易于理解的可视化图形，通过图形来以最直观的视觉方式展现数据中隐含的信息和规律。人类从外界获取的信息80％来自视觉系统，因而可视化的主要任务在于建立起符合大家普遍认知的、易于理解的心理印象。信息的可视化技术已经发展多年，现在愈发成为人们分析抽象、复杂数据的重要工具之一。在现实生活中，存在很多信息可视化的使用案例，俄罗斯互联网调查机构在2013年对全球196个国家的35万个网站进行数据收集、整合和统计，并且根据这些网站之间的数百万个网页链接，以流量多少来组成球体进而制成互联网星际图。在互联网星际图中，星球的大小代表了该网站访问流量的多少，星球之间的距离则表示了相关网页链接出现的频率和强度，通过该图，可以对全球网站的活跃程度以及它们之间的相互关联有极为清晰明了的认识。

在档案信息资源挖掘领域，信息可视化技术也可以发挥类似的效力。首先，构建一个完整的档案信息资源数据集，即档案信息资源可视化界面，对该数据集中的档案信息资源有全面的认识。其次，对目标所在的相关档案信息资源领域进行放大并剔除不需要的档案信息。之后结合用户的具体需要向用户展示具体细节，通过用户的具体操作和实践过程探索在档案信息资源可视化分析中使用者的行为，以此对可视化系统的实现提供指导，注重档案信息资源之间的关联性和系统性，向用户展示档案信息资源数据项之间的相关性。

档案信息资源的可视化描述是实现其高效、准确挖掘的前提。这一过程主要内容是由构建反映档案信息资源具体内容的图符、多维度空间描述图、特征库、知识组织体系和相应的数据压缩格式组成。对于档案信息资源，尤其是以文本形式存在的文书类档案信息资源，可以根据这些档案形成的时间先后将其进行图形化显示，将它们的特性以图形的形式进行表示。当前可应用于档案信息资源挖掘工作中的文本信息可视化技术有很多种，如标签云技术，将原始档案信息资源的原始属性根据词频规则总结出规律，并按照这样的规律对其进行排列，用大小、颜色、字体等图形属性对原始档案信息资源的关键属性进行可视化表述。除此之外，还有图符标志法，这种可视化方法可以把专业的、复杂的档案信息资源以十分直观和易于理解的形式向挖掘者和使用者进行展示。档案信息资源挖掘过程中通过可视化技术了解挖掘对象的属性和关联性，对采集的海量数据进行去噪处理，有利于管理者和使用者更清晰地认识这些信息资源，从而实现档案信息资源的准确高效提取。

（三）语义处理技术在档案信息资源挖掘中的应用

1. 应用必要性分析

在大数据背景下，档案信息资源的总量呈现出急剧增长的态势，且其结构形态也表现出愈发复杂的特点，多媒体类档案占据了越来越大的比重。在此背景下使用人工方法对档案信息资源进行采集、开发和利用的难度越来越大。语义处理技术在大数据挖掘的过程中为机器提供了可以理解数据的能力，使用自然语言处理技术对原始档案信息资源进行处理，构建数字化档案信息资源跨媒体的语义检索框架，为深入挖掘档案信息资源提供技术支持，可以在语义理解的基础上提高档案信息资源挖掘算法的语义化程度和性能，最终实现对海量、繁杂档案信息资源的快速挖掘、智能提取，提升挖掘质量和挖掘效率。

2. 具体应用过程

语义处理技术的主要作用是对原始的档案信息资源进行自然语言处理，以便机器更好地"理解"使用者的目的和需求，从而实现档案信息资源更为精确的提取。自然语言处理是基于计算机科学和语言学，利用计算机算法对人类自然语言进行分析的技术，属于人工智能领域的一个重要方法。自然语言处理的关键技术包括对自然语言的词法进行分析、对语言含义进行分析、对语句语法和内容进行分析，以及语音识别技术和文本生成技术等。在档案信息资源挖掘的过程中，这些技术可以使计算机对原始档案信息资源有深入的理解和认识，使计算机"理解"这些自然语言。有利于档案信息资源挖掘者系统地掌握档案信息资源的内容概要，对档案信息资源进行内容检测，依照关键词义、语义对档案信息资源进行系统分类整理，对原始信息进行深入挖掘检索、质量检测，还可以实现自然语言所表达内容信息不同形态之间的转换，有利于档案信息资源的丰富拓展以及清晰表述，对档案信息资源挖掘效率的提升意义重大，同时也为智能检索技术的应用奠定基础。

自然语言处理技术主要包括两大类，即机器翻译技术和语义理解技术。机器翻译技术，即使用计算机实现对自然语言内容的认识和提取，并将其以文本或其他形式输出，把一种类型的自然语言翻译成另一种类型。语义理解技术则强调把检索工具和语言学进行有机结合，通过对关键词专用检索工具的开发，以及对原始信息的前文扫描，弄清其词义、句意之间的相互关联，从而实现检索工具在语义层次上对检索目标词汇的理解。在自然语言处理技术中会用到汉语分词技术、短语识别技术、同义词处理技术等，对原始语言信息进行系统区分、鉴定和提取。

总的来说，在档案信息资源挖掘过程中，语义检索的主要应用技术方法有两种：语义分析法和分词技术。前者目的在于在资源挖掘中对检索关键词进行语义分析，对关键词进行拆分，并查找拆分后关键词的关联，以及搜索与关键词含义存在关联的其他关键词，最终实现对查询者目的的解读，搜索出最符合使用者要求的结果；而分词技术则是在档案使用者对档案信息资源进行查询时，将其查询词条按照相应标准进行划分，然后按照对应匹配方法把划分后的字串符进行处理，实现对目标资源提取的一种技术。

第三节　大数据环境下的现代档案信息资源开发与利用

一、大数据环境下档案信息资源开发与利用的主客体分析

利用是一个满足需要的过程,档案信息资源利用的实现首先需要档案馆(主体)提供信息开发、传播;而后需要利用者(客体)有利用需求;最后主体提供的档案信息恰好或一定程度上能与客体利用者的需要相契合。大数据环境下,档案信息资源利用的主体、客体、目标都发生了一定的变化。

(一)主体

档案馆是永久保管档案的基地,拥有丰富的档案信息资源,是档案信息资源开发的主体。其中综合性档案馆较其他档案馆在人才、资源方面具有独特的优势,是档案信息资源开发利用的主要力量。大数据环境下许多档案馆推出了手机短信、微信、微博等微媒体服务,也有少数档案馆开发了 App 提供档案服务。但是服务方式的增多和档案馆既定的人力、物力资源入不敷出导致一些档案馆面对新环境力不从心,出现了"有数量没质量"的情况。

(二)客体

档案利用者产生档案利用需求,是档案馆的服务对象。在大数据环境下,一方面,档案利用者的范围在整体上有所扩展,更多的群体可以通过档案馆的微信公众号、微博、App 等途径利用档案实现其参考价值;另一方面,档案利用需求具有"刚性律",刚性档案需求的利用者变化较少,而这些刚性需求的利用者是档案馆的主要服务对象。在移动互联网大浪潮下我们要时刻保持冷静,处理好"为谁服务,以谁为主"的问题。

(三)目标

档案信息资源开发与利用的目标是将主体与客体结合以满足利用者的信息需求,在大数据环境下,这一目标是在满足利用者需求的基础上使利用者的利用更加简单、自由,进而促进利用者的利用。在大数据环境下,分析用户档案信息需求,合理选题选材,并通过移动互联网将开发出来的档案信息资源以简单便捷的方式提供给用户,满足利用需求,提升客户体验是大数据环境下档案信息资源开发利用的最终目标。

二、大数据环境下档案信息资源开发与利用的特征

大数据环境下档案信息资源开发与利用有了一些新的特征,把握变化才能更好地适应这一环境。

(一)空间上的移动性

移动环境指的是人或物处在不断变化的空间环境中,茆意宏提出:"在移动信息服务的过程中,用户及其所持终端是处于移动状态的,总是跨越不同地点,跨越不同情境。"一方面,这一特点为档案利用提供了便捷,用户可以获得和利用档案信息的空间自由度加强;另一方面,对档案利用工作提出了挑战:移动空间环境中的干扰因素增加,用户对档案信息利用呈现出碎片化趋势,对于档案信息的质量要求更高;移动环境对无线网络、信息传输等的技术要求也更高。

(二)时间上的碎片化

空间的移动性导致档案信息资源利用时间的碎片化。这一特点在实现了随时利用的同时对档案信息资源开发者提出了新的要求。大数据环境下人们已经进入"读图时代",档案信息资源开发形式应该与时偕行,图片、小视频成为受欢迎形式。另外,集中阅读时间碎片化对档案信息资源的内容也产生了一定影响,人们更加倾向于简单娱乐性的内容。所以档案信息资源开发者应该把握住大数据环境下的新特点,提供用户需要的内容。

(三)用户主导档案信息资源开发

大数据环境下网民的"话语权"得到增强,更加有利于其表达自身诉求。传统的由"档案馆"主导的档案信息资源开发逐渐向用户主导转变,一些类似于"我需要的档案信息"的调查活动使用户加入档案信息资源开发的"选题""选材""编辑",甚至是宣传推广。利用者也是开发者,使得档案信息资源利用率得以提升。

(四)档案信息资源利用的深度增加

大数据环境下档案信息资源的利用从简单的"实物利用"向"知识利用"转变。档案的凭证性作用依然重要,但是在大数据环境下人们参考档案指导实践活动、利用档案信息进行创作、通过档案记忆历史的例子随处可见。档案信息资源开发利用深度加深。

(五)档案信息资源利用的方式增多

传统档案信息资源的利用主要通过到馆利用、档案编研成果利用、档案网站利用来实现,大数据环境下档案利用途径变得更加丰富。微信、微博、手机 App 等多种途径可供选择,也在这些社交媒体中档案走进千家万户。

三、大数据环境下档案信息资源开发与利用取得的成就

目前,我国各级各类档案馆已经利用大数据推出多种档案信息利用服务,取得了一定的成绩。

大数据环境下,档案信息资源开发利用发生了巨大变化,档案信息资源利用更加方便快捷。2006 年贵州省档案馆首次开通手机短信查档业务,2010 年东莞市档案馆开通 WAP 站点档案查阅业务,2013 年湖北省十堰市档案馆推出手机微信查档业务,2013 年江苏省句容市档案馆率先开通"手机档案馆"服务,此后各种移动互联网服务迅速在全国各地拉开帷幕。这些新型档案信息资源利用的方式使档案利用效率得到了很大提升。

其一，"短信服务是基于 SMS(Short Message Service,短信服务)和 MMS(Multimedia Message Service,彩信服务)两种数据通信服务技术,实现档案信息查询,档案咨询服务,档案信息推送,档案信息发布等的档案利用服务形式。"为了更好地为社会各界提供良好的服务,让广大利用者更方便、更快捷、更准确地获得所需要的档案信息和有关现行文件,提升档案信息服务层次,贵州省档案馆在贵州省移动通信公司的大力支持下,在以往开展的到馆查询、网络查询的基础上,通过充足的调研、论证和多次测试,于 2006 年 5 月推出了国内首个短信查档服务,开通了利用手机短信查询档案和现行文件服务业务。服务对象是贵州省移动手机用户,服务方式是通过手机短信进行档案查询服务,服务内容为贵州省可向外界提供的约 15 万条档案目录。短信查档是一种早期的利用移动互联网提供档案利用服务的方式。其特点是操作简单、实用灵活、稳定性好。通过短信提供给利用者一些诸如档案利用开放时间、预约查档等辅助性的简单而确定性的信息来辅助查档。

其二,"WAP(Wireless Application Protocol,无线应用协议)以智能信息传送的方式在移动终端实现互联网和高级数据业务的引入和交互操作,实质是为移动用户提供浏览网页等网络服务。"WAP 是简化的 Internet 协议,其目标是将丰富的互联网信息引入到移动终端中,使用户能够随时随地利用丰富的信息。通过 WAP,档案部门可以提供诸如移动馆藏目录查询、个人利用信息查询、在线移动利用等服务。相对于短信服务,WAP 的服务范围更广,内容更加丰富。相对于固定的 Internet 协议,WAP 更加开放灵活,界面更简洁、操作更简单、实时互动效果更好。叶莎莎认为:"WAP 是专门为小屏幕、窄带宽、高延时、有限存储容量和较低处理能力的无线环境而制定的一种无线应用协议。"目前中国第一历史档案馆与中国第二历史档案馆等许多档案馆都设有专门的 WAP 服务。

其三,"档案微博指的是一些档案机构如各级档案局(馆)、高校档案馆及档案杂志社等所开通的微博账号。"目前,通过新浪认证的省级档案馆微博号共有 7 个:山东省、安徽省、江苏省、浙江省、吉林省、河南省、湖南省。其中湖南省与江苏省的粉丝最多,分别是 50717 和 50062 位。微博的特点主要可以归纳为"短、平、快","短,是指微博字数控制在 140 字以内;平,是指微博用户信息交流与发布的方法简单、中间环节很少;快,是指微博可以随时随地进行信息发布,信息传播的速度很快"。由此而使得微博的影响范围广,信息传播快,影响力巨大,使得各个领域加入其中。

其四,"微信是腾讯公司于 2011 年 1 月 21 日推出的一款通过互联网快速发送短信、语音、视频、图片和文字,并支持多人群聊的即时通信工具。"微信与档案利用工作的结合始于 2014 年嘉兴市档案局微信公众号首次通过认证。微信属于社交媒体,用户多,即时性强,信息传播与社会交往相连接,地域性强。根据情报学的"小世界原理"—"无论世界如何大,人口如何多,联系多么困难,人际情报交流与传递总是能实现的"和"六度分离"实验得出的结论:"世界上任意两个人之间的信息传递人际网络平均传递大约是 6 次",可以发现社交媒体上的信息传播亦符合上面的原理,所以我们认为社交媒体的传播方式非但没有限制信息传播范围,反而具有巨大的潜力。

其五,App 是英语 Application 的缩写。它是结合了通信和互联网的优势,加之云计算所拥有的强大信息资源,借助广大的终端传递服务,专门针对智能手机、iPad 等移动设备所开发的应用。对于档案利用工作,App 可以集检索、咨询、互动、导航、建立读者账户等多项功能于一体。目前已经有浙江省的"浙江档案"、温州市的"档案云阅读"、广东省的"广州市国家档案馆手机智慧导览 V1.0"等少数几个档案馆具有专门的 App。

四、大数据环境下档案信息资源开发与利用的不足之处

我国各级各类档案馆已经开始利用移动互联网提供多种档案信息利用服务,取得了一定的成绩。然而面对这一新事物,由于问题本身的复杂性及经验上的不足在实践中显现出了一些问题。针对现状我们主要提出了功能定位、内容、推广几方面的问题,对于法律制度、观念等具有固有滞后性的问题在此不提。

(一)功能定位模糊

大数据环境下,档案馆的定位是指对档案馆利用服务的定位,是对预期利用者要做的事。定位的作用在于指导工作方向,定位确定了档案信息资源开发的方向。换句话说,定位决定档案信息资源开发的“选题”与“选材”。在目前档案馆提供的移动互联网服务中不乏定位模糊的现象。举例而言,一些档案微博中多是局馆新闻动态的内容,少有关于档案利用信息的发布,而局馆动态主要是为档案局(馆)本身服务,也就是其微博定位并非是为预期利用者而是为自身服务。在大数据环境下,档案馆在档案信息资源的传播方面做出了很大的努力,投入了很多资源,例如,开通微信公众号、微博、开发 App 等。但是在选题、选材等内容方面却少有对移动互联网环境的适应和利用。

定位主要是档案馆要把握好“为谁服务”和“主要为谁服务”的问题。大数据环境下档案利用者的范围整体扩大,但是其中主要是传统环境中那些对档案信息资源具有刚性利用需求的群体。在主要服务这些既有利用者的基础上,尽可能地为其他利用者服务。在档案馆的发展中我们通过“档案利用登记表”积累了许多档案利用者的数据,通过大数据思维我们可以将这些数据转化为新环境下的眼睛,分析利用者特征,找到主要服务对象和他们的利用需求,进而进行科学的选题。但是实际上,无论在实践中还是在研究中我们只关注了“档案利用登记表”的形成和管理,涉及利用档案登记表预测利用趋势的例子却是凤毛麟角。

(二)粗糙编辑缺乏吸引力

“人靠衣装,佛靠金装”,在这个拼“颜值”的时代精益求精的编辑是档案信息资源开发利用中的重要一环。面对大数据环境下的信息大爆炸,精巧的编辑形式有时候是敲开档案信息资源利用大门的“敲门砖”。

档案信息内容的表现形式至关重要。大数据环境下,人们阅读信息的空间移动性和时间碎片化使得我们进入了“读图时代”。相对于文字,我们更喜欢简单直观的图片;相对于图文,我们更喜欢声像结合的“短视频”。在这一方面我们的服务有一定的不足,通过我们的亲身体验,发现档案馆在微媒体上提供的档案信息仍然以文字方式为主,平均一篇 2000 字左右的文章配有 3～4 张图片。视频文件极少。这些不符合当前利用者习惯的形式会对档案利用效果产生不利影响。另外,平铺直叙的标题、规规矩矩的格式是我们的现状,引人入胜的标题与独特漂亮的格式应该成为编辑过程中的更高追求。

(三)传播方式缺乏顶层设计

目前档案馆推出的传播方式众多,手机短信、微信公众号、微博、WAP、App 应用程序多种多样。但是由于档案馆的资源有限,众多服务使得档案馆力不从心,结果事倍功半。主要表现有服

务众多却无人管理,有一些档案公众号自开通以来从未发布过任何信息,还有一些档案公众号根本无法提供服务。另外由于缺乏顶层设计和整体规划,各种服务方式之间互相重合而又不能完全覆盖利用功能,导致各种方式的优势得不到体现。这种"有数量,没质量"的情况不仅没有达到我们的预期目的,也造成了资源的浪费和利用者的不满。

(四)宣传推广成效不大

大数据环境下,档案馆致力于让更多的人利用档案,最大限度地实现档案的价值。但是在实际工作中,由于档案工作的基础性,档案微媒体的关注度和互动度都不高。一般档案微信公众号的阅读量在100次左右,有的阅读量仅有几次,通过比较,在宣传推广方面做得比较好的档案微信公众号是"天津市档案馆"。其他地区的微信、微博等大数据环境下的新型利用方式都存在推广上的困难。有开发没利用、投入与产出不成正比是目前许多档案馆的窘境。

五、大数据环境下档案信息资源开发与利用的策略

大数据环境下的档案信息资源的开发与利用必然经过功能定位、选题、选材、编辑、公布、推广这几个环节。下面主要针对这几个环节提出相应的策略。

(一)科学定位明确服务内容

大数据环境下档案馆的定位是指对档案馆利用服务的定位,是对预期利用者要做的事。下面从大数据环境下档案馆档案信息资源提供利用的服务对象和这一环境下由定位决定的内容进行策略分析。

1.大数据思维锁定主要用户群

科学定位首先要解决"为谁服务"的问题。在大数据环境下,档案利用者的范围与数量总体增加。这些利用者大致可以分为两类:一类是原有的档案利用者,这些人在传统环境下就是档案信息资源的利用者;另一类是在大数据环境下新产生的利用者,这些人主要通过微博、微信等社交媒体浏览档案信息。我们需要通过分析这些利用者的特点来实现档案信息资源开发与利用的定位。

2014年国庆档影片《心花路放》取得了近12亿票房的佳绩,其背后就是大数据分析的支持。在影片上映之前制片方对猫眼电影提供的相关数据进行了大数据分析,精确锁定了主要消费群并进一步开展精确营销。《心花路放》利用大数据进行发行定位,避免了大数据环境下的"盲人上战场",最终取得了高票房。对档案信息资源开发利用而言,我们也可以利用大数据思维来找到较为精确的利用者。对原有档案利用者我们可以通过"档案利用登记表""档案网站统计"中的数据分析利用者的共同特征预测出潜在的档案利用者,如对职业、学历、单位等方面的预测。对于大数据环境下的新利用者,我们可以通过对微信、微博等微媒体产生的数据进行分析预测。

2.精确设置服务内容

第一,大数据环境下档案信息资源的开发与利用必须体现出档案信息的资源优势。档案相对于其他信息具有高度可靠性,所以档案信息的真实性是我们的优势。第二,开发对用户有价值的信息,通过调查统计将开发内容的决定权交于利用者,我们可以在微博上展开类似于"你最需

要的档案"的讨论调查利用者需要的内容。第三,有趣的内容,人们总是对秘密的事更感兴趣,我们可以开发那些大多数人都有兴趣的档案信息,如"天津市档案馆"发布的"老天津卫小买卖:穆傻子的五香'猫儿肉'您吃过吗?"就引起了广泛的关注。第四,"民生档案"与我们息息相关,许多"老城记忆"类的档案信息不仅阅读量高还有许多民众参与互动。第五,反映热点的内容,紧跟社会热点不仅会吸引利用者目光,而且会增加利用者转发的可能性,增强用户推广。如在抗日战争胜利纪念日发布"《抗战胜利 70 周年》八路军、新四军抗战档案首次对外公布",在"真假王娜娜"新闻讨论火热时发布与人事档案有关的信息等。

(二)精心选择表现形式

大数据时代人们对信息的要求更高,引人入胜的标题、直观形象的形式、简约友好的界面让档案信息资源的利用更有优势。

1.引人入胜的标题

大数据时代大量的信息充斥在人们的生活中,拟好标题是做好编辑的第一步。通过对"天津市档案馆"119 条推送信息的统计,平均每条信息的阅读量为 1159 次,高阅读量标题类型主要有下面几种,即口语对话型、提问式、悬念型以及惊爆型。

2.丰富直观的形式

通过对"天津市档案馆"的统计我们发现表现形式对阅读量有直接的影响,图片形式的阅读量是文字形式的 46 倍,图文形式的阅读量是文字形式的 33 倍,我们已经进入了"读图时代"。另外"微视频""小视频"的形式越来越受到广大用户的喜爱。"天津市档案馆"在 2015 年 7 月 8 日发布的"1989 年老西北角街景珍贵视频:追寻 26 年前的回忆"在 48 小时内阅读量便突破了 10 万,在群发后的 7 天内总阅读次数达到 17.33 万。这是目前档案微信公众号取得的重大成就,其中视频形式有很大影响。

3.简约友好的界面

大数据环境下用户获取利用档案信息资源的简约化是发展趋向,友好简单的页面是优质服务所不可或缺的。以微信档案公众号为例,一般设有两级菜单,一级菜单下设的二级菜单多为三到四个,要求菜单名称文题相符,通俗易懂。另外菜单总体应该尽可能覆盖利用者需求功能,但又不可太过复杂影响利用。

(三)合理选择传播途径

目前,大数据环境下档案信息资源传播途径众多,我们要加强顶层设计,运用互联思维使这些传播方式优势互补,通过整体效益实现利用目标。首先我们需要分析用户实现利用的信息传播环节的全部功能。从档案信息资源开发成果完成到用户实现利用,主要经过了发布→检索→利用→利用情况反馈几个环节。所以各种服务方式总体必须实现发布、检索、阅读、反馈四项必要功能与四个环节中伴随的基础性的咨询功能。

明确了完整的功能需求,我们再具体看目前档案馆普遍运用的微博、微信、WAP、App 四种主要传播途径应该如何设计实现以上功能。

1. 微博发布信息

微博的直接定义是交流平台。以新浪微博为例,2009 年新浪微博开始内测,以"发现新鲜事的交流平台"为定位进行宣传。2016 年 4 月中国互联网络信息中心发布了《2015 年中国社交应用用户行为研究报告》,报告指出在最近半年使用过社交应用的用户中,新浪微博的使用率达到了 43.5%。调查显示"就微博的使用目的而言及时'了解新闻热点'的提及率为 72.4%,在使用目的的选项中居于首位。""2016 年 3 月 22 日首批 328445 条军机处汉文录副奏本目录在中国第一历史档案馆官方网站提供查阅。"经过"陆浑戎"发布在新浪微博上取得了很好的传播效果。所以,微博在新闻热点发布的功能上具有其他方式无可比拟的优势。我们可以利用微博发布档案信息资源开发利用方面的通知。

2. WAP 检索信息

WAP 适用于无需授权向无线终端进行智能化信息传递、无依赖平台的协议。它是针对小屏幕、低连接率和小内存设备的上网需求而设计的。用户可以利用手机或其他的无线设备获得相关 Internet/Intranet 信息。通过 WAP,档案部门可以提供诸如移动馆藏目录查询,个人利用信息查询,在线移动利用等服务。WAP 可以将数据库嵌入实现档案信息资源检索是微信、微博等简单灵活的方式所不能实现的,所以 WAP 方式应该重点做档案信息资源检索的工作。目前山东档案馆、湖南档案馆等许多档案馆都有 WAP 或者网站检索功能。

3. 微信促进互动传播

微信(WeChat)是腾讯公司于 2011 年 1 月 21 日推出的一个为智能终端提供即时通信服务的免费应用程序。2015 年 6 月腾讯公司发布的《2015 微信用户数据报告》显示,截至 2015 年第一季度末,微信每月活跃用户已经达到 5.49 亿,有近 80% 的微信用户关注了微信公众号。2016 年 4 月中国互联网络信息中心发布了《2015 年中国社交应用用户行为研究报告》,报告显示"和朋友互动,增进和朋友之间的感情"是人们使用微信的主要目的,提及率为 80%。

针对以上特征,微信的优势主要在档案信息资源的阅读、推广和档案信息资源利用的咨询功能上。首先,微信用户基数大,用户使用时间多;其次,微信作为社交媒体用户在现实生活中的联系人占到了 80%-90%,为档案信息资源的分享提供了优越条件;最后,微信公众号中的"自动回复"功能使得档案利用咨询可以实时实现。如中国移动公司的官网微信号"中国移动 10086"中的自动回复服务取得了有效的成果,关注后即可收到中国移动的自助服务说明。目前档案类微信公众号少有利用"关键词回复"的功能。浙江省"浙江省档案馆"已开通"陪聊机器人"应用,对档案利用者利用中的常见问题,设计出了相应的回复内容,这样既节省了人力资源,又使利用者的咨询得到及时的回复,提升利用体验。

4. 档案 App

对于综合性档案馆而言,开发一款优质 App 软件的成本相对于微信公众号、档案馆微博、WAP 网页等成本较高。另外,2015 年 1 月 22 日第三方数据服务提供商 TalkingData 发布《10 亿说:行业精细发展,O2O 热度空前》的分析报告,报告显示全国平均每部移动设备上安装了 34 款应用,同时,每部设备上平均每天打开应用 20 款。由于档案信息资源的特性使得档案信息资源的利用呈现刚性特征,所以专门下载安装档案 App 的用户较少。

考虑到目前的开发成本与用户需求,我们认为目前针对普通利用者单独开发档案 App 的必要性有待观察。赵红颖在文章中提出"图书档案资源数字化融合服务"的思想与泰达图书馆档案馆的实践尝试开启了 App 开发方面图书馆与档案馆的合作探索。2014 年 8 月天津泰达图书馆档案馆推出"移动图书馆 App"服务,将"档案服务"作为图书馆 App 中的一个模块,其中又包含"办事指南""法规标准""档案培训""编研成果""掌上展厅"五个部分。

虽然在总体上档案资源与图书馆资源有着本质的区别,不可能完全融合,但是将已经开放的不具有保密性的档案信息嵌入到手机图书馆中形成图书馆 App 中的档案模块,与图书资源同一账号,同一软件,这既能满足用户的多种信息需求,又能节约档案部门的开发成本和用户设备空间。另外针对经常利用档案的群体,如档案工作者、研究学者等可以通过各地或者全国范围内多个档案馆的共同合作开发小众化的档案 App。

(四)分阶段生态推广

一个新事物的推广一般经过两个阶段,主动推广阶段和自动推广阶段。在主动推广阶段需要开发者投入一定的人力、物力,采取主动推广措施寻找第一批"种子粉丝",在第二阶段,当"种子粉丝"达到一定数量时,其推广者就由开发者转变为"利用者"。

1. 主动推广阶段

第一阶段是开发者主动采取措施进行推广。"吃在重庆"通过已有的微博账号对微博粉丝向微信公众号导流等进行推广。天津市档案馆在 2016 年 4 月公布的"全国档案微信公众号排行榜"中名列第一,推广效果显著。而目前档案类推广多处于推广的第一阶段。如天津市档案馆、青岛市档案馆等。天津市档案馆首先在天津市档案馆的单位工作人员中推广,然后是到天津档案馆的利用者、《天津档案》杂志的订阅者、天津档案网站的浏览者中推广。2014 年 6 月 10 日,青岛市档案馆邀请市民代表启动并体验青岛档案信息全域共享服务平台和"青岛档案"微信服务平台两个服务系统。其他诸如利用新闻报道、电视节目来宣传推广也是属于第一阶段。下一步我们应该注意转向依靠"内容"实现自动推广。

2. 自动推广阶段

第二阶段,"吃在重庆"不再进行主动推广宣传,依靠原创的热门文章进行自动推广。目前"吃在重庆"阅读量超过 10 万的有 20 篇,破百万的有 8 篇。由投入推广到自动推广,由依靠人力、物力到依靠内容,"吃在重庆"已经可以称为健康生态的推广模式了。在档案领域,目前尚未有实现稳定"自动推广"的档案类账号。所以我们应该注意充分开发利用档案馆独特的资源,打造"热门文章",使内容本身成为服务推广的动力。

总之,大数据环境下档案信息资源的开发和利用是传统档案信息资源开发利用的延伸和补充,是目前档案工作的新领域。技术的发展带动档案信息资源利用需求和利用形式的变化。在当今大数据环境下,挖掘档案信息资源,开发档案信息成果,依托大数据技术分析各项服务方式的特点,并将其对档案信息资源开发利用的价值最大化地发挥,是档案馆顺应时代发展、更好地服务社会实现转型的必由之路!

第四节 大数据环境下的现代档案信息服务创新

当前,我们处于信息技术快速发展的大数据时代,我们在享受着大数据时代给我们带来便利的同时,也不同程度地承受着各种困扰。这种情况在档案信息服务利用领域亦是如此,各种新型信息传播技术的应用给原有的档案信息服务方式带来了前所未有的冲击,但是它们也给档案信息服务模式的创新带来了发展机遇。

一、大数据时代档案信息服务研究现状

到目前为止,档案学界尚未形成一个统一的概念,但存在着这样一个潜在的共识,"大数据作为结构化数据、半结构化数据与非结构化数据的总和,不是对数据量大小的定量描述。它是一种在种类繁多、数量庞大的多样数据中进行的快速信息获取"。大数据共有四个特点:一是数据量大,大数据的数据数量从 TB 级上升到 PB 级,乃至会上升至 ZB 级;二是类型繁多,大数据的数据来源种类繁多,数据形式也是多种多样,包含"文本、图像、视频网络日志、地理位置信息、用户行为信息等";三是速度快,大数据的一个重要特点就是增长速度快,有较强的时效性,很容易被其他的数据信息所替代,因此传统的数据管理模式已经无法满足快速的现代数据信息的管理分析需要,一般会采取实时分析和分布式处理方式来管理数据信息;四是数据价值具有稀疏性且相关度不高,数据量虽然庞大且蕴含着巨大的价值,但是单个数据的个体价值很小,只有将所有相关的数据进行综合整理分析之后,才可以发挥巨大的潜在价值,从而对结果进行较为准确的预测。

在我国,施永利最早于 2012 年将大数据引入档案信息服务领域,他指出了大数据背景下档案信息服务面临的挑战,也指出数据挖掘是大数据时代下档案利用服务的必然选择,同时提出应对挑战的对策。

二、大数据时代档案信息服务模式面临的挑战和机遇

随着科学信息技术的迅速发展,人类也从信息时代跨入大数据时代。相比较传统信息环境,在大数据时代,档案用户的信息需求与档案工作者的服务模式都发生了前所未有的变化,给原有的档案信息服务模式带来了巨大的冲击。而任何新事物都是一把双刃剑,大数据在给档案信息服务带来挑战的同时,也带来了前所未有的发展机遇。目前,档案信息服务模式主要有两种:一是传统实体档案服务模式;二是现代网站档案服务模式。大数据时代的来临为这两种服务模式带来不一样的冲击。

(一)当前档案信息服务模式

当前档案信息服务模式大致可分为以实体档案为单位的传统实体档案服务模式和以网站为平台的现代网站档案信息服务模式。以实体档案为单位的传统实体档案服务模式是中国自产生档案服务机构以来在实践活动中逐渐产生的,并形成了一套具体完善的档案信息服务理论。以网站为平台的现代档案信息服务模式是伴随着网络的产生而产生的,主要是指电子档案的服务

利用模式。目前电子档案服务理论还不够完善,并且存在一些实践问题。虽然如此,提供电子档案信息服务已然成为世界先进的档案信息服务模式,在中国提供电子档案利用服务也逐渐成为大趋势,并逐渐向主流方向发展。

1.传统实体档案服务模式

传统实体档案服务模式指以往的档案信息服务机构工作人员就实体档案,对其进行收集、整理、鉴定、保管、统计等,进而为档案需求者提供利用服务。同时该档案信息提供服务方式主要有:阅览服务、出借服务、复制供应、咨询服务、交流服务、档案证明和档案展览等。这些服务理论和服务方式是在前人的实践基础上积累和总结起来的,是人类智慧的结晶。随着社会的发展以及先进科学设备的引进,传统档案信息服务方式受到一定的影响,但在以纸质档案为主体的中国,以实体档案为单位的传统实体档案服务模式仍占据着主要位置。同时,先进技术的引进也加快和推动了传统档案服务模式的工作进程。

2.现代网络档案信息服务模式

顾名思义,现代网络档案信息服务模式是档案服务机构利用计算机网络为档案信息利用者提供档案信息服务的一种服务模式。"以网络为平台的现代档案信息服务模式是档案服务机构顺应时代潮流而提供档案服务利用的一种先进服务模式",该模式极大地提高了档案信息服务质量和服务效率,同时该服务模式也拓宽了档案信息服务范围,为档案服务事业的进一步发展创造新的条件。无论是数字档案馆的网络服务,还是现代档案网站提供的档案信息,主要有馆藏档案资源介绍、档案咨询、档案政务、档案展览、档案推送等档案信息,并且大部分省、市都开通了档案网站,这项举措大大提高了档案信息服务效率。现代网络档案信息服务模式主要为利用者提供电子档案信息服务,虽然较为简捷方便,但电子档案的安全性和准确性在大数据时代也面临着极大的挑战。

虽然这两种档案信息服务模式分别能够对实体档案和电子档案提供利用服务,并且取得良好的效果,但是在大数据时代,这两种模式也存在着一些问题。对于传统实体档案服务模式而言,服务理论、服务手段和服务设备等急需跟着时代的进步而发生改变,以适应现代化的需求。对于现代网站档案信息服务模式而言,该模式还未形成较为完善的服务理论,仍然处于初级阶段,这需要档案服务工作人员的继续努力促进其快速发展。总而言之,这两种模式既有优点又有缺点,这需要档案工作者继续为档案服务事业努力。

(二)大数据背景下档案信息服务面临的挑战

无论是传统实体档案服务模式,还是现代网站档案信息服务模式,在大数据时代,尤其是电子档案数据信息的快速增长,给以往的档案信息服务模式带来了很大的冲击。数据信息的快速增长及繁多的种类,给档案信息服务带来的挑战主要有以下四个方面,下面进行逐一分析。

1.如何查询所需要的档案信息

随着档案信息化建设的发展,在对档案信息进行查询时,往往所需要查找的档案信息会淹没在大量的不必要的档案信息数据中,"特别是对电子档案的查找,而且检索性能急剧下降"。同时,依靠人工查询有用的信息,在传统纸质档案时代是可行的。但在大数据时代,在纷杂的档案信息中查找有价值、值得挖掘的信息是很困难的，这是一件心有余而力不足的事情，这给档案信息服务的初步实现带来很大的问题。因此，如何在大量复杂的档案信息中快速而准确地查找到利用者所需的档案信息是档案服务工作人员要解决的首要问题。无论是用传统实体档案服务模式查询信息，还是用现代网站档案信息服务模式查询信息，大数据为其带来了严峻的挑战。

2.如何改变原有的服务理念和方式

档案信息服务理念和方式具有间隔性和稳定性，服务理念和方式一旦形成就很难再改变。"档案信息服务理念和方式的产生是顺应当今时代的发展要求的，在相当长的一段时间内是稳定的。"同时，随着时代的发展和改变，档案信息服务理念和方式也会随之改变，这就造成了档案信息服务理念和方式的稳定性和阶段性。大数据时代是一个全新的时代，它对各个社会生产领域都产生了各式各样的影响，包括档案界信息服务理念和方式，不管在传统实体档案服务模式上，还是在现代网络档案信息服务模式上。因此，最基本的理论观念性问题都应该得到应有的重视，才能够在主观因素上提高档案信息服务水平和工作效率。如何在原有的档案信息服务理念和服务方式的基础上加入大数据时代的元素来顺应社会的发展和群众的需要是一个重要问题，亟待解决。

3.如何加强基础服务设施建设

在大数据时代，档案信息服务机构基本上都引进了大量电子设备以提高工作质量和服务效率。传统的档案信息服务机构的服务设备面临着淘汰的风险。因为大数据时代的档案信息数量繁多、来源复杂、种类多样，其储存要求远远超过以往的档案信息排架以及承受能力，它急需档案信息服务机构进行基础设施建设来满足其保存和管理要求，从而提供个性化、人性化服务。同时，"档案服务机构也要解决好档案信息服务系统的运行环境及维护系统的正常运行以保障档案信息的完整性、安全性以及原始性"。加强档案服务基础设施建设是提高服务水平和服务效率的物质条件和客观条件，这一点应该得到社会的重视。

4.如何培养高素质档案信息服务人才

当今国际实力的竞争与其说是科学技术的竞争，倒不如说是国家人才的竞争。人才决定国家的综合实力，档案界亦是如此。若想提高档案信息服务质量，要考虑的首要问题就是如何提高档案工作服务人员的专业素养以及综合素质。大数据时代的档案工作人员不仅要掌握最基本的档案管理以及服务知识，还要学习数据分析、数据挖掘等各种计算机知识。只有掌握了这些知识，一名档案工作人员才能更好地分析数据，然后做出准确的预测以提高档案信息服务水平。这点要求是对于从事档案行业工作人员的最基本的要求。在当今的档案信息服务部门，尤其是对缺乏数据管理的人才部门来说更要注意这个问题。

（三）大数据背景下档案信息服务面临的机遇

虽然在大数据背景下，大数据给档案信息服务带来了挑战，但它同时也为档案信息服务带来了很多机遇，无论是服务内容，还是服务模式及服务思想的转变等。这为传统实体档案服务模式和现代网站档案服务模式的新发展带来新的契机。

1.有助于丰富档案信息服务内容

数据的快速增长为档案服务提供了丰富的档案资源,使得档案服务机构的工作内容能够打破原有的限制,进而提供巨量的档案信息资源。就档案馆而言,"档案资源除了储藏在本馆内的档案资源外,还可以通过与其他档案馆进行档案信息资源共享,实现档案信息资源云共享"。这项举措在很大程度上克服了本馆档案资源的局限性,为利用者提供丰富而有效的档案资源。所以说,这些海量的档案信息资源为档案馆信息服务提供了内在的硬性支持,使其提供的服务内容更加丰富多样,满足利用者的多方面需求。

2.有助于完善档案信息服务方式

以往的档案信息服务模式基本上都比较倾向于被动服务,档案服务机构很少去主动服务,而且服务方式极为简单被动。最常见的服务模式是用户提出查档要求,档案馆根据其需求查找相应的档案信息资源以提供利用,并且利用者还要办理各种利用手续,程序复杂,给利用者带来极大的不便。而在大数据时代,档案服务机构可以在保持原有的服务方式基础上,利用各种电子设备和数据技术扩大服务范围,提高服务质量。同样拿档案馆来说,档案馆信息服务应该首先要立足于大数据背景下,在提高原来服务水平和服务质量的同时,还应积极主动地向社会发布一些档案信息,进行档案推送,提高服务效率。同时,"档案馆还要积极发挥电子档案信息资源的作用,扩大电子档案信息资源的利用范围,发展档案数字化"。这也就要求档案服务机构的服务方式和服务流程都要作出相应的转变以适应现代化的需要,其服务方式也要从被动式逐渐向主动式转变。

3.有助于转变档案信息服务思想

以往的档案信息服务思想是将档案信息服务看作是本机构的一种正常业务来完成,被动而又消极。而在大数据时代,档案利用者则对档案信息服务机构的服务质量和水平提出了更高的要求和期待。档案信息服务机构可以以此为契机转变服务思想,从消极被动向主动热情转变。同时,"档案信息服务也要完善为以用户为中心,在满足用户个性化需求的同时也要提供更好的人性化服务"。大数据为档案服务机构服务思想的转变提供了现实基础,其丰富的档案信息资源使档案服务机构为用户提供准确的解答、优质的服务成为可能。

三、档案信息服务创新研究的主要内容

大数据给档案信息服务模式带来了冲击,未来档案服务机构的核心竞争力很大程度上取决于其信息服务的能力,这就要求档案服务机构就服务方式进行创新。大数据时代是信息的时代,不仅包括繁多的数据,也包括各种数据平台,如 Web2.0、微博、微信等。下面我们就数据平台对档案信息服务创新的方式谈一下自己的认识。

(一)基于云计算的档案信息服务

在云计算背景下,构建数字档案馆是受"服务型数字档案馆"的启发而提出的。之所以构建数字档案馆是因为数字档案馆能够使档案云服务平台应用起来,并且使其系统能够得到有效运营和维护,最大限度地实现档案信息云服务,满足档案信息用户的各种需求。基于云计算构建数

字档案馆提供档案信息云服务已经是当前档案信息服务模式的一大趋势。

基于云计算构建数字档案馆主要是对全国的数字档案信息资源进行统一管理，为档案信息服务工作者提供便捷的服务平台。当我们在改善原有的数字档案馆服务模式以及创建新的服务模式时，我们可以借鉴丽水市云服务共享系统的成功之处，在此基础上进行调整，在保持该馆档案特色档案服务的同时，也要适应当前利用者的利用需要，提高服务质量和效率。大体上，数字档案馆云服务系统模型包括以下五个部分：数字档案信息资源、档案云服务基础、档案云服务控制、档案云服务应用、用户终端设备。

1.数字档案信息资源

"基于云计算的数字档案馆可以将多个实体档案馆、机关档案室、数字档案馆等的档案信息资源进行组合，形成一个云档案共享网络"。这个方式能够很好地提高数字档案信息资源的利用率，更加全面地满足利用者的利用需求。随着机密性档案的不断公开降密，越来越多的档案信息展现在世人面前，供利用者查阅，档案信息的利用范围也越来越广。因此，为满足利用者的信息需求，数字档案馆需要不断收集实体档案馆的档案信息资源来充实档案云服务资源库。

2.档案云服务基础

档案云服务基础是实现数字档案馆云服务的基础部分。该部分主要包括服务器、交换器、虚拟机、操作系统等，是实现数字档案馆云服务的硬件要求，为数字档案云服务提供操作平台。"云计算中的应用程序只是在互联网上运行，不需要在本地计算机安装，避免了用户的安装、维护等麻烦。"但是，我们可以肯定档案云服务在数字档案馆服务中占有基础性地位。

3.档案云服务控制

档案云服务控制是数字档案馆云服务实现的核心部分，包括数据管理、用户管理、员工管理、系统管理、系统维护等。该部分主要是对档案资源、服务器、虚拟机、交换器、操作系统等设备进行管理和控制，保证该系统的正常运行，为档案云服务的应用打下基础。

4.档案云服务应用

档案云服务应用是数字档案馆云服务实现的重要环节。该部分主要包括档案的收集、整理、利用、保存、借阅、统计等众多档案基础管理性工作。正是因为档案云服务的应用，才能将数字档案信息资源与用户连接起来形成档案云服务网络，简化档案用户的借阅程序和档案工作者的工作内容。

5.用户终端设备

用户终端设备主要是为档案用户提供进入数字档案馆云服务平台的端口服务，这可以是任何一种移动终端，如电脑、iPad和手机等。任何档案馆、档案室以及其他档案管理机构和个人等都可以不受限制地访问任何数字档案馆中的档案信息资源，以满足自身的信息需求。

基于云计算构建数字档案馆创新性云服务在理论上没有太多的问题，但在技术上和生活实践中却存在着很多困难，这需要档案工作者要有勇气、有目标、有毅力地对原有的档案信息服务模式进行革新。随着云计算技术在档案信息服务方面的影响不断扩大，越来越多的人力、物力和财力投入档案信息服务当中去,未来的档案信息服务模式将会焕然一新。

(二)基于Web2.0平台构建档案信息服务互动系统

若想在 Web2.0 背景下对档案信息服务模式进行创新,"档案信息服务机构必须要做好档案服务机构与用户之间的交流"。我们认为,要想创新必须要有创新的思维、清晰的思路。在思路创新的基础上,我们将其运用到档案信息服务机构,创立基于 Web2.0 的档案信息服务互动系统,如图 10-3 所示。该系统在借鉴 NARA 的基础上结合本机构的服务特点进行创建,主要包括以下三大板块:用户板块、档案信息服务人员板块和咨询板块。

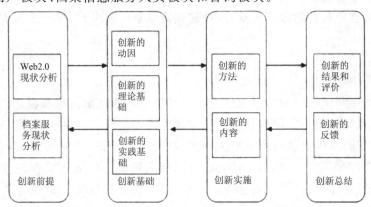

图 10-3　基于 Web2.0 的档案服务创新思维图

1.用户板块

用户板块主要包括用户管理和用户认证两个部分。"用户管理部分主要是负责存储和管理用户相关信息,通过用户认证后就可以获得其个性化的档案信息服务。"例如,检索相关档案资源,与档案工作者交流,用户向档案机构推荐相关信息资源等。用户认证部分则是档案服务机构对档案用户的权限设置,只有通过认证的用户才可以使用系统内的信息资源。

2.档案信息服务人员板块

档案信息服务人员板块主要包括信息发布、资源简介、交流方式(QQ、博客、微信)等。信息发布主要是本档案机构发布给员工的内部工作信息,如值班日期、工作模式、管理规定等内部服务性和管理性文件。资源简介部分主要是利用 RSS 技术将本机构的档案信息发送给利用者,并且将文字、图片或视频档案结合使用来引起用户的兴趣。内部交流方式如 QQ、博客、微信则是档案机构提供给员工进行信息交流、发表心得体会的重要方式。

3.咨询板块

咨询板块是用户与档案工作人员进行沟通的地方。用户通过咨询板块进行信息咨询,并利用 QQ、微信、博客进行信息留言与档案工作人员保持密切联系。信息服务人员也可利用该板块为用户答疑来提高服务质量。

档案信息服务互动系统是一个全方位的档案信息交流平台,该平台由档案服务机构自发研制并采用 Web2.0 技术,满足利用者的多样化需求。它是一个功能强大的档案服务互动平台,简化了档案职员的本职任务,显著提高了工作质量和水平。此外"Web2.0技术在档案服务中的应用将使服务质量更加个性化和人性化,从而提高并增强档案部门的核心竞争力"。

(三)基于微信的档案信息服务

2011年,腾讯研发出了一种新型的信息交流工具—微信,它可以快速方便地发送文字、图片、声音、视频等。用户可以通过关注微信公众号来了解想要知道的信息。如今许多档案馆、档案室、立档单位等档案服务机构基本上都开通了微信公众号为广大微信用户提供档案信息服务。这项举措无疑是在原有档案信息服务方式基础上进行的服务创新。

档案服务机构创建各自的微信公众号,构建档案信息服务平台,这个平台大致可以包括以下几个方面。

1. 档案推送

档案工作者必须利用微信向微信用户发布并且推荐一些档案信息资料,无论是文字信息、图片还是视频等,确保微信利用者能够看到自己感兴趣的档案资料,以提高档案信息的公开度和利用率。"这些档案资料不仅要包括国家机关档案、社会组织档案、企业档案、个人档案等,还要包括本馆特色的档案信息。"同时,档案工作者也可以利用该微信公众号发布一些最新的馆藏信息如档案馆开放信息、讲座信息、展览信息等。总而言之,档案推送这一板块主要是全面展示本馆馆藏信息与最新信息的。

2. 档案查询

档案查询主要是对用户提供查档服务,根据主题、关键词以及责任者等为用户提供相关的档案信息。服务范围包括档案馆藏资源目录体系、档案使用方法,并在帮助用户的过程中不断总结用户需求,有组织、有计划地组织好档案信息资源、档案资料等。同时,档案服务机构也要逐步改善技术水平,创建档案服务系统,提高档案信息服务的查全率与查准率。档案服务机构也要逐渐完善和丰富档案内容,无论是文字、图片还是视频,要一应俱全,为用户提供丰富的档案资料以供参考和查询。

3. 档案咨询

档案咨询是档案服务机构与用户相连接的中心纽带。微信作为新兴的信息交流媒体具有优秀的SNS属性,人与人之间可以进行实时交流、互动和资源共享。用户通过微信能够直接和档案服务人员进行交流,一对一的交流使得双方的理解更为顺畅,也能逐步建立起档案服务人员与用户之间的情感桥梁。通过档案咨询,档案服务人员会正确地认识到工作中都有哪些不足需要改正,提高服务效率;而用户则可以通过在线咨询完整地得到档案服务人员的答复,对档案工作的理解将会更加深刻,确保档案服务人员工作的顺利开展。

我们认为以上三点是任何一个档案微信信息服务平台都必须具备的,其他的附加功能则是根据各自档案服务机构的服务方式、服务内容、服务范围等所决定,不用作太多具体的要求。各自的档案信息服务机构应有各自的服务特色,不能千篇一律。

总之,档案信息服务历来是伴随着档案发展的历史全过程从分散服务到系统服务,逐渐完善成为一个服务体系。"从古至今,档案工作实现着从重'藏'到重'用'、从为一小部分人服务到面向社会服务的重大转变。"随着社会的发展,这个转变正在逐渐进行,从纵向层面讲,档案信息资源至今还没有完全开发出来;从横向层面讲,档案服务机构至今还未建立起较为完善的档案信息服务模式以及体系。因此,研究档案信息服务相关内容应该发展成为档案发展事业要务之一。

在大数据时代的背景下,将档案信息服务置于 Web2.0 环境、云计算环境和各种交流 App 软件相结合,研究档案信息服务应将如何创新开展。在 Web2.0 环境下,我们通过构建档案信息服务互动系统来改变原有的服务方式;在云计算环境下,我们可以通过构建数字档案馆形势下的创新性云服务来提高档案信息服务效率;在微信背景下,我们可以利用微信及其他手机 App 软件便捷地推广档案信息服务范围。虽然目前在理论研究层面和实践探索层面已经取得了一定的成果经验,但是我们在对档案信息服务方式进行创新研究的同时还要注意以下三个方面的问题:一是要提高档案工作人员的服务意识,紧随时代步伐,重视研究、宣传和利用网络技术优化档案信息服务;二是要深化微信平台内容、功能和资源等方面的开发与研究;三是要借鉴其他领域的成功经验,注重理论研究与实践经验相结合。

第十一章　现代人事档案管理

人事档案是档案的一个门类,是干部档案、工人档案、学生档案、军人档案的总称,是国家全部档案的重要组成部分。人事档案概念的研究,是人事档案学和人事档案管理理论研究的一个逻辑起点,是一个重要的科学概念。因此,一直受到人们的重视,在档案学人事档案管理的论著中,都比较重视对人事档案概念的研究,并取得了较为丰富的研究成果。

第一节　现代人事档案管理研究状况分析

为了探索与研究现代人事档案管理问题,首先必须对我国人事档案管理实践及研究状况进行调查与分析,这是对其进行系统研究的基础。

一、我国人事档案管理实践分析

我国人事档案可谓历史悠久、源远流长,历代王朝都有人事工作,对文武职官的任免、品级、爵禄、薪俸、考察、升贬、奖惩乃至休假,各朝各代都有自己的规定,并有详略不等的记载及评议总结。从西周开始,产生了人事档案的雏形,到隋唐已形成较完备的专门人事档案,经历了漫长的发展阶段,积累了一定管理经验,但这些经验只是零碎的、片段的。

人事档案管理工作真正得到开展,还是在中华人民共和国建立之后。随着我国人事制度的建立与发展,作为人事工作重要组成部分的人事档案管理工作得到了相应发展,取得了一些成绩,同时亦存在一些问题。在此,我们对成绩、问题以及制约我国人事档案管理工作发展的主要因素进行探索与分析。

(一)成绩

近年来的人事档案管理工作,已经取得一些成绩,主要表现在:

第一,人事档案管理系统已形成规模。全国各级各单位组织、人事部门,大都设有人事档案管理机构,中央组织部和国家人事部成为全国人事档案管理的指挥中心,地方各级各系统组织、人事部门是管理人事档案的主要机构,并配备了专职或兼职档案人员。

第二,人事档案管理制度初步建立体系。为适应经济体制改革和人事制度改革,中共中央组织部、人事部相继制定和颁布了《干部档案工作条例》《干部档案整理工作细则》《关于干部档案材料收集、归档的暂行规定》《流动人员人事档案管理暂行规定》《干部人事档案工作目标管理暂行办法》《干部人事档案工作目标管理考评标准》等，使人事档案管理有章可循，各级各类人事档案部门遵循上述条例和规定，有的已制定了相应的实施细则，结合各单位的实际，做了大量工作。

第三，人事档案业务管理工作有一定进展，部分工作内容已达到规范化要求。在人事档案材料的收集方面，开始加强对个人德、能、勤、绩综合材料的收集。人事档案整理工作中，最突出的成绩是干部人事档案有了统一的分类标准，在实际工作中，全国所有干部人事档案基本都是按标准的十大类进行划分，这说明我国干部人事档案在实行标准化管理方面已经取得了一定的成果。在人事档案的案卷质量、鉴定、保管等方面，较之以前有很大进步。

第四，国家公务员和流动人员人事档案工作已经得到开展。1993年8月，国务院颁布、实施《国家公务员暂行条例》，标志着我国国家公务员制度诞生。这是对干部人事制度的重大改革，同时也给人事档案管理带来一些新的变化并使之面临新的问题，各级人事档案部门针对新情况、新问题，结合国家公务员制度、人事代理制度、流动人员等特点，开展了对这些档案的归档、整理、转递、保管及提供利用工作。

第五，人事档案管理人员数量增多，政治业务素质有所提高。

（二）问题

我国人事档案管理工作虽然取得了一定成绩，但还未完全适应社会主义市场经济建设发展的需要，存在一些问题。

第一，人事档案内容中存在片面、空泛、短缺、重复、不真实等问题。人事档案是每个人形象的"缩影"，其内容应当真实和具体，且应从多角度、多方面来反映一个人的全貌，以满足人事工作的需要。由于历史的原因，现存人事档案内容大多反映个人经历、家庭情况及社会关系，或者是反映历史材料，而反映个人的人才类型、管理能力、技术专长、工作实绩、心理素质及个性特点的档案较少，反映干部现实的德才表现和政绩、才能等方面的材料也不全，从档案中既看不出被提职的干部有什么突出政绩，也发现不了后备干部有什么专长，对干部的鉴定存在评述模式化倾向，基本格调一致，形式雷同，抽象性语言成分多，具体的、定量的、动态的内容少，套话、空话也不少。成绩多是千篇一律的政治套语，缺点则是千人一面的希望之词，很难反映一个人的真实情况。近年来，虽有一些新材料来充实档案，但也比较笼统，还是不能真实而具体、全面而充分地反映人的才能、政绩和在社会建设中的表现，缺乏定量和定性相结合的综合分析。个人履历表中的年龄、参加工作时间、文化程度及学历记载，存在前后不一、或重复、或不尊重事实的情况，在重复出现的材料中，有的人年龄越填越小，参加工作时间越填越早，学历越填越高，任职经历不尽一致，致使真实情况难以确定，给人员的调资、定职、离退休等工作带来不少麻烦。

第二，人事档案管理体制较散乱。有些地方和机构还存在分散管理状况。

第三，人事档案管理基础设施差，保管条件落后，管理水平较低。目前，我国人事档案管理还是以传统的手工操作为主，设备简陋，技术落后，耗费大量的时间和精力，还难以完全做到档案完整、精确、美观、实用。据中共中央组织部宋明远调查统计，全国123000多个管档单位中，有49%的单位没有专用库房。配备空调、去湿机设备的库房只占6.8%左右，县一级多数还无计算机等现代技术设备。据笔者调查，不少高等院校的人事档案部门没有空调、去湿机和电脑等设备，大多是手工操作，管理水平较低。

第四，人事档案的案卷质量有待提高，不少机构的人事档案还没有达到"归档齐全完整、鉴别认真、分类准确、编排有序、目录清楚、装订整齐"的要求。人事档案案卷是提供利用最基本的物质基础，没有档案案卷材料，就无法实施提供利用工作。有材料而内容不完整，数量不齐全，手续不完备，同样也不能很好地发挥档案应有的作用。从现存干部档案材料来看，目前此类情况的存在还带有普遍性。干部填写《干部履历表》时，存在有头无尾，未标明材料形成的单位的问题；"鉴定材料"则普遍存在"厚古薄今"的现象，许多干部的档案除个别因调动而附有极少鉴定材料外，大部分档案均无反映近期表现的材料，"组织意见"栏里签的大多是"同意本人总结"之类的话语，这一现状的存在严重影响了干部档案案卷的质量。

第五，人员编制不足，队伍不稳定，专业素质偏低。目前，干部档案人员仍然存在工作需要和人员不足的矛盾，档案人员没有按中央组织部明文规定的"管理一千人的档案需要配备一名专职干部"的编制配置，一人管理数千卷档案的情况比比皆是。尽管档案数量翻番，材料收集范围更加广泛，归档材料数量大，提供利用频率大幅度提高，档案人员的数量却未能同步增长，管理档案、应付日常工作已需加班加点、疲于奔命，钻研业务、探讨管理方法等更无暇顾及，如档案编号排放，不少管档单位还是沿用前人的无规律可循的单位编号法，尽管存取所需档案时速度慢，但也不敢变革创新以提高工作效率。干部档案人员学历与专业素质偏低，全国125000多名干部档案人员中，专职人员只占18%，80%以上的档案人员都是身兼数职，重点工作没放在干部档案管理工作上。具有大专以上学历的近5.3万人，占总人数的42%，但其中受过档案专业教育的却很少，而且档案人员中有15000多人是初中以下文化程度，具有高、中级职称的人数仅占总人数的16%，由此在实践工作中的纰漏也就相对较多。

第六，人事档案信息开发利用程度较低，未发挥应有的作用。人事档案利用工作大多是被动服务，等待领导及有关人员来查阅，缺乏主动精神；人事档案利用时，只能提供一些肤浅表面的人员基本情况，如主要是党团材料、落实政策和工资调整方面，而真正用于人才选拔、培养、开发及预测等方面的较少，由于某些档案中还存在虚假不实的成分，如同一人档案中出现不同的出生年月，不同的工作年限，有的人没有上过大学，却把原有的低学历拔高，使利用者无所适从。此类情况虽然只出现在少数档案中，但负面影响很大，降低了人事档案的权威性，影响了人事档案的现实效用和历史价值。另外，由于人事档案具有机密性，加之利用档案审批手续比较严格，限制也较多，因此利用也不够充分。许多档案除了在职称评定、工资晋升时利用以外，长期沉睡在档案箱里。手工操作的人事档案工作存贮、处理和控制信息的能力也较差，查寻和提供信息的速度慢，不能卓有成效地开发档案信息，无法高质量、高效能地提供服务。

(三)制约我国人事档案管理工作发展的主要因素

人事档案管理中出现的问题具有多方面原因，归结起来，主要有以下因素：

第一，思想观念因素。

人事档案管理工作中出现的有关问题，是由一些不正确的思想观念造成的，主要是"传统神秘观"和"现代淡薄观"。

传统神秘观认为，人事档案主要是记载个人思想政治及隐私方面内容的档案，是历次政治运动中批判人的依据，仅供组织上考察、了解人员所用，在这种思想观念的支配下，人事档案变得很神秘，致使收集管理这类档案时，只注重个人政治历史、家庭社会关系方面的材料，忽视个人业绩和能力等材料的归档，使得有些人事档案材料中存在片面、雷同、重复等问题，在鉴定考核材料中存在虚假情况，"成绩"不真实，"缺点"不填写，不能客观、全面、真实地反映一个人的全貌。在管理上则大都采用封闭式,只重保密,忽视利用,使人事档案在改革开放和社会主义市场经济建设中的作用不能得到充分发挥。

现代淡薄观认为,社会主义市场经济条件下,个人政治表现和家庭历史材料毫无价值,主要是追求自我发展和好的待遇,在重新择业过程中主要是追求体现自身价值,认为人事档案是组织政治化、神秘化的产物,市场经济大浪淘沙,适者生存,保存过去形成的人事档案已失去现实意义,认为人事档案材料与己无关,遇到填写有关表格材料时,随心所欲,极不慎重,甚至丢失、自己保存等情况时有发生,部分人事档案人员不愿意或不敢严格要求,致使人事档案材料中残缺、内容不真实、个人存放等问题出现。

第二,管理人员因素。

人事档案管理属于人事工作和档案工作管理的重要组成部分,具有很强的管理性,而管理水平和管理效率的高低在很大程度上取决于管理人员。人是管理中最积极最活跃的因素。人事档案管理人员大多具有良好的政治素质,虽然思想品德好,工作责任感强是做好人事档案工作的必要素质,但仅此而已是不够的,还必须具有创新意识和较高的业务素质,要热爱此项工作,单位要有一支稳定的队伍。人事档案管理中出现的不少问题是由于人员观念保守、业务素质低造成的,有些是由于人员变动频繁,或兼职过多,没有精力和时间从事正常的人事档案管理工作,疲于应付,更不可能花较多的时间参加培训或总结业务工作,提高业务素质,因此也就不适应信息化时代和社会主义市场经济条件下,对人事档案管理应达到规范化、科学化、现代化的要求,很难采用新技术、新方法、新设备管理和提供档案利用。

第三,管理制度因素。

我国人事档案管理制度还不够健全,在收集、归档、整理、借阅、利用等方面都未建立严格完善的制度,现行的收集方式主要依靠档案管理部门主动索要,而未能形成有关部门主动送交制度。收集材料的渠道也有其局限性,不少业务部门为了省事,往往不愿将有关业务材料归入人事档案,这给人事档案管理部门的收集带来一定的难度。干部德才无法准确掌握,很难适应市场经济条件下凭政绩选拔任用干部的需要。同时,由于有关人事档案管理制度中规定个人不得查阅和借用本人的人事档案,许多人不知道自己的人事档案里到底有哪些材料,材料上写的是什么内容,因而使得有些假材料放在个人档案中很难发现,也影响了对个人档案的利用。另外,档案材料装订也很不规范,不少档案材料长短不齐,大小尺寸不一,装订眼孔距不符合中央组织部规定的要求。

第四,领导者档案意识因素。

领导者档案意识的强弱,反映对档案的重视程度,这是能否做好人事档案工作的重要因素之一。如果一个单位的主要领导,其档案意识强,对人事档案非常重视,必然会配备综合素质好的人员管理人事档案,也一定会给予必要的资金和设备,安排管理人员进修学习,提高业务技能,特别是在法制环境不太好的情况下,这种因素更为重要。即使在健全的法制条件下,制定的档案法及规章制度,还需要领导者带头去贯彻执行。在实际工作中,往往会因为某些领导对人事档案不重视,致使人事档案人员缺乏、随意抽调做其他事情,人事档案专用库柜不能落实,更谈不上购置现代化技术设备,安排人事档案人员参加培训进修。

二、国外人事档案信息管理现状

由于国外与中国国情不同,因此人事档案信息管理实践也有较大差别。据有关资料介绍,经济发达国家一般都十分重视人事档案信息的建立与利用,如美国在圣路易斯州设有全国人事文件中心,保管着联邦文职人员的人事文件 7000 多万卷,陆海空军职人员的人事文件 5500 多万卷,每年发出的信息材料达 200 多万份。这个文件中心的检索工作已经实现自动化,人员的各种数据、案卷编号和库房位置都已输入电子计算机,随时可以根据需要提供各种人才信息,找出所需要的各类人才。

国外重要人物的人事档案比一般人事档案的保管期限和封闭期长,有的长达 120 年左右,如英国女王的人事档案即是如此,还有不少国家的国家元首的人事档案封闭期较长。一般的人事档案封闭期不长,有的随时可以利用。

三、人事档案管理研究综述

(一)研究状况

据我们了解,我国关于人事档案管理方面的研究,主要集中在有关著作及论文中。关于人事档案管理的著作主要有两部:一部是 1984 年湖北人民出版社出版,王法雄先生编著的《人事档案管理概论》,另一部是 1990 年中国青年出版社出版,邓绍兴先生编著的《人事档案学》。前者是人事档案管理研究著作的开创者,内容丰富,涉及面较广,长期以来"一枝独秀",书中关于人事档案的概念、分类、管理以及利用等方面的论述,对人事档案管理理论与实践起到了较大作用;后者不仅对我国人事档案工作"溯其渊源,叙其原委,评其优劣",而且对人事档案工作的理论与方法进行探讨,如关于人事档案工作的定义、特点、作用、门类划分,与其他档案的区分和联系,有关组织领导和队伍建设等方面,都提出了自己的看法,对于人事档案的收集、鉴别、整理、鉴定、保管、转递与统计、检索利用手续等方面,都有论述,是一本学术性和实用性都较强的人事档案学著作,对实际工作具有较大的指导作用。

除上述著作之外,还有一些档案学著作中对人事档案管理问题有所论述。如《新编档案管理学》(邓绍兴编著,中国档案出版社,1986 年)第二十一章,《专门档案管理》(潘玉民,杨小红主编,辽宁大学出版社,1993 年)第二章,《档案学基础》(朱玉媛编著,武汉大学出版社,1994 年)第四章,《最新档案工作实务》(1996 年 6 月,陈兆误、沈正乐主编,中国档案出版社出版)第四篇第一章,《档案管理原理与方法》(洪漪编著,武汉大学出版社,1996 年)第七章,都论及了人事档案或干部档案管理问题。

此外,还有档案学、大学学报、人事管理等期刊中,也刊载了有关人事档案方面的论文,据初步统计,近些年发表的此类文章共一百余篇。

(二)主要内容与观点

上述著作及论文中关于人事档案研究的主要内容和观点,归纳起来有以下几个方面:

第一,人事档案工作历史渊源。

我国许多学者认为人事档案工作古已有之,有人即有事,有人事即有记载,我国历代封建王朝及各个时期,关于官职任免、品级、身份等方面的记载,都属于人事档案范畴,都开展了人事档案管理工作。学者们普遍认为我国早在西周时期就出现了"谱牒档案",即早期的人事档案或人事档案的前身。因为所谓谱牒档案,就是王室、官员的世系家谱,在世袭世禄的人事制度下,世系和家谱实际上也可以被认为是王室、官员的人事档案,当然这只是古代人事档案的雏形。我国最早的专门的人事档案产生于隋唐,这时已确定了科学铨选制度。为了适应这种人事制度的需要,规定凡是每年参加铨选的官员的职名、履历、考绩等情况,都要有专门文件记载,这种文件谓之"甲历",由这种甲历转化而来的甲历档案则是较专门的人事档案。到了明清,我国人事档案工作又有了新的发展,现存的明清档案中,有不少是当时制发和填写的官员的履历、政绩考察情况的表格,颇接近于现代的一些干部表格。

有不少学者认为人事档案工作真正开展起来是在中华人民共和国建立之后。党和国家历来十分重视人事档案的保管,各级组织和人事部门是对人事档案进行管理的专门机构,人事档案事业已得到了较大发展。

第二,人事档案的性质与种类。

关于人事档案的性质,有的认为是具有政治性、机密性、真实性,有的认为具有现实性、动态性、机密性、集中性。中共中央党校朱虹的观点具有一定代表性,他认为:真实性是干部档案最基本的特性,没有真实性,干部档案的其他特性就失去了意义,也就失去了档案的利用价值,干部档案只有为组织人事工作提供系统、准确的信息,才具有真正的生命力。这对于克服用人中的盲目性和随意性,纠正任人唯亲等不正之风,也有无法替代的作用。这种认识将干部档案的真实性给予充分强调,说明在干部档案管理工作中一定要努力维护干部档案的真实性,不让档案内容遭到篡改、失真,这对实际工作具有很强的指导意义。

干部档案的特性决定了干部档案管理具有相应的特性。有的认为具有政治性、服务性、机密性,有的认为还具有科学性,因为干部档案是党的干部工作重要组成部分之一,受整个干部工作的制约,具有很强的政治性和服务性,但又不是一般的服务性工作,是掌握党和国家人事机密的工作,具有一定的机密性。同时它又是一项专业性很强的工作,具有科学性。

关于人事档案种类,大部将其划分为干部档案、工人档案和学生档案三大类。这种划分方法在过去一直占主流地位,但与现在的实际情况不相符,有待认真研究。

第三,人事档案管理。

关于人事档案管理,存在两种截然相反的观点,一部分人认为人事档案管理应实行回避制度,干部个人不能查阅、利用本人及亲属的档案;另一部分人认为人事档案管理应公开化,在现代社会,个人应有一定的知情权,个人档案可以置于"阳光之下",让个人了解其档案材料中的内容。这说明人事档案管理研究中已开始出现了有争议性的学术讨论文章。

第四,人事档案的作用。

关于人事档案的作用,王法雄认为:人事档案是历史地、全面地了解一个人的必要手段,是人事工作不可缺少的重要工具;是确定和澄清个人有关问题以及正常的政治审查的凭证;是研究和撰写各类历史传记的珍贵资料。潘玉民等人认为人事档案是历史地、全面地考查了解一个人的手段和基本依据;是进行科学研究的宝贵材料。关于人事档案的作用,还有不少学者是从干部档案角度去认识的。干部档案是人事档案的重要组成部分,在选拔、培养和使用干部等方面起着重要作用。对此问题的认识,目前单独论述的文章不多见,研究者大多是将其作为研究内容的一个方面,或在文章的前言部分予以强调。山西省人事局曹青轩、宁建平在《干部档案管理的思考》一文中认为,干部档案是按照党的干部政策,在培养、考察、选拔和使用干部的过程中形成的,是干部个人经历和社会实践活动的原始记录,是干部德、能、勤、绩等情况的综合反映,是历史地、全面地考察了解和正确选用干部的一个重要依据,它能在新时期干部工作中发挥更大作用。有的文章认为,干部档案是历史地、全面地考察和了解一个干部的重要依据,在干部使用、任免和调动等工作中,除了直接考查了解这个干部的现状外,主要是通过查阅干部档案系统来了解。这些观点充分说明了干部档案的重要作用,对加强干部档案管理具有一定的积极意义。但是,结合社会主义市场经济中,干部分流和调动情况增多的特点,论述干部档案如何体现其重要作用的文章不多,有些是点到为止,未作深入探讨,有待进一步研究。

第五,人事档案与其他档案的联系与区别。

人事档案与其他档案既有共性,又有差别,它们主要与文书档案、业务考绩档案、案件档案等关系密切,主要表现在:都是历史的记录,是人们在实践活动中形成的,是由具有使用价值的文件材料转化而来。它们的区别表现在:立卷单位不同,内容不同,真实性含义、整理办法不同。

此外,还有一些对国家公务员档案、高校人事档案、学生档案、复员退伍军人档案管理研究方面的文章。

(三)简评

综上所述,可见关于此问题的内容范围较广,在上述方面已经取得了一定研究成果,这些研究成果对当前人事档案管理实践具有一些指导意义,值得认真总结。但从调研的情况来看,经验性文章、短文章(包括一千字左右)、局限于某一机构人事档案管理的文章较多,而从整体上、从宏观角度进行系统研究的学术论文不多,理论性强、学术水平高的专著和文章很少;关于国内人事档案研究的多,国外人事档案信息研究的少;提出问题的文章多,分析问题根源的文章少;零碎的、强调具体做法的文章多,系统性强的文章,反映人事档案工作规律,带有普遍指导意义的文章较少,特别是关于人事档案法制管理方面的研究几乎是空白,从我们对近十年来档案法规研究论文的统计与分析中了解到,近千篇文章中没有一篇是关于人事档案法规的研究论文;对干部档案管理的研究较多,对其他各类人事档案(包括科技人员档案、教师档案、公务员档案、学生档案等)研究较少。这一方面反映了我国目前人事档案管理研究的现状,另一方面亦说明对人事档案管理工作没有引起足够的重视,对其研究没有达到一定的深度,特别是对于社会主义市场经济条件下人事档案管理面临的新问题、新情况也很少研究,因此我们做进一步认真系统地研究是非常必要的。

第二节　现代人事档案工作的作用与特点

一、人事档案的定义与种类

(一)人事档案的定义

人事档案是国家机构、社会组织在人事管理活动中形成的,记述和反映个人经历、德才能绩、工作表现的,以个人为单位集中保存起来以备查考的文字、表格及其他各种形式的历史记录。

人事档案是历史地、全面地考查了解和正确选拔职工的重要依据,是国家档案的重要组成部分。我国的干部(公务员)、职员、工人、学生(从中学开始)、军人都建立了人事档案,其中主体是干部和工人档案。

人事档案主要来源于一定单位的人事管理活动。"所谓人事,并不是指人和事,而是指用人以治事,主要是指人的方面以及同人有关的事的方面。"人事档案就是国家在用人治事以及处理与人有关的事情中所形成的文件材料。如为了解员工的基本情况,布置填写履历表、登记表、自传;对员工进行鉴定、考核和民主评议,形成鉴定书和考核材料;在用人过程中,形成录用、定级、调资、任免、升迁、奖惩等方面的各种文字、表格材料。

人事档案是反映个人经历、思想品德、业务实绩、个性特点、专长爱好等情况的原始记录,真实反映一个人的客观面貌。人事档案中的自传、履历表、登记表是个人经历、思想演变、家庭与社会关系的反映;历年的鉴定记载着个人不同时期的表现和组织的评价;入党、入团、提职、晋级等材料是个人在党和组织的教育培养下成长的佐证;政治与工作情况的考核、奖惩与科研成果的登记等方面的材料,是个人政治表现、工作能力、成绩贡献、技术专长的展现。

人事档案是处理完毕的具有使用价值和保存价值的文件材料。人事管理活动中形成的文件材料,凡是决定归入人事档案的,必须是完成了审批程序,内容真实、完整齐全、手续完备,有查考价值的材料,以保持人事档案的优化状态。

人事档案是以个人姓名为特征组成的专卷或专册。它的内容和成分只能是同一个人的有关材料,才方便查找利用。假如一个人的材料被分散存放,就无法正确反映该人的全貌,影响对其的全面评价。如卷内混杂了他人的材料,就会因张冠李戴而贻误工作,造成不良后果。

上述人事档案的定义指明了人事档案的来源、形成原因、内容范围、价值因素和以个人为单位的形式特征,既揭示了人事档案的本质属性——历史记录,也指出了如何识别和判定一份文件材料是否属于人事档案的标志。

赋予人事档案上述定义,基本指导思想是,根据人事档案本身的客观属性,正确地揭示其内涵,结合社会实践的需要为人事档案下定义。它的目的在于:既使人们了解什么是人事档案,人事档案与其他档案有什么不同,从而促进国家对人事档案的积累;又使人事档案工作者深刻地理解人事档案的性质和范围,科学地加以管理,广泛地发挥人事档案应有的作用。

(二)人事档案的种类

人事档案的种类,一般可分为干部档案、工人档案和学生档案。此外,如果从不同的角度和标准出发,还可划分为下列各种:

按职业或专业的分工,可划分为从事党务,行政、教育、科研,工程技术,文化艺术,卫生、司法,外交、军事等不同种类工作的人事档案;

按人员工作单位性质,可划分为党政部门。企业单位,事业单位、群众团体等人事档案;

按工作人员的职位或级别,可划分为中央级、省级、地(市)级,县级。科级等不同职位或级别的人事档案;

按专业职务,可划分为高级专业职务,中级专业职务和初级专业职务的人事档案;

按学历和文化程度,可划分为大学(大专),高中(中专)和初中以下等不同学历和文化程度的人事档案;

按政治面貌,可划分为共产党员、共青团员,非党团员和民主党派、民主人士的人事档案;

按是否在职,可划分为在职人员,待业人员,离休、退休、退职人员的人事档案;

按生死情况,可划分为在世人员和死亡人员的人事档案等。

人事档案不同种类的划分,主要是根据人事部门进行人事管理的不同需要来确定的。至于如何确定人事档案的种类,有关部门可以根据自己工作的具体需要,灵活掌握。

二、人事档案的属性与形成规律

(一)人事档案的属性

人事档案主要具有集合性、认可性、专门性、真实性、机密性、现实性、动态性、权威性等属性。

1.集合性

人事档案是以个人为单位,按照一定原则和方法组成的专卷或专册,集中反映了一个人在不同时期或不同单位的经历、政治状况、业务状况等全貌。卷内的每一份材料,都必须反映该人的情况,不得夹杂或混入别人的材料,也不能将该人的材料肢解割裂,分散在不同的部门保管。如果将一个人不同时期或不同问题的材料分散存放在不同单位或不同个人的档案里,肢解或分解了该人的档案材料,一旦组织上或单位需要系统了解这个人的情况,就如大海捞针,不仅工作量大,效率低,而且很难查全,甚至会漏掉重要的材料,以致影响对该人员的使用。因此,人事档案应是集合性的材料,应能集中反映某个人的历史全貌。

2.认可性

人事档案材料不是杂乱无章的堆积,也不是任意放进去或编造的个人材料,而是经组织、人事部门认可的个人材料。人事工作的中心任务,就是用人,要用人就应做到知人善任,因此组织、人事部门经常采取各种形式了解人员的经历、表现、才能、成果等情况,需要个人填写履历表、鉴定、小结、成果表、考核材料等,所有这些材料,必须得到组织认可,不能随意填写和私自放入个人档案中。个人的学历、文凭等都应经过组织认定、盖有公章,而不应是伪造的,在市场经济条件下,有些人为了谋取个人私利,骗取钱财,伪造假文凭、假档案的事时有发生,但这绝不是科学意义上的真实的人事档案。

3.专门性

人事档案是一种专门性的档案。专门档案是指某些专门领域产生形成的有固定名称形式,以及特殊载体的档案的总称。人事档案是组织、人事工作专门领域内形成的档案;其内容具有专门性,自成体系,人事档案反映人事管理方面的情况;人事档案具有专门的形式和特定名称和种类,如关于人事方面的各种登记表格、考核材料等。

4.真实性

人事档案能真实客观地反映个人的本来面貌。真实性是人事档案的生命,是人事档案发挥作用的基础和赖以存在的前提。凡归档的材料必须实事求是、真实可靠。

人事档案内容的真实性直接关系到人事档案的使用价值;直接关系到组织部门对人才的评价、培养和使用;涉及贯彻落实党的干部路线;关系到每个干部的切身利益和政治前途。可以说,人事档案能为组织部门了解、选拔、任用干部和挑选使用人才提供依据,事关重大。

5.现实性

人事档案是由组织、人事、劳资等部门在培养、选拔和使用人才的工作活动中形成的已经处理完毕的具有保存价值的文件材料转化而来的,这些材料虽然已经完成了审阅、批办等文书处理程序,但它所涉及的当事人,绝大部分还在不同的岗位上工作、生产和学习,特别是市场经济条件下更注重人才的现实表现,人事部门在工作活动中为了考察和了解这些人员,需经常查阅有关人事材料,是现实人事管理活动的重要依据,因而具有很强的现实效用。

6. 动态性

人事档案建立以后,不是一成不变的,并不意味着人事材料归档的完成和收集工作的结束,它是根据形势的发展和各个历史阶段对每个人才实际表现的记载不断补充内容的过程,并随人员的流动而流动,因此人事档案始终处于"动态"之中。

人事档案的管理无论是从检索工具的编制还是档案实体的整理,都以其"动"而区别于其他门类的档案。一方面,人事档案涉及的个人大多数仍在各领域、各单位从事社会实践活动,继续谱写自己的历史,这就决定了人事档案须随个人的成长不断增加新的内容,以满足人事工作的需要;另一方面,人事档案涉及的人员是不断流动的,调动、晋升、免职等情况经常发生,随之而来的是当事人工作单位和主管其人事档案的单位的变动。因此,人事档案须随人员的流动经常转递和流动,变换工作单位和管理部门。具体来说它的动态管理特征表现在以下三个方面:

(1)递增性。人事档案最显著的特征是,卷内档案材料呈递增趋势。一个人走上工作岗位后,他的档案材料数量与其工作年限成正比。比如转正定级、职务任免、工资晋升、入团入党、考察奖惩、职称评聘等,其材料与日俱增。

(2)转移性。"档随人走",是人事档案的又一动态管理特征,逢人员调动、军队干部转业、学生毕业分配等,其档案都随人员转移到新工作单位。

(3)波动性。一般而言,文书档案的卷内文件材料装订后,其信息不再变动。而人事档案的卷内信息除了拥有递增性特征外,还体现在信息的历史波动性。比如,体现在职务和工资的升降方面:有的干部任职以后又免、撤、改职,免、撤、改职后又复原职;有的干部晋升工资后,因某种原因又降了工资。体现在工作单位的变动方面:有的人员调离原工作单位后又调回,调回原单位后又调去别的单位等,诸如此类,都使卷内信息呈波动性。

7. 机密性

人事档案中记载了个人的自然情况(姓名、别名、出生地、出生年月、家庭成员)、个人健康、婚姻状况、工资收入、政治面貌、业务成果、职务职称、奖惩情况、专业特长等各方面情况,其中有些涉及个人隐私、与其有关的重大事件、工作失误等内容,在相当时期内是保密的,不能对外开放,以确保个人权益和国家利益不受侵犯。一般只能由组织人事部门掌握,并建立严格的保密制度,不得随意公开与扩散,特别是领导干部、著名科学家、知名人士,其人事档案内容的机密性更强。

8. 权威性

正因为人事档案具有认可性、真实性等属性,因此人事档案内容具有较大的权威性,反映一个人面貌的材料,只有从人事档案上查阅才是最可靠、最权威的。

(二)人事档案的形成规律

人事档案的形成规律主要表现在以下方面:

1.各级组织在考察和使用人的过程中形成的

人事工作的中心任务就是用人,任人唯贤,知人善任。为了达到"知人"的目的,组织上要经常有目的地通过本人,或通过有关单位的有关人员采取各种形式了解该人的经历及德才表现情况等。例如,组织上定期或不定期地布置填写履历表、登记表、鉴定表、学习工作总结、思想汇报以及对有关政治、经济、时事问题的专题报告等。再如,组织上为了审查某人的政治历史问题或所犯错误问题,就要通过有关人员、有关单位和知情人了解情况,索要证明材料,再根据这些材料和有关政策,对其作出适当的审查结论和处理决定。再者,组织上对个人的考察、考核,也形成了考察、考核材料。同时,在使用人的过程中,也形成了不少材料,调动、任免、晋升、出国等都要经过一定的审批手续,于是就产生了呈报表、审批表等材料。所有上述材料,均属于人事档案材料。它是组织上在考察人、用人过程中产生的,而非其他过程中产生的。还可以举一个例子,专业人员在工作和学术活动中所撰写的学术报告、论文、著作等不是组织上在知人、用人过程中形成的材料,也就不属于人事档案的内容,但是通过学术报告、论文及著作的目录能够了解人,为用人、选人服务,因此其目录材料是可以归入人事档案的;同时,这一形成规律将人事档案与人物传记、报告文学等文艺作品也区别开来了。

2.以个人为立卷单位

以个人为立卷单位,是人事档案的外部特征,这是由人事档案的作用决定的。人事档案是一个组织了解人、任用人的主要依据,是个人经历及德能勤绩等情况的全面记录。只有将反映一个人的详细经历和德才表现情况的全部材料集中起来,整理成专册,才便于历史地、全面地了解这个人,进而正确地使用这个人。如果某单位没有将某一个新近填写的履历表归入其人事档案中,而是以科室为单位装订成册,这种合订本不应称为人事档案,因为它不具备按个人为单位来立卷的属性。这种做法,会影响对一个人的全面了解。

3.按照一定的原则和方法进行加工整理

按照一定的原则和方法对个人材料进行加工整理,是个人材料转化为人事档案的先决条件。因为人事档案是经过加工整理的个人材料。人事档案是通过一定的人的劳动对个人材料进行加工整理,使其不再是一堆繁杂无序的原材料,而成为有一定规律的科学的有机体。当然,在这个加工整理过程中是需要遵循一定的原则和标准的,如中共中央组织部和国家档案局颁发的《干部档案工作条例》,把干部档案工作的理论与实际工作的具体情况相结合,对干部档案工作的原则、要求和办法,作出了明确具体的规定,是干部档案工作的根本法规性文件。这些原则、要求和办法,一般均适用于其他类人事档案的管理工作,也是人事档案管理工作的根本法规。依照这个《干部档案工作条例》的原则和精神,可以使整理的档案科学、实用,更好地为人事工作服务。

4.是手续完备并具有价值的个人材料

手续完备是指人事档案整理过程中按照一定的移交手续进行交接和处理。在日常人事档案材料的收集鉴别工作中,经常会遇到一个棘手的问题,即有些材料手续不全。例如,有的呈报表有呈报意见,无批准机关意见;有的履历表没有组织审核签署意见或没有盖章;有的政历审查结论和处分决定没有审批意见等。这样的材料,虽然也有人事档案的某些性质,但从本质上看,它不具有或不完全具有人事档案的可靠性,所以它不能作为考察人和使用人的依据。因此,这样的个人材料不是人事档案材料,或者说它还没有完全转化为人事档案材料,有的只能作为备查材料,有的可以作为反映工作承办过程的材料存入机关文书档案。如果有的材料确实已经审批,由于经办人员责任心不强或不熟悉业务,而没有签署意见和盖章的,可以补办手续,这种补办手续的过程就是完成向人事档案转化的过程。至于在战争年代形成的一些人事档案材料,由于环境的限制,其中有些材料的手续不够完备,但它们都是十分宝贵的,对于这些材料,应当本着历史唯物主义的态度,将它们视为人事档案存入人事档案系列中。

那些手续完备的个人材料是否都属于人事档案? 也不一定。上述仅仅能作为转化人事档案的条件之一。是否能转化为人事档案,关键还要看这些材料是否具有价值。人事档案的价值是指使用价值和保存价值。人事档案材料的一个基本要求就是精练实用,要符合这个要求,就必须对材料的价值进行认真鉴别,必须去粗取精,将那些没有保存价值及使用价值的个人材料剔出。例如,重份材料,无关的调查证明材料,或者同一问题一个人写了多次证明的部分材料,本人多次写的内容相同的检查交代材料等,都属于没有使用价值和保存价值的材料。这些材料虽然也都是在了解人、使用人过程中形成的真实的个人材料,手续也是完备的,但没有什么作用,归入人事档案,纯属一种浪费。

5. 由各单位组织人事部门集中统一保管

一般来说,人事档案是组织上在考察了解和使用人的过程中产生和形成的,它记载着有关知情人为组织提供的情况,这些材料的内容,一般只能由组织上掌握和使用。有些内容如果扩散出去,就可能产生消极因素,不利于安定团结,不利于党的工作。另外,人事档案是人事工作的工具,所以它必须按照人员管理范围由人事部门分级集中,统一保管。任何个人不得保管人事档案,人事档案也不宜在业务部门、行政部门保管。

人事档案的上述形成规律是互相联系、互相制约的,同时,它们又是识别和确定人事档案材料的理论依据。

三、现代人事档案以及人事档案工作的特点

（一）现代人事档案的特点

在市场经济条件下,我国的政治体制和人事制度已实现较大改革,与此相关的人事档案也发生了相应变化,形成了一些特点。认真总结、分析并针对其特点开展工作,可以取得事半功倍的效果。现代人事档案的特点归纳起来主要有以下几点:

1. 人事档案内容更加丰富全面

传统的人事档案内容较贫乏、片面,结构单一,主要是关于个人思想品德、政治历史结论、家庭社会关系方面的记载。这与过去对人的使用上较重政治、轻业绩,重抽象历史定论、轻个人现实表现等政治环境密切相关。而市场经济环境下,社会对人员的使用不仅要求政治素质好,而且特别重视人员的业绩、专长及现实表现,反映到人事档案的内容上比较丰富全面,当然结构也较复杂,即专业特长、职务职称考核材料、创造发明、能力素质、群众评议等。人事档案管理工作必须结合市场经济和现代人事制度的要求开展工作,注意扩大归档范围,将反映个人业绩和能力的

人事档案材料及时归档,才能使人事档案材料全面、真实地反映个人面貌,为人才开发使用打下良好基础。

2.干部档案是人事档案的主体

由于我国传统上"干部"一词的含混模糊和广泛使用,干部的涵盖面不仅包括党政机构,也运用到工厂、农村、学校、医院及科研单位,以至于凡是大专以上毕业生无论从事什么工作,都统称为国家干部,所以,过去的人事档案主要是干部档案这一类。但是,随着我国公务员制度的推行,已经打破了传统的"干部"一词的含混模糊界限,使干部队伍分化:有党政机关干部、企业干部、事业单位干部,特别是现代社会的教师、律师、医生、科技人员等已不再划归"干部"行列,而是具有明确和恰如其分的称谓。实际上,现在的干部主要是指在党政机关工作的国家公务员,他们是我国干部队伍的主体,因此,他们的档案自然也成为我国人事档案的主体,必须根据国家公务员政策、用人制度等方面来开展人事档案工作,而不能完全沿用过去的方法。同时,只有做好国家公务员档案的制度化、规范化、现代化管理工作,其他干部人事档案才可以有标准参照执行。

3.流动人员人事档案规模逐渐增大

在计划经济体制下,人作为一种特殊的资源得到了有计划地使用,人们的工作、学习、择业都没有多大自主权,学什么专业、做什么工作、在哪里工作,主要由领导、组织安排,加之户籍和人事制度的限制,使得人才很难流动。因此,计划经济时代人才流动很少,即使少数人流动了,那么其档案必须随人转走或存放在原单位,这种环境下,很少有流动人员档案存在,更没有保管这种档案的专门机构。

市场经济建立之后,为适应以公平竞争为主要特征的市场体制发展需要,国家在人事制度、户籍制度等方面作出了相应改革,使人才流动日益频繁。全国各级政府下设的人才流动服务机构中,正式登记在册的流动人员已达一千多万,今后还会增多。这些流动人员形成了大量档案,成为各类企业、机关招聘使用新的管理人才、技术人才时,考察了解个人以往工作能力、品行、工作实绩、经历、创造发明等方面情况的重要依据。这些流动人员档案无论从数量上还是规模上都比计划经济时代大得多,而且已形成自己的特点。专门管理流动人员人事档案的机构和人员,必须充分认识这类档案的特点、难点以及将逐步增多的趋势,认真做好流动人员人事档案管理与利用工作。

其他单位档案管理人员也应了解和掌握我国流动人员人事档案管理的法规政策,按规定实施准备或已经调离本单位的人员的档案的转递、移交等工作。

4.高校及企业人事档案中个人身份逐渐淡化

计划经济时代,人事档案管理中具有严格的等级制度。如干部档案是按行政级别高低分别管理,处级以上干部人事档案由组织部门管理,处级以下由人事部门管理,工人或职工人事档案由劳资科管理,不同身份、不同级别的人员,其档案管理机构、管理方式及保密程度都有很大差别。

市场经济体制的建立,迫使在用人制度方面进行了一系列改革。特别是企业和高校员工,在干部能上能下、人事代理制、全员聘任制、全员劳动合同制等新的人事制度下,对于"干部本位"的思想更趋淡化。干部制度的改革,为人们提供了一个均等的机会。干部与工人开始交叉出现,今天的工人可能是明天的干部,明天的干部又可能是后天的工人。工人可被聘为厂长、经理,走上干部岗位;同样,原有企业厂长、书记等干部也可能下岗、转岗,转化为一般职工。工人与企业干部的界限很难分清,反映到人事档案材料中,都是个人工资材料、政治业务考核、专业技术评审材料等,按工、干部甚至各种等级的干部分别管理其人事档案,已经没有什么实际意义,因此有些企业已开始将企业干部与工人档案统称为员工人事档案或职工档案,由企业综合性档案机构集中统一管理。

高校人事档案中有干部、教师、职工、学生等类型,干部有各种级别,教师有各种职称,职工有各种工种,学生有各种学历,过去大多按不同身份分别管理。然而,这种注重等级身份,分别管理人事档案的做法,已明显不适应现代人事制度和高校建设的发展,不仅妨碍了人事档案的完整归档和有效利用,而且不利于人事档案管理水平的提高。因此,不少高校人事档案管理部门及其人员,已经认识到这种严格按身份等级分别管理的弊端,提出并已开始实行集中统一管理,将干部、教师、职工档案统一归人事档案机构管理,把传统的人事档案管理调整到整体性的人才资源开发使用上来,既有利于每个人的人事档案归档齐全完整,避免分别编号出现"重号"或"遗漏",也有利于对全校人事档案实行标准化、规范化、现代化管理,减少重复劳动或因过于分散造成的人力物力浪费,同时,还有利于人事档案管理水平的提高和便于检索利用。

5.人事档案的作用范围更广

传统的人事档案,主要是党政组织机构使用,范围较狭窄,大多是为政治方面服务,如查阅个人在某次政治运动中的表现、历史结论和社会关系等。

在现代社会,不仅党政组织机构,企业、公司招聘使用人才时也需要查阅、利用人事档案;不仅需要查阅个人经历、政治生活方面的情况,还要查阅个人业务、专长、工资、奖惩等方面的材料。因为在市场经济条件下,人事档案是个人各方面情况的综合反映,是体现自身价值的证据,它与个人生活和切身利益密不可分,如在本单位的工资晋级、职称评定等方面都离不开人事档案作凭证;而对于离开原单位寻求新发展机遇的人们,更需要人事档案作的依据。

(二)人事档案工作的性质

弄清人事档案工作的性质是做好人事档案工作的基础。归纳起来,人事档案工作主要具有专业性、依附性、政治性、保密性、管理性、服务性等性质。

1.专业性

人事档案属于一种专门档案,以特殊的文件形式、单一的人员内容等特征区别于其他门类的档案。人事档案工作主要是管理这一专门档案,是一项专业性较强的工作,它有专门的业务理论知识,独立的体系和客观规律,必须遵循人事档案的运动规律和一定的科学原则,有专门的法规和方法,有独特的范围、任务和程序,有专门的管理人员,在理论上、实践上、组织上,都自成体系、独立存在,没有任何工作可以代替它。

2.依附性

人事档案工作虽具有一定的独立性,但同时又依附于组织、人事工作和档案工作,这种依附性是双重的。因为人事档案工作是为适应组织、人事工作的需要而产生、存在和发展的。人事工作中产生的大量人事档案必须进行收集、整理和管理,以适应组织、人事工作的需要,这就形成人事档案工作,并构成人事档案工作的内容和范围。人事档案工作是从属于组织、人事工作的,是组织、人事工作的重要组成部分,因此人事档案工作应与组织人事工作政策、法规相结合,与组织人事工作同步一致。同时,人事档案工作又是档案工作的重要内容之一,因为人事档案与其他档案一样,同属于档案范畴,是国家档案资源的组成部分,明确人事档案工作与档案工作之间的关系,对于做好人事档案工作,具有重要意义。

3.政治性

人事档案工作的政治性,首先表现在它与党的方针、政策、政治路线有着密切联系,人事工作是为党和国家政治路线和经济建设服务的。党的政治路线是通过组织路线、人事工作来实现的,人事档案工作做得好坏,直接关系到组织、人事工作的开展,影响组织、人事政策的贯彻落实,影响干部路线、人才选拔使用等工作的开展。人事档案工作的政治性,还表现在人事档案工作本身是一项政策性很强的工作,人事档案是了解人、使用人的重要依据,人事档案的收集、鉴别、取舍、清理和利用等工作,都涉及党和国家关于知识分子的政策,关于人才的改革,关于干部看法与使用的问题,直接关系到人的工作与生活,如果人事档案工作做得好,充分体现与落实党的政治、组织路线和人才政策,就能充分调动人的积极性;反之,则会挫伤人们的积极性,影响党和国家政治路线改革的贯彻执行。

4.管理性

人事档案工作有着独特的管理对象,即人事档案。人事档案工作的任务就是集中统一管理人事档案,为组织、人事、劳动等工作服务。管理人事档案是其最核心的工作,从事该项工作活动中必须正确认识与把握这一性质。应充分认识到人事档案工作不是随意的无规可循的简单劳动,也不仅仅是收发、取放、装订的纯事务性工作,而是需要采用一套科学理论、原则与方法进行的工作,它的收集、整理、鉴别、保管、利用等工作环节都涉及科学理论与管理方法,如怎样及时完整地收集与系统整理,如何正确鉴别人事档案内容,保管方法的适用,利用原则的制定等,需要充分掌握一些科学管理知识才能做好。

5.服务性

人事档案工作的服务性是人事档案赖以生存和发展的基础,是人事档案工作的出发点和根本目的,人事档案工作的服务性表现在它是为党和国家人事工作及其他工作服务的,它是通过提供档案材料为制定政策,发布命令,录用选拔人才等工作服务的。充分认识人事档案工作的服务性,树立正确的服务思想、明确服务方向、提高服务质量、端正服务态度,是做好人事档案工作的基本条件。

6.保密性

人事档案的保密性是由人事档案的机密性决定的,正因为人事档案中有些属机密内容,所以人事档案工作就具有保密性质,从事此项工作应坚持保密原则、遵守保密制度,保证人事档案机密的绝对安全。同时,对人事档案机密性应正确认识,它有一定的时空性,即在一定的时间或一定的范围内是需要保密的,但它不是一成不变的,也不是绝对的,它是可以解密的。因此,我们不能对此采取绝对化的态度,而是要正确地、适当地保密,一方面要认识到人事档案工作具有保密性,对需要保密的人事档案一定要保密;另一方面,要正确处理保密与解密,保密与利用之间的辩证关系,到了保密期限或不需要保密的人事档案应积极提供利用。

综上所述,人事档案工作具有多重性质,在实际工作中应了解和正确掌握这些性质,处理好各种性质之间的关系,认真做好人事档案管理工作。

(三)人事档案工作的特点

人事档案工作者除应认识到上述性质之外,还应了解现代人事档案工作的特点,主要有以下几点:

1.人事档案收集归档整理工作难度增大

由于市场经济条件下,人事档案涉及的范围更广,内容更丰富,结构更复杂,特别是流动人员等人事档案的特殊性,更增加了人事档案归档的难度,如流动人员从原单位进入人才市场或调动至其他单位之前,有些原单位对已调走人员不重视,没按规定将其档案移交人才交流机构保管,而是让本人自带,有些高等院校将未找到工作单位的学生档案让学生自己保管;同时,又由于社会上各种人才中介服务机构如职业介绍所、技能测试中心、猎头公司、人才交易所较多较杂,有些受利益原则驱使,根本没有按流动人员人事档案管理条例执行,流动人员人事档案转递制度不健全、移交不及时。这些原因都导致流动人员档案管理中难以按时归档并使之齐全完整,使得档案丢失、短缺、涂改、不真实等情况出现,增加了人事档案管理的难度。

此外,信息化条件下,既要收集纸质的人事档案信息,还要收集办公自动化过程形成的人事档案,以及网上的人事档案信息,注意数字化人事档案信息的收集和归档整理。

2.人事档案工作的政治机密性减弱,科学服务性增强

在市场经济条件下,党和国家整体工作是以经济建设为中心,个人在重新择业过程中追求体现自身价值,人事档案中记载的是个人德能勤绩各方面的情况,不仅仅局限于政治历史材料,它不是组织政治化、神秘化的产物,而且人事档案在现代社会与个人生活有着千丝万缕的联系,不仅仅局限于组织机构使用,因此其机密性有所减弱。人事档案在市场经济条件下虽然还是有政治性、机密性的特点,它体现党的人事工作改革,掌管党和国家的人事机密,必须执行党和国家有关保密规定,保证人事档案的安全。但相对于计划经济时代,这种特点有所减弱。相反,如何开放人事档案信息,通过信息化提供人事档案成为当今人事档案需要重点思考的问题之一。人事档案服务性必须增强,因为市场经济条件下的人事档案范围广泛、内容丰富,因而其工作比较复杂,是一项专业性很强的工作,有很多学问,必须具备一定的专业知识和科学管理方法。随着现代科学技术的飞速发展,电子计算机等现代化手段在人事档案工作中的运用尤为突出。同时,人事档案在市场经济条件下,必须为市场经济建设服务,必须强调人事档案工作的服务性,端正服务态度,树立服务思想,提高服务质量。

3.对人事档案查阅利用更频繁,快、精、准要求更多

便于社会利用档案,是一切档案工作的根本出发点和目的所在,人事档案也不例外。在市场经济条件下,由于人员变动大、流动频繁,因此对人事档案的查阅利用也更加频繁,而且要求快、

精、准地利用自己的档案,希望在较短的时间内,快速找到自己所需的档案。

4.对人事档案管理人员素质要求更高

人事档案工作是一项政策性、专业性很强的工作,特别是在市场经济条件下,人员转岗、下岗、招聘、调动等很频繁,人事档案查阅利用需求更多、更广,要求档案人员不仅要具备较好的政治素质,还应具有过硬的业务水平。对档案工作者应当进行严格的业务培训,不断提高其政策水平和业务能力,使他们不但熟悉本单位的人员结构、素质特长、历史背景及现实表现,还要懂得档案专业知识,学会运用计算机输入、存储、加工、传递档案信息,应用多媒体技术、网络技术等一系列现代化管理手段,才能及时、有效地在更大范围内为开发人才提供科学、全面、及时的服务,真正成为"开发人才的参谋部"。

5.对人事档案现代化管理要求更高

任何一项事业的发展都需要有一批优秀的人才,人事档案管理也需要优秀的人才。因此,及时获取人才信息,了解市场人才状况,对挑选优秀人才至关重要。如果按传统手工检索人事档案信息、摘录人事档案材料,则费时、费工、费力,且很难及时准确地提供有用的人事档案。现代社会的各级领导部门及各类企业、公司等用人单位,在进行员工人事安排、挑选优秀人才、干部配备等工作时,已开始认识并重视人事档案现代化管理方式与手段,提出了人事档案现代化管理的各种要求,而且这种要求会愈来愈高。各级各类人事档案管理部门的人员必须充分认识到这一特点,尽力满足社会对人事档案现代化和信息化管理的要求,以适应当代社会发展的要求。

四、人事档案的作用及实现条件

(一)人事档案的作用

从总体上来说,人事档案对国家经济建设、人才选拔与使用人才预测等方面都具有重要价值与作用。特别是在市场经济条件下,要想取得稳健的步伐和高速的发展,离不开科学技术,而科学技术的进步则取决于人才素质,需要有一支宏大的专业技术人才队伍。人才已成为决定经济兴衰、事业成败、竞争胜负的关键因素。纵观世界各国的发展计划或发展战略,几乎都有一个共同点,即无论是发达国家还是发展中国家,都把社会、科技、经济发展的依据放在"人才资源"这个支撑点上。当代国际国内经济、技术的激烈竞争,说到底就是人才的竞争,尤其是高层次、复合型人才的竞争。实践证明,人才资源已成为社会、科技、经济发展的关键因素,谁拥有更多的高层次、复合型人才,谁就能在竞争中取胜。科学技术问题、现代化问题,实质上是人才问题。科学技术水平越高,市场经济越发达,人才就越显得重要。作为人才信息缩影的人事档案,是各类人才在社会实践活动中形成的原始记录,是人才在德、能、勤、绩等方面的综合反映。若对人事档案给予重视,能认真研究,注重科学管理,可以较全面地、历史地再现各类人才的面貌、特点及专长,作为考察和了解人才的重要依据;对人事档案的科学管理有助于各级组织根据每个人才的不同特点,提出培养教育和合理使用的建议,做到"因材施教"和"量才录用",便于各级组织及人事部门合理地使用人才;有助于从人事档案中探索人才成长规律,更好地发现、培养和使用人才,开发人才资源,以适应市场经济建设对人才的广泛需求;可以及时为各类经济领域及部门推荐优秀人才,调动各类人才的积极性和创造性,使各种人才扬其长、避其短,充分使其在经济建设中发挥聪明才智,贡献自己的力量。如果人事档案材料不齐全,或有间断甚至有片面性,那就不能反映某个人的真实情况,就会直接影响人才的正确合理使用,影响人才在经济建设中的作用;如果对人事档案不重视,不加强管理,致使人事档案管理水平低,服务方式被动单一,就不能使人才档案信息得到及时使用,同样会影响或阻碍经济建设的发展。可以说,人事档案与市场经济建设关系密切,人事档案在经济建设中具有重要作用。

具体来讲,人事档案的价值与作用主要表现在以下几个方面。

1. 人事档案是考察和了解人才的重要依据

各项事业建设与工作中都需要各种人才。在考察和了解人才时,需要全面分析、权衡利弊、择其所长、避其所短,做到善用人者无弃人,善用物者无弃物。知人是善任的基础,而要真正地做到知人,就要历史地、全面地了解人。不仅要了解人的过去,而且要了解人的现在;不仅要了解其才,还要了解其德;不仅要了解其长处及特点,还要了解其短处及弱点。只有全面地、历史地了解干部,才能科学用人,才能有效防止不讲德、才条件,而凭主观臆断和一时冲动任用提拔干部的问题。还可以防止出现擅长科学研究的却要他做管理,擅长管理的却要他做学问的任非所长的问题。了解人的方法有许多,通过组织直接考察现实表现是一种很好的方法,但仅此而已是不够的,通过查阅人事档案是了解人才状况的重要依据之一,可以较全面地了解这个人的经历、做过哪些工作、取得了哪些成绩、有何特长、有何个性、道德品质如何、进取精神和事业心是否较强等各方面情况。

2. 人事档案是落实人员待遇和澄清人员问题的重要凭证

人事档案是历史的真凭实据,许多表格、文字材料都是当时的组织与相对人亲自填写的,具有无可辩驳的证据作用,在确定或更改人员参加工作或入党入团时间、调整工资级别、改善生活待遇、落实人事政策、确定人员职称等方面都需要人事档案作为凭证,可以解决个人历史上的遗留问题,实际生活与工作中的许多疑难问题,往往通过调查人事档案的办法得到解决。针对目前干部的年龄越填越小,参加工作时间越填越早,文化程度越填越高等问题,也需要通过以前的干部人事档案来查证核实。

3. 人事档案是开发、使用人才及人才预测的重要手段

社会主义市场经济体制的建立,各级人才市场的诞生,使得各种层次、各种形式、各种渠道的人才交流日益增多,科技人员、高校教师、各类专业人才的流动日益频繁,为人才开发创造了有利条件,人事档案对于新单位领导掌握调入者的基本情况,正确使用新的人才将起到重要作用。如大型外资、合资企业招聘用人,人事档案作用非常明显。人事档案的建立,是人类走向文明与进步的产物。一些经济发达国家都十分注重人事档案信息的建立。对一名优秀的企业人才的要求,不仅限于其工作能力上,其品行、背景、以往的工作实绩等因素,都是考察的内容。通过出示个人的人事档案,就可以此为凭,增加企业对职员的信任程度和认可程度。再如国内大中型企业(国企、民企)管理人员、技术人员的聘用,人事档案实力犹存。现代企业制度改革实施以来,企业实行专业技术人员、管理人员聘用制,使单位与人才在平等自愿的基础上建立聘用关系。一份翔实、完整的个人人事档案,既是企业选用人才和人才日后晋升提拔的重要参考,也是择业人员量己之才选择行业、部门的"谋士",双方的"知己知彼",能扼制某些企业和个人盲目择业、选人的

"自主权",方便了"人才与用人单位是市场经济体制下活动的主体"这一社会功能的充分发挥。

同时,由于人事档案能较全面、准确地反映人才各方面的情况,所以能够从人事档案中了解全国或一个地区、一个系统、一个单位人才的数量、文化程度、专业素质等方面数据,国家及地方有关部门可以根据人事档案进行统计分析,进而做出准确的人才预测,制定长远的人才培养计划。

4.人事档案是推行和贯彻国家公务员制度的重要依据

按照国家公务员制度的有关规定,用人机关可面向社会直接招考公务员,但对所招公务员的人事档案,有着严格要求。人事档案记载着个人的自然状况、社会关系、历史和现实表现,没有个人档案,就无法保证今后机关工作的严肃性,因此,那些断档而参聘的人员,已失去被聘用的可能。对在机关单位工作的公职人员来说,随着人事制度的改革,各级组织、人事部门在干部考核、任免、工资调整、职称晋升等工作中形成了大批反映干部新情况的材料,在机关干部辞退职制度逐步推行的现行体制下,无论今后被辞退,还是在机关单位留用,这些材料都是继续工作的依据,与自身利益息息相关。

目前,各级党委及组织人事部门积极探索干部人事制度改革,在干部选择、考核、交流等方面,迈出了较大的改革步伐,取得了明显的成绩。采取"双推双考"的办法,从处级干部中公开选拔副局级领导干部,公开选拔处级干部,面向社会公开招录国家公务员和党群机关工作人员;从报考职工和应届毕业生中录用公务员;为加强对干部的考察和监督管理,在完善领导干部年度考核的同时,坚持对干部进行届中和届末考核,实行领导干部收入申报、诚勉等制度;今后更要进一步深化干部人事制度的改革,就是要按照中央精神所要求的,在干部制度改革方面,要"扩大民主、完善考核、推进交流、加强监督,使优秀人才脱颖而出,尤其要在干部能上能下方面取得明显进展";在人事制度改革方面,要"引入竞争机制,完善公务员制度,建设一支高素质的专业化国家行政管理干部队伍"。总之,在推进干部交流轮岗、健全干部激励机制、加强干部宏观管理、完善国家公务员制度等方面,都离不开人事档案。

5.人事档案是人力资源管理部门对求职者总体与初步认识的工具之一

人事档案中对一个人从上学起一直到现在的经历、家庭状况、社会关系、兴趣爱好以及现实表现都记录在里面。所有这些材料对了解和预测他将来的工作情况是很有价值的。人力资源部门从人事档案中可以了解到个人在以往的教育、培训、经验、技能、绩效等方面的信息,可以帮助人力资源部门寻找合适的人员补充职位。

6.人事档案是大中专毕业生走向社会必备的通行证之一

早在1995年,原国家教委就提出"加强大学生文化素质教育"的思想,至今也强调这一理念。我国高校还创立了综合素质评价体系,"档案袋"的内容也从根本上打破了过去千篇一律的学籍档案模式。评价体系包括了对学生思想道德、专业素质、科技素质、文化素质、身心素质、能力水平六大项指标的综合评议,"具有客观公正性和较强的操作性、可控制和可模拟性",既体现了大学生的主观愿望,又体现了市场需求的定量评估原则和个性评估原则,"使学生的整体素质的强项、弱项、综合优势,一览无余"。这种学生档案应该是聘人单位进行人才评估、启发选人谋略的重要向导,是大中专毕业生走向社会必备的通行证之一。

7.人事档案是维护个人权益和福利的法律信证

在当今的社会活动中,有许多手续需要人事档案才能办成,它是维护个人权益和福利的信证。

第一,公有企事业单位招聘、录用人才需要人事档案作为依据。这些单位在办理录用或拟调入人员手续时,必须有本人档案和调动审批表经主管部门审批,由组织人事部门开具录用和调动通知才能办理正式手续。

第二,社会流动人员工作变化时需要人事档案作为依据。流动人员跳槽到非公有部门后,又要回到公有部门时,没有原来的人事档案,原有的工龄计算、福利待遇等都会受到影响。

第三,民生及社会保险工作中需要人事档案作为保障。社会保险制度作为市场经济体制的重要支柱,作用明显。社会保险主要有养老保险、失业保险、工伤保险、医疗保险、生育保险、人寿保险、财产保险、死亡遗嘱保险等。每种保险都有不同的目的,如社会养老保险是劳动者因年老丧失劳动能力时,在养老期间发给的生活费以及生活方面给以照顾的保险,以维护个人最起码的生存权利。目前,统一的职工基本养老保险制度已经建立,它不仅涉及国有企业、集体企业、三资企业、个体工商户及进城务工的农村劳动力,而且涉及机关事业单位工作人员。鉴于我国养老保险金的筹集是建立在国家、单位、个人三方面基础之上,发放时则按照列入统筹项目的离退休费用总额向单位拨付或直接向离退休职工发放,因此,无论是在原单位供职的个人还是辞职、退职后另求新职的个人,在交纳养老保险金问题和退休后保险金的发放问题上,个人档案所记录的工龄、工资、待遇、职务、受保时间等都成为最主要的依据,那些出现断档的人,就会在实际利益上受到损失。再如其他社会保险档案,都是索赔、获益等方面的依据,关系重大。

第四,报考研究生和出国都需要人事档案。没有人事档案,研究生难以报考和录取。自费出国人员办理护照与其他手续,必须有记录个人经历、学历、成绩的档案材料。我国出入境管理条例中明确规定,必须对自费出国人员进行身份认定、政审等事宜,有些人却因人事档案断档,不能出具有效证明,而导致出国手续办理的不畅通或不予办理。

第五,职称评定、合同鉴证、身份认定、参加工作时间、离退休等,都需要档案作为信证,没有人事档案会给相对人带来诸多不便,甚至使个人的切身利益受到损害。

8.人事档案是研究和撰写各类史志及人物传记的重要材料

人事档案数量大、范围广、内容丰富,涉及党史、军事史、革命史以及干部个人工作的历史,具有较高的史料价值。它以独特的方式记载着相对人成长的道路和生平事迹,也涉及社会上许多重要事件和重要人物。有的材料是在战争年代中形成的,有的是当事人的自述,情节非常具体生动,时间准确,内容翔实,有的是在极其艰苦的历史条件下保存下来的,是难得的史料。它为研究党和国家人事工作、党史、地方史、思想史、专业史,编写人物传记等提供丰富而珍贵的史料,是印证历史的可靠材料。

总之,人事档案在市场经济条件下和现代文明社会里,不仅是组织使用的重要依据,而且与个人的生活和切身利益密不可分,是解决后顾之忧的好帮手。特别是个人在离开原工作单位寻求新的发展前途的同时,更不要忘却自己的"人事档案"。社会在按自己的选定价值指向向前运转,而人事档案正是体现自身价值的最好保证。

关于人事档案的作用,我国其他学者还有不同表述,但内涵基本一致。如:"人事档案是历史地、全面地了解一个人的必要手段,是人事工作不可缺少的重要工具;是确定和澄清个人有关问题以及正常的政治审查的凭证;是研究和撰写各类历史传记的珍贵资料"。"人事档案是历史地、全面地考查了解一个人的手段和基本依据;是进行科学研究的宝贵材料。"陈潭从公共管理的视角对人事档案的作用进行了认定:"人事档案作为一种公共管理工具,充分体现了国家安全与官吏管理的有效性,它的存在为庞杂的公共事务管理和复杂的人事任免更替找到了依据,对中国几十年来经济社会发展和国家的安全稳定起到了不可言喻的作用。"邓绍兴对人事档案的作用进行比较全面的归纳。邓绍兴认为,人事档案是人事管理实践活动的产物,服务于组织、人事、劳动(或人力资源管理)工作,服务于相对人。它是组织、人事、劳动(或人力资源管理)工作的信息库和知人的渠道之一,直接关系到人才的选拔。各级领导班子和各方面人员队伍的建设,涉及选人、用人、育人的大事和个人权益的维护,并将其具体作用归结为 10 个方面:是组织、人事、劳动工作不可缺少的依据;为开发人才,使用人才,进行人才预测及制定人才计划提供准确信息;澄清问题的可靠凭证;维护个人权益和福利的法律信证;是推行和贯彻公务员制度的重要手段;是组织与干部之间联系的纽带;是组织、人事、劳动或人力资源管理工作者记忆的工具;对人事工作有规范、检查、监督的作用;是进行科学研究,特别是编写人物传记和专业史的宝贵史料;是宣传教育的生动素材。

(二)人事档案作用的实现条件

人事档案的作用能否实现,要取决于一定的条件。

1.政治路线、方针政策的正确与否

人事档案是人事管理活动的产物,保存下来为人事工作服务。党的路线、方针、政策决定了一个时期的用人标准,制约着人事档案内容的取舍和使用范围,决定了人事档案能发挥多大的作用。"文化大革命"中,林彪、"四人帮"一伙,为了实现其篡党夺权阴谋,推行极左路线,处心积虑地打倒一大批老干部。他们歪曲人事档案内容,在档案上乱加批注,无中生有,罗织罪名,制造了大批冤假错案,将一些诬蔑不实之词塞进人事档案,严重影响和削弱了它的依据和凭证作用。十一届三中全会后,党的路线、方针、政策得到纠正,在全国范围内对人事档案普遍进行了清理和整理,补充了新内容,恢复了本来面目,焕发了新春,它的作用继续得到很好的发挥。

2.人们对人事档案作用的认识程度

人事档案作用的发挥是随着人们档案意识的增强而逐步扩大的。无论什么地方或单位,把它作为全面地了解人的一种手段和做好人事工作的工具,人事档案的作用就能发挥。如果不了解人事档案的作用,或不知道怎么用,在选拔人才,处理问题时将人事档案搁置一旁,有档案却不用,凭印象用人,给工作带来困难或造成损失的事例也不少。因此,人事档案部门应重视对人事档案作用的宣传,使领导与广大员工了解人事档案的作用,强化档案意识,自觉地去利用档案,关心和支持人事档案工作的建设,才能更好地发挥人事档案的作用。

3.管理水平的高低

人事档案管理水平的高低,直接影响人事档案作用的发挥。人事档案材料齐全,内容充实,整理科学,制度健全,并在提供利用方面,始终保持优质服务状态,人事档案发挥的效益就更加显

著。反之,人事档案管理不善,材料残缺,内容老化,零散杂乱,利用时无处查寻,或不能体现一个人的全貌,人事档案的作用仍只是潜在因素。目前,我国人事档案的管理理念滞后,管理水平还不够高,技术手段也还不够先进,这在很大程度上影响人事档案的潜在作用向现实作用转化。我们必须努力提高管理水平,加速实现管理科学化,手段现代化,以便使人事档案的作用,能在全面建设小康社会中充分发挥出来。

第三节　现代人事档案管理观念和原则

一、现代人事档案管理观念

由于思想观念能够指导人们的行为,不同的思想观念必然导致不同的行为模式,因此,正确认识和探讨现代人事档案管理观念,对于人事档案管理体制、管理方式的确立以及管理效率的高低都有重要影响。

(一)树立主要为社会主义市场经济建设服务的思想观念

过去,人事档案常给人一种"神秘莫测"的感觉,尤其在政治运动频繁的年代,人事档案成为某些人整人压人的工具,更加重了人事档案的政治功能和神秘色彩,形成了人事档案必须严加保密防范、戒备森严管理,主要为政治斗争服务的思想观念。虽然我国实行改革开放特别是社会主义市场经济体制建立以后,这种思想观念有所转变,通过对一般档案的宣传,公民的档案意识较之过去有了较大变化,人们不再认为所有档案都是神秘莫测的,知道有些是可以公开利用的。但对人事档案的宣传是很不够的,很多人对党和国家关于人事档案管理的方针政策、管理制度、借阅规章等知之甚少,因此,人事档案材料收集中较重个人生平、政治历史及社会关系等内容方面,忽视个人业绩、专业特长、考核奖励等现实表现内容的归档,人事档案管理中过分保守、保密的做法依然存在。在人事档案材料的填写、归档及利用中出现不少问题。此外,现阶段还出现了另一种片面的、错误的思想观念,认为重视政治的年代已经过去,在社会主义市场经济条件下人事档案无须记载个人政治表现,致使有些人对人事档案不予重视。例如,由于我国市场调节范围的不断扩大,往往通过考试形式应聘,合格者被所聘单位录用,出国人员则随出国签证手续的简化,亦觉出境自由,因此,对人事档案的理解转化成它是旧的计划经济体制下个人与社会通过"单位"发生联系的纽带,在双向选择使个人与社会的联系变得直接,与单位的联系变得松散或没有联系的情况下,原有的人事档案就销声匿迹了。

可以说,上述两种思想观念都是不正确的,实际是一种思想观念的两种表现,一种是夸大了人事档案的政治功能,另一种则同样认为人事档案只能为政治斗争服务,在社会主义市场经济下无用武之地。我们认为,在社会主义市场经济条件下,既不能继续一味强调人事档案的政治功能,对人事档案采取过分封闭保守的管理观念,也不能否认人事档案的价值或忽视其管理与利用,而应根据社会环境的变化,抛弃陈旧过时和不切实际的思想观念,充分认识人事档案在社会主义市场经济建设中的地位与作用,认识到人事档案工作能够而且应该为社会主义市场经济建设服务,从过去偏重于为政治斗争服务转移到社会主义市场经济建设上来。

在社会主义市场经济条件下,各行各业都需要大量优秀人才。虽然我国是一个人力资源丰富的国家,但人才资源却存在匮乏与浪费的问题,这固然有多方面的原因,而人才信息不灵,用人不当也是重要原因之一。怎样解决这些问题,怎样才能使各类人才得到合理流动、合理使用,使之在社会主义市场经济建设中发挥其聪明才智,做出较大贡献,这就需要各级领导做到"知人善任""量才录用"。要做到这些,则必须全面了解各类人才的情况,除了严格考察之外,还需要从人事档案材料中了解人才的分布、使用、专业特长等情况。人事档案是组织人事部门考察、选拔优秀人才。扬长避短的重要依据之一,与过去主要利用人事档案查找某人政治历史问题、家庭社会关系问题有很大的不同。只要我们将人事档案主要为政治斗争服务转移到主要为社会主义市场经济服务上来,就能有意识地重视人事档案工作,注重个人德、能、勤、绩各方面材料的及时归档与管理,使人事档案在社会主义市场经济建设中发挥应有的作用,不再只是了解个人过去抽象定论和政治历史问题的材料。

应通过宣传,使人们认识到人事档案几乎与每个人都有密切关系,特别是社会主义市场经济条件下和改革开放的环境中,人事档案与机构改革、干部人事制度改革是密切相关的,与每个人都有联系。不仅人事组织部门、人事档案管理人员应掌握和贯彻执行党和国家有关人事档案管理的方针政策、法规,还要使广大公民了解并自觉遵守有关人事档案管理的规章,积极保护和利用人事档案。

(二)树立改革创新的思想观念,并注意与国家人事制度改革同步发展

我国人事档案工作历史悠久、源远流长,形成了一系列管理观念与经验。但随着社会的发展,特别是国家政治体制和人事制度的改革,过去人事档案工作中的有些思想观念与做法,已经不能适应现代社会的发展,必须予以改革创新,首先必须有改革创新的意识和观念,而不能因循守旧,仅凭过去老观念、老经验办事。

近十年来,党和国家及各级组织人事部门积极探索人事制度改革,先后推行了国家公务员制度、人事代理制度,实行公开选拔领导干部、面向社会公开招录国家公务员,对领导干部实行收入申报、诫勉等改革措施。党的十五大及九届全国人大一次会议之后,我国人事制度改革的力度和幅度进一步加大,在人事制度改革方面要引入竞争机制,完善公务员制度,建立一支高素质的国家行政管理队伍;在干部人事制度改革方面,要进一步扩大民主、完善考核、推进交流、加强监督,使优秀人才脱颖而出,尤其要在干部能上能下方面取得进展,干部岗位责任制和考核制将更加完善,干部鉴定将成为考核干部的重要依据。这些改革措施必然给人事档案工作带来许多新变化,最终都会反映到人事档案中去,因此,人事档案工作必须与我国人事制度改革结合起来,同步发展,既不要超越人事制度改革,也不能影响或阻碍人事制度改革的进程。例如,在进一步完善干部考察制度方面,要坚持定期考察和经常性考察相结合,考察实际与考察干部思想素质相统一,尤其要扩大考察工作的民主程度。这就要求干部人事档案材料中既要收集干部年度考核、定期考核材料,还要收集有关部门及群众民主推荐评价材料,只有在对各方面情况都得到全面、准确地掌握与了解的基础上才有可能得出客观、真实的结论,如果人事档案工作落后于人事制度改革步伐,该归档的材料没有及时归档,甚至遗漏丢失,不齐全完整或不真实,必然会影响干部人事制度的推行。今后在选人、用人、育人、管人等各个环节上都要建立严格的制度,对于干部的选拔任用要建立程序鉴证、任职资格审查、职数审批和责任追究等制度,还要在干部实行交流轮岗、健全

干部激励机制，加强干部宏观管理、完善国家公务员制度等方面进行改革，人事档案工作必须建立与之相适应的改革方案，为国家人事制度作出贡献。

（三）树立人才信息资源管理观念，积极主动地为社会各项工作提供利用

人事档案工作历来存在封闭保守、被动服务的思想观念，这在一定程度上束缚并影响了人事档案工作的开展和人事档案作用的发挥。

当今社会，市场经济竞争激烈，"快、精、准"地获取信息，已经成为事业和个人成功的关键因素。但是，人事档案究竟是不是信息资源之一，能不能开发利用，特别是能不能主动为社会各项工作提供服务，还没有达成共识。有不少人认为，人事档案主要是反映人们过去情况的历史材料，保密性很强，人事档案工作重在保密，不能主动、超前提供利用，不能作为信息资源来看待。因此，在人事档案工作中，主要是对过去政治历史材料归档较完备，甚至重复归档，而忽视对人员动态的、近期的其他方面信息的记录与归档，由于思想观念上的被动性，因而导致行动上的迟缓，遇事慢半拍、归档不齐全、检索效率低下等问题经常出现。

我们认为，人事档案与其他档案比起来，其保密性更强，有些人事档案内容在相当长的时间内是不能公开利用的，但这并不等于说人事档案工作只能被动等待查阅，也不等于说人事档案在任何时候都是封闭保密或在任何范围内都是不能公开的。我们应该转变这种思想观念，正确对待人事档案的保密性，该保密的严加保密，可以提供利用的，应主动积极做好开发利用工作。应将人事档案作为重要的人才信息资源来看待，破除计划经济时代人事档案过于封闭被动的思想观念，主动为社会主义人才市场的建立与发展，为人事决策提供全面准确且有一定深度的服务项目。例如，社会主义人才市场的建立与发展，辞职、辞退、下岗、转岗、分流等一系列新的人事制度的实施，使单位工作人员与单位之间的关系，由原有的稳定状态逐步向具有一定程度的自由度方面发展，人事代理制的推行，许多"单位人"将变成"社会人"，人事档案管理中过于封闭保守被动的思想观念，都不能适应现代社会发展的要求。而应树立主动服务的思想观念，积极扩大归档范围、完善管理体制，编制"人事卡片""人员名册""人事档案信息资料汇编"等检索工具，建立"各类优秀人才信息库"，将各类人员的经历、培训、考核、专业特长、业绩、成果等各方面情况输入贮存进去，主动为领导和决策机关参考及人事工作者利用提供服务。

根据九届全国人大一次会议上通过的中央政府机构改革方案，已经把 40 个部委精简为 29 个，政府机关的人数准备分流一半。这个任务要在三年内完成，相应地各级地方政府也要在三年内完成机构改革，作为人事档案工作来说，应积极配合国家政府机构改革和人员分流主动开展服务。哪些人员将被分流，分流到什么岗位上更合适，更宜于发挥作用，这需要综合考虑各方面情况才能做出决定。这虽然不是人事档案工作者考虑的问题，但人事档案工作者可以将本单位人事档案中记录的各方面情况，按各种检索要求与途径，编制人事档案信息参考资料和检索工具，客观真实地反映各类人员的情况，供领导和决策机构作为参考依据，若能利用现代化技术手段超前编制出实用、对路的人事档案检索工具，更能节省时间，提高工作效率。

总之，社会主义市场经济条件下还有许多思想观念需要我们重新认识，而人事档案工作要想适应社会主义市场经济的发展，要使人事档案工作在国家政治经济体制改革、机构改革、工资改革、人员流动、干部任免分流转岗等方面作出成绩，必须进行上述思想观念的转变。

二、现代人事档案管理原则

根据《中华人民共和国档案法》《干部档案工作条例》《企业职工档案管理工作规定》的精神，可以将我国人事档案管理工作的原则归结为：集中统一、分级管理，维护人事档案真实、完整与安全，便于组织、人事工作及其他工作利用。人事档案管理原则，是在人事档案工作实践中逐步形成和完善起来的，它科学地揭示了人事档案工作各环节之间的关系，反映了人事档案工作的任务和目的。认真贯彻执行人事档案工作的原则，对促进和保证人事档案工作的发展，充分发挥人事档案的作用，适应人事工作的需要，具有十分重要的意义。在市场经济条件下，人事档案管理还应坚持这些原则，只是在具体内涵上有所差异。

（一）集中统一、分级管理人事档案

集中统一、分级负责管理人事档案既是人事档案的管理原则，也是人事档案的管理体制。

"集中统一"是指人事档案必须集中由组织、人事、劳动部门统一管理，具体业务工作由直属的人事档案部门负责，其他任何部门或个人不得私自保存人事档案，严禁任何个人保存他人的人事档案材料，违反者要受到追究。《干部档案工作条例》指出：干部档案管理实行集中统一和分级负责的管理体制。《干部档案工作条例》第 30 条还明确规定：严禁任何个人私自保存他人的档案。对利用档案材料营私舞弊的，应视情节轻重，予以严肃处理。对违反《中华人民共和国档案法》《中华人民共和国保密法》的，要依法处理。这就明确规定了公共部门人事档案材料的所有权属于国家，并由国家授权，由组织、人事、劳动部门统一管理。这一管理原则，便于加强对人事档案工作的领导，促进这些单位的领导人把人事档案工作纳入议事日程。

"分级管理"是指全国人事档案工作，由各级组织人事部门根据其管理权限负责某一级人员的人事档案材料，并对人事档案工作进行指导、检查与监督。一般来讲，工人档案由所在单位的劳动（人力资源）部门管理，学生档案由所在学校的教务或学生工作部门管理，干部档案是按干部管理权限由各级组织、人事部门分级管理，即管哪级干部，就管哪一级干部档案，使人员管理与档案管理的范围一致。这种管人与管档案相统一的管理体制，使人事档案工作与人事工作的关系非常密切，有利于各级组织、人事部门对人事工作的领导，也可以为人事档案的管理与利用提供组织保障。

在市场经济条件下，应注意级别不要分得太细。一旦级别分级过细，过分强调管人与管档完全一致，势必导致分散多头管理、管档单位与兼职人员过多等问题，因而实行适度分级措施。由于党政机构与企事业单位及其他机构的工作性质、职能任务不同，其人事档案的管理级别应区别对待。首先，党政机构人事档案管理应适度分级。由于我国传统上把人才人为地分成中央、部委、市属、部门和民营等几大块管理，所以我国人事档案所在机构和人事档案形成者历来存在级别之差，且分得过细。从人事档案所在行政机构的级别上说，有中央级、省级、市级、县级、乡镇级等；从党政机构人事档案形成者的行政级别来说，有一般科员级、副科级、正科级、副处级、正处级、副厅级、正厅级、副省级、正省级、副部级、正部级等。由于各级别的人事档案形成者所处的地位与身份不同，从事的工作性质不同，对国家所作贡献有大小之分，其档案的保存价值、保密范围也必然存在一定差异，因此，过去人事档案管理所分的级别很细，不同级别由不同机构保存，这对于重要人物档案的保管和保密具有有利的一面，但分得过细，则不便保管和利用。特别是社会主义市场经济条件下，民主化程度提高、透明度增强、各类人员级别变化较大，各类人员工作单位和

工作性质不像计划经济时期那样稳定,而是具有较大的灵活性,可以进行合理流动和自由择业,政府机构人员也面临着分流、下岗的问题,现有近一半的机关干部将被精简,被精简下来的机关干部将向企业集团、监督机构、中介组织、个体企业等领域分流,一些国家公务员可能转化为企业干部或职工,一些普通干部也有可能被提拔为官员。因此,人事档案管理的级别不宜像过去那样实行过细过严的等级体制,而采取适度分级措施较为合理。如省级党政机构的人事档案分为两个级别即可,副厅级以上官员的人事档案由省委组织部档案机构管理,副厅级以下官员及国家公务员由人事档案部门管理。市县级党政机构更不宜分级过细。

其次,企事业单位人事档案管理可以不分级。对于企业事业单位的人事档案来说,可以不分级别,由各单位人事档案部门、人力资源部或综合性档案机构集中统一管理。因为这类机构的人员中从事党政领导工作的人数较少,大多从事科研、教学、生产、开发等工作,了解、使用这类人员主要看业绩和贡献,各种级别的人事档案内容大体相同,其保密程度不存在大的差别,不需要像党政机关分级别分别保管,完全可以由所在单位人事部门或综合性档案机构统一管理,这样可以防止一个单位的人事档案分散在几个部门保管或一个人的档案分别由不同部门保管。同时,此类机构的"干部本位"观念逐渐淡薄,如国有企业同行政级别逐渐脱钩,企业中的厂长、经理实行自我推荐民主选举,企业干部处于动态之中,企业干部级别变动频繁,企业干部级别不像党政机构官员和国家公务员那样相对稳定,企业干部级别有时很难确定,所以企业的人事档案没有必要实行严格的等级管理。高校的校长、书记及有关领导也大多是专业人才、专家,校长一职并不是终身制,不当校长后仍从事自己的专业教学与科研活动。至于普通教师虽然有讲师、副教授、教授等各种等级,但每个人处于变化之中,现在是讲师,一段时间后可能是副教授、教授,而且这些职称在聘任制下也不是终身制,因此,更没有必要分级别管理其人事档案。

(二)维护人事档案真实、完整与安全

维护人事档案真实、完整与安全,既是人事档案管理中需坚持的基本原则之一,又是对人事档案管理工作最基本的要求。

所谓"真实",是指人事档案管理中不允许不实和虚假人事材料转入人事档案。应注意鉴别挑选真实内容的人事档案材料,这是能否发挥人事档案作用的前提,假如人事档案材料不真实,是不能用来作为凭证的;否则,会给工作和有关人员带来损失。人事档案材料形成于不同的历史时期,它的产生与一定的历史条件相联系,不可避免地带有时代色彩。特别是在历次政治运动中形成的人事档案材料,确实具有某些局限性,有些内容现在看来是不妥甚至是错误的。为了确保人事档案的真实性,从1980年以来,根据中央组织部的有关规定,在全国范围内,对每个干部的档案进行了认真的复查、鉴别和审核,将那些在历史上形成的已经失实的干部档案材料和丧失利用价值的干部档案材料,经过清理鉴别,及时剔除出去了。例如,在"文化大革命"运动中形成的干部审查材料,已归入干部档案的,凡属于诬蔑不实、无限上纲的材料,必须剔除销毁。只有经过复查做出的组织结论、与结论有关的证明材料和确实能反映干部实际情况又有保存价值的材料,才归入干部档案,以维护干部档案的真实性,使干部档案准确可靠,符合本人的实际情况,体现党的实事求是的思想路线。

所谓"完整",是指保证人事档案材料在数量上和内容上的完整无缺。数量上的完整,是要求人事档案材料齐全,凡是一个人的档案材料应该集中保存在一起,不能有缺漏,才能反映一个人的历史和现实面貌;内容上的完整,是要求随时将新的人事档案材料补充进去,一个人的档案材

料中应能反映各个时期的情况,不能留下空白。从干部管理制度看,更改干部档案各类材料内容都属于干部审查工作范围,也是干部档案鉴别工作的重要内容,要求必须真实、准确、材料完整、手续齐备,这是一项十分严肃的工作。无论是干部本人还是组织部门都必须尊重历史,根据干部档案产生的时间、历史背景,客观分析其所起的历史作用,以确定干部档案的可靠程度。值得注意的是,近年来,在落实中央组织部制定的有关干部政策工作中,特别是在关于干部待遇、干部选拔方面出现了一些问题。从干部档案管理角度来看,有些干部在申请更改干部档案有关材料时,年龄越改越小,参加工作时间越改越早,学历越改越高,甚至有人要求更改各类政审结果……因而给干部管理和干部档案管理造成一定的难度。尤其在部分履历情况基本相似的干部中引起不良影响,表现为在待遇上攀比,在职务、职级、职称晋升上计较,甚至发展为个人之间相互不信任。实际工作中,有的单位由于档案转递制度不健全,一个人的档案材料分散在不同的地方,支离破碎,无法看到一个人的全貌。有的由于长期不补充新材料,致使人事档案内容老化、陈旧,不能反映现实面貌。

所谓"安全",是指人事档案实体安全与信息内容的安全。实体安全就是要妥善保管,力求避免人身档案材料遭受不应有的损坏,如丢失、破损、调换、涂改等。人事档案材料是一定的物质载体,以一定的物质形式存在,由于受自然和人为因素的影响,永远不遭受损坏是不可能的,因此,人事档案工作者应尽一切可能最大限度地延长档案寿命。保证信息内容安全,就是要建立健全人事档案的保管制度和保密制度,从内容上保证人事档案不失密、不泄密,不对相对人的个人隐私和权益造成损害。

总之,维护人事档案的真实、完整、准确与安全是互相联系、相互依存的统一体,是组织部门和每个干部的共同责任。真实准确是人事档案能否正确发挥作用的前提,离开了真实准确,维护人事档案的完整与安全就失去了意义。真实准确又必须以完整和安全为基础,仅有单份材料的准确,仍无法完整反映一个人的全貌。如果只考虑到人事档案的现实效用而热衷于更改人事档案的有关内容,却忽视维护其真实、完整与准确,这不仅违反了历史实际和客观实际,背离了党的实事求是的思想路线,而且会给人事档案管理工作带来一定的难度,也会对个人的培养和使用起一定的副作用,因而是不可取的。

应该指出,党和国家对组织、人事工作历来十分重视,为了确保人事档案的真实性,中央组织部作出了一系列规定,从制度上保证人事档案的真实性。中央组织部明确规定:凡是归入干部档案的材料,必须是经过组织程序、由组织审查认可的真实材料。这些归档材料一般是和干部本人情况一致的,内容准确、实事求是、手续完备,符合归档要求。因此,只有既维护了人事档案的真实准确,又保证了人事档案的完整与安全,才能发挥人事档案应有的作用。

(三)便于人事工作和其他工作利用

人事档案工作的目的,是为了提供利用,这也是衡量和检验人事档案工作的重要标准。必须将这一原则渗透到人事档案工作的各个环节中去,成为制定方针措施和安排部署工作的依据和指针。在收集、鉴别、整理等方面都要考虑这一原则,现在更应结合人事政策、制度及改革进程,积极主动为人事工作和其他工作服务。·

现代社会,除上述三项基本原则之外,还应坚持人、档基本统一和适度分离的原则。

人档统一是指个人的管理单位和人事档案的管理单位必须一致,这样做有利于个人的有关材料及时收集、整理归档,也便于档案的利用,这就要求人事调动或管理权限变更时,档案应及时转递，做到人档一致。这种档随人走的做法一直被视为中外人事档案管理的一大差异及我国人事档案管理上的一大优势，是人事档案的相对集中与传统人事档案管理原则与体制的核心特征——人员的超稳定相连的必然结果，这一原则在过去是唯一的，是必须坚持的。

现代社会，人才市场的建立，辞职、辞退等一系列新的人事制度的实施，使工作人员与工作单位之间的关系由原有的超稳定状态逐步向具有一定程度的自由度方向发展。同时，市场经济在追求效益的前提下，对人才的使用越来越强调其现实业绩与能力，客观上要求改变传统的人事档案管理体制，建立与新的人事管理制度相适应的人事档案管理体制，在统一制度指导下，人事档案也应进行改革，大部分人事档案仍然需要坚持"档随人走"这一原则，而在特定条件下也可以分离，但一定要适度。我们可以借助现代管理手段而非档案保管处所来实现对人的全面了解与把握，具体来讲就是借助计算机将分管于不同处所的某人的人事档案在信息的查询与利用上实现集中，这样，既可满足人事工作对人事档案的需求，同时又可解决现代社会条件下人们对保管人事档案实体的要求。

上述原则，是一个辩证统一的有机整体，是完成人事档案工作各项任务的基本保证。它决定和制约着人事档案工作的各个环节，决定和制约着人事档案的一切具体原则、要求和方法。

第十二章 现代企业档案管理信息化 及其创新

今天,信息化已经成为全球共同的路径选择,成为世界各国的发展战略,成为各行各业的建设重点。档案信息化是国家信息化、地区信息化、行业信息化和机构信息化的重要组成部分,也是当代档案学理论和实践的核心任务。对于企业而言,档案信息化同样是转型时期档案工作的核心任务。

第一节 现代企业档案管理信息化概述

一、企业档案信息化的概念

企业档案信息化的概念可以从以下几个方面来理解。

(一)企业档案信息化是一个动态的概念

企业档案信息化总体上跟随社会整体信息化的推进而不断发展,每一个新的进展都是前一阶段的扬弃,同时又是下一发展阶段的新起点。从这个角度看,不能断言某某企业已经实现了档案信息化,只能判断分析其档案信息化建设的状态和水平。

(二)企业档案信息化的发展受多因素驱动

企业档案信息化的发展是由许多因素共同推动的,比较典型的如认识因素、技术因素、业务因素等。

认识因素泛指企业人员对企业档案信息化的总体认识。企业档案信息化水平的提升需要建立在人们对企业活动及其信息环境正确认识的基础上。只有通过认识的深化,才能有效带动企业档案信息化的发展。认识因素决定了企业档案信息化发展的重要程度以及业务活动发展对于信息化需求的紧迫程度,其间涉及业务流程再造、设计革新、质量管理以及成本控制等多个领域。

技术因素是信息技术应用于档案信息化的落脚点,也是其最基本的特征。信息技术涉及计算技术、图形图像技术、自动化技术、数字化技术、网络技术、人工智能等领域;在档案管理中的应用是全方位的,涵盖档案从生成到永久保存或销毁的整个过程,如电子文件的生成、纸质馆藏数字化、档案自动标引、档案信息网络检索等。

业务因素是指由业务发展所形成的内生性需求，是推动档案信息化发展的最重要的要素。企业档案信息化最终服务对象是企业业务活动，优化业务流程，提高业务效率，才形成了档案信息化发展的需求。档案信息化对于业务活动的渗透性、改造能力和提高能力也是评价档案信息化是否成功的根本指标。如企业资源计划、客户关系管理、供应链管理、电子商务、计算机辅助设计、计算机辅助制造、计算机辅助工艺过程设计以及带有专业数学模型或专家系统的工业控制计算机等等，都在企业业务领域大显身手。只要新工艺、新技术、新思想不断出现，企业档案信息化的过程就不会停止。

二、企业档案信息化的特征与发展原则

（一）企业档案信息化的特征

1.原始性

原始性主要是与企业电子文件信息内容相对应的，指的是企业的电子文档必须与传统的正式文件生成一致，而与文档的保存形式无关。传统上，纸质档案强调的是原始性，即原始的记录载体，才可以保证档案的真实性。现代化电子文件的存在是由传统的档案文件发展变化而来的，电子文件记录可以通过纸质或者电子文档记录，最终以电子文档的方式保存。电子文件信息内容的真实性确保电子文档存档的真实性，原件对于最终的存档关系不大，即最初的电子文档可与最终的存档文件有所不同。而传统的档案与最初的文件要保持一致，才可以保证文件的真实可靠性。企业档案信息是企业生产、经营活动的重要依据，作为历史的记录与凭证将被永久保存，企业档案的信息化通过将传统的档案输入计算机中，将文件以多种方式保存，以便未来使用。无论是传统的文档，还是信息化的企业档案，都要保证档案内容的原始性、真实性，才能为企业的发展服务。

2.完整性

企业档案的信息化既要保证信息的全面性，也要保证信息的系统性。因此要详细了解企业档案信息化的完整性，方可推动企业档案信息化的概念扩展。企业档案的信息化是应用现代化的技术，有组织地将信息录入计算机，这个过程是有组织、有计划的，而非无中生有，是有迹可循的。在信息的传递与分享过程中，会涉及企业的历史信息和生产经营活动的基本信息，因此在档案信息的建立过程中，要全面系统，需要将企业各个部门的档案信息进行统一的管理，将企业档案信息的文档使用一种格式保存，并且保存为纸质档和电子档两种主要的形式。

3.服务性

企业之所以要保存档案，主要还是为了利用已有的档案，创造更大的价值，最大化地利用已有的材料资源，促进未来的发展。固然，企业档案信息化自带服务性的特征。因此，档案信息的服务性是企业档案管理信息化的一个重要部分。完善企业档案信息化需要从以下几个方面着手：第一，完善企业的档案管理部门的基础建设，特别是企业的网站建设，保证企业档案在存档、传输过程中的快捷便利；第二，进一步完善企业档案信息的资源利用率，完善企业档案的使用制度。

4.发展性

企业档案的信息化是社会科技进步带来的成果,因此企业档案应是与时俱进的,并非一成不变,它会随着科技的进步和企业需求的转变而发生改变,因此发展性是档案信息的根本特征。档案的信息化事关企业的发展,是企业做出决策的依据,是企业推动人类进步和发展的手段。随着大数据和云计算等先进档案载体的出现,企业档案的信息化对现代科技的依赖性更强,借助于企业档案信息管理部门的开发,企业的档案信息将得到最大化的利用,并且推动企业的发展。企业档案信息化的发展将进一步推动企业档案与传统的工作模式相分离,促使企业进入新的管理模式。

5.机密性

企业档案信息要格外注意保密性,在利用的同时,也要保证档案的机密不会外传。企业档案信息并非全部共享,企业档案信息局限于企业内部的部分人使用,因为企业的档案信息会涉及企业的技术秘密和商业秘密。因此,在企业档案信息化建设的实践中,在使用企业档案信息的过程中,要遵守严格的法律制度和程序,遵守企业内部的制度,保证企业的核心档案资源不会被其他人员非法占有。因此,在使用企业档案信息的过程中,要注重企业的保密,促使企业档案合理利用,方可提高企业的相关经验,促进企业的生产能力的提高。

(二)企业档案信息化的发展原则

企业档案信息化的意义深远,任务繁重,要实现其稳健快速的发展,需要坚持与企业信息化同步协调、适应企业信息化特征、注重效益、统筹规划、需求导向、保障安全等基本原则。

1.与企业信息化工作同步

在企业信息化方面,国务院信息化工作办公室和国资委联合下发了《关于加强中央企业信息化工作的指导意见》,意见中指出中央企业应"充分发挥信息化在企业改革发展中的支撑作用;以需求促应用、以应用促发展",要加强统筹规划,要防止各类信息系统的各自为政,要"避免重复建设,确保建成并推广应用整个企业统一集成的信息系统。"国家档案局在《关于加强企业档案信息化建设的意见》中也明确要求,要"坚持档案信息化建设与企业信息化建设同步的原则。企业档案部门应加强与企业信息化建设主管部门的联系,提出档案信息化工作的基本要求,并将档案管理系统纳入企业信息化系统之中,实现档案管理系统与企业信息系统的无缝链接"。同时该文件还指出,企业档案信息化的建设要以促进、完善企业信息化和提升档案管理水平为总目标。企业应将档案信息化建设纳入企业整体信息化建设的规划和方案,企业档案信息化建设要适应企业信息化的要求,建立科学适用的文件归档、保管和利用管理系统,正确处理循序渐进与整体提升的关系,保证企业档案信息化建设健康有序发展。

因此,与企业信息化工作同步协调是档案信息化建设过程中需要把握好的关键原则,在顶层设计上加强统筹规划,以需求为导向,以企业整体效益提高为根本目标。

2.与企业信息化发展特征吻合

我国的企业信息技术发展历经了 20 世纪 80 年代初期的大中型计算机应用时代,80 年代后期的微电脑应用时代,90年代中期的软件应用主导时代,90年代后期的互联网时代,以及目前新兴的移动互联时代。未来在我国企业信息化发展趋势有以下五个特征。

第一,全面基于"互联网＋"实施企业信息化建设和应用的阶段来临。大中型企业,特别是大型集团企业在基于互联网的SCM、CRM或数字物流等方面的建设和应用将获得重大突破,并可能形成或产生新的商业模式。

第二,跨区域、跨行业的各类高度专业化信息服务平台将成为建设和应用热点。网上信息消费、服务消费和产品交易是电子商务的主要形式,基于互联网的交易和服务将成为企业形成核心竞争力的关键点。

第三,企业决策支持信息系统的建设和应用将得到普及,企业信息资源的开发利用将得到长足的发展。面对瞬息万变的环境,决策支持信息系统的建设和应用将成为企业信息化支撑企业规避风险的重要武器。各类决策支持模型将在大中型企业中得到广泛的应用,形成企业决策支持信息系统,并将成为新时期企业信息化的重点应用领域。

第四,企业自身主导信息化建设能力增强,应用效益显著增加,信息化建设支撑体系不断发展壮大。随着CIO制度的普遍执行,企业信息化规划、测评、招标、监理、培训等服务将普遍为企业接受并得到广泛应用,企业自我主导信息化建设能力增强,企业将针对行业的特点和自身状况,量身定做信息系统和软件开发并以应用为导向,以企业为主导,以IT厂商为辅助,建设适合企业发展的信息系统。同时企业信息化建设支撑体系将伴随企业信息化建设的不断进步而发展壮大。

第五,企业信息化管理系统与电子政务系统及社会信息化的其他系统互联互通成为衡量企业信息化建设和应用能力的标志。企业信息化系统与工商、税务、社保、医保和金融等系统的互联互通成为不可逆转的趋势,同时也是衡量企业信息化建设和应用能力的重要标志。这种互联互通将为政府对企业实施有效监管和企业接受优质服务打下坚实的基础。

档案信息化需要与企业信息化发展特征相吻合。档案信息化发展需求的提出一方面要符合信息化技术发展趋势,把握好新技术的发展机遇,对档案信息化中所应用的信息系统、存储体系进行及时的更新和完善。另一方面要关注企业信息化发展中的业务需求,以需求为导向,切实推动档案信息化的发展。

档案信息化应当与企业信息化同步规划,整体建设。企业要将档案信息化建设纳入企业信息化建设整体规划和方案,确保档案信息化与企业信息化发展特征相吻合。企业档案部门应加强与企业信息化建设主管部门的联系,提出档案信息化工作的基本要求,并将档案管理系统纳入企业信息化系统之中,实现档案管理系统与企业信息系统的无缝链接。

3. 注重效益

企业档案信息化的效益体现在两个方面:一是合理的投入产出比,二是工作成果的可持续性。历史上也出现了很多深刻教训,如因格式选择不当导致电子文件无法阅读成为"死档";数字化对象的范围鉴选不当,导致数字化资源束之高阁;不少的单位先后用过多个档案管理软件,档案数据散存在这些系统中互不联通,查询极为不便。档案部门应格外重视信息化效益,通过科学的规划、监控、审计机制,保证投入的有效产出以及档案信息化的可持续发展。

4.统筹规划

统筹规划是注重效益原则的必然要求。档案信息化是一个长期发展的系统工程,要素众多,投资不菲,为充分发挥各方面的积极性,避免重复建设和盲目建设,促进信息交换与共享,提高档案信息化的整体水平,需要对各阶段的目标、任务、措施进行总体规划和部署,分步实施,有序推进。在国家、地方、行业和基层单位等各个层面,都有必要开展相应的档案信息化规划工作。国家、地方档案行政管理机关,行业主管部门以及各档案馆室应在国家、地方、行业、单位信息化规划的框架下,协调好与相关部门的关系,对相应层次的档案信息化建设进行统筹考虑,做出总体安排。

5.需求导向

需求导向原则也是注重效益原则的要求。只有面向档案管理和开发利用的主要需求,解决工作中存在的实际问题,才能提高信息化项目的实际效果,实现合理的成本效益比,并有助于档案信息化的持续推进。从规划到实施,从法规建设到标准制定,从系统开发到资源构建,都应切实以需求为导向,认真调研、广泛论证、集思广益,不能拍脑袋决策,不能做成面子工程。

6.保障安全

保密是手工条件下档案安全保护工作的主要任务。而电子环境中档案安全保护的任务则除了防止泄密之外,还需要防止数字信息的丢失、失真和不可用。磁性、光学载体存储密度高,区区一张光盘的丢失可能意味着上千份档案的丢失。网络的四通八达在为合法利用提供方便的同时,也为修改、删除、泄密等非法利用提供了渠道。可以说信息时代档案安全保护的难度加大,这就要求在健全法规、统一标准的基础上加强档案信息的安全保障工作,正确处理信息开放与安全保密的关系,搭建信息安全保障体系,从硬件挑选、软件设计、制度建设、人员管理等方面全面维护数字档案信息资源的安全。

三、企业档案信息化的作用

企业档案信息化是档案管理部门面对信息技术革命的积极回应,是档案管理发展的必然选择。对于档案管理工作,其根本意义在于触发并推进了档案管理从理论到实践、从理念到手段的全面革新,提高了管理效率和服务质量;对于档案管理人员,其意义在于开阔视野,更新观念,提高素质。

(一)促进管理效率的提高

管理效率的提高意味着以较少的人力、物力、时间完成较高质量或较多数量的工作。信息化过程中档案管理效率的提高主要表现在:

1.档案管理的自动化和档案实体管理的简化

经过精心设计的档案管理系统可以实现许多管理过程的自动化,包括归档、存储、鉴定、统计分析,还可以简化档案实体管理,如立卷、实体分类等,从而减少档案工作人员的手工劳动,缩短工作时间,提高管理效率。

2.历史档案原件得到保护

利用信息技术可以从两个角度来保护历史档案：第一，代替原件提供利用。经过数字化之后，利用者可以查看历史档案的数字化版本，从而减少对原件的损害，这是较为普遍的保护视角。尽管数字化本身对原件也会造成一定的损害，但是相比反复的物理接触，损害程度还是比较轻的。第二，以电子的方式传承历史。不管保护措施如何完善，档案载体的寿命总是有限的，字迹会消退，介质会损坏，影像会模糊，声音会暗哑，如果将珍贵的历史档案数字化，且格式选择得当，档案信息就会永久存在，这是珍贵档案原件保护的新视角。

（二）促进服务水平的提高

服务水平的提高意味着以更为恰当的方式将更丰富的信息提供给用户，满足其日益增长和变化的需求。信息化过程中档案服务水平的提高主要表现在：

1.多元化利用需求的满足

手工环境下，每种检索工具只能提供一种检索角度，限制了利用。档案管理系统具有很强的数据处理能力，可实现目录数据的一次输入、多次输出，可以从多个角度检索档案，有助于满足用户多元化的检索需求。

2.查询效率的提高

信息化条件下，在计算机中输入检索词并等待档案管理系统直接反馈，提高了查询效率，不仅表现在检索时间的缩短，更表现在查全率和查准率的提高上，越是跨时空、大规模、综合性的查找，这种优越性表现得越明显。

3.服务内容和手段的丰富

网络环境中，档案信息服务的主动性能够更好地得以发挥，不仅可以将开放档案全部发布，将档案信息以文字、图像、音频、视频等多种媒体形式予以展现，还可以与其他数字信息有机整合，并以超链接、超媒体的方式提供便捷的访问途径，还可以通过电子邮件、手机短信等手段提供服务，利用者可用的信息内容更为全面、立体，获取服务的手段途径也更为多样化。

（三）促进交流与合作

档案信息化对于档案工作和档案工作者既是机遇，又是挑战。从技术应用、系统设计到档案利用需求，都在不停地发生变化，新问题不断涌现，迫切要求档案界加强与外部的交流与合作，学习经验、交流心得，寻求在理念、制度、方法、手段等各方面的支持。近年来，档案界在对外交流以及产、学、研合作方面得到了加强，与信息技术、图书情报、法律、公共管理等领域的交流与合作也有深化趋势，档案信息化的过程也是档案领域不断开放的过程。

（四）促进人员素质的提高

档案信息化对档案人员的素质提出了更高的要求，相关档案人员的专业素质、信息素质和综合素养得到了提升，视野、能力、观念得到改善，从电子文件管理到数字档案馆建设，从对业务流程和业务系统的支撑到公共服务,做了许多创新性工作并获得了良好的效果。

四、企业档案信息化建设的规划

(一)分析评估

在进行档案信息化规划时,要明确档案业务目标和需求。同时,要对档案工作进行现状分析与评估,应该从两个方面着手:档案业务能力现状和档案信息化现状。档案业务能力分析是对档案业务与管理活动的特征、档案业务活动的运作模式、业务活动对企业战略目标实现的作用进行分析,揭示现状与企业远景要求之间的差距,确定关键问题,探讨改进方法。档案信息化现状分析是诊断档案信息化的当前状况,包括基础网络、数据库、应用系统状况,分析档案信息系统对档案未来发展的适应能力,给出档案信息化能力评估。在此基础上,对档案信息化建设的现状、定位、目标、功能、需求等作出科学合理的评估,为制定企业档案信息化建设规划奠定基础。

(二)制定规划

1.根据档案业务需求,明确档案信息化的远景和使命,定义档案信息化的发展方向和档案信息化在实现业务战略过程中应起的作用。

2.制定档案信息化基本原则。它是指为加强信息化能力而提出的基本准则和指导性方针,它代表着信息技术部门在管理和实施工作中要遵循的企业条例,是有效完成信息化使命的保证。

3.定位档案信息化目标。它是档案信息化在一定时期内要达到的目的,是档案信息化建设的方向和目标。

4.规划总体架构。从应用架构、信息架构和技术架构三方面对档案信息系统应用进行规划,确定信息化体系结构的总体架构。

5.拟定信息技术标准。根据国家和行业档案信息化的规范标准,拟定适合本企业的档案信息化标准,使档案信息化具有良好的可靠性、兼容性、扩展性、灵活性、协调性和一致性。

(三)细化项目

档案信息化建设是一个渐进的过程,应通过分析整个档案信息化过程中的资源投入,将整个信息化过程分解成为相互关联、互相支撑的若干期项目,定义每一期项目的范围、业务前提、收益、优先次序,以及预计的时间、成本和资源。针对每期项目进行保障性分析,按每期项目重要性排列优先顺序,并对项目进行财务分析,根据企业财力等情况确定实施步骤。

五、企业档案信息化建设的实施

企业档案信息化建设应以档案资源信息化建设为核心,以深化资源开发利用为目标,加快推进档案资源数字化、信息采集标准化、信息存储安全化、信息服务网络化进程。

(一)企业档案信息化建设的方式

根据企业档案管理工作现状,档案信息化工作应采用以下循序渐进的工作方式。

1.实现档案业务工作的信息化,即先建设覆盖企业及所属单位的档案业务管理模块,再建设侧重于档案资源利用的模块。

2.采用目录集中、电子文件存储分布的架构,尽快满足当前的业务需求,通过档案目录实现资源共享。

3.针对企业档案管理系统建设,建设数据型档案管理系统,实现资源集中共享利用,解决档案数据资源的长期存储和安全存储问题,并逐步建成数字档案室(馆)。在建设初期,还应先试点、再推广,积极稳妥推进。

(二)企业档案信息化建设的过程

企业档案信息化建设分为基础建设、深化应用和信息资源管理三个阶段,每个阶段都有不同的工作内容和工作方式,整体看是一个循序渐进的过程。

1.基础建设阶段

该阶段主要落实档案管理信息化基础工作,以企业本部为起点,开展档案管理系统开发工作,完成企业本部档案管理系统建设和试点单位建设工作。开展企业本部和试点单位数字档案资源建设,形成企业级档案目录中心,提供企业及所属单位档案信息服务。实现共有的通用档案门类和专业档案门类的规范化管理。以 OA 系统为试点完成业务系统集成规范的制定,并完成与 OA 系统的集成。

2.深化应用阶段

总结企业和试点单位档案信息化建设工作的经验和教训,完善档案管理系统,按所属单位有序向下推广应用,形成自上而下、规范统一的系统架构。企业及所属单位分阶段有序地开展档案信息资源数字化建设,实现对企业及所属单位特有(专有)档案的管理功能。依照企业信息化规划,逐步开展各类业务系统、基础服务与档案管理系统的集成,优化完善业务系统集成规范,实现各业务系统与档案管理系统的数据融合及业务融合。

3.信息资源管理阶段

全面建设面向档案资源的、企业统一的档案管理系统,实现企业档案各项业务管理的信息化,积极探索实现电子文件永久真实性保障体系,建立异地容灾备份中心,研究开发多种档案开发利用手段,对数字资源和实体资源进行数据挖掘,实现知识管理和知识服务。

六、企业档案信息化的内容

企业档案信息化的覆盖面很广,包含一切与应用信息技术生成、管理、开发利用档案相关的活动。档案信息化的内容可按照几个核心要素进行梳理,主要包括环境保障、规范建设、基础设施、应用系统、信息资源、安全管理和人才培养。上述要素或侧重于企业档案信息化整体背景的宏观构建(如环境保障、规范建设、人才培养等),或侧重于档案信息资源的微观建设(如信息资源、应用系统等)。

所谓整体背景构建,是指为档案信息化建设创造适宜的环境、提供全面的保障的工作,可视作档案信息化的宏观管理层。而档案信息资源建设是指在档案从形成到保存或销毁的整个生命周期中合理应用信息技术,促进管理效率和服务水平的提升,具体包括资源创建、资源管理、资源服务、系统设计与管理等内容,可视作档案信息化的微观操作层。承担档案信息化整体背景构建的主体有国家和地方各级相关主管部门,包括档案行政管理部门、立法机构、信息化主管部门、行业主管部门等,开展资源建设的主体为各级各类档案馆和立档单位档案室。

整体背景构建和资源建设相辅相成,背景构建是基础,资源建设是核心。没有适宜的体制机制、法规标准、人才、服务等环境支撑,档案信息化的发展便会缓慢且艰难,这在档案信息化初始阶段显得尤为突出;而资源建设的成果直接体现了档案信息化的意义。

下面从环境保障、基础设施、规范建设、人才培养、信息资源、应用系统、安全管理等要素分别介绍企业档案信息化的主要内容。

(一)环境保障

环境保障主要包括管理体制和机制的理顺,以及相关社会服务体系的完善。

1.管理体制和机制的理顺

体制和机制历来是各项事业的关键问题,其科学与否,关系到事业中各个要素能否得到合理配置,各方力量能否得到有效激发。同时,由于体制和机制涉及多个部门的责权关系和组织体系,往往也是难点所在。自改革开放以来,我国建立起现代企业制度,具有产权清晰、权责明确、政企分开、管理科学的新特点。因此,企业档案归企业所有,受国家法律保护;企业档案管理成为企业的内部事务,应以企业资产关系为纽带,在企业内部实行统一领导、统一管理、统一制度、统一标准;国家档案管理机构并非对企业档案管理进行单一的行政业务指导,而是依法监督检查、提供业务咨询服务、工作认证核准、接受档案。这表明企业档案信息化一方面作为国家档案信息化的一部分需要得到一定的统筹规划,另一方面又具有相对的自主权和主动权。

因此,各级档案行政管理部门应加强对企业档案信息化建设的引导;中央企业档案部门应加强对所属及控股企业档案信息化建设的规划和指导,保证企业档案信息化建设顺利进行。

2.社会服务体系的完善

单靠企业相关主管部门并不能胜任企业档案信息化的所有工作。这项事业还需要社会多方力量的参与,包括档案管理软硬件提供商、信息安全服务商、咨询机构、高等院校、科研机构、行业协会等各类服务组织,这些组织所提供的产品和服务是企业档案信息化发展的必备要素。相关部门可通过出台政策、制定标准、出资等方法吸引社会力量参与到档案信息化工作中,并规范服务过程和服务方法。随着社会服务体系的完善,企业档案馆、室可将部分重复性、技术性或智力性工作外包,如扫描、数据录入、系统开发、系统维护、系统评估、制度设计、方案设计等,以提高效率和质量,降低成本。

(二)基础设施

企业档案信息化建设中的基础设施主要是指档案信息化建设所需的各种基本条件,包括几乎所有的硬件设施,如网络、计算机设备、机房、其他硬件设备,也包括部分软件如操作系统、数据库管理系统、编程环境等。对于企业而言,基础设施的建设主要依靠企业的相关经济投入,应根据企业自身的发展需求和经济实力确定各类设施的采购、定制或研发。基础设施建设本身应属于企业整体信息化发展建设不可或缺的一部分,如基本的计算机设备的购置、企业内外部网络的建设等,但是对于档案信息化的基础设施(如扫描仪)需要进行单独规划与考虑。

(三)规范建设

企业档案信息化的规范建设包括与信息化工作相关的法律、行政法规、标准、制度等。各级档案行政管理部门和中央企业档案部门应积极组织贯彻落实国家档案信息化相关标准和规章,各企业应结合自身档案信息化建设的实际情况,适时制定相关企业电子文件、电子档案管理的标准与规范及其实施细则。

1.法规政策的健全

档案信息化是一项新工作,管理对象是具有新特点的档案类型,采用的是新的技术手段,电子化、自动化、网络化的工作内容和方法也较以前发生较大改变。这个过程中必然会产生许多新的问题,其中涉及权利和义务关系的问题需要通过法律法规来调整和规范,如电子文件的凭证作用、保存要求,信息开放原则和内容等,涉及事业定位、发展途径的问题则需要政策引导和支持。目前最迫切的政策需求是将企业档案信息化作为信息资源开发利用的重要内容,纳入国家、政府、行业、地方信息化之中,纳入相关的国家、地方和行业信息化发展战略行动计划之中,并制定与信息社会发展要求相适应的企业档案信息化规划和攻关计划。

2.标准规范的制定

档案信息化过程遭遇到的操作规程问题需要通过标准规范来解决,以普及优秀的档案管理实践经验,统一管理方法,减少低水平重复,促进信息共享和交换。数字档案的管理较之传统档案管理的标准化要求更高,否则可能面临多种风险。比如,若没有电子文件存储格式标准,档案信息将可能因无法输出而丢失,导致珍贵记忆的空白。因此,档案信息化的推进过程同时也是档案标准化不断深入的过程。

随着国内外企业对档案信息化建设重视程度的不断加强,已制定了一系列管理制度规范和标准。企业档案管理部门应根据自身的行业特点,加快相关规范制度和标准的制定和出台。优先考虑采用国际标准,其次才是国家行业及地方标准。由于档案信息的范围和种类处于不断扩展和变化之中,因此,在最初阶段也应优先采用适用范围尽可能广泛的标准。

(四)人才培养

档案部门有着这样一个共同的慨叹:既懂信息技术又懂档案专业的人才太少了!这个事实是许多单位信息化水平徘徊不前、许多档案管理软件不适用、许多档案工作者难以准确描述档案管理软件需求的根源。对于企业而言,档案信息化工作所需要的人才并不仅限于复合型人才,也需要更为专业的档案人才、技术人才、管理人才,这是因为专业知识正在快速更新。整体而言,人才的培养,需要在教材建设、师资建设等多方面同步努力,也需要学校教育、在职教育、国内培训、国际交流多渠道进行。此外,应将培养人才和吸引人才、留住人才并重。

具体到企业,企业各级档案管理部门一方面要积极引进相关人才;另一方面要加大对现有档案队伍素质的提高,强化计算机应用知识、数字化技术知识、网络技术知识、现代管理技术知识的培训,尽快建立以管理型人才为基础、复合型人才为重点、高科技专门人才为骨干的档案队伍体系,满足企业档案信息化建设的需要。

（五）信息资源

1.资源创建

资源创建是指通过各种手段形成数字档案及其加工信息的过程，这里数字档案及其加工信息统称为"数字档案信息资源"，这些信息以二进制代码存在，可在计算机上处理，可通过网络传递。数字档案信息资源是企业档案信息化工作的立身之本。没有资源，信息化无从谈起。在手段方法持续更新的背景之下，资源本身的重要性得以彰显。

企业数字档案信息资源的层次丰富、种类繁多。按照信息的加工程度，可分为原文信息、目录信息和编研信息。数字档案原文信息可直接在计算机系统中生成，一般称为电子文件或电子档案，在此统称为电子文件；也可通过扫描等模/数字转换手段将已有的纸质档案、缩微胶片、照片、录音、录像数字化加工后形成，称为数字化档案。数字档案原文信息包括文本、图像、数据、声频、视频等多种媒体格式。计算机系统中的档案目录也叫机读目录，可以由人工输入形成，也可以通过捕获文件形成过程中的元数据而自动生成。在档案管理系统中，机读目录多以数据库的形式存在。编研信息在档案原文信息和目录信息的基础上加工而成。较传统的编研成品，数字环境中编研信息的种类和表现形式更为多样化，音频剪辑、视频剪辑、网上展览、知识库就是其新成员。

2.资源管理

企业档案信息资源创建之后，需要对其实施有效管理，维护其真实、完整、可用。不同种类的档案信息资源，管理工作的具体内容也有所区分。总体来讲，无论是电子文件、数字化档案，还是机读目录、编研信息，都以电子形式保存在计算机系统中，因而其保存过程中的维护工作都是必需的，包括存储、载体转换、迁移、访问与安全控制、备份等。在信息技术不断发展和新旧技术之间兼容困难的情况下，数字信息保存后失真、丢失、无法识读的风险很大。长期保存一直是国际上信息资源领域理论研究的焦点，也是档案信息化工作的难点。而电子文件管理的内容则要宽广很多，除了保存、维护之外，还需对其加以分类、价值鉴定、收集（归档）、处置、著录和统计，而这些工作都可全部或部分实现自动化。

3.资源服务

资源服务是指通过一定的方式方法将档案信息资源提供给用户利用。除了传统的阅览、出借、复制之外，网络服务是目前用户群最广、最有发展前景的服务方式。企业档案部门一般通过局域网向内部用户提供查询、浏览、利用申请与批准等服务，部分企业档案馆也可根据需要在互联网上建立网站提供档案目录检索、档案原文浏览、网上展览、编研信息发布等多种信息服务。

（六）应用系统

企业档案信息化中的应用系统设计与管理是指对档案管理系统的设计、实施与维护工作。这是档案信息化中极富特色的一部分内容。档案管理系统是用来管理档案信息资源的计算机系统，包括部分硬件基础设施、操作系统、数据库管理系统、应用软件等。档案管理系统设计与管理的任务包括计算机、服务器、交换机、路由器、防火墙等网络设备的部署，软件平台的选型，存储介质和存储方案的明确，备份、灾难恢复认证等安全保护技术的确定等，当然其中最重要的还是档案管理软件的开发与维护，有时人们直接用"档案管理系统"来称呼档案管理软件，其功能好坏直接关系资源管理的质量。

按照管理对象，档案管理系统可分为档案辅助管理系统、电子文件管理系统（亦称电子档案管理系统）、集成档案管理系统。档案辅助管理系统是利用计算机的数据处理能力，对档案整理、编目、保管和利用工作进行辅助管理的系统，管理对象主要是处于非现行阶段的传统档案及其数字化版本，机读目录是其发挥辅助功能的基本工具。电子文件管理系统以电子文件为对象，涵盖其从生成到永久保存或销毁的全过程，元数据是其发挥功能的基本工具。集成档案管理系统是对档案辅助管理系统和电子文件管理系统的集成，适用于多载体档案并存的情况，可实现传统档案和电子文件的统一管理和提供利用。

对于企业，国家档案局发布的《关于加强企业档案信息化建设的意见》专门提出关于建立适应企业信息化要求的档案信息管理系统、完善电子文件归档与档案信息数据库的管理的相关要求。

企业档案信息管理系统的设计应遵循模块设计、分层实现、循序渐进的原则，档案信息管理系统应与企业其他有关管理系统（如设计、生产、经营、财务、材料、管理、服务等）相衔接，确保档案部门对本企业各类电子文件、电子档案的收集、整合、控制和传递。企业档案管理软件的选择与开发需要依据国家有关档案信息化建设的规定、规范，档案管理软件应具备适应多种文件存储格式、支持实时浏览、互联网及内联网检索功能，能够实现收集整理、数据存储、检索浏览、借阅管理、权限控制、统计报表、鉴定销毁、数据输入（输出）及格式转换的控制与管理，满足企业文档一体化管理、业务流程管理和信息资源开发利用的需要。

对于档案信息数据库的管理，企业档案部门应与信息管理部门共同对企业信息化建设中各类业务信息系统（企业资源计划、客户关系管理、计算机辅助设计/工艺/制造、产品数据管理、计算机集成制造系统、办公自动化系统及电子邮件系统等）所形成的文档及数据库信息提出归档管理方案。

（七）安全管理

安全管理是企业档案信息化的重要内容，企业档案部门要建立严格的管理制度，从技术与管理两方面，确保档案实体与信息的安全，确保网络传输及档案数据库的安全。企业应在档案信息化的过程中建立基本的安全服务，实现档案信息资源的安全管理，制定专门的安全标准，设计相应的安全策略。企业在开展档案信息化安全管理时，可以从管理安全、环境安全、人员安全、数据安全等要素进行考虑。管理安全指企业档案信息化应有统一的安全管理方案，包括规划、预案、应急措施、检查手段等方面的管理。环境安全包括网络环境安全、数据库安全、信息传输通道安全等内容。人员安全指对相关工作人员应进行有效的安全管理。数据安全指对原始档案、数字化产品等资源的安全管理，以及对其实体进行的全程跟踪管理，对数字化产品进行的备份管理和失泄密防范等。

第二节　现代企业档案管理的业务创新

党的十九大提出我们国家要大力实施"创新驱动发展战略",对国家未来的发展提出了新的具体的要求。创新是一个民族一个国家发展进步的根本动力,没有创新就会落后于其他国家。同样地,创新也是企业生存和发展的根本所在,一个企业没有创新就没有了生存的土壤,最终会被社会所淘汰。

作为企业重要组成部分的档案管理部门,也必须要有创新意识。档案管理部门需要做到在档案管理工作中不断地创新,在创新中发展,为企业的发展壮大尽到应有的责任。为适应企业新时代及信息化时代的要求,企业档案管理部门必须相应地发展和完善新的管理系统、树立和更新观念、完善运行机制。

企业档案管理部门不同于企业其他部门的工作,档案部门需要协调企业各部门甚至其他合作企业的相关部门,才能够有效地系统地做好档案管理服务工作。因此,新时代对于企业档案部门的工作人员来说,既是挑战又是机遇。挑战即遇到以前没有遇到的情况,既无参考经验又没有可借鉴的相关案例;机遇即在新时代有更大的机会为企业创造更大的效益,尽最大可能地发挥档案部门的作用。机遇与挑战并存,并且机遇大于挑战。

一、源头档案管理创新

创新离不开源头,新时代企业档案管理部门要发展创新,就要从档案的源头开始着手。首先就是要与企业各部门特别是项目实施部门紧密联系在一起,随时随地把握企业项目进展和结束验收情况;除此之外,还要做到不间断地与企业其他项目相关部门甚至项目合作的其他企业保持经常性的联系,全方位多角度地了解企业项目从立项到验收的整个动态过程。与此同时,借鉴使用科学的前端控制系统理论与手段,从而保证企业项目档案一件不漏地收录进企业档案系统。

作为现代化管理理念重要内容之一的前端控制系统理论与手段,是根据文件生命周期理论和全程控制原则,对电子文件从生成到归档的整个过程进行统一规划、统一要求,把可以预先设定的监控功能和档案管理功能嵌入各业务系统,重组文件、档案工作的业务流程,同时有效地监督文件形成和维护,从而实现对电子文件的超前控制和全过程管理。保证企业项目档案清晰地排列在系统中,可以方便快捷地供企业查询使用,使企业高效率地使用项目档案提高企业工作效率进而提高经济效益,最终促进企业的发展。

(一)强化档案制度建设

企业的发展与壮大离不开规范和制度,规范和制度是企业生存的基石。同样地,企业档案管理也需要制定相应的制度。促进档案管理的科学化、规范化、标准化建设,从规章制度建设方面入手,通过对档案管理中出现的新情况、新问题的处理,在进一步完善已有各项规章制度的基础上,有针对性地建立健全档案管理制度。

以企业实施和承接国家级特大型建设和改造工程项目为例,在企业工程项目实施前,为了有效地对工程项目档案工作的收集登记、管理机制、归档条件、框架结构以及审核校对等工作作出架构性的规定,企业档案管理部门可制定《企业国家级特大型建设和改造工程项目档案资料管理制度》以及《企业国家级特大型建设和改造工程项目档案结项验收管理办法实施准则》,把工程部项目档案纳入项目负责人合同制、责任制当中,有利于企业各种档案尤其是工程项目档案从分散凌乱到统一标准集中要求管理、"三参加""四同步"管理,更加有利于规范企业工程项目档案管理要求和工作程序。提高工程项目所有相关单位及人员档案制度和法制意识,促进企业工程项目档案工作顺利地开展。

(二)强化档案考核检查制度

现实中,一般企业对于档案管理部门不够重视,故而部门人员配置相对不足,从而导致档案部门对档案管理等繁重的任务不能很顺畅地完成,档案部门也无法为企业发展做出更大的贡献,发挥出档案实际的价值。即便如此,企业也要确保至少派遣一名档案专业人员到企业国家级特大型建设和改造工程各项目现场,确立企业工程项目档案工作现场驻点制度,起到对工程项目实施中档案工作的监督和指导作用,实行档案专业人员从项目立项到结项的全过程服务。档案人员保证参加每一次项目部的重大会议甚至小型的项目推进例会,与项目经理部以及纵向和横向的相关部门共同组建工程项目督导组,定期和不定期地对项目进行检查和考核。对于检查发现的问题,在明确负责人责任制的基础上发出整改通告,要求工程项目部在规定期限内整改,确保工程项目能够顺利高效按质按量地验收结项。

档案考核检查制度的建立,可以从实际工作中约束和指导各工程项目部档案工作的开展。制度执行的力度取决于领导的重视程度,这就要求各项目领导甚至企业领导高度重视制度的操作力度,使档案考核检查制度不沦落为束之高阁的制度,而是成为贯彻落实行之有效间接为企业产生效益的好制度。

1.在档案考核检查制度出台之前,把制度草案发放到所有相关部门,在规定时间内广泛征集工程项目涉及单位中不同人员的意见和建议,一方面与更多相关人员进行沟通协商,有利于制度的进一步补充和完善,使之更具有实际操作性,并且得到更广泛的群众基础的支持,减少执行的阻力;另一方面,在征集意见和建议的过程中也是同步宣传档案考核检查制度的过程,沟通协商提出意见和建议就是熟悉贯彻的过程,为接下来档案考核检查制度的执行营造良好的氛围。

2.在企业国家级特大型建设和改造工程项目开展实施之前,企业总部要求工程项目相关负责人集中召开专门会议,重点强调工程项目档案考核检查制度的重大意义,让各工程项目负责人从精神上高度重视档案考核检查制度,加强对档案考核检查制度的领导,有利于统一各项目经理的思想进而统一行动,认真贯彻执行制度。

3.所有建设单位项目经理部在内部下发工程项目档案考核检查制度到下级单位和所有部门,使制度能够得到有效实施和贯彻,让所有工作人员紧绷档案考核检查制度的考核线,在工作中自觉主动地收集文件材料,配合交于工地派驻的档案工作人员,为最终工程项目档案的建立打下坚实的制度基础。

(三)项目结项档案收集和归档工作

档案收集就是按照档案形成的规律,把分散形成的材料接收、征集、集中起来。企业国家级特大型建设和改造工程项目档案收集是工程项目档案建立的起点,深刻影响着企业工程项目档案的建立,意义十分重大。

1.档案收集来源于现场第一手最原始最真实的记录,没有经过多重交接,因此不会因为多重转接而出现错误,保证了原始资料的准确性和完整性,为整个工程项目档案工作提供了丰富的素材和原始资料,因此为接下来档案工作的开展打下了良好的基础。

2.档案收集是基础性复杂性烦琐性的工作,对派驻各项目的档案工作人员提出了新的更高的要求,需要档案工作人员在工作中不断地学习,有利于档案工作人员在实际工作中自身的提高和发展,锻炼和培养档案工作人员的能力,间接减少了企业的培训成本,为以后的开展提前做好了能力建设。

3.工程项目档案收集涉及不同部门不同单位甚至其他相关的合作企业,开展档案收集工作在互相沟通联系协作的同时,也有利于促进各部门之间以及与不同企业的相互交流,为以后工作相互协作提供了有利的条件,也为未来与其他企业之间产生新的更多的合作创造了可能,间接产生更大的效益,从而促进企业发展。

在工程项目结项档案验收过程中,为了切实把控好项目结项档案交付验收的质量,企业档案管理部门可按照四项程序进行工程项目档案验收,即项目实施部门自查自审、档案管理部门派驻项目专业人员核查、客户验收方审核及企业档案部门签字验收。除此之外,为了保证档案收集和归档质量,经过向企业总部申请还可以使用必要的迟延履行金手段,在企业重大项目验收过程中,采取工程项目进展及工程项目经理部定期(比如按月度)考查审核制度、项目期进度考查审核制度、结项档案履约保证金结算考查审核制度和档案项目结项验收迟延履行金考核等制度,结合大力度的重奖重罚和赏罚分明,从程序上和制度上确保企业工程项目档案完整、高效、无漏地移交归档。与此同时,对于工程项目部移交的不合格项目档案,企业档案管理部门不签字盖章验收,相应地企业财务部门不办理项目结项,对于在移交合格项目结项时间上不配合的行为,可以按照规定的比例扣留迟延履行金。

二、全过程管理

企业首次承接实施重大项目,例如国家级特大型建设和改造工程项目,项目的复杂程度对企业来说是一个巨大的挑战,同时对企业档案管理部门也是一个前所未有的挑战。通过实行项目全过程管理,面对复杂多样的情况,档案管理部门可以完整高效地建立起工程项目档案山。下面以企业首次承接实施国家级特大型的建设和改造工程类项目为例,阐述企业档案管理部门对工程项目档案全过程管理创新的整个环节。

此类建设和改造工程项目复杂多样,所涉及的各级各种建设施工单位多,比如设计规划单位、工程实施单位、建设材料提供单位以及协助单位等;参与单位包括国家正式注册的有资质的不同规模的施工单位,还包括没有注册成为合法资质的施工小团队,甚至还有不成规模的零散的个体户;项目所产生的文档资料包括中文还有各种外文(比如英文、日文、德文、俄文等);既有文本材料也有需要机读的材料,还有电子材料;还包括施工图纸、文件和各种不确定材料等等。归而总之,此类建设和改造工程项目所涵盖的单位多并且复杂、施工点分散、施工面积大、建设工程涉及不同区域;所有材料集中统一产生的档案种类多、数量大而且形式多种多样,企业对于这种状况可能也是第一次遇到,工程项目档案管理工作具有很大的挑战性。

为了能够保质保量、安全高效地将工程项目档案按照国家的档案管理标准周全而准确无误地收归到企业档案部门,企业档案管理部门结合国家级特大型建设和改造工程项目工程门类多样、投资资金大、参建单位复杂等特征,从基础工作出发,从源头开始做好此类建设和改造工程项目档案的整个过程跟踪管理,有必要开展"企业国家级特大型建设和改造工程项目档案工作全过程管理策略"课题研究,从理论上创新,用理论指导实际工作,并在所有工程项目部实施推广,用理论武装工作人员的头脑,提高工程项目档案人员的工作能力与水平,使工程项目档案工作高效地开展、完整地进行。

将企业国家级特大型建设和改造工程项目档案工作结合项目施工建设中的不同阶段、不同环节、工作程序,将企业工程项目档案工作贯穿于项目开工建设到项目结项的整个过程,确保工程项目施工建设产生的所有文件处于可控状态,这就是"企业国家级特大型建设和改造工程项目档案工作全过程管理策略"的精髓所在,即档案工作实施事前介入、事中控制、事后核查、验收把关的全过程控制的新的管理方法。

(一)企业项目初期预知管理

自企业国家级特大型建设和改造工程项目立项以来,档案管理部门从思想上就要高度重视,召开动员大会,动员本部门全体员工,把员工根据工程项目进展需要分配到各个分项目上,并且把工程项目档案工作责任落实到每一个人,使其成为派驻档案专员,责任落实到每一个分项目,对工程项目档案做到全过程专人专职专责,确保工程项目档案工作没有死角。与此同时,企业项目档案管理部门进一步提升要求,规定各工程项目经理部把工程项目档案工作放到与工程项目建设同等重要的地位并且列入定期的议事日程,从各工程项目最高领导层开始贯彻工程项目档案工作的整体思路,从上到下完成对总图目录的管理与控制和所有工程项目材料的采集、收纳和整理工作。

企业国家级特大型建设和改造工程项目立项以后,档案管理部门要制订针对整个工程项目的有效的工作计划,初步计划制订之后积极与各工程项目分部沟通协调,在沟通交流中发现问题解决问题,从而确保制订的计划适合不同类型的施工单位,再进一步完善工作计划。建立分项目档案临时组织机构,成立各工程项目临时档案工作小组,为保证工程项目档案工作的开展打下良好的组织基础。特别要注重企业档案人员业务素质的提高,可采取定期组织岗位培训,定期派送工程项目档案人员参加各种专业技能培训,不断提高工程项目档案队伍的专业技术素质和整体业务水平。临时档案工作小组到岗后立刻开始着手工程项目档案收集工作,制订工程项目档案工作的基本要求机制和制度,对每一项细分工作的开展作出具体的要求和框架结构,使接下来工程项目档案工作的开展有据可依、有路可循。

良好的开端是接下来工程项目档案工作开展的有力保障,因此企业工程项目初期预知管理意义重大。

(二)项目实施统一档案管理标准

企业国家级特大型建设和改造工程项目开始实施后,为了形成覆盖整个项目的工程实施档案管理网络,企业档案管理部门有必要要求所有的项目经理部明确接受派驻的工程项目档案专员;同时将企业档案管理部门制定的《企业国家级特大型建设和改造工程项目档案资料管理制度》以及工程项目档案管理所制定的办法、细则和标准统一分发到所有工程项目有关单位,并且通过召开工程项目结项会议、邀请专业的工程项目档案管理专家到企业甚至到工程项目部现场进行讲座培训等多种多样的方式,从思想上到行动上提高所有工程项目有关单位对所从事的企业工程项目档案工作的重视。把统一工程项目档案管理标准放到与工程项目施工统一标准同等重要的地位，为确保企业国家级特大型建设和改造工程项目档案工作的完成打下坚实的基础。

实施统一的工程项目档案管理标准，为企业国家级特大型建设和改造工程项目档案工作的顺利开展和如期完成提供准绳，切之可行、意义重大，可以进一步推广到社会，在为企业产生经济效益的同时产生更大的社会效益。

（三）工程项目建设实施阶段实时监控

在企业国家级特大型建设和改造工程项目执行过程中，采用双重方法。其一，企业档案管理部门对派驻到各个分项临时档案工作室的档案专员提出要求，必须保证每个施工日驻守在工作现场，企业档案管理部门把档案专员根据工程项目进展需要分配到各个分项目，实施节点控制管理；针对各个分项目的档案专员在施工现场遇到的各种不同类型的问题，档案管理部门每周在企业集中统一召开项目进展推进例会，对问题进行集中研究解决并且总结经验，会后把会议结果报送到各个分项目经理部和所有相关单位，做到对问题及时发现及时解决实时推进；同时实行不定期抽查验收制度，企业档案管理部门邀请第三方专业的工程项目档案管理专家组成的小组配合检查工程项目档案进展工作，从制度上让所有项目单位对于工程项目档案工作不能有丝毫的放松和懈怠；并且制作工程项目进展统计报表，实时记录工程项目进展，按每周一次的频次呈送到分管领导和反馈给各个分项目经理部，让领导对工程项目做到心中有数，对工程项目能够做到整体统筹，分步推进。

档案管理部门根据工作需要，对所有项目参建的单位负责人提出新要求，把工程项目档案工作纳入建设施工日常工作当中，要求做到把档案收集与整理工作质量放到工程质量同等重要的地位；企业总部项目督察组到工地开展督查工作时，一并加强对工程项目档案工作开展情况的督查。某分项目结项验收时，能够做到对项目档案收档工作质量的审查，做到对各个分项目档案工作的实时监控和把握。

另外，还可采用经济手段，对按标准和要求高效率高质量完成工程项目档案文档收集和编制工作的单位进行现金奖励，同时对未达标的单位进行经济手段处罚，把奖励和处罚结果公开给所有单位，分别起到鼓励和警示的作用，在公开结果的过程中让所有施工人员重视工程项目档案工作。

明确项目经理部档案收集归档的范围和责任，让工作人员各负其责，收集相关文档材料，并按规定和要求及时移交工地临时档案室。在工地临时档案室初步分类归档之后，定期把归档的档案送到企业总部档案部门进行统一归档立卷；企业档案部门对照标准逐次逐条地对进库的档案进行审查，尤其是在案卷规范上，组织人员集中力量对进库档案逐卷逐条地进行检查和对照，将原有不规范的案卷全部打散后进行重新整理、分类、组卷、编目和装订，对案卷中极个别不规范的文件材料，及时进行补签和抢救。保证案卷的质量，确保入库档案的齐全、完整、规范。

在各个分项目施工点，利用建立的工地临时档案室，对所有施工单位产生的文档材料由相关人员签收并移交，派驻的档案工作专员对移交的材料有计划有目的地进行预立卷；为了确保档案绝对的完整与安全，必须由派驻的档案工作专员和项目材料经手人员两人组成的小组共同签字，集中统一保存于工地临时档案室，并且要进一步加强对工地及工地档案室的安全保卫工作，能做到防火、防盗、防潮、防虫、防鼠、防热、防光等档案保护措施，保持高度警惕，严防一切事故发生。

（四）项目结项阶段总结与反馈

企业要求档案管理部门采取"往回看"的处理方法,对已经汇总和归档的企业国家级特大型建设和改造工程项目档案再次进行梳理和完善,查缺补漏;通过档案管理部门的再一次验收,在工程项目档案最终移交到企业档案室前做到最完整的呈现和最高质量的达标,务必保证以后企业在需要使用工程项目档案的时候准确完整、易查易取、一目了然。

高度严谨的工作作风是企业档案部门工作人员的基本要求,特别是在"往回看"的过程中,对档案工作人员提出了更高的要求,一定要本着"对企业的现在负责,为企业的未来把关"的态度,才能保证工作的顺利完成。

在开展企业国家级特大型建设和改造工程项目档案工作全过程管理策略课题过程中,全业档案管理部门还要创新理念与服务,提出"始终围绕项目,以档案服务企业"的口号,工作方式由被动接收文件材料到主动服务工程项目档案,按照《企业国家级特大型建设和改造工程项目档案资料管理制度》规定以及项目推进大会的要求,各个分项目部门在签订所有合同时,建立双重保障制度,在签订纸质合同的同时,还必须建立工程项目档案电子光盘。与此同时,派驻工程项目的档案专员要发挥艰苦奋斗精神,把与所有项目相关单位的沟通与交流始终贯穿于整个工程项目施工过程中,做到对工程项目从了解到熟悉再到完全掌握的高标准要求,做到心中时刻有文档,才能对工程项目档案的建立做到得心应手不出差错。最后,把工程项目档案工作质量与工程项目质量同时评定,从而对工程项目档案的最终形成起到绝对的保障作用。

（五）工程项目全过程管理实施情况与预期效果

实施事前介入、事中控制、事后核查、验收把关的全过程控制的新的管理模式的企业国家级特大型建设和改造工程项目档案管理工作,要做到紧随工程项目的进展,不落后于每一个工程项目,保证工程项目档案管理工作整个过程有条不紊地进行。每一份档案的建立达到规章制度所规定的要求,档案的准确率、齐全率、归档率要做到符合甚至超过国家标准。

完整、准确、齐全的企业国家级特大型建设和改造工程项目档案,为企业档案管理部门今后继续开展创新奠定了良好的基础;更为重要的是,对企业发展中高效利用档案、有效积累经验提供了便捷的条件。而成熟和经过实践检验探索出来的"企业国家级特大型建设和改造工程项目档案工作全过程管理策略"不断地应用为企业经济效益的提高创造了有利条件,而且不断地在社会中推广,可以为国家级特大型建设和改造工程项目档案理论界的创新提供了新的可能和参考,所产生的社会效益更加可观。

三、项目档案管理

企业工程项目档案是项目设计、建设、管理过程中所形成的具有保存价值和使用价值的各种形式的历史记录。一个项目在立项、设计、施工、监理、验收的过程中会形成大量的文件材料。

企业承建的国家级特大型建设和改造工程项目是企业发展的重中之重,涉及面广、关联性高、影响度大。将这些工程项目开发好、建设好、管理好,对确保企业的健康发展,具有重要的战略意义。在此类工程项目设计、建设整个过程中所形成的各类档案,不仅是工程项目建设的真实记录,也是建设、改造项目运行、维护、管理、改扩建和科研成果应用、推广的重要依据。

国务院办公厅针对重大项目发出的《关于加强基础设施工程质量管理的通知》(以下简称《通

知》),其第二十四条专门强调要加强项目档案工作,规定"所有建设项目都要按照《中华人民共和国档案法》的有关规定和要求,建立健全项目档案。从项目设计到工程竣工验收各环节的文件文档资料,都要严格按照规定收集、整理、归档、立卷,企业项目档案管理部门和档案管理人员要严格履行职责。对失职单位和人员,要依法严肃处理"。这充分体现了工程项目档案在项目设计、建设和管理、使用过程中的重要作用。对企业国家级特大型建设和改造工程项目档案工作的推进具有重大的指导意义和现实作用。结合《通知》,为了进一步加强企业国家级特大型建设和改造工程项目档案工作的开展,对企业工程项目档案管理工作提出了以下要求。

(一)加强领导,确保档案工作与企业国家级特大型建设和改造工程项目建设同步进行

无论任何单位的任何一项工作,都必须得到领导的重视,这样才能使这项工作顺利高效地开展,档案工作也是如此。领导对档案工作的认识程度和价值取向,决定着他们对档案工作的态度,从而在很大程度上决定着档案工作的开展情况。

《中华人民共和国档案法实施办法(2017年修正版)》第五条规定:"机关、团体、企业事业单位和其他组织应当加强对本单位档案工作的领导,保障档案工作依法开展。"这是国家对档案工作提出的最高要求。作为相对应的企业,这项规定应该得到高度重视与应用。企业国家级特大型建设和改造工程项目所涉及的单位,要落实工程项目档案工作领导责任制,明确企业一位主要领导分管档案工作,要将档案工作列入工程项目建设的议事日程,落实项目档案工作机构和人员,建立健全档案管理的各项规章制度,为档案工作的开展提供必要的条件。各项目涉及单位,要把档案工作贯穿于企业国家级特大型建设和改造工程项目实施的全过程,做到"三个同步",即下达工程项目实施计划与提出文件材料归档要求同步,检查工程项目工作进度与检查项目文件材料形成、积累情况同步,验收、鉴定工程项目与验收、鉴定相关档案同步,确保工程项目档案工作的顺利进行。

(二)落实职责,做好工程项目档案材料的形成、积累与归档工作

为了能完整、系统地收集、保管好这些工程项目档案材料,所有项目涉及单位在工程项目实施之初,就要根据其文件材料的形成特点与分布,做好以下几方面工作:

1.根据《企业国家级特大型建设和改造工程项目档案资料管理制度》的有关规定,确定工程项目专人负责文件材料的日常积累。所有项目涉及单位在与企业签订合同时,应在合同中明确提出档案管理方面的要求,如工程项目完成时应提交档案的内容、数量、要求及违约责任等,在工程项目开展之前从制度上作出规定,从而保证工程项目档案工作顺利开展。

2.对于此类涉及引进技术和引进设备的工程项目,档案人员应参与其开箱验收,无论档案材料是通过何种方式获取的,都应先向档案部门办理移交手续再借阅使用,按照严格的程序和步骤开展工作,保证工程项目档案材料的形成与积累过程不出差错。

3.凡此类建设工程项目,要加强隐蔽工程质量检查、工程变更等方面材料的收集,要按国家有关规定做好竣工图纸的编制工作。工程项目完工时,工地临时档案室的档案专员,应当按要求及时将档案材料积累整理并做好分类,清晰地向企业档案部门移交,到企业档案室再进行统一的归档与立卷。

（三）及时行动，做好工程项目信息提报工作

企业档案管理部门要将企业国家级特大型建设和改造工程项目的档案管理工作纳入重点监督、服务的范围，可对这些项目所涉及的单位及时下发《企业工程项目档案资料监督通知书》，并要求所有项目单位及时填报《企业工程项目档案资料管理情况登记表》，以此作为项目承办单位及时提供有关信息的方式和联系企业档案部门与项目承办单位的纽带。通过这种方式，一是督促项目涉及单位做好档案工作，二是为企业档案部门及时掌握项目进展情况和档案管理情况，有的放矢地做好监督与服务提供条件。可以预见，这种方式是十分必要的，针对此类项目也是十分有效的。对此，各项目涉及单位应按要求及时填报有关信息，并落实各项职责。

企业档案部门和企业国家级特大型建设和改造工程项目主管部门，要跟踪做好档案管理的监督和服务，要经常深入施工现场，及时发现问题，解决问题，加强指导，为此类工程项目的建设提供最优质的服务。

（四）强化监督，做好工程项目档案验收工作

档案验收是项目验收、鉴定的基础，是确保档案完整的关键环节。根据《企业国家级特大型建设和改造工程项目档案资料管理制度》的相关规定，负责项目验收、鉴定的企业部门，在工程项目验收、鉴定时，应当邀请专业的工程项目档案管理专家加入验收小组。企业档案部门要配合项目经理部，按照有关规定，做好工程项目档案验收工作。要将重点放在工程项目档案的验收和日常的监督、指导上，把好档案质量关。凡档案资料不完整、不准确的工程项目不得通过验收、鉴定。对不按要求收集、移交好档案，造成工程项目档案损失的单位和有关人员，企业档案部门将予以相应处罚。

四、企业文化档案

随着市场竞争的日益激烈，企业的发展不仅仅是产品和服务的竞争，更是企业文化的竞争，企业文化的定位和规划直接影响企业未来的发展和战略布局。企业档案是企业重要的信息资源，最直接最真实地记录企业从无到有、从小到大、从弱到强的历史发展轨迹，具有丰富的文化内涵。任何企业特别是大型企业都应该重视文化建设，建立专门的企业文化部门，企业档案正是企业文化建设的主要内容之一。每一个企业都要建立档案管理部门，比如中小型企业建立档案室，由兼职人员管理服务；大型企业建立内部档案馆，由专人专职管理服务。

（一）企业档案与企业文化的关系

企业档案主要是指企业在进行各类活动中形成的文档材料的集合。受我国不断完善的社会主义市场经济影响，经济和文化结合的发展趋势越来越明显地体现了文化在经济发展中的重要作用。企业档案是组成企业文化的重要部分，它不仅仅将企业每个阶段的发展情况进行记录，更为企业未来发展提供了最直接最丰富的资料。因此，企业只有做好了档案工作，并且充分发挥企业档案的作用，才能丰富企业文化的内容，更好地建设企业文化

企业文化的概念是企业经过长时间磨炼造就的物质、精神财富归总，它作为企业管理的理论基础，提供管理企业的方法，其中包括企业形象、管理哲学、企业精神等内容，是整个企业信息的源头和企业的文化资产。

企业是以营利为目的的经济组织,故企业文化是组织文化的一种特殊形态,但不能完全等同于组织文化。企业文化是企业个性意识及内涵的总称,它体现为企业组织行为。具体指企业全体员工在企业运行过程中所培育形成的、与企业组织行为相关联的并事实上成为全体员工主流意识而被共同遵守的最高目标、价值体系、基本信念及企业组织行为规范的总和。具体表现为愿景、宗旨、精神、价值观和经营理念,以及这些理念在生产经营实践、管理制度、员工行为方式与企业对外形象的体现的总和。它与文教、科研、军事等组织的文化性质是不同的。

企业文化是企业的灵魂,是推动企业发展的不竭动力。它包含着丰富的内容,其核心是企业的精神和价值观。这里的价值观不是泛指企业管理中的各种文化现象,而是企业或企业中的员工在从事商品生产与经营中所持有的价值观念。企业文化具有独特性、继承性、相融性、人本性、整体性、创新性等特征。主要内容包括经营哲学、价值观念、企业精神、企业道德、团体意识、企业形象、企业制度、文化结构、企业使命等内容。正是企业文化的特征和内容给企业档案管理部门提出了更高的要求。

企业档案既储备了企业技术也储备了企业文化。企业档案直接影响企业的生产管理、经营销售、客户服务等,并且最为重要的是在一定程度上决定了企业未来的发展,所以企业档案是企业文化最为重要的内容之一。缺乏企业档案就没有企业文化的载体,企业文化将很难继续得以存在和发挥其在企业发展中应有的作用,因而档案管理部门也是企业不可或缺的重要而独特的部门之一。

1.企业档案是建设企业文化的载体和依据

企业档案是企业文化的积淀,更是企业宝贵的财富。要想建设企业文化必须了解企业在创造和发展过程中的经历、价值观念、经营哲学和企业精神,其中包含了非常重要的企业历史内容。企业的文化建设必须将企业档案作为最重要的借鉴依据。企业文化随着企业的发展不断地进行改变和增加,企业档案可以最原始最真实最完整地记录企业在发展过程中所发生的改变。企业档案的归纳、管理和使用为企业文化建设提供了大量有效素材,同时塑造了企业良好的形象。企业档案的完整程度以及其作用的发挥程度在一定意义上决定了企业文化的丰富程度和价值开发程度。

2.企业文化的改变影响了企业档案的整理和鉴定

企业文化是整个企业发展的中心,在现代化企业管理中它有着无法阻挡的魅力。当然企业文化的发展也会如实记录在企业档案中,企业中的员工受企业文化的影响而改变,也就是说由于企业文化的改变,在收集企业档案过程中,工作人员受文化影响对企业档案的主观鉴定也会改变,这个过程也是企业档案工作人员学习和再次熟悉企业文化的过程。因此企业文化的改变需要企业员工同步改变与成长,使员工自身与企业形成高度的协同与不可分割的有机整体。

(二)企业档案在企业文化建设中的价值

1.突显企业文化特色

档案是直接形成的历史记录。"直接形成"说明档案继承了文件的原始性,"历史记录"说明档案在继承文件原始性的同时,也继承了文件的记录性,是再现历史真实面貌的原始文献。正因为档案继承了文件原始记录性，具有历史再现性，所以档案才具有凭证价值的重要属性。企业档案记录着企业的发展轨迹，其中必然包括企业文化，因此企业文化的塑造是通过企业档案长时间的积累，取其精华得到的。在企业注重了文化建设工作后，人们更加重视它的内涵，一个企业的文化更能体现出整个企业的水平。

2.企业档案为企业文化建设提供丰富而珍贵的资料

企业档案最真实地记录了企业在日常生活从事企业管理、生产、经营、销售、经济核算及科学研究等活动中直接形成的有保存价值的文字、图片、影像等。任何一个企业想要寻找自身的文化特色必须借鉴历史，从大量的企业档案中找出有企业特色的资料构成企业文化，直接为企业未来的发展与战略规划服务，发挥出企业文化的价值作用。

3.为建设企业文化提供教育素材

企业档案完整地记录着企业发展的历史，为企业文化建设过程中需要追根溯源的地方提供依据。企业档案中不乏和文化教育相关的资料，它可作为企业培养相关人才的资料。因此，要想企业能够发展，就要结合以往经验和档案中的资料，制定出切实可行的方案后再有效实施。员工在工作过程中慢慢领会了企业的内涵，也提高了自身的综合素质。

（三）如何在文化建设中真正发挥企业档案的作用

建设企业文化的目的是让企业能够得到更好的发展。在我国市场经济影响下如何发展企业文化，让企业更好地为自己宣传；如何在建立企业形象中真正发挥企业档案的作用。实践得出，要做好以下几个方面的工作：

1.规范档案管理。在将档案归纳整理的过程中遵守相关法律的要求，增强管理人员的管理意识，按要求整理档案。在企业进行文化建设的过程中，管理人员能够及时在档案库中找到建设企业文化需要的资料，为建立企业良好形象打下基础。

2.提炼档案内容，发掘潜能。充分发挥档案作用，将档案内容灵活运用。与此同时，提炼档案内容，开发对应的价值。例如，可以将档案内容进行整合后编写出企业发展过程、企业发展荣誉等资料，为企业未来培养人才提供教材，在资料编写过程中也能提高员工对企业的热爱。

3.对员工依据保密等级定期公开企业发展中的档案。建立企业档案的目的最终是为了企业的发展，而企业的发展最终是要靠员工来实现和完成。企业应该用定期公开档案的方式让构成企业的每一分子了解到企业的发展状况。通过档案公开的方式可以体现企业的透明度和包容度，一方面有利于员工通过对企业历史发展的了解加深与企业的情感，另一方面员工可以从档案中获取经验，直接应用到工作当中，提高工作效率，为企业发展创造有利的条件。

（四）建立企业信用档案，开发企业诚信文化

社会主义市场经济发展日益完善的今天，企业的诚信、质量、创新构成了企业生存、发展不可缺少的三要素。建立企业诚信文化，健全企业信用档案，构建企业信用形象，已经成为现代企业迫在眉睫的工作。诚信经营从长远来看能为企业树立良好的口碑和信誉，进而在激烈的市场竞争中战胜对手、赢得客户，从而赢得整个市场。在市场竞争激烈的今天，诚信成为一种竞争力和无形资产，是企业的生存之道、发展之本。企业诚信文化，作为企业文化建设的有机组成部分，是

企业文化经营哲学的重要内容,是企业文化精神层面的直接体现。企业应该树立"诚信第一、品格第一"的企业文化价值理念,使诚实守信、公平合法的经营理念渗透到企业经营的各个环节,渗透到企业文化建设的核心部分。美国惠普企业的理念是"以诚心换忠心",我国海尔集团把"真诚到永远"作为企业的座右铭。这都表明企业已经意识到诚信文化对于企业的生存发展有着巨大的影响,企业诚信文化的建设已经成为企业文化建设的关键所在。

九届全国人大五次会议上的《政府工作报告》中强调要"加快建立企业、中介机构和个人的信用档案"。而企业作为市场的主体和国民经济的基石,建立企业信用档案成为建立社会信用档案的重中之重。企业信用档案在企业的生产、经营、管理过程中起到了凭证作用,是企业的无形资产,能为企业带来隐形利润。企业信用档案,就是指在企业和有关管理机关中形成的、反映企业从事各种社会活动时的有关信誉和行为规范状况的原始记录,它可以纸质或其他存储载体的形式出现,具有一定的保存备查价值。不同企业的经营范围不同,因此其信用档案记录的内容也各有不同,但都能直接或间接地反映企业的信誉、诚信记录,具备参考利用的价值。

企业信用档案是企业诚信文化的载体,企业诚信文化则是企业信用档案的表现形式。二者相互依存,构成了企业文化建设的重要组成部分。企业诚信文化的建立离不开对企业信用的管理与监督,而对企业信用原则实施过程的监督与管理是建立在掌握了企业真实、准确、可靠以及系统全面的信用数据基础之上的,即对企业信用的监督与管理是建立在对企业信用档案的规范化管理基础上的。从企业档案工作的基本属性来看,系统、全面地收集并管理企业的信用数据,保证企业信用数据的真实可靠性,保证企业信用数据的原始凭证性,正是企业信用档案管理的基本原则。因此,建立一套规范的企业信用档案,是构建企业信用监督与管理机制必不可少的重要环节,即企业信用档案的建立是企业诚信文化建设的重要内容和根本。

第三节　现代企业档案管理的功能服务模式创新

一、开展企业档案的开发利用工作

一般而言,企业档案工作的重要价值主要在良好的服务中得以体现。但是,现今存在着很多企业的档案管理模式为一种"你调我查"的非主动类型的服务,且借阅方式缺乏创新,仍然以传统的借阅为主。究其原因,产生这种问题的背后,一方面是现阶段的档案馆内所收藏的数字化资源较少,缺乏先进的检索模式,因此工作效率低下;另外一方面则是许多企业对于档案管理并不重视,所招聘的档案管理人员的素质普遍较低,企业内部没有建立一个科学的档案管理服务模式。

针对这些情况,要想改善企业档案管理存在的问题,需要从档案管理工作人员不断完善其工作开始进行。

首先,要从根本上改变服务理念,不能被动地等待工作上门,而应该主动出击,与相关档案利用人员进行有效的沟通,通过了解利用者使用档案的具体需求,针对其制定一个全面的个性化的服务体系,并进一步完善反馈机制。在整个服务结束之后,还需要持续跟踪,充分了解利用者对档案服务的满意程度,并对反馈信息进行分析与整理,发现相关利用者新的需求,从而提升档案管理人员的工作效率与服务质量。其次,要创新服务模式,推进档案管理服务模式从传统的索取型服务向推送型服务转型。在全面了解利用者的各种需求之后，需要有针对性地向相关利益者推送有价值的信息资源，促使利用者能够实时地掌握自己所需要的档案信息资源的新讯息，让利用者们改变对档案部门的传统看法，增强对档案部门的依赖性。最后是要紧跟时代的发展步伐，改变与创新档案信息资源的提供方式，要着力于发展档案的主动性特征，可以通过对信息进行加工的方式提供给利用者更加完善全面的信息，实现从最初的信息提供者向档案提供者的转变。

档案工作是一个非常复杂且重要的工作。因而，对档案的开发以及合理利用是开展档案工作的最初的出发点以及最后的归宿。要对企业的档案管理服务模式进行创新，最为首要的任务就是做好档案管理的开发与利用工作。档案服务创新的核心在于服务内容的创新，主要指从服务对象、服务领域、服务环境以及服务态度与服务时间上所开展的持续性的创新工作。现阶段，电子信息文件在企业档案管理工作中得以广泛运用，这也创新了企业档案部门的信息资源形式，意味着档案管理的核心功能正在逐渐进行转移，从档案管理实体变化为档案管理资源。而管理的对象在此其中也发生了根本性的变化。这一变化意味着档案管理者也需要通过学习和应用互联网的先进技术、影像技术以及数码技术及手段来进行档案管理工作，要让档案管理工作跟上时代的发展步伐，不断调整与完善其相关功能，为不同层次、不同领域以及有着不同需求的客户提供更加科学便利的档案信息服务。可以通过加强企业档案信息资源管理的开发与利用，进一步推动企业档案管理实现信息化发展，建立一个相对完善的档案管理信息系统，并将其与企业的生产、开发、管理与经营等环节密切地联系在一起。通过深入开发档案信息资源，提高企业的盈利水平，获得更大的经济效益，进一步增强企业的竞争优势，在对档案信息资源进行开发的过程中，应该注重贴近企业的核心工作内容，与企业的具体情况结合在一起，特别是要与企业的库藏档案资源的具体情况相结合。

具体来说，对企业的档案管理进行更好的开发与利用，包括以下内容：

（一）提供多元化的服务内容

现阶段，随着大多数员工的档案意识进一步增强，企业档案也在不断地发展，并加大了开放的力度。与此同时，值得关注的是档案管理不再和以前一样采取实体管理的方式。相反，其变为信息资源的整合体，以便于更好地满足员工对档案信息资源的多样化需求，进一步促使档案实现其社会性功能，促使档案利用模式的改革与创新。

1. 优化升级传统的档案服务方式

以往，传统的档案给利用者提供的档案原件往往只是一份份纸质原件，或者是以专题汇编的方式提供给利用者，而缺乏对文件的深入加工。要推行新的档案服务方式主要是指要对档案信息资源进行深入的挖掘与加工，由此，作为档案管理方也能够提供给利用方更多的档案信息资源。具体来说，作为企业可以针对企业的发展需求，编辑和出版相应的具有企业特色的案例汇编，从而通过一些经典的案例，总结出事物的发展规律以及所形成的共性因素。并对其进行详细的分析，找到解决相似问题的对策与措施，给企业的管理问题提供一定的启示，最终达到完善企业经营管理模式，促进企业长远发展的最终目的。

2. 采取信息化的手段创新服务模式

很多企业都面临一个相同的问题，即工作任务重，但是时间紧张。而通过利用先进的互联网技术,企业在推动相关工作的过程中,作为档案管理部门可以推动企业项目开展档案归档管理。相应的项目员工通过单位的名称以及标识,即可迅速在电子光盘中找到自己所需要的文件。与此同时,采用电子档案还具有一定的优势,电子档案通过计算机的载体可以进行全面且局部放大,还可以通过打印机和刻录机等外部设备进行出图,并能完整地将原图保存下来,提升档案管理服务的效率和便利性。

(二)企业档案开发利用的手段

要促进企业档案管理的开发与利用,一定的档案宣传也是必不可少的。其既可以起到增强全体员工的档案意识的作用,还可以通过其宣传的作用获得企业上层领导的支持与认可,实现企业档案管理服务事业的长远发展。因此,相关企业应该积极地探索创新和发展档案宣传的方式与手段,可以通过企业内部新闻的平台大力宣传《档案法》的内容,还可以在企业的其他宣传渠道中,将企业近期的档案管理的基本进展进行推动,并在企业的内部网络上展示企业档案管理的发展情况。

(三)档案信息资源开发利用的重要途径

1.进行源头管理

在不断强调档案信息资源开发的同时还应该重视档案信息资源的建设工作。既要注重对档案信息资源的储备工作,还需要从源头出发,严格地控制档案信息资源的质量,确保信息资源能够具有较高的开发价值。此外,还需要从档案的源头对档案进行科学的整理与保管,始终坚持档案工作的良性循环,并能够确保档案利用更加准确和完整。企业需要加强对档案信息资源的建设。在源头管理方面,企业下属的各个部门和单位需要加大对档案的管理力度,并配备专业的档案管理人员来管理整个项目部门的档案资料管理工作,这不仅需要企业制定一个完整的档案管理制度,同时需要各个部门之间开展紧密的合作,并进行相关的考核工作。只有这样,才能够真正地实现源头管理的目标,这对于档案信息建设具有重要的意义,也能够为档案信息资源的开发利用奠定坚实的基础。

2.寻求重点与突破

档案信息资源开发工作的主体内容为多元化档案利用服务机制。在进行档案服务管理的过程中不能按照以往的服务模式来实施,而要按照具体的情况,力求抓住重点,并寻求新的突破。例如以开发档案信息资源作为目标任务,从信息化的方向着手,确保信息资源能够实现新的突破,增加其流动速度。同时还需要在网络建设、改革创新以及手续简化等环节上寻求新的发展突破点并取得一定实际效益。当前,一些企业,在开发与利用档案管理信息资源方面也取得了很大的成效。通过先进的信息技术,实现了在档案管理系统中的文档一体化管理模式,这一模式的形成不仅有利于实现档案服务管理工作各环节的全方位信息化管理,并可以对图纸进行归档管理。与此同时还能够很好地规范电子文件,并确保有价值的档案资料能够完整、齐全地保存下来,从而实现综合档案的电子化流程。

3.由点到面,层层展开

在进行档案管理的开发工作当中,不能片面地看问题,应该要用全面的、发展的、联系的观点看问题,促使档案管理信息资源发展成一个科学的、全面的理论体系。因此,由点到面、层层铺开,能够实现档案事业的全面发展,促使档案资源发挥其相应的作用。在具体的实施方面,相关企业可以以某一个部门作为档案信息管理的实验点和模板,然后逐渐推广到其他满足条件的部门和单位,并通过这一举措从整体上提升整个企业的档案管理工作质量。

4.建立一定的物质与技术保障

要促进档案信息管理资源的开发与利用,提供一定的物质与技术保障是非常有必要的。没有一定的保障机制,档案管理信息开发也不可能顺利完成。因此在推进企业档案管理服务创新时,要在档案管理的过程中尽可能地运用一些先进的技术手段,并提供相应的人力资源保障,尽可能地确保其能够保障档案管理工作顺利开展及实施。

对档案信息资源进行开发与利用的实质是将科学管理工作与档案研究工作有机地结合在一起,其也是档案信息资源累计到了一定程度之后的一种高层次转化的表现,其能够起到更好地实现档案管理信息资源价值的重要作用。因此,通过为相关人员提供档案信息,并发挥其为实践工作服务的重要作用也是进行档案信息开发的重要目标。如果没有明确这一目标,档案信息资源的整合与管理的整个实践过程也将丧失其所要体现的真正的意义。但是具体来说,要全面实现这一目标同样也是一项难度较大的系统性工程,不仅要着眼于贴近企业的中心工作、贴近企业的档案工作实际情况、贴近企业库藏档案实际情况,还需要采取有效的手段、方式、方法,切实加强档案信息资源开发利用工作,以适应新时期各项事业发展的需要。

大数据的时代,在档案管理与发展时期,档案的整理收集以及开发利用也发生了很大的改变。"收集"也与以往的"移交"有着很大的差别,在信息化时代下的资源收集实际上变成了电子文件的收集与整理。而在这其中,整理也不再跟以前一样是手动作业,而是云计算平台进行资源的存储与分析。相应地,档案资源的开发利用方式也发生了质的变化,不再是以往的被动性的查阅服务,而是通过对数据进行分析和预测为利用者提供相对应的高质量的档案信息资源。当前,在我国的许多企业,档案信息资源一般只是具备着一定的存放功能,根本没有到归档的地步,对信息进行利用和检索的难度都比较大,而要进行资源的预测和分析更是遥遥无期。因此针对这一情况,在档案管理服务发展方面更应该通过应用和开发档案信息管理系统来实现电子文件的科学管理。

首先,对于现存的电子文件,企业首先要解决的一个问题就是要建立一个科学的信息管理系统,将企业的业务发展内容与电子文件紧密地联系在一起,通过信息技术的优势对这些电子信息进行存储和管理。这也能够方便以后进行利用和检索。其次,对于未来将要产生的电子文件,则应该重视对其的源头管理。从档案发展最初的源头开始,运用先进的产品数据平台(PDM,在源头上对档案信息资源的质量进行严格的掌控),对各种不同类型的电子文件及其相应的业务系统的生成进行监管,审签也可以直接在网络上完成,在审签办完后可以进行自动归档。最后,应该对原有的已经落后于时代发展的信息系统进行更新换代,以更好地适应时代的发展步伐。

二、构建企业信息开放利用中心

当前,我国正处于一个高速发展的信息化时代,档案部门也相应地遇到了一些难题。比如,怎样去寻找一些有用的资源,将一些文献资源变为能够起到存储、收集、处理等作用的档案信息资源,促使企业通过采取一些措施来改善传统图书、档案管理及情报管理现状,并建立一个相对完善的信息资源。在此之前,企业也需要充分认识到档案信息的数量多且较为繁杂的特点。因此在建立一个整合度较高、易管性的社会信息管理系统的过程中,应该高度重视档案目录的建立工作,并坚持"资源共享"的相关理念,激励档案管理人员在工作过程中做到积极的整合档案信息,为档案工作稳定和可持续发展提供一定的保障。

(一)信息化时代下的档案管理

在进入了信息化时代之后,企业的档案管理也随之发生了很大的变化。而其背后的原因主要在于,随着互联网以及计算机技术的发展,许多档案管理的思想也在互联网大潮中受到了一定的冲击。

1.信息化时代下,档案管理的重点发生改变

现阶段,由于信息化和电子化手段在档案管理及服务中的广泛应用,很多档案资料都可以采取数字化的处理方式,并运用数字化文稿进行整体性的管理。且以往的档案管理数据庞大,难以得到有效"保存"问题、"安全性"问题以及"借阅难"问题等都得到有效的改善。

在这一阶段,受到了信息管理思想的影响,因此,数字化也是管理的重点,而在这其中,需要重点考虑的是将原档案和现档案进行电子化和数字化处理,方便储存和查阅。这也能够极大地确保档案资源实现不断发展的需要,增加其整理、收集以及成册的流程。这也能够有效地满足利用者随时查阅的要求。但是一些"收集"和"整理"问题仍然没有得到有效的解决,还没有脱离以往传统的档案管理模式。

2.在信息化时代下的档案管理的思想局限性所衍生的问题

在信息化时代下,进行档案管理首先要做的就是将档案资源视为信息内容,将其按照信息的"编号、收集、整理和查询"整个流程进行管理,而这也会带来一些问题。

(1)对档案进行收集与整理是一件非常复杂的事情,不仅需要消耗很多的时间和精力,也要一些专业的人才。与传统的档案管理一样,当档案无法得到实时采用时,花费较长的时间对档案进行整理编号也将变成历史。而更严重的问题在于,信息管理人员和档案管理人员如果不具备较好的档案整理效率,也会导致档案的不规范性及质量不高。

(2)现阶段的档案分类并没有发生较大的改变,仍以过去档案管理分类方法为准,信息化在其中的利用度并不是很高,只是将信息管理的一些规则应用到其中。而这实际上已经和档案管理工作的习惯与规律相脱离了,导致利用者们难以找到自己所需的资料。

因为作为档案的利用人员来说,他们并不是档案的管理者,他们并不知道档案如何编目分类,也并没有这方面的知识储备,因此他们在查阅资料的过程中是非常烦琐的,如果第一次找不到相关的信息,第二次、第三次的查找欲望也会降低。事实上,这是没有简便化、信息化的档案管理操作过程所带来的普遍性的问题。

（3）档案的内容较为丰富，包括了知识类、信息类和数据类，而这些不同的档案资源的管理方式也是不同的。但是随着信息化时代的到来，在档案管理中这些档案管理资料都统一变成了信息，这样也会存在很多的问题。

以知识类的档案管理为例，如果是新收集到的企业某一项产品的生产方法，其档案的管理肯定是不同的，随着实践的发展与变化，档案管理也在随之发生改变，在不断创新、优化和提高。因此，这些信息资源也应该用到其应该使用的地方上，并经过再一轮的实践检验和修正，将其录入系统，这一过程始终是循环进行的，直到这一生产技术达到最佳的效果。但是我们应该看到的是，这一过程暂时是无法通过信息管理的途径实现的。

（4）信息时代的档案管理没有真正理解网络化带来的革命。网络化的发展也推动了全球化的发展。在这一过程中，档案管理者无法单独处理全部的档案管理工作。随着信息竞争与知识竞争的日益激烈，有时档案管理者缺乏能力与时间满足员工的档案及时性需求。而只有大家一起合作处理，才能更快地解决问题，并达到预期的结果。如果不发生改变，企业的档案管理系统将失去其真正的价值。因此，档案部门的改革与创新要努力实现所有人都成为档案的处理者、生产者与应用者的目标。

（二）企业档案管理信息化发展所面临的问题

1. 企业档案管理跟不上信息化的发展步伐

自 20 世纪中期以后，我国企业的信息化发展进程在不断地加快，多种多样的信息化系统产生，并在各行各业内得以发展。而信息化建设所带来的一个直接的问题在于许多企业在生产、经营和管理的过程中更多地生成电子文件，而非实体文件。但是，在许多企业当中，企业的档案管理人员往往对于新型的电子文件并不采取十分欢迎的态度。相反，较为逃避，仍然固执地坚持以往传统的档案管理模式，导致电子信息文件并没有发挥其应有的作用，许多电子档案资源面临着流失的风险。以北京某信托企业为例，其企业内部的档案管理人员只会保存企业内部经过领导审阅并盖章签字的重要文件，忽视了对电子文件的保存。这也就导致很多员工在离职之后，故意拷走企业的重要信息，而企业档案管理部门因为对这些资料没有保存，缺乏后续的问责程序，给企业造成了很大的损失。

当代，虽然很多的企业已经开始重视信息化的重要意义，并且在尝试运用信息化技术对客户管理以及办公方式进行创新，以更快地推动企业信息化发展进程。在这一过程中，企业所产生的信息化档案资料越来越多，如果仍然以传统的档案管理方式来对企业的重要资料进行整理与收集，并不能适应企业信息化时代的发展。此外，在企业不断推行信息化发展的过程中，很多企业的档案管理人员的信息化知识以及技能并没有相应地跟上企业的发展进程，这也就导致了企业内部的档案资料以及电子文件等得不到档案管理人员很好地管理与保存。因而造成企业的档案逐渐丧失，直至企业面临着"记忆"丢失的困境。

2. 企业档案信息管理缺乏系统化

当前，企业在进行档案的管理与保存过程中，仍然是在各个部门与机构之间分散进行，很少有企业对自己所有部门的档案进行统一管理。当然，因为各个部门是各司其职，因此也很难进行档案资源的交流与共享，企业的档案资源难以实现较好的整合，也缺乏统一的管理与规划，这也会带来许多的问题。主要包括以下几个方面的内容。首先,企业新招进的员工在进行上岗培训的过程中是需要老员工的帮助和扶持的,但是因为企业没有进行档案的统一整理,在企业内并没有新员工可以进行自主学习的相关电子资料等。其次,因为各个部门的资源进行分散性保管,所以企业难以进行统一和集中性的查询;同时,企业机构生产运作的许多优质资料与知识等内容,分散地掌握在不用的机构成员手中,员工之间无法相互学习与借鉴,无法将资源进行重复利用,以发挥其最大功效;且因为缺乏对工作的相关资源进行规范化的整理,因此在企业内部也没有形成一个能够被当成模板的操作模式。再者,企业的档案管理员工分别按照自己的方式与习惯来开展工作,具体规划资料内容。缺乏一个整体性的、科学的、统一的规范,最终导致工作质量较低,并产生许多工作失误。

随着社会经济的发展,很多企业都在开展企业合并与重组工作,并由此产生了很多大型的企业集团,而这些大集团下也有很多分公司以及下属机构,有时为了维护自身的利益,存在着不想向总部移交重要档案资料的想法。以医学型的企业为典型,因为此类企业不具备明确的产权关系,驻地的分公司并不愿意将自己企业的内部档案向上级总部移交。

因为一些档案材料并没有汇总管理而是分散在各个不同的部门之中,许多企业也并没有指派特定的机构对这种文档资料进行统一管理,所以企业的档案管理不具有规范性,档案的形成、储存以及利用等没有形成一整套规章制度。这样一来,极易造成档案缺乏安全性,在一些企业中,其技术资料较多,但是常常发生人员流动的情况,很多企业的具体档案资料往往掌握在一些员工手上,因此当员工发生流动的时候,其掌握的资源也同时丧失了,这也会给企业带来很大的损失。还有一些企业,对档案资源的管理不严格,缺乏规范性,最终导致档案材料遗失的事件,并导致企业的知识产权遭受侵害,这种事件的发生也屡见不鲜。

虽然,我国一直在倡导对图书、情报以及档案进行一体化的管理,但是至今并没有实现全面普及。即便有一些企业在不断地寻求创新,并将档案机构与图书情报机构有机地融合在一起,但是其也只是停留在机构合并的表面层次上,并没有从根本上对档案、情报以及图书资源进行有效的整合,因而也无法对企业员工提供具有综合性、系统性的信息服务。

在这一严峻的信息化挑战之下,如果企业的档案部门无法实施根本性的变革,也难以适应企业现代化的发展需求。因此,应该始终坚持以科学的管理思想作为重要指导,不断创造构建一个崭新的企业档案服务管理模式,建立和完善企业信息开放利用中心。

(三)建立和完善企业信息开放利用中心的举措

档案管理工作人员的基本职责在于对档案资源进行保管与开发利用,这也有利于对企业的各类历史事件进行记录与整理。我们应该看到的是,对档案进行收集、整理以及编辑,其最终的目的是便于企业开发利用。现阶段,我国很多企业对档案管理工作的开发利用也实现了新的进展,但是从整体上来说,档案的开发与利用工作和利用者们对档案信息工作需求的增长程度之间还存在一定的差距,因而需要继续创新理念、转变思想,切实加快档案管理的开发与利用工作。

1. 实现档案开放

当前,按照《档案法》的相关规定,各级档案馆的档案在具备一定安全性的前提下,要尽可能地对外进行开放。在现今的信息化社会当中,档案馆内的信息存在着较为明显的滞后现象,随着现在的档案文件服务中心的出现,加之政府公开信息资料,不断扩大档案开放范围,也促成了企业的各级档案馆开始思索从开放方案转换为档案开放。具体来说：

（1）深化现行公开的文件，提供相应的利用工作

企业对现行的已经公开的文件提供一定利用作用，这一举措对于档案部门来说，不仅能够起到扩展档案部门服务范围的作用，同时还是响应政府的号召，满足信息公开的要求。企业可以对档案的查询时间进行改变，尽可能放宽一些早年间的档案资源给企业员工学习或者用于其他用途。同时也可以加入信息化技术，提升员工查阅信息的便利性，让员工只要登录企业网页并查阅自己所需的资料就可以获得想要的信息。且随着档案信息工作的不断深化，档案工作也在逐渐扩大，其开放的范围必将发生较大的改变，这也能够促使已经公开化的现存文件在利用和提供上走上规范化的道路，确保其保持优质化的服务范畴，同时促使馆藏档案实现进一步的开放化。

（2）从为企业相关部门工作服务转变为为员工及社会大众提供服务

《档案法》第二十条规定："可以根据相关规定，充分利用档案馆未开放的档案以及有关机关团体企事业单位和其他组织保存的档案"。在《档案法实施办法》第二十四条中规定："保存在各单位档案机构的，由各单位公布；必要时，应当报请其上级主管机关同意后公布。"因此在国家《档案法》和《档案法实施办法》中虽然并没有对企业的档案开放方向进行明确界定，但是在上述的相关条文中实际已经是要求根据这一文件进行档案开放与利用。与此同时，在上述政策中也切实地讲述了档案的公布要求，以及各个单位档案室应该履行的责任与义务。在实际的工作中，我们应该看到的是，企业的各个部门的相关档案资料通过这一形式，已不再单纯地只为本部门的工作人员使用，同时也成为企业其他部门员工以及社会可以利用的服务。因而，从这一方面来说，在档案馆内保存的档案应该从为相应的企业机关单位服务转变为为广大社会群众特别是有需求的利用者们提供服务。

2. 现行可开放利用的方式

当前企业的档案管理服务中可开放利用的方式，主要依赖于档案馆设立的现存文件利用中心，并由此开始实施整个服务过程。这种方式有许多优势，比如，能够做到将满足了社会广大需求的现存文件进行归纳和整理，集中放置于一处，充分地利用档案馆当前所具备的硬件和软件设施，安排一些具备较高信息化素养以及丰富工作经验的档案馆人员对档案管理资源进行编辑、整理和管理，并提供相对应的咨询服务，这样也能够极大地提高档案管理的工作效率。但是，采取这种方式也有一些不足之处，比如，在提供这些档案资源的过程中会受到一定的时间和空间的限制，对于那些外地和本地用户来说，如果他们因为特殊原因无法在特定的时间内来中心，那么利用者也将无法体验到良好的服务。因此，针对这一情况，应该在上文内容的基础之上，增加一些辅助性的查阅方式，比如：可以为利用者提供网上查询的服务，促使服务窗口及其工作效能作用得到更大的发挥。当前的信息化档案主要通过网络发布、邮件传递、数据库检索以及网站建设的方式为利用者提供信息，在这一过程中，十分强调"以人为本"的服务理念，无论是在网站页面的设计上，还是信息内容的选择以及发布等方面，相关技术人员都进行了人性化的考量。

3. 馆藏开放档案的利用效能

企业公布相关档案信息，在一定程度上也能够起到引导宣传及利用的作用，有利于社会大众更为深刻地了解开放性档案的具体内容，从而加强档案利用的意识，并自觉地去查找自己所需的档案资料，合理地加以利用。就其在档案编制利用提供方面、档案公布以及接待利用等方面来

说,主要所利用的是档案的原件或是复制件,且再对档案的最原始的信息进行收集、整理,并以"档案产品"的方式提供给相应的社会组织或者公众。这些形式的使用能够有效地提高档案的开发与利用率。因此,如果企业要进一步提升档案管理的服务质量,并扩充档案开放的服务渠道,完善档案服务体系,首先要做的就是尽快做好企业储藏档案情况的介绍,加大对其宣传力度,从而使得企业的档案工作从黑暗走向光明,从封闭走向开放,直到与现代化档案管理的要求相一致。此外,在不断加大档案管理信息化建设的同时,还应该做好企业所有储存的纸质档案资料录入到电脑的工作,建立一个完整的档案数据库,将检索细化,并采取档案机检的方式,提升档案的查阅便利性和准确率,这样也能够进一步提升查阅速度,提高档案管理服务的工作效率。同时,在档案馆内数据库处于分布式形态的基础之上,还需要对企业的档案管理系统进行联网,并充分采用互联网信息技术服务,实现档案开放式服务的多渠道建设。

4.做好档案开发与利用的保密性工作

在进行档案开发利用的过程中,必须要做好相应的保密性工作。这里所说的保密性工作主要是指坚持将"保与放"相融合在一起的指导思想,并正确处理好关于信息公开及保密的工作关系,做到具备保密特性的便利性工作。在开放与利用档案的过程中必须要守好保密的关卡,寻求多种公开及交流的发展途径。在日常的工作当中,作为档案管理人员,应该尽职尽责,时刻做好档案的保密工作。但是我们也应该看到的是,在以往的传统保密性理念的影响之下,档案工作者也存在着一些过分强调档案的储存而忽视了对档案进行利用的现状,并因此产生了许多问题。因此,要意识到档案工作中做好保密性的重要意义,档案管理者在实施档案管理工作的时候,要做到两手抓,既要做好档案管理的公开性、可利用性,与此同时,还要做好相应的保密性工作,两者都不能忽视。

总的来说,必须要遵循《档案法》的相关规定,加快档案的整理步伐,要进一步促使档案部门形成更加完善的体系,做好应该开放档案资料的开放工作。企业的各级部门更须不断完善相应的利用制度,简化档案利用手续,提升其对档案利用者们开放资源的积极性。与此同时,还应该广泛延伸档案服务的覆盖区域,通过网络平台以及新闻媒体等形式发布档案信息,并为广大需要相关档案资源的人员提供更为便利的档案查阅方式,真正做到为档案利用者们提供便利性的、开放的档案利用服务。

三、全方位开发利用之深层次编研

(一)对档案编研的层次进行深化

在开展档案编研的过程中,档案的原始信息发挥着重要的作用,因此要极大程度地优化档案的原始信息。此外,企业的主要工作内容与企业实际经营过程中所形成的各项数据与档案编研之间存在着密不可分的关系,这也将会直接影响到档案的编研过程。因此档案工作人员在进行编研时,需要整理好档案的原始数据,同时也需要相关人员在实际的工作过程中,以具体的工作需求为基础对档案信息数据进行调整与处理。在这一过程中也必须确保档案的真实性,要对企业有实际价值和意义的有效档案进行编研与汇总。只有把这些档案编研的基本流程进一步完善好,才能真正满足企业的利益发展需求,通过这些方法的运用和实践也能够进一步促使企业朝着良好的方向发展。

在实际的操作中,常常面临现实的问题。企业如果想科学地管理档案的信息资料,则需要注重以下几个方面的内容。首先,在档案管理之初,将会面临的问题是档案的种类繁杂且数量较多的现状,这也就需要企业的档案管理者在对档案信息资料进行管理的过程中有所选择,优先选择那些相对来说较为重要的档案信息资料,并按照利用者的需求程度,按照不同的层次合理地规划与划分信息资料,从而实现对档案信息资料的科学化管理。其次,因为企业的档案信息资料往往与企业的利益之间存在着密切的关系,因此,在对档案信息进行编研的过程中,可以邀请一些行业领域具备较强经验或者享有一定权威的档案管理专家对档案进行编研,以确保档案编研真正地实现合理化与科学化。再者,在进行档案管理信息的处理过程中,常常会存在与企业有关的管理部门的档案资料或国家行业指导方针下的档案资料,这些都是需要档案管理人员进行定期整理与汇总的。最后,在处理档案信息资料的时候,也必须发挥档案信息资料的自身价值,要严格规范程序,争取所编研的内容能够在一定时间范围内完成并提交。要实现这一目标也需要档案管理者在进行档案编研的时候,明确具体的流程以及完成的时间,从而确保整个档案信息编研具有整体性与及时性的特征。如果在进行档案资料整理的过程中发现一些较为细节化的档案信息资料,则这些资料也可以起到使编研过程更具整体性与细致化特征的作用。

(二)全面开发利用深层次的编研工作

一般意义上来说,开展档案编研的主要目的是为了让档案信息工作实现优化与整合,主要是指对现存的档案资料进行编辑和整理,以满足员工们的工作需要以及实现社会利用效率。通过研究档案资料内容,对相关的档案信息进行全面系统化整理,促使其更加适合并贴近利用者需求。同样地,以原有的档案内容作为基础,并对档案信息内容进行更为细致的整理、分类、汇总等编研工作,也可以成为企业历史研究中的核心资料。

1. 以为企业决策服务开展编研工作

企业的档案工作并不是一项简单的工作,其是集科学性、管理性以及服务性为一体的,是企业所必需的一项工作。这一工作对于企业的各级部门、对企业全体员工来说都非常重要,其涉及的范围也是非常广泛。现阶段,以文字、声像、图表以及电子信息等载体存在于企业各个档案之中的企业文件等,都是市场经济下企业不断积累的一笔巨大财富。其作为企业的重要信息类资源,对企业未来的发展具有重要的意义。这些信息资源不仅能够起到为企业决策层提供重要参考和依据的作用,同时对这一信息资源进行开发与利用,并做好保密工作,也对企业未来的长远发展具有决定性的意义,对其的开发利用程度实际上意味着其能否为企业的发展方向提供一定的决策资源。

在经济全球化的浪潮之下,我国也开始走向世界,面对着全球的市场经济化以及国内外市场国际化的挑战与影响,作为企业的档案工作者,应该将工作的重点放在如何更好地对档案信息资源进行开发与利用上。并通过对档案资源的研究整理与提炼工作,摘选出那些具有一定作用和价值的信息资料,为信息的利用者(领导层、管理者以及一线员工)提供有效的资源,促使他们能够从档案信息资源中发现灵感,并获得企业经营或者产品创新的新思路,不断明确企业的重点发展方向,并通过创新研制出新的技术与产品,从而最大限度地发挥档案信息管理应有的作用。将档案信息资源转变为企业发展所需的重要的现实生产力,在推动企业获得长远发展上发挥其独特的作用。

为了促使档案信息资源真正地走出去,去到企业的各个部门,到达每个真正需要的人手中,进入企业广阔的提高、决策以及发展的大环境中,档案信息资源应与相关办公部门的工作实现紧密的接轨并切实在企业的重点工作和中心工作任务上发挥应有的作用,促使企业获得新的增长点。比如可以定期开展一些档案信息展览工作,对企业所发生的大事件进行编写记录,将企业的发展项目、历年的经济发展指标以及组织机构变革和以往发生的一些重大事故的分析等放入档案汇编当中,还可以为党代会、职代会等大型会议或各类庆典、重大礼仪活动以及领导现场办公、视察工作提供摄影、摄像、接待等服务。这样一来,有利于收集到一些利用率较高的已收藏材料,在企业内部建立一个资料收集、整理与利用的良性循环体系。值得一提的是,要完成这些工作都需要档案管理者具备较高的岗位责任意识和前瞻视野。

在进行档案编研的过程中,也要密切地关注企业在某一个特定阶段的发展目标、人才选用思路以及市场开拓的方向等事关企业发展的核心竞争力,并了解长远发展机遇的难点与热点问题,进行有针对性的档案资源管理与开发利用。通过对那些重点的档案信息进行选择、整理与编研,最终为企业提供质量较高的智能型的档案信息编研资源,真正地为上层领导的决策提供一定的方向与参考作用。

2.以馆藏档案工作为重要基础

一般来说,档案馆的编研工作的开展必须要以馆藏工作为基础。档案管理者的重要职责与方向在于,在实施编研工作的基础上,通过对那些还未被利用和开发的有潜力的档案进行开发与整理,把那些对于现实工作具有一定指导意义和参考价值的档案,储存到电子信息平台,让其变为真正可以灵活运用的信息,以及时地推动企业的历史编志编研等工作的开展,促使这些资源实现更大的经济与社会效益。与此同时,需要注意的是,很多企业内部的档案工作人员的档案编研能力是较为薄弱的,而这一项工作的工程量巨大,涉及了多个部门,同时对社会的需求量大,所要参考的信息资料也非常多,如果单纯只依靠四五个人是难以按时完成编研工作的。因此,针对这一情况,可以利用联合编研的方法,通过与各个部门合作,共同完成档案资料的编研工作。此外,还需要将馆藏作为重要基础,打破现阶段所面临的"闭馆"现状,加大档案馆与档案室之间的联系,并进行网络化编研工作。由此,档案馆可以将那些没有收集到的档案管理资源进行开发、利用与编研,这也是档案馆完成创造工作的重要方式。同时,加强企业档案馆与档案室之间的合作,双方共同进行编研工作,也能够有效地增强编研的效果,开发出更多富有深刻价值的档案信息,发挥档案管理重要的现实作用。

3.制订有序的档案编研工作计划

档案具有较高的凭证意义和参考价值,因此很多档案资料实质上都很有必要编写成册。但是在一些企业内部,因为人力、物力、财力等许多客观性因素的限制,并不能够在目标的时间内完成任务。因此,应该要制订明确的档案编研工作计划,率先完成一些较为重要的资料的编写,按照既定的流程,有计划地开展档案编研工作。具体内容包括:对上级所发布的指导性文件,根据每一年的年编惯例,进行连续的具体的编写;对大型资料,抽调一部分具有丰富经验的档案管理人员进行专门的汇编工作;企业在开展重要活动之前,需要编写好相关可用到的资料,在整个活动过程中也需要做到活动记录以及整理性的工作,为以后的相类似活动提供相应的信息资源。在进行编写选材的过程中要掌握一定的度,但凡涉及企业重要方针政策的资料都要尽可能地精练、全面;而凡与具体运作过程紧密相关的资料内容也要进行完整、全面、准确地编写,让利用者能够很快地找到自己所需的资料。

4.建立档案编研成果

(1)现代通信技术和电子计算机的发展,为人们提供了一个全新的网络信息环境。在这一环境之下,档案信息的整理、收藏、存储和传递将改用计算机操作的方式。且随着通信技术和信息技术的发展,档案管理的对象也将随之发生改变,其将转变为以图、文、声为一体的电子化档案,人们将要在计算机上寻找到自己需要的档案。档案信息的存储方式也朝着数字化和电子化方向发展,而这也能够为实现编研成果的创新性提供有利条件。

(2)档案编研是档案业务中一个非常重要的组成部分,在推动档案服务发展的过程中也能发挥积极的作用。要注重对档案信息资源的开发,为企业的生产经营提供相应的可利用的服务。在此过程中,应该坚持以"可利用为中心"的档案工作理念为指导,进一步创新档案工作的开展思路,并加大编研工作的应用力度,以此解决档案管理事业发展过程中所遇到的各种问题。归根结底,企业的档案编辑工作是档案管理中的一项基础行动工作,其需要主动给利用者们提供相应的档案资源,因此,这也需要档案管理者具备较强的专业技术与知识水平。

(3)档案编研工作从表面上看似乎是一种操作简单的工作,但是随着信息技术的发展,其需要很强大的智力投入。从档案编研工作的字面含义来看,其主要目的在于两点,一是"编",二是"研"。二者是相互依存的关系,其中编是研的重要基础,而研促使编获得了升华。

当前,我国的企业档案编研工作并没有完全跟上时代的发展,产生这种问题的原因主要在于许多员工对企业档案的编研工作缺乏重视度和创新意识。我国企业档案的编研工作起步较晚,既缺乏系统的理论指导思想,又缺乏可以借鉴的成熟经验,很多都是从参考资料开始做起,比如进行组织机构以及文件编写等基础性材料。当前的企业面临着建立一个现代企业制度的需求,并急需一个较为完善的产业结构,其中档案管理中存在着许多可以利用的有价值的档案信息,而这些都可以通过档案编研的方式为创新档案管理服务模式发挥重要的作用。

(4)企业进行档案编研必须要创新思路。首先,在管理内容方面,应该要坚持"既重保管,也重利用"的理念,重视对档案资源的开发利用。与此同时,还需要对编研资料的质量内容以及利用情况等进行监控,确定科学的管理标准。其次,档案管理人员要尽可能为档案编研创造宽松的环境,在确保档案编研基本质量的前提下,给予档案编研工作人员更多的自由度,让他们能够真正沉下心研究,并挖掘出对企业来说最具特色与价值的档案资料。

第十三章 档案管理体制的发展与实践

档案管理体制是指在某系统内部围绕权力的划分和运行而形成的一种制度化的关系模式，是国家行政管理体制的有机组成部分，与国家经济、政治和文化体制及其变革有着密切关系。国家各项改革的进行，迫切需要加强我国档案管理体制改革研究，以保证我国新时期档案工作根本任务和总目标的实现，推动档案事业的进一步发展。本章是对档案管理体制的发展与实践的研究，在论述历代档案管理机构的变革和当代档案管理体制的演化的基础上，分析了档案管理体制改革的现状，阐释了档案管理体制改革的实践探索。

第一节 历代档案管理机构的变革

一、古代档案管理机构的产生及演化

古代档案管理机构是古代奴隶制国家建立后的产物。从奴隶社会到封建社会，档案管理机构经历了从无到有、由简到繁的演化过程。

我国从夏代开始建立了国家，产生了文字，并开展了档案管理活动。从《吕氏春秋》中记载的夏桀时代太史令终古拿出档案哭谏夏桀无效而携带一部分档案投奔商王朝的事，可以推测当时不仅产生了档案，还形成了档案保管制度和负责管理档案的专门官员。《尚书·多士篇》中有"夏迪简在王庭"的说法，其中，夏即夏代，迪是道的意思，可作制度解，王庭即是商代的王室档案库。就是说，记载夏代制度的简册档案直到商代还保存在王室档案库中。不过，这些记载大多从古代传说中得来，传递大致这样的信息：我国的档案管理机构大约在那时已经"诞生"了。

商代，因为有确切的考古发现证明"惟殷先人有册有典"，并将其中的重要档案集中存放于商王的宗庙和陵墓地区，这也是我国目前发现的最早的有意识保管档案的场所。

西周时期，收藏档案的"天府"，是我国有文献可考的保存古代文书档案正本的宗庙收藏机构，由守藏史（或称柱下史）具体掌管。另外，西周中央政府机构之一——太史寮，由大史为首，与其属官组成官署，主要掌管起草文书、策命诸侯卿大夫、记载史事、保管国家典籍等事务。其中大史、小史掌管王朝全局档案；内史掌管王朝中央档案；御史掌管王室档案；外史掌管地方档案。

春秋战国时期，随着封建君权的建立，神权的下降，文书档案管理工作渐渐从传统史官任内分离出来，开始设置尚书、掌书、主书、御史等新的文书档案管理人员，并将档案管理机构由宗庙、官府转为各诸侯国分别设立的禁室一类的机构。

秦代，在秦始皇高度集权的政治制度下，将秦国所制定的各种律令、礼仪制度，秦国旧有的舆图和各国所献的地图，各郡县编报的民户户籍、官吏名籍、市民市籍、赋税计书等重要档案收藏于丞相府和御史大夫府，由专职官员柱下史管理。

两汉时期，西汉为了加强档案管理，在宫廷内外建立了诸如石渠阁、兰台、天禄阁、延阁、广内、麒麟阁、密室之府等专门集中收藏档案的机构；东汉也建有东观、石室、宣明、鸿都等收藏图籍的机构。石渠阁实际上是汉初专为收藏秦代档案所建的历史档案馆。兰台与东观是收藏朝廷中央现行档案文书的地方，均由郎、令史等专职官员负责管理。中央由御史中丞统管兰台、麒麟、天禄等收藏机构；地方各机构一般设有"主簿"协助县令分管文书档案工作；郡县各曹也同中央一样，设有椽、令史等吏员管理文书档案。

魏晋南北朝时期，对于现行机关的档案，各国大都设有秘书郎、著作郎、主书、令史兼管。魏、蜀、吴三国仍承袭东汉旧制，设东观作为收藏档案图籍的机构。这个时期由于王朝迭起，战乱频繁，造成人口流动性大，各国为了征收赋役，相当重视户籍档案的管理。与此同时，门阀制度盛行，为了维护士族统治，记载各士族世系事迹与官品高低的谱牒档案普遍受到重视，因而，从北魏开始，各国都一直设有专门机构——图谱局来主管谱牒档案的收藏、编纂和核对，可以说是史上最早出现的专门档案收藏机构。

隋唐时期，随着政治、经济、文化的繁荣兴盛，档案管理机构有了新的发展。由于"开科取士"和推行科举制度的过程中形成了一种专门的甲历（人事）档案，所以修建了甲库来保管甲历档案。利用档案资料编修文书也已由私人编撰发展为朝廷有组织的编纂事业。继北齐设编史机构——史馆之后，隋王朝也在尚书省设立史馆，明令禁止私家修撰国史。唐承隋制，设史馆于禁中，作为朝廷征集、保存、编纂档案的机构，具有中央档案馆的机构性质，内设典书、楷书等保管和抄录档案的专门人员，官员由名士充任，宰相负责监修。在中央政府的三省六部中，文书的拟定、审核与执行由中书、门下、尚书三省分掌，使三省成为隋唐文书档案工作的最高管理机构。另外，还有翰林院、宦官机构等也在中央兼管文书工作和档案工作。

两宋时期，统治者把加强中央集权作为最基本国策。宋初沿袭唐制，在中央设置三省六部，此外还设立枢密院作为军事指挥机构。整个国家制度体现了皇权的高度集中，但机构设置臃肿混乱。在这些行政与军事机构中，都设有管理档案的架阁库，并由重要官员掌管。中央设有综合管理全国文书档案工作的通进司；设集中接收中央各架阁库档案的金耀门文书库（相当于中央历史档案馆）；设专门收藏皇族家谱档案的玉牒殿（所）和专门分别收贮各个皇帝档案图书的皇帝档案图书馆；还设有编修机构，如中书省的编修条例司、枢密院的编修司等。

元明时期，元朝中央机关只设中书省。在中书省及六部、各道行御史台及路府州县等地方机关中，都设有架阁库，配备架阁库官、管勾、典吏等专职人员。但由于元朝衙门纷杂，机关交错，官制紊乱，为历史上所少见，因此，虽然元朝国家机关庞大，但文书档案机构却不太健全。到了明代，设于中央的文书机构有内阁、通政使司、六科、司礼监、文书房等。从中央到地方机关普遍建立架阁库。档案工作机构设置渐由分散趋于统一，并有了更大的发展。为推行户帖制度，专门建立保存赋役档案的后湖黄册库，还修建了以皇史宬为集中代表的规模庞大、坚固而又有防护设施的皇家档案库等。

清代前期（鸦片战争之前），仿照明朝旧制，除利用皇史宬作为御用档案库房外，在中央机关的内阁和军机处设立典籍厅、满本房、汉本房、蒙古房、副本房、清档房、汉档房等文书与档案工作机构,中央各部和寺、院设清档房和汉档房,地方各级衙署基本保留原有档案管理机构,并配备满、汉两族人员保管档案。其中,内阁大库和军机处的文书档案工作职能大大加强,形成了中央两大文书档案工作系统,建立健全了一套高度集中统一的与当时的政治经济体系相适应的管理制度,使清初文书档案工作较之明代更有发展,组织上也更加严密。但总的来说,清初机关文书工作与档案工作还是像历朝一样混为一体,机构也比较纷杂,职任不专一。

综上所述,从我国古代档案管理机构的产生到逐渐演化的过程可以看到,档案及其管理机构历来都是由朝廷统治者所形成,由他们管理,并为他们提供服务的。在实行高度集权制度的封建社会,档案管理机构是国家政权机构的组成部分,是政治体制的一个重要内容。档案管理机构的设置必然是以皇权为中心,直接体现国家政权的一种组织形式。从档案管理体制角度来看,这一时期按照统治阶级所定原则组成的档案管理机构,代表统治者行使档案管理的权力,由统治者及其掌控的国家机关分别直接管理档案事务,重点集中保管朝廷中央档案的实体,主要发挥档案的编史修志作用,并且,古代的文书与档案长期不分,文书工作机构与档案工作机构之间没有明确的分工界限,因此,档案管理机构往往是文书、档案、图书、编史合而为一的组织形式,根本谈不上国家规模的档案管理体制。

二、近代档案管理机构的发展及变迁

1840年鸦片战争后,中国开始沦为半殖民地半封建社会。随着西方科学技术和文化的不断渗透和影响、清末传统国家机构的改变和近代国家制度的建立,国家档案管理机构也随之趋向近代化。

清代后期,在中央和地方机关分别设立了总务科或机要科、案牍科、文牍科等专门机构。在一些办理"洋务"和由外国侵略者直接控制的机构内,以及一些新兴的厂矿企业里,档案工作机构也相应地发生了某种程度的变化,如总理衙门档案机构的扩大。还有,在外国侵略者直接控制的总税务司署,也设置了具有明显半殖民地半封建性质的机要科、汉文科等文书档案机构。在一些官办、民办的企业中,开始设立文书与档案合一的文案处或文案厅,并设有舆图局、画图房等保管技术图纸的科技档案机构,在客观上带来了档案管理体制趋于高度统一发展的趋势。

南京临时政府时期,孙中山任临时政府大总统,总统府下设秘书处,秘书处下再设收文科和文牍科,分别负责文书处理和档案管理。政府各部档案工作由秘书长或秘书管理,并开始准备筹建国史馆,设立湖北革命实录馆。地方机构也建立相应文书、档案工作机构。但因南京临时政府只存在了短短三个月,所以档案管理机构建设收效甚微。

北洋政府时期,袁世凯篡夺辛亥革命胜利果实后仍因袭南京临时政府的做法,并略有发展,普遍增加了具有近代性质的文书档案机构。在中央和省一级机关中设立秘书厅或总务厅,然后下设文书保管科、档案房、档案科、文牍清理室等机构。地方各机关纷纷仿效建立相应档案机构,还制定了比较完备的档案管理制度,为近代国家机关档案室的发展奠定了基础。北洋政府还在原清代国史馆基础上成立了清史馆,1917年停办后由故宫博物院设立的文献部集中保存明清历史档案。

民国政府时期,国家档案管理机构有了某些发展。政府直属各部、会都普遍设立档案处、档案室、分档案室、掌卷室(股)等各种级别的机关文书档案管理机构,实行集中保管机关档案的体制。1933年开展的文书档案改革运动意欲克服文书档案工作脱节、各自为政带来的分散管理弊端,以增进行政工作效率,但终因机关档案管理机构改革还是流于形式,因此改革收效甚微。

1935年2月,国民党政府行政院正式成立档案整理处,负责制定各院、部、会现行档案的处理以及旧档案管理的统一办法,并监督指挥各院、部、会的档案人员按照规定办法处理档案和整理旧档。该档案整理处可以说是我国历史上最早的档案行政领导和指导机构,但因经费困难,在持续了四个月后被撤销。

从以上我国近代档案管理机构发展及变迁的历史可以看到:随着近代国家制度体系的不断完善和国家机构分工的逐步细化,档案工作开始独立分向,并朝着国家档案事业方向逐渐发展。各级机关、部门专职档案机构的普遍建立,形成了以机关档案室为中心的档案机构体系,使一个机关的档案开始趋于集中,并出现建立国家档案行政领导机构和国家档案馆库的客观需要。特别是国民政府时期的文书档案改革运动,使相互关联的文书与档案工作实现了相对的"统一",简化了管理环节,节约了管理成本,提高了管理效率。但总的来说,由于地主、买办官僚资产阶级统治政权的政治腐败及封建传统习惯势力的影响,近代档案管理机构还是处于分散落后的状态,既没有统一的档案行政领导机关,也没有各级国家档案馆,各机关档案工作基本上都是各自为政,各行其是,档案管理活动实际上仍然属于"组织内部活动"的性质,即这种活动并没有真正取得主体地位,仍然是由组织管理者为提高特定组织的行政效率而在部门范围内实现的相对的"集中",所以,档案管理机构相互之间互不统属,互不联系,因此,还不具备建立统一国家档案管理体制的条件。

第二节　当代档案管理体制的演化与发展

1949年,中国人民在伟大的中国共产党领导下,经过28年的英勇斗争,终于推翻了帝国主义、封建主义和官僚资本主义的统治,建立了中华人民共和国。从此,中国历史开始了新篇章,中国档案事业也进入了现当代社会的发展时期。

中华人民共和国的档案工作,已发展成为具有国家规模的档案事业,其管理体制是伴随社会主义建设事业的前进步伐、结合国家档案事业发展的实际需要而逐步建立起来的。经过前后三次较大的改革,目前已经形成了具有中国特色的科学完整的档案事业管理体制。

我国现当代的档案利用,在80年代以前基本上处于半封闭状态,改革开放以后才逐步进入了全面开放时期,形成了我国历史上第四次广泛利用档案的新局面。

一、我国现当代集中统一档案管理体制的产生与变革

(一)20世纪50年代末我国集中统一档案事业管理体制的产生

中华人民共和国建国初期面临着创建社会主义档案事业的繁重任务。为了接收和集中管理旧中国遗留下来的档案资料,国家先后成立和改组了南京史料整理处、东北档案馆和故宫博物院档案馆三个国家规模的档案馆。与此同时,机关档案工作机构迅速建立起来。中央人民政府政务院在秘书厅下设立档案科,政务院所属各主要部、委均设立了档案工作机构。党中央组织部、宣传部和秘书处设置了档案室(科),一些大区、省、直辖市党和政府的秘书部门也设置了档案工作机构,配备了兼职或专职的档案人员,负责管理档案。

但是,就全国而言,档案事业还没有形成一个统一的管理体制。中国共产党各级领导机关、国家行政机关和军队系统,以及企业事业单位的档案工作基本上处于各自分散管理的状态。党、政、军各方面虽然在总的管理思想和原则方面一致,但在管理体制上却是分别管理,各自制订规章制度,各自进行业务指导和监督。

1954年11月,我国成立了国家档案事业最高行政领导机关——国家档案局。国家档案局在国务院直接领导下,掌管国家档案事务。它的任务是:在统一管理国家档案工作的原则下,建立国家档案制度,指导和监督各级国家机关和人民团体的档案工作;负责全国国家档案馆网的规划,并筹建和领导国家档案馆;研究和审查国家档案文件材料的保存价值、保管期限标准,并监督和审议有关国家档案文件材料的销毁问题;制订有关国家档案工作的法规性文件,办理国务院交办的国家档案事务。国家档案局的成立,标志着我国档案管理工作由分散管理向集中统一领导的方向迈进了一步。

为了进一步加强国家档案事业管理体制的建设,充分发挥档案在社会主义建设事业中的作用,1956年4月,国务院发布具有重要历史意义的《关于加强国家档案工作的决定》。该《决定》首次明确提出档案事业管理体制的要求,指出:"加强各级档案工作机构。国务院各部、各委员会和各直属机构应该在办公厅(室)之下设立和加强档案室,负责管理本机关的档案;有的部门为了指导和监督本机关档案室的工作和所属系统的档案工作,可以设立档案管理处(或局)。各省、自治区、直辖市人民委员会应该在办公厅下迅速设立档案管理处,负责指导和监督各厅、局和省、自治区、直辖市以下各级国家机关的档案工作;各厅、局应该设立档案室,负责管理本机关的档案,专、县级机关和各级企业单位、事业单位和人民团体也应该设立档案室,或配备专职干部管理档案。国家档案局应该全面规划,逐步地在首都和各省区建立中央和地方的国家档案馆。各级档案工作机构,都应该按照工作需要和精简原则,由各级编制委员会迅速确定编制,由人事部门配备工作人员;凡是缺少领导骨干的,必须配备或充实骨干力量。"

此后,从中央到地方的各级档案管理机构陆续建立健全起来,档案工作人员也逐渐配备到位,真正形成了全国档案工作管理网。因此,可以说,国务院《关于加强国家档案工作的决定》是我国首次发布的最重要的指导性行政法规。它确立了档案事业的管理体制,为建设和发展国家档案事业提供了可靠保证。

1958年11月,中共中央办公厅秘书局和国家档案局根据中共中央副主席、国务院总理周恩来的指示,在与各省市交换意见之后,向中央提出了党、政档案工作统一管理的报告。1959年1月,中共中央批准了这个报告,并正式发布了《关于统一管理党、政档案工作的通知》,明确指出:"把党的档案工作和政府的档案工作统一起来是完全必要的。在档案工作统一管理之后,各级档案管理机构既是党的机构,又是政府机构;为加强党对档案工作的领导,应规定各级档案管理机构在中央由中央办公厅主任直接领导,在地方由各级党委秘书长直接领导(不设秘书长的县委由办公室主任直接领导)。"从此,我国实行了党、政档案工作统一管理,加强了党对档案工作的领导,确立了各级党委直接领导档案工作的体制,有力地促进了我国档案事业的发展。

"文化大革命"期间,档案事业管理体制遭到严重破坏,各级档案机构被撤销,档案专业人员被迫调离,全国档案工作处于极端混乱的状态。

(二)20世纪80年代中期我国档案事业管理体制的改革

党的十一届三中全会以后,改革开放政策的实施,为档案工作开创了新的局面。尤其是随着经济体制改革的深入，要求档案事业管理体制也必须进行相应的改革。我国自50年代后实行的党、政档案工作集中统一管理，由党委直接领导的体制，是适应当时档案工作情况的，在当时历史条件下比较合理，推动了档案工作的发展。但是，经过20多年的发展，全国档案工作情况发生了很大变化，我国档案工作已大大超出了党、政机关档案工作的范围，开始形成了以机关、团体、企事业单位档案工作为基础，以各级各类档案馆工作为主体的具有国家规模的档案事业。在新的形势下，大量地档案业务工作需要由政府组织实施，档案工作中的一些实际问题，如经费、编制、人员培训、库房建设、外事活动等，都要与政府的许多部门协商解决。如果各级档案机构仍然作为设在党委下的一个工作部门，就与当前形势发展的要求不相适应。特别是有些地方的档案管理机关，长期作为办公厅（室）的一个内部机构，难于行使档案机构的职能，影响了档案事业的发展。因此，对原来档案事业管理体制进行改革势在必行。

1985年2月，中共中央、国务院批准了中共中央办公厅和国务院办公厅提出的《关于调整我国档案工作领导体制的请示》，对我国档案工作体制作了如下调整：（1）实行党、政档案工作统一管理的原则适合我国的情况，各级档案管理机构性质上仍既是党的机构，又是政府机构，列入政府编制序列。（2）国家档案局由中共中央办公厅领导改归国务院领导，作为国务院直属局，统一掌管全国档案事务；中国第一历史档案馆、中国第二历史档案馆，归口国家档案局管理；中央档案馆仍是中共中央和国务院直属的事业机构，日常工作仍由中共中央办公厅直接领导，在业务上受国家档案局指导。（3）地方各级档案局作为各级人民政府直属局，其领导关系是否作相应调整，由省、自治区、直辖市党委和人民政府根据实际情况确定；地方各级档案馆归口各级档案局管理。

中共中央、国务院在批转《关于调整我国档案工作领导体制的请示》的《通知》中强调指出："档案工作是维护党和国家历史真实面貌的重要事业，是党和国家各项建设事业必不可少的环节。目前，全国档案工作还不能适应社会主义各项事业发展的需要。希望各级党委和人民政府进一步加强对档案工作的领导，把档案工作作为一项事业列入国民经济和社会发展规划，解决档案部门存在的一些实际问题，逐步实现档案管理的现代化，大力开发档案信息资源，使档案工作更好地为党的总任务、总目标服务，为建设社会主义物质文明和精神文明服务。"

1987年9月5日，我国第一部《档案法》颁布。《档案法》明确规定："各级人民政府应当加强对档案工作的领导，把档案事业的建设列入国民经济和社会发展计划。"《档案法实施办法》进一步规定："县级以上各级人民政府应当加强对档案工作的领导，把档案事业的建设列入国民经济和社会发展计划，建立健全档案机构，确定必要的人员编制，统筹安排发展档案事业所需的经费。其他机关、团体、企业事业单位和组织也应当加强对档案工作的领导，保障档案工作的开展。"《档案法》还对档案机构设置及其职责作了法律规定，确立了档案机构的法律地位，不仅反映了国家机构改革的要求，总结了中华人民共和国成立以来档案工作实践成功的经验，而且对今后加强档案机构的建设，不断完善、强化档案机构的职能，促进档案事业的健康发展，提供了法律保障。

80年代中期我国进行的这次档案事业管理体制改革，实质上是确立了"统一领导、分级管理"的档案事业管理体制。

（三）20世纪90年代初期我国档案事业管理体制的再次变革

中华人民共和国成立后的档案工作实践证明，档案事业管理体制不是孤立存在的，它只有同党和国家的领导体制以及经济体制相适应，才能促进和确保档案事业各项任务的完成。党的十四大确定以转变职能、理顺关系、精兵简政、提高效率为全国机构改革的目标。实行机构改革是政治体制改革的紧迫任务,也是深化经济体制改革、建立市场经济体制和加快现代化建设的重要条件。

1993 年 10 月,中共中央办公厅和国务院办公厅发布《关于印发中央档案馆、国家档案局职能配置、内设机构、人员编制方案的通知》,经党中央、国务院批准,确定中央档案馆与国家档案局合并为一个机构,挂中央档案馆与国家档案局两块牌子,履行档案保管、利用和全国档案事业行政管理两种职能,为党中央和国务院直属机构、副部级单位,由中央办公厅管理。

各个地区档案机构改革怎样进行,档案机构如何设置,要由各级党委和政府根据本地区的实际情况来确定,但必须通过机构改革,使档案机构设置更加精干、合理,运转更加灵活、有效,使档案工作更加适应深化改革、建立市场经济体制的需要。参照中央批准的中央一级档案机构改革的模式,根据中央关于加强档案机构设置的精神,做好档案机构改革工作,是各省、自治区、直辖市档案机构改革的重要任务。

实行局馆合并,一个机构,两块牌子,履行两种职能,并不是原来两个机构的简单相加,也不是把原来一个机构的职能转归给另一个机构,而是形成一种新型的组织形式,是一次具有深刻意义的改革。转变职能是这次机构改革的核心。通过改革,把原来档案局只管事业,档案馆只管实体,转变到既管事业,又管实体,使两者有机地统一起来,从而形成一个统一、科学、高效的管理体制和运行机制。这是现阶段我国档案事业管理体制的一次重大改革,它以加强档案事业宏观调控、注重档案实体管理为中心,必将把我国的档案建设事业推向一个新的阶段。

二、我国现当代档案事业的发展

中华人民共和国成立后,我国逐渐确立和实施的"统一领导、分级管理"的档案事业管理体制,经实践检验,完全符合中国国情,因而推动了我国现当代档案事业的发展。

我国的现当代档案事业是以管理和开发国家档案信息资源、服务于国家各项事业为宗旨的,由档案事业管理工作、档案室工作、档案馆工作、档案专业教育、档案科学技术研究、档案宣传出版、档案外事工作、档案学会工作等八个方面组成。

档案事业八个组成部分中又包括档案事业管理、档案室工作、档案馆工作、档案专业教育和档案科学技术研究这五个方面。下面就档案宣传出版、档案外事工作及档案学会工作的发展情况进行详细论述。

(一)档案宣传与出版

1. 档案宣传

档案宣传,是指有关档案、档案工作以及整个档案事业的宣布、传播工作。档案宣传工作是坚定广大档案工作者事业心和责任感的重要手段;是扩大档案工作的社会影响、增强社会档案意识的有效措施;是扩大我国档案工作的国际影响、弘扬中华民族优秀文化的一个有效方法;是对档案事业的发展进行舆论引导和舆论监督的有力武器。

我国现当代档案宣传工作的发展大体上可分为两个阶段:

第一阶段,新中国成立至 1988 年国家档案局综合科教司宣传处成立。这一阶段的档案宣传工作主要以发文件、开会、办学习班、组织参观展览和办档案专业期刊、出版书籍等形式为主。1951 年 5 月,中共中央办公厅秘书处创办了全国性的档案工作刊物《材料工作通讯》,这是我国历史上第一个档案工作宣传刊物,以后改名为《档案工作》(1953 年 7 月)、《中国档案》(1994 年 1月)。党的十一届三中全会之后,档案工作得到了迅速的恢复和发展,各省、自治区、直辖市档案部门除了发文件、办学习班和开会宣传外,多数都主办了本地区的档案专业刊物。至 20 世纪 80年代中期,全国内部或公开出版发行的档案工作刊物有 50 多种。《档案法》颁布后,国家档案局就《档案法》的宣传问题及时作了部署,并于 1987 年 10 月在西安召开了学习、宣传、贯彻《档案法》会议。从此,《档案法》的宣传工作在全国范围内很快形成高潮。1982 年 1 月,国家档案局成立了档案出版社,出版了一批档案学书籍。

　　第二个阶段,从宣传处成立至今。1988 年 11 月,国家档案局在综合科教司内设宣传处,研究草拟有关全国性档案宣传工作的方针、政策;组织全国性档案工作的宣传;加强与全国档案系统的新闻、出版等单位的业务联系。这就从组织上保障了全国性档案宣传工作能够有组织、有计划、多种形式地开展。1989 年 4、5 月间,国家档案局召开了第一次全国档案宣传工作会议。会上研究了有关档案宣传工作的一系列基本问题,如档案宣传工作的意义、地位、作用;档案宣传工作的对象,任务;档案宣传工作的方针以及档案宣传机构、队伍建设等。这标志着全国档案宣传工作进入了一个崭新的阶段。1995 年 1 月 9 日,《中国档案报》正式创刊。这是国家档案局主办的我国唯一的档案界行业报,也是当今世界上唯一的档案报。1996 年,第十三届国际档案大会在北京召开。《中国档案报》的创办使档案宣传的影响力更大、范围更广,而借助第十三届国际档案大会在北京召开的东风,档案宣传工作又掀起了一个高潮。

　　档案宣传工作常用的形式和手段有以下几种:

　　(1)会议宣传。几乎所有的会议,不管主观动机如何,在客观上都有宣传的作用和效果,只是程度不同而已。而且,由于会议种类多,形式灵活,又往往以组织的名义召开,具有行政约束力和号召力,所以效果也往往比较好。

　　(2)编辑出版专业报刊。全国 50 余种档案报刊相继问世,使档案工作的方针、政策、法规、指导思想得到了广泛、及时的宣传贯彻;各地档案工作的活动情况、经验、学术思想得到了及时的宣传和交流;先进典型得到了宣扬;大量珍贵、可以开放的历史档案资料得以向社会公布。

　　(3)出版档案学书籍和档案史料编纂成果。新中国成立以来,共翻译、翻印和新编出版档案专业教材、教参、专著 6000 多种,档案工作文件、论文选编 80 余种。同时,各级各类档案馆陆续出版了一大批档案史料。

　　(4)新闻媒介。这是时效最快、覆盖面最广的宣传手段。新中国成立以来,特别是党的十一届三中全会之后,经常通过新闻社、报社、广播电台和电视台等新闻媒介开展档案宣传。

　　(5)文艺形象。主要指录像、幻灯以及以反映档案和档案工作为主题的电影、电视片等。这种形式是进入 80 年代以后出现的,在宣传《档案法》时形成高潮。

　　(6)展览。从展出的内容上看,有馆藏档案展览、档案工作成就展览、科技档案展览、剧目档案展览、城建档案展览等等。

　　(7)提供档案资料。按规定提供档案资料为社会各方面利用是最能说明档案价值、最有说服力的一种宣传方式。

　　(8)其他方式。如宣传窗(栏)、举办档案知识竞赛等。

2.档案出版

我国出版事业具有悠久的历史,远在 1800 年前就发明了造纸技术,在 1300 年前就发明了活字印刷,且是最早使用白纸墨字印书的国家,这些均是值得引以为豪的历史。但是,我国的档案出版工作却起步很晚,直到 1930 年才出版了徐望之的《公牍通论》,开了档案图书公开出版的先河。全国解放不久,第一个档案工作内部刊物《材料工作通讯》出版。同时,为适应档案教学的急需,翻译出版了一些外国档案教材和专著,也翻印过一批 30、40 年代国内外出版的文书学、档案学专著。人民出版社、工人出版社、中国人民大学出版社等都出版过档案方面的书籍。"文化大革命"期间,档案机构被撤销,档案出版夭折,直到粉碎"四人帮"、实行档案工作"恢复、整顿、总结、提高"的方针之后,档案出版工作才进入了一个新的阶段。这个阶段的重要标志是各省市档案专业刊物的公开出版发行,中央部属和一些省属的大学出版社出版了大批档案学专著。

1982 年 1 月,国家档案局成立了中国档案出版社,这是中国和国际档案界唯一的档案出版社。从此,档案界有了自己的出版部门。据统计,在 1980—1987 年的 8 年间共由出版社正式出版的档案学著作达几百种。"有的书多次重印,印数达到 30 多万册,这不仅在我国档案专业书籍中是印数最多的,即使在世界档案学书籍出版史上也是罕见的"。

档案出版的形式主要有以下三种:

(1)档案专业报刊。目前,全国公开出版或内部发行的档案报刊已达 50 多种,每一个省甚至计划单列市都有自己的的刊物。从内容上看,档案报刊大体上有三种类型,即工作指导性,如《中国档案》和一些省(自治区、直辖市)的档案杂志;学术研究性,如《档案学研究》《档案学通讯》等;史料公布性,如《历史档案》《民国档案》等。档案报刊以第一种为最多。实际上,第一种类型的刊物是综合性的,以业务指导为主,兼顾档案学术探讨和公布史料。

(2)专业书籍。现在出版的档案专业书籍主要有基本理论专著、教科书、基本知识和实用技术以及工作文件、法规汇编等。

(3)档案史料。出版档案史料是档案出版的突出特点。它是开放档案、让档案为社会服务的一条重要渠道,是宣传档案价值、提高档案工作地位的有效手段。随着社会经济、政治、科学文化事业的发展,需要利用档案史料的人越来越多,档案史料出版的数量也越来越大。

(二)档案外事工作

1.外事机构的演变

我国档案外事工作大约始于 20 世纪 30 年代。新中国成立后,档案外事机构才逐步建立和发展起来。

20 世纪 50 年代初,我国政府请来外国档案专家帮助建设国家档案事业和档案教学,这是新中国档案外事工作的开始。

1955 年 11 月国务院批准的《国家档案局组织简则》规定,国家档案局内部机构中设有编译室,主要负责有关外文资料的编译和外国专家的接待工作。这就是外事处的前身。

1958 年 6 月 24 日,国务院审批了"(58)档办字 310 号"报送的机构编制方案,将编译室改为研究室。其任务较原来编译室扩大了,一是研究工作,包括总结中国档案工作的历史经验,把民国时期从事档案教育的殷钟麒先生调来工作;二是接待外国专家,学习苏联经验,以及其他外事工作。

1959 年,中共中央《关于统一管理党、政档案工作的通知》下达后,中共中央办公厅秘书局档案处的业务指导工作归口国家档案局。国家档案局成为统一掌管全国党委和政府系统档案工作的管理机构,其内部机构也作了一些调整,研究室被撤销,其职能工作合并到三处。三处的主要职责是管理技术档案工作和国际业务联系,即档案外事,直到"文化大革命"期间的 1969 年 1 月国家档案局被撤销。

1979 年 2 月 27 日,中共中央、国务院正式批准恢复国家档案局,沿用"文革"前中共中央、国务院确立的档案工作原则、体制和方针,但在内部机构的设置上同"文革"前有较大的不同。新设了外事处,负责与国外档案机构进行业务联系,搜集、翻译和组织利用国外档案业务情报资料,办理出国(参加国际档案业务活动和考察外国档案工作)及外宾接待事务等。

随着改革开放的深入开展,1994 年,外事处改为外事办公室,晋升半格,为局属副司级单位,内设两个处,分别负责亚美和欧洲等国家和地区的档案外事事务。

2.国家之间的交往

新中国成立之后,特别是国家档案局成立之后,面临的一个迫切问题是国家档案事业如何开展,如何建设。需要走出去、请进来,看一看、听一听,以借鉴别国的经验。20 世纪 50 年代初、中期,我国政府先后请来苏联档案专家三批,帮助工作和教学。1957 年 1 月,以中央办公厅秘书局副局长裴桐为首组成档案工作代表团访问苏联,参观了苏共中央马列主义研究院中央档案馆、十月革命与社会主义国家中央档案馆和列宁格勒州委档案馆。1958 年 9 月 8 日,应捷克斯洛伐克内务部档案管理局的邀请,以国家档案局局长曾三为团长,组成 3 人中国档案工作者代表团,出席捷克斯洛伐克全国档案工作代表大会,考察其档案工作,并顺访苏联,参观考察苏联的档案工作。同年 10 月,曾三还考察了德意志民主共和国的档案工作。1965 年 9 月,由国家档案局局长曾三、中央档案馆副馆长裴桐和中国第二历史档案馆副馆长施宣岑组成的中国档案工作代表团,应阿尔巴尼亚国家档案局的邀请,在阿访问了 23 天,参观考察了阿尔巴尼亚国家档案馆、历史档案馆和一些机关档案室。

在我国组团出访的同时,也邀请和接待了一些友好国家档案代表团前来参观访问。第一个来访团是 1961 年 11 月,朝鲜民主主义共和国外务省档案工作考察团,参观了我国外交部档案室和中国人民大学历史档案系。1963 年 4 月中旬至 5 月上旬,以阿尔巴尼亚国家档案局局长季米特尔·科蒂尼率领的阿尔巴尼亚档案代表团在华访问了一个月,周恩来总理和毛泽东主席分别接见了代表团。

出国参观访问和外国代表团来访活动虽然不多,但对于新中国档案事业的建设起到了重要的借鉴、促进作用,也增进了对这些国家的互相了解和友谊。"文化大革命"开始后,1969 年 1 月,国家档案局被撤销,刚刚开始的国家档案外事活动被迫中断。

党的十一届三中全会之后,1979 年 2 月国家档案局恢复,并设立了外事处。外事活动在改革开放方针指引下日益活跃。在外国来访团增加的同时,出访活动也越来越频繁。到 1997 年,全年组织到境外出席会议、考察、学习的团组达 33 批,284 人次。其中,组织全国档案系统 30 名英语较好的中青年档案工作者去美国马里兰大学进行了为期 2 个月的专业培训,这在我国档案史上还是第一次。

3.参与国际档案事务,举办国际档案大会

早在 1956 年举行的第三届国际档案大会上就通过了邀请中国档案部门出席第四届档案大会的议案,1960 年我国派代表以观察员身份出席了这次会议。此后,由于"文革"等原因,使我国

参与国际档案事务的活动停了下来。1980 年经国务院批准,国家档案局正式加入国际档案理事会(ICA),参与国际档案事务,受到国际档案界的普遍重视。在第九届国际档案大会上,我国国家档案局副局长李凤楼当选为国际档案理事会执行委员。以后的每次国际档案大会和有关会议,我国都派代表出席。我国的档案专家或有关人员也陆续参加了 ICA 所属的自动化委员会、缩微复制委员会、保护和修复委员会、工商档案委员会等组织,作为通讯委员。1993 年,在 ICA 秘书长的建议和指导下,国家档案局组织和主持了 ICA 东亚地区分会筹办事宜,并于同年 7 月在北京召开了成立大会。

1996 年 9 月上旬,第十三届国际档案大会在北京举行,这是 ICA 成立近半个世纪以来第一次在发展中国家召开的大会。参加这次大会的有 130 个国家和地区的 2662 名代表,是一次盛况空前的大会,对于我国来说更是一次大动员、大参与、大演练、大促进。大会的 4 篇主报告和 7 篇辅助报告各有我国 1 篇,也是我国档案专家第一次在国际档案大会上作报告。国家档案局第一次翻译、编辑出版了大会的全部文件、报告的中文版。大会期间举办了我国档案事业成就展览,编印出版了反映我国档案事业体系八个方面的 9 本小册子,第一次全面系统地向国际档案界介绍了我国迅速发展中的档案事业,使国外代表为之惊异和赞叹。按照 ICA 惯例,大会举办国出任一名 ICA 主席(国家档案局长王刚出任)。同时,根据需要和条件,在 ICA 所属的职能委员会、专业处、专业委员会、项目小组和杂志编辑部等 27 个组织中,我国档案界有 14 人到其中的 12 个机构中任委员。我国有如此多的人同时在国际档案组织中任职,这在国际档案理事会和我国历史上都是第一次。大量事实证明,我国档案事业在国际档案界的地位和声望空前提高。

党中央、国务院十分重视这次会议,于 1992 年成立了以国务院副秘书长为主任委员的大会组委会。由于机构改革和人事变动等原因,1994 年的大会组委会进行了调整和加强,国务委员、国务院秘书长罗干任主席,中央办公厅副主任、国务院副秘书长、北京市常务副市长为副主席,外交部、公安部、财政部、国家档案局等几个中央机关、国家有关部门的负责人为委员,组委会下设办公室、学术规划部、宣传展览部、财务后勤部等办事机构。经过四年多时间的精心组织与认真筹备,使大会如期圆满召开。

(三)中国档案学会工作

1. 中国档案学会的成立

中国档案学会经过两年的筹建工作,于 1981 年 11 月成立,这是中国档案史上第一个群众性的学术团体。在成立大会上,来自全国各地的 250 名代表通过充分讨论,通过了《中国档案学会章程》,产生了学会的领导机构,推举曾三、于光远为名誉理事长,安庆泺为理事长。

中国档案学会是全国档案工作者自愿结成的具有法人资格的全国性、学术性、公益性的社会团体,是党和政府联系档案工作者的桥梁和纽带,是发展我国档案事业的重要社会力量。

中国档案学会下设 6 个专门学术委员会:档案学基础理论学术委员会、档案整理与鉴定学术委员会、档案文献编纂学术委员会、档案保护技术委员会、档案自动化技术委员会、档案缩微复制技术委员会。中国档案学会日常办事机构设有学会办公室、组织工作委员会、会刊《档案学研究》编辑部、对外学术交流部。

凡与中国档案学会专业有关、具有一定数量的档案工作者或科技人员,拥护学会章程,热心支持学会工作的机关、企事业单位及有关学术性社会团体,均可申请为团体会员。具有讲师、馆员、工程师等中级以上专业技术职务者,大学本科毕业从事档案工作 3 年以上者或者从事档案工作 10 年以上、有实际工作经验和一定学术水平者,可申请为个人会员。

2.中国档案学会的活动

中国档案学会自成立以来,采取统筹规划、分步实施的办法安排学会的各项活动。其具体活动内容主要有以下几项:

(1)组织召开全国性档案学术讨论会。这是组织开展群众性学术活动的主要方式。学术讨论会一般在广泛征集论文的基础上,邀请有代表性的论文作者参加会议。中国档案学会成立以来,共召开 4 次全国综合性档案学术讨论和 45 次专题性学术讨论会。学术讨论会贯彻"百花齐放、百家争鸣"的方针,通过交流论文、开展讨论等方式广泛地交流学术研究成果。

(2)组织撰写、编译、出版档案学术论文集和有关学术研究论著。中国档案学会成立以来,积极编辑出版各类学术讨论会论文集,组织会员和有关部门编纂出版档案学专著、译文和工具书等,如《全国档案学术讨论会论文集》《全国青年档案学术讨论会论文集》《海峡两岸档案学术交流会论文集》《专门档案管理问题问答丛书》《档案学术研究资料丛书》《档案学词典》《档案文献词典》,以及会刊《档案学研究》等。

(3)组织档案专业知识、最新研究成果的普及宣传和干部培训。十几年来,中国档案学会及其所属专业委员会多次举办档案专业知识更新讲座、计算机辅助管理档案技术学习班、光盘在档案工作中应用技术学习班、缩微技术学习班、档案保护技术学习班、档案文献编纂学习班等。还会同有关部门摄制了《中国档案馆掠影》《中国计算机管理档案成果集锦》《中国档案害虫防治》《档案与缩微技术》等录像片,扩大了档案专业知识与技术成果的普及宣传。

(4)建立档案学奖励基金,组织全国性档案学优秀科研成果评奖活动。中国档案学会自 1986 年以来,举办了多次档案学优秀成果评奖活动和青年档案学术奖评奖活动,评出优秀成果奖百余项。同时,建立了档案学优秀成果奖励基金。

(5)组织开展中、外民间档案学术交流活动。中国档案学会曾先后接待过日本、美国、英国的档案工作者民间学术团体来华参观访问和进行学术交流,两次邀请国际档案理事会秘书长在北京作学术报告;派人出访美国、日本、英国、法国、瑞典、荷兰、新加坡等国;1994 年分别加入国际档案理事会(为乙类会员)和国际档案理事会东亚地区分会,并参加了国际档案大会和东亚分会组织的学术会议。

中国档案学会的成立与发展,带动了地方性和行业性档案学会的建立与发展,全国已成立省、自治区、直辖市、副省级市和计划单列市地方性档案学会多个地方性和中央行业性档案学会独立发展会员,共拥有会员数万余人。他们根据本地方、本行业的特点制定各自的学会章程,开展本地方、本行业的群众性档案学术活动。

3.中国档案学会的会刊

中国档案学会的会刊为《档案学研究》,创刊于 1987 年 10 月,季刊,国内外公开发行。创办会刊的目的旨在交流学术研究成果,促进群众性学术研究活动的开展,为档案事业服务。它是档案界国家级学术刊物之一,在美国哈佛大学、加州大学等学府均有该刊的收藏。每年定期与日本企业史料协会进行学术交流,互登论文,互换刊物。经学科专家评定,《档案学研究》的综合水平属"中国档案学术核心期刊的最前列",已编入《中文核心期刊要目总览》,并于 1996 年入编清华光盘中心《中国学术期刊光盘版》,广为发行。

该刊原为国家档案局主管,1997 年改为中国科协主管。现为双月刊。

三、当代档案管理体制的主要内容及特点

从我国档案管理体制的发展历程来看,档案管理体制受到国情和国家体制的影响,我国现行的档案行政管理逐步形成了"统一领导、分级管理"体制,这既是我国档案工作的基本原则,也是建设我国档案体制最根本的组织制度,具有中央统一领导、地方分级管理的灵活、科学、民主等现代特色。

(一)集中统一的档案管理体制

我国集中统一的档案管理体制实际上是在国家档案局成立之后,党和国家为了改善国家机关的工作,建立合理规范的档案管理制度,根据既有利于加强中央的统一领导,又能适应地方实际工作需要而制定的,其主要内容包括:一是国家档案行政管理部门主管全国档案事业,县级以上地方各级人民政府的档案行政管理部门主管本行政区域内的档案事业。二是各级综合档案馆负责集中统一管理本级党、政、群及其直属机构形成的需要永久保存的档案资料,并负责提供利用。三是机关、团体、企事业单位和其他组织的档案机构,应统一管理本单位的档案,负责建立健全本单位档案工作的各项规章制度,指导本单位文件材料的收集、整理和归档工作,监督指导所属机构的档案工作。四是中央和地方各级党委及政府档案工作机构,既是党的机构,又是政府机构,具有双重性。这种管理体制体现了我党的民主集中制原则,是国家实行管理活动和机构正常运转的组织保证。

从国家层面来看,作为国家最高档案行政管理部门,中共中央、国务院的直属机构,国家档案局的设立、撤销或者合并,需符合《国务院组织法》的要求,并严格按照《档案法》的规定,"对全国的档案事业实行统筹规划,组织协调,统一制度,监督和指导",也就是说,法律赋予了国家档案局行政主体的资格,在档案行政管理活动中享有国家行政权力,能独立实施行政行为,并承担由此产生的法律责任,实现责权统一。尤其在依法治国的背景下,依法治档、依法管档在档案行政行为活动中意义更大。在我国现行的档案管理体制下,为克服档案分散保管和避免政出多门的弊端,减少行政层级、精简机构和提高档案部门的行政效率是十分必要的,也更有利于维护国家档案资源的完整与安全,方便社会各方面利用,发挥档案史料的价值。

从地方层面来看,地方各级档案行政管理部门实行的是由地方人民政府领导下的分级管理的具体模式。这符合《中华人民共和国地方各级人民代表大会和地方各级人民政府组织法》第六十六条的规定:省级(市、县级)人民政府的各工种部门受人民政府统一领导,并且依照法律或行政法规的规定受国务院(上一级人民政府)主管部门的业务指导或者领导。也就是说,地方档案行政管理部门接受国家档案局统一领导,主管本行政区域内的档案事务,并对本行政区域内机关企事业单位、各团体或其他组织的档案工作实行监督和指导。《档案法》第六条第二、三款明确规定:"县级以上地方各级人民政府的档案行政管理部门主管本行政区域内的档案事业,并对本行政区域内机关、团体、企业事业单位和其他组织的档案工作实行监督和指导。乡、民族乡、镇人民政府应当指定人员负责保管本机关的档案,并对所属单位的档案工作实行监督和指导。"第七条也指出:"机关、团体、企业事业单位和其他组织的档案机构或者档案工作人员,负责保管本单位的档案,并对所属机构的档案工作实行监督和指导。"这种分级负责的管理体制,是党中央、国务

院领导下的分权分责制度在档案管理体制上的具体化,既符合我国的国情和政体,又有利于分级管理,便于档案事业的科学发展。需要指出的是,部分地方人民政府的档案行政管理部门并没有单独设立档案局,而是与其他部门合并,例如与地方志办公室或党史研究室合并办公,则不再是行政主体;有的地方档案行政管理部门为事业编制,其行政主体资格受到限制,但大部分档案行政管理部门为参照《中华人民共和国公务员法》(以下简称《公务员法》)管理的事业单位。

(二)条块结合的档案管理体制

将档案管理的"条"与"块"有机结合,有利于克服档案分散保存和档案管理活动各行其是、各自为政所带来的各种弊端,有效地维护档案的完整与安全,便于社会各方面利用。我国的社会主义制度为这种体制的确立和推行提供了非常有利的条件,"条""块"结合更符合中国特色的社会主义政体,具有重要的现实意义。所谓"条"是指有关行业、专业体系,如电力、水利、铁路、气象、民航、国土、邮电等部门。按"条"管理就是按照行业部门专业工作体系的隶属关系,由行业主管部门对所属系统内各单位的档案工作实行管理。所谓"块"是指各地各级行政区域,如省、市、县等。按"块"管理就是各级档案行政管理部门,按照各级行政区域划分的界限,对本行政区域范围内各机关、团体、企事业单位以及其他社会组织的档案工作进行指导、监督和检查。"条""块"结合的档案管理体制,就是把"条"与"块"分别管理的制度或模式有机地结合起来,两者兼顾,扬长避短,形成档案工作纵横管理格局,具有鲜明的中国特色。

按"条"管理,实际上就是一种纵向的分权分责,它打破了区域限制,把各级同类机关、单位的档案工作联系起来,进行同系统、同行业、同专业体系的管理。这种管理体制有着自然的联系,一方面,从行政领导关系上看,有着上下级领导与被领导的关系;另一方面,从专业上看,档案的性质和内容相同或相近。因此,在档案管理标准、规范等方面容易形成一个共同点,管理和交流都比较方便。1982年中共中央办公厅、国务院办公厅印发的《机关档案工作条例》指出:"中央和地方专业主管机关的档案部门,应根据本专业的管理体制,负责对本系统和直属单位的档案工作进行指导、监督和检查。"这里的"条"管理实际上就是"统一领导"下的"分级管理"的另一种表现形式。相对于"条"管理的"块"管理实际上是一种横向的从上到下划分行政区域和领导关系的管理模式。不同层级行政区域就是一块,每一划定的行政区域内的档案工作由该区域的档案行政管理部门管理,也是一种分级负责的管理方式。

在"条""块"管理的结合方面,《机关档案工作条例》中明确规定,"各机关档案部门的业务工作受同级和上级档案业务管理机关的指导、监督和检查;对驻在地方的上级直属单位的档案工作,实行以专业主管机关为主、地方档案管理机关为辅的管理体制"。对于驻地档案工作就实行以"条"为主、"条""块"结合的档案管理方式。

"条""块"结合的档案管理体制主要表现在政府管理的大型企业和科技事业单位以及垂直管理的部门。一方面,从我国的经济体制来看,按专业(行业)自上而下进行管理,便于档案资料组织管理和系统完整,更适合"条""块"结合、以"条"为主的管理体制。另一方面,从科学技术档案自身形成与生产联系的实际情况来看,实行按专业系统管理,符合科学技术档案当时的发展规律,因此,实现"条""块"结合的管理体制,更有利于科学技术档案管理。随着国家行政体制的深化改革,档案体制也随之变化,以"条"为主或以"块"为主、"条""块"结合的方式在当今成了我国档案管理体制的大亮点。

(三)"局馆合一"的管理体制

1993年机构改革时,在坚持党、政档案一体化管理的基础上,各级档案管理部门重新归口党委领导,同时根据实际需要,由一个机构行使两种职能。从全国来说,在各级党委、政府领导下,遵循国家政治体制改革总体目标和"精简、统一、效能"的基本原则,从档案部门的实际出发,并从上到下大部分档案机构普遍建立了一个机构两个牌子、行使两种职能的模式。自1993年国家档案局与中央档案馆合并后,档案机构从上到下都实行了"局馆合一"的管理体制。所谓"局馆合一",是指一个机构两块牌子,履行档案事业行政管理和档案实体保管利用两种职能。至此,"局馆合一"档案管理体制得以形成与确立。这种"局馆合一"与"一个机构两块牌子,行使两种职能"模式相结合的档案管理体制,也正是我国社会主义档案管理体制的特色。

但"局馆合一"与"一个机构两个牌子,行使两种职能",绝不仅仅是形式上的组合,从本质上讲是一种制度创新,是档案工作管理体制的重大调整;这也不是原来两个机构的简单相加,而是形成一种新型的组织形式,使两者有机地统一起来,全面协调发展,从而形成一个统一、科学、高效的管理体制和运行机制。

目前,我国大部分地方档案行政管理部门都归口政府序列管理,但也有些地方实行的是归口党委系列管理。四川省在1996年实行机构改革,将省档案局、省档案馆合署办公,成立一套班子两块牌子,履行全省档案事业行政管理和档案资料保管利用两种职能,为省政府直属事业单位。这为各市(州)、区(县)档案局与档案馆合并奠定了基础,同样各地各级档案局(馆)也归为政府直属事业单位。2006年颁布实施《公务员法》后,全国相继实行公务员管理体制改革,于是四川省各级档案局(馆)又纳入了政府序列依照《公务员法》进行管理的直属事业单位。

四、档案行政管理机构的设置及功能

依据《档案法》以及我国档案工作实行"统一领导,分级管理"的原则,不论是党政机关还是企事业单位和其他团体组织,都必须建有自己的档案管理机构。各级各类档案行政管理部门根据管理范围和机构设置的不同,履行各自不同的管理职责。

(一)档案行政管理机构的设置

1956年4月16日,国务院《关于加强国家档案工作的决定》明确指出:我国档案工作的基本原则是集中统一管理国家档案,维护档案的完整与安全,便于国家各项工作的利用。全国档案工作,都应该由国家档案管理机关统一地、分层负责地进行指导和监督。各级机关的档案材料,均应该由机关的档案业务机构——档案室集中管理,不得由承办单位或个人分散保存;各机关的档案和代管的档案,非依规定的批准手续,不得任意转移、分散或销毁,其中需要永久保存的部分,应当按照统一的规定,分别集中到国家的中央档案馆或地方档案馆保管。这一行政法规明确规定,我国设立三种档案机构,即国家档案行政部门、机关档案室和各级各类档案馆。其中国家档案行政部门是国家档案事业的行政机关,在中央设立国家档案局;各省(自治区、直辖市)、市(地、州、盟)、县(旗、区)人民政府设立档案局;中央和地方专业主管机关的档案部门(处、科、室),既是本单位档案的管理机构,又是本专业系统的档案行政部门。

（二）档案行政体制的功能

档案行政体制的功能是指有关组织制度系统及其行政机构对其环境客体发挥作用的能力。档案行政能否具有良好的运行机制，其中关键性的因素之一，就是其行政体制本身是否具备优良的功能。不同类型的行政体制，具有的功能及表现出来的作用形式也不尽相同。但是，较为科学合理的档案行政体制，具有同其社会发展相协调的基本特征。

1.档案行政体制的功能

（1）规范功能。档案行政体制的基本功能之一就是规范功能。科学的档案行政体制，具有明确档案行政机构及其行政人员的行政职责，规范行政行为，并合理划分的特征。所以，这种体制本身的功能之一就是规范和制约各级各类档案行政机构的职权和义务。我国1987年颁布的《档案法》就明确规定："国家档案行政管理部门主管全国档案事业，对全国的档案事业实行统筹规划、组织协调、统一制度、监督和指导。"同时，《档案法》还对各级人民政府的档案行政部门的职责做了相应的规定。我国的其他档案行政法规，如《中国人民解放军档案工作条例》《科学技术档案工作条例》《企业档案工作规范》等，均对有关系统行业的档案行政机构的组织职责做了明确的规定。

（2）促进功能。科学的档案行政体制具有促进国家档案事业发展的作用。在科学的档案行政体制的推动下，可以实现各级各类档案行政机构的合理配置，政令畅通，标准一致，并保证它们能够有机协调、规范管理、高效运转。当然，不科学的档案行政体制只能给整个国家档案事业的顺利发展带来阻碍，其运行的结果可能为：档案行政机构职责不明，死板僵化，机构臃肿，缺乏效率，人浮于事。

（3）保障功能。科学的档案行政体制具有确保各级各类档案行政机构顺利实现各自组织宗旨的能力。不同级别、不同类型的档案行政机构都有法定的职能，但这些职能要得到科学落实，必须有一种与之相适应的组织制度、机制体制作为保证。科学的档案行政体制也是我们有效实现国家宏观与微观的档案行政职能的必要保障条件之一，它能够使各级各类档案行政机构做到各司其职、协调配合，并保证国家有关档案行政法律法规的有效实施。

（4）人才培养功能。科学的档案行政体制有助于为档案部门造就更多更好的行政人才。这是因为，这种体制本身的主要内容之一就是对档案行政人员进行科学的管理，这就为新时期档案行政人才的培养和选拔提供了良好的组织制度条件。在我国奋力推进"四个全面"伟大战略布局的生动实践活动中，科学的档案行政体制的确立与实施，必然会促进新形势下档案行政人才的快速成长。要实现档案行政体制配置的科学性与合理化，档案干部职工的队伍建设至关重要，优良的行政人员素质以及复合型的行政人才是必不可少的，可以说档案行政人员的政治、业务和素质的高低，直接影响档案事业的科学发展。

2.影响档案行政体制功能实现的因素

档案行政体制作为国家行政体制的一个必要组成部分，既受制于大的社会环境因素，诸如国家的现行行政体制、政治制度、经济体制、文化传统等，又受制于档案工作系统自身内部因素，例如档案机构发展的历史、人才和思想观念等因素。要想建立科学的档案行政体制，就必须认真研究、科学分析和认识影响档案行政体制的各种主观客观因素。

(1)社会大环境因素对档案行政体制的影响

其主要表现在以下几个方面：

①国家现行行政体制的影响。档案行政体制是整个国家行政体制的一个组成部分，因而，它无疑要受到一个国家现行的行政体制的制约，即要同其他方面的行政体制保持协调一致。行政体制作为一个国家政治体制的必要组成部分，与一个国家的基本国情紧密相连。而我国是社会主义国家，在建立和完善我国社会主义的档案行政体制时，有关部门和人员必须首先弄清我国的基本行政体制，了解我国的基本国情，特别是相关部门、机构、组织的设置及职权分工情况，以便使档案行政机关(机构)的设立和职责分工同其他相关部门、机关保持一定的协调性。

②社会经济体制的影响。一个国家的经济制度，一般是指其所有制结构、国民经济决策体制及调节结构、经济利益的分配方式、经济组织体系等的总和。档案行政体制作为国家行政体制的重要组成部分，必然会随着社会经济的发展，与我国社会主义市场经济体制相适应，遵循经济发展规律，服务社会经济发展。

③国家政治体制的影响。所谓政治体制，简言之，就是一个国家政权的组织和结构形式、管理制度及其运行机制。政治体制决定着档案行政体制的性质和基本的发展方向。档案行政体制同国家的政治体制密切联系，即有什么样的社会政治体制就必然有同其相适应的、基本性质相同的档案行政体制。在实际工作中我们应该注意整个国家政治体制的发展变革，尤其是新时期新形势下，及时调整和完善与周围环境不一致、不协调的某些档案行政体制的内容，使其更加科学合理。

④传统文化的影响。传统文化通常对一个国家的档案行政体制有着潜在的、无形的、长久的影响，其中优良的民族文化传统对档案行政体制的确立和完善往往会起到积极的作用；相反，不良的文化传统，诸如"大一统""官本位""小农意识"等，对我国档案行政体制的科学化进程往往会产生消极的影响，阻碍我国档案行政体制的发展和完善。

(2)档案管理系统的自身因素对档案行政体制的影响

其主要表现为以下几个方面：

①档案管理机构建设的历史因素的影响。新中国成立后，我国社会主义档案行政体制才得到发展和完善。从我国档案行政管理机构的发展历程可以清晰地看出这一点。

②干部人才因素的影响。档案机构中，人才的素质直接关系到国家档案事业的存在与发展，同时也影响着档案行政体制所确定的各级各类档案机构的职能实现。从某种意义上讲，这个方面的因素对整个国家的档案行政体制有着决定性的影响作用。高素质档案人员是实现社会主义现代化档案管理事业的根本保证之一，也是档案机构的制度、规定获得顺利实施的可靠保障。缺少这个条件，无论多么科学的档案行政体制，都会难以发挥应有的作用。

③思想观念因素的影响。思想是行动的先导。档案工作者的思想观念对档案行政体制的形成和发展具有不可忽视的作用。由于我国新中国成立后的档案事业发展经历了较为复杂的历史过程，所以在广大档案工作者的头脑中，对档案行政活动的认识也不尽相同。其中，有些认识是积极的、现实的、科学的，即那些真正把握住档案行政内涵及其功能的观念性认识。这种认识无疑会推动和促进我国档案行政及其体制的发展与完善。但是，我们也应该注意到，在一些人的思想观念中，至今仍然存在着对档案行政的不正确的认识，影响和制约着整个档案事业的发展。作为新时期新形势下的档案行政工作者，应当充分意识到档案行政体制对于档案事业发展的决定性作用，积极采取措施，努力消除各种不利思想观念的影响。

五、档案管理体制的创新方向

（一）目标

我国现行档案管理体制使我国档案事业在行政管理和档案保管利用方面得到了实实在在的加强，有力地推动了我国档案事业的全面发展。但我们要清醒地认识到：我们正处在一个改革和发展的年代，随着我国社会主义市场经济体制的不断完善和社会现代化进程的加快，档案工作中"条块分割"问题、"局馆合一、政事合一"问题、文件与档案管理割裂以及非公企业、私人档案管理等问题已成为制约我国档案事业发展的体制障碍，我们只有不断地进行体制调整与改革，才能适应我国档案事业发展的需要。我国档案管理体制改革的目标就是要建立起与社会主义市场经济体制相适应的档案管理体制。

（二）基本方向

1.市场化

市场化是当今世界各国行政改革的大方向，同时也是我国行政改革的基本方向。市场化的改革方向是我们改革开放三十多年来的基本经验，是经过我们反复艰苦的探索得出来的结论，同时也是我们今后改革的方向。我国档案管理体制改革同样也要以市场化为目标，积极探索建立与社会主义市场经济体制相适应的档案管理体制。

2.法制化

中国是世界文明古国之一，历代统治者对档案和档案工作都很重视，但是，几千年来都是依靠行政手段对档案和档案工作进行管理。由于这一历史原因，人们的档案法制观念比较淡薄，旧的传统习惯影响了档案工作的发展。依法治档一直以来都是我国档案工作中的薄弱环节。近年来，虽然我国也出台了一系列档案法律法规及规范性文件，但由于我国的档案法规原则性条款多，可操作性条款少，导致依法治档仍停留在表面上，停留在宣传和文件上。档案工作中存在着无法可依、有规难依、执法不严和监督乏力的局面。法制化，就是一切活动要以法律法规为准绳，在法制的框架内寻求解决问题的途径。为推动我国档案事业健康发展，迫切需要适应政府职能转变，实行依法管理，加强法制化建设。

3.现代化

现代社会日新月异的发展，要求信息部门以较高的信息存贮、处理和输出速度，高质量地为社会服务。档案部门是信息部门的组成部分，应以崭新的面貌服务于这个时代。现代信息技术广泛应用于文件与档案工作领域，档案管理对象的数字化、管理手段的现代化、管理模式的多样化是档案管理活动面临的新的机遇和挑战。档案工作如不能卓有成效地为社会服务，就很难取得社会应有的重视和支持，档案工作的发展就会受到一定的影响。过去，人们的档案意识不强，档案工作发展速度不快，与此有密切的关系。现在，档案工作已由封闭状态向开放型转变，我们的工作水平与质量将对社会产生很大的影响，只有通过现代化，使档案工作充分发挥它特有的作用，提高社会地位，才能推动档案事业迅猛发展。

（三）具体思路与建议

我国现行档案管理体制虽然在推动我国档案事业发展方面取得了一些成绩，但体制所带来的一系列问题也不容忽视。为进一步推动我国档案事业健康发展，我们有必要对现行的档案管理体制进行调整与改革。

现行档案管理体制改革是一个全面系统的工作，它不是对传统档案管理体制完全推倒、重新构建，而是要在国家行政管理体制改革的总体框架内，逐步探索、逐步完善和逐步实现。

1. 完善我国现行档案管理体制改革的思路

从适应现代公共行政改革的需要出发，我国档案管理体制改革将朝以下三个方向发展：第一，适应政府职能和角色的转变。传统的计划经济体制下的政府全能角色作用逐渐减弱，政府独享的管理职能已部分被市场和社会分割，政府要逐步退出部分应该属于企事业单位或社会管理的权力。第二，适应现代公共行政运作方式的转变。传统的行政管理方式是不断地扩张行政功能，通过行政系统直接行使管理职能，而现代公共行政方式则趋向于间接运作和分权运作。第三，适应政府观念的变化。市场经济产生纳税人的意识，政府用纳税人的钱来进行国家管理，要有效率观念、服务观念等。

2. 完善我国现行档案管理体制改革的建议

（1）集中统一管理、整合档案资源，建设"大档案"

集中统一管理是我国档案工作指导思想。实践证明，集中统一管理的指导思想克服了我国特定历史条件下档案分散保管和档案工作各自为政的弊端，对推动我国国家规模档案事业的建设有着积极的意义。我们将继续坚持集中统一管理的指导思想，继续加强我国档案事业的统一领导、统一规划和统一制度；继续加强党和政府对档案事业的领导，保证党和国家档案的完整与安全；继续加强对档案信息资源的管理和开发利用，维护党政档案的历史的有机联系。集中统一的档案管理体制是同我国经济基础相适应的，符合我国现行国家制度、传统文化观念，符合宏观管理原则。

在坚持统一领导的基础上，有效整合档案资源，建设"大档案"就是要打破档案接收和利用中的时间、区域、全宗界限，广泛整合全部档案资源。在区、县级甚至市（地）级，科学整合档案资源，建设"大档案"，体现规模效益，构建真正意义上的综合档案馆。通过科学整合档案资源，一方面实现机构设置上"精简、统一、效能"的目标，从根本上打破机构设置上"上下一般粗"的状况。建设"大档案"可以有效实现国家档案资源的有效配置，以适应档案资源社会共享的需要。

（2）管理体制多样化

市场化带来了档案所有权的多元化，档案所有权的多元化带来档案管理体制的多样化。档案管理体制在过去单一的国家所有权和计划经济体制下，对党政机关档案和国有企业、事业单位档案实行集中统一管理，档案集中统一管理体制符合当时的档案所有权状况，也切实保障了国家档案的齐全完整。现在，虽然对党政机关和国有企业、事业单位的国有档案一般仍然照搬国有档案管理模式，但对于各种非国有企业以及外商投资企业档案的管理，必须具体问题具体分析，允许企业在遵守国家相关法律、法规和制度的前提下，对其档案的管理享有充分的自主权。因单位而异，选择适合的管理方式，可以采取集中统一管理，也可以实行分布管理（分部门、分档案门类相对集中管理），还可以实施集中与分布相结合式管理等。

面对非国有企业、外商投资企业档案大量涌现的现实，各级档案行政管理部门应当将工作的重心放在对这些档案中"对国家和社会有保存价值"的部分进行合理监管上来，按照以服务和引导为主，保护对国家和社会有保存价值的档案的思路和原则开展工作，通过服务来实施适度的监督、检查、引导和管理。

（3）政事分开，局馆分立

政企分开、政事分开是我国机构改革的方向。根据机构改革"政事分开"的要求，档案行政管理部门和档案馆要从职能上将二者分开，通过借鉴其他国家档案管理机构设置的做法，将档案行政管理部门与档案馆在机构、人事、财务上要彻底分开，档案行政管理部门实行"条条管理"，而档案馆则作为文化事业单位实行"块块管理"，按照社会分工的原则，充分发挥各自的职能特点，各归其位，各司其职。

档案行政管理部门作为国家行政体系有机组成部分，主要履行其统筹规划、组织协调、统一制度、监督指导的管理职责。通过贯彻法律法规、制定规章、执法检查等手段，管理各单位的档案工作。档案馆是集中管理档案的文化事业机构，负责接收、收集、整理、保管和提供利用各分管范围内的档案。档案馆作为事业单位，在管理方式和运行机制上，也不应再照搬政府机关的模式，而是在国家法律法规指引下，"勇敢地"走向社会，面对市场。

（4）文档管理一体化。

文档管理一体化既是业务问题，也是体制上的问题。文书工作是档案工作的基础，档案工作是文书工作的延伸和发展，从发展的观点看，我们有必要把文件管理和档案管理看作是一个统一的系统工程，采取统一的工作制度和方法来控制前后各有特点但又互相连续、衔接的工作程序。这样不仅可以加强档案部门对文件管理的超前控制，保证进馆档案的质量，还能够减少档案部门的工作程度，避免重复劳动。因此，一方面在单位内部建立起文件实时归档制度，将文书部门和档案部门合二为一，在单位内部构筑文档案管理一体化平台。另一方面是结合各地实际情况建立文件中心、档案管理中心，发挥集约优势，降低运行成本，同时也为档案管理机构的设置提供了新的思路。

总之，档案管理体制与理念的重新定位，必须在继承原有体制与理念的基础上进行创新与开拓，这是适应社会主义市场经济体制不断完善和发展的理性选择。

第三节　典型国家的档案管理体制

一、法国的档案管理体制

法国是世界上具有近代意义的档案事业的开创者，首创了集中式档案管理体制。1789 年法国在资产阶级大革命的同时，也进行了档案工作的一系列重大改革。一是建立了国民议会档案馆，首先解决保护革命政权机关档案的问题。二是颁布了成立行政区档案馆的法令，开始形成地方档案馆体系。三是着手处理和集中旧政权机关的档案、被没收的教会档案和逃亡贵族的档案。四是颁布了世界上第一部档案法，规定了国家档案馆作为中央一级的档案馆负责接收中央级各机关的文件。五是建立了省档案馆,使法国的档案工作开始发展为国家的一项独立的专门事业,不仅对法国档案工作的发展具有决定性的意义,而且对世界各国,特别是欧洲一些国家有很大影响。

(一)法国档案管理体制概述

法国大革命前夕,法国档案工作的总体特征是相当分散和落后的。档案机构数量和类型众多,既有教会档案馆、城市档案馆,也有中央机关档案馆、地方档案馆,还有军事档案馆、大学档案馆、私人档案馆等。这些档案馆分布分散而且彼此之间没有任何的联系,既没有纵向的隶属关系,也没有横向的业务协作。各个档案馆各自为政,缺乏统一的领导和管理。此外,档案的保存也相当分散,各保管机构都各自采用自己认为合适的管理制度和方法,并没有建立全国统一的档案工作规章制度或制定统一的档案法规。这种分散与落后的状况在法国资产阶级革命爆发仅仅半个月后的档案工作改革中得到了彻底改观。

根据 1789 年 7 月 29 日颁布的《国民议会组织条例》,法国建立了国民议会档案馆,负责保存国民议会的文件。1790 年 9 月 12 日,法国颁布了《国家档案馆条例》,将国民议会档案馆改名为国家档案馆,建立了世界上第一个真正具有国家意义的综合性档案馆,作为法兰西共和国中央级档案馆,负责保存历史档案和历届国民议会、中央各机构的档案文件。1790 年 11 月 5 日,法国颁布了《关于成立行政区档案馆的法令》,建立地方档案馆体系。该法令规定各行政区设立档案馆。地方档案馆作为国家档案馆的分馆,接受地方政府和国家档案馆的双重领导。1794 年 6 月 25 日,法国国民议会颁布了国家档案工作的第一部根本大法,也是世界上第一部专门的档案法——《穑月七日档案法》,将行政管理权授予国家档案馆,使国家档案馆不仅是档案的保管机构,而且还担负起对所有地方档案馆的领导、业务指导和监督之职,因此,国家档案馆履行着档案保管和业务指导的双重职能。后来随着档案工作的逐步发展壮大,法国越来越感到设立专门档案行政管理机关的必要性,为此,1884 年法国颁布了关于建立法国档案局的法令,规定档案局是法国档案事业最高行政管理中心,负责掌管全法国的档案事务。从此以后,法国国家档案馆不再行使行政管理的职权,仅作为档案局的直属机构,负责收集和保管中央机关的档案和历史档案。到目前为止,法国只在中央设立了一个档案事业行政管理中心——法国档案局,负责指导、监督中央和地方国家档案馆的工作。这说明法国集中式的档案管理体制具有单一型的特点。

(二)法国档案机构的设置及其职能

法国目前形成的完整档案机构体系是由国家档案机构系统和非国家档案机构系统共同组成的。

法国国家档案机构系统是指由国家各级政府拨发经费、接受法国档案局统一领导的各级各类档案馆组成的网络。具体而言,该系统由法国档案局、国家档案馆、各省档案馆、市镇档案馆、社区档案馆、慈善机构档案馆、中间档案保管中心和主管机关档案馆等组成。

法国档案局是全国唯一的档案事业行政领导中心,1884 年成立。它最早隶属于教育部,后一度改归内政部领导,1959 年以后成为文化部的下属机构。自 1897 年至今,档案局局长兼任国家档案馆馆长,是全法国档案工作的最高领导人。在集中式档案管理体制下,法国档案局负责领导国家档案馆、各省和市镇档案馆,对各机关的档案工作实行监督和指导。法国档案局与国家档案馆设在同一座大楼内,合署办公,除内部职能机构外,档案局还设有 5 个下属机构:一是最高档案委员会,属咨议性机构,由各档案馆、中央各部和学术机构的代表组成,负责审议和研究档案工作的重大问题,协助起草档案工作计划、条例、办法等。二是档案监察委员会,负责监督地方档案馆的工作。三是总检查处,协助局长检查局属各档案机构的工作。四是技术评判委员会,负责研究和报送关于机构设置和人员状况的材料。五是行政评判委员会,负责研究和报送关于职员的任命、提升、调动、解职等方面的材料。档案局为了执行对档案移交机关档案整理情况的监督,还设有档案视察监督员。法国档案局是法国档案外事活动的主管机构,对法国档案事业发展和档案界的国际交往起着重大作用。

法国国家档案馆是世界上第一个具有近现代意义的综合性国家档案馆,其内部机构设置十分健全,由 4 个部、6 个处和若干分馆组成。4 个部分别是古代档案部(保存 1790 年之前的档案);近代档案部(保存 1790 年至第二次世界大战之前的档案);现代档案部(保存“二战”以来的档案);科学、文化、技术活动部。6 个处分别是历史研究与资料处;照片与缩微胶卷处;信息处;书刊档案与地名处;培训处以及出版处。若干分馆主要是海外档案中心(保管着有关阿尔及利亚和原殖民地的所有档案,包括原殖民地部的档案);枫丹白露现代档案城(又名“部际档案城”或“当代档案中心”,主要负责接收中央政府各部的半现行文件,它只对移交文件的政府各部开放,不向公众开放);埃斯佩朗微缩胶片保管中心(储存为了以防万一而复制的法国档案缩微胶片);国家档案馆接待与查阅中心和劳工(劳动界)档案中心(1993 年开馆,负责保管经济与企业档案)等。

地方档案馆是法国档案工作改革的一项重要成果。1796 年废行政区改设省之后,行政区档案馆更名为省档案馆,形成地方档案馆体系,意味着法国从中央到地方有了两级建制的国家档案馆网。到目前为止,法国各省都建立了地方档案馆,共有近百个。此外,各省还建立了隶属于省档案馆的文件中心,负责保管各省机关尚不能销毁或暂时不能向档案馆移交的文件。

法国市镇档案馆,负责保管市镇成立以来的档案。根据 1970 年颁发的法国市镇档案法规定,居民不足 2000 人的市镇,其档案馆必须将馆藏 150 年前的户籍档案和 100 年前的其他档案向省档案馆移交,但市镇对其移交档案的所有权不变。

以上各类档案机构构成了法国国家档案机构系统,除此之外,法国一些重要机关如国防部、外交部、铁道部等都设有自己的档案馆,它们都是永久保管档案的机构,从某种意义上讲,比国家档案馆的馆藏档案更为重要,还有大量的私人档案馆、教会档案馆、大学或科研机关档案馆等等。这些机构与国家、省档案馆之间没有上下隶属关系,也不受国家档案局的统一领导,彼此之间是分散独立的。这些机构共同组成了非国家档案机构系统。

二、美国的档案管理体制

美国是个联邦制国家,其立国基础是英国建在北美洲大西洋沿岸的 13 块殖民地。这些殖民地分属于同一宗主国的不同统治集团,在政治和行政管理上虽有一定联系,却各自为政、互不统属,实际上是独立的政治实体,导致美国各州均有自己的立法,联邦政府除了外交、国防事务外,各种法案、法规对州政府不具备约束力,也无权过问和干预州政府事务,但得益于美国联邦政府对文化遗产的保护和重视,以及高度发达的现代化市场经济,尽管美国建国的历史不长,但美国的档案事业是世界上发展水平最高的国家之一。

(一)美国档案管理体制概述

美国实行分散式档案管理体制,其总体特点是全局分散、中央集中。联邦政府档案机构只负责联邦政府各机关的档案和档案工作,对地方档案机构及事务没有指导、监督和管理权。各类档案馆既无纵向的隶属关系,也无横向的业务联系。因此,各州档案机构设立与否,由各州自行决定。各州的档案管理体制情况也不尽一致。有些州的州档案馆是独立的机关(如新墨西哥州等);有些州的州档案馆是州图书馆的一个组成部分(如亚利桑那州、康涅狄格州、新泽西州、得克萨斯州等);有些州的州档案馆直属州长领导(如佐治亚州、加利福尼亚州等);有些州的州档案馆则隶属于该州政府的某一个部(如科罗拉多州的州档案馆隶属于该州政府的行政管理部,纽约州的属于州政府的教育部,犹他州的属州政府的财政部等)。此外,在美国的法权观念中,各种集团和私人的档案均属私有财产,拥有者有权自行进行处理,任何政府等其他组织不得予以不合理的搜查和扣押。

但是,美国也借鉴了集中式档案管理体制的一些优点,在联邦政府系统内部,对档案工作实行高度集中统一的管理,具体表现在三个方面:第一,国家档案与文件署是联邦政府档案工作行政管理的领导中心和最高管理机构,不仅直接领导和管辖国家档案馆及地区分馆、联邦文件中心和总统图书馆,而且依法制定并组织实施国家档案文件管理的规定和有关标准,对联邦政府机关及派出机构的档案文件管理进行指导和监督。值得一提的是,美国国家档案与文件署特别重视档案价值鉴定工作,为此专门设立了一个由 14 人组成的专门鉴定小组(其成员都是业务熟练的档案专家),负责制定与修改档案鉴定标准和鉴定指南、审批文件形成机关报送的文件处置申请表,指导文件中心的鉴定工作;第二,国家档案馆及其地区分馆组成了一个联邦档案馆网,集中保管着全国所有联邦政府机关的各种类型和载体的档案;第三,15 个联邦文件中心集中保存了各个联邦机构的所有半现行文件。通过国家档案与文件署对国家档案馆和联邦文件中心的统一控制和管理,联邦政府机构的文件从产生到进馆的保存都可以得到有效的集中统一的管理。这种高度集中性在一定程度上弥补了分散式档案管理体制的不足。

(二)美国档案机构的设置及其职能

美国档案机构主要有联邦档案机构和非联邦档案机构两类。联邦档案机构是指由联邦政府拨款设立的,为联邦政府服务的非营利性档案机构。这些机构主要有国家档案与文件署、国家档案馆及其地区分馆、联邦文件中心和总统图书馆。

美国国家档案与文件署是美国政府行政机构设置中较重要的六十多个独立局(署)之一,其职责主要有:制定管理联邦政府文件的方针和工作程序,指导并监督各机构的文件管理;制定标准文件保管期限表,督促机关向联邦文件中心移交半现行文件;指导和检查具有永久价值和历史价值的文件进馆保存,由国家档案馆负责整理、编目和保管工作,并向公众提供利用;出版法律、法令、总统文件等。该署下设 10 个内部职能机构,分别是署长办公室、行政事务办公室、联邦文件中心部、联邦登录部、文件管理部、国家档案馆、总统图书馆部、公共计划部、文件保护部、国家历史出版物与文件委员会。

美国国家档案馆是根据 1934 年罗斯福总统签署的《关于建立国家档案馆的法令》成立的,其任务是管理联邦政府各机关的档案。根据法令的规定,国家档案馆最初是联邦政府系统中的一个独立机构,直至 1949 年美国国会通过决议成立了国家档案与文件局(1984 年改名为国家档案与文件署)后,国家档案馆成为其内部机构之一,由国家档案馆司负责领导,包括国家档案馆总馆(分为老馆和新馆)和 12 个地区分馆。

联邦文件中心是为联邦机构服务的半现行文件保管机构。全美共有 15 个联邦文件中心,其中有两个是全国性的,即设在马里兰州苏特兰市的华盛顿国家文件中心和设在密苏里州的圣路易斯国家人事文件中心。另外 13 个地区性联邦文件中心分别设在波士顿、纽约、费城、芝加哥等城市。联邦文件中心以其低廉的保管费用、快捷的服务方式和有效的处置措施等优越性,为联邦机构提供经济实用的文件保管场所和高效便利的利用服务。

总统图书馆是集档案馆、图书馆与博物馆功能于一体的特殊类型的档案机构,专门用来收藏总统任期内形成和往来的档案文件、文物礼品和其他文献资料以及总统的工作和生活用品、卸任后形成的涉及总统的评述、传记性报刊资料等等。从 1940 年建成第一个罗斯福总统图书馆起,目前美国有罗斯福、杜鲁门、艾森豪威尔、胡佛、肯尼迪、约翰逊、福特、尼克松、卡特、里根、(老)布什和克林顿总统图书馆共 12 座。

美国的非联邦档案机构不受国家档案与文件署的领导和管辖,《联邦文件管理法》对它们也无法定约束力,它们自成体系,档案管理各具特色。主要包括各州和地方政府(市、县等)设立的档案馆和文件中心,还有大学、教会、私人企业等设立的档案馆和文件中心。其中,州档案馆和大学档案馆具有一定的代表性。美国共有 50 个州,由于各州形成的时间和历史背景差异很大,加上它们都制定有自己的宪法,因此各州档案机构的性质、隶属关系和职能都各不相同。美国的大学大多设立档案馆,其馆藏档案各有侧重,各为其用。

此外,美国还有一些商业性档案机构,主要是为私人创办的营利性公司、工商企业或个人提供现代化的文件和档案存贮设施与管理服务,包括商业性档案馆(公司)和商业性文件中心。目前,美国商业性档案机构有一百多个,较著名的有国内必要文件中心、南方必要文件中心、底特律文件中心等。

三、俄罗斯的档案管理体制

1991 年底,苏联作为一个政治实体宣告解体,俄罗斯联邦作为独立国家登上了世界舞台。目前,俄罗斯联邦的档案管理体制既保留了苏联档案管理体制传统的一面,同时也出现了一些新的变化。

(一)俄罗斯档案管理体制概述

俄罗斯实行的是集中式档案管理体制,通过用行政和法律手段,在中央和地方各级政府下设立等级制的档案行政管理机关,形成一个有层次结构的档案行政管理系统,分级掌管中央和地方的档案事业,领导各级国家档案馆以及档案科研和档案教育机构,把所有档案机构组成一个独立的实行集中统一管理原则的国家档案部门。应当说,俄罗斯的这种档案管理体制,是从前苏联延续下来的。

但是,俄罗斯的档案管理体制相对于苏联还是发生了一些变化,表现在以下两方面:一是它的集中管理与苏联的集中管理在内涵上有所不同。苏联实行相对的集中管理,其党、政档案分属两个平行系统管理,国家档案管理总局管辖的只是国家档案系统,而党的档案系统存在于国家档案系统之外。现在的俄罗斯虽然也实行集中式档案管理体制,却不再以党、政档案分属两个平行系统管理为前提,而是把包括苏联各政党档案在内的联邦档案全部归入到国家档案系统中进行管理。二是苏联所有的档案都是国家档案,公民个人对于档案没有所有权。俄罗斯《档案法》实施后,承认公民个人对档案拥有个人所有权,对于非国家所有的档案,即私营企业、集团和个人的档案,档案部门可以与其所有者建立联系,帮助他们对档案进行管理和保护。在取得档案所有者同意的情况下,档案局可以对私人所有的重要档案进行登记,被登记的档案未经允许,不得随意带出国境。

(二)俄罗斯档案机构的设置及其职能

俄罗斯的档案机构主要是在苏联档案机构改组和更名基础上设置的,主要包括三种类型:

第一种是档案行政管理机关。俄罗斯联邦下辖 16 个自治共和国、5 个自治州、10 个自治区、6 个边疆区和 49 个州,都分别建立了上下隶属的档案行政管理机关,从而形成了一个完整的档案行政管理机关体系。

1990 年成立的俄罗斯联邦政府档案事务委员会是最高层次的档案行政管理机关。它在苏联解体后成为独立主权国家的档案首脑机关,对外可代表联邦出席国际档案会议,与各国档案界交往;对内负责掌管俄罗斯联邦国家所拥有的一切档案,并负责接管苏共中央的档案和档案馆以及在俄罗斯版图上苏共组织的档案、共青团和工会等组织的档案等。根据 1992 年发布的《俄罗斯联邦政府档案事务委员会条例》的规定,该委员会直属于俄罗斯联邦政府。它的任务是对全俄罗斯的档案事业进行监督、指导;负责制定和实施档案事业发展的国家计划;组织开发利用俄罗斯联邦档案全宗的档案信息资源;加强机构建设,完善档案管理体制;负责研究和制定在档案工作中应用现代技术的政策,组织建立自动化信息网络和数据库;采取措施提高全俄档案人员和文件管理人员的业务水平;促进各档案机构的学术合作和经验交流,大力发展国家档案部门的对外交往,参加国际档案活动。档案事务委员会的直属机关包括俄罗斯联邦中央级国家档案馆、文件保管中心和档案科研机关,以及加入俄罗斯联邦的各共和国、边疆区、州、自治州、区及市的档案工作管理机关。另外,档案事务委员会还下设 3 个咨议性和权力性的机构:一是联席会议,由国家档案局局长任主席,副局长和其他按职务必须参加的领导人为成员,对国家各项档案事务做出重大决策。二是档案学术委员会,负责审查档案学术问题。三是档案鉴定中央评审委员会,负责审查和决定与俄罗斯联邦档案全宗文件成分和档案价值鉴定有关的问题。

1992 年,俄罗斯联邦政府档案事务委员会更名为俄罗斯国家档案局。从 1994 年起,国家档案局由总统直接领导,表明该局的地位得到进一步提高。

除了俄罗斯国家档案局作为一级档案行政管理机关外,还存在加入联邦的自治共和国档案局的二级机关和边疆区、州、市、自治州档案处的三级档案行政管理机关,它们在行政上受当地政府领导,在业务上接受国家档案局的领导和监督。

第二种是档案保管机构。苏联解体后,俄罗斯政府发布了一系列命令和决定,对苏联共产党系统的档案和档案馆进行了迅速的接管,对苏联中央国家档案馆和科研机关进行了改组和更名,从而组成了全新的俄罗斯联邦中央国家档案馆网。当时,俄罗斯共有 15 个中央级国家档案馆和 89 个地方级档案馆,它们的前身大多是苏联中央国家档案馆和苏共中央档案馆,还包括原苏共组织在俄罗斯设立的档案馆,以及俄罗斯各自治共和国、自治州、边疆区、州和市原有的档案馆。1999 年,俄罗斯将原来部分文件中心更名为档案馆,如将"俄罗斯当代史保管和研究中心"更名为"俄罗斯国家社会政治历史档案馆";将"俄罗斯现代文件保管中心"更名为"俄罗斯国家当代档案馆"。此外,莫斯科市、圣彼得堡市以及俄罗斯文化部下属的一些博物馆和图书馆珍藏了大量的档案文献，俄罗斯科学院档案馆和国家重要部门档案馆也保存了部分重要的档案文献。

第三种是档案科研和教育机构。俄罗斯档案科研机构包括全俄文件学和档案工作科研所、档案保护与修复实验室、全俄航天文件科研中心等。其中规模最大的是全俄文件学和档案工作科研所。该所承担了苏联档案学绝大部分的基础理论和应用方法的研究任务。苏联档案系统的规章制度均由该所起草，被俄罗斯接管后其就成为俄罗斯的科研基地。

俄罗斯的档案教育基地是 1989 年成立的俄罗斯国家人文大学档案学院，其前身是 1930 年建立的莫斯科历史档案学院，该学院的创立曾是社会主义档案高等教育的开端。

四、英国的档案管理体制

受英国国家制度和历史传统影响，英国的档案管理体制是典型的分散式类型。在英国没有全国统一的档案工作领导、指导机构。公共档案馆作为全国唯一的国家档案馆，与一百三十多个区、郡档案馆并无上下隶属关系。公共档案系统之外的档案机构更是不受国家档案馆的统辖和领导，各类档案馆之间也没有档案工作业务协作与联系。

（一）英国档案管理体制概述

英国资产阶级革命后，档案工作长期处于停滞状态。1836 年，国会的档案委员会建议成立一个中央国家公共档案馆，在 1838 年 8 月 14 日英国议会通过的《公共档案法》中规定，由司法主管机关的最高官员之一管卷大臣领导，负责把存放在各地的档案集中起来保存，并在征求女王同意后指定一名议员担任公共档案馆馆长。19 世纪 60 年代初，公共档案馆已把伦敦各撤销机关和国家公文馆的档案集中起来，但只有中世纪各机关的档案和司法主管机关的档案交于公共档案馆全权保管，而现行主管机关的档案仅仅是交公共档案馆代为"保管和保护"，其所有权和支配权仍归各机关所有。对于未向公共档案馆移交档案的主管机关的档案馆，公共档案馆只能在它们鉴定文件价值时行使监督权。也有许多主管机关的档案馆，以及地方档案馆、教会档案馆和私人档案馆等，根本不受公共档案馆的领导。所以，英国不称"国家档案馆"，也不设国家档案局。另外，英国通过成立档案协会、档案工作者协会、全国档案理事会、企业档案理事会等，协调和鼓励人们保护和利用档案文件，加强档案学术交流与业务联系，定期召开专业会议和出版专业期刊，增进档案人员的相互了解和交流，促进档案法规的贯彻和实施，对档案教育和档案管理的现代化等起到了国家档案馆无法发挥的作用。

（二）英国档案机构的设置及其职能

英国的档案机构从所有权角度主要分为三种类型：

第一种是官方档案机构。主要是指政府拨款成立的从中央到各郡市的公共档案馆，受同级议会领导，分别保存同级议会和政府机关的档案。英国所谓的公共档案，根据《公共档案法》是指"英国政府各部和其他机关的档案，以及英格兰和威尔士各法院的档案，但不包括苏格兰的以及地方政府的档案"，由公共档案馆设立的档案管理部，负责对政府部门的档案工作进行指导和检查，并指派官员协调地方议会档案馆的活动，对其保管条件和服务状况提出意见和建议。

英国公共档案馆的馆址在伦敦市内的法院街，1973 年在郊区建造了丘园新馆，是英国最高层次的官方档案机构。老馆主要保管司法档案和 19 世纪之前的政府档案；新馆主要负责保管 19 世纪之后的政府档案及军队档案，并于 1993 年进行了扩建。公共档案馆内设 3 个部；其一是建制与财务部,负责行政管理与财务工作,掌管政府下拨的经费;其二是档案管理部,负责与150个中央政府机关保持联系,指导档案整理和移交工作,该部还下设海斯文件中心,介于公共档案馆与政府机关之间;其三是档案业务与出版部,负责馆藏档案的整理、保管、保护、借阅和编辑出版工作。

第二种是半官方档案机构。是指由政府拨款或给予补助的,但又保持各自相对独立性的,像皇家历史手稿委员会和不列颠图书馆所属的印度事务部图书档案馆等。其中的皇家历史手稿委员会是对全英公共和私人收藏的档案、手稿进行调查、登记、编目、咨询和服务的全国性档案目录中心,国家档案登记局作为其下属机构,委员由女王亲自任命,经费由政府提供,主要履行三项职能:一是收集散存在全国各地各部门的档案目录;二是编辑出版档案、手稿目录信息和档案馆指南等;三是对公众提供咨询服务和向政府及档案所有者提出有关建议,帮助利用者利用档案。

第三种是非官方档案机构。在英国,这种机构的类型有很多,如机关档案馆、党政档案馆、大学档案馆、教会档案馆、企业档案馆和私人档案馆等。英国的一些大学(不是所有大学)都设有档案馆,而且具有比较悠久的历史。例如,牛津大学档案馆保存有该大学1214年的第一份特许状,以及此后的各种档案文件。利物浦大学档案馆收藏了该大学1881年成立以来的档案。格拉斯哥大学档案馆收藏有该大学1451年创办以来的包括行政、财务、教学、科研等方面的档案文件和许多造船档案,即19世纪30年代至20世纪70年代末与克莱德造船业发展有关的文书档案和技术档案等。其他教会、企业和私人档案馆中收藏的档案,也有不少是价值极高的珍品。这些档案机构各自管理,馆藏和管理方法各有特色。

第四节　档案管理体制改革的实践探索

一、地方档案馆档案管理体制改革的实践

档案管理体制改革的目的之一,是通过对国家和社会档案资源的有效配置,以适应经济全球化时代增强区域综合竞争力的需要。为整合档案资源,近年来我国一些地方综合档案馆针对档案馆功能"弱化"现象,按照"精简、统一、效能"的改革原则,对创新档案管理体制进行了有益尝试,提升了管理理念,转变了管理模式,拓展了管理范围,调整了管理手段,节省了人力、物力、财力,变档案资源的分散化为档案资源的集约化,达到了便于档案资源综合利用的目的,也取得了丰富的经验,应当及时加以总结和完善。

(一)浦东新区档案管理体制改革的实践

1990年4月18日,中国政府宣布开发开放浦东。1993年1月1日,上海市浦东新区党工委、管委会经中央和上海市委批准正式成立。成立初期,新区暂时未设人大、政协,机构极其简,充分体现"小政府,大社会"的机构管理模式。1998年后始设人大、政协,机构设置与全国其他市区机构设置有所趋同,但仍然十分精简有序,具有以下特点:第一,采用大系统管理模式,机构设置简洁而整齐,职能交叉重叠的部门较少,是机构设置上的一个创举。第二,重视培育、监督社会中介组织和事业单位,并大力发挥其作用,如文化广播电视管理局下设文化市场管理办公

室、文化稽查队、电影管理站、文物保护管理所4个中介机构,在主管部门的监督下,发挥重要的社会自我管理、自我服务的作用。时至今日,浦东已经成为"中国改革开放的窗口"和"上海现代化建设的缩影"。浦东新区档案部门紧密配合浦东的开发开放,始终站在记录和服务浦东开发开放的前沿,在档案管理体制改革实践中,也是成绩斐然,名列前茅。

浦东新区档案局的前身是成立于1959年5月的川沙县档案馆和成立于1993年4月的浦东新区城建档案信息管理中心。1986年6月,川沙县档案局成立,与档案馆实行"两块牌子,一套班子"的管理体制,至1992年底,随着开发开放的深入推进、浦东地区行政管理体制的变化,川沙撤销县级建制,并入新成立的浦东新区,川沙县档案局(馆)随即撤销。1993年6月,浦东新区档案馆成立。2000年11月,随着浦东新区正式建政,在区委办公室增挂了浦东新区档案局牌子,直至2001年7月20日,浦东新区区委、区政府作出了浦东新区档案管理体制整合的战略决策,成立浦东新区档案局、浦东新区档案馆,为区直属事业单位,归口区委办公室管理;浦东新区城建档案信息管理中心从浦东新区发展计划局划归浦东新区档案局。经过"两馆分设、独立运作""逐步理顺、逐步规范、原则领导、分体运作"和"一套班子、三块牌子、统一管理"三个整合阶段,2002年11月,浦东新区档案管理体制、档案工作职能和档案信息资源正式实现了实质性整合,区档案局、档案馆和城建档案信息管理中心实行"三块牌子,一套班子",隶属区委办公室领导,主管浦东新区档案事业,对全区档案事业实行统筹规划,组织协调,统一制度,执法监督和业务指导,是集中保存、管理浦东新区永久保管档案的基地和利用档案的服务中心,业务上受上海市档案局、上海市城建档案管理办公室的指导、监督和检查,走出了一条综合档案与城建档案统一管理、资源共享的新路,显著提高了新区档案事业的创新能力和服务水平。2006年4月,浦东新区档案新馆在新区行政办公中心的黄金地块建成开馆,作为实施大文化战略,促进档案事业和公共文化事业发展的重大工程,其成为新区档案事业创新发展的崭新起点和广阔舞台。机构内设10个主要行政业务科室,分别为党政办公室(含展览办公室)、业务督导科(与政策法规教育科合署办公)、接待利用科、档案征集编研室、档案学会办公室、档案干部教育培训中心、档案保护技术科、档案管理科、缩微影像技术部和信息技术开发中心。

上海浦东开发开放作为国家战略,既是经济发展战略,也是社会和文化发展战略。浦东新区档案管理体制改革,秉承了浦东新区政府机构改革所要求的"小政府,大社会"的管理模式,以最小的行政成本向社会提供最大限度的服务,在全国范围内率先创新了区档案局、档案馆和城建档案部门"一套班子,三块牌子,统一管理"的档案管理体制,避免了过去常常容易出现的职能交叉、多头管理问题,对原有的制度进行了梳理、增删,实现了"五个一"的成效:业务指导的"一个口径";接待查阅的"一个窗口";岗位培训和继续教育的"一张证书";安全保护和影像技术服务的"一支队伍";为人民群众提供"一门式"服务,并运用现代化技术手段,建立了目录中心、政府电子文件服务中心、现行文件和信息公开中心、档案资料全文数字化服务中心以及一个城建档案GIS地理信息系统和一个浦东新区档案信息网站的"四个中心、一个系统、一个网站"组成的现代化的应用系统,涵盖了浦东新区档案管理和服务的各个方面,使档案资源实现了集中管理,推进了机制重塑,优化了资源配置,提升了服务实力,方便了社会利用,开创了档案机构、档案资源整合改革的最新发展。

(二)深圳特区档案管理体制改革的实践

深圳自1980年建立经济特区以来,先后进行了多次行政改革。1992年党的十四大提出建立社会主义市场经济体制,深圳随即又一次进行政府行政管理体制改革,重点是定政府职能、定机构、定编制;实行政企分开;把一些属于社会性、公益性、服务性的事务,从政府部门中转移出去,交给中介组织承担,实行政社分开、政事分开,调整和完善了大系统管理体系,通过下放、平移、转向、合并等方式,实现政府职能的真正转变。2004 年,根据中共中央、国务院办公厅《关于地方政府机构改革的意见》,以及中央编制办《关于深圳市深化行政体制改革创建公共行政管理体制试点批复》的精神,深圳市为了进一步将政府职能范围转向公共领域,根据政府职能范围,再一次进行了政府机构整合。一是加强宏观调节、削弱管制行政部门;二是加强监管部门,清理、规范现有执法机构,不再设立行政执法队伍;三是完善公共服务部门,包括建立应急指挥机构,统筹各方面的应急救援资源;四是规范部门内设机构,归并市直机关中规模偏小的处室,对垂直部门的派出机构则尽可能打破行政区域界限设置,取消政府部门"三总师"(总经济师、总会计师、总工程师)的职位设置。

在此次深化政府行政管理体制改革中,根据深圳市政府批准的《深圳市档案局(深圳市档案馆、深圳市城建档案馆)职能配置内设机构和人员编制规定》,深圳市城建档案馆(市城建档案管理处)的职能由原隶属市建设局划入市档案局(市档案馆),这标志着深圳市沿袭了二十余年之久的城建档案单独管理的体制发生了重大变革。据了解,在全国直辖市、副省级及计划单列市中,将城建档案馆并入档案局的,深圳是第一家。

1984 年 2 月,深圳市城建档案馆成立,科级建制,隶属深圳经济特区建设公司,主要负责接收、保管需要集中管理的城市基本建设档案,为全市各项基本建设服务,并对全市各单位与城市有关的基建档案工作进行业务指导。1985 年 2 月,城建档案馆划归市政府基本建设办公室领导。1988 年 9 月,市基建办公室撤销,市建设局组建,市城建档案馆划归市建设局管理。1989 年 9 月,城建档案馆加挂"深圳市城市建设档案管理处"牌子,实行"两个牌子,一套人员"的体制,行使对城市基建档案的管理、检查和监督的职能。1996 年 1 月,成立深圳建设信息中心,与城建档案馆、城建档案管理处"三块牌子,一套人员",中心任务是建立深圳市建设信息网,并为全国建设信息网提供信息;利用全国建设信息网的资源,开展信息咨询、服务等工作;采用新方法、新技术,在深层次上开发深圳市城建档案,加速实现城建档案信息的数字化、网络化。2004 年 6 月,深圳市城建档案馆并入深圳市档案局。

深圳市档案馆为 1979 年 11 月正式成立,科级建制,隶属市委办公厅领导。1983 年 5 月,市档案馆升为处级单位,对外称市档案馆,对内称档案处。1985 年 1 月,市政府办公厅档案处改为深圳市档案局(对外仍挂市档案馆牌子),实行"两块牌子,一套人员"体制。1986 年 6 月,遵照中共中央、国务院关于"把档案工作作为一项事业列入国民经济和社会发展规划"的指示,将市档案局列为市政府直属局,归口市政府办公厅管理,主要负责市委、市政府各机关单位文件材料的整理立卷工作。1987 年,在市级行政机构改革中,市档案局被定为二级局,实行"局馆合一"的体制,内设办公室(副处级)、业务指导科、档案管理科、档案史料编辑研究科、档案技术科。1993 年 10 月,市政府授权市档案局主管全市档案工作,为副局级事业性机构,内设办公室、监督指导处、档案管理处(均为正处级)。1998 年 10 月,为了适应市场经济条件下企业转制的需要,档案管理处加挂"深圳市档案寄存中心"牌子,为全国首家档案寄存中心,专门为不属市、区档案馆接收范围的或不具备档案安全保管条件的各类企业、社会团体提供有关文书、技术、财务管理等方面档案的寄存服务。2000 年 3 月,为做好深圳市重要政务活动、外事接待和重大突发事件的拍摄工作,办公室加挂"深圳市档案管理技术中心"牌子,统一负责全市重要政务活动、外事接待和重大突发事件形成的声像档案以及光盘、缩微胶片等特殊载体档案的管理。同年 4 月,市档案局(馆)试办文档服务中心,为社会公众提供非涉密的政策、法规及各类现行、半现行文件的查询阅览服务。

2004 年 6 月 7 日,深圳市城建档案馆并入市档案局。深圳市档案大厦门前挂上了"深圳市档案局""深圳市档案馆""深圳市城市建设档案馆""深圳市文档服务中心"四块牌子,标志着深圳市城市档案管理新格局的正式形成。深圳市档案局受市政府授权,主管全市档案管理工作,是市政府办公厅管理的副局级行政事务机构,内设办公室、监督指导处、档案管理处、信息技术处等 4 个职能处室;下设文档服务中心,主要负责市直机关、事业单位处理完毕应归档的纸质和电子文件的接收、整理、鉴定和保管;面向企业和社会开展档案代理、代管、加工、整理、缩微复制和数字化处理等相关技术服务;向社会各类组织提供档案业务咨询服务;承担档案信息化建设及开发、利用工作;负责组织档案从业人员的培训。

深圳市档案管理体制的这次改革,具有三大特色:一是将市城建档案馆并入市档案局(馆),市档案局局长同时又是市档案馆馆长、市城建档案馆馆长,便于协调档案行政管理部门和综合档案馆与城建档案馆之间的关系,在行政体制上实现了对城市档案实行统一管理的格局;二是市档案局的管理职能、人员编制和领导职数等均有大幅度增加,馆藏量、资产等也有相应增加,有利于合理整合档案资源、实现档案信息的综合利用,提升档案部门服务社会的综合实力;三是市档案局设立经费自给的下属事业单位——文档服务中心,包容了原档案寄存中心、文件管理中心,还进一步具体赋予了其服务企业、服务市民、服务政府的职能,并在服务的同时使档案部门自身得到发展壮大。

深圳市城市档案管理的行政体制、职能范围、管理形式所展现的新变化,不仅有利于城市档案资源的整合,提升服务社会的综合实力,而且也有利于理顺关系,统一政策、统一步调,消除在旧体制下不可避免的部分职能交叉、行政执法主体不明确、城市档案被分割保存等现象,有利于树立档案部门的新形象,提高档案部门的社会地位。正如深圳市委常委、常务副市长许宗衡在交接仪式上指出的,深圳市档案管理体制改革,充分体现了深圳作为经济特区勇于探索创新的精神,具有重要的现实意义。这一举措进一步理顺了档案工作的管理体制和运行机制,克服了政出多门、多头管理的弊端,有利于提高档案部门的管理和服务水平;进一步整合了市档案馆和市城建档案馆的信息资源,实现了档案信息资源共享,也便于全市档案的统一建设和管理,节约档案管理成本,更好地发挥档案的社会效益和经济效益。

2004 年 6 月,国家档案局、建设部肯定了深圳市城建档案管理体制改革经验,指出,深圳的档案管理体制改革整合了资源,扩充了队伍,增强了实力,避免了多头管理和重复建设,有效地促进了深圳档案事业的全面、协调和可持续发展,是城建档案管理体制的大胆创新和有益尝试。2005 年 8 月 26 日,时任中共中央政治局候补委员、中央书记处书记、中央办公厅主任王刚专门作出重要批示,充分肯定深圳档案工作所取得的成绩,指出"深圳市建立特区的 25 年来,档案工作坚持以创新求发展,以发展促服务,紧紧围绕特区建设的需要,创造性地走出了一条有特区特色的档案工作之路,在档案管理体制建设、利用档案服务社会、档案基础业务建设、档案信息化建设等方面不断取得新的突破,为全国档案工作起到了很好的示范作用"。当时,深圳市档案管理体制改革基本完成,深圳市档案局在新的体制架构下一定程度上发挥了全市档案行政管理部门的协调作用,初步理顺了与建设、规划、城管、燃气等部门的工作关系,促进了该市城建档案工作的开展。

（三）安徽和县档案管理体制改革的实践

2004 年 5 月，安徽省档案局决定在巢湖市和县进行档案资源整合管理模式改革试点。当时和县的档案资源虽然丰富，但计划经济体制下档案管理的弊病丛生。一是条块分割造成档案资源极度分散；二是档案管理混乱，档案灭失现象严重；三是查找利用困难，难以服务社会；四是重复建设，财力、物力浪费严重；五是国家综合档案馆馆藏结构单一，服务功能弱化。

2004 年 9 月，安徽省档案局在报经省委、省政府同意后，发出《关于开展国家档案资源整合试点工作的通知》，明确了和县为开展国家档案资源整合工作试点县，要求其承担起"创新体制、理顺关系、集中管理、统一利用、科技兴档、强化服务"的任务，并建立起"归属明晰、运转协调、门类齐全、结构合理、管理科学、服务高效"的档案管理新体制，以强化档案行政管理部门的职能，突出国家综合档案馆的主体地位和增强档案工作的服务功能。为推动档案管理体制改革试点工作的进行，和县县委、县政府高度重视，出台了《关于整合全县档案资源的实施意见》，印发了《和县国家档案资源整合工作实施方案》，成立了以县委常委、常务副县长为组长，县档案局、建设局、国土资源局、交通局等单位主要负责人为成员的档案资源整合领导小组，在相关单位也成立了相应的工作小组，形成了"县委总揽、政府领导、档案部门实施、专业部门支持"的整合工作格局，先将县房管局、城建局、交通局、国土局和规划局等单位的档案进行了集约化的统一管理，随后县水利、广播电视、劳动保障等部门保管的科技、专业档案也陆续向县档案馆移交。对不配合改革的责任人，和县党政领导敢于真抓实干，用"不动就换人"显示出改革的诚心、决心和魄力。经过一年的改革，据统计，和县档案馆馆藏量由 3.82 万卷猛增到 11.8 万卷；专业档案所占整个馆藏比例从 17.6％增加到 74.9％，与文书档案的结构比例由 21：100 上升为 104：100；仅 2005 年利用档案的人数达到三千多人次，比 2004 年增长二十多倍，利用档案的数量达到 9000 卷件，比 2004年增长近 10 倍！改革试点初步确立了以档案部门为主体、各专业主管部门配合的国家档案资源管理模式，具有"一家主管、集中保管、及时移交、'一站式'服务"的特点，实现了安徽省档案局馆长李学香关于打破条框，从源头整合档案资源的大胆设想，也为全国档案管理体制改革提供了成功的经验，体现了适应社会主义市场经济要求的档案管理体制的三个"创新"，其一，在档案行政管理方面，变过去的条块分治为现在的一家主管。其二，在档案的归属和流向上，变试点前的条块分割为目前的集中统一管理。其三，在建设工程档案的移交时间上，规定竣工后立即向县档案馆移交。

2005 年 12 月 25 日，王刚专门就安徽省改革国家档案管理利用模式的做法作出重要批示，指出"整合档案信息资源、创新档案服务机制，是推动档案工作更好地为党和国家工作大局服务的重要举措。安徽省档案部门探索建立国家档案管理利用模式的做法值得肯定。各级档案部门要从实际出发借鉴这些经验，要坚持以科学的发展观统领档案工作全局，解放思想，实事求是，与时俱进，科学整合并合理开发档案信息资源，进一步发挥档案工作在全面建设小康社会中的特殊作用"。

2007 年 5 月 11 日至 14 日，中国档案学会在合肥召开安徽学术研讨会，从国家战略发展的高度、现实需要的角度和制度建设的层面，围绕安徽档案管理模式改革，重点就国家档案资源管理中存在的亟待解决的问题、安徽档案管理模式改革的理论和实践意义、安徽档案管理模式改革的推广和深化等问题进行了全面研讨。对安徽省档案局在全国率先开展的国家档案资源管理与利用模式改革予以了充分肯定。专家认为，安徽省档案部门在各级党委和政府的正确领导下，积极探索档案管理体制与服务机制的改革创新,在档案资源整合、管理机制创新等方面,取得了突出成绩,走在了全国的前列,其改革的力度之大、范围之广,在全国产生了极大影响,符合国家信息化发展的根本需要,符合档案管理体制改革的总体要求,是加强政府管理职能,实施统筹规划、资源共享的信息化发展战略的重大举措。不仅对档案学理论研究具有重大的意义,而且对档案事业的深入改革、加快发展具有重要的推动作用。

以上浦东新区、深圳特区、安徽和县档案管理体制改革的实践,是地方综合档案馆整合档案资源,进行档案管理模式改革的突出代表,虽然改革的形式和具体内容不尽相同,但其共性是,区县级综合档案馆在党和政府的直接领导下,将一个地区分散在多个部门、多处保管的城建档案、房地产档案、土地档案、规划档案等专门档案实行集中整合,实现资源共享,以突破传统档案管理体制带来的瓶颈束缚,有效地解决了档案资源存在的分散性、孤立性与社会对档案资源获取要求之间的现实矛盾。

(四)广东顺德档案管理体制改革的实践

广东顺德是珠江三角洲上的一个县级市,现为佛山市的顺德区。作为我国改革开放的前沿阵地,顺德经济得到迅猛发展,社会迅速从农业文明向工业文明过渡。1992 年被广东省确定为综合改革试验地区,开展了以政治、经济、文化三大体制改革为主要内容的综合改革,2001 年被列为全国行政体制改革和机构改革 5 个试点地区之一,为全国新一轮改革探路。

1992 年开始进行的顺德政府机构改革,力求转变政府职能,建立与市场经济相适应的政府管理新体制,采取了一系列改革措施。第一,根据市场经济需要,将政府职能转变到宏观管理、公共服务和社会监督上来。第二,根据政府公共职能的要求,精简机构和人员,建立与市场经济相适应的行政管理体制。首先,改革了领导体制,建立了"一个决策中心(市委常委会)、四位一体(市委、市政府、市人大、市政协)"式的决策体制。其次,实行精干的大系统管理模式,按照一件事一个部门负责的原则和大工业、大农业、大贸易、大文化的要求设置机构,撤销委办等中间层次,合并同类机构,如市委办、政府办的合并,不搞归口管理机构。最后,一些政企、政事不分的单位转为事业单位或经济实体,将行政职能划归政府有关部门。第三,大力改革政府的管理方式,使政府公共服务职能落到实处。

与此相应,顺德档案工作管理模式也处于动态变革之中。2000 年,顺德区委、区政府在推进事业单位机构改革中,把档案管理体制改革问题也提上议事日程。经过广泛的酝酿、讨论,并在党政、人大、政协和各部门达成共识的基础上,2001 年 11 月,由编委下文,将原规划国土局主管的城建档案室并入区档案馆;2002 年 7 月,区委、区政府又同意将房地产档案工作并入区档案馆,区编委下文设立房地产档案室,作为档案馆的内设机构。这样,通过渐进式的连续改革,顺德在全国率先实行了城建档案、房地产档案与地方综合档案馆统一管理的"三档合一"的新体制、新模式,实现了档案管理体制的创新,极大地丰富了档案馆馆藏,使档案工作更紧密地融入了当地经济和社会发展的各个领域,给档案馆工作注入了新的活力。其改革的主要内容包括:

第一,调整机构,变专业管理为集中领导。改革前,顺德区规划国土局为该区城建档案工作的行政主管部门,负责该地区包括房地产档案、竣工档案在内的城建档案的收集、保管、开发利用工作,实行城建专业档案的专业化管理。机构调整后,规划国土局主管的城建档案工作由综合档案馆集中统一领导。

第二,档案实行统一管理、分散存放。原规划国土局管理的城建档案、房地产档案并入综合档案馆后,综合档案馆管理文书档案、城建档案、房地产档案,但档案分两处存放,房地产档案集中存放于原规划国土局,文书档案、工程档案等存放于档案馆。

佛山市顺德区档案局、档案馆、区地方志办公室为一个机构、三块牌子,是区人民政府主管全区档案工作的事业单位,内设机构有监督指导股、管理股、党史股(史志股)、城建档案股和房地产档案室,主要职能是履行全区档案事业的行政管理和档案保管利用(包括接收、保管区级机关、团体、企事业单位和镇、街道的永久、长期档案及城市建设档案、房地产档案等)及地方志、党史资料的征集、整理、编纂和开发利用工作。

顺德改革打破了原有的档案管理体制,首开"三档合一"档案管理体制创新之先河,引起了新闻媒体的广泛注意,在档案界产生了重大影响,调动了各方面的积极性,产生了五"大"效果:一是市档案馆的规模大了;二是档案管理的范围大了;三是管理人员队伍大了;四是社会影响大了;五是档案馆的职责大了。他们的改革实践证明,长期形成的传统档案管理体制不是一块铁板,是可以被打破的。政府、各有关部门和档案部门,在创立新的档案管理体制中,完全可以达成共识,协调一致,取得档案馆对多种档案实体合一统管的可能性,并对一个地区内的机构(尤其是国家机构)形成的档案资源进行整合,解决了一些重要专门档案的流向问题,为当地经济建设和各项事业服务,成为当地社会公益事业的一部分。

二、地方机关档案管理体制改革的实践

(一)机关联合档案室的改革实践

档案综合管理的改革模式在地县级以下机关的推行并不尽如人意,主要原因是受行政编制、财政经费等影响,综合档案室涉及的人、财、物等基础性、条件性问题得不到很好的解决,一些中小机关的档案工作长期处于若有若无、名存实亡的境地,在很大程度上影响到机关档案工作的进一步开展。在这种条件和背景下,一种新型的机关档案管理组织形式——联合档案室应运而生,在相同的行业系统或区域,将一些规模小、人员少、文件不多、管理负荷小、驻地比较集中的地县级机关、市区级机关及乡镇级机关,以横向或纵向的方式联合起来,组织成为一个综合性的档案管理机构,实行统一领导、统一制度、整体开发、综合利用。这种新型机关档案工作组织形式,以某机关为牵头单位,并纳入其行政编制,由该机关办公部门领导,对各参联单位的档案工作进行监督、指导,在业务上受上级档案行政管理部门指导、监督和检查。

1980年,为实现县直部门档案的集中、统一、有效管理与服务,我国甘肃省永靖县建立了由县委16个部门组成的横向联合档案室,由县商业局机关及7个下属公司组成的纵向联合档案室,不仅精简了人员,节约了经费,还提高了档案保管的质量和服务水平,有利于实现档案管理的科学化、规范化和标准化。但联合档案室是一种自发行为,随着改革的深入,渐渐暴露出一些问题和矛盾。首先,由于档案数量的不断增长,给牵头单位在人员、经费、库房、设备等方面带来巨大压力和负担;其次,体制不顺,各单位仍要自行立卷归档,而联合档案室的监督又只能是一种"弱控制",不具有强制性;最后,各参联单位的利益和利用要求不一,契约很容易被打破,且服务面狭窄,适应不了信息化、现代化的要求。因此,联合档案室这种群体性档案管理组织形式,实际上是机关档案室的一个发展,由于体制等方面的缺陷,在全国并未形成燎原之势,之后逐步改革转向文件中心发展。

(二)机关文件中心的改革实践

文件中心最先是在 20 世纪 40 年代的美国出现,是第二次世界大战期间,美国军事机关为了保管数量庞大又不经常使用的文件而设立的临时性库房,由于适应了美国"二战"后的经济形势和管理半现行文件的需要,很快取得了法律地位。后来,在世界上建立文件中心或类似机构的国家越来越多,它们基本是在档案行政机关的管理之下,对半现行文件进行经济的保管和提供利用,并在这些文件被销毁或移交到档案馆之前进行系统的处置。联合国教科文组织将"文件中心"定义为"是在档案行政机关领导下,对各种不同行政机构的半现行文件进行经济保管和提供利用,并在文件被销毁、处理之前进行系统鉴定的机构"。

1988 年 4 月,在总结机关联合档案室工作经验基础上,我国甘肃省永靖县建立了国内第一个群体性机关档案管理实体——永靖县文件中心,隶属于永靖县档案局,是介于机关文书处理部门和档案馆之间的一种过渡性文件档案一体化管理的事业单位。其特点一是参联机关驻地比较集中,但不属同一系统。二是有稳定的专职人员管理档案,有专用库房和档案柜架,有统一的规章制度,直接面对机关服务,直接接受监督。至 1999 年,共有 24 个县级参联机关单位,配备 5 名专职人员,设置 24 套档案柜和 300 平方米档案库房,有效地增强了对全县档案管理的宏观调控能力,提高了案卷质量,为档案馆接收优质档案奠定了坚实基础,为全县各行各业、广大群众查阅档案提供了集中、快捷、方便的服务,促进了政务公开,密切了党群干群关系。据统计,永靖县文件中心建立 15 年后,共接收参联单位 8197 卷 6148 件档案文件,节约档案用房 330 平方米,精简人员 20 名,节省相关费用 323.8 万元。按当地价格计算,等于省下了 4 个库房面积 1000 平方米的档案馆,充分体现了档案机构设置的精简、统一、效能的原则。文件中心与联合档案室虽然存在许多方面的共同之处,但最大的区别在于二者隶属关系的定位不同。联合档案室大多归属牵头机关领导,文件中心则大多归属档案行政管理部门直接领导。

文件中心与当前普遍存在的基层档案室的功能基本相同,它们同为半现行文件的管理机构,都处于机关现行文件与档案馆档案管理的中间环节。虽然,在长期的档案工作实践中,基层档案室也被证明是一种适合我国国情、符合我国传统档案管理体制和档案学理论的管理方式,有效地保证了国家档案的完整与安全,但是,随着国家经济体制、政治体制改革的进一步发展,在历次国家机构改革中,作为机构改革的一部分,基层档案机构和人员也相应进行了精简。比如 1999 年的国家机构改革中,原有 158 个中央、国家机关中,有相当一部分档案处与其他机构合并,或改为档案科、档案室;23 个中央级部门档案馆中许多都改为事业单位管理,给档案工作带来了新的课题,原有基层档案管理体制在新形势下弊端日渐显露。

一是不管单位大小、形成档案多少,档案室一律分设,造成各种资源的分散和浪费。长期以来,各机关单位档案库房和办公用房、档案工作设施设备配备不到位的问题十分突出。因为办公用房紧张,往往档案库房与办公室合用,档案得不到专业的保护;而一些通用的档案设施存在重复购置的情况,使真正档次较高的保管设施没有足够的资金购买。二是档案人员已出现非专职性和非专业性趋势,从事档案专业工作的时间和精力得不到保证,档案业务水平得不到提高,加之档案工作清贫、烦琐且不能在短时期内体现工作成效,档案从业人员往往不能安心工作,无法对档案进行科学有效的管理。三是由于现行档案室以方便本机关利用为目的,大量的普发性、事务性等不应归档的文件也纳入了归档范围,致使各级综合档案馆重复件比例居高不下,给有限的档案管理资源(包括人力、财力和物力资源等)带来巨大压力,无法形成规模效益。所以,基层档案室既有其存在的合理性，又有着明显的不足之处，全盘地肯定或否定档案室的做法是不现实的，在它现有体系上重建一套文件中心也是不必要的。文件中心应作为档案室的一种共存和补充形式，结合实际，灵活设置。一般在部分人员编制较少的省、市级机关和原本规模就比较小的地、县级机关及一些国有小型企事业单位中运用的成效相对较好。近年来，北京西城区及深圳等地纷纷建立文件中心进行改革实践，充分说明了本土化档案文件中心强大的生命力。

这些本土化的文件中心不仅为机关提供相对廉价的档案库房和专职管理人员，而且能为机关管理和利用档案提供专业化的服务，是对原机关档案管理体制的创新，反映了我国基层机关精简机构、厉行节约的管理需要，也更有利于优化档案馆藏，发挥文件的社会功能。特别在信息时代，无纸化办公的推行和大量特殊载体文件材料的产生，对存储的硬件及技术的要求是一般档案室无法达到的。作为一种经济高效的半现行文件保管机构，文件中心应当具有广阔的发展前景。当然，机关档案资源集中管理模式的改革，也没必要只局限在文件中心一种模式上，随着改革的进一步深入，各地基层单位将会有更适合于本单位实际情况的各种形式出现。

（三）乡镇机关档案管理体制的改革实践

我国作为一个农业大国，档案工作为农业和农村工作服务离不开乡镇档案工作。乡镇是我国最基层的行政区划和政权组织，掌管一个行政区域内的政治、经济、教育、文化、卫生等各项工作。随着以农业为基础的思想不断深入人心，乡镇档案工作逐渐得到重视和加强。《档案法》第6条规定："乡、民族乡、镇人民政府应当指定人员负责保管本机关的档案，并对所属单位的档案工作实行监督和指导。"乡镇作为一级政权，大大小小的机关单位一般也有两三百个，形成的档案除日常的工作行文外，还包括政府管理的各个方面，是一个乡镇的政权建设、生产发展、科技文化进步的历史纪录，还反映了乡镇企业、农村工作改革发展的足迹。按照国家规定，乡镇机关基本实行乡镇政府负责人分管、乡镇秘书具体负责的乡镇档案工作管理体制，作为乡镇政权建设的一部分。目前，乡镇各部门的档案多由本部门自己管理，各自为政，造成案卷质量不规范、归档文件不齐全等现象，而且查阅、利用起来也很不方便。因此，有些地方建立了综合档案室，将乡镇各门类档案收集整理后，全部集中到综合档案室进行统一管理，使档案的管理工作进一步规范化。还有的建立了联合档案室，集中配置档案用房和基础设施，负责统一管理乡镇党委、政府及其内部机构形成的全部档案。各部门、各村的档案由各部门和各村的兼职档案人员整理，待整理完毕后交乡镇联合档案室统一保管，这样不但有利于档案的安全保管，还可避免各部门都设档案室、都配备基础设施等造成的浪费。

随着农村经济的不断发展，许多乡镇盖起了现代化的办公大楼，乡镇机构职能和管理体制也不断发生变化，逐步从管理型政府向服务型政府转变，从以行政工作为主向以经济工作为主转变，乡镇档案管理体制也随之有了新的突破和发展。2007年11月29日，广东省首家镇级档案馆——东莞市大郎镇档案馆正式揭牌，同时挂东莞市档案馆分馆的牌子，实行一套人员两块牌子，开创了全国乡镇档案管理体制改革的新实践。大郎镇政府将投资250万元新建的大楼作为镇档案馆的库房、办公室和档案利用、展示中心，规定镇档案馆负责接收、保存镇党委、政府各办公室、镇属各单位及各社区、村的档案资料，并对全镇各单位、社区和村的档案工作实行监督指导。镇档案馆归镇党政办管理，业务上接受市档案局的指导，人员和经费由镇统筹解决。东莞市档案局以大郎镇档案馆为试点，按照广东省档案局和东莞市政府的要求，把东莞市档案事业建设成为以市档案馆为总馆，以各镇档案馆为分馆，以各综合档案室为补充的馆网群体，实现档案信息资源共享。这是我国镇级档案资源整合的新尝试,符合机构精简高效的原则,是基层单位档案管理体制改革创新的新发展,具有先进的代表意义。

以上列举的几种机关档案资源集中管理模式的改革实践说明,随着机构改革,人员分流,还有计算机的普及、网络技术的发展、信息存储技术的应用和无纸办公的推广,过去几十年来一贯制的"一个机关一个档案室"的单一档案管理体制正在被改变。各机关档案工作为适应社会发展对档案工作的新要求,正按照"小机关,大服务"的运行机制,朝着"联合"的方向发展。通过多种形式的"联合",将各个单位"小而全"的分散档案室改革成一个综合性的精简、高效的档案管理机构,在档案行政部门的统一管理下,统一制度,统一规范,整体开发,综合利用,代表了今后一段时间我国机关档案管理体制发展的方向。

三、现代企业内部微观档案管理体制改革的实践

我国"企业档案"的概念是在 1986 年全国第三次科技档案工作会议上首次正式提出的。由于长期以来,人们一直把科技档案作为企业档案的主体,因此,企业档案管理体制在 1986 年前主要指企业科技档案管理体制。在 1964 年中共中央、国务院批转国家档案局《关于进一步加强技术档案工作的报告》中确立按专业统一管理的体制为国家层面对企业档案工作的宏观管理要求,但随着专业主管机关的职能转变或部分专业主管机关的撤销,已渐渐失去了其存在的组织基础,不再具有普遍指导意义,而在作为社会主义市场经济体制基础的现代企业制度的建立过程中,由于企业规模形态的变化,对各个企业内部档案工作机构的设置与运行机制的设计提出了新的要求。为适应企业经营机制转换,使企业真正成为自主经营、自负盈亏、自我发展、自我约束的法人实体和市场竞争主体,越来越多企业选择改革企业内部的微观档案管理体制,使企业档案工作与企业管理体制相适应,以促进企业的自主发展。

(一)企业内部微观档案管理体制的形成

1987 年国家档案局、国家经委和科委根据国务院关于加强企业管理的要求,为使企业档案工作适应企业"抓管理、上等级、全面提高素质"的需要,制发了《国营企业档案管理暂行规定》(以下简称《规定》)。这一文件的发布和实施,标志着我国企业档案统一管理的内部管理体制的确立。该《规定》专门设置了"档案管理体制"一章,明确规定了企业档案管理"应由一位副厂长(副经理)分工领导,并且列入企业领导议事日程,作为考核企业领导政绩的一部分",并且提出"要加强和充实企业档案管理机构。集中统一管理企业档案工作。有条件的大型企业要建立企业档案馆或企业档案资料信息中心"。为此,根据各企业不同情况,企业微观档案管理体制主要有以下几种形式:

1.集中式

企业档案实行集中统一管理,仍是目前大部分国有企业档案管理体制模式之一。在集中统一管理原则指导下,企业根据自身的管理特点和实际需要,选择了适应本企业的具体管理类型:一是成立综合档案室。这是基层单位档案机构的主要形式,是指由企业成立专门的档案管理机构,负责统一管理本企业形成的各种门类档案,各职能部门根据归档制度定期将档案材料移交给综合档案室管理。二是建立企事业档案馆。在特大型企业中,企业内部二级机构对总厂(总公司)来说,有相对的独立性和相当大的自主权。鉴于这些情况,企业成立档案馆,负责企业档案事

务,而在分厂(分公司)成立档案室,具体负责基层的档案工作。三是趋向图、情、档一体化管理模式。企业成立档案信息中心,或者成立以档案管理为主,兼管图书资料和情报的机构,共属同一行政单位领导,组成企业信息管理网络,特别是一些大型企业已开始使用计算机网络管理,形成了一个相互沟通、信息查询、快速准确地为企业发展提供信息服务的高效管理形式。目前,企业中专门设置科技档案室的不多,有些单位在档案室下设置科技档案分室的形式也是一种选择。

2.分散式

企业未成立专门的档案管理机构,各类档案相对集中在相应的职能部门管理。如文书档案主要集中在厂办;人事档案在人事部门或组织部门;会计档案主要集中在财务科;产品档案主要集中在技术科;而设备档案又集中在设备科等等。有的档案分散在各部门或个人手中,极易随着人员的流动而散失,是一种极不可取的管理形式,这种情况在一些新建的民营企业中颇多出现。

总的来说,中小型企业规模较小,内部档案工作机构的设置也较为简单,微观档案管理体制问题主要在一些现代企业集团中比较突出。这些企业规模庞大,地域分布广,内部结构复杂,在档案管理上具有特殊要求。

(二)企业内部微观档案管理体制的发展

大型企业集团或控股(集团)公司规模大,下属单位多,确定企业内部微观档案管理体制的依据要与企业自身的管理体制相适应,如果企业集团本身是一级管理,档案工作也应该是一级管理,如上海宝钢集团。如果企业集团内部实行多级管理,则在企业内部实行统一领导、分级管理的"母体代管制"是一种合理的选择。母体公司是企业集团的核心,也是企业集团的决策中心,理应成为集团的档案管理中心,通过建立企业集团档案馆,对整个企业集团的档案工作实行统筹规划,组织协调,统一制度,监督指导。"母体代管制",即由总公司档案机构负责总公司与核心层企业的档案工作,紧密层、松散层企业的档案机构负责本企业的档案工作,在公司内部实行统一领导、分级管理。所谓代管,一是原专业主管机关撤销后,总公司可以在一定程度或范围内代替原来"条"的职能;二是在一定程度上,可以作为档案行政管理部门进行宏观调控的中介。为此,在企业集团微观档案管理体制改革中,可以鼓励总公司档案部门制定档案管理的制度与标准,有意识强化这种代管关系,并强调公司内以法人为单位对档案实行集中统一管理。上海纺织控股(集团)公司的微观档案管理体制可以视为实行"母体代管制"的一个成功实例。上海纺织工业局改制后,由过去作为专业主管机关的行政管理者变为资产经营者,改革之初面对档案机构撤并、人员锐减、经费无保障的困境,总公司档案人员坚守岗位,经过几年的努力初步理顺了公司内部的管理体制:

1.建立公司内部管理体制

总公司制定了《档案管理办法》《档案管理工作岗位确定的暂行规定》,确定总公司内"实行统一领导、分级管理"的原则,强调"每个具备独立建档条件的单位必须建立档案工作,设定档案工作岗位"。

2.实行网络化管理

根据企业改革的实际,总公司下属各单位不强调设立专职档案人员,要求配备专(兼)职档案干部,要求"档案工作岗位培训不可空缺,档案人员的流动必须先配后调";在企业和企业内部各层次组建档案协作组,作为沟通公司、企业之间的桥梁,努力构筑自上而下的管理网络。

3.公司内部贯彻抓"大"放"小"的方针

一是抓依法治档,除开展档案法规宣传工作外,公司内部每年都要进行执法检查,重点检查档案管理工作基本原则的执行情况,但不干涉企业档案具体管理细节;二是抓优势、特色企业、重大技改、新产品、科研项目的建档;三是抓典型,以点带面,如老企业档案的鉴定、破产企业档案的流向、兼并企业档案的移交等工作。

上海纺织控股(集团)公司档案管理实践证明,实行统一领导、分级管理式的"母体代管制",是企业集团内部一个行之有效的微观管理体制,但现代企业制度的建立,对企业档案工作来说更是一场严峻的考验。从目前情况来看,我国企业档案工作长期以来遵循的集中统一管理的思想理念根深蒂固,缺乏改革所需的灵活性和方便性,统一管理与分级(散)管理的矛盾很难妥善解决,造成企业微观档案管理体制改革的进程十分缓慢,在不同程度上滞后于整个企业组织体系和管理模式的改革,与市场经济发展对档案管理提出的社会化、产业化、信息化的要求相去甚远。在新的经济时代,如何以最少的投入求得最大的产出,使得内部机构设置力求精干、高效,以符合现代企业制度的规范要求,既是企业档案工作者面临的新挑战,更是难得的新机遇。

目前,我国改革开放和经济建设的许多领域已进入攻坚阶段和决战时期,效益已经成为企业的第一生命。在深化经济体制改革中,宏观经济管理部门进行着体制转换,国有企业为建立现代企业制度在改革中不断地改组、联合、兼并、破产等;行业性、跨行业、跨地区、跨所有制企业集团正在不断地组建;"三资"企业、股份制、股份合作制企业的大量创办;非公有制经济形式日趋活跃。企业类型的多元化使得各个企业的外部环境和内部条件都存在相当大的差异,档案工作自然也是千差万别,相应产生了多元化的管理需求,这在经济特区表现尤为明显。以深圳市为例,该市探索出了一种由地方档案部门代管企业档案的管理模式,成为全国最早建立档案寄存中心的地区。1996年以来,深圳市档案馆就接收和代管了一些破产国有企业的档案,有效地避免了企业档案的流失。为了进一步适应企业以及其他单位或个人的档案管理需求,深圳市档案局(馆)于1998年专门设立了档案寄存中心,用于为该市不具备档案安全保管条件或有需要的企业、社会团体和个人提供档案寄存的有偿服务。这一举措是档案部门适应市场经济需求的大胆改革,是向档案社会化管理的积极迈进。在深圳市的带动下,我国一些市县级档案馆或其他有关部门也都设立了档案寄存机构或开展了档案寄存等业务。

随着市场经济的发展,政府职能的进一步转变,原来许多由档案行政管理部门实施的职能,都需要放权给市场运作。党的"十五大"提出要"鼓励和引导第三产业加快发展","培育和发展社会中介组织",档案中介组织也在其中应运而生。我国档案中介机构分布广泛,种类繁多,形式多样化,有些地方以行政管理为手段,要求本地区有条件的各级档案部门全面开展此项工作,也有的是自发进行的。从所有制结构上,有国家所有的企业、事业单位,也有民营企业;从服务内容看,有的相对单一,有的开展综合性的咨询服务。目前全国档案中介服务的主要形式有:档案寄存中心、档案咨询服务机构、档案事务所、档案托管中心、档案缩微技术服务中心、档案信息开发服务中心、档案培训管理中心和商业性文件中心等。从性质来看,与机关的文件中心有着追求经济高效的共同之处,但在体制上却存在完全不同的区别,是档案管理社会化的必然。事实证明,档案中介机构作为市场经济体制下解决档案信息资源社会化配置和社会化服务的一种重要形式,从一定程度上看,可以改变有关机构或组织仍然沿用的"大一统"的传统档案管理体制,而要求档案工作适应新形势,跟上新发展,由档案行政管理部门组织建立中间性的档案机构,发挥多元化、多功能化、市场化、规范化和规模化的优势,既促进了档案工作的发展,充分体现了档案行政管理部门宏观管理的职能,又可以发挥档案部门的人员优势,创造经济效益,必将对档案工作为社会服务、提高档案工作质量、扩大档案工作的社会认知度,产生巨大的影响。

第十四章　大数据时代档案管理模式的新发展

　　大数据时代的到来,给档案管理工作带来的影响是不言而喻的,大数据时代档案管理模式的新发展的研究,有利于保护各类档案文化资源,优化档案业务流程,挖掘档案增值信息,加强档案管理机构的职能建设,达到促进档案事业发展的目的。本章是对大数据时代档案管理模式的新发展的研究,主要涉及大数据时代与档案管理模式、大数据时代档案管理模式的变化、大数据时代档案管理模式的优化策略等内容。

第一节　大数据时代与档案管理模式

一、大数据时代的社会变革

　　从人类社会发展历程来看,无论是农业社会、工业社会还是信息社会,在每一个新的社会发展阶段,人们的工作方式、生活方式以及思维方式等都会发生巨大的变革。信息社会环境下,数据资源的大量积累和数据价值的广泛应用推动了大数据时代的来临,现代商务、政府决策、学术研究等活动无一不处在量化发展的进程中。大数据蕴含着全面开启信息技术、资源管理、社会职业活动等各个领域深刻变革的巨大能量,正在明显地改变着人们的生活方式、工作方式和认识世界的方式,成为创新服务和变革发展的巨大推动力。大数据时代所带来的社会变革主要体现在技术、思维和管理三个方面。

(一)技术变革

　　信息技术的发展和应用是大数据产生的基础,互联网信息、物联网信息、传感器中的位置信息等导致了数据规模的空前扩张,数据量的增长远远超过了现有管理架构和基础设施的承载能力,数据处理和应用的实时性也对现有计算能力提出了更高的要求。如何盘活巨量数据资产,使其为政府决策、企业发展、社会治理以及个人生活等服务,是大数据时代需要解决的核心问题。数据存储、数据分析、数据挖掘和数据可视化等需求推动着信息技术领域一轮又一轮的技术变革。数据库技术开始向分布式架构发展,数据管理和数据分析解决方案此起彼伏。当前盛行的云计算能够为海量数据的存储、计算和应用提供多种服务,其中具有超级计算能力的技术成为大数据发展的基石。NoSQL(非关系型数据库的总称)和基于 Hadoop 基础架构的分布式解决方案以其高扩展性、高可靠性、高并发性、高效性、低成本等优势,在大数据处理中发挥着越来越大的作用。亚马逊、微软、谷歌、IBM 等知名公司在大数据管理、数据仓库、数据分析平台架构和软件设计创新等方面纷纷取得了重大突破,如亚马逊的云数据仓库 Amazon Redshift、谷歌的数据分析软件 BigQuery、IBM 的 Hadoop 系统和 InfoSphere Streams 流数据等,在医院诊疗、商业洞察、企业决策、保险理赔和银行业务等多个领域得到了广泛应用。

(二)思维变革

大数据技术正在重塑我们周围的世界,它为信息社会的快速发展带来了巨大的能量,也为人们的工作和生活带来了许多不可思议的变化。数据存储、数据挖掘和数据分析等技术正在发生翻天覆地的变化,受此影响,人们认识世界、理解问题和做出决策的基本方式也正在改变。正如"互联网+"思维的快速兴起,人们普遍开始借助互联网式的思维方式开展工作,并将网络化和数据化融入自己的日常生活,P2P,O2O,C2G 等商业模式在电子商务应用中如火如荼。此外,在数据分析过程中,从采集样本数据到分析全体数据,从讲求精确性到接受混杂性,从关注因果关系到关注相关关系的思维变革成为大数据时代人类探索世界的关键。数据获取、存储的便利性和数据价值的潜在性使越来越多的数据被保存,记忆成为社会生活的常态,而遗忘则成为例外。数据处理能力的极大发展使人们在分析数据时不再局限于小数据时代的随机抽样,与被分析对象相关的所有数据即相当于样本数据,全数据分析模式将成为人们分析事物与探索规律的基本方式。然而在所有数据集中,并不是每一条数据都是精确无误的,小数据时代为追求分析结果的准确性,必须确保样本数据的高质量,而在大数据时代,混杂数据的精确性很难得到保障,数据容错率大幅度提高。大数据通常能够揭示事物发展的规律和发展趋势,而不是追求确凿的结果,在数据分析过程中需要做的就是接受这些纷繁复杂的数据并从中提取价值。思维方式的重大变革为人们认识世界提供了新的视角和更加快捷的途径,事物间的相关性受到越来越多的关注。通过数据的相关性分析往往能够揭示一些惊人的规律,如沃尔玛啤酒和纸尿布销售案例的成功。因此,有数据专家认为,拥有大数据思维是在大数据时代获得成功的关键。

(三)管理变革

大数据时代管理的核心理念是从规模庞大的数据资源中挖掘出最大的应用价值。为更多地获取数据信息,人类记录、测量的能力和欲望不断增强,数据化范围不断扩张,似乎一切事物和现象都处在一个量化的进程中,甚至人们日常生活中走路、吃饭等都能以数据的形式记录、保存和分析。而且在这样的环境中,几乎所有的数据都被认为是有价值的,先进的数据分析工具和设备可以帮助人们更快更大规模地进行数据处理。数据重组、数据再利用、数据扩展和数据废弃等数据的创新应用最大限度地释放了数据的隐藏价值,为管理领域带来了根本性的变革。在商业管理领域,企业将数据作为最宝贵的资产,拥有数据意味着拥有强大的市场竞争力;在公共管理领域,政府部门积累的海量数据资源成为无法估量的价值源泉,数据开放成为社会利益驱动下最大的公共诉求。开放政府数据的倡议在全球范围内得到了积极响应,美国、英国、巴西、印度尼西亚等八个国家于 2011 年联合成立了开放政府合作伙伴(OGP,Open Government Partnership),成员国迅速发展(现已达 63 个),掀起了开放数据的浪潮。另外,在个人生活管理方面,公民可以通过记录和分析日常生活中产生的大量数据进行更方便的家庭管理和更科学的健康管理。与此同时,大数据也带来了隐私保护和管理上的极大挑战,在先进的信息技术的支撑下,数据收集和数据分析的无孔不入使传统的隐私保护策略纷纷失效,人们的一举一动无不处在各种"监控"之下,隐私变得无处遁形。因此,在大数据时代,数据的合理获取和科学管理更为重要,既要有效释放数据的潜在能量,又要竭力保护用户的隐私信息,寻求数据开放和隐私保护之间的平衡将给社会各领域各行业带来一场管理规范上的巨大变革。

二、档案管理模式的含义

档案管理模式包括档案机构的设置和档案工作管理体制的选择两个方面的内容。

(一)档案机构的职责及其设置原则

1.档案机构的含义

档案机构是档案工作任务的主要承担部门。

2.档案机构的职责

档案机构的主要职责包括:贯彻执行档案工作法律、法规和方针政策,建立健全本单位档案工作的各项规章制度;统一管理本单位的档案和档案工作;对本单位下属单位的档案工作进行监督和指导;对本单位业务职能部门文件材料的形成、积累和整理归档工作进行指导。

3.档案机构的设置原则,

档案机构的设置要依据相关的法规,考虑单位档案工作现状和发展要求,考虑档案管理成本,保证单位档案完整、安全和有效利用。

(二)常见的档案工作机构

1.档案室

档案室是集中统一管理本单位档案的内部机构,是单位内部具有信息服务与咨询性质的机构。档案室的类型有文书档案室、科技档案室、音像档案室、人事档案室、综合档案室和联合档案室。

2.档案馆

档案馆是永久保存档案的基地,是提供档案信息为社会服务的中心。档案馆的类型有综合性档案馆、专门档案馆和企事业单位档案馆。

(三)档案工作的管理体制

档案工作的管理体制,是指广义上的档案工作的机构设置及隶属关系、行政职权的划分及运行等各种相关制度的总称,有宏观和微观两个层面。档案工作的宏观管理体制,指国家对档案工作进行管理的行政体制,包括管理国家档案事务的行政机构的设置、职能分工、运行方式等内容。档案工作的微观管理体制,指单位对其档案工作进行管理的内部体制,包括档案工作的领导关系、档案工作机构的设置及职责、档案工作人员的配备等内容。

三、档案管理模式的确立程序

(一)分析单位实际情况

分析本单位的性质、规模、人员构成情况、内部机构设置和资金条件等,考虑本单位的未来发展方向。

(二)分析单位档案的情况

注意调查研究,了解本单位档案的种类、内容、保存价值、数量、整理和保管的情况,分析本单位档案的形成规律和特点。

(三)熟悉不同类型档案管理模式的特点

1.分散管理模式

这种模式是将企业各种门类的档案分别保存在各有关部门。如文书档案保存在办公部门,会计档案保存在财务部门,科技档案保存在生产技术部门等。

2.集中管理模式

这种管理模式是将企业文书、科技、会计等各种门类的档案集中统一管理。它实际上是一个企业单位档案信息的综合体,在企业负责人的直接领导下,作为企业单位整个管理系统的一个子系统,承担着企业全部档案信息资源的储存、管理和开发利用工作,发挥统一管理档案和对内、对外组织档案信息流通的作用。

3.信息一体化管理模式

这种管理模式是集档案、科技情报、科技图书资料等各种信息于一体,实行一体化管理,是企业内部统一的信息管理中心。

(四)选择适宜的档案管理模式

从实现档案的科学管理和便于利用出发,针对本单位实际情况和所藏档案的基本情况,根据不同类型档案管理模式的特点,确定适合本单位的档案管理模式。

第二节 大数据时代档案管理模式的变化

一、档案管理理论体系的变化

大数据时代,档案数据量的增加、档案服务水平要求提高以及档案软件平台的应用,使得档案工作者对档案的认识不能只停留在过去传统的管理观念上了。档案纸质时代被迫接受档案信息化时代的挑战，催生出了新的档案管理基础理论，如新来源观、文件连续体论、宏观鉴定理论等。大数据时代的到来，档案管理理论还将再次受到冲击，推动档案管理理论不断扩展。

（一）大数据观

大数据时代到来的最大最显著特征就是数据量的剧增，大到我们采用一般的方法和技术无法对其进行描述和处理。大数据时代预言家维克托对大数据下的定义是不采用随机分析法这样的捷径而使用所有数据的方法，这个定义明确地表示出大数据时代的数据用的不再是抽样数据，而是全数据。大数据倡导的是一切数据皆有用。

作为一个新生的理念，目前很多人对大数据的认识和理解有些偏颇，对相关问题存在疑惑。一是大数据一定非常大。其实，并非总是说有数百个 TB 才算得上大数据，根据实际使用情况，有时候数百个 GB 的数据也可称为大数据，主要看第三个维度——速度或时间维度。因而大数据并非是对数据量大小的定量描述，而在于快速获取数据价值的程度。二是大数据越多越好。对于大数据研究来说，解决一个问题的数据规模有一个阈值，数据少于这个阈值，问题解决不了；达到这个阈值，就可以解决以前解决不了的问题；超过这个阈值，对解决问题也没有更多的帮助。所以，在对需要解决的问题进行相关数据分析时，重点是要对数据进行科学分类、优化整合而不是为了去获取更多的数据，多也无益。三是大数据是绝对的。直至目前，大数据的定义尚无统一标准，大数据说法也是针对现有的思维、资源、方法和技术而言的，随着互联网的不断发展，数据处理工具和技术、存储空间和处理能力的提升，大数据的定义必然会因为人的见识和网络的先进一次又一次发生改变，因此大数据绝对不会一成不变。

在档案管理领域，馆藏档案就是档案部门的大数据，我们渴望所有信息资料都归档，但迫于人力物力财力的束缚，传统的管理方法一直都是采取去粗取精的方式，从所有的信息资料中鉴定出有利用价值的归入档案保存，那些无关紧要、没有利用价值的信息资料都被剔除出档案收集的范围，这样做对当时来说是省时省力的无奈之举，但站在现在甚至未来来看，这种做法造成了相当一部分档案数据的损失。如果说过去是受主客观条件的影响而没有遵循一切数据皆归档的原则的话，那么在数据充足技术发达的大数据时代，数据即档案，曾经单个数据没有意义，当它成为集体数据的一份子时，谁知道会起到什么作用呢。档案部门应该尽快树立起档案大数据观。

（二）大档案观

大数据观强调的是对数据的重视，抱持一切数据皆有用的思想。大档案观则是要将一切有用的数据视为档案，转变成一切档案皆有用的态度。档案真实地反映人类的生产生活，是人类集体智慧的结晶，它们散落在社会的各个阶层各个角落还没有被拾起。那些存放在档案馆和档案室的档案大多都是党政机关处理公事的文件材料，属于国家所有，对社会公众而言那就是政府的私有财产，神圣而不可侵犯。上海市虹口区档案馆统计，"在馆藏 118521 卷档案中，反映政务内容的文书档案占 84.6%，反映科技、财务、艺术等内容的只占 15.4%，"唯"政"是图还是当前我国档案部门的主流生存模式，守着国家的宝藏忽略了档案也要走"平民化、草根化"路线。

对于大档案观的理念可以从两个方面来理解。首先，"一切归档"成为可能，让档案的大门更加开放。在档案归档的范围上将大门更开放地打开，做到包罗万象涵盖所有，将社会产生的一切具有保存和利用价值的信息记录视为档案，尤其是互联网即时信息，如果不及时抓取，那些信息就石沉大海再难寻觅了;更加关注底层化、平民化、草根化的稍纵即逝的零碎信息。其次,档案无处不在。存放在档案馆里的馆藏才是档案是人们对档案的传统印象,因网络的普及,每天每时每刻信息数据都在喷涌而出,它们分布在各个网络节点和神经末梢,没有被及时收集进馆,但只要在需要的时候可供检索利用,发挥应有的价值,那它就是潜在档案,存在于日常生活的方方面面。

(三)大服务观

大数据是信息科技领域颠覆性的技术变革,但大数据不只是技术的革新,实质上计算机服务时代的来临,对数据的抽丝剥茧、总结结论更体现了计算机行业正从技术供应型转为服务供应型,技术的变革是服务的高层次要求,技术的进步是为了提供更好的服务。利用服务是数据存在的最终目的和意义,大数据的产生却改变了人的需求,利用服务不再简单纯粹,档案用户不再只满足于文件的利用,而是想要获得数据背后的信息内容和蕴藏的隐性知识。

档案服务在大数据时代必将朝着社会化、多元化方向发展,档案管理重心要向服务倾斜。第一是由"为国守史、为党管史"向"为民服务"倾斜。档案部门不能再是"守财奴",国家赋予的责任要坚守,党的利益要坚持,但档案部门不应再是把着一张门,管着几张纸,服务几个人的守旧状态,民生利益是新时代国家给予民众的切身利益。第二是由"坐等人上门"向"主动型服务"倾斜。大数据时代,档案部门可以运用信息技术把隐藏在海量数据中的知识揭示出来,对用户的利用习惯和兴趣趋向进行数据挖掘和量化分析,改变档案利用服务方式,提升档案服务的主观能动性,向用户提供信息抓取准、知识含量高的档案定制、推送服务,实现大档案大服务。第三是提供一站式一条龙服务。数据的多寡是影响服务质量的因素之一,档案收集越齐全,整理越规范,查阅到的概率就越大,就越能够帮助用户解决问题,因此用户希望档案部门提供的服务是不受时空限制的海量数据资源的精细化输出结果,在一个地方用一种方式就可以实现"问题——数据——解决方案"一站式一条龙到位服务。

(四)大平台

平台的建设是互联网思维下各行各业谋求新发展的必然之举,拥有了平台就拥有了可供收发的信息资源,充足的信息资源又是吸引用户的关键,而用户的支持则是行业发展最强有力的保证。随着档案数据的不断增多,现有的档案管理模式已难以满足大数据时代信息资源的管理要求,档案部门亟须改变"老牛人力车"的现状,建设资源富集、操作便捷、服务高效的档案数据大平台。如安徽利用共享平台开展网络档案利用服务,青岛完成微信公共服务平台和在线查档全区域共享平台建设,广州建成电子文件档案资源管理中心系统,这都是档案数据大平台建设的重要成果。

档案数据大平台建设涵括两个方面的内容。首先,档案管理系统互联网平台的开发应用是重中之重。信息化时代以来,档案系统进行了档案信息网的建设,全国各省市地方也都纷纷建立了各自的档案信息网,但从横向来看,东、中部地区档案信息网的网站数量比西部地区多,网站内容也比西部地区的丰富;从纵向来看,省市级档案信息网建设情况要好于县一级。横向发展不平衡、纵向发展不深入是当前档案信息化建设的通病,要借助大数据时代的契机,给档案信息化再添一把火,完善全国档案管理系统平台的建设,实现均衡发展,齐头并进。其次,建立行业内部档案管理系统局域网平台。不论是上传下达,还是同级传阅交办,局域网都是最适合用于行业内部进行沟通交流的通道。行业内部系统平台的建设可以克服各地区因独立操作造成的"信息孤岛"

和信息流转不便的难题，通过权限管理和信息流通，实现数据资源的相对集中，外部信息也可通过附属软件直接导入导出系统，不仅顺应了办公自动化和无纸化办公的要求，更大大提高了上下级和部门间公文处理的效率。系统平台里包含"档案管理"模块，划分档案类别，不同职能的业务部门产生不同的业务档案，囊括文书类、业务类、财会类、科技类、实物类、公务礼品类等，改变多年来档案"重文书、轻业务"的惯性，将档案管理渗透到业务工作的各个环节。档案员可以对来往的文件进行查看和预归档，每年各科室办理完毕的文件都可以通过内部系统平台汇总，按照"机构——问题——保管期限"完成归档，电脑软件直接生成归档文件目录，实现电子与纸质档案的一一对应（一般普发性通知文件可以不打印纸质档，但要在归档文件目录备注栏中备注说明）。

二、档案数据资源体系的变化

拥有可观的馆藏资源是档案部门开展工作最大的优势，馆藏资源越多越能体现档案部门存在的价值，丰富的馆藏是档案部门维护社会地位的根本，也是开展档案利用服务的资本。大数据时代，信息资源呈现爆发式增长，最终作为档案保存下来材料的也急剧增长，档案不再缺，而是泛。档案数据的来源更广泛、内容更丰富、采集方式也发生了改变。

（一）档案数据的来源更广

档案馆是集中统一永久保管党和国家档案的科学文化事业机构，是科学研究和社会各界利用档案史料的中心，所以档案过去的功用主要体现在维护和传承党和国家的记忆上，这在一定程度上限定了档案的来源，它们大多都是机关、企事业单位经年累月精挑细选后的"成品"，大数据时代，档案数据的来源更多地倾向网络化、社会化、平民化。

来源于互联网的数据多。互联网是当今信息资源的最大产地，中国是全球网民数量最多的国家。

CNNIC（中国互联网络信息中心）发布的《第35次中国互联网络发展状况统计报告》显示，截至2014年底，中国网民规模已达6.49亿人，互联网普及率为47.9%，较2013年底提升2.1%；手机网民规模达5.57亿，较2013年底增加5672万人，中国网页数量为1899亿个。互联网的普及、网民人数的增多以及网页数量的暴涨使得网上信息成了档案数据的主要来源之一。

档案部门更关注民生民意是档案数据来源的另一大变化。这几年，档案部门积极响应国家政策，更加注重收集关乎老百姓切身利益的民生档案。国际档案日的宣传主题从"档案在你身边"到"走近档案"，都是在呼唤大众的社会档案意识，引导他们关注档案、关心自我。日常生活中，日记照片、录影录像、获奖证书、购物发票、就诊记录、行车线路、消费信息等都和自身息息相关，虽然这些信息对他人毫无用处，但它是自己历史的一部分，对自己有重大意义。国家号召全社会建立家庭档案和个人档案，"全民皆档"使得档案来源更草根化、生活化。

（二）档案数据的内容更丰富

对于档案部门来说，信息资源是安身立命之本，档案数量越大、门类越多就越有利于档案价值的发挥，强化档案部门的社会地位。大数据时代早已让IT行业风起云涌，后知后觉的档案部门受到大数据的影响，档案数据本身也发生了变化。

一是档案数据数量增大。大数据时代，档案数据资源总量大且迅猛增长。单个档案馆的馆藏档案数量不算大，但全国各个档案馆馆藏档案的总和就可以称得上大数据。

2008年,各级国家档案馆共保存档案1.93亿卷,比2007年增加1769万卷,涨幅达10%。2011年,全国各级国家档案馆馆藏已达3.3亿卷,到2020年,全国档案馆馆藏将达到6亿多卷。大数据时代,随着全国各级各类档案馆的扩改建工程项目从开始启动到逐步完工,档案馆馆藏容量大大增加,档案馆势必要全面完成存量数字化、增量电子化任务,且在今后乃至很长一段时间内档案仍将实行"双套归档制",这些移交、寄存、撤转并改档案数量轻易就能使档案馆馆藏存储量达到TB甚至PB级,形成海量规模。

二是档案数据类型增多。档案馆的馆藏档案通常包括纸质、声像、实物几个常见种类,信息化又带来了电子档案,还有用户信息、浏览查询痕迹等等需要保存,这些载体各异、特征多样、结构差异大的档案被分门别类用不同方式保管着,数据和载体的增多使得同一个信息可以用不同的数据形式表示出来,同样的数据形式也可以表达不同的信息内容,它们共同组成了档案馆的异构数据大集群。大数据时代,数据结构还将发生更大的变化,Gartner公司估计,2012年半结构化数据和非结构化的数据占了全球网络数据量的85%左右,大都是文档、表格、图像、网页、音频和视频等。今后档案馆藏的主要来源就是这些异构化的数据,它们将成为档案馆藏的重要组成部分,馆藏档案将朝着种类繁多、非结构化数据比重增大的方向发展下去。

三是档案数据价值密度降低。档案作为最真实的历史记录,相较于一般的信息资源拥有非常高的价值。但大部分的档案一旦移交进馆后就基本处于休眠状态,乏人问津少有翻阅。实践证明,利用率高、利用价值大的档案在馆藏档案中几乎如凤毛麟角般稀少,这些重要档案占全部库存档案的比重非常低,档案价值密度的高低与档案数据总量的大小成反比,这表示档案数据总量越多,单个档案的价值密度就越小,其中还不乏长期处于沉睡中从来没有发挥过作用的档案,它们其实占据了档案总量的大部分。大数据时代,档案数据总量只会逐年骤增,相对来说档案整体平均利用率就会降低,那么可能有用的档案对应比例就会减少。

四是档案数据处理速度加快。随着档案信息化进程加快和档案网络的逐步建设,档案部门已经渐渐脱离了人工手动管理档案的落后方式,进入了现代化的档案收、管、用业务流程管理。大数据时代,档案工作讲究的是时效性和便捷性,一方面对抓取稍纵即逝的有用信息的速度提出了新要求,尤其是网络中更新快的网页信息,另一方面要求档案员从海量档案中迅速找到用户所需的信息。如何快速获取有效信息并满足用户需求,只有靠大数据催生出的云计算技术来解决,运用互联网技术、计算机软件、高科技手段提升档案资源的处理速度。

(三)档案数据的收集方式多样

信息资源数量再多,没有被收集归档就不是档案,就不能起到档案作为权威的作用。档案业务工作的第一环就是档案的收集,在传统的管理方式下,收集主要靠的是主动移交,单位各科室定时向综合档案室移交,各单位定时向各级国家综合档案馆移交,还要打好移交清册,以免损毁丢失。

第一,档案数据的强制收集。事实上,很多单位都不主动向档案馆移交档案,借故拖延,加上档案法规威慑力弱,档案部门不主动上门要,很难及时将档案收集齐全完整。

2013年2月22日,中华人民共和国监察部、中华人民共和国人力资源和社会保障部、国家档案局令第30号《档案管理违法违纪行为处分规定》第四条规定,不遵照国家规定向有关档案馆移交档案的,对有关责任人员,依据情节轻重给予相应的违法违纪处分,包括警告、记过、记大过、降级、撤职等不同程度的处分,这个档案法律法规的出台不仅能使各单位更好地配合档案部门做好各项工作,更赋予了档案部门强制执行档案收集移交的权利,为档案大数据集中保驾护航。

第二,档案数据的实时捕捉。如今互联网信息内容多、更新快、传播广,成为档案部门在大数据时代档案收集的重点和难点区域。将有价值的信息及时捕捉归档,对档案员的专业敏锐度和操作灵活性是一大考验,因为不知道一闪而逝的信息在什么时候有用,档案部门再也不能只依着"等人送上门"的老办法来收集档案,而是采用收集信息的新方法,实时把握网络动态资源,借助计算技术和信息技术的力量,充分利用社会计算,帮助档案员对网络资源进行实时科学捕捉。

三、档案利用服务体系的变化

档案作为真实的历史记录被悉心保存,最终的目的就是需要档案部门维护好党和国家利益,服务好人民群众,满足社会公众对档案的利用服务需求。大数据时代,档案服务利用工作将"朝着社会化、多元化方向发展,以企业、客户个性化、差异化需求为导向,提供人性化、智慧化服务",因此,档案利用服务在服务对象、服务内容、服务方式和服务目的上都将发生变化。

(一)档案服务对象

过去档案部门主要是为党和政府有关部门服务,为企事业单位服务,为公务员和职工服务,他们是档案最大、最直接的受益群体。面对新形势,国家更注重惠及民生的档案资源的收集,档案更倾向于为广大人民群众服务,要为城市发展和市民服务,要为智慧城市的建设服务,要为新农村建设服务,要为农民老百姓服务。

用户从线下延伸到线上是档案服务对象的另一变化。大数据时代,网络通畅,数据资源丰富,档案网络化也渐入佳境,档案服务增加了一批新客源——网络用户,他们不再需要亲身前往档案馆,摆脱了时空的限制,足不出户就能获取所需资源,不管是需要帮助还是闲暇浏览,他们的求助和咨询行为有意无意地成了档案用户和档案潜在客户。

(二)档案服务内容

档案服务一直遵循着"你来馆我来找"的模式,馆内资源就是档案部门服务内容的全部,馆外资源还不是档案,不属于服务责任范围。但是档案只是信息资源的凤毛麟角,馆外资源只因数量巨大超出档案部门处理信息的能力而被迫流于馆外。大数据时代,馆外资源尤其是网络资源显现出自身的优势和价值,应该被纳入档案服务内容的范围,扩充档案服务内容。

档案服务通常是用户需要什么档案员就提供什么,这是服务浅层次状态。大数据时代要求档案服务"深入人心",更加注重对用户个体行为的关注,通过对用户的身份登记、查阅记录、搜索方式、利用结果等数据的分析得到用户的利用需求和利用习惯,从而开展以满足社会个体诉求为目的的档案大服务,对每个档案用户进行特定问题的分析、查找与决策,追求档案服务内容差异化、精细化。

(三)档案服务方式

档案馆作为档案服务的实体机构,拥有庞大的档案资源,传统的档案服务基本以馆藏为依托,档案用户得拿着红戳证明亲自到当地或档案所在地档案馆进馆查询。大数据时代,网络的发达开创了档案远程服务方式,不管是需要解决实际问题,还是进行咨询研究,都可以经由档案网站的互动信息栏与档案馆取得联系,用户表达诉求,档案馆再将档案通过在线传输、打包邮寄或其他方式提供给用户。

大数据时代也促使档案馆开启了档案人性化定制、智能化推送服务方式。档案员不再坐等用户上门，服务眼前来馆的几个人，在把线下用户服务好的同时要利用网络开展网上服务，对线上用户进行询问答疑，悉心记录、分析、跟踪用户的需求，了解用户的需求趋势和利用偏好，观察他们在利用查询档案的时候，是否还想知道更广更深更多的隐性知识，智能推送出用户感兴趣的知识服务。

（四）档案服务目的

档案服务的最高目的在于最大限度地满足用户的信息需求。大数据时代，用户需要对不同层面、不同领域、不同方向的档案信息进行深入了解，通过对信息内容的筛选和捕捉加上自己的知识储备和理解，将无序混乱的信息整理成能够解决特定问题的答案或方法。

大数据时代，档案部门的档案利用服务工作，转而先以用户需求为出发点，在明确档案服务的首要目的的同时，还要善于把握用户的深层次需求，向用户传递相关知识，"授人鱼更授人以渔"，达到档案信息资源的利用服务和知识服务双赢的目的。

四、档案安全保障体系的变化

档案管理工作安全至上，确保档案安全，就是保障党和国家及人民群众的安全，档案安全高于一切。大数据时代，数据数量大、种类多、处理速度快、信息化程度高，都在对传统的档案安全体系形成压迫和挑战。档案数据随时面临着因保存条件、管理方式、关键技术、安全保密变化而带来的种种威胁。

（一）保管条件

档案数据的保管条件随着档案类型的变化而大有不同。传统的档案大多是纸质的、胶片的，种类单一，保管起来比较容易，档案库房严格做到"八防"要求就能保证档案的安全无损。信息技术的发展带来了多样化的信息载体形式，丰富了档案的类型，从纸质、音像、光盘、电子软硬盘到数码缩微档案，信息有几种形式档案就有几种形态，这些档案除了基本的"八防"外对保存的条件和场所有了更高的要求，音像档案要远离磁场，光盘要防磨损，硬盘要防震，电脑要保持电源稳定，档案馆在新建、改扩建时既要考虑档案数据保管基础条件设施是否安全可靠，另外还要购置专门专用的设备来保护类型各异的档案的安全。

（二）应急管理

档案的价值高、独一份的特殊属性使得档案的安全应急管理成为档案管理的重点工作，可是不论多么周密的防护，档案还是会遇到种种危险。一方面自然性和社会性重大突发事件对档案资源的安全管理带来严重的威胁，另一方面传统档案管理工作模式与机制难以套用到重大突发事件的档案管理工作之中。

我国近几年地震频发，"汶川""玉树"地震中档案损失惨重，自然灾害来势不可阻挡。目前存量档案数量已相当庞大，增量档案增长速度又快类型又多，传统的档案应急管理适用范围窄、应变能力差，电子档案的安全应急管理制度不健全，在突发事件面前档案安全将受到更严峻的挑战。大数据时代，档案应急管理不仅要从突发事件类型入手，更要针对不同类型的档案制定精细化的应急预案,将应急管理制度标准化,行为常态化,减轻或避免档案因遭遇紧急事件带来的不可预知的严重后果。

(三)技术手段

大数据时代,面对大量的档案数据,传统手工管理、单一的计算机输入检出方式已跟不上数据增长的步伐,档案部门开始使用云计算技术辅助档案管理工作。云计算具有规模大、可靠性高、通用性强等优点,对巨量档案资源采用云计算技术可节省档案部门大量人力物力。但档案部门技术能力差,IT专业人才少,无法依靠自身力量去研发云计算技术,因此档案部门就得寻求与云计算服务商的联手合作,开发专门适用于档案部门的档案管理云计算系统,而这种合作方式的系统技术的安全保障和安全管理只能通过服务商提供,尽管双方的权利与责任明确,但网络、移动终端设备和其他技术的使用,在数据的采集、存储、访问和传输等任意环节,都有存在漏洞被黑客发现攻击的可能,允许用户访问也可能因身份认证疏漏,出现越权访问、操纵控制、数据泄密等安全问题,致使档案身处危险之境,档案部门却束手无策。对于档案部门来说,云计算技术是档案管理的未来之路,和网络服务商的合作也是必然之举,但更多的是要考虑技术的自我主导与研发来解除外在因素对档案安全的影响。

(四)长期保存

大数据环境下,档案数据存储面临两个问题,一个是足够的存储空间,另一个更重要的就是长期的存储安全。首先,档案的多载体形式使得档案管理没有了"One size fits all"模式,大数据时代档案存储依托的是可扩展性强的非关系型数据库(NoSQL),它可用于结构复杂快速增长的数据,但在保存成熟度方面不如传统关系型数据库(SQL),安全漏洞多,对档案的长期保存是一大威胁。其次,档案依据价值大小都有划分保管期限,进入档案馆的几乎都属于永久保存档案,需要保证它们的绝对安全和长期可用。档案馆最擅长保护的纸质档案也会随时间流逝和外部环境变化而字迹褪色、纸张脆化。如今类型各异的档案,载体不一,材质差异大,长期保存需要花费更多的精力和功夫,就如光盘档案的理论保存年限是二十年,但是大多数光盘在存放了几年之后就无法打开。大数据时代,电子文件、数字档案的长期保存随时都面临着因载体、格式、计算机技术的滞后以及保存标准规范不完善等带来的潜在威胁。

(五)信息安全

数据越多,共享程度越高,就越难以保障信息的安全。大数据时代,信息是最好的事,也是最坏的事,那些可能对信息安全构成威胁的因素在大数据时代下会被相应地放大,档案数据岌岌可危。

第一,档案数据丢失。档案馆里存放的纸质档案,只要档案员对档案保管认真负责不玩忽职守,档案库房安全保卫设施到位不装模作样,就不会出现档案丢失问题。大数据环境下,档案数据更多的是存入电脑软件系统或移动硬盘中,常规情况下不会有丢失风险,但是一旦受到不可控的客观情况的影响,如电脑操作失误、硬件故障、软件漏洞、系统错误,就会造成档案数据不可用、不可读、数据损坏或丢失。硬件越多,系统越庞大、软件越复杂、数据量越大,发生数据丢失的概率就越高。

第二,秘密隐私泄露。档案馆对收集的信息进行数据分析,包括档案用户信息等,这些零散数据经过整合分析,变成有价值的档案数据。在电脑软件系统的分析操作过程中,信息会不可避免地残留在某些终端端口,无意地流向网络,造成信息的外泄。国家机密档案一旦泄露不但会造成国家财产重大损失,严重的话甚至可能危害国家安全;公众的个人隐私泄露会对个人权利与自由甚至利益带来不堪的后果,"人肉"就是只需要一个有用信息,就能实现个人隐私展漏无疑的网络搜索引擎。

第三,网络侵权和数据的恶意使用。大数据时代,数据公开程度高,信息兜兜转转,就存在网络侵权风险。在网络环境下,通过计算机实现网络资源共享,由于过错侵害他人的财产和人身权利就构成了网络侵权,档案数据价值高,很容易被有心之人用来谋求个人利益。比网络侵权更具危害的是数据的恶意使用,网络数据供所有人开放使用,有歹心之人可以故意在计算机系统内使用合法数据来完成既定的恶意任务,造成的后果会有或大或小的危害。在开放的数据环境下,要防止数据被"恶意使用",既需要数据拥有者存有一颗防居心叵测人之心,严守秘密隐私信息,也需要数据使用者行为自觉,规范守法地使用获得的数据。

第三节 大数据时代档案管理模式的优化策略

一、加强资源聚集,建立覆盖人民群众的档案资源体系

档案资源是开展档案工作的基础,是档案部门的立身之本,也是档案事业可持续发展的关键。加强档案资源建设是丰富档案资源、完善馆藏结构、服务党和政府工作大局、服务经济社会发展、服务广大人民群众的根本途径。大数据时代,每天每时每刻都有大量的结构化数据、半结构化数据、非结构化数据产生,档案资源的收集范围更广,参与档案资源建设的除了传统的档案部门,社会群体和个人也可以成为搜集档案资源的主人,搜集来的档案资源可以存储在档案馆、数据中心,甚至云端。

(一)拓宽档案资源的收集类别

从纸质档案到档案信息化再到大数据时代,档案资源一直呈指数级飙升,档案资源的种类也从纸质到电子,从结构化到半结构化、非结构化转变。随着时代的轮转,档案搜集的类别范围也因为档案载体不一、结构各异而发生了改变。

纸质等传统档案仍是档案收集的重点。我国早在 1985 年就开始了办公自动化探索征程,党的十七大倡导建设"资源节约型、环境友好型"两型社会,近年来政府部门又掀起无纸化办公、无纸化考试等热潮,这些举措都为节约资源、保护环境做出了巨大的贡献。档案管理部门虽然早已迈入办公自动化的大门,但是对于档案资源来说,纸质档案仍然是档案部门收集的重点,在档案馆藏数量中仍占主要地位。一方面是受传统的影响,目前所知世界上最早的纸质文献是 1986 年在甘肃天水放马滩一座文景时期(公元前 179—公元前 150)的汉墓中出土的西汉初期的纸质地图残片。纸质档案是整个社会历史的记录,中华民族上下五千年的文化和历史都留在了纸上。另一方面受习惯思维的影响,大部分人在学习、办公时还是倾向于阅读纸质文档,对于档案来说,纸质档案给人真实性、可信赖度更高的感觉。信息化社会,纸质档案越来越少,但是它承载的社

会记忆和显现的价值意义不会因为数量的减少而褪色和降低,即使在大数据时代或者以后更远的未来,档案收集也不能忽视了纸质档案等传统档案这个大群体的存在。

结构化、非结构化、半结构化电子档案成为档案收集的主流。电子档案是信息化时代的产物,生成于数字化设备环境中,存储于电脑、磁盘、光盘等载体里,依赖计算机等数字设备阅读、处理,可在网络上传送。大数据时代,档案资源观正从传统狭隘的定义向"大档案观"转变,档案部门在进行馆藏纸质档案数字化、接收档案文件电子化的同时,要有意识地收集更多类别广、形式多、价值大的数据资源。网络的发展产生了更多更复杂的数据种类,包括结构化数据、非结构化数据和半结构化数据。结构化数据如数字、符号、关系型数据库等,非结构化数据如文本、图片、表格、图像、声音、影视、超媒体等,半结构化数据如 E-mail、HTML 文档等,都是大数据时代档案收集的主要对象。很多人会疑惑,这些零散化、碎片化、底层化的信息有没有收集的价值,世界著名高科技公司苹果公司给了我们答案。2014 年 7 月 11 日上午 9 点,中央电视台新闻频道报道苹果公司 iOS 系统会记录用户行踪,即使关掉定位也没用,定位功能可以显示手机用户经常活动的地点、时间、频率,完整地分析人的移动行为轨迹,而绝大部分手机用户对这个功能并不知晓,苹果公司也曾解释定位信息收集问题,声称从未跟踪手机用户位置,但谁知道他们收集这些零碎信息背后的真正用意是什么。

(二)完善档案资源的建设主体

大数据时代,无论任何机构、社会组织和个人,都无法置身于数据之外,不同群体拥有不同的数据,他们的数据互不连通,档案部门可以将多元化、社会化的数据尽收囊中,但人少力薄是档案部门的现实状况,单靠一己之力不可能完成档案资源全面收集的重任,因此和不同数据拥有者的合作就显得非常必要,档案资源体系建设要成为档案部门的职责所在,档案部门将通过自主管理、协商合作等方式把责任向社会转移,认可和鼓励各类社会组织及个人参与到档案资源的建设中来,完善档案资源的建设主体,达到借助社会力量优化档案资源的目的。

1. 档案部门要善于与档案形成者合作

首先,我国各级各类党和政府机构、企事业单位等是国有档案资源的形成者,他们在日常工作事务中不断地产生文件材料,这些文件材料处理完毕后要进行整理归档,他们要按照规定及时向档案馆移交档案,档案部门的主要职责也是为党和政府机构、企事业单位管理档案事务。因此,对档案部门来说,党和政府机构、企事业单位的档案的收集相对比较容易。其次,越来越多的家庭、个人意识到档案的重要性,纷纷开始建立家庭档案、个人档案,他们是私人所有档案的形成者。家庭和个人建档既记载了家庭和个人的历史,又折射了社会的变迁,虽然每个家庭的档案数量不多,但其在社会上的总和也是一笔巨大的档案资源,档案部门要积极与社会家庭和个人建立合作关系,收集更多更宝贵的"社会记忆"。此外,国家还要求领导干部建立领导干部个人档案、廉政档案,社会名人可以建立名人档案等等,他们组成了档案资源形成的特殊群体。

2. 档案部门要善于与档案整理者合作

大数据时代,档案部门要学会利用社会力量和网络力量来完成档案资源的整理工作。国家规范并支持社会力量参与档案事务,允许政府可以通过合同、委托等方式向社会购买档案服务,政府以外包的方式将档案工作交给业务能力高度专业化的档案中介机构、专业机构。档案中介机构合法合规参与档案事务服务,帮助档案部门规范档案资源整理工作。档案部门还可以利用网络人力资源,通过众包模式集聚档案资源。众包模式是指把本应由公司内部员工执行的工作任务,以自由自愿的形式外包给非特定的大众网络的做法模式,美国加州伯克利大学一个复杂的分布式计算项目的成功运算就是利用网络众包模式的典型案例,这个项目成功调动了世界各地无数个人电脑的闲置计算能力。众包是一种比外包一对一关系更方便快捷高效的模式,既可以有效利用闲置资源又能轻松解决工作难题,档案部门可以采用众包模式收集档案资源,开启更多人的智慧,集中更多的资源,充分调动起隐藏在网民中的信息资源,将需要采集的、自身又难以完成的档案收集任务众包给不特定的大众,通过网民的智慧实现档案资源的集中。沈阳市家庭档案研究会主办的"家庭档案网",就是一个趋向众包模式的档案网站,主要是通过网络渠道收集家庭、个人、名人的各类档案信息,网站工作人员再将这些零散无序的信息分类整合,以专题专栏的形式呈现出来。

3.档案部门要善于与档案利用者合作

档案利用者虽然不直接产生档案资源,但是他们利用档案的行为及结果所留下的痕迹成就了一部分档案资源体系的建设。大数据时代,档案利用者通过网络进行的档案查询、检索、咨询等一系列行为,都成为信息记录,档案工作者可以从用户的利用轨迹中发现新的信息点,找到信息与用户之间的相关关系,或是用户需要的,或是用户感兴趣的,通过信息点去收集与之相关的内容,大数据时代,档案部门不用再去理会信息的因果关系,要关注是什么而不是为什么。网络电商就是通过记忆客户浏览过的商品,找到商品与客户之间的关系,再搜索商品与商品之间的关系,客户的网页就会显示"热销品""同类""猜你喜欢的"之类的信息推送服务。

4.档案部门要善于与档案保存者合作

档案保存者是档案资源的最终归属者,拥有最集中的档案资源。大数据时代,存储在档案馆、档案室的档案资源和互联网公司、数据分析公司拥有的数据资源总量相比,简直九牛一毛。互联网的发展带来了无穷无尽的数据,数据的泛滥和混乱催生出数据分析公司来开发利用数据,所以说到底,数据分析公司拥有最多最大的数据。中国电商大亨马云就提出要为政府网站的信息提供云存储服务,为国家保存档案,一方面,马云的公司团队有着高水平的大数据处理人才和技术,从数据的采集、处理到存储都能提供一套流程完整的服务,更重要的是马云的公司保存着大、多、全的社会信息资源,政府必须从他那买单。

(三)改变档案资源采集方式

积极开展接收和征集工作是传统的档案资源采集方式,档案部门以丰富馆藏为目标,依法做好到期应进馆档案接收工作。大数据时代,档案资源的采集不能光是坐等人来,网络资源的实时变化、档案形成者的大众化都需要档案部门改变档案资源采集方式,收集到数量更多和质量更好的档案资源。

1.网络资源的主动抓取

对于网络资源要通过主动抓取的方式进行采集归档。网络资源数量多、更新快,重要信息和垃圾信息都是一闪而过,而且垃圾信息占大多数,一旦错过,重要信息就会被海量信息淹没,再要找回得花大力气。网民对重要信息也缺乏归档意识,对于有用的信息不知道该怎么保存,该交给谁保存。档案部门就要适时担起自己的职责,改变被动收集档案资源的方式,变身数据捕手,实时监控网络动态信息,采取主动出击策略选择重要网络资源归档,完成网络资源的主动抓取任务。同时档案部门要引导并培养网民重要信息归档意识,争取从网民手中获取更有价值的档案资源。

2. 用户实时推送归档

形成档案的用户,过去是依法定期按时归档,且大多是针对党政机关部门而言的,要求次年六月以前完成前一年的档案归档工作。大数据时代,党政机关部门不再需要全年度工作完全处理完毕后文件材料才一起归档,通过档案管理内部平台系统就可以将当下办理完毕的文件材料及时推送到平台,档案室的档案员接到推送消息后就可以依据文件的机构和问题等内容对其进行分类预归档保存,确认这类型档案不再产生新的文件材料,对之前的预归档文件整理完毕后就完成了档案的最终归档保存工作。形成档案的家庭和个人,也可以通过档案部门开通的网站平台渠道或是档案专门网站实时推送自己想要归档保存的档案,交由档案部门代为保管。这种实时推送归档的档案采集方式不仅能降低文件材料因日积月累存放而丢失的风险,而且对于档案员和档案部门来说,实时的归档分散了工作任务,化解了集中归档时间紧任务重的难题,归档质量也能得到充分保证。

(四)科学整合档案资源

大数据时代,档案信息化步伐加快,档案管理趋向结构化、系统化,档案部门要学会应用新一代信息技术及相关工具和方法,稳步开展档案数字化和电子档案接收工作,进一步提高档案资源优化整合能力。

1. 继续推进"存量数字化、增量电子化"战略

档案部门一是要以"存量数字化"的要求极力推进传统载体档案数字化,尤其是对纸质档案要加快数字化进程,查阅时用数字化档案代替原件,保护并尽量延长纸质档案寿命;二是要以"增量电子化"为任务对归档、接收进馆档案要求全面实行原生电子文件形式,新形成的电子文件及时归档保存并按时接收进档案馆保护。大数据时代,档案部门要严格要求党政机关单位对归档文件实施电子化管理,从源头上保证数字档案信息的真实、完整、可用;接收档案以电子化版本为主,在范围上多注重民生电子形式档案的接收,在种类上多收集多媒体、数据库、网页等形式的档案资源。在加强电子档案接收管理方面,国家将制定一批实用性高操作性强的文件,如《电子档案准确性、完整性、可用性、安全性检测规范》《海量电子文件数据存储指南》《企业电子文件归档和电子档案管理指引》等,这些文件有望今明年陆续出台,着重考虑网络信息的归档管理工作,党政机关等单位的门户网站、政务微博、政务微信等新兴发布平台的信息归档工作将逐步提上日程,成为档案部门一项新任务新挑战。

2. 优化资源结构

档案资源的底层化、碎片化,各种档案资源散落在互不连通的数据库中,成为一座座"信息孤岛",如何连通这些孤立的数据库,将分散的档案资源集中起来,实现档案资源的优化整合,发挥

出档案资源最大价值,是大数据时代档案管理的一个重要挑战。档案部门没有能力对所有的档案资源兼容并包,需要和不同的群体合作,一是档案部门系统内部之间的互联,二是与文化馆、图书馆等相关单位之间的互助,三是和网络商、数据开发公司的互通,最重要的是档案部门要与社会进行资源、技术、人才方面的交流合作,搜集更多的资源、运用更强的技术、借助更专业的人才实现档案资源的最优化。同时,档案部门还可以利用云计算技术,借助互联网的计算方式,将全国的档案资源进行整合,形成"中国档案云",完成档案资源的优化整合,充分发挥档案资源的集聚效应。

二、创新服务内容,健全方便人民群众的档案利用服务体系

"数据本身是没有价值的,通过数据提供服务才具有真正的价值,数据即服务",档案资源若是只存放在档案馆不拿来用,就如同一堆废物,保存再多也是无意义。如何从档案资源中挖掘出价值,盘活档案资源,将昏昏沉睡的死档案变成源源不断的活资源,就需要档案部门加速档案资源开放进程、改变档案资源服务方式、构建基于档案资源价值的知识服务体系。

(一)加速档案资源开放进程

大数据时代,档案部门一方面面临着与社会散落的档案资源进行激烈争夺的局势,另一方面随着《政府信息公开条例》的实施,国家积极稳妥地推进政府信息公开工作,依法保障公民、法人和其他社会组织获取政府信息的权利,这种权利的开放使得公民对信息的知情权要求更高,他们希望获得更多更有效的信息,档案资源加速流动与开放成为必然结果。档案部门对档案资源的开发应遵循"公开为原则,不公开为例外"的原则,及时公开超过保管期限的秘密档案,尽量做到"应开尽开,保障秘密档案的安全"。例如,美国 NARA(国家档案与文件署)出台的《开放政府计划》,通过公民档案员项目、数字化战略、在线公共利用检索系统、社交媒体参与等举措,扩大档案开放力度提高公众参与水平。档案资源开放,不仅有利于推进政府信息公开制度的实施,优化办事流程、提升工作效率,保障公民对信息的知情权、参与权与表达权,更重要的是档案资源在全社会自由流动开来后,经历从守旧封闭到创新开放,为社会奉献丰富多彩、足量多金的信息,有助于跨越档案部门和其他政府部门之间的"信息鸿沟",助力城市记忆工程和智慧城市的建设。

(二)创新档案服务理念

大数据时代,档案资源要实现物尽其用,就要对其内容深度挖掘,打造档案资源知识库,档案利用者也会因自身知识水平的提高对档案服务提出更多的要求,关注他们新的需求,对传统的档案利用服务理念和途径作出调整,用新思维和新方法,开辟档案利用服务新高度。面对档案利用者的诸多需求,档案部门要努力完善四种服务理念。

1.人性化服务

人性化服务就是在档案服务中体现"以人为本"思想,不能有官老爷心态,以用户第一为原则,给用户提供平等获取信息的权利,服务过程中表现良好的服务态度,把自己当作服务生,面对用户要热心、耐心、细心、专心,尤其是基层档案部门经常要服务一些农民老百姓,对他们的利用诉求要认真倾听,服务要热情周到。

2.个性化服务

个性化服务是档案部门对档案利用者的需求提供精确性匹配的服务。大数据时代信息受众分类更加明确,用户的利用需求发生改变,追求个性化服务,想要不受时空限制方便快捷获取所需,档案部门要对用户的利用需求、行为、方式等细节进行收集、追踪和分析,预测出他们需要的内容,以参考、定制等方式推送给用户。

3.智能化服务

智能化服务是档案服务的最高技术水平。大数据时代更注重技术的运用,档案服务技术水平也要提高,档案部门要有智能化的档案数据处理系统,能够快速完成数据分析任务,智能抓取有效信息,提供便捷服务通道,这不仅有助于档案部门发现隐性知识,还有利于从档案服务向知识服务跨越,实现档案知识的顺畅流通与广泛传播。

4.知识化服务

知识化服务是一种基于网络环境下的开放式的服务,是档案服务发展的趋势和方向。档案知识化服务应以知识管理理念为指导,以档案资源为核心,以大数据技术为支点,以档案知识挖掘为重点,以档案知识应用和知识创新为目标来构建档案知识服务体系,完成知识提供与检索、知识整合与加工、知识共享与交流的一体化服务。

(三)拓展档案服务途径

网络的发展改变了信息传播的方式,丰富了信息传播的渠道,档案服务借阅、咨询、展览等传统途径将得到调整,档案服务途径多样化网络化,应用各种新兴媒体、发挥网络远程功能、基于云计算云存储的云服务手段将成为大数据时代档案服务新战场。

1.微服务

微服务主要指以微博微信等新媒体为载体即时传播信息的服务形式。微博即一句话博客,是一个基于用户关系的信息分享、传播、交流以及获取的社交网络平台,主要涉及信息发布、网络营销、政府管理以及个人交流等方面,是中国网民上网的主要社交网络平台之一。微信是一个为智能终端提供即时通信服务的免费应用程序,通过网络快速发送短信、语音、视频、图片和文字,微信公众平台的订阅号和服务号就是为微信用户提供公共信息、咨询和服务的平台。档案部门或档案学人通过开通微博微信可以传达档案信息和传送服务项目,向社会公众提供方便快捷的档案服务,拉近档案与大众的距离,拓宽档案信息服务的范围,提高档案信息服务的效率,还可以交流互动、共享信息、加强协作,为社会提供更好的档案服务。本书通过对档案微博微信的搜索,开通账号的用户基本分机构、企业、期刊、个人四类,其中较有特色和影响力的档案微博有"抚顺档案""武汉市档案局""南京档案""上海大学档案馆""胡鸿杰""寒似冰淡如水"等等,档案微信公众号有"厦门档案""浙江省档案馆""青岛档案""贵阳档案"等等。

2.远程服务

远程服务指利用通信手段实现不同地域之间的实时人工服务方式。远程服务具有方便快捷、节约成本、服务对象没有地域限制、服务可集中化管理的特点和优势,非常适合于大数据时代的网络档案服务。档案信息远程服务以数字化的信息资源为基础,依靠科学技术,通过网站、电子邮件或实时交互的形式,向用户提供远距离档案信息咨询和服务。档案部门要在加强档案资源建设的同时,加快采用信息技术,充分利用网络优势,建设好覆盖广、内容全、检索快的档案远程利用服务平台。"江苏省档案远程教育平台"就是由江苏省档案局、江苏省档案馆主办的以档案教育教学为主的档案远程教育服务平台,目前提供15门网上档案岗位培训课程和16门网上档案继续教育课程,还有与课堂相对应的在线考试和证书打印等多种服务项目,帮助档案人员提高档案素质,也为有档案知识需求的社会公众提供了更多的学习机会。

3.云服务

云服务指通过网络以按需、易扩展的方式获得所需服务,它是一种基于互联网的相关服务的增加、使用和交付模式,通过互联网来提供动态易扩展且经常是虚拟化的资源。档案云服务是以云计算技术为基础,以云存储资源为保障,将分散的档案信息通过云平台组织构建起来形成服务云,借助这些云平台强大的计算能力和低成本、高安全性等特性来提高国家档案信息资源共享效率的一种档案信息资源服务模式。国家档案局开展的"中国档案云"项目就是致力于打造国家级开放的档案信息资源共享利用系统,它以云技术云存储为依托,覆盖全国各级各类档案馆,为社会公众提供开放档案信息查询利用服务的专业化平台,将成为互联网用户访问全国开放档案资源的统一门户,提供一站式全方位服务。

三、三位一体防护,建立确保档案安全保密的档案安全体系

安全责任重于泰山。档案资源安全是档案管理工作的重中之重,关系到党和国家及人民群众的根本利益。大数据时代,社会环境和网络环境对档案资源安全的威胁日趋严重,为消除潜在风险,保障档案资源安全,档案部门要建立起"物防、人防、技防"三位一体的档案安全保密防护体系。

(一)物理防护

物理防护是档案安全的基础性保证。档案建筑是承载档案的载体,是守卫档案安全的第一道屏障。档案部门在加快档案馆建设时要把建筑的安全摆在首位,改善入馆档案的保管保护条件。

1.推进各级国家综合档案馆安全建设

国家综合档案馆是统一保管党和政府机关档案的部门,是永久保管档案的基地。各级国家综合档案馆依法集中接收、管理本级党政机关、企事业单位、社会组织的档案和政府公报等政府公开信息,是国家宝藏的储存场所,档案馆建筑安全的重要性不言而喻。因此,档案馆的建设要遵循科学选址、标准设计的原则,在设计之前要对选址进行安全评估,避开自然灾害多发的危险地段,如地震带、洪涝多发区、山区;建筑的质量是保障档案安全的另一个重要方面,档案馆要依照《档案馆建设标准》和《档案馆建筑设计规范》等规范楼堂馆所建筑建设文件,把档案馆建设成质量可靠、面积达标、设施完善、功能齐全、安全保密、服务便捷、节能环保的现代化档案保管基地,为档案筑起"安全巢",不让每一份档案无藏身之所,不让每一份档案身处危险之地,切实消除

"无库馆""危房馆"现象。

2.改善档案保管保护条件

档案保管保护条件的改善是档案长久保存、长期可用的重要因素。档案保管保护条件主要指档案保管硬件设施的安全,改造或新建、扩建的档案馆,要严格按照规范和标准建设,采用先进的安全技术、设备和材料,档案库房安装视频监控、自动报警、自动灭火、温湿度自控系统,达到档案馆安全测评标准,提高档案库房安全防灾等级,定时对档案保管保护专用设施设备维护和更新,定期对档案进行检查,及时发现并排除隐患,让每一份档案都有安全的栖息地。

(二)人防战略

人防战略是档案安全的重要盾牌。从信息化时代到大数据时代,科学技术的发展促进了档案管理工作的进步,也对档案工作者提出了更高的要求,档案安全与否就在档案人的一念之间。在外行人看来档案工作轻松简单谁都能做,"一入档门深似海"才是档案人的真实写照,档案工作者要用责任和行动捍卫档案的安全。

1.完善档案安全责任到人制度

安全管理主要是控制风险降低损失,档案安全管理制度能够有效预防、及时处理和妥善解决档案工作中的突发事件,维护档案工作正常秩序。首先要健全档案安全责任制,单位一把手握兵权掌控全局,对档案安全全权负总责,责任细分到各科室各人头上,尤其是要对信息化科室严加要求,形成"档案安全人人有责"的氛围;其次要健全档案安全应急管理制度,档案应急管理是档案安全管理的第一大步,事关档案安危存亡,档案部门要严阵以待,成立以单位一把手为头的档案安全领导小组,领导全体档案工作者对档案工作八大环节的每一个环节可能存在的安全风险和可能出现的安全纰漏进行大胆预测、小心分析、深入研究,从而得出结论,形成与工作环节相对应的档案安全应急管理制度以指导工作。最后,在大数据时代,需要重点加强对档案信息的安全管理,制定档案机密信息保护制度、档案信息安全审计制度、档案信息安全共享制度等,从制度上防范档案安全风险。

2.建设档案大数据人才专业队伍

一是专业知识素养。档案管理是一门专业性和实践性很强的工作,大数据时代要聘任真才实学的档案学专业学科背景的人才,他们有扎实的档案理论基础知识和过硬的档案业务实践能力,懂管理精业务,能打开档案事业发展的格局,带领档案事业向前发展。新时代对档案人才的综合素质要求更高,不能只专其一,需要通过教育培训和自学不断提升工作能力,学习跨学科领域的综合知识,如计算机知识、互联网知识、大数据知识、产权保护知识等等。二是重人重岗重责。档案部门要安排高度认真负责的人员从事档案工作重要岗位,各单位档案室要安排在编人员从事档案工作,一方面是他们对档案更加专业、对工作更加敬业,另一方面防止因人员流动发生档案失泄密事件。三是变身"数据科学家"。Gartner 公司预测,到 2015 年大数据将在全球创建 440 万个工作岗位,其中有 190 万个工作岗位将在美国;来自麦肯锡公司的预计显示,美国到 2018 年深度数据分析人才缺口将达 14 万—19 万人,能够分析数据帮助公司获得经济效益的技术及管理人才有 150 万人的缺口。大数据时代到来创造了新的工作机会,提供了大量新的工作岗位,但拥有数据分析技能的专业人员严重短缺,造成供需严重失衡。从目前看来,档案部门想要在大数据战斗中招揽到数据分析人才的机会渺茫,需要自寻门路。因此档案工作者要跟进时代潮流,勇于自我蜕变,努力从"一把锁服务员"向"数据科学家"进阶,提升综合技能,具备对数据的提取与综合能力、统计分析能力、数据洞察与信息挖掘能力、开发软件能力、网络编程能力、数据的可视化表示能力等六种能力,为档案工作赢得一片天。

(三)技术防御

技术防御是档案安全的关键手段。档案部门要借助大数据时代的信息技术优势,建立档案信息管理系统安全保密防护体系和实行重要档案异地异质备份保存来维护档案安全。

1.建立档案信息系统安全保密防护体系

对接收进馆的电子档案进行严格审查,检验电子档案的存储载体及内容,从源头上把关;严格检验电子档案的存储的应用系统、计算机、网络等软件设备的安全等级,确保电子档案长期存储安全;加快档案数字化工作,有能力的单位最好自己独自完成档案数字化工作,没条件的单位可以借助社会力量的参与,但严格审查档案数字化外包管理中介资质,选择合法规范可信度高的外包公司,做好服务外包工作的安全检查,并对数字化工作的全过程进行视频监控,杜绝外包单位盗取档案信息;对上网共享档案进行严格审查,依据国家秘密的信息系统分级保护要求,严防文件、档案在传输过程中失泄密,保护档案用户个人隐私不被侵害。

2.建设档案大数据存储备份中心

档案数据库的开发使用大大节约了档案库房的容量,提高了档案管理利用的效率,但单位数据库的存储容量毕竟有限,大数据时代档案部门面对巨量档案资源的存储问题,必须走改变存储方式来提高效率节约成本的道路。大数据技术拥有强大的数据处理和存储能力来实现档案资源存储备份管理。陕西省西咸区的沣西大数据产业园就是国内首家专业大数据产业园区。根据建设规划,沣西大数据产业园将实现数据的规模化集中吞吐、深层次整合分析、多领域社会应用、高效益持续增值,成为国家政务资源后台处理与备份中心、国家级大数据处理中心以及国内最大的信息资源聚集服务区,已有中国联通、中国移动和中国电信以及全国人口数据处理与备份中心等项目陆续入园。档案部门要想对档案资源进行全面掌控,可以考虑在大数据产业园区建立一个档案资源备份中心,既能保证档案资源的安全,又能将档案资源集中起来管理、开发和服务利用。

3.重要档案异地异质备份保管

档案安全主要受到主客观因素的威胁,从主观上说档案制成材料的质量易随时间环境的变化而弱化,如纸质档案存放越久越容易纸张脆化字迹模糊,电子、光盘、硬盘档案等特殊载体保存年限尚不明晰,客观上多发的自然灾害和人的行为也在威胁档案的安全,重要档案处于水深火热之中。为保证档案的安全存储和长期可读,需要定时检查、实时备份以降低安全隐患。汶川特大地震中,北川档案馆2万多卷档案因没有异地异质备份而永久地消失了,是档案部门没有做好备份工作的惨痛教训。异地异质备份是大数据时代档案安全和真实得到双重保障的防护手段,异地备份是相对于保管地点而言的,异质备份是相对于保管载体而言的,都是档案免遭破坏而丢失的一种保障。国家档案局推行的电子档案容灾备份体系、电子档案容灾备份中心、馆际间跨区域互建档案备份库的建设就是从技术上、管理上切实保护档案安全的有效举措。例如云南省的147 个档案馆全部建立重要档案异地异质备份制度,北京市也建立了本地、同城、异地备份体系。档案部门要对党政机关、企事业单位、社会组织、家庭个人的重要档案实行异地备份保管,对重要的电子档案实行异地异质备份保管,有条件的可以将二者有机结合,尽可能采取多个场所、多种载体的备份形式,保证国家记忆不出现断层。

参考文献

[1]2020 年度中国图情档学界十大学术热点[J].情报资料工作,2021,42(01).

[2]白云.大数据背景下档案管理体制与模式向管数据转变[J].兰台世界,2020(S2).

[3]卜鉴民.改制企业档案管理实践与创新[M].苏州:苏州大学出版社,2017.

[4]蔡宏炳,张雪芳.科技档案和文书档案检索方式对比分析[J].办公室业务,2020(10).

[5]曹倩.新时期下企业现代化电子档案管理探析[J].兰台内外,2021(02).

[6]陈爱华.浅析大数据时代下档案管理人才应具备的能力[J].科技风,2021(03).

[7]董珍珍.企业文书档案收集与归档研究[J].兰台内外,2020(33).

[8]杜婷,孟少勇.基于 RFID 的科技档案管理系统设计[J].信息化研究,2020,46(03).

[9]冯静.企业电子文件归档和电子档案管理问题及对策[J].兰台内外,2020(36).

[10]冯天超.大数据时代企业科技档案信息化建设对策研究[J].企业改革与管理,2020
   (18).

[11]符京生,刘汉青,苏兴华,孙洪君.大型企业档案与数据协同治理框架与实现路径[J].浙
   江档案,2020(12).

[12]干泉.企业加强人事档案管理的重要性[J].办公室业务,2020(24).

[13]高海涛,李艳,宋夏南.档案管理与资源开发利用[M].北京:北京日报出版社,2018.

[14]宫晓东.企业档案管理体系的建设与运行[M].北京:中国工商出版社,2014.

[15]韩照杰.科技档案资源建设管理与利用服务研究[J].办公室业务,2020(19).

[16]胡燕,王芹,徐继铭.文书档案管理基础[M].北京/西安:世界图书出版公司,2018.

[17]黄静,宋天源,郭俊霞.档案管理及其体制改革新探[M].上海:上海交通大学出版社,
   2018.

[18]贾玮娜.档案管理系统的设计与实现[M].长春:吉林文史出版社,2017.

[19]蒋秀梅.档案信息化建设在医院档案管理中的价值及地位探究[J].兰台内外,2021
   (02).

[20]柯平.新图情档——新文科建设中的图书情报与档案管理一级学科发展[J].情报资料
   工作,2021,42(01).

[21]孔德颖,张颖.互联网背景下档案电子化管理探究[J].城建档案,2020(11).

[22]李东红.新时代背景下的档案管理与创新[M].北京:经济日报出版社,2017.

[23]李姝熹,李潼,王建祥.论智慧城市框架下的档案管理服务平台建设[J].档案管理,2021
   (01).

[24]李晓婷.人事档案管理实务 第2版[M].上海:复旦大学出版社,2019.

[25]李莹,何鑫,张梦琪.探析融入科技档案工作的科技情报工作发展[J].科技视界,2020 (29).

[26]李昱龙.大数据时代的档案管理模式创新问题探析[J].文化产业,2021(02).

[27]梁艳丽,梁永萍.变与不变:权力与权利视域下的2020版《档案法》[J].档案管理,2021 (01).

[28]刘丹.科技档案实践管理现存问题分析与对策研究[J].内蒙古煤炭经济,2020(10).

[29]刘亚静.档案管理信息化与自动化探索[M].天津:天津科学技术出版社,2018.

[30]刘祎.档案管理[M].长春:吉林人民出版社,2018.

[31]刘园.企业科技档案管理模式探究[J].办公室业务,2020(19).

[32]陆博瑶.现代企业制度下企业档案管理研究[J].河北企业,2020(12).

[33]陆梦漪.关于科技档案信息化建设的探讨[J].文化产业,2020(14).

[34]罗军.中国档案管理体制改革研究[M].上海:世界图书上海出版公司,2011.

[35]马双双,常大伟.开拓与展望:新修订《档案法》对档案事业发展的影响[J].档案管理, 2021(01).

[36]毛雯.档案管理工作研究[M].北京:中国原子能出版社,2018.

[37]莫求,杨佐志.档案管理工作的实践、探索与研究[M].长春:东北师范大学出版社, 2018.

[38]倪斌.科技档案管理模式的创新策略[J].办公室业务,2020(13).

[39]彭嘉祥.企业智能化档案管理理念及体系构建[J].兰台世界,2020(12).

[40]蒲杨.科技档案数据库建设相关问题研究[J].兰台世界,2020(S1).

[41]乔玲.做好科技档案管理 提升科技发展水平[J].办公室业务,2020(18).

[42]四川省档案局.企业档案管理实务[M].成都:四川人民出版社,2017.

[43]四川省档案局.专业档案管理[M].成都:四川人民出版社,2017.

[44]宋立华.档案鉴定工作实践中的难点与对策[J].机电兵船档案,2020(06).

[45]孙大东.新《档案法》尚需彻底解决的三个问题[J].档案管理,2021(01).

[46]孙俊清.数字背景下科技档案信息化建设与管理[J].信息记录材料,2020,21(12).

[47]孙晓琳.浅谈国有企业档案管理的创新策略[J].科技视界,2021(03).

[48]孙英.新时期档案管理工作的探析[J].中小企业管理与科技(下旬刊),2021(01).

[49]田雯.互联网背景下科技档案信息资源开发管理研究[J].办公室业务,2020(19).

[50]田雯.数字背景下科技档案信息化建设与管理[J].科技创新导报,2020,17(18).

[51]王翠雪.档案数字化管理工作初探[J].山东交通科技,2020(03).

[52]王楠.信息化视角下科技档案的开发利用分析[J].兰台内外,2020(18).

[53]王茜.论地方文献整理中地方档案整理方法的应用[J].档案管理,2021(01).

[54]谢薇娜.企业档案信息化建设的问题与对策[J].福建电脑,2020,36(11).

[55]谢亚非.电子文件档案管理系统设计与实现探讨[J].办公室业务,2020(22).

[56]徐敏.信息时代对博物馆档案数字化管理工作的思考[J].黑河学刊,2021(01).

[57]杨红本.档案管理理论与实务[M].上海:上海教育出版社,2016.

[58]杨学锋.现代化档案管理与服务研究[M].北京:中国商务出版社,2018.

［59］易奕.做好企业科技档案管理工作的途径探讨［J］.兰台世界,2020(S2).

［60］尹云飞.加强企业人事档案管理工作的有效实践思考［J］.中国产经,2021(01).

［61］于萍.科技档案管理的创新路径［J］.兰台内外,2020(19).

［62］张冬.大数据技术在科技部门档案管理中的应用［J］.兰台世界,2020(S2).

［63］张端,刘璐璐,杨阳.新编档案管理实务［M］.成都:电子科技大学出版社,2017.

［64］张劲舟,陈瑜.云南省测绘资料档案综合管理系统的设计与实现［J］.智能城市,2021,7
(01).